Sylvia Jurewitz-Freischmidt

Karl V.
und seine Regentinnen

Für Knud,
der auf den Spuren Karls mit mir überall hinfuhr, außer nach Wien, Tunis und Algier und:

Mein Dank gilt meinem Vater für kritische Geduld bei der Sichtung und Diskussion der Urfassung und Juliane Kraus (Mülheim) für die einfühlsame und punktgenaue Übersetzung spanischer Texte.

Sylvia Jurewitz-Freischmidt

Karl V. und seine Regentinnen

Die Frauen und der universale Traum

Casimir Katz Verlag

Die Deutsche Bibliothek - CIP-Einheitsaufnahme

Jurewitz-Freischmidt, Sylvia:
Karl V. und seine Regentinnen : die Frauen und der universale Traum / Sylvia Jurewitz-Freischmidt. - Gernsbach : Katz, 2000
ISBN 3-925825-75-4

Satz: Casimir Katz Verlag, Gernsbach
Umschlaggestaltung: Jörg Schumacher, Casimir Katz Verlag
Druck: Clausen & Bosse GmbH, Leck
ISBN: 3-925825-75-4

Inhaltsverzeichnis

Buch 1
Casa de Austria - Burgunder, Spanier, Deutsche?

Die Kinder von Malines 9
Als die Großmutter den Großvater nahm 20
Margarethas dynastische Kinderehe 29
Die „amour fou“ schlechthin: Juana und Philipp 40
Margarethas spanische Ehe 51
Der Eltern erste Spanienfahrt 66
Margarethas kurzes Glück in und mit Savoyen 88
Der Eltern endgültige Spanienfahrt 100

Buch 2
Karl wird König und Kaiser, die Tante regiert, die Schwestern heiraten

Margaretha: nun Regentin und Tante 121
Marie muß Malines als Erste verlassen 136
Elisabeths Ehe mit dem „Nero des Nordens“ 145
Karl erbt - Eleonor repräsentiert 156
Doppelt dramatischer Aufbruch 167
Tod und Wahl eines Kaisers 190

Buch 3
Karl profiliert sich, seine Regentinnen arbeiten ihm zu

Karl öffnet das Visier 217
Marie „erobert“ Ungarn 234
Pavia erfordert Eleonors Opferung 246
Hochzeit in Sevilla 271
Sacco di Roma - Isabel wird Regentin 295
Der Damenfrieden ermöglicht die Kaiserkrönung 309
Familientreffen und Reichstage 327
Die Tante stirbt, eine Schwester wird verheiratet 339

Buch 4
Eine neue Frauengeneration -
kaiserliche Triumphe und Verluste
Marie, neue Regentin der Niederlande 353
Zwei Damenopfer und der Triumph von Tunis 369
Von Rom nach Aigues Mortes 394
Tod in Toledo - Aufstand in Gent 413
Von Algier zum Konzil 443
Karls Frühling in Regensburg 472
Der Lanzenreiter von Mühlberg 481
Die Nachfolgefrage dominiert die Reichstage 496

Buch 5
Resignation oder noch einmal Aufbruch?
Verrat, Flucht und letzte Mobilmachung 517
Noch einmal Frankreich, noch einmal Portugal 527
Der letzte Hochzeitscoup: Don Felipe versus Mary Tudor 537
Tod in Tordesillas - Befreiung von der Last 554
Die letzte Reise in dieser Welt 569
Regentin Juana und die „pensionierten" Königinnen 582
Gedanken bei untergehender Sonne 603

Literaturauswahl 615

Stammtafeln 624

Personenregister 637

Buch 1

Casa de Austria -
Burgunder, Spanier, Deutsche?

Die Kinder von Malines

Malines/Mechelen, 18. Juli 1507

Auftritt Karl

Ein doppeltes Spalier von Fackeln schneidet eine geschwungene Schneise vom schwarz drapierten Prinsenhof über den Marktplatz zur St. Romboutskathedraal in die warme Nacht. Nur auf die ersten Reihen der dicht gedrängt stehenden Menschen fällt der Fackeln unruhiges Licht, die Masse verliert sich im Dunkel des weiten Platzes. In der Lichtspur reitet mit erstaunlicher Sicherheit auf einem riesig erscheinenden Rappen mit schwarzer Schabracke und ebensolchem Zaumzeug ein zierlicher, blass wirkender Knabe in schwarzem Mantel und Hut.

Ihn umgeben die Fürsten des Landes, den engeren Kreis um seine Person bilden die Ritter vom Goldenen Vlies. Vor ihnen schreiten zwölf Herolde und die Edelleute, die den Herzog Philipp von Burgund, genannt „der Schöne“ auf seiner zweiten und letzten Spanienfahrt begleitet haben. Sie tragen auf samtenen Kissen die Teile der Rüstung ihres gewesenen Herrn. Es folgen dem Knaben der Regentschaftsrat, der Adel, die großen Finanziers, die Heerführer, die Kirchenfürsten, der Klerus, die Räte der Städte und die großen Handelsherren.

Der Zug erreicht das Portal der Kathedrale, das Innere erstrahlt im Schein tausender Kerzen. Direkt vor dem Altar steht der steinerne Sarkophag. Hier legen die Herolde und Ritter die Rüstung und die Fahnen nieder. Vier halten an den Ecken des Grabmales Wacht, mit ihnen der Wappenherold des Vliesordens. Die anderen Ritter und Herren treten zurück und klein, schmal und unkindlich ernst durchschreitet der Knabe den weiten, lichtüberglänzten Raum zu einem einsamen Betschemel direkt am Sarkophag und kniet nieder. Der Bischof von Arras zelebriert die Messe und nach dem Ende der sakralen Handlung senkt sich Schweigen über die Anwesenden.

Ausrufung zum Herzog

„Unser Herr und König Philipp ist tot!", donnert die Stimme des Wappenherolds, und er wirft seine Waffen nieder. Die Herolde nehmen den Ruf auf, dreimal dröhnt er durch das hohe Kirchenschiff, untermalt vom Klirren und Scheppern der niedergeworfenen Waffen und der sich zu Boden werfenden Männer. Wieder hebt der erste Herold die Stimme: „Charles d'Autriche!" … Noch straffer richtet sich die kleine Gestalt auf, ein Hauch von Farbe belebt das schmale Gesicht: „Present!" antwortet leise, aber fest die Knabenstimme. „Notre Seigneur et Roi vive - vive le Seigneur et Roi!" Auch dieser Ruf wird aufgenommen, und alle erheben sich, nehmen ihre Waffen wieder auf. Herolde befreien das Kind von Hut und Mantel.

Leise und etwas mühsam, aber ohne zu stocken, spricht der Knabe Charles die eingelernten zeremoniellen Formeln, nicht alle können ihn hören, doch den Menschen gefällt der gemessene Ernst ihres neuen „seigneur naturel". Als erste herrscherliche Handlung seiner heute beginnenden fünfzigjährigen Regierungszeit schlägt er nun zwei Pagen zu Rittern. Das „Kind von Gant", dessen erster Titel „Karl von Luxemburg" war, ist mit sieben Jahren als Nachfolger seines Vaters Herzog von Burgund und Anwärter auf die Krone Kastiliens.

und doch: Kind

Als der Zug sich nach Abschluss der Zeremonie erneut formiert, fällt die Anspannung langsam von Karl ab. Im Vorbeischreiten zwinkert er seinen Schwestern Eleonor und Elisabeth zu. Sie stehen neben ihrer Tante, Margaretha de Austria, verwitwete Herzogin von Savoyen, Schwester des zu betrauernden Herzogs. Im Frühjahr ist sie gekommen, um die Regentschaft zu übernehmen, die die Generalstaaten dem Großvater Maximilian angetragen haben. Doch der hat als Kaiser des Heiligen Römischen Reiches Deutscher Nation von den Hansestädten an Nord- und Ostsee bis zu den Grenzen des Kirchenstaates jenseits der Alpen so viele Aufgaben zu bewältigen, dass ihm keine Zeit bleibt, oft in den Niederlanden zu sein.

Karl weiß das alles, er weiß nur nicht, wie er sich dieser Frau gegenüber verhalten soll, dieser „chère tante et belle mère". Er kennt nur die Kinderfrauen, die beiden „Chefinnen" des Prinsenhofes, die Damen Beaumont und Hallewin, aber die gehören nicht zur Familie, die machen einen Knicks, wenn sie sich ihm nähern, sie erwarten, dass er sie anspricht, erwarten seine Befehle. Vor der

Tante muss er sich verneigen und warten, bis sie das Wort an ihn richtet. So hat er es auch machen müssen, wenn man ihn zu seiner Mutter brachte. Ach, die kleine Marie ist auf dem Arm der Madame de Beaumont eingeschlafen!

Als Karl die Kathedrale verlässt, empfangen ihn Hoch- und Glückwunschrufe der Menge, sie tragen ihn den ganzen Weg zurück zum Prinsenhof. Er ist nun also wirklich Herzog von Burgund! Noch einmal strafft er sich, dann muss er auch: Herzog sein, „seigneur naturel" in allen Bedeutungen des Wortes.

Noch wird er nicht selbst regieren, für ihn heißt es weiter: lernen und sich in den ritterlichen Fertigkeiten und Tugenden üben. Er ist nun tatsächlich Herzog, weil sein Vater im fernen Spanien gestorben ist, doch für ihn und seine Schwestern macht das keinen merklichen Unterschied. So lange sie denken können, spielte sich ihr Leben im Prinsenhof in Malines ab. Wenn die Eltern sie sehen wollten, wurden die Kinder nach Brügge oder Brüssel, nach Gent oder Antwerpen gebracht und meist war das alles sehr verwirrend.

Er muss morgen noch eine ähnliche Zeremonie wie die heutige meistern, man hat es ihm gesagt. Um seine Ansprüche auf den spanischen Thron geltend zu machen, soll er zum König von Kastilien proklamiert werden, obwohl doch seine Mutter in Spanien ist und auch der Großvater Aragón. Aber es ist wichtig, die Ansprüche geltend zu machen, man hat es ihm gesagt … es ist so anstrengend, er ist so müde. Er muss Eleonor fragen, die große Schwester erinnert sich an so vieles, was in seiner Vorstellung immer verschwimmt, die Konturen verliert, sich auflöst …

Der Prinsenhof 1502 - 1509

Madame la Grande

Eleonor ist knapp drei Jahre, Karl noch keine zwei Jahre und die kleine Elisabeth gerade vier Monate alt, als die Eltern die Kinder unter der Aufsicht ihrer Stiefurgroßmutter Margaret of York, der Witwe Karls des Kühnen, die seit dessen Tod „Madame la Grande" genannt wird, zurücklassen. Madame hat schon vor vielen Jahren Mutterstelle an der Großmutter Karls vertreten. Vor der Mitte des vergangenen Jahrhunderts geboren, ist die alte Dame in dieser Zeit des Umbruchs eine Überlebende eines ansonsten untergegangenen Zeitalters. Doch sie wird der erste ruhende Pol im Leben der Kinder des mit sich selbst beschäftigten Herzogspaares. Sie hat sich bereits vor Jahren den kleinen, noch völlig mittelalterlichen

Palast in Malines als Witwensitz ausbauen lassen, der nun auch das Zuhause der Kinder wird. Man nennt ihn nun „Prinsenhof".

Die Kinder leben dort in einer „Nursery" mit allem, was dazugehört. Dreiundneunzig erwachsene Menschen kümmern sich ausschließlich um das körperliche und geistige Wohl des Prinzen und der Prinzessinnen. Sie sind von ihnen ergebenen Frauen mit melodiösen Namen umgeben, und die Aufsicht hat Anna de Beaumont, eine geborene Croy, unterstützt von Madame Hallewin. Doch Karl kann sich nicht wirklich an diese Zeit erinnern, er muss Eleonor fragen, die war schon fünf …

Auf Stippvisite bei den Eltern

Im Verlauf der Feste, mit denen man die Rückkehr des Vaters im Jahre 1503 feiert, stirbt Madame la Grande mit Mitte fünfzig. Damit verlieren Karl und seine Schwestern die erste konstante Bezugsperson ihres Kinderlebens. Eine Madame de Ravenstein übernimmt die Leitung der Kinderstube Burgunds und behält sie auch, als im nächsten Frühjahr die Mutter aus Spanien zurückkommt. Man erzählt den Kindern, sie hätten nun noch einen Bruder, der in Spanien bei den Großeltern lebt und Ferdinand heißt. Selten sehen die Kinder die Eltern in den folgenden anderthalb Jahren, und Karl fürchtet sich vor dieser Frau mit dem abweisend-abwesenden Blick, von der man ihm sagt, sie sei seine Mutter. Sie sitzt oft in einer Ecke des Zimmers auf vielen Kissen, statt auf einem Sessel - wie es ihr zukommt. Immer schickt sie unwillig alle Damen aus dem Raum. Sie betrachtet ihn dann unverwandt, scheint etwas in seinem Gesicht zu suchen, und doch hat Karl immer den Eindruck, sie sieht durch ihn hindurch. Manchmal schaut er sich sogar um, ob hinter ihm noch jemand steht.

Der Vater ist ganz anders, immer von fröhlichen Horden von Männern und Frauen umgeben, nie trifft man ihn allein. Manchmal dürfen die Kinder zusehen, wenn er und seine Kumpane in die Schranken reiten und sich in ritterlichen Zweikämpfen messen. Man merkt, dass der Herzog da in seinem Element ist, es muss ein gutes Gefühl sein, so sicher zu reiten, so kraftvoll und geschickt die Lanze zu führen, sich als lachender Sieger vor den Damen zu verneigen. Doch kurz sind diese Einblicke in das Leben der Eltern, schon geht es wieder zurück nach Malines, schon sind anderthalb Jahre vergangen und die Eltern wieder im Aufbruch nach Spanien.

Eine neue Verlobte
Man erklärt Karl, dass er, der künftige Herzog von Burgund und König von Kastilien und Leon, nun nicht mehr mit Claude, der Tochter des Königs von Frankreich verlobt ist, sondern mit Mary, der Tochter des Königs von England. Die ist vier Jahre älter als er und damit älter als Eleonor. Ist sie damit schon erwachsen? Ob sie wohl französisch spricht? Das Problem der Verlobung ist schnell vergessen über der Ankunft einer neuen Schwester. Marie kommt mit ihren Ammen und Pflegerinnen und bevölkert nun ganz allein die Säuglingsstation, die Karl und seine Schwestern natürlich längst verlassen haben. Ende 1505 bekommt Karl sogar einen Vormund.

Die drei älteren Kinder haben im Palast eine „Vorschule" mit prächtigen Bänken und Büchern um das ABC zu lernen, sie werden in die Religion eingeführt und erhalten erste musikalische Unterweisungen. Marie, knapp zwei Jahre alt, bevölkert allein die Säuglingsstation, denn die Anfang des Jahres in Spanien geborene Schwester Catalina wird dort bei der Mutter bleiben. Marie übernimmt lieber Karls Übungspferd als Eleonors Puppen. So verläuft der Kinderalltag in gewohnten und ruhigen Bahnen - bis im Frühsommer 1507 die Tante das Regiment in Staat und Kinderstube übernimmt.

Die Tante kommt ...
Margaretha wird in Brüssel mit Jubel begrüßt, doch sie lässt sich in ihrem nüchternen Urteil davon nicht beeinflussen und wählt als Sitz ihrer Regierung die kleine Stadt Malines. Sie dokumentiert damit, dass sie nicht Partei ergreifen will für eine der konkurrierenden großen Städte wie Gent und Brügge, Brüssel und neuerdings Antwerpen. Ihr erscheint der Witwensitz der Madame la Grande zu eng und mittelalterlich, sie übernimmt den schräg gegenüber gelegenen ehemaligen Bischofssitz und beginnt sofort, ihn zu einem - für die Niederlande Anfang des 16. Jahrhunderts völlig neuartigen - Renaissancepalast ausbauen zu lassen. Die Kinder bleiben in ihrem Prinsenhof und behalten ihren gemeinsamen Haushalt, für den fortan das gleiche Protokoll gilt, wie am Hofe der Regentin.

... und frischer Wind
Margaretha kommt sofort in Konflikt mit dem früheren Regenten Chièvres, der sich von Maximilian übergangen und von einer Frau ausgebootet fühlt. Erschwerend kommt hinzu, dass Chièvres ganz

den feudalen Traditionen des alten (deutlicher: mittelalterlichen) Burgund verhaftet ist, während Margaretha ganz dem neuzeitlichen Zentralismus mit straffer Verwaltung, die direkt dem Souverän untersteht, anhängt. Ähnlich widersprüchliche Ansichten treffen auch in der Erziehung aufeinander. Während Chièvres die Traditionen und Tugenden eines im Aussterben begriffenen ritterlichen Zeitalters zu vermitteln sucht, steht Margaretha ganz im Bann der neuen, wissenschaftsorientierten Zeit. Ihr Erziehungsideal ist der „uomo universale" der Renaissance, allumfassend ausgebildet in Wissenschaften und Künsten - das gilt natürlich besonders für Karl, aber Margaretha, selbst hochgebildet und persönlich von unbändigem Interesse an allen Errungenschaften der Zeit getrieben, macht da keinen Unterschied zwischen Jungen und Mädchen ihrer Schicht.

Selbst kinderlos ist sie nur zu bereit, all die nicht abgerufene Zärtlichkeit ihrem Neffen Karl (7) und den Nichten Eleonor (8), Elisabeth (5) und Marie (2) zu schenken. Bei den Mädchen trifft sie auf zärtliche Gegenliebe, doch der Neffe bleibt verschlossen und seltsam distanziert.

Gesundheit, Born steter Sorge

Mit mütterlicher Liebe und Fürsorge umgibt Margaretha die Kinder des Bruders. Kann sie sich einen Tag nicht selbst einen Eindruck verschaffen, müssen Chièvres über Karl und die Damen über die Mädchen detailliert berichten. Treten unvermeidliche Kinderkrankheiten auf, füllen sie bis in die kleinsten Einzelheiten die Korrespondenzen mit den Großvätern. Groß ist das Aufatmen, als alle die Masern unbeschadet überstanden haben. Als die Prinzessinnen unmittelbar nacheinander schwer an Pocken erkranken, besonders Eleonor dem Tode näher als dem Leben ist, bringt man Karl schnellstens nach Brüssel, doch die Isolierung kommt zu spät, auch er entgeht der Ansteckung nicht.

Stets finden sich Bemerkungen auch über die kleinsten Fortschritte der Kinder. Maximilian betont immer wieder, dass er den schmächtigen kleinen Karl nur als seinen Erben anerkennen könne, wenn er ein vollendeter Ritter wird. So wird schon in frühen Jahren großer Wert auf die körperliche Ertüchtigung des kränklichen Knaben gelegt. Die damit verbundenen langen Aufenthalte in der freien Natur scheinen ihm gut zu bekommen. Entgegen allen Erwartungen und Prophezeiungen übersteht er trotz aller Krankheiten die Kinderjahre.

Der zukünftige Chef des Hauses

Margaretha fühlt sich - ohne eigene Familie - ganz als Tochter Austrias und ihre Sorge gilt den Kindern des Bruders als Zukunftsgaranten der Dynastie. Bei aller natürlichen Warmherzigkeit findet Margaretha keinen wirklichen Zugang zu Karl. Er ist schon sieben Jahre alt, als er ihrer Verantwortung übergeben wird, und trotz aller Fürsorge und Abschirmung hat er mitbekommen, dass seine Mutter sich nicht immer benimmt, wie man es von einer Herzogin erwartet. Er ist ein ziemlich verstörter Junge, das sieht Margaretha wohl. Doch er ist gleichzeitig der Herzog, in dessen Namen sie Regentin ist, und er ist der zukünftige Chef der Casa de Austria! Sie muss ihn entsprechend achtungsvoll behandeln. Für das Kind Karl ist das vorherrschende Moment seines Seins das Bewußtsein, zum Herrschen geboren zu sein. Diesem Anspruch vor allem muss er sich gewachsen zeigen. Zu gern würde er sich dieser lebendigen, immer fröhlichen fremden Dame nähern, doch er wagt es nicht, weil er weder weiß, wie er es anfangen soll, noch was daraus entstehen könnte!

Repräsentation und Kinderfreuden

So muss Karl mindestens vom Tag seiner Ausrufung zum Herzog an regelmäßig an den Ratssitzungen teilnehmen, die ein Kind ganz selbstverständlich überfordern. Insbesondere, wenn man nach stundenlangen Ausführungen zu Sachthemen, denen er schon aufgrund ihrer Länge nicht folgen kann, von ihm verlangt, zu dem behandelten Thema eine Stellungnahme abzugeben.

Solange Karl und seine Schwestern noch Kinder sind, sind sicher auch repräsentative Feste, wie Staatsempfänge, die einzig veranstaltet werden, um den Gästen einen Eindruck vom Reichtum und der kulturellen Blüte des eigenen Landes zu vermitteln, eher lästig. Sie dauern endlos, alles geht mit gravitätischer Langsamkeit über die Bühne. Ansprachen und Gegenansprachen sind zu zwei Dritteln Floskeln, zu einem Sechstel Höflichkeit und nur ein letztes Sechstel enthält eine Aussage. Doch die weitgereiste Margaretha ist eine Meisterin solcher Veranstaltungen, und der alles beobachtende Karl lernt so in frühester Jugend den Propagandawert solcher pompösen Ereignisse einzuschätzen.

Ein wirkliches Vergnügen sind volkstümliche Veranstaltungen, wie sommerliche Picknicks im Freien, die abends mit Freudenfeuern und Tanz enden, all die Märkte und Kirmessen, an denen das Land so reich ist. Diese nutzt Margaretha, um sich leutselig unter die Untertanen zu mischen und ihnen gleichzeitig die Kinder vorzuführen und denen wiederum ungezwungen natürliches Verhalten inmitten einer Volksmenge beizubringen. Nie tritt sie da in kleiner Begleitung auf, das Volk soll etwas zu sehen und zu bestaunen haben, seinem künftigen Herrscher dabei - fast - zum Anfassen nahe sein. Sie selbst reitet auf prächtig aufgezäumtem Schimmel einher, langsam und majestätisch, sorgfältig gekleidet, wie der ganze Tross reich geschmückt und beritten sein muss, um Macht und Glanz des herzoglichen Hauses zu demonstrieren. Kinder und Damen fahren in Wagen, deren silberne Beschläge im Sonnenlicht und Fackelschein glitzern und glänzen.

Freuden der Kindheit, wie man sie heute kennt, sind rar und deshalb umso großartiger. In dieser Zeit lebt Karl noch mit den Schwestern gemeinsam in einem Haushalt und findet ein besonders enges Verhältnis zu der älteren Eleonor, die ihn voll kindlichem Stolz ein wenig bemuttert. Er liebt es, sie zu erschrecken, indem er das kleine Gespann, das die Tante ihm geschenkt hat, wie ein Wilder kutschiert, bis Eleonor ängstlich kreischt, die kleine Marie dagegen voller Entzücken jauchzt und Elisabeth mit beiden Händen ihre Haube hält und nicht recht weiß, ob sich eine so wilde Jagd für eine junge Dame geziemt.

Jahreszeitliche Vergnügungen

Das bunte Treiben der Jahrmärkte bezaubert nicht nur die Kinder. Da sind die fahrenden Leute mit atemberaubenden akrobatischen Kunststücken und verwirrenden Taschenspielertricks, es gibt tanzende Bären, schnatternde Affen und sprechende Vögel. Händler aus Italien und Spanien bieten arabische Teppiche, indische Seiden und maurische Kleinodien feil. Maler stellen ihre Kunstwerke aus, Buchhändler verkaufen billige Drucke, vereinzelt kostbare Handschriften und immer die neuesten „Bestseller". Goldschmiede stellen auf einem Tisch billigen Kirmestand neben kostbarem Geschmeide aus. Schwierig und lehrreich ist es, echtes von Falschem, Kostbares von Kitsch zu unterscheiden - und überall gibt es überreichlich zu essen und zu trinken.

Im Winter entführen Schlittenfahrten die Kinder in eine Feenwelt, das Eislaufen erfreut sich großer Beliebtheit. Zu Weihnachten gibt es Geschenke, man liebt Mummereien im Karneval, es gibt Familienfeste. 1508 und 1511 ist sogar der kaiserliche Großvater Maximilian dabei. Die Kinder haben ihren festen Repräsentationsplatz bei den Prozessionen im Jahresverlauf und feiern hinterher mit den Leuten von Malines.

Eleonor unterstützt Karl sofort in seiner Begeisterung für Turniere und Jagden, sie applaudiert ihm zu bestandenen Prüfungen. Man lernt gemeinsam reiten und Karl profiliert sich - wie erwähnt - als Kutscher. Neben diesen Vergnügungen erleben die drei älteren Kinder auch die erste Ausbildung gemeinsam.

Die Pflicht ruft

Lange Gedichte müssen gelernt werden, das ist schon recht mühsam. Die Einführung in die Musik macht mehr Spaß. Die Mädchen werden angehalten, mehrere Instrumente zu erlernen. Die begabteste soll Eleonor sein, die mühelos Laute, Violine, Manicordium erlernt und später vor allem das Clavicord exzellent spielt. Auch Marie erweist sich als recht muskialisch, doch da sie sich ab dem zwölften Lebensjahr ganz der Jagd verschreibt, hat sie keine Zeit mehr für die nötigen Übungsstunden. Als Erwachsene wird sie große Begeisterung für ihren Chor aufbringen, der sie sogar auf Reisen begleitet. Auch Karl wird ein außergewöhnlich gutes Gehör und eine ganz passable Singstimme bescheinigt, doch für ausreichenden Unterricht an einem Instrument bleibt keine Zeit. Meist erteilt Margarethas Organist den Unterricht, aber wenn sie Zeit hat, musiziert die Tante auch selbst mit den Kindern.

Während Karl seine frühen körperlichen Übungen absolviert, sollen die Mädchen hausfrauliche Talente entwickeln. Sie lernen sticken auf französische und spanische Art und das Klöppeln flämischer Spitzen. Ungewöhnlich ist vielleicht, dass die Tante selbst sie auch in eine Art Hobby einführt, die Herstellung exquisiter Marmeladen, die sie seit je für ihren „guten Vater Maxi" zubereitet.

Umfassender als Karl werden die Mädchen in die Welt der Literatur und der bildenden Kunst eingeführt. So bringen sie an alle Höfe, zu denen die dynastisch-politischen Zeitströme sie wehen, als selbstverständliche Aufgabe einer hochgebildeten Frau die Befähigung zum Mäzenatentum mit. Oft sind sie dabei, wenn Maler ihre Werke abliefern, sie haben die Sammlungen aus Savoyen betrachtet, die Bibliothek benutzt, den abendlichen Unterhaltungen mit Wissenschaftlern, Studenten und Dichtern gelauscht. Hier wird ihnen das ganze Raffinement, der Luxus und der Glanz eines Renaissancehofes vorgelebt von einer lebensbejahenden Frau mit Herzensgüte und wachem Geist. Die in Malines praktizierte Frömmigkeit ist unkompliziert und unbelastet von den Gewissensqualen der kommenden Jahrzehnte.

Was ist anders in Malines?
Fürstliche und königliche Kinder wachsen an allen Höfen der Zeit im Wesentlichen ohne ihre Eltern auf, das ist nicht ungewöhnlich. Ungewöhnlicher sind schon die Gerüchte, Halbwahrheiten und Sprüche, die ihnen über ihre Eltern, besonders über die Mutter, zugetragen werden, wobei: „The King is dead, the Queen is mad!" noch relativ harmlos ist [und auf englisch zitiert wird, weil es sich da so schön reimt]. Wenige Kinder müssen über ihre Mütter solche Gerüchte über maßlose Liebe, krankhafte Eifersucht und Wahnsinn hören wie die von Malines.

Dennoch, im Vergleich zu anderen Höfen sind die Kindheitsjahre dort trotz der Waisenschaft glücklich vor dem beschriebenen harmonischen Hintergrund und mit dem lebendigen Beispiel der stets aktiven Margaretha vor Augen, die sie „Madame ma tante et bone mère" oder gar „bonne tante et plus que mère" nennen. Sie versteht es, ihnen die hohe Verantwortung bewußt zu machen, in die sie hineingeboren sind, denn die Pflicht des Herrschens und Repräsentierens ist bei allem Amusement und aller Verehrung der Kunst stets gegenwärtig. Oberstes Gebot ist die Hingabe an die Casa de Austria, nach der Tante ernsthafter Überzeugung prädestiniert, die Welt zu beherrschen. Dadurch erhält der Bruder für die Mädchen noch einen besonderen Nimbus, denn er ist der designierte Herr dieses Hauses und so haben sie ihn zu lieben, ihm ihre Wünsche unterzuordnen, der gemeinsamen, überragenden Aufgabe wegen.

Karls erzwungene Maßlosigkeit
Diese Erwartungen erfüllen das Kind Karl zunächst mehr mit Stolz als mit Ängsten, die kommen erst, als er beginnt zu begreifen, was alles von ihm erwartet wird. Zunächst befürchtet er, dass seine körperlichen Kräfte nicht ausreichen könnten, ihn zu einem erfolgreichen Ritter zu machen. Sicher hat man auch ihm, wie allen Kindern der Welt zu allen Zeiten, erzählt, er müsse ordentlich essen, auf dass er groß und stark werde. Doch es liegt nicht allein daran, dass er schon als Knabe einen unglaublichen Appetit entwickelt. Schuld ist eine Deformation seines Unterkiefers. Er leidet an einem extremen Unterbiss, der „eines Fingers Breite übertrifft" und ihm normales Kauen unmöglich macht. Er kann Nahrung nur herunterschlingen, wobei ihm natürlich geschmackliche Nuancen entgehen. Anscheinend versucht er unbewußt, Qualität durch Quantität zu ersetzen. Die Kiefermissbildung kann als Ursache aller späteren körperlichen Leiden - hervorgerufen durch Stoffwechseler-

krankungen - angesehen werden. Bei den Mengen, die er verschlingt, müsste er eigentlich ungeheuer fett werden, aber anscheinend kann der Körper die Nahrung nicht verwerten. Karl wird immer schlank, in Phasen von Krankheit und übermäßiger Anstrengung auch hager wirken. Auch als Junge von sieben Jahren ist er nur von knapp durchschnittlicher Größe und eher zierlich.

Ein Ritter will er werden...

Erstaunlich ist die eiserne Disziplin, mit der Karl sich schon in diesem Alter den körperlichen Übungen unterwirft, die man für nötig erachtet, um aus ihm einen glänzenden Reiter und passablen Turnierer zu machen. Hier entwickelt er den brennenden Ehrgeiz, den er zum Leidwesen Margarethas in den theoretischen Fächern und im Sprachunterricht so oft vermissen lässt. Karl selbst verteidigt seine Schwächen gern mit den großspurigen Worten: „Mein Großvater will, dass aus mir ein Ritter wird, kein Schulmeister!" Wie dieser Spruch vermuten lässt, schwankt der Knabe Karl zwischen Hochmut und Schüchternheit, wirkt immer abweisend und zieht sich oft in kühle Unnahbarkeit zurück. Er verschließt sich auch der Tante, einzig mit seinen Schwestern kann er ungezwungen, oft sogar herzlich umgehen.

... doch studieren muss er auch

Margaretha ist weit entfernt, sich von der Haltung ihres Neffen abschrecken zu lassen. Sie kümmert sich mit der ihr eigenen Vehemenz persönlich um seine Ausbildung. Ausgehend von eigenem Lerneifer und eigener Wißbegier entwirft sie ausführliche Lehrpläne und kontrolliert deren Einhaltung und Erfolg auch schon mal im Klassenzimmer. Da sitzt der Träger all ihrer Hoffnungen im Unterricht mit müden Augen und wegen der Kieferdeformation stets leicht offenstehendem Mund - man könnte ihn glatt für etwas blöde halten. Langsam ist er tatsächlich. Doch er stellt Fragen, solange, bis er verstanden hat, was er auf Anhieb nicht erfasst. Das so Gelernte vergisst er nicht mehr. Besonders nicht, was man ihm über Geschichte beibringt - und das ist im Wesentlichen die Geschichte der Casa de Austria und die Geschichte Burgunds ...

Als die Großmutter den Großvater nahm

Burgund - ein kompliziertes Gebilde
Seinen Vornamen trägt Karl zu Ehren seines Urgroßvaters Charles de Bourgogne, den man „le Térméraire“ (eingedeutscht: Karl den Kühnen) nannte. Burgund war immer ein verwirrender Flickenteppich aus verschiedenen Landschaften, die unterschiedlichen Oberlehensherren unterstanden. Kernland war das Herzogtum Burgund um die Stadt Dijon, die eigentliche Bourgogne. Dies Gebiet war der französischen Krone lehenspflichtig. Die „Franche Comté“ genannte Freigrafschaft Burgund hingegen gehörte zum Heiligen Römischen Reich Deutscher Nation. So unterschiedlich stand es auch um die kleineren Grafschaften und Baronien, die teilweise oder in ihrer Gesamtheit zu verschiedenen Zeiten durch Heirat, Erbschaft oder Kauf zu Burgund gehörten. Erschwerend kam hinzu, dass all diese kleinen und größeren Herrschaften keineswegs ein geschlossenes „Staatsgebiet“ bildeten, sondern durch Einsprengsel voneinander getrennt waren, die teils zu Frankreich, teils zum Reich gehörten.

Die nördlichen Landesteile, die heutigen Niederlande, die die Herzöge Burgunds im Laufe der Zeit hinzugewannen, gehörten einst einem Zweig des bayerischen Hauses Wittelsbach. Daneben gab es auch noch geistliche Gebiete, wie das ausgedehnte Bistum Liège (Lüttich) und die kleineren Bistümer Utrecht und Cambrai, letztlich alles Reichsgebiet. Man darf sich unter Burgund also - fast - alles vorstellen, nur eben kein einheitliches, geographisch zusammenhängendes Land mit einer einheitlichen oder auch nur einsprachigen Bevölkerung.

Da die Bevölkerung nicht nur unterschiedlichen Landschaften entstammte, sondern durch Handel und Handwerk früh den Reichtum der Provinzen begründet hatte, gab es starke Tendenzen, die provinzielle Eigenart und Eigenständigkeit durch Pochen auf alte Privilegien zu bewahren. Hierin lag weiterer - innerer - Konfliktstoff.

Mitte des 14. Jahrhunderts starb der letzte Erbe Burgunds aus dem Hause Rouvres. Damit fiel das Lehen zurück an die Krone. Der französische König aus dem Hause Valois übergab Burgund seinem jüngsten Sohn, Philipp le Hardi, der später vom Kaiser für die zum Reich gehörenden Teile ebenfalls anerkannt wurde. Die Nachfolger entwickelten sich über vier Generationen zu Rivalen der französischen Krone, standen im Hundertjährigen Krieg lange auf Seiten Englands.

Ihre wirtschaftliche Macht ermöglichte es den Herzögen, sich als Förderer von Kunst und Wissenschaften zu betätigen und einen so prachtvollen Hof mit solch verfeinertem Zeremoniell zu entwickeln, dass sie in ganz Europa nachgeahmt wurden. 1430 gründete Herzog Philipp le Bon den Orden vom Goldenen Vlies als Ausdruck der Achtung vor den Traditionen des Rittertums, die für das burgundische Hofleben typisch waren und bleiben sollten. Legendär wurde neben seiner dritten Hochzeit mit Isabella von Portugal, die eine ganze Woche lang Brügge in Atem hielt, vor allem das „Fasanenfest" vom 27. Februar 1454. Als Reaktion auf die Einnahme von Byzanz durch die Türken sollte es zu einem neuen Kreuzzug aufrufen. Der Kreuzzug fand allerdings nie statt, obwohl Philipp le Bon sogar zu einer pompösen Propagandatour ins Reich aufbrach.

Er übergab das Herzogtum schon zu Lebzeiten an seinen Sohn Charles le Térméraire. Dessen Ehrgeiz war unstillbar, er strebte nach der Königskrone für Burgund und wurde auf dem Schlachtfeld von Nancy 1477 Opfer seiner Maßlosigkeit. Seine aller Machtinsignien und Kleidung beraubte Leiche fand man erst zwei Tage nach der Schlacht, halbeingefroren in einer Pfütze. Er war der letzte der großen Herzöge von Burgund.

Gent, Januar 1477

Maria und das Scherbengericht

Karl der Kühne hinterlässt als einzige Erbin seine Tochter Maria. Sie ist knapp zwanzig Jahre alt und steht mindestens kniehoch in den Trümmern der Träume des Vaters, ohne jede Sicherheit, ohne Parteigänger. Maria hat Angst, auch nur einen falschen Schritt zu tun, sie traut sich nicht einmal, eine gerade in Flandern eingetroffene spanische Gesandtschaft zu empfangen. Der burgundische Staat ist aus den Fugen, bis in die Grundfesten erschüttert, und er droht zusammenzustürzen wie ein Kartenhaus. Es gibt keinen Herzog mehr, kein Geld, kein Heer, Zweifel und Schrecken nehmen überall überhand. Selbst der Orden vom Goldenen Vlies, diese Verkörperung der „Idee Burgund" löst sich auf. Maria bleibt nur die Möglichkeit, durch einen starken Ehemann die Herrschaft zu sichern.

Die einst begehrteste Braut Europas...

Es besteht ein vages Eheversprechen mit Maximilian, dem Sohn des Kaisers des Heiligen Römischen Reiches Deutscher Nation, Friedrich III., von vielen abfällig „die Reichsschlafmütze" genannt. Von diesem Kaiser aus dem eher ärmlichen Hause Habsburg wollte Charles le Térméraire den Königstitel im Austausch gegen die Hand seiner Tochter, der reichsten Erbin Europas, ergattern. Als Friedrichs Unterhändler reiste Sigismund von Tirol nach Flandern und brachte einen grünen Papagei mit, der später noch zu literarischen Ehren kommen sollte.

Zu persönlichen Verhandlungen hatten sich die Herren Friedrich und Charles 1473 in Trier getroffen. Da in diesen prunkliebenden Zeiten Glanz und Umfang der Hofhaltung als Ausdruck der wahren Herrschermacht galten, hatten Kaiser und Möchtegernkönig sich gegenseitig zu übertrumpfen gesucht. Dem reichen Burgunderherzog fiel das leicht, er führte seinen Staatsschatz auf 400 Pack- und Prunkwagen mit sich. Der anscheinend so allmächtige Kaiser hingegen musste leihen und schließlich die Stadt in ungewöhnlicher Hast verlassen, angeblich konnte er seine Rechnungen nicht bezahlen. Das überließ er dem Schwiegersohn in spe, und so war das Heiratsprojekt nicht so recht vorangekommen.

Andere Herren hatten Interesse gezeigt: Der König von Aragón warb für seinen Sohn Fernando, der in der ganzen Geschichte noch eine gewichtige Rolle spielen wird. Der Herzog von Lothringen kam persönlich, seine Länder lagen günstig als Klammern zwischen dem „Flickenteppich Burgund". Er schien Maria zu gefallen, doch starb er bald an einer Seuche. Da war Guyenne, Bruder des französischen Königs. Eine enge Allianz mit dem starken Nachbarn erschien dem Adel wünschenswert, aber der Kandidat war klein, mager und hässlich - kein strahlender Ritter. Als Louis XI. 1470 endlich ein Dauphin geboren wurde, scheute er sich nicht, das Baby als Gatten der inzwischen dreizehn Jahre alten Maria anzubieten!

... nun gefährdete Erbin

So ist Maria noch immer unverheiratet, als ihr Vater 1477 fällt. Louis XI., die universelle Spinne, lässt Burgund-Dijon einfach besetzen und startet einen Angriff auf die nördlichen Provinzen. Einige Städte rebellieren, sie verlangen für die Anerkennung Marias als Herzogin zumindest die Gewährung alter Privilegien. Louis unterstützt sie großzügig mit Geld und Argumenten.

Eine glückliche Mischung aus weiblichem Charme und männlicher Entschlossenheit lässt die zwanzigjährige Maria die schwierige Situation meistern. Ihre sicherste Stütze in dieser für sie persönlich sehr gefährlichen Zeit ist ihre englische Stiefmutter, Margaret of York. Marias Mutter Jeanne de Bourbon starb 1465, und so war Maria erste Dame an der Seite des Vaters, als er zwei Jahre später auch offiziell Herzog von Flandern wurde. 1468 kam Margaret, Schwester des englischen Königs Eduard IV., über den Kanal, und ihre Hochzeit mit Charles galt als eines der glänzendsten Feste am daran nicht armen burgundischen Hof. Die neue Herzogin war zweiundzwanzig Jahre jung, klug und gebildet, gewann mit Charme, Witz und echter Freundlichkeit alle Herzen im Flug, auch das der elfjährigen Maria.

Nicht zufrieden damit, Burgund-Dijon eingeheimst zu haben, verlangt Louis XI. nun die Heirat Marias mit dem inzwischen immerhin achtjährigen Dauphin Charles. Der Herzog von Kleve drängt seinen zwar erwachsenen und gut gebauten, ansonsten aber recht missratenen Sohn als Alternative auf. Die Stadt Gent, in der Maria bislang als Mündel lebte, stimmt für den Herzog von Geldern, einen Abenteurer, den Karl der Kühne gefangen setzen ließ, doch Geldern fällt vor Tournai.

Margaret, die man als Herzoginwitwe „Madame la Grande" nennt, bevorzugt gefühlsgemäß eine englische Verbindung, entscheidet sich aber für die Interessen Burgunds und stimmt ihrer Stieftochter zu, die sich an Maximilian, den Kaisersohn, erinnert, der zwar zwei Jahre jünger ist als sie aber inzwischen an allen Höfen den Ruf eines Ritters ohne Fehl und Tadel genießt und auf die Nachfolge im Reich hoffen kann. Wenn jemand die rebellischen Provinzen und den begierigen Nachbarn Frankreich im Zaum halten kann, dann er. Sie schreibt ihm heimlich und bittet ihn um schnellstmögliche Einlösung der Verlobung. Um die nötige Zustimmung der Stände zu erhalten, muss sie das „grand privilège" gewähren, das die Zentralisierungsbestrebungen ihres Vaters und Großvaters weitestgehend rückgängig macht. Nur so kann sie dem „erwählten Freier" Zeit und Gelegenheit verschaffen, anzureisen.

Max naht

- aber langsam, denn Kaiser Friedrichs Kassen sind wieder einmal leer. Da er den Sohn materiell nicht ausstatten kann, erfindet er ihm wenigstens den Titel eines „Erzherzogs" von Österreich.

Friedrich bevorzugt die internationalere Bezeichnung „Casa de Austria“, die sich in der Folgezeit durchsetzt und auch hier benutzt wird. Es dauert zwei Monate, bis man soviel zusammengeliehen hat, dass Max aus Wien abreisen kann. Den jungen Erzherzog stört diese Verzögerung wenig, ist er doch gerade in eine heftige Affäre mit einer schönen Landestochter verstrickt. Vier Wochen später erreicht er Köln, hat aber immer noch kein ordentliches Gefolge.

Gent, Sommer, Herbst und Winter 1477

Madame la Grande greift ein

Ein Hilferuf nach Flandern wird von der Stiefschwiegermutter großzügig mit 100.000 Gulden beantwortet, und so kann der Bräutigam endlich mit 700 Mann in Gent einziehen. Das ist zwar kein angemessenes Gefolge und schon gar nicht das von Maria erhoffte Reichsheer, aber die Männer sind wenigstens ordentlich ausgestattet. Maximilian selbst wird sogar von den kritischen und schlagfertigen Marktfrauen bejubelt. Schmuck schaut er aus, der Maxl in silberner Rüstung (böse Zungen behaupten, er habe sonst keine prächtigen Kleider) auf seinem lebhaften Streitross, das er mit leichter Hand führt.

Amour fou - eine Spezialität der Casa de Austria

So reitet er ein in den damals so prächtigen Prinsenhof von Gent. Maria findet ihn in seiner kecken und leutseligen Lebendigkeit noch viel überwältigender als sie nach seinem Bildnis und Ruf erhoffte. Blitzenden Auges springt er vom Pferd, auch sie übertrifft seine Erwartungen in ihrer schmeichelnden burgundischen Hoftracht, mit hoher Hennin, von deren Spitze der hauchzarte Schleier bis auf die Schleppe des unter der Brust engen Kleides fällt, dessen bis zu den Hüften schmaler und sich dann weitender Rock den Reiz ihres perfekten Wuchses steigert. Ihre dunklen Augen leuchten in freimütiger Bewunderung.

Der ganze Hof sieht voller Freude, dass diese beiden jungen Menschen völlig in der Sprache ihrer Augen versunken sind. Reden können sie zunächst nicht miteinander, denn keiner versteht des anderen Sprache, die ersten Worte wechseln sie in Latein. Doch Maximilian lernt schnell Französisch und Flämisch. Das Feuer, das so offensichtlich vom ersten Moment zwischen den beiden knistert, spricht für das nie verstummte Gerücht, dass sie sich noch vor Mitternacht trauen lassen, um sich nicht mehr voneinander trennen zu müssen, auch nicht für die wenigen Stunden bis zur offiziellen Hochzeit am 19. August.

Austria-Burgund

Es ist nach einer Lesart fünf Uhr morgens, wahrscheinlicher: zur fünften Stunde, also um neun Uhr. Der burgundische Hof, die Begleiter Maximilians, die Vertreter der Stände und die ausländischen Botschafter sind in der Kathedrale versammelt. Dem Rang des Brautpaares entsprechend zelebriert der päpstliche Legat, assistiert vom Bischof von Tournai die Hochzeitsmesse. Den die kirchliche Zeremonie abschließenden Friedenskuss mag dieses Paar mit besonderer Wonne gewechselt haben.

Da das Trauerjahr für Karl den Kühnen noch nicht abgelaufen ist, finden die anschließenden Festlichkeiten im „kleinen Rahmen" statt. Natürlich geht es nicht ohne Tafelfreuden, Wein und Bier fließen reichlich, es wird getanzt und musiziert, es gibt Turniere und Umzüge, das Volk feiert in den Straßen. Am ersten Abend wird das Paar traditionsgemäß von großem Gefolge und mit manch anzüglichem Scherz ins eheliche Gemach geleitet und ist doch irgendwann: endlich allein.

Der Habsburger im Wunderland

Trotz aller Verliebtheit findet Maximilian auch Zeit, den überbordenden Luxus in dem Schloss seiner Braut mit der eher bescheidenen Hofburg seiner Kindheit in der Wiener Neustadt zu vergleichen, vielleicht in den frühen Morgenstunden, wenn Maria noch schläft. Er vertieft sich in die überwältigenden Troja-Tapisserien, die es ihm besonders angetan haben, denn von seinem Vater Friedrich hat er die Überzeugung übernommen, dass das Haus Habsburg (jetzt: Casa de Austria) direkt von König Priamos abstammt.

Nüchtern betrachtet ist Maximilians Abstammung weniger spektakulär. Sein Großvater Ernst, genannt „der Eiserne", ist zwar ein Sohn der Viridis Visconti, eingebracht hat ihm das aber letztlich nur sein südländisches Aussehen. Von der Großmutter, Czimbarka von Masowien, heißt es, dass sie mit dem Daumen einen Hufnagel in nasses Holz schlagen konnte, und einige behaupten, sie habe den vorstehenden Unterkiefer in die Familienphysiognomie eingebracht. Das Stammhaus, die schweizerische Habsburg, geht schon zur Zeit der Großeltern an die Eidgenossenschaft verloren, der Großvater herrscht über Innerösterreich, weswegen er sich auch Österreich oder Austria zu nennen beginnt.

1440 wird Maximilians Vater Friedrich mit fünfundzwanzig Jahren Kaiser. Man wählt ihn, weil seine Hausmacht gering und er deshalb keine Gefahr für die Eigeninteressen der Fürsten sein wird. Bis er sich Heirat und Kaiserkrönung in Rom leisten kann, vergehen dreizehn Jahre. Am 24. Februar 1452 trifft Friedrich in Siena seine Braut, die fünfzehnjährige Eleonore von Portugal. Die Nichte Heinrichs des Seefahrers hat zweiundachtzig Tage für die Seereise von Lisboa nach Livorno gebraucht und kann es kaum erwarten, Kaiserin zu werden und all die Pracht und Herrlichkeit kennen zu lernen, die die Mystik des Mittelalters um das kaiserliche Amt gewoben hat.

In Rom, während der Krönungsfeierlichkeiten, werden ihre Erwartungen vielleicht noch erfüllt, während der Reise nach Neapel zu ihrem dort regierenden Bruder mögen sie andere Dinge beschäftigen, muss doch besagter Bruder mit allem Nachdruck darauf bestehen, dass der achtunddreißigjährige Kaiser endlich die Ehe vor der Abreise nach Wien vollzieht.

In der gegen die Schlösser des Vaters Duarte ärmlichen Hofburg muss Eleonore einsehen, dass sie sich völlig falsche Vorstellungen gemacht hat. Die anspruchsvolle Portugiesin lernt die knausrige Umgebung und den zögerlichen kaiserlichen Gemahl verachten und konzentriert ihre ganze Liebe und Fürsorge auf den einzigen Sohn Maximilian, der am 22. März 1459 geboren wird. Tochter Kunigunde wird von ihr kaum beachtet.

Fest- und Kriegszüge

Auf die Feste zur Hochzeit in Gent müssen die „joyeuses entrées“ in allen Städten und Provinzen folgen. Zuerst zieht der Hof nach Brügge und dann weiter, von Stadt zu Stadt, von Provinz zu Provinz, den ganzen Herbst hindurch. Max nimmt Verhandlungen mit der „universellen Spinne“ auf, einem Waffenstillstand mit Frankreich folgen neue Rüstungen, zwischen den festlichen Einzügen reitet Max immer wieder ins Feld, doch zu einer Entscheidungsschlacht kommt es nicht.

Der Winter bringt etwas mehr Ruhe und andere Vergnügungen wie Eislaufen, das Maria sehr liebt. Maximilian gründet 1478 den Orden vom Goldenen Vlies neu, wird selbst Ordensmeister. Natürlich bietet das den Anlass für ein weiteres großes Fest. Doch während der zunächst auf vierundzwanzig Mitglieder beschränkte Orden zwischenzeitlich auf dreißig erweitert werden musste, finden sich jetzt nur sechs Mitglieder des Hochadels, die bereit sind, die Neugründung Maximilians mitzutragen. Der Adel Burgunds steht keineswegs geschlossen hinter dem neuen Herzog.

Kinder und andere Gründe zur Freude

Zehn Monate nach der Hochzeit, am 22. Juni 1478, bringt Maria einen Sohn zur Welt. Er ist der erste in Flandern geborene Herzog von Burgund. Obwohl gerade wieder im Krieg, feiert man die Taufe des Erben mit großem Prunk. Da Louis XI. Propagandafeldzüge teuren Schlachten vorzieht, hat er verbreiten lassen, bei dem Täufling Philipp handele es sich in Wahrheit um ein Mädchen. Die beherzte Stiefgroßmutter Madame la Grande entblößt deshalb anlässlich der Taufe auf dem Podest vor der Kirche dessen „Männlichkeit“ und zeigt sie triumphierend der gaffenden Menge.

Bald darauf kann Max Frankreich durch seinen mitreißenden persönlichen Einsatz bei Guingate vernichtend schlagen, endlich ein wirklicher, ein entscheidender Sieg, endlich persönliche Reputation für den als Prinzgemahl abgetanen Maximilian! Doch der Waffenstillstand wird bald wieder gebrochen, und da weder die Generalstände noch der Reichstag Gelder bewilligen, ist das junge Herzogspaar gezwungen, zweiunddreißig Gemälde an die Medici-Bank zu verpfänden. Den Kummer um den Verlust der nicht rechtzeitig auszulösenden Pfänder beendet die Freude über die Geburt einer Tochter am 10. Januar 1480 in Oudenaarde. So bekommt auch Brüssel seine prachtvolle Taufe, als die Kleine nach der Stiefgroßmutter Margaretha genannt wird.

Der Freude über die Geburt des dritten Kindes im Herbst 1481 folgt unmittelbar Trauer, der kleine François lebt nur wenige Tage. Doch das ist in dieser Zeit nicht ungewöhnlich, und die Reise nach Mons, zur Versammlung des Kapitels und zur Aufnahme des dreijährigen Philipp in den Orden vom Goldenen Vlies, vertreibt die Traurigkeit bald. Vor der Aufnahme muss der Ritterschlag erfolgen, die Zeremonie hat man dem Kleinen wohl nicht richtig erklärt, denn als der Ordensmeister ihn mit der flachen Klinge an der Schulter berührt, zieht Philipp sein Kinderschwert und geht in Verteidigungsstellung. Es wird ein fröhliches Fest, obwohl auch diesmal nur Teile des Hochadels erscheinen.

Ein Jagdunfall

Maria war von klein auf eine sichere Reiterin und frönte begeistert dem Hauptvergnügen ihrer Kaste, der Jagd, besonders der Falkenjagd. Am 6. März 1482 will der Hof den Vorfrühling zünftig eröffnen. In aller Frühe reitet man gut gelaunt zum Schloss Wynendaele südlich von Brüssel. Hier versammelt sich die Jagdgesellschaft, es ist ein herrlicher Tag, befreit von der Last des dunklen Winters verfolgt Maria den Flug ihres Falken, bemerkt den im filzigen Wintergras verborgenen Baumstumpf nicht, ihr Zelter stolpert und wirft sie in hohem Bogen kopfüber ab. Sie ist bewußtlos.

Das erste, was sie wieder wahrnimmt, ist die besorgte Stimme von Max. Obwohl man ihr die Gefährlichkeit eines Transports klarzumachen sucht, besteht sie darauf, nach Brügge gebracht zu werden. Ihre vierte Schwangerschaft erschwert die Behandlung, doch eigentlich stehen die Ärzte der Zeit inneren Blutungen sowieso hilflos gegenüber. Drei Wochen leidet die Herzogin elende Qualen, bemüht, tapfer zu sein angesichts des Schmerzes, den Max nicht verbergen kann.

Brügge, Ende März 1482

Abschied

Am 24. verabschiedet sie sich von Max und von ihren Kindern, nachdem sie zuvor die Ordensritter und ranghöchsten Herrn um ihr Bett versammeln ließ, um ihnen mitzuteilen, dass sie ihre Kinder als ihre Erben einsetzt und ihren Gatten Maximilian als Regenten bis zu deren Volljährigkeit. In der Nacht des 27. März 1482 stirbt die Stammutter der internationalen Casa de Austria. Ihr Erbe Burgund wird es sein, das Kindheit und Jugend ihres Enkels Karl prägt. Zurück bleibt ein untröstlicher Maximilian, der sich nicht mehr ständig in den Niederlanden aufhalten wird, zurück bleiben vor allem die Halbwaisen Philipp, der künftige Herzog, und Margaretha, die zukünftige Tante Europas. Die Kinder werden als Mündel der Städte Flanderns zunächst in die Obhut Madame la Grandes gegeben.

Margarethas dynastische Kinderehe

Flandern, Anfang 1483

Die Halbweise als Friedenspfand

Noch 1482 entscheidet der Vertrag von Arras über das weitere Leben von Marias Tochter Margaretha. Die Propaganda Louis XI., der nach mehreren Schlaganfällen in einem abgedunkelten Zimmer seiner Lieblingsresidenz Plessis-le-Tours dahindämmert, zeigt noch einmal die gewünschte Wirkung: Gent erliegt dem baren Gelde und überredet die Generalstände, Maximilian zu einem Frieden mit Frankreich zu zwingen. Garant des Friedens soll die Hochzeit zwischen dem dreizehnjährigen Dauphin und der noch nicht dreijährigen Erbin Burgunds sein. Die Stadt feiert den Abschluss des Vertrages, der die Auslieferung Margarethas nach Frankreich bedeutet, wie einen Sieg.

Eine Kommission soll sicherstellen, dass es wirklich einen Dauphin gibt, denn es geht das Gerücht, Louis XI. habe gar keinen Sohn, man wolle ein Kind seiner Tochter, Anne de Beaujeu, als Thronerben unterschieben. Die Kommission überzeugt sich von der Existenz eines wahren Thronfolgers, und im April bricht Margaretha mit großer Begleitung in einer von zwei Pferden getragenen Sänfte auf, um im Land ihres kindlichen Gemahls erzogen zu werden.

Hesdin - Amboise, Frühling 1483

Inspektion der Babybraut

In Hesdin treffen am 11. Mai der burgundische Brautzug und das französische Empfangskomitee aufeinander. Zunächst erschüttert eine modische Revolution die flämische Damenwelt: die Französinnen tragen das Haar unter den Hauben gescheitelt und nicht ausrasiert, wie Margaret of York es vor fünfzehn Jahren als letzten Schrei in Flandern eingeführt hat! Die Damen stehen in starrem Entsetzen, bis die charmante Tochter des Menschenverächters Louis XI. die Situation rettet, indem sie sich formvollendet vor der künftigen Königin verneigt.

Ihre Liebenswürdigkeit hindert Anne de Beaujeu allerdings nicht, die kindliche Braut einer genauen körperlichen Inspektion zu unterziehen, hat man doch in der eigenen Familie genug Beweise körperlicher Degeneration. Nicht nur die Gesundheit des Dauphins gibt zu dauernder Sorge Anlass, die zweite Tochter Louis' XI. ist verwachsen und nicht ehefähig - weswegen der Vater sie bereits im Kindesalter mit Louis d'Orléans, verheiratet hat, dem nach dem Dauphin nächsten in der Thronfolge. Der König kommentierte seinen Coup mit der charmanten Bemerkung: „Die Aufzucht der Kinder aus dieser Verbindung wird nicht viel Geld kosten!"

Nein, die kleine Margaretha weist keinerlei Makel auf, sie ist gerade und kräftig gewachsen und gibt zu den schönsten Hoffnungen Anlass. Das Kindergesicht ist trotz der leicht vorstehenden Habsburgerlippe hübsch und vielversprechend mit seiner hohen Stirn und den wachen Augen. Dennoch sieht Frankreich keinen Anlass, die burgundische Delegation zu einem abendlichen Fest zu laden, was für ernste Verstimmung sorgt, hat man sich doch für noble Staatskleider in erhebliche Kosten gestürzt. Da trägt man die edelsteinblitzende Pracht eben morgens zur Verabschiedung der Erzherzogin und künftigen Dauphine, doch man ist verschnupft - auf burgundischer Seite.

Früher Triumph

Für Margaretha ist die Reise an die Loire als Triumphzug geplant, überall wird sie als Garantin des immerwährenden Friedens gefeiert, armweise bringen die künftigen Untertanen Margeriten, wo immer der Zug anhält. Bis zum 22. Juli dauert die Reise nach Amboise, dann endlich trifft Margaretha ihren „Gatten". Der wirkt ziemlich kläglich, mit seinem unverhältnismäßig großen Kopf, den krummen Beinen und der eingefallenen Brust. Die Heiratszeremonie wird öffentlich auf der Loirebrücke gefeiert. Die dreijährige Margaretha wird auf dem Arm getragen, gibt aber mit klarer Stimme ihr Jawort „per verba de futuro". Anderntags wird die Zeremonie in der Hubertuskapelle im Schlossbezirk wiederholt, und die Kinder müssen den Schwur sprechen „wie man ihn bei der Heirat gibt". Was bedeutet, dass diese Ehe nicht aufzuheben ist, ohne „Schlimmes" gewärtigen zu müssen. Bald nach den Feierlichkeiten beginnt die Erziehung Margarethas zur Königin von Frankreich.

Erziehung einer Dauphine

Ihre Haushofmeisterin und mütterliche Freundin wird Madame de Segré. Margaretha ist von bis zu hundert zur Hälfte kindlichen Hofdamen umgeben, hat eigene Pferde, Hunde und Falken. Sie liebt ihre Menagerie, besonders den grünen Papagei, den einst Sigismund von Tirol ihrer Mutter als Brautgeschenk verehrte. Sie zieht mit dem französischen Hof durch die Schlösser an Loire und Cher, ist stets umgeben vom Feinsten aus Kunst und Kunstgewerbe der Zeit. Man reitet häufig zur Jagd.

Margarethas Erziehung erfolgt nach den Regeln, die Anne de Beaujeu für ihre Tochter Susanne aufgestellt hat. Eitelkeit und Affären sind strickt abzulehnen, aber auch äußerer Zwang, schulmeisterliche Pedanterie und weltflüchtige Prüderie. Die Atmosphäre an Annes Hof ist intellektuell, durchsetzt von Humanismus. Unterrichtet wird Margaretha zusammen mit annähernd gleichaltrigen Kindern der ersten Familien Frankreichs. Die Bildung ist umfassend und zeitgemäß, allerdings hätte sie in Flandern mehr Sprachen gelernt. Flämisch, Englisch oder gar Deutsch hält man in Frankreich für unter der Würde einer zukünftigen Königin. Das Leben in Frankreich ist durchaus glücklich und heiter, zumal am 25. August 1483 der eigenbrötlerische König in Plessis-le-Tours an einer Hirnblutung stirbt und seine Tochter Anne die Regentschaft für den noch minderjährigen Bruder übernimmt.

La petite reine oder: die kindliche Königin

Damit beginnt wieder ein echtes Hofleben in Frankreich - und auch die Feudalherren wittern bessere Zeiten als unter dem pragmatischen Louis XI., der ihre angestammten Rechte rigoros zugunsten der Krone beschnitt. Doch die Herren haben die Zähigkeit und Intelligenz der „am wenigsten verrückten Frau Frankreichs" gewaltig unterschätzt. Anne de Beaujeu schlägt die als „guerre folle" in die Geschichte eingegangene Adelserhebung konsequent nieder. Sie lässt den kleinen Bruder frühzeitig und mit aller Pracht in Reims krönen, und damit ist Margaretha - fast - Königin von Frankreich.

Die energische und staatskluge Regentin (sie ist immerhin erst zwanzig!) wird das erste Vorbild Margerethas. Anne hat die petite reine gern um sich, vielleicht spürt sie gewisse Ähnlichkeiten: beide zeigen früh einen furchtlosen Charakter, einen entschlossenen Willen, einen unersättlichen Tatendrang, die Fähigkeit, exakt zu denken, eindeutige Entscheidungen zu treffen und diplomatisches Geschick. Mit ihrem „Gatten“ versteht Margaretha sich ganz gut, allerdings verkehren sie überwiegend schriftlich miteinander, da sie sich nur bei offiziellen Anlässen sehen. Der Altersunterschied ist für eine gemeinsame Erziehung zu groß. Margaretha genießt es, als kindliche Königin behandelt zu werden. Sie kann eigentlich beruhigt in die Zukunft schauen.

Margaretha bekommt eine Rivalin ...
Doch Anne de Beaujeu erklärt der Bretagne den Krieg, und alles kommt ganz anders. Die Bretagne ist seit 845 unabhängig gewesen, verhandelte mit Frankreich wie ein souveräner Staat. Der Herzog schuldete dem französischen König nur die „kleine Huldigung“. Anfang September 1488 stirbt der letzte Herzog, der ein etwas kompliziertes Privatleben mit einer offiziellen und einer inoffiziellen Familie führte. Er hinterlässt als Erbin seine zwölfjährige Tochter Anna, für die natürlich ein Ehemann, der sie vor der Begehrlichkeit Frankreichs schützen kann, hilfreich wäre.

... die Vater Maximilian heiratet ...
Die Herzogin der Bretagne „wählt“ schließlich Margarethas Vater Maximilian, der 1486 zum römischen König gewählt und gekrönt wurde und nach dem Tode seines Vaters Kaiser werden wird. Die Hochzeit „per procuratione“ findet am 17. Dezember 1490 statt.

Die Heirat „per procuratione“ ist in königlichen Häusern als Sicherung des Vertragsabschlusses üblich, da zur persönlichen Heirat oft lange und gefährliche Reisen - meist der Braut - erforderlich sind. So bekräftigt man den Abschluss eines Heiratsvertrages, indem ein Abgesandter des jeweils fernen Partners den anderen vor Ort in Stellvertretung formell ehelicht. Dazu wird das Gelöbnis getauscht und anschließend die Konsumption der Ehe simuliert, indem Mann und Frau sich auf ein Prunkbett setzen und kurz die entblößten Unterschenkel aneinanderlegen. Bei Anna de Bretagne lässt Maximilian sich durch den jungen Grafen Pohlheim vertreten, von dem pikanterweise die Fama wissen will, er sei zeitweilig sein Mignon gewesen. Die nächsten zwölf Monate werden alle Akten in beider Namen gezeichnet.

... und es sich anders überlegt
Nun umschließt Austria „wie ein gefräßiges Maul“ ganz Frankreich. Charles de Valois ist inzwischen als VIII. seines Namens König und volljährig. Er reagiert auf die Heirat mit einer neuerli-

chen Kriegserklärung an die Bretagne und zieht selbst an der Spitze seiner Truppen in Nantes ein. In den verlassenen Appartements der geflohenen Herzogin gewinnt er ein persönliches Interesse an der jungen Dame und wird sein eigener Brautwerber. Dass sowohl er als auch Anna verheiratet sind und noch dazu mit Vater und Tochter, interessiert ihn nicht, beide Ehen sind noch nicht konsumiert worden, lassen sich also juristisch noch lösen.

Alles hängt von einer persönlichen Begegnung ab. Die wagt der König Ende Oktober 1491 in Rennes. Alles entwickelt sich in seinem Sinne. Anna hat den nie gesehenen Gatten Max mehrfach vergebens um Hilfe angefleht, doch der ist mit Aufständen in den Niederlanden befasst. Ihre anderen Verbündeten, Kastilien und Aragón, liegen vor Granada im Entscheidungskampf.

Vor kurzem wollte Anna noch zu Maximilian fliehen, um die Ehe zu vollziehen und damit unauflöslich zu machen, nun überlegt sie es sich angesichts dieses Jünglings anders. Sie beschließt, mit ihm, der sie mit Waffen erobert hat, die Ehe einzugehen, sobald er seine Angelegenheiten geregelt hat. Natürlich amüsiert man sich am französischen Hof über den doppelt dupierten Maximilian, wie man es auch Jahre zuvor tat, als seine Untertanen in Brügge ihn kurzerhand gefangensetzten.

Margaretha wird verstoßen ...

An einem kalten, nebligen Wintertag erreicht der Sendbote des Königs Amboise, um zu bestätigen, was die Gerüchteküche schon lange verbreitet: der König will die Kinderhochzeit mit der Tochter Austrias und Burgunds auflösen, um Anna zu heiraten, die der Krone die Bretagne einbringen wird. Margaretha ist elf Jahre und wirkt nicht mehr kindlich. Sie ist groß und weiter entwickelt als andere Mädchen ihres Alters. Sie ist meist ernst und nachdenklich, doch ihre lebendigen blauen Augen können auch recht ausgelassen funkeln. Ihr Teint ist perfekt, und ihre üppigen, goldblonden Haare sind eine Krone, die sie mit natürlicher Anmut trägt. Man liebt sie in Amboise für ihren freundlichen, durchaus bestimmten, aber immer höflichen Tonfall, auch dem geringsten Diener gegenüber.

Nun droht sie die Fassung zu verlieren, will sich der Madame de Segré in die Arme werfen und ihren Tränen freien Lauf lassen. Doch ihr Stolz lässt es nicht zu, dass man sie schwach sieht. Sehr gerade richtet sie sich auf in ihrem prunkvollen Hofkleid einer Königin von Frankreich und sagt: „Ich hoffe, dass Gott dem König diesen Eidbruch verzeiht. Ich für meinen Teil und mit mir Burgund, wir werden ihn nie vergessen!“, und als sei nichts weiter geschehen, wendet sie sich ihren Damen zu und bittet sie, ihr zu folgen, ihr sei jetzt ein wenig nach Musik zumute.

Melun, Dezember 1491 - Mai 1493

... und schließlich Geisel!

Am 13. Dezember findet die Hochzeit Charles' VIII. mit Anna in Langeais statt, doch Margaretha muss noch zwei Jahre in Frankreich ausharren, da es Charles sehr schwerfällt, ihre Mitgift, die Provinzen Artois und Franche Comté, an Maximilian zurückzugeben. Da es nicht angeht, dass sie mit ihrer „Nachfolgerin" unter einem Dach lebt, richtet man ihr einen bescheidenen eigenen Hof in Melun ein. Sie vertreibt sich die Zeit mit Studieren, Dichten und Malen.

Angeblich trifft sich Charles auch noch einmal mit ihr, um ihr seine Beweggründe männlich selbst darzulegen. Sicher ist, dass sie vierzehn Tage nach der Hochzeit dem jungen Königspaar begegnet, und es ist ihr zu wünschen, dass sie Charles VIII. nun ohne verklärende Brille sieht: klein, dickbäuchig, krummbeinig, mit Melonenkopf und Stilaugen, ungebildet (er war als Kind so kränklich, dass man seinen „armen Kopf" nicht noch mit Wissen belasten wollte) und fast ungehobelt im Benehmen. Neben ihm die dunkle Bretonin: unscheinbar, finster blickend, klein und hinkend, wirkt sie - obwohl drei Jahre älter - wie ein Kind gegen die fast zwölfjährige, große und schlanke Margaretha mit ihrer goldblonden Mähne.

Die Verstoßung erlebt Margaretha als den tiefsten und prägendsten Schmerz ihrer Kindheit, die damit zugleich abgeschlossen ist. Sie entwickelt aus dieser Verletzung einen Zynismus, den sie später durch Humor abmildern kann und der so zu einer ihrer attraktivsten Eigenschaften wird.

Doch dann verlockt Italien! Zu gerne würde Charles VIII. den von den Anjou-Vorfahren herrührenden Anspruch auf Neapel einfordern. Dazu braucht er Frieden mit Maximilian, und so kommt es endlich im Mai 1493 zum Vertrag von Senlis. Er vollzieht eine klare Trennung der burgundischen Erbmasse: Das alte Stammland, die Bourgogne fällt zurück an die französische Krone, dafür anerkennt Charles die Herrschaft der Casa de Austria über die Länder des Nordens, von der Freigrafschaft bis Holland. Diesem Kompromiss im großen Stil kann Maximilian zustimmen und seine Tochter daraufhin Frankreich verlassen.

Melun - Flandern, Mai 1493

Endlich!
Margaretha genießt die Heimreise mit allen Sinnen. Etwa 120 Personen geben ihr das Geleit, an der Spitze Louis von Orléans, der nächste in der Thronfolge, solange Charles und Anna keinen Sohn haben. Einige Damen reisen in Sänften, andere zu Pferde, an den Chausseen stehen die Menschen Spalier, um die schöne Margaretha zu sehen. Einige halten ihren König für schön blöd, diese wunderschöne und gesunde Flämin für die kleine und hinkende Herzogin der Bretagne aufgegeben zu haben, andere bewundern sein „Pflichtgefühl" der Krone gegenüber. Margaretha scheint die Schmach, eine verstoßene Braut zu sein, überwunden zu haben. Sie plaudert unablässig mit den Damen und Herren ihrer Begleitung.

An einem Spätnachmittag erscheinen am Horizont die Flügel einer Windmühle in den schrägen Strahlen der Sonne, und darunter blinken Waffen und leuchtend die Farben Burgunds. Margaretha ist wieder zu Hause, es ist der Geleitzug, den Vater und Bruder ihr entgegen geschickt haben. Eine tränenreiche Begegnung: Begrüßung durch die Burgunder, Abschied von den Franzosen. Am Abend reiten die Freunde der Kindheit zurück, und sie muss ihre Tränen abwischen und sich neuen Anforderungen und ihrer Ahnen würdig erweisen.

Flandern, Ende Mai 1493 - Dezemeber 1495

Entdeckung der Heimat ...
Zwei Tage später trifft sie in Valenciennes Madame la Grande wieder, die in der kurzen Spanne zwischen dem Tode der Mutter und der Abreise nach Frankreich Mutterstelle an ihr vertrat und dies nun wieder tun will. Am Morgen jubelt das Volk „Noëlle! Noëlle!", doch Margaretha gebietet herrisch Schweigen, zu oft hat sie diesen Ruf in Frankreich gehört! Sie befiehlt der Menge „Vive la Bourgogne!" zu rufen und gibt damit quasi die Parole für den Rest ihres Lebens bekannt, denn darauf wird sie von nun an in den unterschiedlichsten Positionen ihr Trachten richten: Volle Wiederherstellung der Ehre Burgunds.

Natürlich hat man ihr schon in den letzten zwei Jahren in Frankreich immer wieder gesagt, dass sie noch genug Freier haben werde und vielleicht noch eine glanzvollere Partie auf sie warte als die, Königin von Frankreich zu werden. Doch während die Verhandlungen um ihre Hand laufen, mal mit England, mal mit Spanien, verbringt Margaretha einige ruhige Monate an der Seite von Madame la Grande in Mons und Cambrai. Bei der alten Dame findet sie wirkliche Nähe und fundierte Kenntnisse über die Zusammenhänge europäischer Politik. Späterhin wird Margaretha Stiefgroßmutter York immer wieder in Malines besuchen.

Ihre Erziehung wird vervollständigt, neben höfischen Handarbeiten hat sie Unterricht in Musik und Tanz, Malerei und Rhetorik und lernt vor allem Sprachen: Flämisch, Englisch, Spanisch und Latein. Margaretha wird für die Maler, Musiker und Poeten zu einer Art Kultfigur, immer wieder findet man ihr Konterfei auf Bildern und Tapisserien. Sie liebt die Musik, spielt selbst mehrere Instrumente, versucht sich gern in der Dichtkunst, hat schon in Frankreich ihre Damen mit eigenen Poemen unterhalten. Sie lernt ihre Heimat in den folgenden drei Jahren kennen und lieben, das oft raue Wetter, die Städte mit den steil aufragenden Kathedralen, die Bürgerhäuser mit den stolzen Fassaden und Nagezahngiebeln, die Feste, die man hier zu feiern versteht. Bei offiziellen Auftritten bezaubert sie ihre Landsleute mit ihrem strahlenden Lächeln und gewinnt deren Bewunderung, Respekt und Zuneigung.

... und der Familie

Auch ihre Familie lernt sie erst jetzt kennen. Der Bruder, seit dem Tode der Mutter Herzog, ist etwas großspurig und frühreif, betrachtet die Frauen als Spielzeuge seines Vergnügens, nicht als Gesprächspartner. Sie kann ihm nicht wirklich nahekommen, doch sie mag ihn sehr. Jetzt, mit sechzehn soll er für großjährig erklärt werden und die Staatsgeschäfte künftig selber leiten. Das alles wird mit einer unendlichen Folge von feierlichen Einzügen in seine Städte und Provinzen, mit Festgelagen, Bällen, Turnieren und Jagden verbunden sein. Dazu hat auch Vater Maximilian sein Kommen angekündigt. Margaretha reist ihm nach Maastricht entgegen, um mit ihm zu sprechen und die Stiefmutter kennenzulernen, bevor die offiziellen Auftritte beginnen.

Im August 1493 ist der Großvater, Kaiser Friedrich III., gestorben und Maximilian sein Nachfolger geworden. Anfang 1494 heiratet er die zwar nicht ganz ebenbürtige, aber mit einer hochwillkommenen Mitgift ausgestattete Bianca Maria Sforza und führt sie am 18. August 1494 mit einem prächtigen Einzug in Antwerpen bei seinen niederländischen Untertanen ein. Große Nähe ist auch zu dem etwas unsteten, sprunghaften aber liebenswerten Phantasten Maximilian nicht zu erreichen, doch sie lernt von ihm in großen politischen Zusammenhängen zu denken.

Exkurs: Große Heiratspolitik
Die Reconquista
Diese „großen Zusammenhänge" sollen Margaretha nur allzubald auch persönlich betreffen. Schon mehrfach hat der große Ehestifter Maximilian auf eine spanische Verbindung spekuliert. Eigentlich existiert „Spanien" nicht wirklich. Seit berberische Mauren fast die ganze iberische Insel erobert hatten, war die Reconquista die Bestimmung der dortigen Christen. Ausgehend von den nie eroberten rauen Küstengebirgen Galiziens und Asturiens hatten die christlichen Heere, Kreuzfahrer im eigenen Land, die islamischen Eroberer Burg um Burg und Schlacht um Schlacht nach Süden zurückgedrängt. Der Kampf gegen den Islam war die heilige Pflicht der Herrscher der zunächst kleinen Königreiche, die sich auf dem rückeroberten Land bildeten. Anfang des 12. Jahrhunderts wurde zunächst Portugal selbstständige Grafschaft, dann Königreich. 1130 wurde Alfons III. kurzfristig Kaiser aller christlichen Staaten der iberischen Halbinsel, doch sein Reich zerfiel durch Erbteilung. Hundert Jahre später verband sich Kastilien endgültig mit Leon, etwas später vereinten sich Aragón und Katalonien.

Aragóns Interessen wandten sich in der Folge dem Mittelmeer und seinen Inseln zu, auch die Herrschaft über Sizilien und Neapel wurde gewonnen, verloren, zurückgewonnen. Bis Mitte des 13. Jahrhunderts hatte Kastilien auch Andalusiens Städte und Burgen erobert, nur das maurische Königreich Granada blieb mit der Küste von Gibraltar bis Almeria und in nördlicher Ausdehnung bis kurz vor Jaen bestehen, war aber dem König von Kastilien tributpflichtig. Die Reconquista kam für gut 200 Jahre zum Stillstand, die Königreiche Portugal, Kastilien, Aragón etablieren sich auf Dauer. Die natürlichen Grenzen hinderten die Begehrlichkeit äußerer Feinde, nur das kleine Pyrenäenreich Navarra und das Küstengebiet Roussillon sind Anlass immer wiederkehrender Auseinandersetzungen zwischen Aragón und Frankreich.

Isabella und Fernando
Durch unerwartete Todesfälle und eigene Tatkraft erringt im Dezember 1474 Isabella von Kastilien die Krone. Bereits im Oktober 1469, als ihre Thronfolge nur wahrscheinlich, keineswegs sicher war, hat sie unter abenteuerlichen Umständen Fernando, den Infanten von Aragón geehelicht, da ihr klar war, dass man eine un-

verheiratete Frau auf dem Thron nicht dulden würde. Nun kann sie durchsetzen, dass sie und ihr Gemahl jeweils nur nominell auch Herrscher des Reiches des jeweils anderen sind. Eine Vereinigung der spanischen Reiche kommt für sie nicht in Frage. Sobald ihre Herrschaft in Kastilien und die Fernandos in Aragón gefestigt ist, kennt sie nur noch ein Ziel: Wiederaufnahme und Vollendung der Reconquista! Fernando unterstützt sie darin voll, wenn auch weniger aus religiöser Inbrunst. Als Granada fällt und im Januar 1492 vom letzten Maurenherrscher übergeben wird, verleiht der Papst ihnen den Ehrentitel: los Reyes Católicos.

In ihrer überschäumenden Freude über den gemeinsamen Sieg, spricht Isabella noch einmal mit einem belächelten Bittsteller namens Cristobal Colon. Beseeligt von der Aussicht, eine unendliche Zahl von Heiden in Asien, das Colon von Westen erreichen will, zum wahren Glauben leiten lassen zu können, gewährt sie ihm drei Schiffe und die erbetenen Privilegien. Am 3. April 1492 stechen die Caravellen Santa Maria, Pinta und Niña von Palos aus in See. Am 12. Oktober erreicht Colon eine Insel, die er San Salvador nennt. Die Fahne, die er neben dem Kreuz aufpflanzt, ist die Kastiliens.

Nebenbei: eine veritable königliche Familie

Trotz alledem erfüllt das Königspaar auch mehr oder weniger eifrig, auf jeden Fall erfolgreich, seine dynastischen Pflichten. Bereits im Jahr nach ihrer Hochzeit wird ihr erstes Kind, eine Tochter, Isabella die Jüngere geboren (Duenas, 1. Oktober 1470). Nach einer hier nicht zu klärenden Pause von acht Jahren wird das elterliche Glück durch die Geburt des Thronfolgers Juan von Kastilien und Aragón gekrönt (Sevilla, 30. Juni 1478). Ein Jahr später, am 6. November 1479, schenkt Isabella in Toledo einem weiteren Mädchen das Leben, Juana (ihretwegen muss dies alles erzählt werden!). Ihr folgen in den Jahren 1482 und 1485 zwei weitere Mädchen, Maria (in Cordoba) und Katharina von Kastilien und Aragón (in Alcala de Henares). Die Geburtsorte wurden bewußt jedesmal angeführt, weil sie klarstellen, dass Isabella ihre herrscherliche Arbeit wegen Schwangerschaften nicht unterbrach, jemand soll einmal etwas salopp gesagt haben, dass sie ihre Kinder im Galopp verlor.

Die Kinder sind eigentlich immer mit der Mutter unterwegs, sind Zeugen großer und kleiner Ereignisse, die die Herrschaft der Eltern festigen, sie leben in den Zeltstädten, die den Hof bei Belagerungen beherbergen, einmal wird eine solche in Brand geschossen, alle Kleider und Habseligkeiten verbrennen …

Gemeinsame Interessen

Nach Granada findet Fernando von Aragón wieder mehr Zeit, sich seinen „insularen" Besitzungen im Mittelmeer zu widmen. Durch die Lage an der Ostküste der iberischen Halbinsel waren die Interessen Aragóns von je her auf das Mittelmeer und seine Inseln gerichtet. Deswegen ist Fernando auch nicht so sehr wie Isabella an der „Westerweiterung" interessiert. Nach der Vertreibung der Franzosen während der sizilianischen Vesper (1282) hatte sich Fernandos Vorfahre Pedro III. Siziliens bemächtigt. Seither war das Staufererbe ein ständiger Zankapfel zwischen den Häusern Anjou und Aragón. Nun droht der französische König sein Anjouerbe erobern zu wollen und bedroht gleichzeitig Mailand, das zum Reich gehört.

Deshalb findet Maximilian, inzwischen „Erwählter Kaiser" des Heiligen Römischen Reiches Deutscher Nation, weit geneigtere Ohren, als er erneut mit einem Heiratsprojekt an die Reyes Católicos herantritt. Und weil doppelt bekanntlich besser hält, vereinbart man gleich eine Doppelhochzeit: Maximilians Tochter Margaretha soll den Infanten Juan, Isabellas Tochter Juana Philipp den Schönen ehelichen, der seine Erblande bereits mehr oder weniger selbstständig regiert. Inzwischen sind die Verhandlungen soweit gediehen, dass Margaretha Juan „per procuratione" heiraten soll.

Malines , 5. November 1495 oder:

Desinformation eines Schneiders

Bei der „Trauung" kommt es zu einem kleinen Eklat, denn man hat den Vertreter des Infanten, Rioja, wohl nicht richtig über das Zeremoniell aufgeklärt - oder der hat seinem Schneider nicht gesagt, zu welchem Anlass er die extra prächtigen Pumphosen tragen will. Als er sich mit Margaretha in Stellvertretung seines Herrn auf dem Prunkbett niederlassen soll, um symbolisch durch Berühren der entblößten Unterschenkel die Ehe zu vollziehen, nesselt er, in Ermangelung einer Öffnung in Wadennähe, den Bund seiner Hose auf und ist im Begriff, sie fallen zu lassen. Nur das unbezwingliche, herzhafte Lachen Margarethas, in das alle erlöst einstimmen, rettet die Situation und den Staatsakt. Während der parallelen Veranstaltung in Valladolid ging es sicher nicht so fröhlich zu.

Die „amour fou“ schlechthin: Juana und Philipp

Laredo, Frühsommer 1496

Isabella lässt sich nicht lumpen
Schon die „per procuratione“- Trauungen im November 1495 (für Juan und Margaretha) und im Februar 1496 (für Philipp und Juana) in Valladolid lässt Isabella mit einem bis dahin in Kastilien unbekannten Prunk zelebrieren. Doch das sind nur innerspanische Veranstaltungen, richtig aufgetrumpft werden muss erst, wenn die Tochter in die Welt hinaussegelt, um im fernen Norden die Größe Kastiliens zu demonstrieren. Deswegen fährt sie mit Juana nach Laredo, um die Abreise vor Ort zu organisieren. Das Haus, in dem die Königin und ihre Tochter in diesen Monaten leben, steht noch heute, kurz unterhalb der Kirche, eine Tafel an der Hauswand kündet davon.

Der größte Trousseau aller Zeiten
130 Schiffe werden gebraucht, um Juana, ihre Begleitung und ihr Hochzeitsgut zu transportieren. Kein europäischer Staat verfügt in dieser Zeit über eine so große Flotte, deshalb müssen Schiffe angemietet werden. Dennoch bleibt der Platz für die 20.000 Personen, die Isabella als unerlässlich betrachtet, beschränkt. Hunderte von Kammerherren, Ehrendamen, Höflingen, dazu Schildknappen, Schatzmeister, Kapläne, Schreiber, Pferdeknechte und Dienstboten zählen zu Juanas Hofhaltung. Von den Höflingen hat wieder jeder seinen eigenen „Hof“, allein der Kommandant des Geschwaders, Federico Enriques, führt ein Gefolge von 450 Personen mit. Für sie alle braucht man Unmengen von Vorräten, erwähnt werden: 50.000 Heringe, 1.000 Hühner, 10.000 Eier, 400 Fässer Wein. Es gilt zu bedenken, dass die Dauer einer Reise von der Biskaya in die Niederlande ungewiss war. Die schnellste, die im hier behandelten Zeitraum vorkommt, dauert acht Tage, die längste drei Monate, allerdings ist da ein sturmbedingter Aufenthalt zur Schiffsreperatur in England mit eingerechnet.

Mutter und Tochter
Die Organisation eines solchen Exodus braucht selbst bei einer erfahrenen Logistikerin wie Isabella ihre Zeit. Der Hafen von Laredo ist fast zu klein für all die Schiffe, Vorräte und Menschen, die Tage sind so prall mit Arbeit gefüllt, dass Mutter und Tochter einander kaum sehen. Das haben sie ohnehin selten getan. Die Königin ist immer beschäftigt, und irgendwie ist ihr diese Tochter auch nicht angenehm. Früher hatte Juana engen Kontakt zu ihrer älteren Schwester, seit deren Rückkehr als Witwe aus Portugal und dem Rückzug in eine fast krankhafte Frömmigkeit, beschränken sich Juanas weibliche Kontakte fast ausschließlich auf ihre maurischen Dienerinnen, sie lebt quasi in einem Harem, allerdings einem ohne Sultan.

Juanas Verhältnis zur Mutter ist ambivalent: einerseits bewundert sie die tatkräftige Herrscherin in ihr und ist immer bemüht, sich so zu verhalten, wie die Mutter es erwartet, braucht dazu aber meist eine Person, die ihr die Wünsche der Mutter „übersetzt", denn andererseits fühlt sie sich der Frau Isabella überlegen, von der sie weiß, dass sie unter den ständigen Affären des Vaters leidet. Ihre Dienerinnen haben ihr erklärt, dass eine Frau einen Mann nur mit Hingabe und erotischem Raffinement zu begeistern und zu halten vermag. Die Mutter verhält sich da vollkommen falsch mit all ihren Eigenmächtigkeiten, dem Bestehen auf Eigenständigkeit ihrer Herrschaft über Kastilien. Streng betrachtet, steht sie in einem völlig unweiblichen Wettstreit mit dem Vater.

Den Vater hingegen liebt Juana heiß und innig, mit ihm kann sie lachen und scherzen, aber auch über - fast - alles reden. Nur hat er viel zu selten Zeit für sie. Sie hofft so sehr, dass er noch nach Laredo kommt, sich von ihr verabschiedet. Die Tage werden zu Wochen, endlich kommt ein Brief, … doch es ist keine Ankündigung seiner Ankunft, es ist ein kühler Abschied.

Laredo, 18. August 1496

Abschied und Erwartungen
Endlich sind die Schiffe beladen, ist jedem sein Platz zugewiesen. Nun gilt es, endgültig Abschied nehmen von der Familie und der vertrauten Welt. Die fromme Schwester Isabella hat eine erbauliche Rede über die „unendliche geistige Gnade", die man in einer christlichen Ehe erfahren kann, eingeübt. Der Vortrag steht so im Widerspruch zu allem, was Juana von ihrem „Harem" dazu erfahren hat, dass ihr die Verwirrung förmlich ins Gesicht geschrieben

steht. Außerdem hat sie Angst vor dem Meer, vor all dem Fremden, das sie erwartet.

Isabella erkennt, dass sie dies verwirrte Kind von sechzehn Jahren so nicht fahren lassen kann und verbringt zwei Tage mit der Tochter an Bord. Doch was die Mutter zu sagen hat, vergrößert nur die Last auf der Seele der unsicheren Juana, es sind nur Ermahnungen: Sie muss im Norden stets für die Größe Kastiliens einstehen, sic soll über alles, was sie hört und sieht, stets exakt an die Mutter berichten, damit sie als kastilische Königin den größtmöglichen Vorteil aus dieser Verbindung ziehen kann.

Politikerin oder Ehefrau?

Nie dürfe Juana die Gebote der Kirche vernachlässigen, mahnt Isabella, auch wenn man so manches höre, dass es in den Niederlanden damit nicht so genau genommen werde. Ihre wichtigste Aufgabe sei es, den flämischen Hof auf die Seite der neuen Dynastie Tudor in England zu bringen, denn ihre Schwester Katharina werde bald den Thronfolger Arthur heiraten. Sie müsse dabei diplomatisch geschickt vorgehen, denn die Madame la Grande genannte Margaret of York spiele als ehemalige Erzieherin des Herzogs noch immer eine bedeutende Rolle bei Hofe. Selbstverständlich seien deren Sympathien immer noch bei den verstreuten Anhängern ihres Hauses. An ihr, Juana, sei es, die verständliche Aversion Burgunds gegen die Tudors zu überwinden. Verzweifelter und unsicherer denn je schaut Juana zurück auf die Bucht von Laredo, als die Schiffe am 20. Juli 1496 endlich ablegen. Wäre doch nur der Vater gekommen und hätte er ihr gesagt, was er von ihr erwartet!

Während der zunächst ganz angenehmen Fahrt durch die Biskaya versucht sie, sich ihrem Beichtvater anzuvertrauen. Das scheint ein bodenständiger Mann zu sein, denn er löst ihre Zunge mit Jerez, „den zu trinken keine Sünde ist, wenn man Heimweh hat". Sie gesteht ihre Verwirrung, weil sie nicht weiß, wie sie sich zwischen den Forderungen der Mutter und den sehr wahrscheinlich ganz anders gearteten des zukünftigen Gatten entscheiden soll. Der Standpunkt der Kirche sei eindeutig, erklärt der Priester, eine Frau ist zuallererst dem Gatten verpflichtet.

Portland, September 1496

Eine Seefahrt ist nicht immer lustig

Je weiter die Flotte nach Norden kommt, desto ungemütlicher wird die Reise. Beim Umfahren der Bretagne muss man gewärtig sein,

Opfer französischer Kaperschiffe zu werden. Um dem vorzubeugen, kapert man kurzerhand zwei bretonische Schiffe. Im Kanal schlägt das Wetter um, Sturm kommt auf, es regnet unablässig, solch nasse Kälte kennt man in Innerspanien nicht! Die widrigen Stürme erzwingen eine Notlandung an der englischen Küste bei Portland. Bei den Anlegemanövern rammt das Admiralsschiff eine kleine Karavelle in den Grund, neugierig schaut man den Rettungsbemühungen zu.

Juana genießt die zwei Tage auf der terra firma von Portland Castle. Die Adligen der Umgebung lassen es sich nicht nehmen, ihr ihre Aufwartung zu machen, und ausnahmsweise genießt sie das, bis das Wetter eine Rückkehr auf die Schiffe zulässt. In den flachen, flandrischen Gewässern muss sie auf ein kleineres Schiff umsteigen, irgendwie geht ausgerechnet die Caracca, die den größten Teil ihrer Aussteuer und ihre Festkleider geladen hat, verloren. Juana ist erschöpft, verzweifelt und erkältet, als sie in Vlissingen anlandet.

Vlissingen, 16. September 1496

In einem fremden Land ...
Da man klugerweise den Kurier, der ihre Ankunft in den Niederlanden ankündigen soll, gleichzeitig mit der Flotte losgeschickt hat, ist man dort auf die Ankunft einer solchen Menschenmasse in keiner Weise vorbereitet. Dennoch empfängt sie eine vage vertraute Person in ihrer neuen Heimat, eine ehemalige Hofdame ihrer Mutter, Maria Manuel, die einen der Bastarde von Burgund geheiratet hat. Dieser Dame bleibt es vorbehalten, Juana zu erklären, dass nicht nur kein angemessener Empfang vorbereitet ist, sondern dass - viel schlimmer noch - der Bräutigam am fernen Bodensee weilt, um dort für Vater Maximilian den Vorsitz beim Reichstag zu führen oder - nach anderer Lesart - sich mit dem Vater bei der Gamsjagd in Tirol vergnügt. Wie grauenhaft, denkt Juana, nur ab ins Bett und nichts mehr hören und sehen, nicht mehr denken müssen!

Inzwischen hat man beschlossen, dass die Zeit bis zur möglichen Ankunft Philipps genutzt werden soll, um der zukünftigen Herzogin die Schönheiten ihrer neuen Heimat zu zeigen. Man muss noch ein paar Tage verweilen, bis die Schiffe entladen sind, und als man endlich nach Bergen-op-Zoom weiterzieht, hat das Herbstwetter ein Einsehen, es ist warm und die Sonne scheint. Schaulustige säumen den Weg, auffallend ist sofort der freimütige

Umgang zwischen Männern und Frauen, Knaben und Mädchen. Verwirrend ist auch die Landschaft: Diese regengrünen, fetten Wiesen erscheinen Juana und ihrer spanischen Begleitung total unwirklich, die Erde der abgeernteten Felder ist braun und scheint vor Fruchtbarkeit und Nässe zu glänzen. Die Kühe sind erschreckend groß und fett, ein an der Landwirtschaft interessierter Begleiter ist erschüttert von der Menge Milch, die sie geben. Immer wieder ist das Land von Kanälen durchzogen, flache Kähne tragen unbekannte Lasten in ständigem Strom, auch auf den Landstraßen ist der Verkehr - im Vergleich zu Spanien - unglaublich dicht. Zu jeder Tageszeit sind hier die Menschen geschäftig unterwegs. Auch in den kleinsten Orten überrascht die Anzahl der Brunnen.

... mit seltsamen Speisen und Sitten!

Da gibt es fremdartiges Gemüse, sie nennen es Blumenkohl, die Speisen sind alle schwer und erscheinen den an scharfes Würzen gewöhnten Spaniern seltsam fad, Juana wird müde davon. Was für eine Unsitte, ausgelassenen Speck statt Olivenöl zu verwenden! Es gibt weder Reis noch Mandelspeisen, der Wein ist bitter, die Menschen hier trinken den ganzen Tag Bier. Welche Mengen sie essen und trinken ist schier unglaublich!

Man sieht Liebespaare in der Öffentlichkeit Händchen halten, Männer und Frauen sitzen an der Tafel in bunter Reihe, die Frauen reden und trinken ungeniert, ja sie sollen auch in der Ehe nahezu gleichberechtigt sein. Einfach skandalös! Ihr fällt auf, dass man im Straßenbild im Vergleich zu ihrer Heimat viel weniger Priester sieht und erfährt voller Verwunderung, dass es in den Niederlanden keine Inquisition und keine Zensur gibt, dass selbst Priester von der Kirche indizierte Bücher lesen. Welch ein Sodom und Gomorrha !

Philipp als Politiker

Da Juana die ehemalige Hofdame Maria Manuel immer wieder mit Fragen nach Philipp dem Schönen löchert, ist diese es bald leid, immer wieder seine körperlichen Vorzüge, seinen Charme und seine ansteckende Lebensfreude zu beschreiben. Sie geht dazu über, von seinen politischen Maximen zu berichten. Der junge Regent hat deren drei: Erstens: Gute Beziehungen zum mächtigen Nachbarn Frankreich. Zweitens: Innerer Frieden durch Einheit der Provinzen. Drittens: Strikte Wahrung der Neutralität der Niederlande als Pufferstaat zwischen Frankreich und dem Reich. Ihm ist sehr an einem guten Auskommen mit Frankreich und England gelegen. Dabei ist er immer bemüht, sich von den ausgreifenden Plänen und manchmal Phantastereien seines Vaters zu distanzieren. In die schon erwähnten Konflikte mit Frankreich wegen Oberitalien will er nicht hineingezogen werden, und er beeilt sich, dem französischen König Charles VIII. zu versichern, dass seine Hochzeit mit der spanischen Infantin an seiner freundschaftlichen Haltung zum Lilienthron nichts ändern wird. Aus dem Streit zwischen Valois und Aragón, Neapel und Sizilien betreffend, werde er sich auch weiterhin heraushalten.

Was die Dame dabei auslässt, ist die allgemein bekannte Tatsache, dass all dies weniger dem nicht sehr originären Kopf des jungen Herzogs entsprungen ist, dem man mit leichtem Spott den zweiten Beinamen „croit conseil“ (der den Ratgebern glaubt) gegeben hat, seit er selbstständig regiert. Es handelt sich bei der beschriebenen Politik schlicht um die seiner Berater, denen er die Alltagsgeschäfte des Regierens nur zu gerne überlässt, um sich höfischer Geselligkeit, der Jagd und vor allem: den Damen zu widmen.

Anvers, Anfang Oktober 1496

Ein jubelnder Empfang

Um die Infantin während der Zeit des Wartens auf den Bräutigam bei Laune zu halten, beschließt man, ihr schon mal einen „joyeuse entrée“ in Anvers auszurichten. Anvers/Antwerpen ist eine kluge Wahl, denn hier gibt es die in den alten flandrischen Städten - wie Brügge - übliche Ablehnung der Casa de Austria nicht. Maximilian hat die Schelde ausbaggern und einen modernen Hafen anlegen lassen. Es werden nun täglich an die hundert Schiffsladungen gelöscht, und die Stadt ist längst dabei, Brügge den Rang abzulaufen.

Man ist hier eher weltläufig als provinziell, und so wird dem Zug der künftigen Herrscherin mit echter Begeisterung zugejubelt, als sie und ihre Damen in spanischer Tracht und auf Maultieren in die Stadt einreiten. Die bei solchen großen Einzügen üblichen Allegorien zeigen Juana zu Ehren auch Szenen aus der Reconquista und von der Übergabe Granadas. Um zu zeigen, wie sehr man die bevorstehende Heirat ihrer Schwester Katharina mit dem Kronprinzen Arthur von England begrüßt, gibt es Bilder aus der Artussage, natürlich werden auch die großen Momente der Geschichte Burgunds nachgestellt. Scheinbar teilt sich die Herzlichkeit dieses Empfanges der sonst eher spröden Juana mit, denn sie antwortet freimütig und mit dem ihr eigenen Wortwitz auf die Begrüßungsansprache.

Die Damen der neuen Familie
Hier begegnet Juana auch erstmals Madame la Grande, der Stiefgroßmutter und Erzieherin ihres Gemahls und seiner Schwester Margaretha, die vor drei Jahren aus Frankreich zurückgekehrt ist. Die Schwägerinnen sind gleichaltrig, und Margaretha wird mit ihrem liebenswürdigen Charme die eher scheue Juana etwas aufgetaut haben und nur zu gerne die Fragen nach dem Bruder beantworten.

Nach einigen Empfängen und Festessen ziehen die Damen gemeinsam mit sich stetig vergrößerndem Gefolge in Richtung Malines. Man hat Nachricht von Philipp, der so schnell es irgend geht nach Norden reitet. Voraussichtlich wird man sich in Lierre/Lier treffen. Trotz heiteren Geplauders mit der Schwägerin steigt die gespannte Erwartung Juanas fast unerträglich. In wenigen Tagen wird sie ihm begegnen, dem Helden ihrer manchmal schwülen Träume seit sieben Jahren. Wird er mit ihr zufrieden sein? Sie ist so anders als diese großen, üppigen, blonden Frauen mit ihren provozierend hochgeschnürten und oft nur nachlässig bedeckten Brüsten. Wie ein Kind kommt sie sich manchmal vor neben diesen junonischen Gestalten. Die fast klösterliche Stille des ihr zugewiesenen Quartiers in einem Stadtpalais in Lierre kann ihr Gemüt ein wenig besänftigen.

Lierre, 20. Oktober 1496

amour fou
Das Treffen des Paares scheint von der Inszenierung her eine Wiederholung der ersten Begegnung zwischen Maria und Maximilian zu sein: Ein staubiger Reiter erstürmt den Hof des Palais, in aller Eile stellt sich der spanische Hofstaat um seine Herrin auf. Dunkelblond ist der Prinz, gut gewachsen, nicht ganz so groß wie sein Vater, die Nase lang und schmal, die Lippen etwas zu voll, doch sie verbergen den Zustand seiner Zähne, wenn er lächelt. Er ist das lebendig gewordene Traumbild. Juana ist wie paralysiert, verhält mitten im Schritt, als ihr Blick ihn erfasst.

Er stürmt auf sie zu, ergreift ihre kalte, schmale Hand mit dem festen, warmen Griff seiner als schön gerühmten Hände und ist überwältigt von der Fremdartigkeit dieser kleinen, zierlichen Person, die auf den ersten Blick kindlich wirkt, in deren starren, dunklen Augen unter den schweren Lidern aber doch ein Versprechen um das Wissen aller Leidenschaft liegt. Nicht eigentlich schön ist dieses schmale Gesicht, die Stirn eine Spur zu hoch (vielleicht rasiert man in Spanien immer noch den Haaransatz?), die schmale, gerade Nase eigentlich zu lang, der an sich wohlgeformte Mund ein wenig zu klein … doch alles zusammen ergibt mit dem dicken, dunklen Haar eine Fremdartigkeit von faszinierendem Reiz, unterstrichen noch von der aufrecht-gespannten Haltung, die sie fast vibrieren lässt.

Er hat keine Geduld mehr für die Etikette, die verlangt, dass ihm ihr gesamter Hof vorgestellt wird. Seine Augen ziehen sie aus, während irgendwie Menschen vorbeidefilieren. Die Macht der körperlichen Anziehung ist so groß, dass sie sich ohne ein Wort an den Händen fassen und sich von den verdutzten Höflingen entfernen. Irgendwie müssen sie sich verständigt haben, denn plötzlich ist ein Priester da, es ist ein Spanier. Sie ist es, die auf der Stelle die Trauung verlangt, er kann diesem Spanier weder de jure noch de facto den Befehl gegeben haben, denn er spricht kein Spanisch, sie allerdings beherrscht das Französische fast so perfekt wie ihre Muttersprache. Auf offener Straße findet die Einsegnung statt. Nur mit dem Segen dieses unbekannten Kaplans, ohne Zeremonie, ohne begleitende Zeugen ziehen sich die beiden in ein Gemach des für Juana bereitgestellten Hauses zurück.

Eine entflammte Braut

Ein postnuptales Laken ist bei diesen beiden nicht nötig, so deutlich ist die Wandlung Juanas am nächsten Tag. Nichts Schroffes, Abweisendes mehr in ihrer Körperhaltung, weich, fließend und langsam, fast lasziv sind ihre Bewegungen. Sie hat ihr Schicksal in diesem Mann gefunden, der ihre Sinne weckt und ihre Träume schwindelerregende Wirklichkeit werden lässt. Ihr ganzes Wesen steht in Flammen, für sie wird in Zukunft nur Realität besitzen, was sich auf ihn bezieht, ihre Leidenschaft kennt keine Grenzen, keine Kompromisse.

Und Philipp? Er ist fasziniert von dieser Wandlung, die er sich zu Gute hält, von einem scheuen, verschlossenen Mädchen zu einer fordernden Frau, gleichermaßen schamlos in Verlangen und Hingabe. Ihn erfüllt ein Stolz, der - wie immer bei ihm - von Eitelkeit nicht frei ist. Wird er der Bedingungslosigkeit ihrer Leidenschaft gewachsen sein?

Doch das sind Fragen der Zukunft, zunächst gilt es zu feiern. Die offizielle, öffentliche Trauungszeremonie muss nachgeholt werden, Feste müssen gefeiert, Gastereien gehalten, Bälle getanzt und Turniere geritten werden. Traditionsgemäß feiert auch das Volk: 1200 Liter Wein werden auf das Eheglück des Herzogspaares getrunken, die tanzwütigen Niederländer bringen die Brücke über die Nerthe zum Einsturz. Sie feiern eben anders als die Spanier, das ganze Leben ist einfach viel sinnlicher, und Juana genießt in diesen Tagen die für sie neue Freiheit, daran teilhaben zu dürfen.

Ein Wintermärchen

Auf Wogen des Glücks absolviert das junge Paar die Reisen von Stadt zu Stadt, lässt sich feiern und genießt immer wieder die nächtlichen Rencontres unter der Abgeschiedenheit des Alkovenhimmels. Juana sieht nun das ihr und ihren Spaniern so fremde Land mit anderen Augen: Es ist SEIN Land, und schon darum ist es schön und gut. Doch wirkliches Interesse bringt sie nicht auf, sie sieht die Verhältnisse nicht mit den Augen des ihr auch gegeben scharfen Verstandes, sie versucht gar nicht, die so freundlichen und großzügigen Menschen ihrer neuen Umgebung wirklich kennen und einschätzen zu lernen oder gar sie für sich zu gewinnen.

Sie genießt nur das tägliche Zusammensein mit ihrem Traumprinzen, nur seine Person erfüllt ihr Universum. Zwar hat sie inzwischen die durchaus vorhandenen körperlichen Mängel bemerkt, seine schlechten Zähne (in jenen Zeiten ein allgegenwärtiges und nicht zu kaschierendes Übel), weiß um seine Sportverletzung am Knie, die immer wieder seine Kniescheibe herausspringen lässt, doch der furchtlose Ritter lehnt sich dann nur lässig an eine Wand und renkt sie wieder ein.

Die Niederländer empfangen das Paar mit echter, herzlicher Freude, hatten sie doch gefürchtet, die Tochter der allgemein als ungemein resolut und pragmatisch eingeschätzen „größten Königin ihrer Zeit“ könne Philipp dazu bringen, sich ernsthaft seinen Regierungspflichten zu widmen und sein laissez-faire beenden. Doch nein, solange er sich derart für seine junge Frau begeistert, lässt er seine Ratgeber weiter gewähren, ihr guter Philipp „croit-conseil“ und das ist die Hauptsache.

Ein Gespräch unter Schwägerinnen

Von der Hochzeit Margarethas per procuratione wurde berichtet. Bevor sie nach Spanien aufbricht, führt sie - eventuell - ein Gespräch mit Juana. Es ist morgens, Juana lässt sich von ihren Damen frisieren. Sie scheint ganz dem Genuss des sich Kämmenlassens hingegeben. Kaum scheint sie der Schwägerin zuzuhören, die sie in ihrer ungezwungenen Art nach ihrem Bräutigam Juan befragt. Plötzlich schaut sie amüsiert auf die blonde Schwägerin, bricht in ein seltsam provozierendes Gelächter aus, ein Lachen ohne Freude, eher voller Triumph, es ist Margaretha unheimlich, am liebsten würde sie ihre Frage zurücknehmen. „Ich kann Dir nicht sagen, was für ein Ehemann mein Bruder Dir sein wird ...", wieder lacht Juana ... Margaretha errötet, macht unwillkürlich eine abwehrende Bewegung, versucht zu erklären, dass ihre Frage nicht darauf abzielte. Doch Juana fährt unverwandt fort: „Du wirst es wahrscheinlich nicht schlechter treffen als ich, denn mein Bruder ist ein hübscher, fröhlicher Junge, intelligent und distinguiert. Allerdings hat die Natur ihn nicht so kräftig und widerstandsfähig gemacht, wie unseren Vater Fernando oder meinen schönen Gemahl. Er kränkelt oft. Du wirst sehr auf seine Gesundheit achten und stets daran denken müssen, ihn mit amourösen Übungen nicht zu sehr zu erschöpfen!" Wieder ertönt das provozierende Lachen Juanas.

Margaretha kann dies Lachen nicht länger ertragen, fluchtartig verlässt sie den Raum, zieht sich in ihr Zimmer zurück. All die anzüglichen Bemerkungen, die von der Dienerschaft mit Wonne kolportiert werden und die sie bisher geflissentlich überhört hat: Getuschel von befremdlichem, zügellosem Verhalten fällt ihr wieder ein, Juana habe einen unersättlichen Appetit im Bett, soll ihr Bruder sich beklagt haben, ein solches Verhalten sei nicht normal ..., sie will das alles ganz schnell vergessen.

Die Schatten des Glücks
fallen vor allem auf die spanischen Seeleute, die eigentlich sofort wieder aufbrechen und Margaretha zu ihrem Gatten bringen sollten. Doch den ganzen Winter ist der Hof so mit Glücklichsein und Feiern beschäftigt, dass die Abreise immer wieder verschoben wird. Es gibt keine Unterkünfte für die Seeleute, für Grundnahrungsmittel werden exorbitante Preise verlangt, Soldzahlungen erfolgen, wenn überhaupt, sehr unregelmäßig. Gegen die ungewohnte Kälte haben viele nicht einmal wärmende Decken, sie sterben an Erkältungen. Andere treibt ihr Stolz und die prekäre Situation in tödliche Raufhändel, viele verhungern, weil die Niederländer zuletzt gar keine Nahrung mehr verkaufen. Juana weiß von all dem nichts oder es interessiert sie nicht, jedenfalls tut sie nichts, um das Los ihrer Landsleute zu erleichtern. Im Januar 1497

wird Margaretha endlich nach Spanien aufbrechen und die Flotte wieder auslaufen. In diesem einen Winter in den Niederlanden sollen an die 9.000 Spanier aus Flotte und Hofgesellschaft zu Tode gekommen sein.

Margarethas spanische Ehe

Vlissingen, 22. Januar 1497

Mal wieder ein Abschied - für immer?
Der Hof hat es sich nicht nehmen lassen, Margaretha zu begleiten. Nach Wochen und Monaten voller Nebel und Regen strahlt die Sonne auf den Schnee, der die Dächer der Häuser überpudert. In langer Reihe vom Schloss bis zum Hafen stehen die Mitglieder des Hofes und die Schaulustigen. Margaretha winkt der Menge und: „Es lebe Margaretha! Es lebe Burgund! Es lebe Kastilien!", klingt es aus tausend Kehlen. Sie lächelt und wirft Kusshände. Sie geht an Bord des Admiralsschiffes, in langer Linie liegt die Flotte am Kai. Der Kapitän meldet, dass man bereit zum Auslaufen ist, sobald Madame es befiehlt.

Er ist also da, der Moment des Abschiedes, teilt sich auch der Menge mit, die plötzlich verstummt. „Im Namen Gottes, legt ab!", tönt die Stimme des Kommandanten in die Stille, der Ruf wird von den anderen Kapitänen aufgenommen, klingt den Kai entlang. Klatschend fällt der kalte Wind in die sich entfaltenden Segel. Alle tragen ein riesiges rot-schwarzes Kreuz. Während die Schiffe nacheinander ablegen und ins freie Fahrwasser gleiten, branden die Vivatrufe noch einmal auf und übertönen das „Salve", den traditionellen Auslaufgesang der spanischen Seeleute.

Lange schaut Margaretha zurück auf die Küstenlinie, die Häuser werden spielzeugklein, zuletzt verschwimmt das Fort zu einem dunklen Punkt ... wird sie je zurückkehren in dieses Land, das sie lieb gewonnen hat in diesen knapp drei Jahren? Sie wendet sich dem Horizont zu, dem prächtigen Schauspiel der Flotte, die scheinbar mühelos dahinjagt, verliert sich im Zischen des das Wasser schneidenden Schiffskörpers, im Knattern und Rauschen des Windes in Segeln, Fahnen und Wimpeln, möchte immer weiter so dahingleiten, immer schneller, immer weiter.

Doch schon nach zwei Tagen zieht anderes Wetter auf, und die Flotte muss Schutz suchen im Hafen von Southampton. Fürsorglich hat Isabella von Kastilien für Tochter und Schwiegertochter beim englischen König, mit dem sie immer noch in Verhandlungen um die Hand ihrer jüngsten Tochter steht, um Obdach gebeten, sollte das Meer eine von ihnen an seine Küsten verschlagen.

Unfreiwillige Zwischenspiele
Margaretha hat keine Freude an der Gastfreundschaft der Engländer, die sie mit allerlei Kurzweil zu unterhalten bemüht sind. Sie will endlich nach Spanien, zieht jede Gefahr weiterer Warterei vor. Auf ihr Drängen versucht man, am 12. Februar auszulaufen, dann noch einmal am 21. Endlich ist es sonnig, der Wind steht gut, sicher umfährt man die Bretagne. Denkt sie an die kleine Herzogin, die ihr die Krone nahm? Eingesperrt in eine muffige Kabine hält sie es nicht aus, verbringt die Tage an Deck: Sie wird nicht müde, die Weite des Horizontes, das unermüdliche Heranrollen der See und die Arbeit der Seeleute mit ihren gleitenden Bewegungen zu beobachten. Nicht alle teilen ihre Freude an der Seefahrt, die meisten ihrer Damen erbrechen und seufzen den ganzen Tag, sehr lästig!

Im Golf von Gascogne steht sie wieder an Deck. Seit Mittag hat sich das Bild gewandelt, immer höher türmen sich die Wolken, verbergen den Sonnenuntergang. Um Mitternacht bricht der Sturm los. Alle rechnen mit ihrem baldigen Ende. Margaretha ergreift die Gelegenheit, sich einen Grabspruch zu reimen, natürlich auf französich, dessen anmutigste Übersetzung bei Tritsch lautet: „Hier ruht Margaretchen, das hochedle Mädchen, das zwei Gatten erwarb und als Jungfrau verstarb!". Wider alles Erwarten übersteht ein Großteil der Schiffe - unter ihnen das Margarethas - den Sturm.

6. März 1497, Santander oder:

In einem neuen, alten Land
Margarethas Flaggschiff erreicht nach fünf Tagen die Küste bei Santander, einige Schiffe der Flotte sind schon da, andere kommen noch, wieder andere landen in San Sebastian an. Man hatte sie eigentlich in La Coruña erwartet, doch die Kunde verbreitet sich an der ganzen Küste mit Windeseile. Ein lärmender Triumphzug begleitet sie zum Palast des Gouverneurs. Die Menge skandiert ihren Namen und den des Infanten, bis sie sich auf dem Balkon zeigt. Man überschüttet sie mit Blumen, Heiligenbildern und Bewunderung, der Chronist schwärmt: „Man meint, Venus selbst zu sehen!"

Da man sie in La Coruña erwartet hat, beschließt man anderntags, dem Empfangskomittee unter König Fernando und Infant Don Juan entgegenzureisen. Obwohl einige Schiffe untergegangen und bei den anderen manches Stück der Ladung verloren gegegangen oder unbrauchbar geworden ist, braucht man für den Transport der verbliebenen Ausstattung immer noch 120 Maultiere.

Wie menschenleer und karg erscheint das Land gegen das üppige Flandern, doch die Luft ist warm wie dort allenfalls im Mai, die Sonne scheint wie im Sommer, noch ist es nicht zu heiß. Am 11. März wird gemeldet, dass Fernando und sein Sohn in Sichtweite sind. Margaretha lässt halten und macht in der Sänfte auf freiem Feld Toilette so gut es eben geht. In einer halben Stunde wird sie ihren Ehemann kennen lernen, um den seit Monaten ihr ganzes Denken kreist! Ihr bleibt gerade noch Zeit, die Sänfte zu verlassen, da ist der Zug der Spanier auch schon zum Halten gekommen, und aus dem Halbkreis des verharrenden Trosses lösen sich zwei Gestalten und kommen auf sie zu. Hinter ihrem Rücken sind ihre Begleiter noch bemüht, eine ihrem Rang entsprechende Aufstellung einzunehmen.

Fernando, der König

Der größere Mann zieht mit seiner Erscheinung alle Blicke auf sich: Das muss der König sein, in seinem schweren, goldenen Panzer! Die Gestalt neben ihm ist kleiner und zierlicher, trägt keine Rüstung, sondern ein dunkles Gewand in Schwarz und Rot, wirkt wie ein Student und muss doch der Prinz sein, denn beide haben den gleichen, durchdringenden Blick, die gleiche Vornehmheit der Haltung. Zwei Schritte vor Margaretha bleiben sie gleichzeitig stehen und versinken in eine tiefe Reverenz.

Natürlich spricht der König zuerst: „Endlich seit Ihr angekommen, Madame! Möge Eurer Ankunft auf spanischen Boden ein langer und glücklicher Aufenthalt folgen!“ Fernando hält sich sehr aufrecht, stützt sich leicht auf sein Schwert aus Toledo. Mit Erstaunen sieht Margaretha, dass sein Gesicht dunkelbraun gebrannt ist wie das eines Mauren, seine Züge sind ernst und starr, doch ein Flackern in seinen Augen zeugt von einem inneren Amusement, dessen Ursache ihr nicht ganz klar ist. Er behandelt seine gerade angekommene Schwiegertochter genau wie jeden Gesandten einer fremden Macht, der sich vorstellt. Vielleicht ist das Flackern ja Ausdruck der Freude über den angenehmen Anblick, den sie bietet. Soviel versteht sie schon: Das ist ein Mann, der Frauen mag.

Juan, der Infant

Fast vergisst sie daneben den Prinzen, der inzwischen mit einer offensichtlich auswendig gelernten Rede zum Lobe ihrer Schönheit begonnen hat. Das gibt ihr Zeit, auch ihn genauer zu betrachten, ohne unhöflich zu erscheinen. Letztlich gefällt ihr sehr gut, was sie sieht. Zuerst fällt seine Blässe im Gegensatz zum Teint des Vaters auf. Sie hebt aber auch die zarte Schönheit seiner Züge hervor, die elegant geschwungenen Augenlider, beschattet von noch kindlichen Wimpern. Seine delikat geformten Lippen geben beim Sprechen schöne Zähne frei, er hat gelernt, seinen Unterbiß so gut es geht zu kaschieren. Die feinen, distinguierten Linien des jungen Gesichtes lassen ihn wie eine Mischung aus jungem Gelehrten und Engel erscheinen. Seine Blässe wirkt nicht fahl, bei näherer Betrachtung scheint es, als werde er von einem inneren Licht erleuchtet.

Plötzlich weiß sie mit der Kraft ihrer siebzehn Jahre, dass sie diesen sensiblen und schüchternen Jungen leidenschaftlich liebt. Er hat nichts Kränkliches und Schwächliches an sich, wie sie nach den kryptischen Äußerungen Juanas seit Wochen befürchtet hat. Er ist nicht der überwältigende Ritter ihrer Backfischträume, aber gerade seine Zartheit und die Intelligenz, Geradlinigkeit und Gutmütigkeit, die aus seinem Gesicht leuchten, der Charme, mit dem er seine kleine Rede vorträgt, nehmen sie restlos für ihn ein. Ist das die Ursache für das amüsierte Funkeln in Fernandos Augen? Hat er vom ersten Augenblick geahnt, dass passieren wird, was er nun in dem offenen jungen Gesicht der Schwiegertochter liest, der alte Connaisseur?

Infantin Margaretha
So in ihre Betrachtung vertieft, verpaßt Margaretha den für eine Antwort schicklichen Augenblick. Erst als das Schweigen lastend wird, versinkt sie ihrerseits in eine tiefe Reverenz. Fernando hat während der Rede des Sohnes die Handschuhe abgestreift, nun ergreift Margaretha spontan seine Hand und küsst sie voll Ehrerbietung, tut das gleiche bei Don Juan, sofort und bevor Fernando irgendwie reagieren kann. Mit dieser charmanten Geste hat sie Vater und Sohn und die versammelten Höflinge im Sturm erobert. Sie brechen in begeistertes Klatschen aus, und dann ertönen die Hochrufe, die erst abklingen, als Fernando den Musikanten eine Wink gibt, zu spielen.

Der Prinz ergreift ihre Hand und hält sie lange und zärtlich. Nach einem Imbiss setzt man gemeinsam die Reise durch Altkastilien fort, reitet von Burg zu Burg. In Burgos erwartet Königin Isabella mit ihren Töchtern Isabella, Maria und Katharina, die Schwiegertochter. Hier soll die Semana Santa im Kloster verbracht werden, bevor am Ostertag die feierliche Trauung in der Kathedrale stattfinden wird.

Burgos, Ostern 1497

Der Hochzeitstag
Margaretha kann sich nicht konzentrieren, weder auf ihre Gebete, noch auf Gott, noch auf die bevorstehende Zeremonie. Alles ist so verwirrend, diese Menschen so stolz und distanziert, so voller Licht und Schatten. Nie hat sie eine so überwältigende Kirche gesehen wie diese Kathedrale mit ihrem barbarisch verschwenderischen Silberaltären, die vom Boden bis zur Decke in schwindelnder Höhe reichen. Nie kam sie sich in einer französischen oder flandrischen Kirche so klein und verloren vor, immer passte dort auch der Mensch ins Maß.

Seltsam abgespalten fühlt sie sich bei der kirchlichen Zeremonie unter der Leitung von Bischof Cisneros, nicht Hauptperson, sondern Beobachterin, irgendwo von fern oben schaut sie sich und Juan zu. Sie will endlich mit ihm allein sein! Er bringt mehrere Stunden täglich im Gebet in seiner Privatkapelle zu. Sie kann nicht beten seit sie hier ist. Irgendwann hört sie ihn und sich „Ja!" sagen in unwirklicher Stille und weiß, was es bedeutet. Es ist endlich geschehen, nun gehören sie einander an. Doch der Priester fährt fort. Musik erklingt, Gesang jubelt. Die Zeremonie scheint endlich beendet. Alles erhebt sich.

Nun heißt es in feierlichem Zug durch die Stadt fahren und die überschwenglichen Glückwünsche des Volkes in gleißender Sonne entgegennehmen. 40.000 sollen sie auf der Plaza vor der Kathedrale erwarten, raunt ihr eine Stimme ins Ohr. Nie hat sie eine solche Menschenansammlung gesehen. Die Hochrufe erschallen den ganzen Weg bis zum Innenhof des Palastes. Nun gratulieren die Schwiegereltern, und 2.000 geladene Gäste setzen sich zur Tafel. Fünfzig Gänge werden serviert, acht Stunden wird das Bankett dauern. Bis in das Schloss dringt der Lärm das Volkes, das in den Straßen feiert und auf den Plätzen aus dem königlichen Schatz gespeist wird. Der Wein fließt in Strömen. Der Abend kommt, und die Dunkelheit wird überglänzt vom silbernen Schein der Feuerwerke überall in der Stadt. Schön müsste es ausschauen, käme man jetzt über die fernen Hügel geritten.

Die Hochzeitsnacht

Immer wieder hat Margaretha sich den ganzen langen Tag nach dem Alleinsein mit Juan gesehnt. Nun zögert sie das traditionelle Auskleiden durch allerlei kleine Wünsche künstlich hinaus. Schließlich lässt man sie in dem prachtvoll ausgestatteten Brautzimmer allein. Achtarmige Leuchter erhellen die Bettstatt, in einem Gefäß verbrennen Duftstoffe und verbreiten einen Hauch von Orient. Sie glaubt, es nicht ertragen zu können, wenn Juan jetzt auftaucht und betet das Gebet ihrer Kindheit: „Lieber Gott, mach, dass er nicht kommt!“ Wiederholt es und in diesem Moment wird zweimal zart an die Tür gepocht. Er ist da. Gott hat sie nicht erhört. Was soll sie nur tun? Tausend wirre Gedanken streifen durch ihren Kopf, sie will sich erheben und wird sich bewußt, dass ihre Damen sie in einem Nachtkleid zurückgelassen haben. Das ist zwar ein bodenlanges, reich mit Spitzen verziertes Hemd, doch die Zartheit des Stoffes und die Tiefe des Dekolletés verbergen nichts. Ihr Schamgefühl lässt sie unwillkürlich nach einem Mantel suchen, sie will sich verhüllen. Doch alle Kleidung ist verschwunden, vielleicht in den Truhen verstaut. Ein zweites, immer noch sanftes Klopfen ertönt, von fern klingt Festlärm. Sie hat angenommen, auch Juan werde im Nachtgewandt erscheinen, doch er trägt noch das Zeremoniengewand des Tages. Ihre Bekleidung oder besser: Nicht-Bekleidung scheint ihn stocken zu lassen.

Plötzlich, als sie sein sanftes Gesicht im vollen Licht der Kerzen sieht, wird ihr klar, dass er genauso verwirrt und beunruhigt ist wie sie selbst. Sehr leise sagt er, er sei gekommen, ihr eine gute Nacht zu wünschen, und während er fortfährt, es sei doch wahrlich ein anstrengender Tag gewesen, und er habe volles Verständnis, wenn sie nur müde sei und die Nacht allein verbringen wolle, er könne sich sofort zurückziehen, betrachtet sie seine Augen, überschattet von den fast femininen Wimpern, und ihre Ungeduld wandelt sich in bisher nicht gekannte Zärtlichkeit. Sie bemerkt sogar einen Hauch von Schweiß an seinen Schläfen.

Margaretha beachtet ihr heftiges Herzklopfen und das Zittern ihrer Hände nicht mehr und sagt, er solle sich um sie keine Sorgen machen, sie sei seine Frau und erwarte nichts anderes, als an seiner Seite zu schlafen. Zu groß ist seine Erleichterung, um sie in Worte zu fassen, er nähert sich ihr und zieht sie an sich. Als sich ihre Lippen finden, gibt es keine Fragen mehr …

Die Flitterwochen

Margaretha wird vertraut mit dem Infanten, lernt den sensiblen, intelligenten und sehr gläubigen jungen Mann mehr und mehr schätzen. Vielleicht entspricht er auch besser als jeder Recke ihrem Naturell, das doch einige männliche Züge aufweist. Von ihm kann sie lernen, er studiert unermüdlich, man muss ihn zwingen, seine Studien und Gebete für die Mahlzeiten zu unterbrechen. Die Reisen des Colon interessieren ihn ungemein. Er erklärt ihr, was es bedeutet, dass die Welt eine Kugel ist und man nicht an ihrem Ende in ein Loch fällt, sondern in jede Richtung immer weiter fahren kann, immer neue Meere und Länder entdecken. Sie erklärt ihm, das Geschäft der Könige sei es, zu herrschen und nicht auf Entdeckungsreisen zu gehen, so verlockend das auch sein mag.

Verzehrende Leidenschaft

Sie hat aber auch entdeckt, dass unter seiner nach außen getragenen vornehmen Zurückhaltung die gleiche heftige Leidenschaft tobt wie in seiner Schwester Juana. Nun versteht sie deren so fremdartige Mahnung, ihn im Bett nicht zu überfordern. Sie würde gern die intime Zweisamkeit des Bettes nutzen, um sich mit ihm zu unterhalten, zu lachen und zu kosen, doch er muss sich jede Nacht mehrfach bemühen, seinen conjugalen Pflichten zu genügen. Juan erweist sich als unersättlicher Liebhaber, doch er wird dabei beängstigend mager und schwach, hat nicht die eiserne Gesundheit Juanas.

Margaretha sieht, dass es so nicht weiter gehen kann und sie ihn den Weisungen der Ärzte gemäß von seinen nächtlichen Parforceübungen abhalten müsste, kann ihm jedoch nicht widerstehen. So bemüht sie sich, ihn wenigstens tagsüber aus der Bibliothek zu locken. Sie gehen in den Gärten spazieren, unterhalten sich über alle Themen der Welt. Er kennt sich aus in Geschichte, Astronomie und Mathematik, rezitiert Gedichte und komponiert wie sie selbst. Schließlich verlangen die Ärzte von Isabella zum Wohl des Sohnes eine Trennung des Paares auf Zeit, doch Isabella ist dazu erst im Herbst bereit, als feststeht, dass Margaretha schwanger ist. Eine der gar nicht so seltenen Fehlentscheidungen der Königin und: eine besonders folgenschwere.

So bricht Juan Ende September 1497 zunächst ohne Margaretha auf, um seine Schwester Isabella auf ihrer zweiten Brautfahrt nach Portugal zur Grenze zu geleiten. Die Bedingungen, unter denen sich „Madre“ (Nonne - Spitzname der Königin für ihre Tochter) bereit erklärt hat, diese zweite Ehe einzugehen, sind so seltsam, dass man einfach davon berichten muss:

„Madres" abstruse Heiratsbedingung

Den ganzen Sommer hat Isabella sich bemüht, ihre Älteste davon zu überzeugen, dass sie Gottes Wohlgefallen eher erringen kann, wenn sie bereit ist, die von den Eltern gewünschte zweite Ehe mit dem neuen König von Portugal, Manoel el Venturoso (dem Glücklichen), einzugehen, dem Neffen und Nachfolger ihres ersten Ehemannes, als wenn sie den Rest des Lebens als Nonne lebt.

Die Bedingung, unter der „Madre" schließlich in die Eheschließung einwilligt, ist wohl die seltsamste, die je eine Braut gestellt hat: Sie verlangt, dass Manoel die Juden aus seinem Land vertreibt wie Isabella dies 1492 in Spanien getan hat. Damit hat die ansonsten so kluge und hochgelobte Königin Isabella ihrem Land einen Schlag versetzt, dessen Wirkungen erst nach dem Ausklingen des gerade beginnenden „Goldenen Zeitalters" voll zum Tragen kommen werden. Mit der Vertreibung der Juden beginnt eine Austrocknung der wirtschaftlichen und intellektuellen Potenz, die Spanien zwei Generationen später in eine tiefe Finsternis stürzen wird. Der Vollständigkeit halber muss gleich hinzugefügt werden, dass den Nachkommen der Mauren trotz aller Beteuerungen bei der Übergabe Granadas letztlich kein anderes Los beschieden ist als den Juden.

Begründet ist diese unnachsichtige Verfolgung der Marranen und Morisken zumindest teilweise in dem fanatischen Glauben der Spanier an den Wert der Reinheit ihres Blutes. Wobei sonnenklar ist, dass das Ganze ein reiner Irrglauben ist, denn die Mischung des Blutes war über die Jahrhunderte eine recht gründliche, es gibt Ende des 15. Jahrhunderts wohl keine Adelsfamilie, die nicht irgendwann jüdisches Geld erheiratet hatte, seit es Conversos (Juden, die sich christlich taufen ließen) gab. Andererseits gab es eine nicht unbedeutende Zahl von Spaniern, die, überzeugt von der verfeinerten Lebensart der Araber, in maurische Familien einheiraten.

Kurz: Alles, was es auf der iberischen Halbinsel an innovativem Geist gab, entstammte der Zeit der toleranten Maurenherrschaft, in der die arabischen Bauern und Ingenieure ein ausgeklügeltes Bewässerungssystem entwickelten, das in den regenarmen Regionen reiche Ernten ermöglichte. Natürlich war das sehr arbeitsaufwendig, und schon bald nach der Vertreibung der Mauren verkamen die Anlagen, und noch etwas später gab es niemanden mehr, der sie hätte reparieren können.

Die Juden waren Kreditgeber, Händler und hochspezialisierte Handwerker. Mauren und Juden gemeinsam stellten Ärzte und Gelehrte, die den christlichen mit ihrem durch Dogmen beschränkten Weltbild weit überlegen waren. Es ist bekannt, dass die Bewahrung antiken Wissens dem Erkenntnisdrang und der Vorurteilslosigkeit dieser muslimischen und jüdischen Wissenschaftler zu verdanken ist, die in regem Austausch miteinander standen.

Allen Toleranzversprechen zum Trotz hatten die Katholischen Könige noch im Jahr der Eroberung Granadas Gesetze erlassen, die Muslime und Juden zwangen, sich christlich taufen zu lassen, wenn sie nicht unter Zurücklassung ihres Vermögens des Landes verwiesen werden wollten. Isabella war dabei - unter dem Einfluss ihres Großinquisitors Torquemada - die religiös und moralisch treibende Kraft, Fernando ging es nicht um den Glauben, er fand nur die zusätzlichen Einnahmen der Krone aus Konfiskationen sehr angenehm! So soll er seinem Sohn bei einem großen Autodafé, dem einige besonders reiche Juden zum Opfer fielen, zugeflüstert haben: „Gott und wir selbst werden heute Abend etwas reicher sein: Er bekommt die Seelen dieser Sünder, die Krone begnügt sich mit ihrem Gold!"

Natürlich zwangen diese rigorosen Gesetze viele Juden und Muslime, sich zwar öffentlich taufen zu lassen, in der Abgeschlossenheit des privaten Hauses aber weiter die Riten des alten Glaubens beizubehalten. Das aufzudecken und zu verhindern hatte die Inquisition auf ihr Panir geschrieben. So entstand ein einzigartiges Denunziantentum, denn jeder konnte jeden missliebigen Nachbarn anonym anzeigen, jeder, dessen gesellschaftlicher oder materieller Erfolg Neid erregte, befand sich in ständiger Gefahr.

Der spanische Hidalgo (niederer Adel) sah in körperlicher und geistiger Arbeit gleichermaßen etwas nicht standesgemäßes. Allenfalls der Soldatenstand war eines Hidalgos würdig. So brachen all die mittel- aber auch furchtlosen Hildagos, allen voran die aus der Estremadura, einer Landschaft, die kleinmütige und ängstliche Naturen nicht ertragen können, in die neue Welt auf, um dort das sagenumwobene Eldorado zu erobern. So verließen im 16. Jahrhundert auch noch die meisten dieser zwar nicht ausgebildeten, aber doch mobilen und zur Anpassung an die ungewöhnlichsten Situationen fähigen Männer Spanien.

So ist das „Goldene Zeitalter" wirklich auf Gold gegründet, oder doch auf die Jagd danach. Doch das „Gold", das aus diesen Aventuren nach Spanien floß, konnte dort wirtschaftlich in keiner Weise von Nutzen sein, da es niemanden mehr gab, der es in Produktivkraft hätte umwandeln können. Im Gegenteil, eine Inflation jagte bald die nächste. Alles auch eine Folge von Isabellas religiösem Fanatismus, der in diesen Vertreibungsgesetzen von 1492 seinen folgenschwersten Ausdruck fand. Diesen Bazillus trug die „Nonne“ nun auch in das gerade unter Manoel wunderbar prosperierende Portugal.

Salamanca, 4. Oktober 1497

Eine kurze Trennung

Bruder und Schwester reisen also nach Westen. Schon bald berichten Boten, der Infant fühle sich nicht gut, habe immer wieder leichtes Fieber, wirke matt und abgeschlagen. Alarmiert wirft sich Margaretha aufs Pferd, um dem langsamen Zug nachzueilen. In Salamanca wird der Einzug der Königskinder begeistert gefeiert, doch der Anblick des abgemagerten und kränklichen Infanten wird mit Sorge bemerkt und kommentiert. Am Abend lässt sich Juan entschuldigen, er sei zu erschöpft, um an dem Festessen teilzunehmen. In der Nacht bekommt er hohes Fieber, schnell macht die Neuigkeit, dass er deliriert, die Runde. Die ganze Stadt ist wie verwandelt. Gestern noch strahlend in Sonnenlicht und Festfreude, heute düster bewölkt und in tiefes Gebet für den Thronfolger versunken, alles Leben scheint erstorben.

Ende des Honigmondes der Infanten

Am frühen Morgen erreicht Margaretha die Stadt und weicht nicht mehr von Juans Seite, keine andere Hand soll seine fiebrige Stirn kühlen. Im Laufe des Tages scheint sich sein Zustand zu bessern. Am Abend weiß man, dass die Besserung nicht fortschreiten wird. Margaretha befiehlt, Eilboten zu den Schwiegereltern zu schicken. Man glaubt allgemein nicht, dass der Prinz deren Ankunft noch erleben wird.

Die Situation im Krankenzimmer ist unglaublich, wie immer in diesen Zeiten. An die fünfundzwanzig Personen halten sich ständig dort auf. Da die Fenster hermetisch verschlossen sind und bleiben, Kerzen und Fackeln den ganzen Tag brennen, da das Tageslicht nicht reicht, Räucherstäbchen die Luft verbessern sollen, steht ein solcher Qualm im Zimmer, dass schon gesunden Menschen das Atmen schwerfällt. Margaretha hängt völlig erschöpft in einem Sessel am Lager Juans. Sein Gesicht hat schon eine alabasterne Blässe und Durchsichtigkeit angenommen. Immer wieder versucht er mit letzter Kraft, sich die erstickenden Decken vom Leibe zu reißen, immer wieder deckt sie ihn zu, versucht, seine Stirn zu kühlen.

Sie denkt an den Abend kurz vor dem Aufbruch zu dieser Reise, als sie ihm endlich sagen konnte, dass sie schwanger ist, sein Lächeln, seine Zärtlichkeit und dann die Wildheit ihres eigenen Begehrens bei dieser letzten, ihr Glück besiegelnden Vereinigung. War das nicht der glücklichste Moment ihres atemlosen Honigmonds, als sie beide noch lange Hand in Hand dalagen, erfüllt von Zusammengehörigkeitsgefühl? War dann nicht gleich am nächsten Morgen die Angst in ihr erwacht, er könne die Geburt seines Sohnes nicht mehr erleben? Sie konnte nicht mehr stillsitzen, die Angst drohte sie zu überwältigen. Sie musste losreiten, sich auflehnen, mit Zähnen und Klauen gegen das Schicksal ankämpfen. Nun sieht sie sein Leiden und wird ruhiger. Niemand kann sein Schicksal aufhalten. Sie ist bereit …

Die Eltern kommen

… auch zurückzutreten, als die Schwiegereltern eintreffen. Fernando kommt zuerst, erschöpft von dem Ritt und des Sohnes Genesung beschwörend, Isabella bald darauf, seit drei Jahrzehnten gewohnt, sich das Äußerste abzuverlangen, wenn das Königreich es fordert, … und nun scheinen all die Anstrengungen vergebens, das Licht ihres „Engels" droht zu verlöschen. Schließlich tröstet der sterbende Sohn die Reyes Católicos. Er dankt Gott für seine Eltern, sein Land und seine wunderbare und wunderschöne Gattin. Er versichert, seine etwas zu kurze Reise auf dieser Erde sei nicht vergebens gewesen, denn Margaretha werde seinen Sohn zur Welt bringen und der werde an seiner Statt regieren. Er gehe zufrieden mit dem Gebet, dass seine Eltern lange genug leben mögen, um dem Enkel ihre Weisheit und ihr Wissen zu vermitteln.

Juan geht

Ihm scheint die Luft auszugehen, er schweigt lange. Er fragt nach Margaretha. Erst jetzt fällt auf, dass sie nicht mehr da ist. Kurz nach Eintreffen des Schwiegervaters war sie erschöpft von drei Tagen ununterbrochenen Wachens am Fußende des Bettes eingeschlafen, und man hatte sie in ein Nebenzimmer auf ein Lager gebettet. Nun eilen die Dienerinnen, sie zu wecken. Noch benommen, sich schwer auf ihre Damen stützend, steht sie unter der Tür, alles scheint ihr angesichts der Schwiegereltern vorbei, sie droht zu stürzen. Doch da trifft sie noch einmal Juans strahlender Blick, lächelnd hebt er die Rechte ihr entgegen.

Sie fliegt zu ihm, alles erscheint ihr so unwirklich wie am Tage der Hochzeit, wieder sieht sie sich selbst durch den Raum eilen, irgendwie von fern. Sie kann ihn nicht mehr erreichen, in dem Moment, da ihre Hand die seine erreicht, ist er schon tot. Doch er stirbt lächelnd, sieht noch, als letztes, ihr unwillkürliches Lächeln als Antwort auf seinen Gruß … sie ist überzeugt, sie wird nie wieder aufhören können zu weinen.

Warten auf die Niederkunft

Margaretha versinkt für einige Wochen in einen haltlosen Zustand zwischen Todessehnsucht, Rebellion und Angst. Sie sitzt Stunde um Stunde bewegungslos in ihrem Zimmer, ohne zu essen, zu schlafen, zu beten. Sie versinkt in einem Meer von Trauer, scheint sich selbst aufgegeben zu haben, Juan in den Tod folgen zu wollen. Mit ihr ist ganz Spanien in dumpf brütender Trauer erstarrt. Man hatte so fest daran geglaubt, dass Juan mit seinem Mitgefühl und seiner Frömmigkeit einst ein ganz besonderer König werden würde. Nicht nur die Mutter nannte ihn „angel", er erschien auch seinem Volk so. Nun stellt ganz Spanien für vierzig Tage jede Arbeit ein. Wenn überhaupt ein Pferd oder ein Maultier bewegt wird, ist es bis zu den Knien mit schwarzen Tüchern bedeckt. Man versteht Margaretha, sie hat in den wenigen Monaten in Spanien viele Herzen erobert, sie hat das Mitgefühl aller, und langsam überträgt man die in Juan gesetzten Hoffnungen auf ihr ungeborenes Kind. Jedermann betet, dass es ein Junge sein möge. Doch die Belastung ist für Margaretha zu groß. Mitte November setzen - viel zu früh - die Wehen ein, nach Tagen ohne Schlaf und Essen hat sie eine Frühgeburt, das Kind ist nicht lebensfähig. Die Gebete sind nicht erhört worden. Es wäre ein Mädchen gewesen …

Ein Grabmal und der Frühling

Wieder schwebt Margaretha zwischen Traum und Wirklichkeit. Sie schläft unendlich viel, hat das Gefühl, nie richtig wach zu werden, bis sie beginnt, sich um ein Grabmal für Juan zu kümmern. Sie wählt den schönsten und teuersten Entwurf, niemand übt Kritik (wäre auch nicht angebracht, da sie die Kosten aus ihrer Witwenrente bestreitet). Der marmorne Juan scheint im Schlaf zu lächeln. Das Kloster St. Tomas in Avila soll seine letzte Ruhestätte sein. Mit dem Frühling erst beginnt Margaretha das Leben um sich herum wieder wahrzunehmen.

Sie hört wieder Nachrichten von jenseits der Grenzen. Die Osterglocken haben endlich wieder einen freudigen Klang, sie geht wieder in den Park, in die Stadt, fährt aufs Land, reitet schließlich wieder aus. Alle, die sie in dieser ersten Zeit sehen, sind erschrocken. Sie ist blass und abgemagert, weit über ihre achtzehn Jahre gealtert. Vater und Bruder bitten sie, nach Flandern zurückzukehren. Ihr wird bewußt, dass bestimmt längst neue Heiratsprojekte für sie gesponnen werden. Dazu fühlt sie sich noch nicht in der Lage. Sie hatte ja nicht mal Zeit, ihre Liebe zu Juan richtig auszuleben. Sie ist entschlossen, dass ihr nichts und niemand die Erinnerung an diese kurze Zeit des Glückes wird nehmen können. Aber sie braucht eine neue Aufgabe, ein eigenes Leben. In dieser Zeit schließt sie sich an Isabella an.

Die Mutter Juans trägt den Tod des Erben äußerlich mit der gewohnten Ergebung in den Willen Gottes. Sie schränkt sogar ihre Anwesenheit bei den Sitzungen des Staatsrates ein, um mehr mit Margaretha zusammen sein zu können. Andererseits hat sie Arbeit immer als das beste Mittel gegen Schmerz und Trauer betrachtet und will dieses Allheilmittel auch Margaretha zuteil werden lassen. Sie sorgt dafür, dass Margaretha die jüngste Tochter Katharina in Englisch unterrichtet, damit sie später mit Arthur, Prince of Wales, sprechen und ihre Untertanen verstehen kann.

Toledo - Zaragoza, Frühling/Sommer 1498

Die Thronfolger

Das recht beschauliche Leben des Frühjahrs findet eine Unterbrechung, als „Madre" und Manoel von Portugal nach Toledo kommen, um sich als Thronfolger Kastiliens huldigen zu lassen. Was in Toledo problemlos über die Bühne geht, wird sich in Zaragoza als sehr viel schwieriger erweisen. Gemeinsam reist man deswegen von Kastilien nach Aragón. Isabella d. J. ist gegen Ende der Reise hochschwanger. Die Cortes von Aragón verweigern die Huldigung für das Paar. Am 13. August bringt Isabella einen gesunden Knaben zur Welt, doch sie selbst stirbt noch am gleichen Abend in den Armen ihrer Mutter. Königin Isabella verliert damit innerhalb von elf Monaten das zweite ihrer Kinder. All ihre Hoffnungen ruhen auf dem Winzling, den die Tochter ihr auf dem Sterbebett anvertraut. Vielleicht davon angerührt, erkennen die Cortes den kleinen Miguel als Erben an, noch bevor die Reyes Católicos mit Schwiegersohn und Enkel wieder abreisen.

Es ist von vornherein beschlossene Sache, dass Miguel am Hofe der Großeltern aufwachsen wird, obwohl er auch der Erbe Portugals ist. Die Anerkennung des kleinen Infanten ist weder in Kastilien, noch in Portugal, wohin Manoel, der in dieser Zeit vielleicht nicht so „Glückliche“ zurückkehrt, in irgendeiner Weise zweifelhaft. So ist Miguel anerkannter Erbe aller Kronen der iberischen Halbinsel, noch bevor er fünf Monate alt ist. Margaretha bemüht sich, Isabella über den Schmerz um die so kurz nach dem Sohn verlorene Tochter hinwegzutrösten. Beide wenden sich sehr schnell wieder der politischen Alltagsarbeit zu.

Margaretha geht in die Lehre ...

Die erfahrene Politikerin Isabella erkennt, dass Margaretha nicht nur Interesse, sondern auch Begabung für das Handwerk der Könige hat. Nun sprechen die Frauen auch über die Inquisition, die Margaretha voller Schrecken beobachtet. Isabella macht ihr begreiflich, dass als Herrschaftsinstrumente eingesetzte Institutionen eine Eigendynamik entwickeln können, die man irgendwann nicht mehr restlos beherrscht. Es gelingt Margaretha, einige Urteile zu mildern. Sie nimmt nun auch an den Ratssitzungen Teil, um das Alltagsgeschäft des Regierens zu lernen, ihr Hauptinteresse aber gilt der Diplomatie.

... in internationaler Diplomatie

Als Dolmetscherin Isabellas empfängt sie nun nicht nur die Gesandten aus allen Ländern Europas, sondern auch die Händler und Söldner aus Europa und Übersee. Bei Isabella lernt sie, sich alles Wissenswerte aus deren unterschiedlichen Heimatländern und Reisezielen erzählen zu lassen. Europa ist im Umbruch, ständig verschieben sich die Grenzen, durch politische Intrigen, durch kriegerische Auseinandersetzungen oder durch den Tod eines Herrschers, wie jetzt gerade in Frankreich. Dort schickt sich Louis XII. aus dem Hause Valois-Orléans an, der Nachfolger des letzten Valois Charles VIII. zu werden und dessen Witwe, Anna de Bretagne, zu ehelichen.

Die Lage des Vaters Maximilian im Reich ist äußerst kompliziert und wird stets und ständig durch Geldmangel noch schwieriger. Nun streckt er mal wieder seine Fühler nach Osten aus, wo seit langem der Sultan von Konstantinopel droht, seinen Machtbereich nach Westen auszudehnen. Ständig muss er um Reichsitalien kämpfen und in Rom hat gerade Rodrigo Borgia, der sich als Papst Alexander VI. nennt, Innozenz abgelöst. Wie wird Louis‘ XII. Italienpolitik aussehen? An der Seite Isabellas lernt Margaretha die Grundlagen dessen, was sie einst zur gewieftesten Diplomatin in Europa machen wird.

... und findet Gefallen daran

Als sie so in „die Welt" zurückgefunden hat, gewinnt sie langsam auch eine Vorstellung von ihrem weiteren persönlichen Leben. Es ist klar, dass sie ohne Kind nicht auf Dauer in Spanien bleiben kann. Ihre Lehre in Diplomatie macht ihr noch einmal klar, wie wichtig ihre Person auf dem Schachbrett der internationalen dynastischen Heiraten ist. Aber sie wird ihre Wahl selbst treffen und dann, wenn sie dazu bereit ist. Sie wird keine reine Zierde des Thrones mehr sein, sondern sie wird aktiv mitarbeiten an der Gestaltung der Politik, wohin in Europa es sie das nächste Mal auch verschlagen wird. Europa wird ihr Schachbrett sein!

Ende 1498 erklärt sie Isabella, dass sie zurück nach Flandern gehen möchte. Doch da hat sie die Rechnung ohne Schwiegervater Fernando gemacht. Der sieht durch den Tod des Sohnes seine Reiche in fremde Hände entgleiten und gedenkt, Margaretha noch als eine Art Geisel zu halten, bis er sich mit Philipp dem Schönen und Kaiser Maximilian auf eine ihm genehme Weise über einige Dinge geeinigt hat. Nach dem kleinen Miguel sind die Kinder seiner Tochter Juana die nächsten in der Erbfolge. Da muss emsig taktiert und paktiert werden.

Schließlich scheut der Schwiegervater sich nicht mal, Margaretha das Reisegeld zu verweigern. Obwohl der Bruder ihr Geld nach Granada schickt, hinterlässt sie reichlich Schulden. Bevor sie im Herbst 1499 endlich aufbrechen kann, wohnt sie noch der perprocuratione-Heirat Katharinas bei, die nun ihren Dauerverlobten Arthur kennenlernen soll.

Zurück nach Flandernland

In Bayonne erwartet Margaretha eine Gesandtschaft des Bruders. Lange dauert die Fahrt durch das Land ihrer Kindheit, denn Louis XII. ist bemüht, sie als eine Reihe von Festen zu gestalten. Man munkelt, Anna de Bretagne könne keinen lebensfähigen Erben bekommen und er sei prophylaktisch auf der Suche nach einer zukunftsträchtigeren neuen Königin. Doch noch verläuft das Treffen mit Louis XII. „in alter Freundschaft". In Arras erfährt sie von Herrn de Chièvres, der ihr extra deswegen entgegengeritten ist, dass die Taufzeremonie für den Stammhalter ihres Bruders ansteht und dass sie es gerade noch schaffen kann, ihn als Patin über das Taufbecken zu halten.

Der Eltern erste Spanienfahrt

Ein weiterer Honigmond endet

Während Margaretha auf dem Weg nach Spanien ist und dort ihr kurzes Glück mit Juan erlebt, bekommt das Verhältnis zwischen Juana und Philipp erste Risse. Den Spaniern bei Hofe ergeht es nicht viel besser, als den Schiffsbesatzungen, solange sie sich nicht auf die Seite Philipps schlagen. Der hat Madame Hallewin zur Hofmeisterin Juanas gemacht. Diese Dame kann die exotische Juana nicht leiden und lamentiert von Anbeginn über die schlamperte Arbeitsweise der spanischen Dienerschaft.

In den Eheverträgen für die Doppelhochzeit wurde festgelegt, dass eine Mitgift der Bräute entfällt, da sie sich gegenseitig aufheben würde. Sie sollten jeweils von der eigenen Familie Unterhalt bekommen, der mitgebrachte Hofstaat aber vom Bräutigam bezahlt werden. Deswegen hatte Isabella Juana so großzügig personell ausgestattet. Allerdings gibt es für diese Unzahl von Höflingen weder Aufgaben noch hochdotierte Ämter. Ihre Versorgungslage ist mindestens kritisch. Natürlich wenden sie sich mit ihren Klagen an Juana. Vielleicht will sie helfen, weiß aber nicht, wie. Sie hat nie gelernt, eigene Entscheidungen zu treffen, ihren Willen durchzusetzen.

Undurchschaubare Intrigen

Juana weiß nicht, dass der ihr von Isabella mitgegebene Aufpasser Moxica sich längst auf die Seite Philipps geschlagen hat und mit Madame Hallewin im Bunde die für Juana bestimmten Gelder direkt in Philipps Schatulle leitet. Juana kann deshalb nicht verstehen, wieso einige ihrer Leute wohlversorgt sind und andere nicht das Nötigste haben. Sie nimmt sich vor, Madame Hallewin zu fragen, doch wird die nicht brüskiert sein, wenn sie ihr mit solchen Problemen kommt? Sie ist doch abhängig von ihrer Hofmeisterin, findet sich ohne sie nicht zurecht, zumal Philipp seit dem Frühjahr immer öfter allein auf „Inspektionsreisen" gehen muss und Madame la Grande nicht mehr als Gesellschafterin zur Verfügung steht, da sie sich wieder nach Malines zurückgezogen hat.

Juana ahnt, dass Philipp nicht mehr so von ihr fasziniert ist wie in den ersten Monaten ihrer Ehe. Noch weiß sie nicht, dass er sich vor seinen Freunden brüstet, sie völlig in der Hand zu haben, sie über das Bett wie eine Marionette steuern zu können und zur Entspannung von ihrem einnehmenden Wesen die Nähe seiner weniger fordernden Landestöchter sucht. Juanas ständige Bereitschaft lässt ihm eine junge Dame besonders interessant erscheinen, die seinen erprobten Verführungskünsten drei Monate widersteht.

Das Erzherzogspaar - letztlich: unsicher

Juana profitiert insofern davon, als er in dieser Zeit noch regelmäßig das Lager mit ihr teilt. Sie kann sich nicht vorstellen, dass seine Welt nicht wie die ihre an den Pfosten des gemeinsamen Bettes endet. Wenn sie ihm dann in wohliger Entspannung von den finanziellen Schwierigkeiten zu erzählen wagt, um seinen Rat, seine Hilfe zu erbitten, antwortet er mit Gegenklagen, er werde von seinem Vater und ihren Eltern genauso gemaßregelt wie sie.

Die Väter verlangen, dass er sich ihrem Bündnis gegen Frankreich anschließt, die Generalstände aber schließen Frieden und Vertrag mit Frankreich. Maximilian will für ihn Geldern und das alte Burgund zurückerobern, aber die Stände bewilligen die geforderten Gelder nicht, wollen lieber Handel als Händel, was soll er gegen Stände und Räte tun? Wie soll er die Wünsche des Vaters erfüllen, … sollen doch die Räte verhandeln und die Väter Krieg führen. Die zaghaften Versuche, Haushalt und Politik selbst in die Hand zu nehmen, enden immer damit, dass das Teenager-Herrscherpaar sich an das hält, was es wirklich kann: feiern und sich vergnügen …

Juana - zunehmend isoliert

Juana hat in all den Monaten keinen Brief an ihre Eltern geschrieben, keine der besorgten Anfragen der Mutter beantwortet. Sicher ist ihr klar, dass Isabella das Leben, das sie hier führt, missbilligen würde. Sie weiß, dass sie keine der Aufgaben, die ihr die Mutter gestellt hat, auch nur in Angriff genommen hat. Inzwischen haben die Glücklichen, die mit Margarethas Brautzug nach Spanien zurückgekommen sind, die schlimmsten Befürchtungen Isabellas bestätigt. Sie schildern das Verhalten Juanas als hart, mitleidlos, vergnügungssüchtig und sehen sie in Gefahr, vom Glauben abzufallen, denn statt spanischer hat sie sich französische geistliche Berater gewählt, die Isabella als „Pariser Weinsäufer“ geschildert werden. Erschreckend findet die Katholische Königin, was die Heimkehrer über die Religion der Niederländer berichten: Sie erlaubt irdische Genüsse, Gebete dürfen fröhlich sein, der Gott der Niederländer sei ein liebender, kein unerbittlich strafender.

Nichts scheint bei dieser Tochter hängen geblieben zu sein vom politischen und moralischen Vorbild der Mutter. Der englische König Henry VII. hat bei Juana vergebens den versprochenen Einsatz für sein Haus eingeklagt, beklagt sich nun bei Isabella über die Untätigkeit der Tochter. Isabella schickt Briefe, schickt einen ihrer geistlichen Spione, Tomas de Matienzo. Juana kennt das System, das Isabella zu einem der bestinformierten Monarchen Europas macht, weiß sich lange Zeit seiner Investigation zu entziehen. Der Priester ist gescheit genug zu durchschauen, dass Juana am niederländischen Hof bewußt isoliert wird, dass um sie ein Netz gesponnen wird, das sie nicht aus eigener Kraft zerreißen kann.

Als es endlich zu einem Gespräch kommt, wird dem - heute würde man sagen - psychologisch erfahrenen Prälaten klar, dass die ins Krankhafte gesteigerte Liebe Juanas zu Philipp, dessen loses Leben für jedermann außer für seine Frau offensichtlich ist, die eigentliche Ursache für Juanas Isolation darstellt. Sie wehrt sich nicht, ist nur daran interessiert, ihrem Gatten zu gefallen. Inzwischen ist es ein offenes Geheimnis, dass Philipp bei Juana alles erreichen kann, wenn er ihr nur damit droht, ihr Schlafgemach nicht mehr zu betreten.

Neue Perspektiven
für Juana und Philipp ergeben sich aus dem unerwarteten Tod des Infanten Juan. Nun ist Juanas ältere Schwester Isabella Erbin der spanischen Kronen für ihren noch nicht geborenen Sohn. Damit rückt das Erbe, bedenkt man die Zahl der Tode junger Frauen im Kindbett und die Kindersterblichkeit der Zeit, in unmittelbare Nähe der nächstältesten Tochter! Juana wird für den plötzlich an Politik gar nicht mehr so uninteressierten Gemahl von Neuem reizvoll.

Depeschenen vom französischen Hof, April - Mai 1498:
In Amboise rennt sich König Charles VIII. an einem sehr niedrigen - denn er ist nicht groß - Torbalken seines Schlosses den Schädel ein und stirbt Stunden später auf einer als Pissoir missbrauchten Galerie desselben am 7. April 1498. Am 27. Mai wird der Nachfolger, Vetter Louis d'Orlèans, zum König gekrönt und verlangt von Philipp von Burgund die Huldigung für die der französischen Krone unterstehenden Landesteile.

Juana lehnt sich auf
Philipp ist dazu ohne weiteres bereit, doch bei Juana bricht der kastilische Stolz voll durch: Niemals wird sie, die Tochter Isabellas und Fernandos, der vom Papst mit dem Titel der „Katholischen Könige“ geehrten Monarchen ihr Haupt vor dem Souverän eines anderen Landes beugen. Diesmal helfen keine Schmeicheleien und keine Liebesakte, Juana bleibt unbeugbar, das macht sie nicht mit. Der Huldigungsakt muss auf diplomatischem Wege auf einen unbestimmten, späteren Zeitpunkt verschoben werden. In diesem Falle trägt sie die bei Philipp üblich gewordene Strafe durch Liebesentzug gelassener als üblich, sie tobt nicht, zieht sich nur in ihre Gemächer zurück und schließt sich vom Hofleben aus.

Juana ist desinteressiert
an den Nachrichten aus Spanien, denn sie ist schwanger, und man hat ihr eingeredet, Liebesnächte in diesem Zustand seien dem werdenden Leben abträglich. Um diese Gefahr zu bannen, sei es sinnvoll, wenn der Gatte sich möglichst von seiner Frau fernhalte. Klar, dass unter diesen Umständen die erste Schwangerschaft für die liebeskranke Achtzehnjährige der reinste Horror ist. Matienzo berichtet, dass Juana ihre Gelder noch immer nicht ausgehändigt werden, man sinnt in Spanien auf Abhilfe, bombardiert Juana mit gutgemeinten Ratschlägen, doch all das ändert nichts. Im Gegenteil, sie wird weiter von ihren spanischen Hofleuten getrennt, ist nur noch von flämischen Damen umgeben, von denen sie sich bespitzelt und verhöhnt fühlt.

Brüssel, November 1498

Juana wird Mutter
Um so größer der Jubel in Brüssel und den ganzen Niederlanden, als Juana am 18. (oder 24.) November 1498 ihr erstes Kind, eine Tochter, zur Welt bringt. In Burgund ist die weibliche Erbfolge kein Problem, und in Kastilien hat Isabella entsprechende Maßstäbe gesetzt. Der Tradition gemäß beginnt der Taufzug erst bei völliger Dunkelheit, damit man den Weg vom Coudenbergpalast zur Kathedrale St. Gudule mit Fackellicht feierlich illuminieren kann. Madame la Grande trägt als Patin das kleine Mädchen auf dem Arm, als Vertreter des anderen Paten, Kaiser Maximilian, fungiert der Herzog von Baden. Eleonore war der Name der portugiesischen Kaisermutter, nach ihr soll das Kind benannt werden.

Die Kleine erhält bereits kurz nach der Taufe einen reich ausgestatteten eigenen Hof, der nach alter Sitte in Gent residiert. Schon Maria von Burgund verbrachte ihre Kindheit dort. Gleich drei Damen streiten sich um die Leitung des prinzesslichen Haushalts. Juana mischt sich nicht ein, sie ist unendlich glücklich, dass Philipp sich wieder für sie interessiert, um nichts in der Welt wird sie irgend etwas unternehmen, was ihn verstimmen könnte.

In Philipps Augen ist sie nicht nur als mögliche Erbin der spanischen Kronen wieder interessant geworden. Sie hat durch Schwangerschaft und Niederkunft die androgyne Schlankheit und Erscheinung ihrer Mädchenjahre verloren, wirkt nun weicher und fraulicher und hat dadurch neuen erotischen Reiz gewonnen. Doch immer wieder bricht Philipp aus der erstickenden Umklammerung Juanas aus, kann aber auf Dauer nicht von ihr lassen. Auch offizielle Anlässe führen sie immer wieder zusammen. Ist er ihr wieder erlegen, schämt er sich seiner Schwäche und straft sie mit Verachtung. Sie tobt, er reist ab, das Karussell dreht sich weiter …

Gent, Abend des 24. Februar 1500

Gewitzt durch die Erfahrung ihrer ersten Schwangerschaft hält Juana ihre zweite 1499 solange es irgend geht geheim. Zwar ist das im Februar des neuen Jahres nicht mehr möglich. Doch Juana lässt sich trotz ihres Zustandes nicht davon abbringen, am Fest der flandrischen Stände am Abend des 24. Februars 1500 teilzunehmen. Wie so oft in den letzten Monaten weigert sie sich, ihren schönen Gatten auch nur einen Augenblick allein zu lassen.

Die Qualen der Eifersucht

Sie muss es mit eigenen Augen sehen, ob die geliebten Augen den ihren mit der Glut der Liebe oder der Eiseskälte des Hasses begegnen oder ob sich ihr Feuer auf eine andere Frau richtet. In ekstatischer Selbstzerfleischung muss sie dabei sein, sollte es wieder geschehen, dass seine flatterhaften Sinne sich einer anderen zuwenden.

So sitzt sie neben ihm, während in endloser Folge die Mitglieder des burgundischen Adels und Honoratioren der Städte vorbeidefilieren. Philipp grüßt, lächelt, plaudert, winkt, macht hier einen Scherz, flicht da eine persönliche Bemerkung in die zeremoniellen Floskeln ein. Er ist vollständig in seinem Element, lässt seinen Charme sprühen, entfaltet sein von ihr so bewundertes Talent zum „small talk“. Der Herzog von Burgund ist so beschäftigt, dass er sie gar nicht mehr wahrnimmt, aber wenigstens straft er sie in der Öffentlichkeit nicht mit der eisigen Verachtung, mit der er seit längerem auf ihr zwanghaftes Begehren nach Nähe reagiert, wenn sie allein sind.

Sie atmet ganz flach und gleichmäßig unter der Last der Schwangerschaft, dem Gewicht des Staatsgewandes aus steifem Brokat und der schweren Geschmeide. Wenn es nach ihr ginge, könnte dieser Abend ewig dauern! Sie könnte immer so dasitzen und ihn bewundern, ihren schönen Philipp, dem alles so leicht fällt, was ihr nicht gegeben ist: Dieses in aller Natürlichkeit Herr der Situation sein, diese selbstverständliche Liebenswürdigkeit, diese Leichtigkeit, mit der er für die unterschiedlichsten Menschen das rechte Wort findet und wie er damit alle bezaubert.

Ihr ist es egal, was die Leute im Saal von ihr denken. Sie weiß, dass dieser Mönch, der Peter Martyr genannt wird, brühwarm, sobald sie sich zurückzieht, an die Mutter nach Spanien berichten wird, wie unvernünftig und uneinsichtig sie sich wieder aufgeführt hat. Sie kann die darauf folgenden Ermahnungen der Mutter schon auswendig, aus all den Briefen gleichen Tenors: Eine Königin sei verheiratet, um den Fortbestand der Dynastie zu sichern, die Politik ihrer Familie zu betreiben, nicht um Erfüllung romantischer oder gar erotischer Art zu finden. Sich eifersüchtig zu zeigen, sich gar einem Mann aufzudrängen, sei würdelos und so weiter und sofort …

„Ach, Mutter, Du weißt ja nichts von der Art, wie diese Niederländer ihre Feste und ihr Leben überhaupt genießen! Mit beiden Beinen auf der Erde und ganz dem Augenblick des Genusses hingegeben, kaum je einen Gedanken an das Jenseits verschwendend … nicht mit einem Bein stets im Fegefeuer oder gar schon in der Hölle wie die strengen Spanier mit ihren eifernden Priestern …“

Eine fürstliche Geburt

Mitten in den Gedanken sticht ein schneidender Schmerz, zwingt sie nun doch, sich zu erheben, sie bekommt grad noch ein Lächeln und Abwinken zustande, als einige Damen ihr pflichtschuldigst folgen wollen. Aufrecht und lächelnd erreicht sie die Tür des Saales, die die Wachen vor ihr aufreißen und hinter ihr schließen. Erst einmal hat Juana es geschafft zu entkommen! Philipp hat gar nichts gemerkt, zu sehr war er in das Gespräch mit dem Botschafter vertieft. Nur ein paar Schritte noch, durch die Tapetentür in den „evacuador“, dann kann sie das Lächeln einstellen, den Schmerz zu- und der Natur ihren Lauf lassen …

Irgendwann merkt eine der Damen, dass Juana noch immer nicht zurückgekommen ist, begibt sich auf die Suche, kann die Herzogin nicht finden, drückt vergebens die Klinke der Tür des „evacuador“. Sie kehrt in den Saal zurück, wo das Fest seinen Lauf nimmt, flüstert mit den Damen, zu mehreren machen sie sich erneut auf die Suche, sind schließlich sicher, dass Juana sich eingeschlossen hat, holen männliche Verstärkung zum Aufbrechen der Tür und stehen starr, als sie ihre Fürstin erblicken und: Einen neugeborenen Knaben! Als ihnen klar wird, dass Juana ganz allein, ohne jede Hilfe, den Stammhalter des Hauses Burgund, den nächsten „seigneur naturel“ zur Welt gebracht hat, brechen sie in Hochrufe aus. Wie ein Lauffeuer verbreitet sich die Kunde zurück in den Saal und erst, als dort ein Tumult entsteht, wird auch Philipp aufmerksam.

Wahrhaft eine gelungene Krönung eines gelungenen Festes! Wenn auch der einstige Beherrscher der Welt so in einem Raum das Licht derselben erblickt, der nur einen Klosettstuhl, einen Tisch, einen Spiegel, einen Sessel und einen Wollteppich enthält - und keine Zeugen. Um Mitternacht reißen Böllerschüsse den schlafenden Teil der Bevölkerung Gents aus den Betten, schnell wandelt sich der erste Schreck in Jubel, und eine Volksmenge eilt zum Prinsenhof und bereitet Philipp begeisterte Ovationen, der allgemeine Jubel ist grenzenlos. Philipp der Schöne bedankt sich herzlich von der Galerie herab, Juana wird derweil endlich von ihren Ärzten und Damen versorgt.

Noch weiß niemand, dass das Kind dieser Nacht, das „enfant de Gant“ oder „Kind von Gent“ wie der Lokalpatriotismus es sofort tauft, einmal „die meisten Kronen der Christenheit auf seiner Stirn vereinen wird“ …

Familienrat um einen Namen

Die Taufe des Erben wird auf den 7. März 1500 angesetzt, noch ist man sich in der herzoglichen Familie über Namen und Titel nicht einig. Rechtzeitig vor der Entscheidung kommt Witwe Margaretha aus Spanien zurück. Sie trifft die Familie um die Wiege des Säuglings versammelt: Bruder Philipp, prächtig und gesund wie immer, Juana, blass und abgemagert, frierend in eine Felldecke gewickelt, Madame la Grande hält sich trotz offensichtlicher Schmerzen aufrecht. Der Großvater Maximilian, ein weiteres Mal mit dem Sohn wegen Frankreich zerstritten, ist auf dem Weg nach Italien, er wird der Taufe des Enkels nicht beiwohnen.

Gespannt prüfen alle die Erscheinung Margarethas. Sie wirkt älter als die achtzehn Jahre, die sie mittlerweile zählt, sie ist blass, und ihre einst so lebhaften Züge wirken statuenhaft, selbst die kecken Augen blicken ernst, fast verhangen. Sie wirft sich in die Arme der Margaret of York, bei der sie Zuflucht und Verständnis fand, als sie verstoßen aus Frankreich zurückkam. Sehr wahrscheinlich ist Madame der einzige Mensch, dem sie sich wirklich verbunden fühlt. Sie liebt und bewundert ihren Bruder, aber sie kann mit ihm nicht reden, nicht über das, was sie wirklich bewegt - der Schwägerin ist sie in den wenigen Monaten vor ihrem Aufbruch nicht nahegekommen.

Sie küsst Juana nun formell und dankt ihr für den Erben Burgunds, doch Juana winkt ab und meint. „Du musst vor allem Deinem Bruder gratulieren, denn er hat es diesmal geschafft, den richtigen Samen zu pflanzen!“ und lacht doppeldeutig. Da ist er wieder, dieser degoutante Unterton!

Madame la Grande überspielt den peinlichen Augenblick, sie hebt das Baby aus der Wiege, bringt es in das hellere Licht am Fenster und sagt: „Schau ihn Dir an, meine Liebe, hast Du je ein so schönes Kind gesehen?“ Margaretha stimmt in ihre Begeisterung ein und küsst das Baby auf die Stirn. Sich eines Versäumnisses bewußt, dreht sie sich zum Bruder und fragt, wie der Knabe denn eigentlich heißen soll. Bevor Philipp antworten kann, sagt die York in heiterem Ton: „Ich denke, es ist Sache der Patin, den Namen zu wählen!“ Dabei übersieht sie geflissentlich, dass Philipp stirnrunzelnd die Fäuste ballt und zu einer heftigen Entgegnung ansetzen will. Margaretha hat sich wieder dem Kind zugewandt, bemerkt also die befremdliche Reaktion des Bruders nicht. Ohne lange zu überlegen schlägt sie Maximilian vor, nach dem kaiserlichen Großvater und denkt, sie bestätigt damit die Wahl, die der Bruder auch treffen wird.

Beifallheischend lächelt sie den Bruder an, doch der weist sie mit eiskaltem Blick und schneidender Stimme zurecht: „Er steht in der Linie Burgunds und wird nach derem größten Herzog Charles heißen!“ Margaretha ist konsterniert, will im ersten Impuls die Patenschaft zurückweisen. Doch in Isabellas Schule hat sie gelernt, sich zu beherrschen und erst abzuwägen. Ihr Blick schweift ratsuchend zur Stiefgroßmutter, doch die schaut mit so seligem Lächeln - in das sich eine Prise Triumph mischt - auf das kleine Streitobjekt herab, dass es Margaretha sofort versöhnt. Sie kann sich denken, dass die alte Dame diese Namengebung mit dem Wunsch verknüpft, es möge dem Kind beschieden sein, das zu erreichen, woran ihr Gemahl scheiterte: Burgund zu neuer Größe zu führen.

Auch Philipp scheint bemerkt zu haben, dass er sich etwas im Ton vergriffen hat und erkundigt sich mit seiner üblichen, einschmeichelnden Stimme nach Margarethas Reise durch Frankreich. Sie erzählt und schließlich fragt Juana, ob sie es nicht bedauert habe, den wunderbaren Hof der Eltern im wunderschönen Spanien verlassen zu müssen. Wie so oft weiß Margaretha bei dem Ton der Schwägerin nicht, ob sie die Frage ernst oder ironisch meint.

Lange schaut Margaretha aus dem Fenster. Als sie den Faden wieder aufnimmt, spricht sie wie zu sich selbst: Sie habe einen Teil ihres Lebens und ihres Wesens dort zurückgelassen, das sei sicher, aber letztlich sei sie doch ohne Bedauern gegangen, da Fernando sie wie eine Gefangene hielt und ihr aus rein egoistischen Gründen das Geld für die Rückreise verweigerte. Diese Eröffnung macht auch Juana betroffen. Ihr wunderbarer Vater soll so eigennützig und unsensibel gehandelt haben?

Schließlich stellt Juana die Frage, die auch Philipp aufhorchen lässt, der Madame la Grande nachdenklich beim Betten des Kindes zugesehen hat: „Was hast Du zukünftig vor? Denkst Du daran, noch einmal zu heiraten?“ Längst haben er und der Vater - bevor sie sich erneut zerstritten haben - darüber geredet, die günstigste Verbindung zu finden gesucht, konnten sich aber nicht einigen.

Margaretha bemerkt das Interesse des Bruders wohl, man merkt ihr an, dass diese Frage sie nicht unvorbereitet trifft. „Liebe Juana“, antwortet sie, „es ist unwahrscheinlich, dass ich in meinem Alter unverheiratet bleibe, doch ich habe keine Eile. Irgendwann werde ich mir einen neuen Gefährten suchen. Ich betone: Ich werde ihn mir suchen. Ich habe zweimal ohne Widerspruch aus dynastischen und politischen Erwägungen geheiratet, das erste Mal war ich noch gar nicht in der Lage zu widersprechen. Kommt es zu einem dritten Mal, dann nicht auf diese Weise! Wenn, dann heirate ich nur einen Mann, der mir gefällt!“ Den drei Anwesenden fällt die Entschiedenheit auf, mit der sie spricht. Keiner wagt es, ihr zu widersprechen.

Gent, 7. März 1500

Karls Taufe

Doch langsam wird es Zeit, sich auf die Taufe am Abend vorzubereiten. Um zehn Uhr abends versammelt sich der Hof und schreitet in langer Prozession unter Trompeten- und Paukenklängen über den extra angelegten Holzsteg vom Palais zur Kirche des Heiligen Johannes, die heute St. Baafskathedraal heißt. Die ganze Stadt hat sich zu diesem Anlass festlich geschmückt. Zwölf Triumphbögen sind errichtet worden, aus den Fenstern der Häuser hängen Tapisserien und bunte Wimpel, an den Straßenkreuzungen spenden Freudenfeuer zusätzliches Licht und Wärme. Vor den öffentlichen Gebäuden werden Speisen und Getränke verteilt. Zwischen dem Belfried und St. Niklas ist hoch über den Köpfen der Menge ein Seil gespannt, Seiltänzer mit Fackeln und Wimpeln bewegen sich mit atemberaubender Sicherheit von Turm zu Turm.

Der Bischof von Tournai empfängt die Taufgesellschaft im vollen Ornat am Portal der Kathedrale, umgeben von zahllosen Prälaten. Noch einmal trägt Madame la Grande einen Erben Burgunds zum Taufbecken. Dort übernimmt ihn Margaretha, während der Bischof seines Amtes waltet. Die beiden anderen Paten sind zwei Ritter vom Goldenen Vlies, Charles de Croy, Fürst von Chimay, und Graf Johann von Bergh. Zum Schluss der Taufzeremonie erhält Karl von seinem Vater den Titel eines Herzogs von Luxemburg. Damit soll alle Welt daran erinnert werden, dass aus diesem Herzogtum vier Kaiser des Heiligen Römischen Reiches hervorgegangen sind.

Als die Gesellschaft wieder auf das Podium hinaustritt, wird sie mit großem Jubel empfangen. Die an quer über den Platz gespannten Seilen aufgehängten bunten Papierlampions leuchten nun auch. Doch dann halten alle den Atem an, als erste bunte Feuergarben vor dem schwarzen Nachthimmel zerbersten. Man hat extra bedeutende Feuerwerker aus Italien kommen lassen, um für den Eintritt des Erben Burgunds in die Gemeinschaft der Christenheit bis in den Himmel Aufmerksamkeit zu erheischen. Ein Drache vertreibt böse Geister, er speit bengalisches Feuer vom Belfried. Das Staunen der Menschen kennt keine Grenzen, diesen Tag wird niemand so schnell vergessen.

Ein Todesfall in Spanien

Wenige Monate nach diesem glanzvollen Ereignis wirbelt ein weiterer Todesfall in Spanien die europäischen Allianzen erneut durcheinander. Am 20. Juli 1500 stirbt Miguel, das einzige Kind Isabellas und Manoels von Portugal, in der Alhambra von Granada, und Juana ist nun Thronfolgerin. Isabella von Kastilien ist untröstlich, Fernando von Aragón empfindet es als Katastrophe, dass nun sein Schwiegersohn sein Erbe ist, denn Juana ist offensichtlich an persönlicher Regierung nicht interessiert und sklavisch von ihrem Gatten abhängig. Gesandte aus aller Welt bemühen sich umgehend um die Gunst Philipps, dessen Interesse an Politik und Herrschaft angesichts dieser glänzenden Möglichkeiten endgültig erwacht.

Die Katholischen Könige wissen, dass ihre Untertanen eine fremde Dynastie nicht mit offenen Armen aufnehmen werden und erachten es daher als unumgänglich, dass Juana und Philipp umgehend nach Spanien reisen und dort genug Sympathien sammeln, um von den Cortes als Thronfolger akzeptiert zu werden.

Depeschen vom spanischen Hof, November 1500
Die Katholischen Könige vermelden die Hochzeit ihrer Tochter Maria mit Dom Manoel, dem König von Portugal und Witwer ihrer ältesten Tochter Isabella. Die Trauung findet am 30. Oktober 1500 in Alcacer de Sal statt. Aus dieser Ehe werden neun Kinder hervorgehen, darunter João III., künftiger Gatte Catalinas, der jüngsten Schwester Karls, und Isabel, die künftige Gemahlin Karls.

Brüssel - Niederlande, das Jahr 1501

Eine Geburt und eine Verlobung
Philipp weiß, dass er sein lockeres Leben in Spanien nicht wird fortsetzen können. Er kann auch nicht auf unbestimmte Zeit den treusorgenden Ehemann spielen, das wäre doch viel zu anstrengend! Da kommt es sehr gelegen, dass Juana im Zuge der letzten Versöhnung erneut schwanger geworden ist. Man muss Rücksicht nehmen und die Reise verschieben. Das sehen die Schwiegereltern noch ein. Als massiven Affront müssen sie allerdings den Überbringer der nur teilweise frohen Botschaft empfinden: Der Bischof von Besançon ist ein erklärter Parteigänger Frankreichs.

Am 15. Juni 1501 bringt Juana in Brüssel ihre zweite Tochter zur Welt. Sie erhält den Namen Elisabeth. Sechs Schiffe der Reyes Católicos liegen seit Monaten zur Abfahrt bereit. Da trifft eine Einladung des französischen Königs Louis XII. an das herzogliche Paar ein, durch Frankreich zu reisen und neben der noch ausstehenden Huldigung die Verlobung Karls mit der ersten Tochter Frankreichs zu bekräftigen. (König Louis hat längst die Scheidung von seiner ihm im Kindesalter aufgezwungenen Ehefrau Jeanne durchgesetzt und die Witwe seines Vorgängers, Anna de Bretagne, geheiratet. Sie ist damit die einzige Frau, die mit zwei französischen Königen nacheinander verheiratet war). Natürlich ist Juana nicht begeistert von der Vorstellung einer solchen Reise und dem Zusammentreffen mit den französischen Souveränen. Doch Philipp entfaltet nochmals das volle Feuerwerk seines Charmes, sucht das Schlafzimmer seiner Frau wieder regelmäßig auf und gewinnt so letztlich ihre Zustimmung. Die Generalstaaten stimmen zu. Am 1. November kann die Reisegesellschaft endlich aufbrechen. Die drei Kinder bleiben in Malines bei der Stief-Ur-Großmutter zurück.

Ein Sendbote der Eltern

Zuvor hatten die besorgten Eltern Juanas, als sie Kenntnis von der Einladung Louis XII. erhielten, den Bischof von Cordoba, Juan de Fonseca, nach Norden geschickt, um Juana zu beraten. Diesmal hört sie zu, wenn der Gesandte der Eltern mit ihr spricht. Fonseca ist ein vertrauter Freund der Familie, ein bedeutender Mann mit Kultur und Einfluss, kein unbedeutender, eifernder Prälat. Fonseca sieht, dass Juana keinen Ausweg hat, außer in Grübeleien zu verfallen, denn sie wird von allen isoliert, bespitzelt und belogen, niemand spricht mit ihr über die aktuellen Entwicklungen, niemand ist da, dem sie ihre wachsenden Zweifel an Philipp anvertrauen kann.

Aufmerksam hört sie zu, wenn er von internationalen Rivalitäten berichtet. Sie beginnt zu verstehen, warum man ihr konsequent ihre spanische Umgebung genommen hat. Warum man sie bedrängt, ihre Zustimmung zur französischen Verlobung des kleinen Karl zu geben, warum Philipp seine Vorliebe für alles französische so betont. Fonseca gelingt es, in Juana ihren Stolz auf ihre Herkunft wieder erstarken und daraus neues Selbstbewußtsein entstehen zu lassen. Mag Philipp doch vor dem König von Frankreich und seiner Königin dienern. Sie hat das nicht nötig, sie vertritt auf dieser Reise die spanischen Könige, sie muss keine Rücksichten nehmen.

Anfang November also brechen Philipp und Juana mit einem riesigen Hofstaat auf. Den Reisewagen der Herrschaften folgt ein nicht endender Zug von Gepäckwagen, beladen mit allem, was man unterwegs vielleicht brauchen könnte an Garderobe, Toilettengegenständen, Jagdwaffen und Hundemeuten, Möbeln, Geschirr, Besteck, Vorräten, inclusive mehrerer kompletter Küchen. Für Notfälle auch prunkvolle Zelte, Betten sowieso. Natürlich müssen auch Dienstmänner und -mädchen dabei sein, Fuhrknechte, Quartiermeister, Musikanten und Ärzte, Apotheker und geistlicher Beistand für alle Klassen.

Zu viele Feste
Die Reise wird ein einziger Festzug von Valenciennes bis Bayonne, denn in jeder nennenswerten Stadt wird der Zug mit königlichen Ehren empfangen. Philipp erhält das königliche Recht, beim Einzug in eine Stadt Gefangene zu befreien, Verurteilte zu begnadigen, Verbannte zurückzurufen. Überall werden die Reisenden mit Glockengeläut und Freudenfeuern empfangen, alles wird gestaltet, wie es sich für den Besuch eines regierenden Herrschers, Sohn eines Kaisers und zukünftigen Königs gehört.

In vorgeblicher Fürsorglichkeit schickt Louis XII. ihnen bis an die Grenze ein Detachement Landsknechte entgegen, das eher Bewachung als Schutz ausübt und sie fast wie Gefangene behandelt. Gehemmt durch den ganzen Tross und die große Zahl von Menschen, die Abend für Abend untergebracht und morgens wieder in Bewegung gesetzt werden muss, bewältigt die Reisegesellschaft pro Tag nur knapp zwanzig Kilometer. So dauert die Reise nach Paris drei Wochen.

Paris, 25. November 1501

In der Hauptstadt sind so viele Menschen zusammengeströmt, dass in der Menge einige zu Tode getrampelt werden. Philipp nimmt an einer Sitzung des Kronrates teil, darf sogar den Vorsitz führen. Er wird allerdings als Pair von Frankreich und damit eindeutig als ein Untertan des französischen Königs behandelt. Juana kann sich diesen Demütigungen entziehen, indem sie ihre Zeit mit der Familie des Grafen von Cabra verbringt, der gerade auf der Rückreise von London in Paris Station macht. Er hat Juanas Schwester Katharina zur Hochzeit mit Arthur geleitet. Als der Kronrat seine Beratungen beendet hat, setzt sich der Lindwurm der Reisegesellschaft wieder in Bewegung und erreicht bei scheußlichem Winterwetter

Blois, 7. Dezember 1501

Ein Besuch bei Freunden?
Über die Begegnung zwischen Juana und Philipp und Anna und Louis gibt es viele Aufzeichnungen Beteiligter auf beiden Seiten, nicht nur die der offiziellen Hofchronisten. Als ersten Affront empfindet Juana, dass Philipp zuerst allein zur Begrüßung des Königs schreiten soll, während man ihr zumutet, eine halbe Stunde in einem Vorzimmer in Gesellschaft der Herzogin von Bourbon auf diese Ehre warten zu müssen.

Philipp wird durch eine endlose Galerie geführt, die 400 Pagen und Schweizer Garden mit ihren Fackeln beleuchten. Als er endlich den Saal betritt, in dem der König ihn erwartet, ruft dieser zwar: „Voilà, un beau prince!“, doch er macht keinerlei Anstalten, sich zu erheben, während der Erzherzog den langen Weg zur Thronempore durchmisst. Seine Schönheit erstrahlt im Licht riesiger Kronleuchter, die an langen silbernen Ketten von der Decke hängend den Saal fast taghell erleuchten. Der vierzigjährige Louis lässt Philipp ungerührt die vorgeschriebenen drei Verbeugungen ausführen, bevor er sich endlich erhebt und ihn brüderlich umarmt.

Der König begrüßt Juana

Juana zittert vor Empörung, als sie endlich, die ganze Zeit von der Bourbon unerbittlich mit festem Griff am Oberarm geführt, vor dem König steht. Ob Louis ihr nun als Gipfel aller Beleidigungen tatsächlich den für das spanische Schamgefühl und die spanische Etikette so schockierenden Kuss auf die Wange drückt, ist strittig. Es ist eher anzunehmen, dass er es nicht tut, denn er muss einen heftigen Auftritt mit der hochmütigen Infantin scheuen. Als weitere Kränkung muss Juana es empfinden, vom Zwiegespräch der Herrscher ausgeschlossen zu werden, denn unter dem Vorwand, die Königin brenne darauf, sie kennenzulernen, wird sie sofort wieder aus dem Thronsaal hinauskomplimentiert.

Juana grüßt die Königin

Sicher liebt Juana weder ihren Schwiegervater Maximilian noch ihre Schwägerin Margaretha sonderlich, aber ihr königlicher Stolz lässt sie nicht vergessen - wie Philipp es anscheinend kann - dass die Königin, Anna de Bretagne, die Familie doppelt beleidigt hat, indem sie erst die Ehe mit Max in den Wind geschlagen und dann die Kinderehe seiner Tochter mit dem Dauphin nicht geachtet hat.

Juana ist fest entschlossen, dieser Frau, die sie da inmitten der Schar ihrer Damen erwartet, auf keinen Fall mehr als die unumgängliche Reverenz zu erweisen. Doch Anna hat anscheinend mit so etwas gerechnet, denn in dem Augenblick, als Juna gerade den Kopf etwas neigt, um einen Gruß anzudeuten, versetzt ihr die Bourbon einen so gezielten Schubs in den Rücken, dass sie sich tief neigen muss, um nicht zu stürzen. Mit Entsetzen stellt sie fest, dass es so aussehen muss, als ginge sie vor der Königin von Frankreich in die Knie. Das Funkeln des Triumphes in den Augen Annas beweist, dass dieser Schubs verabredet war. Niemand, auch nicht eine Herzogin von Bourbon, hätte es sonst gewagt, einen so hohen Gast vor den Augen der Königin auch nur zu berühren.

Eine ungnädige Braut

Damit sind Juanas Qualen noch lange nicht beendet. Es muss ein wenig geplaudert werden. Eigentlich hätte Juana ja ein wenig mütterliches Verständnis für die Begeisterung Annas für ihre eher mickrige kleine Tochter Claude haben müssen, weiß doch jeder in Europa, dass es ihr trotz sechs Geburten in sieben Jahren nicht gelungen war, ihrem ersten Gemahl ein überlebensfähiges Kind zu schenken.

Endlich wird die noch nicht dreijährige Claude auf dem Arm der Erzieherin hereingetragen. Sie ist umgeben von vierundzwanzig kleinen Mädchen, keines älter als zwölf Jahre. Die Etikette verlangt, dass Juana sich interessiert zu dem Kind hinüberbeugt und ein paar lobende Worte äußert. Doch Petite-Claude erhebt, kaum dass sie Juana wahrnimmt, ein mörderisches Geschrei. Dieses hässliche, kreischende Bündel sollte ihren wunderbaren Carlos heiraten? Juana ist mit ihren Nerven endgültig am Ende, als nun auch noch alle vierundzwanzig „Damen" des Kindergefolges auf die kleine Prinzessin einschnatterten, um sie zu beruhigen!

Entnervt täuscht sie Reisemüdigkeit vor, um sich endlich zurückziehen zu können. Ihre Räume sind mit Goldstoff und weißem Satin, grünsamtenen Taburetts und Kissen, mit vergoldeten Vasen und goldenen Leuchtern wirklich fürstlich ausgestattet, darauf versteht sich Anna vorzüglich. Doch sie beherrscht auch die Klaviatur der kleinen Nadelstiche unter dem Mantel höfischer Zuvorkommenheit. Kaum hat Juana aufatmend gehört, wie sich die Flügel der Tür hinter ihr schließen, gerade hat sie sich in die Kissen sinken lassen, da klopft es schon wieder und zwölf Pagen in der Livree der Königin - gelber Damast mit Streifen aus Purpursamt - nehmen mit goldenen Leuchtern im Halbkreis Aufstellung, um erstrahlen zu lassen, was die um das Befinden der Erzherzogin besorgte Königin als Trost für das entgangene Abendessen anbietet:

Zuviele Süßigkeiten

Schon wieder erscheint die Herzogin von Bourbon - diesmal trägt sie eine goldene Schatulle voller Konfekt. Louise von Savoyen (von ihr wird an anderer Stelle noch zu berichten sein) trägt ebenfalls eine große goldene Schachtel, die feine Mundtüchlein enthält. Zwei weitere Hofdamen brechen fast zusammen unter der Last zweier Bonbonièren voller kandierter Früchte und einer Vielfalt an

Mandelplätzchen. Sechs livrierte Diener tragen ebenso viele Sorten exotischer Konfitüren herein, und schließlich muss ein ganzer Trupp Diener anfassen, um eine grüne Samtkassette hereinzuschleppen. Sie enthält Spiegel, Schwämme, Waschzeug, Salben und Öle, Kerzen und Kleiderbürsten, Nadelkissen und Kämme und eine Kollektion Nachthauben, die vielleicht dezent darauf hinweisen sollen, Juana möge sich doch bald ins Bett verfügen. Doch damit ist dieses Wunderhorn von einer Kassette längst nicht erschöpft, es enthält weiterhin Pillen und Pülverchen aller Art, vor allem aber: Klistiere und Abführmittel - unentbehrliche Helfer, sollte Juana den Verlockungen dieser Unmenge Süßigkeit in ihrer Einsamkeit erliegen. Denn Philipp speist mit dem Herzog von Nevers und dem Pfalzgrafen Friedrich und wird Juanas Lager in dieser Nacht nicht teilen.

Wie dermaleinst Krimhild und Brünhilde

Dieser Freundschaftsbesuch hält für Juana noch manchen Fallstrick bereit. Sie versucht, sich vom Hofleben möglichst fernzuhalten, doch einige formelle Essen und den täglichen Kirchgang mit der frommen Anna kann sie nicht meiden, ohne einen Eklat zu provozieren. Während ihr Herr Gemahl die Jagd in den königlichen Forsten erprobt, sich mit dem gewollt jugendlichen Louis in manch königlicher Sportart misst, mit ihm Karten spielt und sich immer wieder von verbindlichen politischen Zusagen ablenken lässt, muss Juana mit der Gesellschaft der Königin und ihrer Damen vorliebnehmen und morgens und abends die Messe besuchen. Das allein ist schon zuviel für Juana, die nie viel Wert auf demonstrative Frömmigkeit gelegt hat.

Als Anna Juana dann auch noch dadurch beleidigt, dass sie ihr vor ihren dreißig Damen Geld für den Klingelbeutel anbietet, rächt sich Juana, indem sie nach dem Ende der Messe nicht mit der Königin aufsteht und ihr den Vortritt am Portal lässt. Nein, sie bleibt sitzen, wie in tiefste Andacht versunken, und Anna muss mit all ihren Damen im eisigen Wind des Kirchhofes warten, bis Juana ihre Andacht gut zwanzig Minuten später beendet hat.

Juana kann zwar nicht verhindern, dass ein weiterer Vertrag geschlossen wird, indem eine Heirat zwischen dem zukünftigen Dauphin und einer ihrer Töchter verabredet wird, doch zum Zeichen ihres Missfallens erscheint sie zum abschließenden Ball in spanischer Tracht. Fünf qualvolle Tage dauert der Aufenthalt in Blois, die Gefahr eines offenen Streites zwischen Anna und Juana wird immer bedrohlicher, und vielleicht beschleunigt das die

Weiterfahrt nach Spanien, die bis an die Grenze ohne weitere Zwischenfälle in der notwendigen Langsamkeit vonstatten geht.

Schluss mit Luxus

Hinter Bayonne müssen die großen Reise- und Gepäckwagen zurückbleiben, die spanischen Saumpfade durch die Pyrenäen sind nur mit Maultieren zu bezwingen, und nach der zweimonatigen Luxusreise von Festlichkeit zu Festlichkeit hat die Überwindung des Grenzgebirges eher Expeditionscharakter. Noch in Frankreich versöhnt sich das Ehepaar - zumindest körperlich. Juanas Gefühle sind gespalten, sie freut sich nicht darauf, der Mutter unter die Augen treten zu müssen, möchte aber gern ihren wunderbaren Mann präsentieren und ihm die Schönheiten ihrer Heimat vorführen. Doch Philipp ist vom französischen Hof restlos begeistert, er liebt das üppige Essen dort, das ihr Übelkeit bereitet. Überhaupt kann es ihm nicht prunkvoll und luxuriös genug sein. Er kann Spanien nichts abgewinnen. Statt sattgrüner Ebenen empfangen ihn schroffe Felsen, selbst Adelige scheinen so arm, dass sie barfuß laufen. Philipp versteht die Sprache nicht und nicht, worauf diese Menschen eigentlich so stolz sind.

Er fühlt sich ausschließlich im Kreis seiner flämischen Begleitung wohl, hat keinen Blick für die Schönheit des Landes im Frühling. Er versteht nicht, mit welchem Eifer auch noch Monate nach dem Tod des Infanten Miguel allenthalben Totenmessen gehalten und besucht werden. Sehr irritierend, diese in strenges Schwarz gekleideten Menschen, die schon morgens um sechs zur Kirche gehen! Die maßvoll essen und den Wein oft mit Wasser mischen. Eine Denkwürdigkeit am Rande: Am 14. März 1502 übernachtet Juana mit Philipp in der Burg von Tordesillas!

Eine Kinderkrankheit

Mit lähmender Langsamkeit zieht der Zug auf Toledo zu, wo die Reyes Católicos die „Infanten“ erwarten. In Olias, einem kleinen Ort kurz vor dem Ziel, legt Philipp sich mit Masern nieder. Fernando hält es nicht länger, in seiner Ungeduld reitet er los, um endlich diesen zukünftigen Träger seiner Kronen zu sehen. Juana ist vollkommen unvorbereitet, als ihr Vater plötzlich im Hof des kleinen Hauses, in dem sie den Gatten pflegt, vom Pferd springt. Alle Etikette vergessend fliegt sie die Treppe förmlich herunter und wirft sich weinend in seine Arme. Ihr Vater ist gekommen, nun kann doch noch alles gut werden!

Voller Eifer übersetzt sie die gewinnenden Worte, mit denen der König den Schwiegersohn am Krankenlager begrüßt. Juana hält es für echte Besorgnis, wenn Fernando Philipp, der sich natürlich aufrichten will mit begütigenden Worten auf sein Lager zurückdrückt. Sie sieht nicht das Lauernde im Blick des Vaters, glaubt, Philipps Verlegenheit käme daher, dass er bei dieser ersten Begegnung das Bett hüten muss. Sie sieht die Zeichen nicht, die ahnen lassen, dass diese beiden einzigen Menschen, die ihr etwas bedeuten, bald Todfeinde sein werden.

Toledo, Frühling 1502

Kontraste
Wenige Tage später hat Philipp sich soweit erholt, dass der feierliche Einzug in Toledo und das Treffen mit Königin Isabella stattfinden können. Der Aufzug der Flamen mit der gewohnten Prachtentfaltung erregt Aufsehen und Anstoß. Isabella auf ihrem Thron sieht Tochter und Schwiegersohn unnahbar und statuengleich entgegen. Hier ist nichts von der Emotion zu spüren, die Juana mitriss, als sie so unerwartet dem Vater gegenüberstand.

Auch das abendliche Bankett ist eine Schauveranstaltung, ohne Freude, ohne Vertrautheit. Philipps goldbesticktes Wams und sein violetter Umhang stehen in krassem Gegensatz zum gedeckten Schwarz des spanischen Hofes. Die Schwiegereltern brechen die strenge Hoftrauer um den verlorenen Erben schon, indem sie das festliche Essen geben. An flämische Genussfreude ist nicht zu denken. Der Anblick der Mutter verstört und verunsichert Juana zusehends, sie wird wieder mürrisch und zieht sich in sich selbst zurück. Nur noch widerwillig fungiert sie bei „familiären" Zusammenkünften als Dolmetscherin zwischen Eltern und Gemahl.

Betrachtungen einer (Schwieger-) mutter
Isabella hat in den nächsten Wochen Zeit, ihre Erben zu beobachten, und was sie sieht, enttäuscht sie sehr. Die Unausgeglichenheit (um es gelinde auszudrücken) in der Beziehung des jungen Paares bleibt weder ihr noch dem Hof verborgen. Was soll unter ihnen aus den Reichen werden, die sie so mühsam errungen hat? Das Desinteresse Juanas an allen Staatsangelegenheiten ist nur zu offensichtlich.

Philipp ist an der Nasenspitze anzusehen, dass ihm alles in Spanien gründlich missfällt. Verächtlich schaut er auf die Art herab, wie hier Turniere ausgetragen werden, findet sie farb- und einfallslos. Er kann sich nicht für Stierkämpfe erwärmen, deren archaisches Prinzip er nicht versteht. Die düstere Innbrunst der leidenschaftlichen Trauerprozessionen ist ihm offensichtlich zuwider, Autodafés erträgt er nur mit deutlichen Zeichen des Abscheus. Nicht einmal die glutäugigen Spanierinnen können ihn mit dem Land aussöhnen, viel zu spröde sind sie. Woran soll ein Herrscher in einem solchen Lande Spaß haben?

Kaum hat er sich damit abgefunden, dass Juana schon wieder schwanger ist, kommt aus England die Nachricht vom Tod des Thronfolgers Arthur. Katharina ist Witwe, angeblich ohne wirklich Frau geworden zu sein! Die Hoftrauer wird ins Groteske gesteigert, die einzigen Zerstreuungen sind Bußmessen, Verhandlungen des Inquisitionsgerichts und brennende Scheiterhaufen.

Belehrungen durch den Schwiegervater

Dann sind da noch die nie enden wollenden Belehrungen des Schwiegervaters über die unterschiedliche Art und Weise, wie die kastilischen und aragonesischen Angelegenheiten zu behandeln seien. Ist er, Philipp d'Autriche-Bourgogne, mit seinen fünfundzwanzig Jahren nicht bereits ein Jahrzehnt souveräner Herrscher eines der reichsten Staaten Europas? Was soll so besonderes sein an diesen ärmlichen spanischen Landen, er würde schon damit klarkommen, verdammt, wenn man ihn endlich ließe! Er ist diese unwürdige Bevormundung leid, ihn drängt es fort, irgend etwas muss geschehen, das ist ja nicht auszuhalten! Philipp flieht nach Aranjuez, um bei der Jagd und in Begleitung junger Leute für einige Tage Trauer und Belehrung zu entkommen.

Fragile Einheit

Endlich, am 22. Mai 1502, sind die Cortes von Kastilien bereit, ihren neuen Infanten den Treueid zu leisten. Letzlich auch schon wieder Anlass zu Ärger! Die Reichsinsignien Juanas haben den Vorrang vor denen Philipps! Als diese beim Einzug zur Huldigung mit den ihren gleichauf getragen werden, lässt sie das vor aller Augen berichtigen. Er, Philipp, soll hier also lebenslänglich den Prinzgemahl geben?! Dabei erklärt man ihm noch, die Zustimmung der kastilischen Cortes zu erhalten, sei ein Kinderspiel gewesen gegen das, was in Aragón zu erwarten sei.

Seit dem Ehevertrag zwischen Isabella und Fernando hat sich nichts geändert, beide Reiche werden eigenständig verwaltet. Eine Verschmelzung hat nicht stattgefunden. Es existierten unterschiedliche Erbgesetze. Während in Kastilien die weibliche Thronfolge möglich ist (und von Isabella seit fast dreißig Jahren praktiziert wird), kann in Aragón die Krone durch eine Frau königlicher Abstammung nur an den Sohn weitergegeben werden - ein „fremder" Gatte hat keinerlei Befugnisse. Fernando reist nun nach Zaragoza, um in diesem Punkt eine Änderung zugunsten seines Schwiegersohnes durchzusetzen. Er tut es nicht gern, und die Verhandlungen ziehen sich hin.

Zunehmende Schwierigkeiten

Während Fernando zäh verhandelt, senkt sich ein sengender Sommer über das Land. Die gnadenlose Sonne ist zuviel für so manchen Flamen. Der Bischof von Besançon, Philipps engster Vertrauter während der Reise, stirbt. Immer öfter kommt es aus geringstem Anlass zu Zwischenfällen und Prügeleien zwischen Flamen und Spaniern. Dennoch gelingt es Philipp, sich mit seinem gewinnenden Wesen, seiner angeborenen Fröhlichkeit, seiner persönlichen Großzügigkeit unter den jüngeren Adligen Freunde zu schaffen. Bald droht seine Popularität in Kastilien die des Schwiegervaters zu übertreffen. Das gibt ihm für eine Weile einen Teil seiner guten Laune zurück, besonders, als Fernando die „Infanten" zu sich ruft.

Zaragoza, den 27. Oktober 1502

Doch dort wartet nur eine neue Demütigung auf Philipp - mehr als einen Kompromiss hat Fernando nicht erreichen können. Die Cortes sind zwar bereit, Juana als Erbin des Königreiches anzuerkennen, doch Philipp wird nicht mehr als ein Prinzgemahl sein. Schlimmer noch: Sollte Isabella vor Fernando sterben und dieser sich wieder verheiraten, werden Söhne aus dieser Ehe in der Erbfolge vor Söhnen Juanas stehen. Fernando eilt nach Madrid zur erkrankten Königin und überlässt es Juana und Philipp, den Vorsitz im unbeugsamen aragonesischen Kronrat zu führen. Beleidigt versinkt Philipp in finsteres Brüten. Er muss raus aus dieser spanischen Falle! Er will zurück nach Norden! Es kommt ihm sehr gelegen, dass erneut ein Krieg zwischen Frankreich und Aragón um Süditalien ausbricht.

Kaum erreicht ihn diese Nachricht, lässt er die schwangere Juana in Zaragoza zurück, sie soll ihm angemessen langsam folgen. Er eilt nach Madrid, um seinen Schwiegereltern mitzuteilen, dass diese Umstände seine Anwesenheit in Flandern erzwingen. Isabella kann das nicht verstehen! Was bedeutet ihm noch dieses kleine Reich im Norden, wo er doch Erbe Spaniens ist? Sein Platz ist hier, egal was sich da im Norden ereignet! Außerdem könne der schwangeren Juana diese Reise - und dann noch im Eiltempo - jetzt nicht zugemutet werden. Schließlich habe er selbst ja auch darauf bestanden, dass ihre Niederkunft mit Elisabeth im Sommer 1501 abgewartet wurde, bevor sie nach Spanien abreisen konnten!

Die Diskussion geht hin und her, und schließlich stürmt Philipp mit den Worten: „Dann kann ich eben bei der Niederkunft von Madame nicht zugegen sein!“ davon. Isabella ist konsterniert, Fernando sieht das ganz anders. Ihm ist es nur recht, wenn der Schwiegersohn, dessen wachsende Popularität gefährlich werden kann, Spanien den Rücken kehrt. Er gedenkt dessen Ungestüm für einen seiner Schachzüge gegen Louis XII. zu nutzen. Er soll auf seiner Reise nach Hause einen Waffenstillstand aushandeln, der es den Aragonesen ermöglichen wird, den französischen Truppen bei Neapel mit neuen Streitkräften in den Rücken zu fallen.

Diesen für Fernando typischen Gedankengang durchschaut der arglose Philipp natürlich nicht. Er betreibt seine Abreise, die ihn nun auch noch als europäischen Friedensstifter profilieren wird, nur noch emsiger. Er bittet Juana, ihm nach Alcalá de Henares entgegenzukommen. Juana ist hocherfreut. Erst ein Brief ihrer Mutter, sie möge alles in ihrer Macht stehende tun, um den Gatten in Spanien festzuhalten, öffnet ihr die Augen über Philipps Absicht, ohne sie nach Norden zu reisen.

Juana gerät in Panik

Philipp hat gehofft, nach all den Querelen mit den Schwiegereltern bei der oft so lenkbaren und anschmiegsamen Juana das Verständnis zu finden, das er jetzt braucht. Doch zum ersten Mal zeigt sich ihr heftiges Temperament auch außerhalb des Ehebettes. Sie tobt wie eine Furie, das ganze Schloss kann es hören. Alle in den Jahren der mehr oder weniger offenen Missachtung aufgestauten Ängste und Verletzungen brechen in ihr auf. Er ist entsetzt ... und hilflos. Später in der Nacht vergisst sie allen Stolz und wirft sich ihm bettelnd zu Füssen, bestürmt ihn, zu bleiben. Dieser Wechsel von Agression und Unterwerfung bestärkt Philipp nur in seinem Beschluss. Alles ist ihm nun verleidet, seine Frau, die Schwiegereltern, das ganze glänzende Erbe. Philipp bricht noch vor Weihnachten auf, und Juana bleibt zurück, in:

Juana verfällt in eine tiefe Depression, sie schläft und isst kaum noch, bei ihren endlosen Märschen durch die Gänge des Palastes wirkt sie wie eine Schlafwandlerin. Nur, wenn der Name Philipps in ihrer Nähe genannt wird, merkt sie auf. Man ist bemüht, ihr Verhalten mit der fortgeschrittenen Schwangerschaft zu erklären. Als sie am 10. März 1503 mit der für sie typischen Mühelosigkeit einen Knaben zur Welt bringt, ist ihr Vater überzeugt, die Geburt in Spanien sei Grund genug, dem Kind den Namen Ferdinand zu geben. Juana ist einverstanden, dies Kind bedeutet ihr noch weniger als die anderen, war es doch die Ursache ihrer Trennung von Philipp. Die Taufe Ferdinands ist das erste Hoffest seit langer Zeit.

Auch die Eltern werden Gegner

Bislang war Juana überzeugt, sie könne Philipp folgen, sobald sie nach der Niederkunft wieder in der Lage sei zu reisen. Doch nun muss sie erleben, dass ihre Eltern ihr die Abreise verweigern, zumindest bis zum Abschluss eines Friedensvertrages mit Frankreich. Das Zusammenleben mit Isabella führt nun zu täglichen, heftigen Auseinandersetzungen. Juana hasst die Mutter, die sie mit Gewalt von der Rückkehr zu Philipp abhält. Isabella, deren einzige Werte Religion und Staatraison sind, kann Juana nicht verstehen, die sich einzig aus Leidenschaft für einen Mann derart unwürdig gebärdet.

Durch die erbitterten Auseinandersetzungen erkranken beide Frauen an Fieber, und als Isabella fast jeden Abend zur Ader gelassen werden muss, beschließt man Juanas Umsiedlung in das nahegelegene Schloss von La Mota. Allein mit sich und ihren Gedanken überfallen sie Visionen von einem Philipp, der ungehindert mit allen rotblonden flämischen Verführerinnen des Hofes seine leidenschaftlichen Spielchen treibt. Es muss so sein, warum sonst ruft er sie nicht zu sich!

Philipp in schwerer Mission

Doch Philipp hat mit Louis XII. endlich einen Friedensvertrag ausgehandelt, und man feiert dessen Abschluss, als die Nachricht von der Eroberung Neapels durch Fernandos Truppen eintrifft. Philipp bietet sich aus Ritterlichkeit als Geisel an. Sein sofort einsetzendes heftiges Fieber dürfte psychosomatischen Ursprungs sein. Kaum genesen, reist Philipp zu Margaretha, in dritter Ehe Herzogin von Savoyen.

Margarethas kurzes Glück in und mit Savoyen

Quesnoy, Niederlande, seit dem Frühjahr 1500

Margaretha lebt auf

Margaretha hat ihren Standpunkt eine neue Heirat betreffend klar gemacht, und Bruder und Vater bedrängen sie nicht, da sie sich nicht auf einen Heiratskandidaten einigen können. Sie lässt sich die alte Residenz der Herzöge von Hainault, Quesnoy, im Stil der Zeit renovieren. Es ist ein wunderbarer Besitz, umgeben von einem Wildpark. Karl der Kühne hat hier Dromedare und andere Exoten eingeführt - und Jagdreviere anlegen lassen. Sie reitet zur Jagd, sie gibt vielbeachtete Feste und besucht die Nachbarn auf den umliegenden Burgen und Herrensitzen aber auch die Dörfer und die Märkte der Kleinstädte. Sie findet rundum ins Leben zurück und macht ihren kleinen Hof zu einem Zentrum der Künste und der Künstler, schafft sich eine eigene kleine Welt. Trauer und Bitterkeit machen wieder der Freude am Leben Platz.

Ein Besuch des Bruders...

Weitere Abwechslung bringen Besuche bei der geliebten Madame la Grande in Malines und seltener die Teilnahme an Staatsakten des Bruders. Jetzt, nach eineinhalb Jahren des friedvollen Lebens erscheint Philipp unangemeldet zur Jagd. Wirklich nur zur Jagd? Wird sie nicht irgendwie involviert werden, wenn er tatsächlich nach Spanien zieht, um an Stelle ihres geliebten Juan dort König zu werden? Bisher hat ihn die dritte Schwangerschaft Juanas im Lande gehalten, denn natürlich kann er nicht ohne sie reisen, nur durch sie besteht ja sein Anspruch. Aber die Niederkunft liegt schon einige Wochen zurück. Angeblich ist Juana noch nicht wieder hergestellt. Niemand will es recht glauben. Die zwei vorherigen Geburten waren ungewöhnlich leicht.

... und sein Anliegen

Auf dem Rückweg zum Schloss kommt der Bruder endlich zur Sache: ob sie inzwischen darüber nachgedacht hätte, wie es mit dem Savoyen als Heiratskandidaten stünde? Nicht nur er, sondern auch der Vater und die Stiefgroßmutter haben immer wieder diesen Savoyen ins Gespräch gebracht. Ja, sie hat darüber nachgedacht. Sie kennt ihn sogar. In ihrer letzten Zeit in Amboise hatte er zu der fürstlichen Kinderschar gehört, die dort erzogen wurde. Er war sogar ihr liebster Freund, sein Gesicht ist das Einzige, das sie aus dieser Zeit noch klar vor sich sieht. Sie erinnert sich auch noch an die Familiengeschichte, die ihr Madame Segré auf ihre Bitte erzählt hat.

Das alte Geschlecht Savoyen ...

hatte sich in den letzten fünfzig Jahren immer an den Lilienthron Frankreichs gehalten. Louis XI. hatte sich eine Tochter des Hauses als zweite Gattin erwählt, während er vom Vater in die Dauphinée verbannt war. Der Vater des zur Debatte stehenden Herzogs Philibert hatte als Comte de Bresse ein so abenteuerliches Leben geführt, dass er nach dem frühen Tod der Gattin gezwungen war, seine legitimen Kinder Philibert und Louise in die Obhut der Anne de Beaujeu zu geben, noch bevor er selbst Herzog von Savoyen wurde. Der Einfachheit halber wurde auch ein Bastardbruder der beiden namens René am Hof abgeliefert. Die Savoyenkinder waren also mehr oder weniger Spielgefährten der petite reine Margaretha gewesen. Vor kurzem wurde eine für Philibert im Kindesalter geschlossene Ehe vor der Konsumption durch den Tod der dreizehnjährigen Braut beendet.

... und sein aktueller Spross

Maximilian rühmt Philibert, dem die Zeitgenossen auch mit dem Beinamen „der Schöne" auszeichnen, als einen der besten Ritter des Zeitalters. Der Kaiser hatte auf diversen Italienfeldzügen Gelegenheit, ihn als Kriegsmann schätzen zu lernen. Das alles spricht für Philibert, doch er ist kein Thronprätendent wie ihre ersten beiden Ehemänner. Aber das kann auch von Vorteil sein. Er - und damit sie - steht nicht so im Interesse der Öffentlichkeit, herrscht dennoch über ein weites, schönes Land, das bei Bourg-en-Bresse beginnt und sich über Genf und die Alpen bis nach Turin erstreckt, mit Nizza sogar das Mittelmeer erreicht. Sie ist richtig neugierig geworden auf ein Wiedersehen mit dem Freund aus Kindertagen. Damals zeigte er kein großes Interesse an den wissenschaftlichen Fächern, und in seinen Zukunftsphantasien sah er sich stets nur als Ritter, nie als Landesherr. Man munkelt, er sei nur nominell Herrscher in Savoyen, in Wirklichkeit betreibe sein Bastardbruder die Geschäfte (der Regierung und andere). Margaretha hat sich kundig gemacht. Sie weiß, wie man sich Informationen beschafft, mancher Savoyarde ist ein ganz annehmbarer Künstler, und ihr kleiner Hof genießt einen guten Ruf in Künstlerkreisen.

Bruder Philipp ist fast lachhaft vorsichtig, will wohl auf keinen Fall ihre Gefühle verletzen. Spricht nicht von Staatsraison, nicht davon, wie wichtig es bei all den Streitereien um Italien ist, einen sicheren Alpenübergang zu haben! Nein, er wird persönlich: Sie sei doch viel zu jung und zu schön, um nicht wieder das Glück einer Ehe zu genießen. Sie sei doch wie geschaffen für die Mutterschaft, und sie könne doch der Familie so sehr nützen, wenn sie „den Stammbaum kräftig stütze". Verwundert über seinen unerwarteten und schnellen Sieg kann er ihr deutliches „Ja!" kaum fassen und schaut ihr verblüfft nach, als sie lachend davongalloppiert. Er versteht nicht, dass ihre Entscheidung längst gefallen war, bevor er sie einforderte. Egal, nun kann er die savoyardischen Legisten kommen und mit den seinen den Vertrag aushandeln lassen.

27. Oktober 1501, Brüssel - Savoyen

Eine Winterreise

Während Juana und Philipp sich auf den Weg nach Spanien machen, ist Margaretha schon fast vier Wochen unterwegs in den Süden, der momentan alles andere als sonnig ist. 250 Menschen kämpfen sich mit ihr mühsam durch den Schnee des plötzlich hereingebrochenen Winters. Geführt werden sie vom Prince d'Orange und Louis de Blois. In der Mitte des Zuges sitzt Margaretha in einer Sänfte, die mehr ein Tragsessel ist, die Füße auf einem Reiseofen und dick in Pelze gehüllt. Seit dem Start in Brüssel hat es unaufhörlich geregnet, gnadenlos schlammig waren alle Straßen und Wege, brechende Achsen und umgestürzte Gefährte, Aufenthalte wegen Unpassierbarkeit von Streckenabschnitten an der Tagesordnung. Es ist, als wolle das Wetter - wie schon bei ihrer Seereise nach Spanien - ihre Heirat verhindern.

Zwar hat man sie auf dem Weg durch Frankreich überall wie eine Herrscherin empfangen, aber das Wetter war auch dort nicht besser. Jetzt, kurz vor Dôle, dieser Kälteeinbruch! Für dort ist die Trauung per procuratione geplant. Warum hat sie sich nur darauf eingelassen? Nicht nur das trostlose Wetter macht sie melancholisch - wird der Erwählte wirklich ein würdiger Nachfolger Juans sein? Wird dieser Ritter in der Lage sein, ihre Interessen zu teilen? Es wird gemeldet, der Bastard René sei angelangt, er soll seinen Halbbruder bei dieser formellen Vorabtrauung vertreten. Doch nicht jetzt! Man muss halten lassen, wie lästig!

Willkommen durch einen plumpen Sartyr
Noch bevor sie ihre düsteren Gedanken vertreiben kann, prescht ein wirklich riesiger Kavalier heran und reißt selbstherrlich die Tür ihrer Sänfte auf. Der Wind lässt ihre Augen tränen, während der „Gigant“ dröhnend seine Freude über ihre Ankunft kundtut. Sie sieht nur seinen riesigen Mund, das Grinsen eines Löwen. „Ich weiß zwar nicht, wer Ihr seid“, unterbricht sie kühl seine Begeisterung, „doch das ist wohl das gröbste Willkomm, das mir je irgendwo geboten wurde!“ Bestürzt zögert er, entschuldigt sich mit erheblich leiserer Stimme, stellt sich vor, es ist natürlich der Bastard persönlich - und ihr vom ersten Moment an unsympathisch.

Am nächsten Tag wird die Zeremonie vollzogen, trotz der Erschöpfung durch die anstrengende Reise und einer leichten Halsentzündung meistert sie alles mit gewohntem Charme, nur der Bastard fällt ihr gewaltig auf die Nerven. Er schafft es bei der symbolischen Vermählung gar, aus dem Bett zu fallen …

Kloster Romainmôtier, Savoyen , 3. Dezember 1501

Margaretha: leicht verwirrt
An einem Vormittag erreicht Margarethas Hochzeitszug das Kloster, in dem sie ihren neuen Gatten treffen und noch am selben Abend heiraten soll. Weder sie noch ihre Begleitung fühlen sich in Festlaune. Viel lieber würden alle erst einmal richtig ausschlafen und wieder warm werden. Doch am Mittag sieht sie den Gespielen ihrer Jugend wieder und weiß, dass er der Richtige ist.

Er ist groß und wohlproportioniert, sein Körper durch Jagd, Turnier und Tanz gestählt und geschmeidig zugleich. Er ist ein Ritter, kein Student! Sein Gesicht ist regelmäßig geformt, die Lippen feingeschwungen, seine warmen braunen Augen haben die Welt gesehen und liebkosen Margaretha sofort. Er kann gar nicht fassen, was für ein Prachtweib er sich da eingehandelt hat. Er ist drei Monate jünger als sie, wirkt aber erwachsener als seine einundzwanzig Jahre. Als er sie mit einem Timbre anspricht, in dem seine Bewunderung für sie anklingt, erklärt sie sich mit der Heirat am Abend einverstanden, eigentlich hatte sie auf dieser Aussprache bestanden, um ihm klar zu machen, dass es eine Unverschämtheit sei, die Zeremonie noch am Tage der Ankunft zu verlangen.

Wieder scheint ihr alles wie ein Traum, das Ankleiden, das Schlittern über den eisigen Klosterhof. Trotz Hermelinmantel befürchtet sie, in der Kirche zur Statue zu gefrieren, so bitter kalt ist es. Diesmal ist es nicht traumhafte Entrücktheit, die es ihr unmöglich macht, dem Geschehen richtig zu folgen, die Kälte durchbohrt sie mit tausend Dolchen, die Kerzen bringen kaum Licht in das eisige Dunkel. Welch ein Kontrast zu der schimmernden Kathedrale von Burgos! Sie droht in Tränen auszubrechen. Doch da ist Savoyen neben ihr, legt ihr die Hand tröstend auf den Arm und murmelt ihr ins Ohr, sie solle nicht traurig sein, er werde stets alles in seiner Macht stehende tun, um sie glücklich zu machen. Kann er ihre Gedanken lesen? Alle Frustration und Melancholie fällt von ihr ab. Ihr wird warm und trotz des schwachen Kerzenschimmers nimmt sie die Schönheit des behauenen Steins um sie her wahr. Aus den noch nicht geweinten Tränen steigt ein Lächeln auf und verklärt ihr Gesicht. Sie ist am Ziel, sie hat gefunden, was sie immer suchte. Zärtlichkeit durchflutet sie … und trägt sie durch den Rest der Zeremonie und das sich anschließende Bankett.

Schon bald zieht sich die Gesellschaft zurück, nicht ohne das Paar mit erotischen Anspielungen zu verabschieden. Viel zu schnell ist sie allein in dem Raum, den sie nun mit dem Mann teilen soll, den sie erst seit dem Mittag des Tages kennt. Hier bleibt keine höfische Pause inmitten der Damen, kein alles bis ins letzte regelndes Zeremoniell wie in Spanien. Müsste es nicht so sein, wenn eine Kurtisane sich mit einem Galan in einer Herberge trifft? Sie errötet vor den eigenen Gedanken, und da steht er auch schon im unruhigen Licht des Kaminfeuers, sein offenes Haar fällt bis über die Schultern, so groß sieht er aus … und ist der schönste Mensch, den sie seit langem gesehen.

... und schließlich: begeistert

Sie weiß nicht, was sie sagen oder tun soll, er spricht zu ihr, davon, dass endlich der Moment gekommen sei, nach dem er sich gesehnt, seit er zum ersten Mal ihr Medaillon in Händen gehalten habe. In Wirklichkeit sei sie noch viel schöner als in seinen Träumen, von deren Erfüllung ihn nur noch ein Schritt, eine Berührung trenne … und er tut den Schritt, ohne nervöse Hast, ohne verlegenes Zögern. In dem kleinen Mönchszimmer versinkt die Welt.

In Genf soll Margaretha mit fürstlichem Prunk in ihre neue Heimat eingeführt werden, doch man will den guten Menschen genügend Zeit für die nötigen Vorbereitungen und der Verwandtschaft für die Anreise lassen. So bleibt dem jungen Paar Musse sich kennen zu lernen. Sie will alles von ihm wissen. Alles über sein Land, seine Kriegszüge, seine Familie, seine Kinderehe, was ihn interessiert, seine Vorlieben und Abneigungen, alles muss sie wissen. Sie findet die Gerüchte bestätigt, dass er die Regierung seinem älteren Bastardbruder überlässt, und sie wird Abhilfe schaffen, das weiß sie schon jetzt, zumal sich der Bastard durch sein großspuriges Gehabe und einige indezente Bemerkungen ständig unbeliebter bei ihr macht. Nur muss sie erst noch die Umstände näher kennen lernen. Margaretha und Philibert genießen diese langen Gespräche miteinander, mehr noch die Nächte, auf die sie manchmal ungeduldig warten müssen.

Genf und weitere joyeuses entrées

Endlich ist der glamouröse Einzug in Genf vorbereitet, endlich spielt auch das Wetter mit. Eine Zeltstadt mit allen Schikanen ist aufgebaut, endlose Turniere finden statt, obwohl es Philibert mehrfach vom Sitz reißt, hält er sich Margaretha zuliebe außerhalb der Schranken. Schließlich muss er aber doch zur Ehrenrettung der gastgebenden Stadt selbst eingreifen, trägt natürlich Margarethas Farben und siegt für sie und Genf. Der Jubel ist unbeschreiblich, besser kann sich ein junges Fürstenpaar nicht einführen.

Fast ein Jahr reisen Philibert und Margaretha durch sein Land, weiter über die Alpen, bis nach Turin, ans Mittelmeer und in die alte Hauptstadt Savoyens, Chambery. Hier feiern sie die aufwendigsten Feste. Alles drängt an den Hof, wo immer er sich befindet, jeder will sich durch eigenen Augenschein vom Glück des jungen Paares überzeugen, Bald heißt es, allein der Anblick Margarethas und Philiberts bringe Glück. Doch Feste allein genügen der gelehrigen Schülerin der Margaret of York, der Anne de Beaujeu und der katholischen Isabella nicht!

Überall sondiert Margaretha die Lage. Bald ist ihr klar, dass das Volk endlich auf Frieden hofft, nicht länger in die Streitigkeiten um Italien hineingezogen werden will. Der Bastard war gegen die Heirat des Halbbruders mit der Kaisertochter. Er lässt sich von Louis XII. bezahlen, obwohl es Maximilian war, der ihm die Legitimationsurkunde ausgestellt hat. Es gibt auch eine Pro-Austria-Partei, die sich erhofft, dass der Kaiser den König der Franzosen in Schach hält. Margaretha beginnt, an den Ratssitzungen, die bei ihren feierlichen Einzügen gehalten werden, teilzunehmen. Sie zeigt Philibert die Missstände auf, rät ihm, wie er sie beseitigen kann. Doch er teilt ihr Interesse nicht, er hat vor Jahren das alles dem Halbbruder übergeben und will sich auch jetzt nicht damit beschäftigen müssen.

Savoyen, Mai 1502

Die Lehren Isabellas

Wenn er nichts unternehmen will, muss Margaretha eben sehen, wie sie den Bastard allein los wird. Sie beginnt, sich ein aus eigener Tasche bezahltes Spionagenetz aufzubauen. Der Bastard nimmt ihre politischen Ambitionen nicht ernst, begeht Nachlässigkeiten. Eines Tages hat Margaretha die Beweise, die sie braucht. Zwei Briefe über ein geheimes Abkommen mit schweizer Kantonen können durchaus als Verrat gewertet werden. Das kann Philibert nicht dulden. In einer dramatischen Szene vor flackerndem Kaminfeuer verweist er den Halbbruder noch in der Nacht des Landes. Bei Rückkehr fällt er dem Henker anheim, vor dem ihn im Augenblick nur der Glaube an das gemeinsame Blut bewahrt hat. Dann läutet Philibert einem Offizier und befiehlt ihm „cette homme“ sofort und ohne Rast über eine Grenze seiner Wahl zu bringen, er sei des Verrates überführt.

Die Wache steht starr: Noch nie hat jemand gewagt, auch nur ein Wort gegen den großen Bastard zu sagen und nun so etwas! Als der Offizier auf ihn zukommt, zuckt die Hand des Bastards zum Degen, doch er nimmt die Wachen im Vorzimmer wahr und gibt auf. Bevor er sich abführen lässt, zischt er Margaretha an: „Du wirst mir dafür bezahlen!“ Sie bleibt stumm in ihrem Sessel, streichelt weiter den alten, grünen Papagei ... Zur Sicherheit setzt sie noch beim Vater Maximilian durch, dass er die Reichsacht über den Bastard verhängt.

Pont-d-Ain, 1502 -1504

Glückliche Jahre!

Natürlich hat Philibert auch nach dem schmachvollen Ende der Regentschaft des Bastards keine Lust, die Geschäfte selbst zu übernehmen. Er schaut mit Freuden zu, wie Margaretha sein Land nach außen vertritt, sie, die fast alle wichtigen Persönlichkeiten und Länder Europa aus eigener Anschauung kennt. Sie nutzt den Vorteil eine Frau zu sein. Sie wirkt im Stillen, während sich die Männer mit kriegerischem Potenzgehabe gegenseitig zu beeindrucken suchen. Takt, Einsicht und Flexibilität sind ihre Waffen. Mit ihren Samthandschuhen und einem sanften Lächeln ist sie stärker als die martialischen Helden rings um sie her. Es freut ihn, wie sein Land unter ihrer umsichtigen Herrschaft aufblüht, umso mehr, als ihm Zeit für seine Vergnügungen bleibt und sie es versteht, an so vielen Jagden und Bällen teilzunehmen, dass er sie nie vermisst. Der Abend wird eh gemeinsam verbracht und die Nacht sowieso.

Margaretha entwickelt das für einen Herrscher wichtige Geschick, sich die fähigsten Mitarbeiter auszusuchen und sie so zu behandeln, dass sie absolut loyal sind. Sie wählt Juristen, Kanzlisten, Sekretäre nicht nach Herkommen, sondern nach Ausbildung und Befähigung, unter ihren engeren Mitarbeitern sind viele Bürgersöhne. Darin ist sie modern. Schon in dieser Zeit gehört ein gewisser Gattinara zu ihrem Stab. Neben all dem findet Margaretha noch Zeit, sich einen Musenhof einzurichten, der für Künstler und Wissenschaftler gleichermaßen interessant ist.

Endlich lassen sie sich im von fünfzig Burgen umgebenen Geburtsort Philiberts, Pont-d-Ain, nieder. Margaretha will hier den Geist des alten Burgund in Form eines modernen Renaissancehofes wieder aufleben lassen. Hierher kommt Bruder Philipp im April 1503 nach seinem für ihn so enttäuschenden Spanienaufenthalt. Margaretha ist froh, ihn bei sich zu haben. Vergessen sind die Misstöne aus früheren Zeiten, heute ist sie ihm dankbar für diese glückliche Verbindung mit Savoyen. Sie ist eine Befürworterin seiner Friedenspolitik, und vielleicht unterhält er sich endlich mit ihr über seine Schwierigkeiten, als er sieht, wie gut sie dies blühende kleine Land regiert.

Manche Autoren sind der Ansicht, dass Philipp schon in Ain ist, als er hört, wie Fernando ihn hintergangen hat, und er bekommt aus Enttäuschung und Wut ein böses Fieber, bietet sich aber trotz seiner Krankheit Louis XII. als Geisel an. Der wiederum ist von Philipps Blauäugigkeit ebenso überzeugt wie von Fernandos Skrupellosigkeit und schlägt das ritterliche Angebot ab. Sobald Philipp einigermaßen genesen ist, fährt er weiter zu seinem Vater nach Tirol.

Zuviel des Glückes

Natürlich haben die Geschwister auch über die Entwicklung Juanas gesprochen, und vielleicht kommt Margaretha ihr eigenes Glück als eine Herausforderung an das Schicksal vor. Sie hatte nie die überschäumende Freude an der Jagd entwickelt, die in den fürstlichen Familien soweit verbreitet ist, weil besonders die Falkenjagd für sie immer in engem Zusammenhang mit dem Unfall und dem frühen Tod der Mutter stand. Dennoch hat sie aus Gründen der Konvention immer an höfischen Jagden teilgenommen, auch in Quesnoy sah man sie in fröhlicher Gesellschaft zur Jagd reiten. Bisher hat sie auch immer wieder ihrem geliebten Philibert die Freude ihrer Begleitung gegönnt. Nun entwickelt sie einen regelrechten Widerwillen gegen die Jagd und wildes Reiten. Im Sommer 1504 herrscht in Savoyen drei Monate eine derartige Trockenheit, dass die Erde zu brennen scheint. Da für den Winter Hungersnöte zu befürchten sind, ist Margaretha mit dem Ankauf von zusätzlichem Getreide mehr als beschäftigt. Dennoch gelingt es Philibert, sie Anfang September - Hitze und Trockenheit dauern immer noch an - aus ihrem Arbeitszimmer und mit zu einer Jagdpartie zu locken.

Eine Jagdpartie

Am 7. September 1504 reitet bei Sonnenaufgang eine prächtige fünfzig Personen umfassende Jagdgesellschaft los. Der Hirsch bietet ihnen eine aufregende Jagd mit scharfen Ritten, der Herzog selbst will ihn erlegen und reitet ihm nach - bis in das Wasser eines Sees. Die Sonne brennt, man braucht für das mitgenommene Frühstück ein schattiges Plätzchen, also wird weiter geritten. Unter Lachen und Scherzen erreicht man ein Wäldchen. An einer überraschend kalten Quelle trinkt Philibert gierig. Margaretha warnt ihn, nicht zu viel und nicht so schnell zu trinken. Doch er lacht wie ein übermütiges Kind, taucht den Kopf in die Quelle, um sich Kühlung zu verschaffen. Als er endlich aufsteht, sind seine Haare naß, das Wasser rinnt ihm in den Kragen. Er sieht animalisch gut aus, gesund und kraftstrotzend, als er sich neben Margaretha ins Gras fallen lässt. Am liebsten möchte sich Margaretha sofort in seine Arme werfen - wie immer in solchen Augenblicken.

Doch inzwischen haben die Diener das Mahl und die Getränke bereit, man beginnt zu schmausen, und mit viel Gelächter werden die aufregendsten Momente der Jagd noch einmal erlebt. Es wird immer heißer, der Schatten spendet keine Kühlung mehr, Sonnenstrahlen stechen durch das Laub, dauernd muss man Scharen von Mücken vertreiben. Dem Herzog wird mitten im Mahl leicht übel. Plötzlich ist ihm eiskalt. Bleich und ohne ein Wort steht er auf, stellt sich in die pralle Sonne, um sich zu erwärmen. Es hilft nicht. Margaretha ist sofort aufmerksam geworden, fragt, was ihm fehlt. Er meint, es sei sicher nur die Hitze. Philibert verlangt eine Decke, legt sich ins Moos, bald beben seine kräftigen Schultern in einem Schüttelfrost, den er nicht mehr beherrschen kann.

Eile tut not!

Der Herzog kann kaum aufs Pferd steigen, plötzlich sind seine Beine kraftlos. Der Ritt wird für ihn zur Tortour. Er ächzt mit schlaff hängendem Kopf, doch man kann ihn nirgends zurücklassen, um einen Wagen, eine Trage holen, die Sonne brennt ohne Erbarmen. Margaretha hat nur noch Angst, ist sicher, dass an diesem Anfall der eiskalte Sturztrunk schuld ist, doch der Anfall vergeht nicht!! Als man am Nachmittag endlich das Schloss erreicht, kann der Herzog nicht mehr aus eigener Kraft absteigen. Man muss ihn in sein Bett tragen. Da er noch immer friert, versucht man, ihn wie im tiefsten Winter mit erhitzten Steinen zu wärmen. Nun fließt der Schweiß in Strömen, doch der Kranke friert weiter. Die Behandlung der Ärzte lässt ihn ins Delirium fallen.

Margaretha bleibt mit ihm allein in dem Raum, der sonst ihrer Leidenschaft gehört. Er liegt wie eine Statue oder zieht Grimassen. Endlich versteht Margaretha, dass es mit ihm zu Ende geht und dass sie gar nicht allein ist mit ihm. Da stehen all die Höflinge, wie damals vor sieben Jahren in einem anderen Land, einer anderen Zeit … Juan … sie schreit, sie drängt die Leute aus dem Zimmer. Die Höflinge verstehen nicht, sind konsterniert. Wie kann sie diesem Alptraum ein Ende machen? „Um der Liebe Gottes willen", ruft sie: „Laßt uns allein. Ich werde rufen, wenn ich Euch brauche!" Die ersten gehen. Langsam leert sich der Raum. Sie ist allein mit dem sterbenden Gemahl. Drei Tage kämpft Herzog Philibert von Savoyen, einer der glänzendsten Ritter seiner Zeit, gegen den Tod.

Schon wieder der Tod

Am dritten Tag öffnet Philibert von Savoyen am frühen Morgen die Augen. Als sie sich an das schwache Licht der Kerzen gewöhnt haben, erkennt er Margaretha und lächelt ihr zu. Sie ist total erschöpft, keine Minute hat sie ihn aus den Augen gelassen, nun pocht wilde, unbegründete Hoffnung in ihr. Er sieht sie, erkennt sie, lächelt! Alles wird gut. Doch schnell zerstört er ihre unsinnige Hoffnung. Er entschuldigt sich für seine Schwäche und bittet sie, als sein Vermächtnis, das Grabmal seiner Mutter zu vollenden und ihn an deren Seite zu bestatten. Sie kann nur nicken. Er bittet um einen Priester, sie sieht ein, dass es an der Zeit ist. Er dankt ihr mit einer letzten Umarmung, nachdem er die Sakramente empfangen hat. Um neun Uhr ist er tot. Er ist nur vierundzwanzig Jahre alt geworden.

Alles zu Ende?

Margaretha zieht sich in ihr Turmzimmer zurück. Empfindungslos schaut sie aus dem Fenster über das weite, sonnenverbrannte Land.

Nie wieder wird er über diese Wiesen reiten, nie wieder wird sie sein Rufen, sein Lachen hören. Gar nichts will sie mehr hören, dieser Blick über die Landschaft, in der sie mit ihm so glücklich war, soll ihr letzter sein. Sie steht auf, steht auf der Bank, dann auf dem Sims, nur ein Schritt noch, die Felsen werden allem ein Ende machen! Sie schließt die Augen, hebt den Fuß … und wird von beherzten Händen zurück auf die Bank gezogen.

Sie versteht. Sie hatte fast drei Jahre eines nicht mehr erhofften Glücks erlebt. Die Zeit der Liebe ist vorbei. Sie erteilt einen Befehl, die Kammerzofen stehen erstarrt, können es nicht glauben, doch die Herrin wiederholt den Befehl. Die Mädchen holen die Kämme und Scheren. Die berühmte goldene Haarpracht fällt. Margaretha braucht sie nicht mehr. Sie lässt sich Witwenschleier und -kleider holen und anlegen. Sie steigt die lange gewundene Treppe hinab, schon hat man den Leichnam aufgebahrt. Mit resignativer und doch kraftvoller Ruhe erteilt sie weitere Anweisungen.

Wieder Witwe

Die Zeit, die sie noch in Savoyen bleibt, ist vornehmlich der Errichtung des versprochenen Grabmales in Brou für Mutter und Sohn gewidmet. Nur die besten Künstler und Handwerker kommen in Frage. Margaretha kümmert sich um jedes Detail persönlich. Sie wählt sich ein Motto: „FORTUNE - INFORTUNE - FORT UNE!“ Es gibt viele Übersetzungen, die treffendste scheint: Glücklich- unglücklich - fortan allein!

Ihr Entschluss, Philibert in Brou neben der Mutter zu bestatten und nicht in der Gruft der Herzöge ist für die savoyardische Verwandtschaft ein Skandal. Wenn sie sich so auf den Bau des Grabmals konzentriert, hat das auch damit zu tun, dass der Erbe Savoyens, Philiberts jüngerer Stiefbruder Carlo, noch viel weniger am Wohlergehen seines Landes interessiert ist, als der Verstorbene es war. Zudem ist er noch viel weniger begabt. Es steht schlecht um den Frieden und die Prosperität, die Margaretha gerade erst in Gang gesetzt hatte, denn der junge, achtzehnjährige Herzog wird in künftigen Streitfällen garantiert die Partei Frankreichs ergreifen und damit sein Land wieder zum Kriegsschauplatz machen.

Einen schweren Stand hat Margaretha auch bei der Durchsetzung ihrer Witwenrente, denn das kaum sanierte Land hat derzeit deren drei aufzubringen. Als besonders zähe Gegnerin erweist sich dabei eine Spielgefährtin vom französischen Hof, Louise von Savoyen. Sie ist ebenfalls Witwe, aber Mutter eines hoffnungsvollen

Knaben namens François. Margaretha sucht Vater Maximilian auf, um die Unterstützung des Kaisers zu erhalten. Als sie zurückkommt, ist ihr grüner Papagei, die lebende Erinnerung an die Mutter, von einem Hund zerrissen worden, doch er wird unsterblich durch ein Gedicht über den „Chevalier verte“ des „belgischen“ Dichters Lemaire.

Erneuter Aufbruch

Mit dem plötzlichen und unerwarteten Tod des Bruders in Spanien im September 1506 steht das ganze dynastisch-politische System der Casa de Austria in Frage. Natürlich ist Margaretha daran interessiert, die neue Lage mit dem Vater zu besprechen. Sie trifft sich mit ihm in Schwaben und folgt ihm nach Ulm. Unterwegs findet man auch noch Zeit für die Jagd, doch Maximilian hat vor, sie nicht nur mit der Erziehung der Enkel, sondern auch mit der Regentschaft über die Niederlande zu betrauen. Ist sie dazu bereit?

Der Eltern endgültige Spanienfahrt

Brüssel, November 1503

Philipp ist - wie gesagt - von Savoyen aus zum Vater nach Tirol gereist. Die Annahmen über die Zeit, die die Herren bei Jagd und Festivitäten gemeinsam verbringen, variieren stark. Am wahrscheinlichsten ist, dass er im Spätherbst 1503 wieder in Flandern eintrifft. Während der fröhlichen Wiedersehensfeste stirbt am 23. November 1503 Madame la Grande. Bald darauf schreibt Philipp Juana einen zärtlichen Brief, in dem er sie von Herzen bittet, zu ihm und den Kindern nach Hause zu kommen. Will er sich nur am Schwiegervater rächen? Oder hat er nach fast einem Jahr der Trennung wirklich Sehnsucht nach der Frau, deren Leidenschaft ihm zumindest immer geschmeichelt hat?

La Mota bei Medina del Campo, Winter 1503/1504

Juana plant den Aufbruch

Ausgerechnet dieser Brief durchbricht den von Isabella um La Mota gezogenen Sicherheitkordon. Juana ist außer sich vor Glück. Vergessen sind alle Zweifel, alle Eifersucht. Der arme Philipp ist von ihrem eigenen Vater verraten worden, war schwer krank, kümmert sich, kaum genesen, rührend um die Kinder und ruft nach ihr! Er ruft sie! Er braucht sie! Will sie an seiner Seite haben! Sehnt sich nach ihr!

In fieberhaftem Aktivismus treibt sie die Dienerschaft an. Sachen müssen gepackt, Vorräte eingekauft, Transportmittel bereitgestellt werden. Im ganzen Schloss geht es drunter und drüber, Juana ist überall, kann plötzlich Befehle geben, Abläufe organisieren. Mitten in diese Hektik platzt Bischof Fonseca. Die Mutter schickt ihn, natürlich hat sie auch in La Mota ihre Spione. Juana hört Fonseca nicht an. Der Bischof lässt die Pferde wieder ausspannen. „Befehl der Königin Isabella!“ Das wirkt. Juana ist so in Rage, dass sie zu Fuß losgehen will, schließlich sei Frankreich mit ihrem Vater im Krieg, nicht mit ihr und nicht mit Philipp. Sie stürmt zum Burgtor.

Eine Nachtwache mit Folgen

Als ultima ratio gibt Fonseca den Befehl, das Fallgitter herabzulassen, die Zugbrücke hochzuziehen. Juana hängt sich an die Ketten, gerät in Raserei, leistet heilige Eide, sie wird Fonseca hängen lassen, sobald sie Königin ist. Sie klammert sich an das Fallgitter und sinkt in die Knie. Keinen Schritt zurück in ihren Kerker wird sie mehr tun, schwört sie, sich keinen Schritt weiter von Philipp entfernen lassen. Alle Bitten und Beschwörungen der besorgten Dienerschaft sind vergebens, die ganze Nacht verbringt sie im eisigen Winterwind am Burgtor.

Auch am nächsten Tag weigert sie sich, in ihre Gemächer zurückzukehren, endlich kann man sie überreden, sich wenigstens in den Schutz der Wachstube zu begeben. Abgesandte der Mutter empfängt sie entweder nicht und macht ihnen grauenhafte Szenen, in denen sie die Eltern verflucht und Rachephantasien entwickelt. Schließlich sieht die schwerkranke Isabella keinen anderen Ausweg und lässt sich nach La Mota tragen. Man weiß nichts über das, was tatsächlich zwischen den beiden Frauen geschieht. Isabella soll später geäußert haben: „Ihr (Juanas) Verhalten war so würdelos, ihre Worte so voller Heftigkeit und Respektlosigkeit meiner Person gegenüber, dass ich sie nie ertragen hätte, wenn mir nicht ihr Geisteszustand zu denken gäbe." Das Verhalten Juanas erinnert sie fatal an den Beginn der geistigen Umnachtung der eigenen Mutter, die man die „Irre von Arévalo" nannte. Isabellas „Diagnose" wird zur Rechtfertigung aller für Juanas weiteres Schicksal.

Zähigkeit gewinnt

Isabella ist entschlossen, Juana nicht zu Philipp zurückkehren zu lassen, um nicht noch einmal die Thronfolge durch einen „Liebestod" zu gefährden. Als Erbin Kastiliens sollte Juana dort leben. Doch Ende Februar beschwören die Ärzte Isabella, sie müsse Juana reisen lassen, es sei sonst für ihren Geisteszustand das Schlimmste zu befürchten. Im Austausch gegen die Tochter wollen die Reyes Católicos wenigstens ihren Enkel Karl in ihre Obhut bekommen und winken mit der Krone von Neapel für den Dreijährigen. Neapel ist am 31. Januar 1504 an Aragón gefallen und wird - wie Sizilien - bis 1713 spanischer Besitz bleiben. Doch darauf können und wollen sich die Niederlande nicht einlassen.

Blankenberge, 10. März 1504

Juana erneut verzaubert ...

Endlich legt Juanas Schiff ab. In den Nächten auf See wird ihr klar, dass sie für ihre Liebe zu Philipp mit allem Herkommen gebrochen, sich gegen den Willen der Eltern erhoben und ihre Pflichten als Erbin Spaniens vernachlässigt hat. Sie will ihm nie wieder nachgeben. Doch als Philipp sie persönlich an der Küste abholt und an ihrer Seite nach Brüssel reitet, erscheint ihr das wie eine Wiederholung ihrer ersten Begegnung, nur ist sie nicht mehr sechzehn und voll banger Erwartung. Sie ist Mitte Zwanzig, eine erfahrene Frau, das Glück ihres Lebens reitet an ihrer Seite.

Der burgundische Hof 1504

Böser Zauber?

Doch das vermeintliche Glück findet ein jähes Ende. In Brüssel muss Juana feststellen, dass Philipp eine Geliebte hat, die wie eine französische „Maîtresse en titre" behandelt wird. Sie gerät außer sich. Sie identifiziert die blonde Verführerin, und entweder kommt es zu einem spektakulären Damenringkampf vor versammeltem Hof, der damit endet, dass Juana eigenhändig mit der Schere gegen den rotblonden Haarschopf der Unglücklichen wütet, oder sie schickt Dienerinnen mit dem Auftrag los, besagte Dame kahl zu scheren. Der Effekt ist der gleiche: als Philipp der geschorenen Geliebten ansichtig wird, rast er in das Zimmer seiner Frau und verprügelt sie.

Juana schließt sich in ihrem Zimmer ein, verweigert jede Nahrung, wäscht und kämmt sich nicht und verbringt ihre Nächte damit, mit hölzernen Haarbürsten den Fußboden ihres Zimmers zu bearbeiten. Der Raum darunter ist Philipps Schlafzimmer. Es ist fraglich, ob er es unter diesem Trommelfeuer benutzt. Tagelang gibt sich Juana ihrer Verzweiflung hin, schließt sich von der Außenwelt völlig ab. Warum hat sie wieder an Philipp geglaubt? Weil er sie so fröhlich und unbefangen empfangen hat nach dieser langen, schrecklichen Trennung? Es gibt nur eine Erklärung: Er liebt sie immer noch, ist aber verhext worden!

... Gegenzauber

Doch da gibt es Mittel und Wege. Unauffällig lässt diesmal sie die flämischen Damen aus ihrer Umgebung entfernen, ersetzt sie durch maurische Dienerinnen, denen sie die Gesichter durch Narben entstellen lässt, damit ihre exotischen Reize Philipp nicht irritieren können. Sie entspannt sich, und weil sie an die Tricks und Mittelchen ihrer Sklavinnen glaubt, gelingt es Juana, Philipp zurückzuerobern. Er ist nicht nachtragend, findet auch zunächst seinen Spaß in der Haremsatmosphäre, die Versöhnung ist so leidenschaftlich wie die Auseinandersetzung zuvor.

Doch auf Dauer ist diese schwülstige Umgebung nichts für den handfestere Genüsse gewohnten Philipp. Er braucht frische Luft, reitet Jagden und verlangt, dass sie die unheimlichen Maurinnen fortschickt. Juana gehorcht, erreicht eine weitere heißblütige Versöhnung. Kaum wendet Philipp wegen echter oder vorgegebener Geschäfte den Rücken, sind die Orientalinnen wieder da. Um seine Nerven zu beruhigen, nimmt Philipp sein lockeres Leben wieder auf. Juana gibt nach, ein endloser Reigen von Verwünschungen, Verführungen und Versöhnungen hält den Hof in Atem.

Um sie abzulenken versucht Philipp, Juana in die Regierungsgeschäfte einzubeziehen, doch sie zeigt kein Interesse. Geht Philipp wieder seine eigenen Wege, sitzt Juana unbeweglich im hintersten Winkel eines abgedunkelten Zimmers und ist durch nichts aus ihrem dumpfen Brüten zu locken. Man hält die Kinder im allgemeinen von ihr fern, doch als sie tagelang nicht aus ihrer Lethargie zu wecken ist, bringt man ihr Eleonor und Karl. Manchmal spricht sie dann mit ihnen oder singt ihnen Lieder vor, doch meist sieht sie sie nur unverwandt an. So vergeht ein Jahr im ständigen Wechselbad der Gefühle. Schließlich ist Juana schwanger.

Scheinbar verzweifelt berichtet Philipp den Schwiegereltern über diese vergeblichen Versuche, Juanas Interessen am Regieren zu wecken. Gleichzeitig lässt er ein Tagebuch über Juanas Extravaganzen führen und es den Católicos zuspielen. Die sind entsetzt über das Verhalten ihrer Tochter und nehmen es erneut zum Anlass, die Überstellung Karls an den spanischen Hof zu fordern.

Medina del Campo, November 1504

Tod einer Königin
Während Juana in das Auf und Ab ihres Ehelebens verstrickt ist, fühlt Isabella in Spanien, dass ihre Kräfte nachlassen. Pragmatisch wie sie ist, diktiert sie am 23. November ihr Testament. Darin beschwört sie ihre Untertanen, ihre Tochter Juana als Königin aller ihrer Reiche, auch der überseeischen, anzuerkennen und ihrem Gatten, dem Erzherzog Philipp, „denselben Gehorsam“ zu zollen. Für die Zeit bis zum Eintreffen des Herrscherpaares legt sie die

Regentschaft in die bewährten Hände ihres geliebten Gatten Fernando, der die Herrschaft bis zur Großjährigkeit des Enkels Karl ausüben soll, falls Juana diese nicht ausüben könne oder wolle.

Für ihr Reich setzt sie eine Kommission von Juristen ein, die ein allgemein gültiges und verbindliches Gesetzbuch erarbeiten soll. Die Bekehrung der Indios in den überseeischen Gebieten soll unbedingt fortgeführt werden. Dem Gatten vermacht sie allen Schmuck (obwohl sie noch drei lebende Töchter hat!) und eine königliche Rente. Ihre Beisetzung betreffend verlangt sie äußerste Sparsamkeit und Schlichtheit. Das eingesparte Geld soll mittellosen Mädchen als Mitgift dienen. Sie besteht darauf, in Granada, dem Ort ihres größten Triumphes, beigesetzt zu werden. Es sei denn, Fernando wähle dermaleinst einen anderen Bestattungsort, dann wolle sie an diesen überführt werden. Ausdrücklich verlangt sie, dass ihr Leichnam nicht einbalsamiert und in einem schlichten Holzsarg beigesetzt werden soll.

Nachdem das erledigt ist, zieht sie sich im schlichten Habit der Franziskanerinnen nach Medina del Campo zurück und verbringt ihre letzten Tage in Gebeten und Erinnerung. Am 26. November endet das Leben der großen Königin in aller Stille. Ihre Weigerung, sich einbalsamieren zu lassen macht es nötig, den schlichten Holzsarg sofort nach Granada zu überführen. Ein apokalyptisches Abenteuer für die zur Begleitung Verdammten, denn sie kämpfen drei Wochen gegen Unwetter von bislang unbekanntem Ausmaß.

Brüssel, Winter 1504/1505

Die neue Königin, der neue König

In Brüssel hat der spanische Botschafter kaum die Nachricht vom Tode Isabellas verlesen, da lässt sich Philipp auch schon anlässlich der Totenmesse für Isabella am 13. Januar 1505 zum König von Kastilien, Leon und Granada, zum Infanten von Aragón und Sizilien ausrufen. Dann diktiert er einen Brief an Fernando. Sicherlich drückt er auch sein Beileid aus, wie man das halt so macht. Hauptsächlich aber verlangt er, dass der Schwiegervater sich auf der Stelle nach Aragón zurückzieht und der rechtmäßigen Erbin, Juana, die Reiche der Mutter überlässt.

Valladolid, Winter 1505

Der Regent

Kühl antwortet Fernando, er wisse sehr wohl um das Testament seiner Gemahlin. Deshalb habe er den Titel „König von Kastilien“

schon an Isabellas Todestag abgelegt und Juana zur Königin ausrufen lassen. Er sei aber durch dies Testament Regent der Reiche der Verstorbenen und gedenke es bis zum Eintreffen der Tochter zu bleiben, da sonst alles Gefahr laufe, verloren zu gehen, was Isabella in den vier Jahrzehnten ihrer Herrschaft erreicht habe.

Er schreibt natürlich nicht, dass er längst um die Hand der Beltraneja, der einzigen Rivalin Isabellas um den Thron, angehalten hat, um sich einen Anspruch auf Kastilien zu sichern. Allerdings hat die Vielgeschmähte seinen zynischen Antrag verächtlich abgewiesen. Fernando weiß auch, dass sich einige mächtige Granden in Brüssel aufhalten oder dorthin unterwegs sind, weil sie hoffen, durch frühe Parteinahme für Philipp die unter Isabella verlorenen Privilegien zurückzuerhalten. Ehemalige Anhänger der Beltraneja und Kaufleute, die von den günstigen Verbindungen mit Flandern leben, schließen sich ihnen an. Verwaltung, städtischer Mittelstand, Rechtsgelehrte und Staatsbeamte hingegen ergreifen Partei für Fernando. So stehen sich in Kastilien - genau wie vor Isabellas Herrschaft - zwei unversöhnliche Parteien gegenüber.

Depeschen aus Blois, Winter 1505
Der König löst eine Verlobung ...
Louis XII. hat Anna de Bretagne gegönnt, von einem Aufstieg ihrer Tochter zu kaiserlichen Ehren an der Seite des Enkels des Mannes zu träumen, der sie einst selbst zur Kaiserin machen sollte. Nun erkrankt er zum zweiten Mal in kurzer Zeit schwer und will sein Haus bestellt wissen. Sollte es zur Heirat seiner älteren Tochter mit Karl kommen, der inzwischen nicht nur Erbe Burgunds und Spaniens ist, sondern auch berechtigte Aussichten auf den Kaiserthron hat, besteht die Gefahr, dass Frankreich in dessen Großreich untergehen könne. Die Hoffnung auf einen eigenen Sohn hat er längst aufgeben müssen. Also verfügt er die Auflösung der Verlobung Claudes mit Karl. Sie soll stattdessen François d'Angoulême ehelichen, den nächsten in der französischen Thronfolge. Annas Proteste, selbst ihr demonstrativer Aufbruch zu einer langen Pilgerreise in die Bretagne, lassen ihn diesmal ungerührt.

... und die Folgen in Europa:
Damit hat natürlich die Allianz mit Philipp von Burgund ein Ende, der nun doch der Liga seines Vaters gegen Frankreich beitritt. Ein gefundenes Fressen für den alten Fuchs Fernando, der flugs um eine Nichte des französischen Königs, Germaine de la Foix, anhält und diese gegen einen Beistandspakt bekommt. Sollte ihm die jun-

ge Frau noch einen Sohn schenken, wäre dieser Erbe von Aragón und Neapel. Kastilien soll, wenn es nach Fernando geht, sein Enkel Ferdinand bekommen, der seit seiner Geburt in Spanien lebt.

Madrid - Brüssel, Frühjahr 1505

Die Königin unterschreibt...
Unerwartet legt Juana flammenden Protest gegen die Nachfolge ihres Sohnes Ferdinand ein. Inzwischen hat der König längst die Zustimmung der Cortes für seine Regentschaft erhalten und den einzigen Verbündeten gewonnen, der in der Lage ist, eine Adelsrevolte zu verhindern: Kardinal Cisneros. Fernando hasst diesen Vertrauten Isabellas zwar, der ein Befürworter der Einheit Spaniens ist, braucht ihn aber. Cisneros gelingt es, die Macht der Krone gegen den Adel zu stärken.

Als Fernando die Tagebücher Moxicas, die jede seltsame Handlung und Anwandlung Juanas in Flandern akribisch auflisten, öffentlich hat verlesen lassen, stimmt Cisneros einer Abdankung Juanas zugunsten ihres Vaters zu. Sie unterschreibt die Urkunde. Durch die ungeschickte Wahl eines Kuriers fällt ausgerechnet Juanas Abdankung Philipp in die Hände.

... und verstummt
Der ist außer sich und lässt Juana sofort von allen spanischen Kontakten abschneiden. Er selbst ist nun ständig an ihrer Seite, um sie davon zu überzeugen, dass ihr egoistischer und skrupelloser Vater sie trotz des Testamentes der Mutter um ihr spanisches Erbe bringen will. Juana steht vor einem für sie unlösbaren Dilemma: Sie soll sich zwischen dem verehrten Vater und dem Gatten entscheiden. Noch immer will sie Philipp ... doch der zieht in den Krieg gegen Geldern. Da gelingt es der Pro-Ferdinand-Partei trotz aller getroffenen Gegenmaßnahmen zu Juana vorzudringen.

Diese Spanier erklären ihr nun, Fernando wolle sie und Spanien nur vor Philipp schützen, der sie schon immer hintergangen habe. Geschickt taktiert man mit ihrer Eifersucht, legt ihr gar die Tagebücher Moxicas vor. Sie muss endlich erkennen, dass also auch dieser von der Mutter zu ihrem Schutz ausgewählte Getreue sie schmählich verraten hat. Im Einvernehmen mit Philipp hat er sie als Wahnsinnige dargestellt! Ihre Empörung ist groß genug, sie zum Handeln zu zwingen. Doch gerade rechtzeitig kommt Philipp zurück, hebt alle ihre Befehle auf, ersetzt alle Spanier durch seine

Leute und hält sie quasi gefangen. Moxica bespitzelt sie nun ganz offiziell ständig.

Passiver Widerstand
Ihr bleibt nur, was sie meisterhaft beherrscht: passiver Widerstand. In dieser Situation bringt sie Mitte September 1505 eine weitere Tochter zur Welt, die nach der Großmutter Burgund auf den Namen Marie getauft wird. Juana verlängert als Teil ihres Widerstandes das Kindbett so lange es eben geht. Inzwischen ist längst klar, dass eine Klärung wegen des spanischen Erbes nur in Spanien erreicht werden kann. Fernando hat ungeniert verkündet, dass er Philipp wie einen missliebigen Ausländer behandeln wird, sollte er es wagen, ohne Königin Juana in Spanien landen zu wollen. Philipp muss also einen Weg finden, sich mit Juana auszusöhnen. Er findet ihn, wo er ihn immer fand, in ihrem Bett.

Seereise von Vlissingen, Januar 1506

Noch ein gemeinsamer Aufbruch
Die Aufsicht über Karl, den kostbaren Thronerben, und die Mädchen wird geregelt. Juana verabschiedet sich persönlich von den Kindern. Karl verlangt, mit nach Spanien fahren zu dürfen. Madame Hallewin erinnert ihn daran, dass der Vater es verboten hat. Die Kinder wollen, dass die Mutter, diese fremde, traurige Dame, die endlich einmal lächelt und mit ihnen spricht, von Spanien erzählt.

Man sticht wieder mitten im Winter in See. Vorausgegangen ist ein zäher Kampf Juanas um die Zurücklassung sämtlicher Hofdamen. Sie kann es nicht mehr ertragen, Frauen um sich zu haben. Philipp hat Angst, man könne in Spanien glauben, Juana sei seine Gefangene, wenn sie ganz ohne weibliche Begleitung an Land geht. Also werden die Damen heimlich auf ein Schiff geladen.

Widrigkeiten winterlicher Seefahrt
Das Auslaufen klappt ganz gut, doch dann hängt die Flotte drei Tage in einer Flaute fest. Im engen Zusammensein auf dem Schiff (ohne ablenkende Weiblichkeit) sind Juana und Philipp erotisch bald wieder versöhnt. Sie ist jedoch genauso finster entschlossen, ihn nicht zur Regierung zuzulassen wie er, Kastilien für sich zu gewinnen. Dann setzen die winterlichen Stürme ein und schleudern einen Teil der Schiffe an die englische Südküste. Auf dem dem Flagschiff bricht während des Sturmes ein Feuer aus, und

Philipp und Juana stürzen nackt an Deck. Das Feuer kann gelöscht werden, doch der Sturm wütet weiter. Philipp lässt sich in ein Kleid aus Leder einnähen, es wird mit Luft aufgeblasen und auf dem Rücken steht geschrieben: „Rey Felipe“. Er ist überzeugt, sein junges Leben sei zu Ende. Juana zeigt sich völlig gelassen, sie meint zu wissen, dass noch nie eine Königin (oder ein König) auf See ertrunken ist und fühlt sich vollkommen sicher. Man will auch sie zu ihrem Schutz einnähen, doch sie legt Staatskleider an. Wenn sie schon untergeht, dann als Königin. Erst als der Mast bricht und über Bord geht, kniet sie neben Philipp nieder und umschlingt seine Knie. Sie versichert ihm, der Tod könne sie genausowenig trennen wie das Leben.

Noch eine unfreiwillige Landung

Das manövrierunfähige Schiff wird bei Weymouth angetrieben. Bewaffnete Küstenbewohner wollen die Besatzung nicht an Land lassen. Erst nach langen Verhandlungen sind sie bereit, einen Boten zum König zu schicken und ein Ritter vom Schiff darf ihn begleiten. Henry VII., erster König aus dem Hause Tudor, empfindet diesen Schiffbruch als einen Wink des Himmels. Der Souverän Burgunds ist ihm auf Gedeih und Verderb ausgeliefert, da müsste es doch mit dem Teufel zugehen, wenn es ihm nicht gelänge, die Anerkennung seines Königtums durchzusetzen und es endgültig zu sichern, indem er Philipp zwingt, ihm den letzten Vertreter des Hauses York (Suffolk), der in den Niederlanden im Exil lebt, auszuliefern. Der König schickt eine glanzvolle Abordnung, um die Schiffbrüchigen an seinen Hof holen zu lassen. Juana weigert sich mitzukommen, obwohl - oder weil? - sie ihre verwitwete Schwester Katharina dort treffen würde. Sie zieht sich in die finstere Burg Arundel bei Falmouth zurück.

Philipp wird nach Windsor gebracht und zwischen Festen und Turnieren zu seinen Ehren wird die Auslieferung Suffolks beschlossen und ein Beistandvertrag gegen Frankreich und Aragón ausgehandelt. Da Louis XII. die Verlobung seiner Tochter mit Karl annulliert hat, wird der sechsjährige Erbe Burgunds und Spaniens mit der Tochter Henrys VII., Mary Tudor (10) verlobt. Zur Ratifizierung der Verträge braucht man die Königin von Kastilien. Juana erklärt sich zur Unterschrift bereit und kommt nach Windsor. Die Schwestern dürfen sich nur im Beisein des ganzen Hofes sehen. Katharina soll eventuell den neuen Thronfolger, Henry, heiraten. Sie wird bereits am nächsten Tag unter einem Vorwand weggeschickt. Der alternde König zeigt sich restlos begeistert von Juana, doch sie bleibt nur drei Tage und kehrt dann auf eigenen Wunsch nach Falmouth zurück, wo die Schiffe repariert werden.

Selbstverständlich zieht sich die Reparatur hin, bis Suffolk ausgeliefert ist. Henry VII. ist bemüht, Philipp die Zeit angenehm zu vertreiben. Auf der Suche nach der besten Jagd zieht der Hof von Schloss zu Schloss und von Vergnügung zu Vergnügung. Man weiß nicht genau warum, aber eines schönen Tages erscheint Philipp auf Arundel und verbringt die letzten vier Wochen bis zum Abschluss der Reparaturen in ungewohntem Frieden mit Juana.

La Coruña, 26. April 1506

Auch keine Landung nach Wunsch
An sich ist geplant, in Andalusien an Land zu gehen, weil dort die meisten Gegner Fernandos ansässig sind. Der Regent lauert in der Biskaya. Doch die Winde kennen kein Einsehen, und die Flotte muss in La Coruña landen. Juana verweigert die Landung der Hofdamen, von deren Anwesenheit sie natürlich in England erfahren hat. So geht Juana ganz in Schwarz, als einzige Frau unter 2.000 Männern, begrüßt vom Jubel des Volkes an Land. Die Tradition verlangt nun, das Juana als Königin die Statuten der Stadt beschwört, doch sie verkündet, dass sie keinen Staatsakt vornehmen wird, bevor sie nicht mit ihrem Vater gesprochen hat. Das Volk ist befremdet, der Adel ahnt, worum es ihr geht.

Galicien, Mai / Juni 1506

Weissagung und Notenwechsel
Damit sind die Fronten geklärt. Fernando verliert ein wenig die Nerven, mit einer so entschiedenen Haltung der Tochter hat er nicht gerechnet. Also schickt er ein paar verläßliche Gesandte, um die Königin willkommen zu heißen. Ein altes Weiblein macht die Weissagung, Philipp der Schöne werde noch viele lange Wege in Kastilien zurücklegen, lebend und … tot. Doch Philipp wiegt sich in Sicherheit, seine Rechnung scheint aufzugehen, immer mehr Granden erscheinen bei ihm. Im Notenwechsel mit dem Schwiegervater wird er immer großspuriger. Der kontert mit immer größerer Konzilianz.

Endlich wird ein Treffen unumgänglich, am 20. Juni 1506 findet es in einem Dorf nahe der Grenze zwischen Leon und Galicien statt. Fernando erweist sich ein weiteres Mal als der geschicktere Populist. Während Philipp und seine Anhänger gerüstet zum Treffen erscheinen, kommt Fernando unbewaffnet und gibt sich als „alter Mann“. Er begrüßt unbefangen ehemalige Freunde, die nun zum Schwiegersohn übergelaufen sind, als sei nichts geschehen. Er macht nur kleine sarkastische Anmerkungen, sagt zu einem der Überläufer als er bei der Umarmung dessen Panzer unter der Kleidung spürt: „Mann, du bist aber fett geworden!“ und der antwortet: „Das ist der Tribut, den man der Zeit zollen muss!“

Juana wird gewaltsam von diesem Treffen ferngehalten, sie macht einen Fluchtversuch, der jedoch misslingt. Philipp lässt durchblicken, dass er es für das Beste hält, Juana von der Regierung auszuschließen. Er versucht die Haltung des Schwiegervaters dazu zu sondieren. Er kaschiert die Einladung zur Mittäterschaft an der Entmündigung der rechtmäßigen Erbin als Bitte um väterlichen Rat. Fernando weicht aus, zeigt sich kämpferisch. Dann ändert er seine Taktik, kehrt den alten Mann heraus, der des Kampfes überdrüssig ist, erkennt Philipp als Regenten Kastiliens an, da seine Tochter Juana wegen einer Krankheit, die man schicklicherweise nicht nenne, nicht herrschen könne und wolle. Sie soll sich „an einem schönen Ort ihrer Wahl alle Ruhe gönnen“. Wie edel!

Damit hat Fernando die ausgeschaltet, die seiner Herrschaft wirklich im Wege steht: Juana. Philipp und seine Ratgeber, da ist er sich sicher, muss er nur machen lassen, dann wird man ihn schon bald zurückrufen. Er reist ab, ohne die Tochter gesehen zu haben. Mit seiner jungen Gemahlin Germaine begibt er sich per Schiff nach Sizilien. Natürlich hat er eine versiegelte Erklärung hinterlegt, dass ihm der Vertrag mit dem Schwiegersohn unter Androhung von Gewalt aufgezwungen und damit nichtig sei.

Philipp als Herr der Situation?

Philipp wähnt sich am Ziel. Zwar weigern sich die Cortes in Valladolid vehement, Juana internieren zu lassen, doch sie lassen zu, dass Philipp die Königin von allem fernhält. Philipp und seine fast ausschließlich flämischen Ratgeber (flamencos nennen sie die Spanier) verstehen nichts von Kastilien und machen sich überall schnell verhasst. Sie sind respektlos bis zur Rüpelhaftigkeit, ihre Habgier und ihr Nepotismus kennen keine Grenzen. Viele spanische Feudalherren sehen ein, dass sie auf das falsche Pferd gesetzt haben, sobald alle Abgaben und Pfründen in den Taschen der ungebetenen Eindringlinge verschwinden. Besonderen Zorn erregt die Besetzung von hohen - und damit einträglichen - Kirchenämtern mit jungen Adligen, die nicht einmal die Weihen empfangen haben. Die ersten Feudalherren ziehen ab, es kommt zu ersten kleineren Revolten.

Burgos, im September 1506

Ein Komet

Es geht das Gerücht, Philipp wolle seine Frau im Alcázar von Segovia einkerkern, doch die Umstände vereiteln dies. Juana will nach Burgos. Am 7. ziehen sie dort ein. Kurz zuvor erscheint ein Komet am Himmel über der Stadt. Der Erzbischof behauptet, das bedeute entweder die Pest oder den Tod eines Prinzen. „Gott schütze meinen Vater und mich", lacht Philipp, „mag mit den anderen geschehen, was da wolle!" Zehn Tage nach der Ankunft des königlichen Paares gibt Philipps Günstling Juan Manuel ein Bankett und am nächsten Morgen eine Jagd. Philipps animalischer Bewegungsdrang ist danach immer noch nicht befriedigt. Er fordert einige baskische Wachen zu einem Spiel Pelota heraus. Der Nachmittag ist heiß, das Spielfeld liegt in der prallen Sonne. Nach langem und anstrengendem Spiel ist Philipp total erschöpft und verschwitzt. Er setzt sich in den Schatten und verlangt einen Krug Eiswasser. Burgos liegt an die 800 Meter hoch, und das Klima kann tückisch sein. In der Sonne ist es auch am Spätnachmittag heiß, doch die Schatten des Herbstes sind, verstärkt durch den kaum spürbaren, aber eisigen Wind, unverhältnismäßig kalt.

Am Abend des 17. September fühlt Philipp sich schon nicht recht wohl, am nächsten Morgen hat er leichtes Fieber, verbringt trotzdem den ganzen Tag jagend. Am Freitag hat er keinen Appetit, lässt aber über seinen Zustand nichts verlauten. Erst am Samstagnachmittag, als ihn Schüttelfrost überfällt, kann er nichts mehr verbergen, und es werden Ärzte geholt. Sie tun, was Ärzte in diesen Zeiten immer tun, sie lassen ihn zur Ader.

Juana kommt

und übernimmt mit einer Gelassenheit und Selbstbeherrschung, die alle überrascht, die Pflege des schlotternden Gatten. Von nun an wird sie jeden Schluck und jeden Bissen vorkosten. Weder die ungewohnt sanfte und umsichtige Pflege Juanas, noch die - von heutigem Standpunkt ohnehin fraglichen - Behandlungsmethoden der Ärzte bringen dem Patienten Linderung, im Gegenteil. Am Sonntag hat er stechende Schmerzen in der „Seite" und beginnt, Blut zu spucken. Am Montag ist sein Hals so zugeschwollen, dass er kaum Schlucken und Sprechen kann. Er fleht um Erleichterung. Am nächsten Tag quälen ihn heftige Durchfälle, die sichtbar an seinen Kräften zehren. Juana wacht unerschütterlich, ja fast heiter über ihn. Sie spricht ihm Mut zu, bedient ihn, zwingt ihn mit sanfter Gewalt, seine Medizinen zu nehmen (die sie übrigens auch vorkostet, was von wirklichem Mut zeugt!), flößt ihm einige kleine Schlucke und Bissen ein. Die Ärzte bestürmen sie, sich etwas Nachtruhe zu gönnen, sie müsse an ihr werdendes Kind denken. Doch unerschütterlich bleibt sie an ihrem Platz an seinem Bett. Wie während des Sturms auf dem Ärmelkanal bewahrt sie als einzige Ruhe in einem Meer von Kopflosigkeit.

Das Ende

Am Mittwoch, eine Woche nach dem Pelotaspiel, sind die Ärzte mit ihrem Latein am Ende und verlangen Verstärkung. Mit der ersten Koryphäe zerstreiten sie sich sofort, und als Parra, der Leibarzt des Infanten Ferdinand, aus Salamanca anlangt, ist Philipps Körper mit rot-schwarzen Flecken bedeckt, die Zunge übermäßig geschwollen, und er liegt in Agonie. Man reicht ihm die Sterbesakramente. Am 25. September 1506 stirbt Philipp der Schöne in den Armen seiner Frau, für die er Sinn und Zweck ihres Lebens war. Sie, die sich mit ihrer Exaltiertheit zu seinen Lebzeiten so viele Feinde gemacht hat, vergießt keine Träne, gibt ruhig und kompetent die nötigen Anweisungen. Der Leichnam soll im nahegelegenen Kloster Miraflores aufgebahrt werden, bis die Möglichkeit besteht, ihn nach Granada zu überführen, das Isabella zur Grablege der kastilischen Könige erwählt hat. Philipp hat verlauten lassen, dort wolle er bestattet werden. Juana erfährt nicht, dass unter dem Vorwand einer sofort notwendigen Einbalsamierung die Eingeweide entfernt und bis auf das Herz verbrannt werden. Eine Obduktion kann so - nach den Möglichkeiten der Zeit - keine Rückschlüsse auf etwaiges Gift geben.

Chaos in Kastilien

Noch während Juana um Philipps Leben kämpft, versammelt Kardinal Cisneros den Hof und beruft die Cortes, um die Frage der Nachfolge zu klären. Es gibt mehrere Parteien: Einige verlangen eine Regentschaft des Kaisers Maximilian für seinen sechsjährigen Enkel Karl, andere haben die Nase von der Casa de Austria voll und erklären sich wieder zu treuen Gefolgsleuten Fernandos. Die Andalusier wollen den Aragonesen auf keinen Fall zurück, lieber sähen sie einen aus ihren Reihen als Regenten. Man einigt sich auf einen Regentschaftsrat unter der Leitung von Cisneros. Man erbittet Fernandos Rückkehr zur Klärung der Lage.

Der erkennt aus Italien schriftlich Juanas Anspruch auf den Thron an. Nun braucht Cisneros deren Unterschrift für die Aufforderung zur Rückkehr an Fernando. Juana lehnt ab. Cisneros soll in eigener Verantwortung schreiben. Sie weigert sich, neue Bischöfe zu ernennen. Ihre vernünftige Begründung ist, vakante Stellen seien weniger schlimm als eine falsche Besetzung. Chaos macht sich breit, denn der Regentschaftsrat hat keine rechtliche Handhabe, solange die Königin im Lande weilt. Juana widerruft alle Anordnungen Philipps, verbietet allen Ausländern jegliche Regierungstätigkeit und löscht damit seine Regierungszeit quasi aus. Alles soll wieder so gehandhabt werden, wie es zur Zeit der großen Königin Isabella der Fall war. Das Chaos wächst …

Die Legende um den Totenkult

Zuallererst: Es ist absoluter Quatsch, dass Juana täglich den Sarg öffnen lässt, den Leichnam liebkost und jahrelang mit ihm kreuz und quer durch Spanien zieht. Das alles ist eine Mischung von Juana-feindlicher Propaganda und späterer Romantisierung, besonders des 19. Jahrhunderts. In dem Chaos, das nach Philipps Tod ausbricht, setzten sich seine „flamencos" unkontrolliert in die Heimat ab und nehmen mit, was immer sie zusammenraffen können. Als Juana erstmals zu Allerheiligen den Sarkophag öffnen lässt, tut sie es, weil ein Gerücht kursiert, einigen Flamen sei es gelungen, den Leichnam ihres Herzogs außer Landes zu schmuggeln. Sein Herz haben sie tatsächlich mitgenommen, es wird im Grabmal seiner Mutter in Brügge beigesetzt.

Bei dieser ersten Sargöffnung sind offizielle Zeugen zugegen, der Vorgang wird schriftlich festgehalten. An diesem ominösen Allerheiligen kommt Juana in das Kloster Miraflores vor den Mauern von Burgos, um der Messe beizuwohnen. Sie speist mit dem Bischof, dem Abt des Klosters und anderen Herren. Anschließend steigt man gemeinsam in das Grabgewölbe, und sie befiehlt, den Sarg zu öffnen.

Zur Zeit der angeblichen Einbalsamierung Philipps waren keine wirksamen Präparate greifbar, man hat den von Innereien und Blut gereinigten Körper nur mit wohlriechenden Substanzen gefüllt und in Kalk gelegt. Augenzeugen berichten, dass schlampig gearbeitet wurde, da der Kopf schon nach fünf Wochen nicht mehr zu identifizieren ist. Juana sieht den Toten ohne ein Zeichen der Erregung und ohne eine Träne an.

Pest und Aufbruch

Mitte Dezember werden in Burgos erste Pestfälle registriert, und Juanas Bewachung lockert sich merklich. Sie beschließt, die Stadt zu verlassen, um Philipps Leichnam nach Granada zu überführen. Sie will die Abwesenheit des Vaters nutzen, da der Philipp nie als König anerkannt und eine Beisetzung in der königlichen Grablege verboten hat. Vielleicht ist das nur ein vorgeschobenes Motiv, denn sie sieht darin auch eine Möglichkeit, sich von den verbliebenen Parteigängern des Toten zu befreien. In Andalusien wird spanisch gedacht, man verabscheut Austria-Burgund und Fernando gleichermaßen.

Als man ihr mit dem Hinweis vor Ablauf von sechs Monaten dürfe man die Totenruhe nicht stören, die Abreise mit dem Leichnam verweigern will, argwöhnt sie erneut, er sei gestohlen worden und besteht darauf, dass der Sarg ein zweites Mal im Beisein einiger Bischöfe und der Botschafter des Papstes, des Kaisers und Fernandos geöffnet wird. Man sieht nur eine in Tücher gehüllte Gestalt, berichten Augenzeugen. Durch diese Aktion hat sich die Abreise bis in die Abendstunden verzögert, doch Juana will nicht bis zum Morgen abwarten, da sie neue Schwierigkeiten befürchtet. So entsteht die Legende von den gespenstischen Nachtfahrten des Leichenzuges.

Das Kind der letzten Versöhnung

Sehr weit geht die Reise allerdings nicht, am dritten Tag erreicht der Zug den Ort Torquemada, ungefähr sechzig Meilen von Burgos entfernt. Juana beschließt, hier ihre Niederkunft abzuwarten. In Andalusien hat sich inzwischen eine Partei zur Befreiung der gefangenen Königin gebildet. Cisneros weiß davon und will verhindern, dass Juana Kastilien verlässt. Beide Parteien warten erst einmal ab, ob die geschwächte Frau die Geburt überhaupt übersteht. Sie überlebt, doch es ist die schwerste all ihrer Geburten. Sie nennt das Mädchen, das am 14. Januar 1507 zur Welt kommt, nach der „englischen“ Schwester Catalina. Juana erholt sich nur sehr langsam, erst im März fühlt sie sich in der Lage, wieder aktiv zu werden. Inzwischen haben sich Gefolgsleute der unterschiedlichen Parteien eingefunden, und die Pest erreicht Torquemada.

Cisneros Leute wollen die Königin im Alcázar einer nahegelegenen Stadt unterbringen, doch sie hat ihren Argwohn gegen feste Stätten nicht verloren und weicht in ein nahegelegenes Kloster aus. Erst vor Ort stellt sich heraus, dass es sich um ein Frauenkloster handelt. Nun wird gern erzählt, dass Juana auf sofortiger Weiterfahrt besteht, da sie nicht mal für den toten Philipp eine weibliche Umgebung erträgt. Realistischer scheint, dass es unmöglich ist, mit dem begleitenden Kriegsvolk in einem Frauenkonvent unterzukommen. So irrt der Zug weiter bis in das Dorf

Hornillos, Frühling 1507

Eine seltsame Invasion
Gespenstisches geschieht in einer Märznacht für die schlichten Menschen des Dorfes. Ein Sarg auf knarrendem Wagen, gefolgt von einer zerzausten Frau mit einem Neugeborenen auf dem Arm, umgeben von Bewaffneten, erreicht die Plaza. Die Reiter herrschen die verschlafenen Dorfbewohner an, sie sollen gefälligst niederknien und ihre Königin und Herrin Juana grüßen. Der Küster soll sofort die Tür der Kirche aufsperren, der tote König Felipe I. verlange dringend nach Ruhe. Die gotteslästerlich schlechten Wege von Torquemada hierher haben ihn grauenhaft durcheinandergeschüttelt.

Wem gehört das einzige anständige Haus? Das muss sofort geräumt werden, für die Königin und ihre kleine Tochter, die sie erst im Januar zur Welt gebracht hat, in dem schäbigen Dorf Torquemada, ganz ohne Doctores, wie eine Bäuerin. Schlecht ist es ihr gegangen, der Königin, nach all den Irrfahrten und all dem Leid, das ihr widerfahren … „Ist die Kirche jetzt endlich aufgeschlossen? Was haltet ihr da Maulaffen feil! Fasst lieber an, der Sarg gehört in die Kirche, vor den Altar! Ein paar Kerzen, aber schnell!" In der Hast und dem allgemeinen Durcheinander fällt eine Kerze um, vertrocknete Blumen, die Altardecke, in Ermangelung von Platz abgestelltes Gepäck fangen Feuer. Die Tür ist bereits wieder geschlossen, als es bemerkt wird! Erst in letzter Minute kann der Sarg gerettet werden, der Dachstuhl stürzt ein in dieser Nacht, und seither ragen die Mauern der kleinen Kirche rußgeschwärzt in den Frühlingshimmel … Juana bleibt in dem unscheinbaren Dorf ohne Unterkünfte und erreicht so, dass das unliebsame Gefolge sich schnell und drastisch reduziert. Im Mai bekundet sie ihren Willen nun zu regieren und ruft die Räte Isabellas zu sich. Da endlich scheint Fernando die Situation reif für sein Erscheinen. Am 4. Juni 1507 segelt er von Neapel ab.

Juana sarkastisch oder ängstlich?
Als man sie bittet, für die Reise des Vaters Bittgottesdienste halten zu lassen, antwortet sie: „Wer so edel handelt wie der König, steht

ohnehin unter Gottes Schutz und bedarf menschlicher Fürbitte nicht!“ Hat sie Angst vor ihrer eigenen Courage? Als Fernando um ein Treffen in Tórtelos ersucht, macht sie sich als gehorsame Tochter auf den Weg. Dass sie es vorzieht, diese Reise in Nachtetappen zurückzulegen, wird jeder verstehen, der einmal Ende Juli in Zentralspanien unterwegs war. Dass sie den Sarg immer noch mitführt, sollte auch nicht verwundern. Immerhin gedenkt sie, die Reise nach Andalusien, die sie als heilige Pflicht dem Toten gegenüber empfindet, nach dem Treffen mit dem Vater endlich zum Abschluss zu bringen.

Tórtelos, 28. August 1507

Das Treffen mit dem Vater
Juana muss erkennen, dass sie allein steht, fast alle sind auf die Seite Fernandos zurückgekehrt. Der alte Taktiker weiß, dass er seine Tochter als Königin behandeln muss, um von ihr die Regentschaft übertragen bekommen zu können. Da sie sich nicht einigen können, wer nun wem die Reverenz zu erweisen hat, kommt es zu einer dramatischen Umarmung auf Knien. Ein weiterer Schachzug Fernandos ist, dass er Juana ihren inzwischen vierjährigen Sohn mitgebracht hat. Sie weiß nichts mit ihm anzufangen. In den sieben Tagen, die sie gemeinsam verbringen, wird sie wieder ganz zur Tochter. Es gibt keine öffentliche Zeremonie, in der Juana Fernando die Regentschaft überträgt. Doch als er abreist, wird gehandelt, als hätte eine solche stattgefunden.

Arcos, Herbst 1507 - Januar 1509

Nie wieder Burgos
Gemeinsam bricht man in Richtung Burgos auf. Juana weigert sich, die Stadt, in der ihr geliebter Philipp starb, zu betreten. Man zeigt Verständnis und erlaubt ihr, in dem Marktflecken Arcos zurückzubleiben. Die nächsten neun Monate ist Fernando damit beschäftigt, seine Position in Kastilien auszubauen, und Juana verlebt eine ruhige Zeit in Arcos. Fernando liegt daran, dass Juana seine Frau Germaine empfängt. In Kastilien wird Isabella immer noch verehrt, und man ist nicht geneigt, Germaine zu achten. Die Anerkennung durch Juana, die rechtmäßige Königin, soll Abhilfe schaffen. Außerdem erhofft sich das Paar von der so fruchtbaren Juana Tipps zur Mutterschaft. Das so erzeugte Bild einer friedvollen Familie wirkt zunächst. Erst als Fernando mit einigen „Abgefalle-

nen" zu hart ins Gericht geht, schlägt die Stimmung um. Man will nun doch wissen, was eigentlich mit Königin Juana los ist. Fernando muss zusehen, dass er sie an einen festen Ort bringt, wo Mauern und nicht nur seine Vertrauensleute Juana vor den Menschen und ihrer Neugier abschirmen.

Wohin mit Juana?
Vielleicht kann er Juana verheiraten? Da ist doch dieser alte Henry VII. in England, der sie nicht vergessen kann und nach Philipps Tod mehrfach um ihre Hand anhält! Juana weigert sich, findet immer neue Ausflüchte. Es wird klar, dass man sie allenfalls gewaltsam nach England bringen könnte. Das ist zu gefährlich! Gefährlich wäre aber auch, wenn ein - womöglich andalusischer - Grande ihre Leidenschaft erneut entflammen würde! Juana war schon einmal restlos einem Mann verfallen. Die Gefahr, dass sich ein Gegner zum „Prinzen von Kastilien" machen könnte, muss gebannt werden. Sie muss nach Tordesillas. Juana gerät in Panik, als sie davon hört. Sie kennt die dortige Burg, und ihre traurige Berühmtheit als „Refugium" unliebsamer oder überflüssiger Königinnen. Sie selbst war zuletzt mit Philipp während der ersten gemeinsamen Spanienreise dort. Sie weigert sich, nach Tordesillas zu gehen. Fernando nimmt ihr den Sohn weg.

Die totale Bespitzelung beginnt
Viel schlimmer für sie ist, dass sie nun keinen Schritt mehr allein gehen kann, selbst ihre intimsten Verrichtungen werden bespitzelt. So wird moniert, sie müsse öfter als jeder vernünftige Mensch Wasserlassen. Sie verfällt in passiven Widerstand. Sie benutzt keine Möbel mehr, sitzt und schläft - wenn überhaupt - auf dem blanken Boden. Sie verweigert die Nahrungsaufnahme, lässt sich weder waschen noch kämmen, wechselt die Kleider nicht mehr. Nun sind ständig Priester um sie, reden ihr von Gott und Gottgefälligkeit. Warum soll sie einem Gott gefällig sein, der zulässt, dass sie so gequält wird? Sie beginnt, ihr Frühstück so auszudehnen, dass die Messe vorbei ist, ehe sie damit fertig ist. Im Dezember 1508 wird sie krank. Es ist das erste Mal in neunundzwanzig Jahren, dass von einer ernsthaften Erkrankung Juanas die Rede ist. Nun nimmt man ihr auch noch Catalina weg, ihr einziges Kind, das seit der Geburt keinen Tag von ihr getrennt war! Hat sie Fieber, oder ruft Philipp sie wirklich? Nein, sie darf nicht sterben, der Vater würde triumphieren, und vielleicht spielt Philipp ja auch nur wieder auf dessen Seite mit.

Schon kursieren Gerüchte, die Königin sei tot! Das kann Fernando nicht brauchen, das ruft womöglich den Enkel Karl und dessen kaiserlichen Großvater auf den Plan, nach denen ohnehin schon manche rufen! Sobald das Fieber etwas abgeklungen ist, bringt man ihr Catalina wieder und verspricht, sie bei ihr zu lassen, wenn Juana wieder isst und sich waschen und kleiden lässt. Dann wird der Vater ihr auch den kleinen Ferdinand zurückbringen. Juanas Verhalten normalisiert sich. Als Fernando und Ferdinand im Januar 1509 kommen, empfängt sie sie sogar in königlicher Kleidung und verhält sich vollkommen normal. Der Vater nutzt die Gelegenheit, eine Audienz in ihrem Beisein abzuhalten. So kann sich jeder überzeugen, dass die Königin nicht nur lebt, sondern auch guter Dinge ist. Doch für Fernando steht längst fest, dass das der letzte öffentliche Auftritt der Tochter gewesen sein wird.

Tordesillas, ab Januar 1509

Die letzte Reise ...
In der Nacht des 14. wird Juana um drei Uhr geweckt, und der Vater befiehlt ihr, sich sofort reisefertig zu machen. In Logistik ist er nicht so gut, das hat immer Isabella für ihn erledigt. Es steht kein geeignetes Gefährt bereit, um Philipps Sarg aufzunehmen, ohne den sie angeblich keinen Ortswechsel vornimmt. Auch für das Baby Catalina ist nichts vorbereitet, kurz, er muss der Tochter eine Gnadenfrist einräumen.

... in die Nacht
Damit die Mär von Juanas Exzentrität und ihre morbide Anhänglichkeit an den Gatten neue Nahrung bekommt, zieht diesmal der Sarg wahrhaftig bei Fackelschein durch die eisige Januarnacht. Dass Juana dem Sarg nicht freiwillig folgt, weiß das Volk nicht, das seltsamerweise vom Durchzug der Königin informiert ist und trotz der späten Stunde die Straßen säumt. Das Volk wird all die Jahre an seiner Königin hängen, die in dieser Nacht ihre sechsundvierzigjährige Gefangenschaft antritt, als sie in die Burg hoch über dem mächtigen Duero geführt wird. Sie ist dreißig Jahre alt, war zehn Jahre mit dem Mann ihrer Träume in eine Alptraumehe verstrickt, hat sechs gesunde Kinder geboren, von denen sie allerdings nur das jüngste wirklich aufwachsen sehen wird. Nun schließen sich die Türen zur Welt hinter ihr.

Buch 2

Karl wird König und Kaiser, die Tante regiert, die Schwestern heiraten

Margaretha: nun Regentin und Tante

Niederlande, Frühjahr 1507

Niederlande oder Burgund?
Als Margaretha im März 1507 das dritte Mal in das Land ihrer Geburt zurückkommt, ist man dazu übergegangen, die unter der Herrschaft der Herzöge von Burgund stehenden Provinzen als „pays bas" oder Niederlande zu bezeichnen, denn das namengebende Herzogtum Burgund ist seit der Annexion durch Louis XI. nach dem Tode Karls des Kühnen 1477 bei der französischen Krone geblieben. Kein Hof ist zu Beginn des 16. Jahrhunderts reicher als der, den Maragretha nun übernimmt. Die Niederlande sind die fortschrittlichste Wirtschaftsmacht in Europa, und sie sind doch irgendwie mittelalterlich, da ihre Einheit einzig in der Dynastie begründet ist. Deren Wertvorstellungen wiederum sind geprägt durch die mittelalterlichen Ideale des Hausordens der Ritter vom Goldenen Vlies.

Regentin Margaretha
In den Niederlanden herrscht nach dem Tode Philipps des Schönen fast wieder die gleiche Situation wie nach dem Tode Marias von Burgund. Der sechsjährige Karl ist unbestritten der neue seigneur naturel, aber keineswegs regierungsfähig. Maximilian ist zwar erneut zum Regenten gewählt, kann aber als Kaiser das Reich nicht auf unbestimmte Zeit verlassen. Er braucht einen „Lieutenant", und wer wäre da besser geeignet als seine Tochter, die nach der theoretischen Schulung durch Anne de Beaujeu und Isabella von Kastilien in Savoyen auch die Praxis des Regierens erlernt hat und in den Niederlanden immer sehr beliebt war. Sie ist nach dem Testament ihrer Mutter ohnehin Miterbin. Ohne Zögern verlässt Margaretha Ende Oktober 1506 ihre geliebte Baustelle in Brou, um sich mit dem Vater in Süddeutschland zu treffen und die anstehenden Probleme zu besprechen. Bereits Mitte März 1507 wird ihre Ernennungsurkunde unterzeichnet, und sie begibt sich mit ihren wichtigsten Berater aus Savoyen in die Niederlande.

... nicht mehr so frisch

Sie ist nicht mehr die ravissante Erscheinung, die Don Juan um den Verstand brachte. Trauer und Unglück haben ihr Aussehen verändert, sie über ihre vierundzwanzig Jahre altern lassen. In ihrer Persönlichkeit und ihrem Aussehen tritt eine gewisse Härte zutage. Der maskuline Eindruck soll in späteren Jahren durch einen leichten Oberlippenbart verstärkt worden sein. Auch ihre sonore Stimme hat keine weibliche Lieblichkeit mehr, dennoch kann ihr Charme nach wie vor überwältigend sein.

Sie hat einen ausgesprochenen Sinn für Realität, große Charakterstärke und kann ihren Willen durchsetzen. Sie ist schlagfertig in vier bis fünf Sprachen und hat manchmal erstaunliche Geistesblitze. Sie kann das Unwägbare einkalkulieren und schreibt bewunderungswürdige Briefe. Das 16. Jahrhundert ist überhaupt eine große Zeit des Briefeschreibens, und die Mitglieder der Casa de Austria korrespondieren besonders emsig. Nach Margaretha werden hierin besonders Karl und Marie einen ganz eigenen Stil entwickeln. Wenn Margaretha die Zeit findet, schreibt sie immer noch Gedichte. Sie hat sich in Brou zuletzt nur noch mit Künstlern umgeben und gedenkt, ihr Mäzenatentum in den Niederlanden fortzuführen.

... doch als Regentin akzeptiert

Margarethas Einzug in Brüssel wird frenetisch bejubelt, doch sie lässt sich davon nicht einlullen. Sie spürt mit sicherem Instinkt, dass sie sich mit den Niederländern erst wieder vertraut machen muss und reist zunächst unermüdlich durch die Provinzen, empfängt in Städten und Marktflecken unzählige Bittsteller und Beschwerdeführer persönlich. Erst danach beginnt sie, eine Regierung nach ihren Vorstellungen zu etablieren. Sie ist nicht das willige Werkzeug seiner Reichspolitik, das Maximilian sich erhofft hat. Sie entscheidet nach eigenem Urteil und Gewissen. Sie ist überzeugt, der Casa de Austria, an deren Größe sie zukünftig vornehmlich arbeiten wird, am besten zu dienen, wenn sie den Niederländern auf lange Sicht das ermöglicht, was sie selbst vor allem anstreben: wachsende Prosperität.

Ein Hof muss finanziert werden

Im Grunde ist ihre Hofhaltung viel zu groß, denn sie muss alle, die im Hofdienst des Bruder standen, weiter mitunterhalten. Um einen solchen Hof zu finanzieren, genügen ihre beiden Witwenrenten bei weitem nicht. Sie nennt in ihrem Geburtsland nicht einen Quadratfuß Land ihr eigen, da sie als dreijährige Braut des Dauphins offiziell auf das Erbe der Mutter verzichten musste. Sie verlangt und bekommt vom Vater die Franche-Comté als Reichslehen auf Lebenszeit. Ganz im Gegensatz zum Vater hat sie wichtige Gemeinsamkeiten mit den Niederländern. Sie teilt deren gesunden Menschenverstand und Realismus, und das beinhaltet bei ihr sogar ein gesundes Verhältnis zum Geld. Ohne diese wesenhafte Übereinstimmung wäre es ihr kaum möglich gewesen, die anfänglichen Schwierigkeiten zu meistern, als es für sie darauf ankommt, klarzustellen, dass sie weder eine reine Vollstreckerin des väterlichen Willens ist, noch eine Neuauflage des Bruders, an dem man am meisten schätzte, dass er sich „beraten" ließ und zu bequem war, sich eigene Einblicke zu verschaffen.

Erste politische Erfolge

Ganz im Sinne der vorerwähnten Eigenschaften ist Margarethas erster außenpolitischer Coup. Es gelingt ihr, den für die Niederlande ungünstigen Handelsvertrag, den der alte Henry VII. Philipp bei seiner „kameradschaftlichen Gefangenschaft" in England 1506 aufgezwungen hatte, durch einen weit günstigeren abzulösen. Henry VII. ist Margaretha gegenüber sehr entgegenkommend, denn er hofft immer noch auf eine Heirat mit ihr - da Juana nicht interessiert scheint. Das Kapitel ist zwar für sie geschlossen, aber - wenn es dem Staate nützt - kann man ja auch mal ein wenig unsicher scheinen, das ist doch nur weiblich, oder ?

Geldern oder die letzten Feudalen

Ein weiterer harter Brocken ist der Streit mit Geldern. Er muss erwähnt werden, weil es eine typische Art der Auseinandersetzungen der Zeit zwischen Feudalherren und erstarkender Zentralmacht ist und symptomatisch für die Schwierigkeiten, mit denen Margaretha immer wieder zu kämpfen haben wird. Der Herzog von Geldern hatte stets mit seinen Nachbarn in Fehde gelegen. Der Sohn rebellierte gegen den Vater, setzte ihn gefangen und usurpierte den Thron. Charles le Téméraire befreite den Vater in einem Kriegszug und verleibte Geldern Burgund ein. Das ging nur mit Waffengewalt, denn die Gelderner standen zu ihrem Usurpator-Herzog. Charles nahm dessen Kinder mit, ihre Erziehung wurde Madame la Grandes Aufsicht unterstellt. Der in Malines erzogene Sohn des Rebellen mit Namen Charles d'Egmont lernte bei Maximilian das Kriegshandwerk und geriet bei einem von dessen Feldzügen gegen Charles VIII. von Frankreich in Gefangenschaft.

Der französische König hatte von seinem Vater die Vorliebe für Guerillataktik übernommen und ließ 1491 Charles d'Egmont als „Geheimwaffe" frei, mit dem Auftrag, nach besten Kräften in den Niederlanden Unruhe zu stiften. Seine Landsleute in Geldern empfingen ihn enthusiastisch und setzten ihn als Herzog ein. Seither führt Geldern einen von Frankreich finanzierten unerklärten Krieg der tausend Nadelstiche gegen die Niederlande. Geldern ist eines der bei Margarethas Regierungsantritt anstehenden Probleme. Vater Maxi muss dringend nach Rom, seine Kaiserkrönung klären. Er braucht alles Geld, dessen er nur habhaft werden kann, einen militärischen Schlag gegen Geldern kann er leider nicht mittragen.

Depesche aus Trient, 6. Februar 1508
Seit seinem Treffen mit dem Papst darf Maximilian sich mit dessen Zustimmung „Erwählter Römischer Kaiser" nennen. (Maximilian wird nie wirklich zum Kaiser gekrönt.)

Die Generalstände sehen das Geldernproblem als einen dynastischen Konflikt an, der nicht in ihre Zuständigkeit fällt und bewilligen ebenfalls nichts. Also gibt es für Margaretha nur den Weg der diplomatischen Verständigung mit ihrem alten Bewunderer Louis XII., ohne dessen finanzielle Unterstützung Geldern schnell die Puste ausgehen wird. Schließlich erringt Margaretha ihren ersten diplomatischen Sieg über Frankreich und damit auch für einige Zeit Ruhe vor den „Nadelstichen" Gelderns.

Cambrai, Winter 1508

Margarethas „Kabinettstück"
Unter dem Schutz einer Kompanie Schwerbewaffneter zieht die Regentin in die Festung ein und sichert sich die strategisch bessere Unterkunft, bevor der ebenfalls unter starker militärischer Bedeckung stehende Kardinal von Amboise als Stellvertreter des französischen Königs eintrifft. Die nächsten drei Wochen lässt Margaretha alle Register ihres diplomatischen Geschickes und ihres weiblichen Charmes spielen. Sie begegnet dem Kardinal herrisch und behandelt ihn von oben herab, um am nächsten Tag das Weibchen zu mimen und ihm zu schmeicheln, dann wieder überschüttet sie ihn mit Hohn und Spott und verblüfft inmitten des ganzen Verwirrspiels immer wieder mit unwiderlegbaren Argumenten.

Am 10. Dezember ist der Kardinal völlig mürbe, und ein mit einer Unzahl von Geheimklauseln abgesicherter Vertrag wird unterzeichnet, der ewigen Frieden und immerwährende Freundschaft zwischen Maximilian und Louis XII. festschreibt. Durch den Beitritt Fernandos von Aragón und des Papstes Julius II. wird der Vertrag zur „Liga von Cambrai“ gegen Venedig. Die ewige Freundschaft währt immerhin fünf Jahre, und die Generalstände danken Margaretha ihren Einsatz für Frieden und Prosperität mit großzügigen Finanzbewilligungen gegen die Rebellen in den Grenzgebieten.

Neben all den Anforderungen, die die Regentschaft an Margaretha stellt, vernachlässigt sie keineswegs ihre Aufgabe als Erzieherin der Kinder ihres Bruders, deren frühe Kindheit in Malines eingangs geschildert wurde. Nun scheint aus verschiedenen Gründen eine Änderung im Leben Karls und seiner Schwestern erforderlich.

Malines, Frühjahr 1509

Mit neun Jahren ein eigenes „Haus“

Seit langem ist es in regierenden Häusern üblich, dass Knaben im Alter zwischen acht und zehn Jahren der gemeinsamen Kinderstube mit etwaigen Schwestern und dem Einfluss der Mutter entzogen werden, damit sich ihre Ausbildung auf ihr späteres Dasein als Kriegsführer konzentrieren kann. Bei Karl hat man aufgrund seiner zarten körperlichen Konstitution damit schon etwas lange gewartet.

Nun will Margaretha das bisher Versäumte aber noch aus einem anderen Grund nachholen. Wenn der künftige Herrscher einen kompletten eigenen Hofstaat bekommt, kann sie einen Großteil der Menschen, die bislang ihr Budget belasteten, auf elegante Weise loswerden, denn es steht außer Zweifel, dass die Generalstände den Hof ihres „seigneur naturel“ finanzieren müssen. Ein Schachzug, den sie bezeichnenderweise dem Vater erklären muss, der auf ihre Ankündigung erstmal loswettert, dem Enkel eine eigene Hofhaltung einzurichten sei viel zu teuer!

Als Maximilian dann auch noch sieht, dass sein Enkelsohn wenigstens in puncto Jagdleidenschaft und Hang zum Waffenhandwerk verspricht, doch noch ein echter Spross der Casa de Austria nach des letzten Ritters Gusto zu werden, stimmt er zu, den Haushalt des Knaben von dem der Schwestern zu trennen. Familie Croy spielt weiter eine entscheidende Rolle im Leben der Kinder. Ein Vetter des vielfach erwähnten Wilhelm, Charles, bleibt der Hofmeister der Erzherzoginnen. Seine Tochter Anna, verheiratete Beaumont, bleibt ihre „dame d'honneur".

Erster Mann an Karls Hof

Die Ankündigung der Etablierung eines eigenen Hofes für den künftigen Herrscher ruft natürlich all die Herren von Adel auf den Plan, die hoffen, durch Einflussnahme auf das Kind Karl ihre Zukunft und die ihrer Familien sichern zu können. Karl wird in einigen Jahren über das größte Reich Europas regieren, da wird es einige lohnende Posten zu ergattern geben. Es ist schwierig für Margaretha, die geeignetsten auszuwählen. Der wichtigste Posten ist der des Großkämmerers und persönlichen Beraters. Margarethas Wunschkandidat ist der Herr von Berghe, der ihre Linie der englandfreundlichen Politik verfolgt. Sie kann sich aber gegen den Vater und die Räte nicht durchsetzen, die Wilhelm von Croy, Herrn von Chièvres, favorisieren. Mit ihm hat es schon häufiger Reibereien gegeben, nun muss sie mit ihm auskommen, wenn sie nicht den Kontakt mit dem Hof des Neffen verlieren will.

Auch ihr engster Mitarbeiter Gattinara steht oft im Gegensatz zu Chièvres, der immer ein Verfechter des altburgundischen Nationalismus bleibt und aus Tradition ein freundschaftliches Verhältnis zu Frankreich sucht. Als konservativer Aristokrat hat Chièvres kein Verständnis für das in Gattinara so vorzüglich repräsentierte Berufsbeamtentum, dessen modernes Leitmotiv Zweckmäßigkeit ist.

Ein alter Mann an Karls Seite

Als Chièvres sein Amt bei Karl übernimmt, ist er bereits über fünfzig Jahre alt. Er wird für Karl zur ersten beständigen Bezugsperson nach dem Tode Madame la Grandes, da er fortan mit ihm in einem Zimmer schlafen und seinen ganzen Tagesablauf begleiten wird. Aus diesem völligen Fehlen einer wirklichen Privatsphäre bis zum Tode seines Tutors Chièvres im Mai 1521 entsteht Karls Fähigkeit, sich vollends in sich selbst zurückzuziehen, die auf manche Zeitgenossen, die diesen Hintergrund nicht durchschauen, oft erschreckend, ja unheimlich wirkt.

Chièvres ist milde und gütig, von nie versagender Freundlichkeit dem Knaben gegenüber, auch lebensklug. Aber in ihm ist kein Funke von geistiger Größe, nichts Weites, Übergreifendes. Die drängende Suche nach neuen Wahrheiten, die die Zeit so aufregend macht, berührt ihn nicht. Keine Ideale, die das Überschreiten oder auch nur Ausloten der eigenen Persönlichkeit verlangen, treiben ihn an. Da er das konservative Mittelmaß nicht überschreitet, kann er sich innerhalb seiner beschränkten Welt auch nicht irren, keine Fehler machen. Seine Vorstellungen sind nicht visionär, sondern suchen ihr Maß an den ritterlichen Idealen der Vergangenheit. Chièvres Fiktion von Burgund wird Karl nie mehr loslassen. Bei aller Universalität späterer Vorstellungen von Herrschaft wird immer das im Vliesorden festgeschriebene Wesen der mittelalterlichen Ritterlichkeit eine Grundkonzeption von Karls Denken bleiben.

Adrian Floriszoon
Zweitwichtigste Person für Karls weitere Erziehung wird Adrian Floriszoon, bekannter als Adrian von Utrecht, zunächst Dekan, dann Rektor der Universität von Leuwen. Adrian ist mehr Humanist als Kleriker. Seine Verachtung für Sitte und Moral am päpstlichen Hof ist sehr ausgeprägt. Er ist Mitglied der „Bruderschaft vom gemeinsamen Leben", deren Ziel ein über die Konventionen der etablierten Kirche hinausgehendes, wirklich christliches Leben im biblischen Sinne ist. In der von Adrian vertretenen „devotio moderna" liegt sicher eine der Wurzeln von Karls „wesenhafter" Frömmigkeit und Glaubensgewissheit. Adrians Askese und Rigorisität werden in gewissem Maße Richtlinien für Karls religiöses Selbstverständnis.

Aus der humanistischen Schule eines Adrian von Utrecht und anderer Lehrer Karls wie Robert von Gent und Adrian Wiehle kommt angeblich das von Karls südländischen Untertanen als „deutsch" verstandene Ringen um den „Sinn" des Lebens und das Ausrichten des Handelns danach. Natürlich erhält der präsumptive Erbe Spaniens auch einen Lehrer, Luis de Vaca, der ihn in Sprache und Geschichte dieses Landes unterrichten soll. Anscheinend lauscht Karl aber wirklich lieber dessen Erzählungen als Vokabeln und Grammatik zu lernen, denn nach fast neun Jahren Unterricht reicht sein Spanisch nicht für eine schlichte Ansprache.

Der Trainer und die Mannschaft
Herr von Lannoy erhält das wichtige Amt eines Großstall-, Jagd-, und Rittmeisters. Damit untersteht ihm Karls körperliche Ertüchtigung. Um diese zu unterstützen, schickt Maximilian aus all seinen Ländern geeignete Fürstensöhne als Gefährten des Enkels. Unter ihnen sind ein Markgraf von Brandenburg, ein Herzog von Sachsen-Lauenburg aber auch Massimiliano Sforza, Sohn des Ludovico und seiner Gemahlin Isabelle d'Este. Meist sind diese Fürstensöh-

ne robust und unkompliziert. Sie streben Maximilians eigenen ritterlichen Idealen nach und sollen Karl davor bewahren, sich zu sehr Margarethas wissenschaftlichen und künstlerischen Ideen zu nähern.

Es wird laut im Palast der Prinzen, die Knaben toben ihrem Alter gemäß und erhalten gesalzene Verweise, wenn sie es mit Karl zu toll treiben, denn schließlich ist er nicht nur ihr Schulkamerad, sondern auch ihr Herrscher. Was den anderen Knaben spielerisch zufällt, muss Karl sich mit unendlicher Energie abringen. Aber er schafft es, seinen schwachen Körper zu bezwingen und den Kameraden in allen für die damalige Zeit wichtigen Übungen durch Geschick ebenbürtig, später sogar teilweise überlegen zu sein. Einige Freundschaften, die er in dieser Zeit schließt, halten - manchmal mit Unterbrechungen - sein ganzes Leben lang. Die harte Disziplin, der Karl sich in dieser Zeit unterzieht, um in den ritterlichen Übungen mindestens mithalten zu können, hält er selbst für unerläßlich, weil für ihn ein Herrscher, der kein Ritter ist, unvorstellbar bleibt. Gleichzeitig macht ihn diese Disziplin der Kindheit später als Herrscher zu einem Muster an Pflichterfüllung.

Geistige Übungen

Die theoretischen Unterrichtsfächer werden gleichmäßig auf niederländische und spanische Lehrer verteilt. Um die Fortschritte des Neffen zu überprüfen, macht Margaretha auch weiterhin Stippvisiten im Unterricht. Sie spart nicht mit Vorwürfen, wenn zu merken ist, dass er über den körperlichen Übungen die geistigen mal wieder vernachlässigt hat. Sie vermerkt dies dann auch ungehalten in den Briefen an Maximilian, doch ein Echo finden beim Großvater des Getadelten nur Bemerkungen über erfolgreiche Hirsch- und Wildschweinjagden oder gar die Nachricht, dass Karl Schützenkönig von Brüssel geworden sei.

Die Schwestern

Die Schwestern geraten in diesem knabenhaften Umfeld etwas ins Hintertreffen, denn ausstaffiert wie kleine Modepuppen sind sie unfähig, an den wilden Spielen der Knaben teilzunehmen. Nur die inzwischen vierjährige Marie bewundert den großen Bruder so sehr, dass sie versucht, ihm nachzueifern. Schon die von ihm übernommenen Holzpferde reitet sie mit solcher Vehemenz, das man ihr früher als den Schwestern ein richtiges Pony gibt. Seit sie ihr Pony hat, versucht sie immer wieder an den Reiterspielen der

Knaben teilzunehmen, während Eleonor und Elisabeth altersbedingt auf der Suche nach ihrem Platz in der Welt der Frauen sind.

Das Maß der Erwartungen

Diese Einblicke in seine Ausbildung zeigen Karl als ungewöhnlich ehrgeizig, was seine Körperertüchtigung betrifft, sagen aber wenig über die Entwicklung seiner Persönlichkeit. Die alten Diener am Hofe sind überzeugt, dass er ganz nach seinem Namenspatron Charles le Térméraire gerät. Auch der habe in seiner Jugend diese statuarische Ruhe abwechselnd mit wilder Zügellosigkeit gezeigt. Würde Karl auch noch als Erwachsener von solcher Maßlosigkeit beseelt sein? Oder lässt sein Kampf um körperliche Ertüchtigung auf ein disziplinierteres Wesen hoffen, als es der Urgroßvater je erreichte?

Zu jung ist er noch und zu rätselhaft in seiner Verschlossenheit. Allzu vorsichtig erscheint er, ist immer skeptisch, öffnet sich niemandem. Viele sind auch überzeugt, dass er das Erwachsenenalter nicht erreicht, denn immer noch kränkelt er oft. Nie wird er über ein Mittelmaß an Körpergröße hinauswachsen, soviel ist schon abzusehen. Da gerät er nicht nach dem Großvater und der Tante. Nichts weiß man von den einsamen Kämpfen des scheuen Knaben um menschliche Verantwortlichkeit und seine Gewissensnöte darum, wie weit er gehen darf, um die in ihn gesetzten Erwartungen zu erfüllen. Wie oft mag er im Widerstreit liegen zwischen zornigem Aufbegehren und melancholischem Verzicht! Wenn die Jungs Kriegsspiele der Zeit machen, will er immer der Führer der Christen sein, und die Türken müssen natürlich verlieren. Dann macht er den „Türken" Geschenke, um das Schicksal zu besänftigen.

Der Einzige, der davon etwas mitbekommen kann, ist sein ewiger Begleiter Chièvres, der anscheinend allein durch seine ständige Anwesenheit in einem Maße das Vertrauen Karls besitzt wie keine andere Person in seinem Leben. Ein Erziehungsziel hat Chièvres allerdings erreicht, wenn man glauben darf, dass es das Seine ist: Er soll einmal geäußert haben, er wolle Karl vor seinem Tode derart zum Arbeiten und Herrschen erzogen haben, dass er nach ihm nie wieder einen Ratgeber brauche.

Erziehung zum Herrscher

Vielleicht das Revolutionärste an Karls Erziehung ist, dass er von Anfang selbst Dossiers lesen muss und daraus informiert sein soll über die Dinge des Staates und seiner Finanzen. Er muss seit seiner Ausrufung zum Herzog an den für ihn langweiligen Ratssitzungen teilnehmen. Er fragt hinterher, warum dort so viele zwecklose und sich widersprechende Reden geführt werden, und Chièvres gelingt es, sein Interesse zu wecken, indem er ihm die zugrunde liegenden unterschiedlichen Beweggründe der einzelnen Redner aufzeigt. Bald macht es Karl Spaß, die Menschen zu beobachten, ihnen zuzuhören und sich eine eigene Meinung über ihre Fähigkeiten und Absichten zu bilden.

Margaretha glaubt an das Erziehungsideal vom „uomo universale“, denn ihr erscheint logisch, dass der am umfassendsten Gebildete der beste Herrscher sein müsse. Dies Ideal erreicht Karl nicht, zuviel bleibt in der theoretischen und künstlerischen Ausbildung auf der Strecke, weil er soviel Zeit für seine Körperertüchtigung braucht. Dennoch hat er schon mit dreizehn weit mehr Disziplin und weiß mehr über das Alltagsgeschäft des Regierens als seine wenige Jahre älteren Herrscherkollegen und lebenslänglichen Rivalen von Frankreich und England.

Depeschen aus Spanien Ende März 1509:
Am 3. März 1509, wenige Wochen nach der Einschließung seiner Tochter Juana in Tordesillas, bringt die zweite Frau Fernandos von Aragón, Germaine de la Foix, einen Jungen zur Welt, der allerdings den Tag nicht überlebt.

Depeschen aus England Ende April 1509:
Am 21. April 1509 ist der Verehrer der Schwägerinnen Juana und Margaretha, König Henry VII., gestorben. Sein Nachfolger ist sein achtzehnjähriger Sohn Henry VIII., der am Tage seiner Thronbesteigung endlich seine langjährige Verlobte Katharina von Aragón heiratet. Katharina ist bekanntlich die jüngste Tochter der Reyes Católicos und somit Karls jüngste Tante. Sie war ursprünglich mit Henrys älterem Bruder Arthur verheiratet, der bereits 1502 starb, und es wird ewig unklar und weiterhin wichtig bleiben, ob diese erste Ehe Katharinas je vollzogen wurde. Die nun doch noch Königin von England gewordene Spanierin ist sechs Jahre älter als ihr Gemahl.

Verschiebungen
Innerhalb von fünf Jahren verlieren Margerethas diplomatische Anfangserfolge an Wirksamkeit. Das Bündnis gegen Venedig bricht auseinander, weil der Papst die Fronten wechselt, sich mit Venedig verbündet. Längst treiben wieder von Frankreich bezahlte Agenten ihr Unwesen in den Niederlanden und Geldern wittert

Morgenluft. Die Grenzzwischenfälle nehmen derart überhand, dass Margaretha keinen anderen Ausweg sieht, als selbst ins Feld zu ziehen, um ihre Söldner, die sie nicht bezahlen kann, durch ihre Begeisterung anzufeuern. Das Unternehmen endet durch Geldmangel in einem Fiasko.

Malines, 5. April 1513

Noch eine ewige Liga

Also besinnt die Regentin sich auf ihre diplomatischen Fähigkeiten und kann im April 1513 tatsächlich eine Liga mit Spanien, England und dem Papst bilden, die ausschließlich gegen Frankreich gerichtet ist und sich „Heilige Liga“ nennt. Als es tatsächlich zum Krieg zwischen Frankreich und England kommt, muss Maximilian sich in Ermangelung einer eigenen Kriegskasse als Feldhauptmann und Stratege des jungen Henry VIII. gegen 100 Dukaten täglichen Soldes verdingen. Obwohl Margaretha die Niederlande für neutral erklärt, finden viele der Kämpfe auf deren Territorium statt. Dadurch verliert die Regentin erheblich an Reputation. Noch einmal reitet der Kaiser selbst mit ergrauter Mähne auf das alte Schlachtfeld bei Guingate, schon scheint alles verloren, da erkennen ihn die Engländer und brechen in derartigen Jubel aus, dass die Franzosen angesichts solcher Begeisterung ihr Heil in der Flucht suchen und Maximilian als Söldner einen grandiosen Sieg erringt.

Allerdings scheitern alle sich daran anschließenden Pläne einer vollständigen Eroberung Frankreichs. Henry VIII. hat erreicht, was er wollte: Zwei feste Plätze auf dem Kontinent - Calais und Boulogne - sind in seiner Hand. Er stellt alle Zahlungen an die Kriegskasse ein. Die Niederländer sind an kriegerischen Heldentaten wenig interessiert und noch weniger gewillt, dafür zu zahlen. Der Sieg verpufft.

Karl gerät unter falschen Einfluss

Inzwischen haben die spanischen und niederländischen Herren am Hofe des jungen Karl geschickt und unauffällig ihren männlich-ritterlichen Einfluss eingesetzt und Karl gegen die Tante beeinflusst, mit der er nie auf wirklich vertrautem Fuße stand. Obwohl sie täglich daran arbeiten, ihn für ihre pro-französische Haltung zu gewinnen, müssen sie ihn ziehen lassen, als Margaretha bei Maximilian dessen Zustimmung zu einem Zusammentreffen zwischen Henry VIII. und Karl erwirken kann. Margaretha ist an einem Kreuzweg ihrer Politik. Sie weiß, dass in den Niederlanden eigentlich zwei Höfe gegeneinander konkurrieren. Sie muss endlich Chièvres loswerden.

Dabei soll ihr ein Plan helfen, den sie mit ihren Verbündeten Henry und Fernando ausgeheckt hat: eine Neuregelung der Erziehung Karls. Zukünftig sollen die Großväter und der englische König gemeinsam die Erziehung garantieren. Die Erziehungsansprüche der Großväter sind eindeutig, der des Engländers durch den erneut bekräftigten Heiratsvertrag Karls mit der Schwester Henrys nicht ganz so. Für Karl wird das bedeuten, dass fortan nicht nur ein Mann, sondern deren drei die Schlüssel zu seinem Schlafzimmer haben.

Lille, 10. Oktober 1513

Karls erstes Treffen mit einem „Kollegen"

Chièvres wiederholter Einspruch kann das Treffen in Lille nicht verhindern, dessen äußerer Anlass eine persönliche Bestätigung der Verlobung Karls mit Henrys Schwester ist. Die Begegnung, die Karl selbst in seinen Memoiren als das erste große Ereignis seines Lebens beschreibt, wird durch festliche Turniere und Bankette gefeiert. Der junge Henry VIII. ist stolz auf seine athletische Gestalt und bewundert umso mehr die Anstrengungen, die sich der zierliche Karl beim Turnier und anderen brutalen Spielen abverlangt. Doch Henry wird ein seltsames Unbehagen nicht los, das die unerschütterliche Ernsthaftigkeit und der mysteriöse Blick des heranwachsenden Herzogs in ihm auslösen.

Bei all dem stört es niemanden, dass Karl erst dreizehn und noch nicht ehefähig, die Braut Mary Tudor aber bereits siebzehn ist. Genausowenig fällt ins Gewicht, dass beide völlig gegensätzliche Charaktere haben. Karl ist als verschlossen und introvertiert bekannt, Mary hingegen heiter und impulsiv, stets zu Neckereien aufgelegt, eine leidenschaftliche Tänzerin und eine sich gern produzierende Flötistin. Das stört allerdings im Augenblick nicht, denn die Braut ist nicht anwesend.

Ein Skandal um die Regentin?

Unübersehbar anwesend ist allerdings ein gewisser Brandon, Milchbruder des Königs und von ihm zum Herzog von Suffolk erhoben, der meint, sich als feuriger Anbeter der Regentin gebärden zu müssen. Vielleicht legt er sich ja nur so ins Zeug, um seinen geliebten Milchbruder von dem süßen Geheimnis abzulenken, das ihn mit Mary verbindet, deren Verlobung mit Karl hier besiegelt wird. Jedenfalls übertreibt Suffolk schamlos, jedes ernsthafte Gespräch zwischen König und Regentin verkürzt er durch sein „jeu d'amour" mit Margaretha. Sie ist zweifellos geschmeichelt von der offensichtlichen Bewunderung dieses jungen Kavaliers, der neben seinem König der beste Turnierreiter und Herzensbrecher des englischen Hofes ist. Eben weil er so dick aufträgt, meint sie zunächst sein Spiel, das ein an allen damaligen Höfen übliches ist, mitspielen zu können. Sie ist überzeugt, Frau genug zu sein, ihn in den üblichen Schranken halten zu können.

Den Regeln entsprechend hat sie ihm scherzhaft versichert, sie werde ihm ihre Zuneigung nicht versagen, sofern ihre Frauenehre und ihr Gewissen nicht belastet werden. Das ist dann allerdings der Fall, als er sich dramatisch zu ihren Füßen niederwirft und ihr einen Ring als Unterpfand ihrer „Liebe" vom Finger zieht und sich weigert, ihn auf Aufforderung zurückzugeben. Margaretha nennt ihn einen Dieb und zieht sich empört von ihm zurück. Suffolk jedoch brüstet sich mit seiner Eroberung. So wird die an sich harmlose Tändelei zum Skandal aufgebauscht und macht die Runde an allen Höfen. Die Gerüchteküche rumort so heftig, dass Margaretha sich in einem Memoire vor ihrem Vater rechtfertigen muss.

Wer gegen wen und wofür?

Dennoch kehrt Margaretha voller Tatendrang nach Malines zurück. Sie will die Konfusion zweier gegeneinander arbeitender Verwaltungen beenden, indem sie für Karl und den Hof der drei Schwestern einen neuen Etat aufstellen lässt. Der Einfluss Chièvres' soll durch die neuen Kammerherren Karls völlig ausgeschaltet werden. Für die neue Aufgabe bestimmt sind der Pfalzgraf Friedrich als Vertreter des Kaisers, der Herr von Jjisselstein als der des englischen Königs und Juan de Lanuza für Fernando von Aragón.

Doch durch das „englische Abenteuer" der Regentin haben sich die Gegensätze weiter verstärkt. Die Partei der altburgundischen Nationalisten um Chièvres hat Verstärkung durch kastilische Herren erfahren, die mit Fernandos Herrschaft über ganz Spanien nicht einverstanden sind. Die Führer dieser Gruppe sind Diego de Castro, Dr. Mota und Juan Manuel. Sie machen Margaretha für die Gegenerschaft zu Frankreich verantwortlich und fordern politische Eigenständigkeit für den Hof des „seigneur naturel" und künftigen Königs von Kastilien. Die englandfreundliche Partei um die Regentin wird entsprechend verstärkt durch die Anhänger Fernandos, denn Margaretha ist überzeugt, das spanische Erbe Karls am Besten im Einverständnis mit Fernando sichern zu können.

Malines, Winter 1513/1514

Die Vliesritter gegen die Frau Regentin

Im Sinne dieses Einverständnisses hat Margaretha bereits de Castro festsetzen lassen, um ihn Fernando auszuliefern. Nun will sie ihre Autorität beweisen und Juan Manuel, der immerhin mit dem spanischen Königshaus verwandt ist, ebenso abschieben. Die Erlaubnis des Kaisers holt sie vorsorglich ein. Doch Manuels Festnahme hat nicht den gewünschten Effekt. Statt die Vormacht des Herrn von Chièvres zu beenden, wird sie zum Stolperstein für die Regentin. Manuel ist nämlich auch Ritter des Vliesordens, und als seine Verhaftung bekannt wird, stimmt der gesamte Hochadel in den Sturm der Empörung ein, den die Chièvres-Partei entfacht.

Karl tritt auf

Die Ordensritter bestehen auf ihrem Recht nicht wie gewöhnliche Untertanen den Staatsgesetzen zu unterstehen, sondern nur der Rechtsprechung ihrer „pares". Um dies zu verdeutlichen, muss Karl persönlich die Delegation anführen, die der Regentin eine Protestnote überreicht. Noch immer überzeugt, Karl stehe nur unter falschem Einfluss, wendet sie sich direkt an ihn und erklärt, Manuel sei ein Verräter, und seine Festnahme sei in Absprache mit dem Kaiser erfolgt. Mit kühler Distanz antwortet Karl: „Madame, die Satzungen des Ordenskapitels sind verletzt, die von Unserem Ahnherrn Karl von Burgund erlassen wurden!" Margaretha ist ungewohnt sprachlos.

Der Konflikt weitet sich zu einem der Weltanschauungen. Auf der einen Seite die mittelalterliche, mystisch gebundene Welt der unantastbaren Standesprivilegien und auf der anderen Seite die der zeitgemäßen Forderung nach der freien Einzelpersönlichkeit. Die Parteien stehen sich unversöhnlich gegenüber, und beide wenden sich an den

Kaiser als Schiedsrichter.

Als eine Haussuchung nichts Belastendes gegen Manuel ergibt, ruft Maximilian ihn an seinen eigenen Hof. Salomonisch versichert der Kaiser Karl, dass die Rechte des Ordens unangetastet bleiben werden und rechtfertigt Margarethas Vorgehen durch die Behauptung, sie habe ihn nur verhaftet, um ihn dem Ordenskapitel zu überstellen. Oberflächlich ist der Konflikt damit beigelegt, doch er schwelt weiter. Chièvres kehrt in sein uneingeschränktes Amt zurück, von der Übernahme der Erziehung Karls durch eine internationale Troika ist nicht mehr die Rede.

Verlautbarung des französischen Hofes:
Am 9. Januar 1514 um sechs Uhr morgens überantwortet Anna de Bretagne, zweimalige Königin von Frankreich, ihre unsterbliche Seele Gott. Der König, Louis XII., ist untröstlich und vergräbt sich drei Tage in seinem Schmerz. Wegen der großen Trauer des Volkes und dem immensen Andrang beim öffentliche Defilée kann die Beisetzung in St. Denis erst am 4. Februar erfolgen.

Depeschen vom englischen Hof:
Henry VIII. hat im Frühjahr 1514 das Spiel der Großväter Maximilian und Fernando durchschaut. Sie wollen ihn zwar benutzen, um Louis XII. in Schach zu halten, ihn aber durchaus nicht an den Vorteilen beteiligen, die sich für sie daraus ergeben. Also schwenkt er aus und bietet dem mit vierundfünfzig Jahren endlich verwitweten und immer noch sohnlosen Louis XII. seine urgesunde und strahlend blonde Schwester Mary zur Frau. Natürlich muss man aus Gründen der Pietät mit der Hochzeit noch warten, doch ein für Henry VIII. günstiger Vertrag mit Frankreich kann vorab geschlossen werden.

Marie muss Malines als Erste verlassen

Malines, April - Mai 1514

Zur Abwechslung: Heiratspolitik
Nach all diesen Fehlschlägen und Enttäuschungen wendet sich Margaretha der Familienpolitik zu. Karl hat gerade eine Verlobte verloren - Zeit, sich den Mädchen zuzuwenden! Für die älteste und damit wertvollste, Eleonor, stehen keine Heiratskandidaten in Aussicht, denn die Könige, die Maximilian ihrer für wert erachtet, sind dummerweise gerade alle beweibt. Den Plan, sie zur Bindung der Niederlande an Austria mit dem Grafen von Egmont zu vermählen, hat man fallen lassen. Ausgerechnet Marie, die Jüngste, soll den Ort ihrer unbeschwerten Kindheit als Erste verlassen. Erstaunlich, dass Margaretha, die doch am eigenen Leibe erfahren hat, wie diese Heiratspolitik verletzen kann, prinzipiell keinerlei Skrupel hat, die Nichten als Unterpfand weiterer Herrschaft anzusehen.

Rückblick in das Jahr 1505
Zur Erinnerung: Marie wird als fünftes Kind Juanas und Philipps in der Zeit der großen Ehekrisen nach Juanas verzögerter Rückkehr von der ersten Spanienreise gezeugt. Die nach dem Tod Isabellas, der Königin von Kastilien, dringlich erforderliche zweite Reise des Herzogspaares dorthin muss bis nach der Geburt aufgeschoben werden. Marie wird am 17. September 1505 geboren. Da Maximilian gerade in Brüssel anwesend ist, wird die Taufe auf den 20. angesetzt. Maximilian ist es, der den Namen Marie - nach seiner geliebten ersten Frau - auswählt.

Ganz Brüssel ist auf den Beinen, um die Prozession der Taufgesellschaft zu sehen. Man hat - wie immer - eine hölzerne Plattform vom herzoglichen Palast zur Kirche Notre Dame de Sablon errichtet. Traditionell findet die Taufe erst am späten Abend statt, damit der feierliche Zug im Glanz der Fackeln eine dramatische Erhöhung erhält. Frau von Ravenstein trägt den Täufling inmitten der kaiserlichen, herzoglichen und spanischen Hofleute. Die Gesellschaft erreicht die von Tausenden von Kerzen erleuchtete Kathedrale, die zusätzlich mit den Wandteppichen zur Geschichte Trojas ausgehängt ist. Das ehrfürchtige Schweigen wechselt mit

Chorgesang, Großvater Max hebt das Baby hoch, und der Bischof von Arras gibt ihm den Namen, der für Maximilian zärtliche Erinnerung weckt. Die Chronisten erwähnen, geblendet von der Anwesenheit des Kaisers, den Vater des Kindes nicht. Doch ein eher kleines Missgeschick am Rande finden sie bemerkenswert: Auf dem Rückweg zum Palast spielt Musik, alle Gaffer drängen zur Plattform, Qualm verlöschender Fackeln behindert die Sicht der auf dem Steg Schreitenden. Der Bischof wankt, droht, in die Menge zu stürzen. Er stützt sich mit seinem goldenen Krummstab ab, kann sich retten, doch der Stab zerbricht in drei Teile, und die goldene Schnecke rollt von der Plattform unter die Füße der stoßenden und drängenden Menge.

Solche Unfälle sind immer symbolträchtig, kündigen von künftigen Gefahren für Leib und Seele des Täuflings. Noch kann niemand ahnen, dass das gerade getaufte Kind einst in den Verdacht geraten wird, den Glauben der Väter in Frage zu stellen, denn der gute Mann Luther ist erst ein unruhiger junger Mönch im fernen Thüringen, von dem noch niemand etwas gehört hat.

Die Casa de Austria und der Osten 1430 -1506

Großvater Max, der ewige Planer
besonders dynastischer Verbindungen, ist über die Tatsache, dass hier ein Mädchen zur Taufe getragen wird, besonders erfreut. Er braucht gerade ein Mädchen, weil er auf die Geburt eines Knaben spekuliert. Doch der Reihe nach. Seit längerem bemüht sich der Kaiser um eine „Osterweiterung“ seines Einflussbereiches, denn die Türken sind eine ständige Bedrohung an der Südgrenze Ungarns, das direkt an die alten Erblande bei Wien angrenzt.

Das Ungarnproblem unter Friedrich III.
Schon Maximilians Vater Friedrich hatte sich mit seinen Mitteln um Einfluss in Ungarn bemüht. Als er durch Erbschaft zum Chef des Hauses wurde, übernahm er auch die Vormundschaft für den postum geboren Sohn seines Vetters Albrecht, den man Ladislaus Postumus nannte. Er hoffte dadurch die Regentschaft über Ungarn und Böhmen zu bekommen. Doch die Ungarn wählten den Woiwoden Johann Hunyadi zum Reichsverweser, und in Böhmen ließ sich Georg Podiebrad zum Statthalter ausrufen. Später erzwangen beide gemeinsam die Herausgabe des Ladislaus Postumus, um ihn zum Schein zum König wählen zu lassen. Ladislaus starb vor Erreichen der Volljährigkeit in Prag an der Pest - oder an Gift?

Jedenfalls ließen sich nun Podiebrad in Böhmen und Matthias Corvinius - Sohn Hunyadis - in Ungarn zu Königen wählen. Friedrich blieb nur das österreichische Erbe. Als Podiebrad starb, einigte sich Corvinius mit Wladislaw, dem Sohn des Königs von Polen, auf eine Art „böhmische Teilung". Corvinius hatte den Kaiser 1485 schließlich sogar aus Wien vertrieben, und Friedrich musste sich fürderhin in deutschen Klöstern und Städten durchschnorren, denn der Kaisertitel brachte zwar „Ruhm und Ehr, aber kein Verzehr".

Maximilian greift ein

Als Corvinius 1490 kinderlos stirbt, fordert Max das Erbe, doch die Ungarn wählen schließlich den übriggeblieben König von Böhmen, Wladislaw aus dem Haus der Jagellonen, zu ihrem Herrscher. Maximilian erobert Wien und die österreichischen Gebiete zurück. Da ihm mal wieder das Geld ausgeht, schließt er mit Wladislaw vage Verträge, die schließlich im (ersten) Wiener Kongress münden werden.

Natürlich soll dieses kunstvolle Vertragswesen mit Heiraten unterstützt und abgesichert werden, doch dazu braucht es erst einmal: Kinder. Maximilian kann da auf seine kleine Enkelschar zurückgreifen, doch die französische Frau des Wladislaw muss erst noch schwanger werden. Als sie 1503 eine gesunde Tochter Anna zur Welt bringt, steht für Max fest, dass sie einen seiner beiden Enkel heiraten wird, wenn er auch noch nicht weiß, welchen. Karl ist als Erstgeborener eigentlich zu kostbar, und über Ferdinand kann er vorläufig nicht verfügen. Sollte Anna trotz ihrer guten Anlagen sterben, gilt der gleiche Vertrag für die nächste Tochter des Paares.

Doch 1505 hält Maximilian, der „Magier der europäischen Politik", ein Mädchen über die Taufe und wünscht sich natürlich einen Kronprinzen von Ungarn für sie. Kaum ertönt das Gerücht einer erneuten Schwangerschaft der Gattin Wladislaws, ist Max der erste Anbieter einer Braut. Bereits am 20. März 1506 wird der Vertrag über eine Heirat Maries mit dem Ungeborenen Ungarnerben geschlossen. Das entbehrt nicht einer gewissen Absurdität, denn damals konnte man noch nichts über das Geschlecht eines Ungeborenen wissen. Die französische Gattin Wladislaws, Anne de Candale aus dem Hause Foix, hat vor der Geburt durchgesetzt, dass ihr Kind, sollte es ein Sohn sein, nach einem ihrer Vorfahren, dem französischen König Louis IX., genannt Le Saint, getauft wird. Da sie bei der Geburt stirbt, fühlt man sich verpflichtet, das ihr gegebene Versprechen zu halten. In der Landessprache wird der Knabe Lajos heißen.

Frühe Frühchenbehandlung

Doch am 1. Juli 1506 ist sehr fraglich, ob Lajos überhaupt überleben wird, denn er ist ein Siebenmonatskind. Man greift verzweifelt auf eine alte Hirtenmethode zurück und benutzt frischgeschlachtete Lämmer, solange sie noch warm sind, als Incubator. Im Volk heißt es, der Königssohn sei ohne Haut geboren worden. Doch das Kind überlebt, wird später richtig groß und stark, doch bis zur Ehefähigkeit wird noch einige Zeit vergehen, und Maximilian kann noch manche Pläne wälzen.

Der Tante Bedenken

Marie ist noch nicht acht Jahre, da will Maximilian sie schon zur Absicherung seines Vertragsgebäudes nach Österreich schicken, damit sie nahe ihrer zukünftigen Heimat lebt und die längst verabredeten Ehen wenigstens schon einmal „per verba de futuro" geschlossen werden können. Eine so geschlossene Kinderehe kann nur der Papst lösen, aber Max und Margaretha wissen ja eigentlich beide, wieviel Sicherheit das tatsächlich bedeutet. Die Erinnerung an ihr eigenes Schicksal als Pfand dynastischer Verbindungen lässt die Tante hier zögern, dem Wunsch des Kaisers sofort zu entsprechen.

Sie empfindet dieses Ungarn ohnehin als Mesalliance. Ihre Spione haben grauenvolles über die barbarischen Zustände dort berichtet. In Buda habe der König weder Macht noch Geld, alles ziehen die Magnaten und Prälaten ab, die sich schamlos bereichern an einem Volk, das schlechter lebt als das Vieh, für das es verantwortlich ist. Das soll eine Ehe sein für eine Tochter des reichen Burgund? Was denkt dieser Vater und Großvater sich eigentlich! Sie hat zwar mal gesagt, dass all die Zeremonien, Feierlichkeiten und Freudenfeuer, die anlässlich dynastischer Heiraten abgehalten werden, den Feind stärker beeindrucken als Armeen … aber wer, bitte, wird diese Zeremonien in einem solchen Land sehen?

Zum Aufbruch, kleine Jägerin

Margaretha versteht es, die Abreise Maries wenigstens bis Anfang Mai 1514 zu verzögern. Viel lieber hätte sie die Nichte noch länger bei sich behalten und sie selbst unterrichtet. Viel zu kindlich ist Marie noch, um Sicheres über ihre geistigen Fähigkeiten sagen zu können. Vielleicht erinnert sie ja mit acht Jahren äußerlich eher an ihre spanische Großmutter Isabella, mit ihrer blonden und dunkeläugigen Ernsthaftigkeit. Andererseits ist sie so gar nicht mädchenhaft mit ihrer Vorliebe für wilde Ritte und Jagdwaffen. Sie zeigt auf diesem Gebiet Ausdauer, Disziplin, Geschick und Begeisterungsfähigkeit. Sicher nehmen die älteren Schwestern sie nicht ganz für voll, aber Marie hat auch nie engen Anschluss an sie gesucht, hat immer nur ganz offensichtlich den Bruder bewundert.

Reisen kann gefährlich sein
Natürlich hat Margaretha auch wieder finanzielle Probleme zu lösen, bevor sie Marie auf die Reise schicken kann. Die Begleitung muss groß sein, denn man befürchtet, der alte Querulant Geldern könnte in Versuchung geraten, eine so wertvolle Geisel in seine Hände zu bekommen. Andererseits soll der Hofstaat wegen der Kosten nicht zu groß sein. Alle sollen aus dem gleichen Grund sobald wie irgendmöglich gegen österreichische Bedienstete und Höflinge ausgetauscht werden, bis auf die Marie von klein auf vertraute Madame de Poitiers und eine persönliche Zofe. Soll Großväterchen Max doch die Kosten seiner komplizierten Heiratspolitik tragen. Jedenfalls ist man heilfroh, als der Brautzug bei Aachen Reichsgebiet erreicht und Geldern sich nicht gemuckt hat.

Die Herren verkürzen sich die Zeit neben dem langsamen Zug der Sänften und Wagen mit Jagen. Die Wälder werden finsterer als man sie in Flandern kennt, die Berge steiler, die Burgen sind wehrhafter, ragen auf schwindelnderregenden Felsen in den Himmel. Man grüßt die kleine Erzherzogin auf deutsch, das sie noch nicht versteht, sie spricht bislang nur französisch.

Wien, im Juni 1514

Umstellungen
Nach aufregenden sechs Wochen erreichen die kindliche Braut und ihre Begleitung endlich Wien. Die finstere Zwingburg dort - innen voller alter Waffen und außen noch gespickt mit Belagerungskugeln - hat nichts von der Eleganz und Behaglichkeit, die Marie aus Malines und den anderen niederländischen Wohnsitzen gewohnt ist. Trotz mitgebrachter Tapisserien und Möbel bleibt die Burg so unfreundlich und karg, dass sich der Begleitzug nur zu gern eilig auf die Rückreise macht. Der Abschied ist entsprechend bedrückend, wenigstens die beiden genannten Vertrauten bleiben bei Marie. Nun fängt für Marie das wahre Leben einer Tochter der Casa de Austria an: das Warten auf die Ehe an einem fremden Hof.

Bisher war sie Kind unter Kindern, nun ist sie schlagartig eine Prinzessin unter erwachsenen Höflingen, die sie nicht kennt, deren Sprache sie noch nicht spricht! Ihre Erziehung wird keinen Augenblick vernachlässigt, sie erhält sofort Unterricht in Deutsch, Latein und Etikette. Ihre einzige Freude ist sicher die Musik und - vielleicht - die Wiener Küche mit ihren seelentröstenden Mehlspeisen.

Ein feuchtes Vergnügen

Inzwischen arrangiert Maximilian die Feierlichkeiten zum Eheversprechen „in verba de praesenti". Die sollen nicht in Ungarn stattfinden, sondern hier in Wien. Da müssen die Beteiligten erst einmal anreisen, und das Ganze endet beim ersten Anlauf in einem Desaster. Denn als die glanzvollen Züge von Böhmen/Ungarn und Austria sich endlich aufgestellt haben, um sich feierlich zu begegnen, geht ein Regenschauer mit solcher Plötzlichkeit und Wucht nieder, dass in Bruchteilen von Sekunden alle nass bis auf die Haut sind. Alle, Akteure und Zuschauer, stieben in wilder Flucht und verzweifelter Suche nach einem schützenden Dach kopflos auseinander. Prunkvolle Gewänder aus Samt und Brokat, Samtbaretts samt Federschmuck, hauchzarte Schleier und kunstvolle Frisuren - alles ein Opfer der Fluten. In dieser Façon kann man keinen Staatsakt zelebrieren, und so wird zwei Tage später ein neues Zusammentreffen im Tanzhaus festgesetzt. Da bleibt kaum Zeit, die schweren Gewänder zu trocknen und wieder in Form zu bringen, anstrengende achtundvierzig Stunden für Mägde, Zofen und ihre Damen, kein Zweifel.

Eheversprechen in kindlichem Ernst

Diesmal läuft alles glänzend. Marie schreitet durch die Halle, ein kleiner Engel in Weiß und Gold. Sie hat im Etiketteunterricht aufgepasst, die Augen sind starr auf den Großvater gerichtet, auf den sie zuzugehen hat, da gibt es kein Blinzeln zur Seite, kein Suchen, wo denn nun der Wunderknabe sitzt, dessentwegen das alles hier so wichtig ist. Weder die Pracht der Magnaten von Polen und Ungarn, noch die kleine Anna, nichts und niemanden scheint Marie wahrzunehmen, und schließlich versinkt sie vor Maximilian in untadeliger Reverenz. Nun endlich darf sie sich setzen, und während ein kaiserlicher Rat eine endlose Begrüßungsrede in Latein hält, kann sie unauffällig die schwarzen Augen schweifen lassen. Der goldene Knabe auf dem kleineren Thron ist also Lajos. Er erscheint wie eine exotische Puppe in seiner Starrheit, ganz aus Gold gemacht, mit Seidenhaar und Glitzerdiadem, graublaue Augen in einem rosigen Gesicht, die sie genauso bestaunen wie sie ihn. Ein Vertreter der Gäste hält eine mindestens ebenso lange Antwortrede, und es folgt die kirchliche Zeremonie.

Der Großvater kniet für einen Enkel

Dazu kniet Maximilian selbst an der Seite der zwölfjährigen Anna von Böhmen nieder. Das ist möglich, denn er ist wieder Witwer. Bianca Maria Sforza ist bereits am 31. Dezember 1510 im Alter von achtunddreißig Jahren und kinderlos in Innsbruck gestorben. Dort hatte sie seit 1500 in bescheidenen Verhältnissen und meist allein gelebt, denn Maximilian hat nie Gefallen an ihr gefunden. Einige Chronisten behaupten, sie habe sich wegen der Missachtung durch den Kaiser zu Tode gehungert.

Allerdings kniet der Kaiser hier nicht, um noch einmal seine Manneskraft zu beweisen, da tendieren seine Vorstellungen bald ganz woanders hin! - nein, er heiratet Anna anstelle eines seiner Enkel. Anna soll als „Kaiserin" zurückbleiben, wenn nicht einer der Enkel die Trauung binnen Jahresfrist wiederholt. In einem Geheimvertrag wird für diesen Fall gar Lajos die Nachfolge im Reich versprochen - sofern die Kurfürsten einverstanden sind. Dieser Vorgang ist so spektakulär, dass kaum jemand dem kindlichen Paar Marie und Lajos Beachtung schenkt, das seine Rollen doch so perfekt einstudiert hat.

Wer viel heiratet, kann viel feiern

Zwar sind diese Eheversprechen der eigentliche Anlass, doch die Feiern gehen jetzt erst richtig los. Marie ist endlich wieder unter gleichaltrigen und genießt es. Sie lernt ihre zwei Jahre ältere Schwägerin Anna kennen und weiß, dass sie mit ihr auskommen muss, denn es ist beschlossene Sache, dass die Mädchen die Zeit bis zur Ehefähigkeit gemeinsam verleben werden.

Marie zieht aber erstmal die Spiele ihres Bräutigams und seiner Altersgenossen vor. Der Höhepunkt ist für sie eine Jagd mit Pfeil und Bogen. Die Beute widmet sie Lajos' Vater. Anna spielt lieber Karten und stellt sich dabei recht geschickt an. Sie streicht fast den ganzen Einsatz in Gold ein. Doch auch Feste werden dem unsteten Max inzwischen schnell zu viel, und er bricht als erster auf. In fröhlichem Umzug begleiten ihn alle bis zur Wiener Neustadt, wo er als Kind mit seiner portugiesischen Mutter Eleonore lebte.

Zwei am Rande des Geschehens

Letztlich bleiben die beiden kleinen Königinnen allein zurück. Anna legt Wert auf höfische Formen und beginnt, sich Kaiserin zu nennen, um ihren Vorrang vor der jüngeren zu untermauern. Ist ihr dic Trauung mit dem alten Kaiser Maximilian zu Kopf gestiegen? Die jungenhafte, für ihr Alter zierliche und kleine Marie ist als „Kunigin von Hungern und Behaim" durchaus zufrieden. Da Marie nie zu einem wirklich guten Verhältnis mit Anna gelangt, konzentriert sie sich auf ihre Studien und nutzt jede Gelegenheit zu Ausritten und Jagden.

Im Jahr darauf stirbt Fernando von Aragón, und die Dispens zur Übernahme Annas durch den jüngeren Ferdinand wird bestellt und ausgefertigt. Doch das Jahr vergeht, ohne dass der Bräutigam erscheint, um sein Versprechen einzulösen. Auch König Wladislaw stirbt, und sofort beginnen Kämpfe der ungarischen Parteien untereinander. Wien erscheint für die Pfänder der Vereinigung Böhmen-Ungarn-Austria nicht mehr sicher, und Maximilian beordert sie nach Innsbruck. Die Residenz ist kleiner, wirkt übervoll, ist aber viel unterhaltsamer als die in Wien.

Aufsehenerregende Geschenke

Als Willkommen schenkt Maximilian den Mädchen große, juwelenbesetzte Hüte. Keine Angst, er hat sich nicht in Unkosten gestürzt, sie entstammen der Hinterlassenschaft der immer sehr modebewußten und verschwenderischen Bianca Sforza. Was Bianca vor mehr als fünf Jahren bei italienischen Hutmachern orderte, ist für die Mädels in der Provinz noch so aufregend, dass sie sich sofort mit den Hüten malen lassen - für die Tante in den Niederlanden und die fernen Gatten. Maries Bild zeigt in den schwarzen Augen und dem schmalen Kopf, ja selbst in der Haltung eine deutliche Ähnlichkeit mit ihrer Mutter Juana. Der Ausdruck melancholischer Getragenheit der Jugendbildnisse Juanas ist bei ihr nicht so eindeutig ausgeprägt. Ein weiteres „Geschenk" des Großvaters ist im Sommer 1517 ein Gemsenjäger, der die jungen Damen in dieser hohen Kunst unterweisen soll. Marie zumindest ist begeistert, die Jagdleidenschaft wird sie ohnehin nie mehr loslassen.

... und die Langeweile der Provinz

Die Jahre vergehen langsam für Marie im provinziellen Innsbruck. Einzig die Besuche des Großvaters bringen etwas Farbe und Abwechslung, besonders, wenn er Zeit hat, mit ihr auf die Jagd zu reiten. Allerdings ist er zuletzt nicht mehr der unermüdliche Sportsmann, auch an ihm nagt der Zahn der Zeit.

Büste des jungen „Keizer Karel“ (Stedelijke Musea Brugge)

Maximilian I.
(Germanisches Nationalmuseum Nürnberg)

Maria von Ungarn
Schwester Karls, Statthalterin der Niederlande
(Hans Krell, Bayer. Staatsgemäldesammlungen)

Eleonor, Königin von Frankreich, Schwester Karls
(Joost van Cleve, Kunsthistorisches Museum Wien)

Juana und Philipp, Eltern Karls (Collection Wilkinson, Paris)

Elisabeths Ehe mit dem „Nero des Nordens“

Malines, Mai /Juni 1514

Die nächste, bitte ...

Kaum hat Marie mit ihren neun Jahren und ihrem Brautzug Malines verlassen, steckt der Hof schon in den Vorbereitungen für eine weitere Hochzeit per procuratione. Die Braut ist diesmal Elisabeth. Sie ist zwar noch nicht ganz dreizehn, verspricht aber die lieblichste der Schwestern Karls zu werden. Während Eleonor und Marie auf Karl fixiert sind, die eine als ältere Schwester und „petite Maman“, die andere als bewundernd zu ihm aufblickende Nachahmerin, steht Elisabeth irgendwie allein. Deshalb vielleicht wird sie

Margarethas Liebling

Elisabeth wird am 18. Juli 1501 in Gent geboren, als Margaretha zwischen ihrer spanischen und ihrer savoyardischen Ehe in Flandern weilt. Die Kleine ist noch keine vier Monate alt, als die Tante nach Savoyen und die Eltern zu ihrer ersten Spanienreise aufbrechen. Persönliche Erinnerungen an die Eltern kann das Kind kaum haben, es ist viereinhalb, als die Eltern endgültig nach Spanien abreisen, und in den Monaten der dramatischen Eheszenen Juanas und Philipps vor dem endgültigen Abschied ist nur bekannt, dass Eleonor und Karl zu ihrer Mutter gebracht wurden, um sie aus ihrer Depression zu holen.

Als Margaretha die Aufsicht über die Kinder von Malines übernimmt, ist Elisabeth sechs Jahre alt und „die Kleine“ unter den ABC-Schützen. Immer muss sie sich besonders bemühen, um von den beiden gar nicht so viel älteren, Eleonor und Karl, anerkannt zu werden. Dieses Bemühen um „Wohlverhalten“ hat sie in den ersten Jahren so geprägt, dass ihre Eigenständigkeit sich nie voll ausbildet. Margaretha erkennt das und bemüht sich besonders um dieses „mittlere“ Kind, was sie aber nicht hindert, nach einem geeigneten Gemahl für die kleine Nichte auszuschauen.

Erste Heiratspläne für Elisabeth sind vage, die Tante ist für Portugal. Henri d'Albret, König von Navarra, zeigt sich interessiert, zieht später aber doch die Schwester des französischen Königs François vor. Der unglaublichste Plan, den Margaretha je in Erwägung zieht, ist der, die Lieblingsnichte mit Egmont, dem Herzog von Geldern, zu verkuppeln, den sie selber einen alten Briganten nennt. Alles ist schon fein vertraglich ausgetüftelt, scheitert aber dann daran, dass Elisabeth sofort nach Geldern gehen müsste, um dort erzogen zu werden. Genau das will die Tante aber bei diesem Kind vermeiden.

Ein eigentlich Ungeeigneter

Unerwartet meldet um 1513 der künftige Dänenkönig Christian Interesse an der ältesten Erzherzogin Eleonor an. Unterstützt wird er dabei von seinem Onkel, dem Herzog von Sachsen. Als Älteste ist sie zu kostbar für einen relativ unbedeutenden Souverän des Nordens, doch enge Verbindungen dorthin könnten für den Handel der Niederlande sehr nützlich sein. Deshalb weist die Regentin diesen Freier nicht gleich ab, sondern lenkt seine Aufmerksamkeit auf die jüngere Elisabeth. Die Tante versüßt das Angebot durch das Versprechen einer Mitgift von stattlichen 250.000 Florins. Drei Fünftel davon sollen von Austria/Burgund, der Rest von Großvater Aragón aufgebracht werden.

Bei all den eifrigen aber langwierigen Verhandlungen stört niemanden, dass der Freier zwanzig Jahre älter ist als die Braut. Mitten in die Vorbereitungen zur Abreise der kleinen Marie platzt die Forderung der Dänen, das Eheversprechen müsse am Krönungstag Christians erfolgen. Termin ist der 11. Juni 1514. Da die Braut erst gut vier Wochen später dreizehn Jahre alt wird, soll sie danach noch ein Jahr bei ihrer Familie weilen dürfen, bevor sie die Reise in den Norden antritt, um ihre Pflichten als Ehefrau und Königin zu erfüllen. So eilt man sich in

Malines , am 11. Juni 1514

die Trauung per procuratione

trotz Maries Abreise in würdigem Rahmen zu gestalten. Der Bräutigam hat als seinen Stellvertreter Magnus Giœ geschickt, der Elisabeth als Brautgeschenk einen Ring mit den drei Kronen der zukünftigen Reiche Christians Dänemark, Schweden und Norwegen überreicht. Zeugen sollen zwei Gefährten Karls sein, Sachsen-Lauenburg und Brandenburg. Karls Aufgabe ist es, die Schwester unter Trompetenschall ihrem Bräutigam in Vertretung zuzuführen.

Die Braut ist ein großes, schlankes Mädchen mit einem Netz aus Perlen und Rubinen im goldblonden Haar und einem zarten, für eine Tochter Austrias überraschend liebreizenden Gesicht. Sie sei ein wahrhaft schöner Anblick gewesen an diesem Tag, schreibt Margaretha voller Stolz an den Kaiser. Die Geschwister nehmen unter einem Baldachin in der mit den Vliesteppichen geschmückten Kathedrale Platz, und Elisabeth spricht die Eidesformel und vollzieht alle Riten, die sie an den Dänenkönig binden.

Karl tanzt

Natürlich folgt auf die Zeremonie ein Banquet, ein Turnier und abends ein weiteres Festessen mit Musik und Tanz, das bis spät in die Nacht dauert. In ihrem Bericht an den Kaiser lobt die Tante Karl für den Eifer und das Geschick, mit dem er seine Pflichten als stellvertetender Chef des Hauses während des zeremoniellen Teils der Hochzeit erfüllt habe. Auch bei den anschließenden Festivitäten sei er sehr liebenswürdig und ungewöhnlich aufgeschlossen gewesen. Doch dann sei leider wieder seine so häufig zu beobachtende Neigung zur Maßlosigkeit mit ihm durchgegangen, und er habe so lange und so wild getanzt, dass er nun mit Fieber darniederliege. Es sei sicher nichts Ernstes, doch bei Karl müsse man ja stets das Schlimmste befürchten, die Ärzte seien ja immer noch überzeugt, er werde kein hohes Alter erreichen.

Die Regentschaft läuft aus dem Ruder

Während die Feste für die Nichten ein nach außen glanzvolles Bild der Regentschaft Margarethas vermitteln, laufen unterschwellig die Intrigen weiter. Die Gruppe um Chièvres sinnt noch immer auf Mittel und Wege, die Regentin kalt zu stellen. Maximilian ist in seine Reichspolitik verstrickt und weiht seine Statthalterin nicht in alle seine Pläne und Vorhaben ein, ja er nimmt sogar hinter ihrem Rücken Verhandlungen mit den Generalständen auf. Seine Interessen in Reichsitalien sind ihm wichtiger als eine Abstimmung in der Außenpolitik mit den Niederlanden. Sein konstanter Geldmangel lässt ihn fragwürdige Verträge abschließen.

Fernando von Aragón ist nach der Einnahme von Navarra am Ziel seiner Wünsche: Mit Ausnahme von Portugal herrscht er unbeschränkt über die iberische Halbinsel. Sein einziger Ärger ist, dass das Erbe Isabellas schon bald an diesen blassen Knaben aus Flandern fallen soll, den er noch nie gesehen hat. Er fühlt bei Maximilian vor, ob es möglich sei, einen Vertrag zu schließen, der besagt, dass Karl sein kastilisches Erbe erst mit fünfundzwanzig Jahren antreten kann. Diskrete Hinweise auf eine finanzielle Entschädigung direkt an den Kaiser sind so verlockend, dass Maximilian einwilligt. Margaretha kocht, als sie - zu spät - davon erfährt.

Verlautbarungen des französischen Hofes
Paris, 9. Oktober 1514: König Louis XII. (54) heiratet in dritter Ehe Mary Tudor (18), die Schwester König Henrys VIII. von England. Am 5. November 1514 wird Mary zur Königin von Frankreich gekrönt und hält feierlichen Einzug in die Stadt Paris.

Was nicht in den offiziellen Hofnachrichten steht:
Ausgerechnet der designierte Nachfolger und Schwiegersohn des erbenlosen Königs, der zwanzigjährige François d'Angoulême, wird auserwählt, die Braut von der Küste nach Paris zu geleiten. Der junge Heißsporn ist derart entzückt von seiner quecksilbrigen Stiefschwiegermutter, dass er Gefahr läuft, mit ihr selbst das Kind zu zeugen, das ihm den Thron entreißen könnte. Dies treibt seine ehrgeizige Mutter Louise de Savoye fast an den Rand des Wahnsinns. Sie kann das Schlimmste nur verhindern, indem sie François' Aufmerksamkeit auf andere junge Damen lenkt.

Der alte König ist von der blonden Mary genauso begeistert wie sein Thronfolger und verausgabt sich total, um einen weiteren zu zeugen. In den knapp drei Monaten bis zum Jahreswechsel wird Louis XII. ein wenig kindisch durch all die Kräftigungsmittel, die er wahllos schluckt. In der Silvesternacht stirbt er. Noch ist die Stunde des François d'Angoulême nicht gekommen, denn Königin Mary fühlt sich schwanger. Ihr bleiben sechs Wochen, um den Beweis ihrer Schwangerschaft zu erbringen.

Brüssel, im Winter 1514

Margaretha ausgebootet
Während sich die Höfe Europas über den liebeskranken alten König Louis amüsieren, konkretisieren sich die Verhandlungen der niederländischen Generalstände mit Kaiser Maximilian über die Volljährigkeitserklärung seines Enkels Karl. Gegen ein Gebot von angeblich 140.000 Livres erklärt sich der Erwählte Kaiser des Heiligen Römischen Reiches Deutscher Nation bereit, seine Vormundschaft für beendet zu erklären und die Regierung der Niederlande in die Hände seines Enkels Karl zu legen.

Alle diese Verhandlungen laufen hinter dem Rücken der Regentin ab, die angeblich nichts ahnt, bis man ihr die Übergabe als fait accompli mitteilt. Irgendwie erscheint es nicht ganz glaubhaft, dass diese erfahrene Frau, deren Spionagenetz sonst so gut funktioniert, von all den Verhandlungen keinen Wind bekommen haben soll. Die einzige Erklärung wäre, dass sie einfach nicht glauben kann, dass ihr „guter Vater Maxi“ sie so hintergeht. Hausloyalität muss an sich auch von oben nach unten funktionieren! Oder Margaretha ist derartig in ihrer Ehre gekränkt, dass sie es als unter ihrer Würde erachtet, sich zu widersetzen! Nach außen macht sie jedenfalls gute Miene zum bösen Spiel als in

Brüssel, am 5. Januar 1515

Karl für volljährig erklärt

wird. Natürlich ist das ein großer Staatsakt, der mit viel zeremoniellem Pomp im Ständesaal des Schlosses von Brüssel begangen wird. Die Generalstände richten die Festlichkeiten aus, und sie knausern diesmal nicht, obwohl eine eigens einberufene Konferenz von Priestern und Ärzten Karl in wohltönenden Worten nur eine Lebenserwartung von maximal zwei Jahren eingeräumt hat. Lange dauert der Staatsakt, in dem aus dem natürlichen Erben Karl der souveräne Herzog wird. Nur sehr geübte Beobachter sehen hinter all dem Prunk der Zeremonie, dass Karl seinen Part mit einem Ernst und einer von innen kommenden Kraft erfüllt, die dem ungelenken Halbwüchsigen für Momente eine natürliche Anmut verleihen, die an ihm - noch - fremd wirkt. „Non dum“ ist das Motto, das er sich gewählt hat. Noch nicht!

Die erste Regentschaft der Tante endet

Tagelang folgt nun ein Bankett dem anderen, Turniere werden ausgetragen, eines verdient besondere Erwähnung, denn es soll darüber entscheiden, ob die Beschäftigung mit der Musik verweichlicht. Pfalzgraf Friedrich reitet für die Musik in die Schranken und gewinnt. Er trägt die Farben Eleonors, nun erste Dame des Hofes. Weitere Empfänge, Bankette und Bälle folgen in buntem Reigen, und Margaretha ist immer dabei.

Sie verbirgt ihre grenzenlose Enttäuschung hinter einem Lächeln, plaudert mit unnachahmlichen Charme und wirkt durch die Entschlossenheit, mit der sie sich vergnügt, jünger und schöner als seit langem. Munter und überzeugend erzählt sie jedem - ob er es hören will oder nicht - sie sei froh, die Bürde der Regentschaft nun ablegen zu können, viel zu lange habe sie ihr keine Zeit gelassen, sich ihren Liebhabereien zu widmen. Endlich werde sie sich wieder mit Musik, Malerei und vor allem Literatur und Poesie beschäftigen können. Wie schön wird es sein, junge Talente und gelehrte Männer um sich zu haben, geistreiche Gespräche führen zu können, statt dickköpfigen Räten Vernunft einblasen zu müssen! Ach, sobald die Huldigungsfahrten vorbei sind, wird sie sich in Malines endlich ihren Sammlungen widmen können!

Der künftige Rivale besteigt den Thron
Zu Beginn der Huldigungsreise durch die Niederlande ergötzt sich die Hofgesellschaft während der Feiern zu Karls fünfzehntem Geburtstag an den neuesten Nachrichten und Klatschgeschichten aus Frankreich. Natürlich hat sich die Schwangerschaft der jungen Königin Mary nach den traditionellen sechs Wochen Wartezeit als „Irrtum" erwiesen, und lachend verschwindet der blonde Irrwisch zurück über den Kanal, ihren geliebten Suffolk immer im Schlepptau. Sie hatte sich auf das Abenteuer der Ehe mit dem früh gealterten Louis XII. nur eingelassen, weil sie Bruder Henry VIII. so das Versprechen abluchsen konnte, nach dieser Ehe endlich den Geliebten Suffolk heiraten zu dürfen. Was sie unverzüglich (am 13. Mai 1515) tut.

Nun endlich kann François d'Angouelême, von seiner Mutter seit frühester Kindheit „Caesar" genannt, als François I. den Lilienthron Frankreichs besteigen. Gemeinsam mit seiner unscheinbaren Frau Claude, Tochter seines Vorgängers Louis XII. und der Anna de Bretagne, wird er gekrönt. Zu diesem Anlass lädt er Karl als vornehmsten Vasallen vor. Der Herzog soll ihm für die französischen Landesteile huldigen. Karl lässt mitteilen, er käme allenfalls an der Spitze eines 50.000 Mann starken Heeres! Über diesen markigen Spruch mögen sich die jungen Herren aus Karls Truppe königlich amüsiert haben.

Doch weder die Ladung, noch der Ton der Verweigerung kann wirklich ernst gemeint gewesen sein, denn die Delegation, die Karl unter der Leitung des Herrn von Nassau zur Krönung des Nachbarn abordnet, nimmt Verhandlungen um eine Verlobung Karls mit Renée de France, Schwägerin des neuen Königs, auf. Dass die Verhandlungen sich viele Monate hinziehen werden, liegt daran, dass Großvater Aragón im Namen seines Enkels Ferdinand einer der Mitbewerber um die Hand dieser Valoisprinzessin ist.

Karl, ein Reisender
Mit den Huldigungsfahrten durch die Niederlande beginnt Karls Leben als ewig Reisender. Fast ein halbes Jahr zieht er in großer Begleitung von einem „joyeuse entrée" zum nächsten, durch alle

Städte und Provinzen seiner Lande. Während Karl, seine Schwestern Eleonor und Elisabeth und all ihre jugendlichen Begleiter das Reisen und all die festlichen Veranstaltungen in vollen Zügen genießen können, ist dies halbe Jahr für Margaretha mit Bitternissen durchsetzt.

Mancherorts scheint man zu glauben, man könne sich beim neuen Herrscher am Besten beliebt machen, indem man über die scheidende Regentin Klage führt. Allgemein wirft man ihr Misswirtschaft vor, vereinzelt gar, in die eigene Tasche gewirtschaftet zu haben. Margaretha rechtfertigt sich in einem Memorandum. Es mag sie zusätzlich kränken, dass Karl, einerseits abgeschirmt durch die Gruppe der altburgundischen Herren um Chièvres, andererseits durch seine jugendlichen Begleiter, zu all den Anschuldigungen gegen sie niemals persönlich Stellung bezieht. Er dankt ihr immer wieder in formellen Reden für ihren Einsatz, spricht aber nie mit ihr persönlich.

Verjüngung des Hofes

Da Karl nicht verheiratet ist, übernimmt Schwester Eleonor die Rolle der ersten Dame und die weiblichen Repräsentationspflichten. Sie hat ihren eigenen, von dem des Bruders getrennten Hof. Es ist ein heiteres junges Völkchen, das da durch die Lande reist und schließlich seinen Sitz in Brüssel nimmt. Auch diese Verlegung des Hofes in die aufstrebende Stadt ist ein symbolischer Akt, Zeichen für das Anbrechen einer neuen Ära.

Karls Hofhaltung kostet angeblich 10.000 Goldmark am Tag, das wären 3,5 Millionen im Jahr. Neben Renten, Pensionen und Verköstigung verschlingt die Ausstattung der unzähligen Feste und Bankette Unsummen. In den ersten Monaten seiner Selbstständigkeit gibt Karl 30.000 Goldmark allein für persönliche Kleidung aus. Will er von seiner nicht vorhandenen Schönheit ablenken? Ist es nur ein übermütiges Probieren: Wie weit kann ich gehen? Die Stände haben auf Karls Volljährigkeitserklärung gedrungen und bewilligen erst einmal großzügig.

Chièvres weiß, dass er besser mit Margaretha ausgesöhnt als gegen sie regieren kann, und man einigt sich darauf, dass sie in der ersten Sitzung des Rates des neuen Herrschers ihr Rechtfertigungsmemorandum vorträgt. Karl und Chièvres loben noch einmal formell ihre aufopfernde Tätigkeit für das Gemeinwohl. Bevor sich Margaretha in das nun ruhig werdende Malines zurückziehen kann, gilt es noch, die vor einem Jahr per procuratione verheiratete Elisabeth zu verabschieden.

Middelburg, 16. Juli 1515

Eine Königin für Dänemark

Seit Anfang Juli liegt die dänische Flotte zur Abfahrt bereit, und nun entschwindet eine weitere Schwester aus dem glücklichen Kinderhof von Malines. Die Teenager Eleonor und Karl bleiben allein zurück. Entscheidende Ereignisse im Leben Elisabeths scheinen stets von Naturkatastrophen bedroht: vor vierzehn Jahren wurde ihr Taufzug fast Opfer eines Donnerwetters, nun entgeht sie nur knapp einem Schiffsuntergang. Zehn Tage wütet ein Nordseesturm, bis Helsingfors endlich erreicht wird.

Helsingfors, August 1515

Anlandung in Dänmark

Schon jetzt sehnt sich Elisabeth in den Schutz der Tante und die heitere Ruhe von Malines zurück. Doch Zeit zur Ruhe und Erholung lässt man ihr nicht. An Land erwartet sie ihr Gemahl Christian, nicht nur äußerlich das Urbild eines großen blonden und blauäugigen Wikingers. Er ist ein Mann von Mitte Dreißig, eigentlich ein Mann in den besten Jahren, für die gerade vierzehnjährige Braut ist er aber sicher steinalt. Elisabeths Einzug in Kopenhagen an der Seite des Gemahls wird von sintflutartigen Regenfällen begleitet, die Naturkatastrophen reißen nicht ab. Am 12. August 1515 wird die Trauung mit dem Originalehemann wiederholt, und bei der anschließenden Krönung ist die junge Königin so erschöpft, dass sie noch vor dem Ende der Zeremonie ohnmächtig in die Arme ihrer Damen sinkt.

Dänemark, 1513 -1519

Ein begabter Herrscher ...

Als Christian 1513 die Nachfolge seines allseits beliebten Vaters Johannes antritt, übernimmt er ein blühendes und geeintes Reich. Seine Fähigkeit als Heerführer hat er gerade bei der Niederschlagung einer Revolte in Norwegen unter Beweis gestellt. Er scheint der geborene Führer zu sein, ist hochbegabt, von gewinnender Offenheit und an seinen Mitmenschen und deren Fortkommen interessiert. Er engagiert sich für Handel und Bildung in seinen Ländern. Er selbst liebt Literatur und Kunst, zeigt sich in beiden auf der Höhe seiner Zeit. Andererseits ist er von heftigem Temperament, gewalttätig, skrupellos und von blutrünstiger Rachsucht.

... volksnah ...
In einer Taverne in Bergen verguckt der Kronprinz sich in eine Schankdirne namens Dyveke (Täubchen) und nimmt sie und ihre Mutter Sigebritte, die aus den Niederlanden stammen soll, mit nach Kopenhagen. Es ist ein gelinder Skandal, als er die „Damen" in einem dem Schloss benachbarten Haus einquartiert. Nun gut, ein bißchen Spaß muss sein, und er ist ja auch Junggeselle, andere Fürsten nehmen sich adelige Damen zu Mätressen, aber wenn er es nunmal volksnah liebt?

Ärgernis erregt das Verhältnis erst, als Sigebritte in den Palast übersiedelt und beginnt, sich als Haushofmeisterin aufzuspielen und darüber zu bestimmen, wer Zutritt zu Christian hat. Auch deswegen sind die dänischen Räte sehr daran interessiert, dass Christian heiratet, sobald er König wird. Man hofft, dass die Herrschaft der Sigebritte mit dem Eintreffen der Braut ein Ende haben wird. Der Erzbischof und Kanzler fordert dies ausdrücklich.

... liebevoller Gatte ...
Wie Christian auf dieses Ansinnen reagiert, weiß man nicht, zunächst scheint er von seiner schönen jungen Frau und ihrem unschuldigen Charme sehr angetan. Er lässt für sie das Kopenhagener Schloss im neuen Stil renovieren und einrichten. Er holt für sie, die wie alle „Kinder von Malines" die Musik liebt, Musiker aus Deutschland an seinen Hof. Weil er merkt, dass sie an Heimweh leidet, lässt er vierundzwanzig Familien aus den Niederlanden gegenüber der Hauptstadt ansiedeln, um den Hof mit niederländischen Lebensmitteln zu versorgen. Das zeugt durchaus von liebevoller Besorgtheit um die junge Frau.

... eine Oberhofmeisterin
Doch der fatale Einfluss der Bergener Schankdamen gewinnt bald wieder die Oberhand über die unschuldige Lieblichkeit der Königin, und Christian macht ausgerechnet Sigebritte zur Oberhofmeisterin Elisabeths. Der Hof ist empört, denn Elisabeths sanfte, herzliche Art und nicht zuletzt ihre Schönheit haben die Herzen der Dänen schnell erobert. Das skandalöse Verhalten dieses Königs, der eine Metzenmutter zur Chefin des Haushalts seiner Königin macht, verbreitet sich wie ein Lauffeuer in ganz Europa.

Die Ritter vom Goldenen Vlies verweigern die Aufnahme des Schwagers ihres Großmeisters Karl, da der nicht nur Ehebruch begeht, sondern seine Frau auch noch - was wirklich ehrlos ist - beleidigend behandelt. Maximilian schickt einen Vertrauten nach

Kopenhagen, der Christian die Meinung geigen und sicher auch Sanktionen androhen soll. Auf des Kaisers Geheiss tun Karl und der Herzog von Sachsen das gleiche. Das macht Christian nicht nur ein wenig ungehalten, er bedroht die Gesandten mit geballter Faust.

Aus Rache schließt er einen Vertrag mit Frankreich und sperrt den Sund für niederländische Schiffe. Damit nicht genug kapert er auch noch einige niederländische Kauffahrer und rechtfertigt dies damit, dass Elisabeths Mitgift nicht ausbezahlt worden sei. Letzteres ist teilweise wahr. Zu guter Letzt verbannt er auch noch seinen Erzbischof und Kanzler, weil auch der seine Vorhaltungen nicht einstellt. Er provoziert beinahe einen europäischen Krieg wegen einer Schankwirtin. Das könnte man übertriebene Volksnähe nennen.

Elisabeth, die Dulderin,
trägt alles mit engelsgleicher Langmut, doch in einem Brief an ihre Schwester Eleonor wünscht sie ihr, niemals an einen fremden Hof verheiratet zu werden, in ein Land, dessen Sitten sie nicht kennt und dessen Sprache sie nicht spricht. Es sei sicher besser, nicht Königin zu sein, sondern mit einem Mann zu leben, den man kenne und liebe. In Wahrheit sei sie im Kopenhagener Schloss nur eine Gefangene, und an den Vergnügungen des Ehemannes habe sie keinen Anteil, sie lebe praktisch vollkommen getrennt von ihm.

Tod, Geburt und immer: Sigebritte
Im Sommer 1517 stirbt die Kneipendame Dyveke plötzlich nach dem Genuss von Kirschen aus dem königlichen Garten. Christian tobt und schäumt und lässt ihren Diener hinrichten. Dass der seine Unschuld beteuert, spielt keine Rolle. Nachdem der König sich etwas beruhigt hat, bessert sich die Situation für Elisabeth insofern, als Christian sich auf Inspektionsreisen in seine anderen Reiche begibt und ihr die Regentschaft für Dänemark überträgt. Mithilfe geeigneter Ratgeber löst Elisabeth die Aufgabe, auf die sie eigentlich nicht vorbereitet ist, überraschend gut und steigert noch ihre Beliebtheit bei Adel und Volk.

Deswegen sind der Jubel und die allgemeine Freude echt, als sie am 21. Februar 1518 ihre vornehmste dynastische Pflicht erfüllt und einem gesunden Knaben das Leben schenkt. Das Kind wird nach dem Großvater auf den deutschen Namen Johannes getauft. Als Krönung seiner Extravaganzen vertraut Christian die Aufsicht über den Thronfolger Sigebritte an! Kaum ein halbes Jahr später ist die achzehnjährige Königin erneut schwanger. Am 4. Juli 1519 bringt Elisabeth männliche Zwillinge zur Welt, die ihre Taufe leider nur um eine Woche überleben. Sigebritte beweist ihren praktischen Volksverstand, indem sie verkündet, das sei auch gut so, denn Dänemark sei ein viel zu kleines Land, um so viele Prinzen zu unterhalten.

Karl erbt - Eleonor repräsentiert

Brüssel, Spätsommer/Herbst 1515

Während Elisabeth den Anfang ihrer Ehe in Kopenhagen erlebt, richten sich die Höfe von Schwester Eleonor und Bruder Karl in Brüssel ein. Chièvres und seine Clique übernehmen das Alltagsgeschäft des Regierens und Karl beobachtet alles und jeden. Tante Margaretha ist es vielleicht doch ein wenig zu still im verwaisten Malines, neben ihren Beschäftigungen mit Kunst und Literatur spinnt sie auch ihre politisch-diplomatische Korrespondenz weiter und hält sich über Tun und Lassen der weit verstreuten Familie auf dem Laufenden.

Gratulation an den Rivalen
Äußerlich gelassen, innerlich sicher vor Ungeduld brennend, es ihm gleichtun zu können, gratuliert Karl seinem königlichen Kollegen François zur ersten Heldentat seiner Regierung, dem Sieg von Marignano. Es ist einer der bedeutendsten Siege der Zeit, denn François gelingt es mit seiner Artillerie die bislang als unbesiegbar geltenden Schweizer Landsknechte Sforzas zu schlagen und Mailand zu erobern. Die Dekorationen zur Siegesfeier entwirft kein geringerer als Leonardo da Vinci, der François später nach Frankreich folgen wird.

Karls Vertreter in Spanien
Im Herbst erreicht die Kunde von einer wirklich ernsthaften Erkrankung des Großvaters Aragón den Brüsseler Hof. In Spanien scheint man mit dem baldigen Ableben des Königs zu rechnen. In Brüssel ist klar, dass Karl in dieser Situation einen ständigen Vertreter und zuverlässigen Beobachter in der Nähe des kranken Königs braucht. Dieser Mann muss absolut loyal zu Karl stehen und in der Lage sein, sollte Fernando wirklich sterben, als Karls Stellverteter zu fungieren, bis er selbst in Spanien eintreffen kann. Der Kandidat, auf den man sich schließlich einigt, ist Adrian von Utrecht, der seine Reise nach Spanien im Spätherbst antritt.

Madrigalejo, Estremadura, Winter 1515

Persönlichkeitsveränderung

Fernando von Aragón, der sich auf dem Zenit seiner Herrschaft vor zwei Jahren noch von Maximilian ein Jahrzehnt weiterer Herrschaft erkauft hat, wird immer seltsamer und unruhiger. Er hält es nirgends mehr lange aus, Staatsgeschäfte ekeln ihn an, wie um zu vergessen sucht er immer wildere Vergnügungen. Alles langweilt ihn, kaum dass er es begonnen hat. Plötzlich will er, der früher Kreuzzüge dieser Art eher verspottet hat, Jerusalem erobern. Er schickt Flotten in die Neue Welt, die ihn zu Isabellas Lebzeiten überhaupt nicht interessiert hat. Er wirkt, wie auf der Flucht, ja als habe er ein schlechtes Gewissen. Fechten ihn Skrupel an nun, da er den Tod nahen fühlt? Wegen welcher seiner Taten? Denkt er an das Leben, das er seiner Tochter Juana bereitet hat? Noch bereitet? Gut sechs Jahre ist es nun her, seit er sie 1509 in Tordesillas internierte und ihre Bewachung einem gewissen Ferrer übergab, Aragonier und einer seiner treuesten Parteigänger, einst sein Spitzel in Flandern.

Die weggeschlossene Königin

Ferrer sperrt Juana angeblich in einen Raum ohne Tageslicht ein. Niemand weiß genau, was hinter den schweigenden Mauern von Tordesillas geschieht. Ein für glaubhaft gehaltener Chronist berichtet, dass Ferrer von Fernando die Erlaubnis hat, Juana „dar cuerda" zu behandeln. Die genaue Bedeutung ist unklar, nur dass es um Fesselung mit Stricken geht, gilt als sicher. Damit wird sie in den Zeiten ihrer Hungerstreiks zur Nahrungsaufnahme gezwungen. Daran, dass sie meist auf dem Boden schläft und Körperpflege und Kleiderwechsel verweigert, hindern sie ihre Bewacher nicht.

Im Gegenteil, Fernando ist sehr zufrieden, dass er die Tochter bei einem nicht angekündigten Besuch einigen spanischen Granden aller Parteiungen und dem kaiserlichen Gesandten in dieser üblen Verfassung vor sich hinbrütend vorführen kann. Dass Juana, als sie wahrnimmt, wer sie da beobachtet, versucht, in Windeseile ein Staatsgewand anzulegen, macht die Szene nur noch gespenstischer. Dieser Frau kann man doch keinen Thron überlassen! So breitet sich über das Leben der Königin von Kastilien und das ihrer kleinen Tochter Catalina ein graues Tuch des Schweigens. In den Jahren bis zum Tode des Vaters hört die Welt nichts von Juana und sie nichts von der Welt.

Einsamer Wanderer am Ende des Weges

Im Sommer 1515 entwickelt der alte König einen Hang zur Einsamkeit. In Bauernkleidung streift er zu Fuß durchs Land, wandert ziellos bis in die Estremadura. Dort wird er wieder krank. Er verkriecht sich in einer Bauernkate in dem unbedeutenden Ort Madrigalejo, von dem man nie gehört hätte, wäre er nicht die letzte Zuflucht eines Königs gewesen. Hier findet ihn im Winter 1515 Adrian von Utrecht. Längst ist der König nicht mehr allein, Granden und Kleriker, Räte und Kanzlisten bevölkern das abgelegene Dorf, die Situation erinnert an Hornillos 1507. Wütend dreht sich Fernando auf seinem schäbigen Lager zur Wand als Utrecht eintritt.

Letzte Verfügungen

Fernando ist überzeugt (nicht ganz zu Unrecht), dass der Niederländer nur gekommen ist, um zu sehen, ob er schon tot ist. Er weiß, dass er im Sterben liegt, und es macht ihn bis zuletzt wütend, dass er nicht den einzigen Menschen, an dem ihm noch etwas liegt, seinen Enkel Ferdinand, zu seinem Nachfolger machen kann. In seinem Testament setzt er ihm wenigstens eine Rente aus den Einkünften Neapels aus.

Sein noch nicht ganz vertrocknetes staatsmännisches Genie lässt ihm immer noch genug Realismo, um zu erkennen, dass einzig der ihm so verhasste „Mönch ohne Herkunft“, Cisneros, in der Lage ist, die spanischen Reiche bis zu Karls Eintreffen zusammen zu halten. Er ernennt ihn zum Regenten. Das Einzige, was er im Hinblick auf seine Tochter verfügt, ist, dass man seinen Tod vor ihr geheimhalten soll. Am 23. Januar 1516 stirbt Fernando von Aragón, einer der fähigsten und erfolgreichsten Könige, nicht nur seiner Zeit. Das Geld an Maximilian allerdings hat er umsonst gezahlt, seine Herrschaft endet nicht in Karls fünfundzwanzigstem, sondern bereits in dessen fünfzehntem Lebensjahr.

Brüssel, März 1516

Trauer und Erhebung

Am 13. März 1516 wird in der Brüsseler Kathedrale St. Gudule ein offizieller Trauergottesdienst für Fernando von Aragón begangen. In einem anschließenden Staatsakt wird Karl zum König von Spanien ausgerufen. Wieder werden die Standarten gesenkt, drei Mal ruft der Herold: „Don Fernando!“ und düster schallt die Antwort: „Er ist tot!“ Die Standarten werden wieder gehoben, und es donnert der Ruf: „Lang leben Doña Juana und Don Carlos, die Katholischen Könige!“ Karl hat das Trauergewand abgelegt, jetzt erscheint er im Königsornat. Am Altar nimmt er vom Bischof von Badajoz einen geweihten Degen entgegen und schwingt ihn zeremoniell durch die Luft. Ein vieltausend stimmiges Hoch auf den König durchbraust die Kathedrale. Auch Margaretha fühlt in diesem Augenblick Genugtuung. War es ihr auch nicht vergönnt, Königin von Spanien zu werden, so ist Karl nun König, und der Triumph der Casa de Austria ist wichtig, nicht der des Einzelnen.

Späte Erfüllung eines Wahlspruches

Nun ist Karl neben seiner Mutter Herrscher des spanischen Weltreiches. Das Land seiner Jugend, das ihn geformt hat, ist nur noch ein Herrschaftsgebiet unter vielen anderen, die er noch gar nicht kennt und zum Teil auch nie kennen lernen wird. So erfüllt sich in Karl früh der orakelhafte Sinnspruch seines Urgroßvaters, des Kaisers Friedrich III.: „AEIOU“, der die Abkürzung sein soll für das Lateinische: „Austria est imperare orbi universo“ und das Deutsche: „Alles Erdreich ist Österreich untertan“.

Doch die für die Zeitgenossen kaum vorstellbare räumliche Ausdehnung seiner Reiche ist nicht das einzige Problem seiner Herrschaft, wenn in sich auch schon gewaltig genug. Er ist in gewissem Sinne auch ein Herrscher „zwischen den Zeiten“, was wiederum in der Besonderheit seines Herkommens und seiner persönlichen Erziehung begründet ist. Durch seine Herkunft aus Burgund mit seiner einzigartigen Verwobenheit von fast mystischen mittelalterlichen Idealen und wirtschaftlichem Realitätssinn entstammt er dem „Herbst des Mittelalters“.

Herrscher zwischen Raum und Zeit

Bestimmend im ordo (der Weltordnung) des Mittelalters war die Kirche, sie war die Richtschnur für alle Bereiche des menschlichen Lebens von Ausbildung bis Ackerbau, bestimmte mit ihren Festen den Jahresablauf. Der Einzelne war nur ein Steinchen an seinem Platz innerhalb der Lehenspyramide. Im ausgehenden Mittelalter war die Idealgestalt der feudalen Gesellschaft der „homo ludens“, der das Kriegsspiel und das der höfischen Minne gleichermaßen beherrschte.

Die Renaissance besinnt sich auf die Vorstellungen des klassischen Altertums und entdeckt das Individuum und die Wissenschaften und Künste neu, die nicht mehr zur höheren Ehre Gottes, sondern um der individuellen Erkenntnis willen und schließlich zur Förderung des gemeinen Nutzen betrieben werden. Der „uomo universale“, das in Wissenschaften und Künsten gleichermaßen umfassend gebildete Individuum, löst den „homo ludens“ als Idealbild ab.

Karls Tante Margaretha, im Lebensalter seiner natürlichen Eltern, will Karls Erziehung nach diesem zeitgemäßen Modell formen. Sie kann sich letztlich aber nicht gegen den allgegenwärtigen Einfluss des Mentors Chièvres durchsetzen, der an Lebensjahren in die Generation von Karls Großvätern gehört, geistig aber aufgrund seiner persönlichen Disposition eher in die der Urgroßväter. Schon als Kleinkind in den Orden vom Goldenen Vlies aufgenommen und in den Jahren der Pubertät sich gänzlich an diesem „Männerbund“ orientierend, hat Karl in seinen prägenden Jahren viel zuviel Zeit für „Spiele“ aufgewendet. Eigentlich ist Karl - von der ethischen Verinnerlichung her - der letzte Ritter, auch wenn dieser Beiname allgemein seinem Großvater Maximilian gegeben wird. Jedenfalls tritt Karl mit den Werten einer schon versunkenen Zeit an, um seine Reiche in einer Zeit des Umbruches zu bewahren. Als Vorbereitung auf die gewaltige Aufgabe ist auch Karls in diesen Monaten formulierter Wahlspruch „plus oultre“ zu interpretieren. In Spanien wird man ihn zu „plus ultra“ latinisieren. Doch zunächst gilt es erst einmal, die Reiche wirklich in Besitz zu nehmen.

Spanien Frühjahr /Sommer 1515

Cisneros, Wahrer der Einheit

In Spanien haben Cisneros und seine Regentenkollegen von Aragón und Katalonien und der als Vertreter Karls bei allen Entscheidungen anwesende Adrian von Utrecht alle Hände voll zu tun, um die öffentliche Ordung aufrecht zu erhalten. Regierungswechsel sind immer Krisenzeiten, doch in Spanien sind die Unruhen besonders groß, da man erstens einen ausländischen Souverän sowieso suspekt findet, zweitens Karl überhaupt nicht kennt und drittens die Zeiten der kurzen Herrschaft Philipps des Schönen und seiner flämischen Herren noch in allzu schlechter Erinnerung hat, ganz abgesehen vom ungeklärten Status der Königin Juana in Tordesillas. Dort rebelliert die Bevölkerung unmittelbar nach dem Bekanntwerden von Fernandos Tod gegen den Aufseher Ferrer.

Kardinal Cisneros eilt persönlich nach Tordesillas, um nach dem Rechten zu sehen, vor allem aber um von Juana eine Verzichtserklärung oder Abdankungsurkunde zu erhalten. Als erste Amtshandlung entlässt der Kardinal Ferrer. Die Königin übersiedelt in helle Zimmer mit einer Galerie über dem Fluss. Catalina kann von der Galerie aus den Kindern beim Spielen zuschauen, ihnen zurufen und Münzen zuwerfen. Beim abendlichen Paseo können sich Passanten von der Unversehrtheit ihrer Königin überzeugen, denn in Juana ist mit dem Umzug die Königin wieder erwacht. Sie lässt sich kleiden und frisieren und hält sich hin und wieder auf der Galerie auf. Das genügt schon, um die Gemüter der Bürger der Stadt zu beruhigen. Juana weigert sich allerdings weiterhin irgendetwas zu unterschreiben. Die kastilischen Cortes finden sich schließlich mit einem Doppelkönigtum Juana-Karl ab.

Aragón jedoch verlangt Karls persönlichen Schwur auf die Verfassung in Zaragoza, vorher darf er mit einer Anerkennung als König nicht rechnen. Cisneros, der eigentliche Retter der spanischen Kronen für Karl, verlangt dessen unmittelbaren Aufbruch nach Spanien. Als statt Karl immer mehr flämische Delegationen anlangen und die Stimmung in Spanien verschlechtern, werden seine Rufe dringlicher.

Brüssel, Frühjahr/Sommer 1516

Die Niederlande sichern

Der Aufbruch Karls verzögert sich immer wieder, da die Niederlande erst durch Verträge mit den Nachbarn abgesichert werden müssen, bevor der Herzog sein Land verlassen kann. Die fortdauernden Streitigkeiten der verschieden Interessengruppen sind dabei natürlich hinderlich. Bereits im April kann ein Garantievertrag mit England geschlossen werden, in dem Henry VIII. sich verpflichtet, den Niederlanden beizustehen, sollten sie in Abwesenheit ihres Herrschers angegriffen werden.

Die Verhandlungen mit Frankreich gestalten sich schwieriger und damit langwieriger, da hier die sich überkreuzenden Interessen in Italien eine Rolle spielen, in die auch der Kaiser involviert ist. Den „Altburgundern“ um Chièvres sind die imperialen Ansprüche des Kaisers, wie sie auch Margaretha vertritt, viel zu weitreichend, und um Karl diesen Einflüssen zu entziehen, lädt Chièvres seinen Zögling zur Jagd auf sein Schloss Héverlé in der Nähe von Leuwen ein. Dort kann er für einige Wochen alle Regierungsgeschäfte von Karl fernhalten und ihn in seinem Sinne „programmieren“. Wie mag Margaretha innerlich kochen, als immer mehr Spanier kommen, um sich der Gunst des Herrn de Chièvres zu versichern! Erst im August kann der Vertrag von Noyon unterzeichnet werden, in dem Karl und François sich nicht nur verpflichten, einander bei

Angriffen von Außen zu unterstützen, sondern auch im Falle von rechtmäßigen Angriffskriegen gegen Dritte.

Brüssel, 13. August und Herbst 1516

Noch eine Verlobung und eine Verbrüderung
Um bezüglich Neapels zu einer Einigung zu gelangen, verlobt sich Karl mit Louise, der gerade geborenen Tochter von François und seiner Reine Claude, die einst Karls erste Verlobte war. Er soll Louise heiraten, sobald sie ehefähig ist, und sie wird als Mitgift die Rechte ihres Vaters auf Neapel bekommen. Da ein Beitritt des Kaisers zu den Abkommen, insbesondere im Hinblick auf Mailand noch aussteht, verabredet man ein Treffen in Brüssel. Um die vertraglich bestätigte Freundschaft zu Frankreich auch persönlich zu festigen ohne England zu brüskieren, begeht der Brüsseler Hof im November 1516 das Fest des Ordens vom Goldenen Vlies mit außergewöhnlichem Aufwand. König François I. wird in den Orden aufgenommen. Einigen Autoren zufolge assistiert der französische König dem sechs Jahre jüngeren Karl bei den Zeremonien.

Wie die des französischen Königs sind auch die meisten anderen Aufnahmen politisch motiviert. Es sind Nordniederländer darunter, besonders aus Westfriesland, das Karl im Mai 1515 dem Herzog von Sachsen für 100.000 Goldgulden abgekauft hat. Da immer mehr Spanier in die Niederlande kommen, um Karl zum Aufbruch zu bewegen, sind natürlich auch einige Spanier unter den neuen Mitgliedern. Man schwärmt einmal mehr vom gemeinsamen Vorgehen der Christenheit gegen die Türken, beschwört die achtzig Jahre zurückliegende Zeit des Fasanenfestes. In der realen Zukunft wird gerade François es sein, der Karl mit vier Kriegen daran hindert, einen effektiven Kampf gegen die Goldene Pforte zu führen. Doch noch beschwört man die immerwährende Freundschaft zwischen Frankreich und Austria-Burgund-Spanien.

Karls Aussehen und Wesen um 1516
Karl wirkt mit sechzehn Jahren noch sehr knabenhaft, man darf ihn sich vorstellen wie die Holzbüste im Gruutehuis in Brügge - und das fast wörtlich zu nehmen, denn sein kaiserlicher Großvater findet ihn „hölzern“ als er ihn einige Monate später wiedersieht. Das Gesicht ist lang und schmal, besonders das Kinn, das noch kein Bart verdeckt. Der vorstehende Unterkiefer bedingt, dass sein Mund halb offen steht, solange er sich nicht darauf konzentriert,

ihn geschlossen zu halten, was ihm ein irritierend dümmliches Aussehen verleiht.

Seine Augen werden von den einen als nicht zum Gesicht gehörig beschrieben, wie eingesteckt wirkend. Anderere sehen in seinen Augen, besonders dann, wenn sie in jähem Interesse aufleuchten und seinem zwingenden Blick den einzigen Reiz dieses ungewöhnlich ernsten und immer zu blassen Gesichts. Er hat das entwaffnende Lächeln seines Vaters Philipp und seines Großvaters Maximilian geerbt, aber erst in seinem durch den vorstehenden Unterkiefer entstellten Gesicht wirkt es unglaublich, ja umwerfend, verändert den ganzen Menschen. Leider zeigt er es in seiner Verschlossenheit viel zu selten.

Sein Körper wirkt nicht nur zart und schmal, sondern fast gebrechlich, ist aber wohl nach einem letzten Wachstumsschub, der mehrfach Ohnmachten verursacht, ausgewachsen. Er bleibt mittelgroß, ist aber gerade gewachsen. International bewundert sind seine schlanken und geraden Beine. In einer Zeit, da Strumpfhosen mit kurzen Pludderhosen, die nur den Ansatz des Oberschenkels bedecken, das Modebild bestimmen, ein nicht eben unwichtiges Attribut männlicher Schönheit!!

Karls Bildungshorizont

Lieblingsautor des jungen Karl in dieser Zeit ist Oliver de la Marche aus der Franche-Comté, ein Edelmann, der immer eine Stellung am burgundischen Hof bekleidete und dort auch 1502 etwa achtzigjährig starb. Diese Lektüre lässt ihn in Träumereien vom Burgund zur Zeit des Fasanenfestes geraten und hinterlässt ihn von dem Wunsch beseelt, Konstantinopel zu erobern. Dieser de la Marche ist auch ein Anhänger der etwas abstrusen Genealogie jener Zeit, die die europäischen Königshäuser auf die Helden von Troja zurückführt. Das Haus Austria stammt darin von Priamus ab, ein anderer Prinz dieses Geschlechtes gründete die Stadt Paris und so fort. Das alles geschah vor der Zeitrechnung. Als Jesus auf Erden wandelte, legten alle Herrscher ihre Kronen nieder, nur der Franzose behielt die seine!

Die Person hinter der Maske

Über Karls ganzen Erscheinung liegt oft ein Schatten von Müdigkeit. Dennoch vermittelt sein Auftreten bei gegebenem Anlass Hoheit und Würde. Überhaupt sind es Gegensätze und Widersprüche, die ihm die interessanteren Züge verleihen. Es scheint, als schwanken seine Anlagen immer noch zwischen der erhabenen

Würde der Reyes Católicos und der neurasthenischen Dekadenz der „Prinzen der Melancholie“, Söhnen und Enkeln von Müttern aus dem portugisischen Hause Aviz. Er arbeitet viel, ja fast ständig, aber nicht, weil nicht zu bremsender Schaffensdrang in ihm wäre, sondern weil es zu der Last gehört, die er zu tragen sich entschlossen hat. So gibt er seine Audienzen auch nicht leutselig und heiter wie Maximilian, sondern staatsmännisch und unverbindlich, eher wie sein Großvater Aragón.

Melancholisch findet man den jungen Herrscher und zwiespältig. Er pendelt zwischen mutloser Einsicht in die eigene Unzulänglichkeit und Omnipotenzvorstellungen. Deswegen predigt ihm sein Beichtvater Mittelmaß, ihm, dem zukünftigen Beherrscher der Welt! Chièvres versteht es wenigstens, Karls überbordende Energien in Disziplin zu bündeln. Oft flieht der Heranwachsende vor der geistigen Unruhe bei Maximilian und Margaretha zur steten Ausgeglichenheit des Herrn von Chièvres, dem Mann aus der vergangenen Welt. Leider versteht dieser „Altburgunder“ in seiner provinziellen Enge aber rein gar nichts von den Anforderungen eines wirklichen Weltreiches. Manchmal meint Karl alle zu verstehen, denn alle wollen etwas von ihm, und er will von niemandem etwas. Manchmal fühlt er sich dann großartig, meint alles erreichen zu können, nimmt einen großartigen Anlauf, doch schon ein kleines Steinchen auf seinem Weg wirft ihn vollständig aus der Bahn. Er kann nur ein Spiel: Alles oder nichts. Das wiederum verstehen seine Berater nicht, die stets den bequemsten Weg vorziehen.

Brüssel, im Winter 1516/17

Die Zeit drängt

Reisevorbereitungen werden auch nach dem Vliesfest nicht aufgenommen. Maximilian ist geneigt, seinen auf der Stelle tretenden und Feste feiernden Enkel für einen Idioten zu halten, beklagt sich deshalb bei Margaretha. Die Tante hat aber keine Handhabe, da sie kein Amt hat, nicht einmal dem Rat angehört.

Chièvres seinerseits schickt immer mehr Niederländer mit Befugnissen aus, die tief in innerspanische Angelegenheiten eingreifen. Schließlich bietet Cisneros seinen Rücktritt an. Das ist nun auch Chièvres zu gefährlich, und er zwingt Karl, dem Kardinal ein eigenhändiges Briefchen zu schreiben, seine Gesundheit lasse eine Reise derzeitig nicht zu. Tatsächlich treten zu dieser Zeit Karls Ohnmachten noch einmal verstärkt auf, seine Augen sind abweisender denn je. Man vermutet, er leide an der Caesarenkrankheit: Epilepsie. Mancher meint, die Reise nach Spanien lohne ohnehin nicht mehr, da Karl sie nicht überleben werde.

Chièvres will Margeretha kaufen

Anfang 1517 sieht auch Chièvres endlich ein, dass ein weiteres Verzögern der Spanienreise unverantwortlich wäre. Er selbst meint ja - als Spanienkenner - dort für Karl unentbehrlich zu sein. Ihm ist aber klar, dass in seiner Abwesenheit der Einfluss Margarethas wieder steigen wird, selbst wenn sie kein offizielles Amt bekleidet und sucht eine elegante Art, sie los zu werden. Er kommt Margaretha zunächst in Sachen Unterhalt entgegen. Seit sie keine Regentenpension mehr bekommt, hat sie Geldsorgen. Ihr savoyardisches Witwengut, die Gegend um Bresse, und die spanische Witwenrente von 12.000 Goldgulden jährlich reichen nicht aus für ihre Hofhaltung und all die Gelder, die sie für Parteigänger und Spitzel in allen Lagern zahlen muss. Nun lässt Chièvres die bislang strittige Nutznießung der Einkünfte aus der Franche-Comté bestätigen, was jedoch bedeutet, dass sie ihren Wohnsitz dort nehmen muss.

Maximilian kommt ins Spiel

Obwohl er selbst ihr ja auch übel genug mitgespielt hat, kann Maximilian nicht zulassen, dass seine einzige Vertraute am niederländischen Hof quasi ins Exil abgeschoben wird. Der Kaiser befiehlt seinem Enkel Karl, Margaretha als ehrenwerte Tante angemessen zu behandeln. Will Margaretha in Flandern bleiben, ist sie gezwungen auf die Linie von Maximilian und Karl einzuschwenken. Der englische Gesandte rät seinem König angesichts dieses Umschwunges, ihr nichts mehr anzuvertrauen, was Chièvres besser nicht weiß. Doch auch England muss sich Karl und dem Kaiser wieder nähern, um nicht vollständig isoliert zu werden.

Maximilian erachtet die Situation als wichtig genug, um durch sein persönliches Erscheinen in den Niederlanden den Frieden zwischen Tochter und Enkel wieder herzustellen. Denn es wächst die Gefahr, dass der allen unbekannte Bruder Ferdinand den spanischen Thron zugesprochen bekommt. Also braucht man Margaretha wieder, wer sonst könnte die Regentschaft übernehmen? Im Februar 1517 trifft Maximilian ein und bleibt mehrere Monate. Er führt erstmals so etwas wie ein Familienleben mit der Tochter und versucht, auch den Enkel einzubeziehen. In Lierre treffen sie sich, doch Karl tritt dem Großvater wie ein Standbild entgegen, undurchschaubar und mit Höflichkeit gepanzert. Die Begegnung mit dem Großvater weckt in Karl Begehrlichkeit nach der einen Krone, die ihm nicht sicher ist: der kaiserlichen! Denn allein die Anwesenheit des Kaisers scheint die bisher unvereinbaren Parteien zur Zusammenarbeit zu zwingen. Bevor Maximilian die Niederlande wieder verlässt, stimmt er der Kandidatur des Enkels zum römischen König zu. Für ihn spielt es in dem Augenblick keine Rolle mehr, dass er die Kaiserkrone auch schon Lajos von Ungarn und zuletzt sogar Henry VIII. von England „angeboten" hat.

Margaretha, nicht ganz an der Macht

Margaretha ist nicht ganz zufrieden mit der von Maximilian ausgehandelten Lösung, denn sie bekommt zwar Sitz und Stimme im Regentschaftsrat, nicht aber den Titel einer Regentin. Damit stehen ihr keine wirklichen Machtmittel zur Verfügung, solange die Verhältnisse zwischen den Parteien ausgewogen sind. Aber wenigstens beginnen im Frühjahr 1517 endlich die Reisevorbereitungen. In Middelburg sammelt sich eine Flotte und wird mit allem beladen, was für den ersten Auftritt des Königs in seinem ihm fremden Land unverzichtbar erscheint. Auch die Menschen, die Karl begleiten werden, finden sich im Laufe des Frühlings dort ein.

Doppelt dramatischer Aufbruch

Middelburg, Sommer 1517

Warten auf günstigen Wind

Die künftigen Spanienfahrer bewegen sich also im Sommer 1517 auf den Hafen von Middelburg zu, doch das geschieht natürlich in aller Pracht und gemessenen Schrittes, mit gezügelten Rossen. Die sanft schaukelnden Sänften der Damen vertragen keine Hast, und die endlosen Ketten der langsamen Fuhrwerke mit der Ausrüstung dürfen nicht zurückbleiben. Nicht nur in den flandrischen Städten Gent und Brügge muss der Etikette Genüge getan werden mit endlosen Empfängen und Verabschiedungszeremonien.

Die Sommersonne brütet über den Dünen von Stadt und Hafen Middelburg/Vlissingen, wo die Flotte gerüstet wird, als man endlich dort anlangt. Ein großes Lager entsteht, nur für die Mitglieder der Familie des Herzogs und ihre engsten Vertrauten gibt es Unterkünfte in festen Häusern. Wind weht gar nicht und wenn, nur aus der falschen Richtung. So muss man sich noch einige Wochen vertreiben, bevor man endlich in See stechen kann. Niemand nimmt es tragisch, man weiß sich die Zeit angenehm zu gestalten.

Das Warten auf günstigen Wind in der ländlichen Umgebung führt zu einer Art heiteren Ferienstimmung, gefördert durch die Lockerungen des Protokolls. Hier können erstmals auch Neffe Karl und Tante Margaretha ungezwungen miteinander umgehen und zu so etwas wie einem persönlichen Verhältnis finden. Bedenkt man das Folgende, geschieht diese Aussöhnung quasi in letzter Minute, aber sie geschieht, und das ist gut so. Auch weil andere Mitglieder der Hofgesellschaft die ungewohnte Freiheit von Middelburg zu anderen Freiheiten nutzen.

Die „Frau" an seiner Seite

Seit Karls Volljährigkeitserklärung hat seine ältere Schwester Eleonor die weiblichen Repräsentationspflichten übernommen. Auf der pompreichen Hochzeit der drei Jahre jüngeren Schwester Elisabeth glänzte sie in strahlender Jugendschönheit in einem Kleid aus drap d'or. Nur für den Geschmack der Tante ist sie noch etwas mager, die jungen - und nicht so ganz jungen - Herren des Hofes sind von ihr sehr angetan. Der venezianische Botschafter, ein anerkannt guter Beobachter, sagt über sie, sie habe nichts von dem Dünkel einer Spanierin, sei durch und durch Flämin.

Bei allen offiziellen Anlässen ist Eleonor die Frau an der Seite des Herzogs. Die Zeit vergeht wie im Fluge in diesen ersten Monaten der „Selbstständigkeit“ mit all den Festen und Turnieren, den Kutschfahrten von Ort zu Ort, quer durch das ganze Land, den Jagden bei allen Herren von Stand. Stets ist Eleonor auch der bewunderte Mittelpunkt des jungen Hofvölkchens, gebildet aus der jeunesse d'orée Europas. Die einstigen Spielkameraden des Bruders sind junge Männer geworden, die meisten sind älter als Karl.

Der Favorit Eleonors ...

Einer, der ihr seit jeher besonders gefällt, ist allerdings ein eher älteres Semester, aber was für ein Ritter! Pfalzgraf oder „prince palatin“ wird er genannt, dieser Friedrich, vierter Sohn des Kurherzogs von Bayern und von daher weit von der Übernahme der Kurwürde entfernt. Er ist 1483 geboren und gehört damit der Generation der Eltern Eleonors an. An deren Hof wurde er von seinem Vater um 1500 im Alter von siebzehn Jahren geschickt. Der Vater hatte damit einen lästigen Esser weniger, und dem Sohn bot die Ausbildung am ersten Hof Europas die besten Chancen, die sich einem Prinzen von Geburt ohne Aussicht auf ein Erbe erhoffen konnte. Hier kann er Kontakte knüpfen, sich hervortun, ein ehrenvolles Hofamt ergattern, ein Auskommen und vielleicht eine Gemahlin mit Vermögen finden.

Alles ließ sich gut an für den bayerischen Prinzen. Philipp der Schöne nahm ihn in seiner spontanen Art freundschaftlich auf. Schnell erhielt Friedrich ein Amt und eine Rente. Er nahm an dem ersten Spanienzug des Herzogspaares teil. Durch die Aufenthalte an den Höfen Frankreichs und Spaniens erlangte er eine gewisse Weltläufigkeit. Auf der Rückreise weilte er mit Philipp am Hofe Margarethas in Savoyen. Danach wechselte Friedrich zum Gefolge Maximilians und kämpfte mit ihm in Italien. Nach zehn Lehrjahren dieser Art ist er ein brillanter Ritter, der Ruf seiner Kühnheit eilt ihm voraus, als er 1513 in die Niederlande zurückkehrt. Er ist in gewissem Sinne ein Delegierter des Kaisers, soll als einer der Miterzieher Karls eine lockere Verbindung zwischen dem burgundischen Hof und den Kurfürsten herstellen. Er wird zu einem der Ratgeber des jungen Karl, denn er verkörpert dessen Ideale, beeindruckt ihn durch seine physische und moralische Gesundheit. Mit leichtem Spott wird Friedrich auch „die männliche Amme“

genannt, weil er Karl „die deutsche Art zu essen“ beibringt, was immer das bedeuten mag.

... und ihre und seine Ambitionen

Es ist selbstverständlich, dass ein Mann, der so engen Kontakt zum kommenden Herrscher hat, von allen hofiert wird. Friedrich spielt an diesem auf Zukunft gerichteten Hof des jungen Karl eine Art Favoritenrolle. Karl erhöht nicht nur seine Pension, er macht ihn auch zum Vliesritter und trägt damit ungewollt dazu bei, die Standesgrenzen zwischen dem Sohn eines Wahlmannes und der Enkelin eines Kaisers zu verwischen. Eleonor ist fast achtzehn Jahre alt und eine Heirat für sie nicht in Sicht. Sie möchte endlich auch ihren persönlichen Minneroman erleben. Wer wäre geeigneter, die Rolle des Ritters zu übernehmen, als Friedrich, der mit seinen vierunddreißig Jahren das Vorbild der Heranwachsenden ist und ein welterfahrener Mann dazu.

Was kann es andererseits für einen Höfling besseres geben, als die Geneigtheit einer veritablen Prinzessin, die noch dazu nett anzusehen ist. Nun ist er wahrhaft seines Glückes Schmied, aber: Wie weit kann er gehen? Hat er eine realistische Chance auf Legalisierung der Liason, nur weil Eleonor in ihn verliebt ist? Sehr viel hängt von ihrem Durchsetzungsvermögen ab. Noch steht nicht fest, was von ihr als Beitrag zur Größe der Casa de Austria erwartet wird. In der ersten Zeit nach der Volljährigkeitserklärung wird erwogen, sie anstelle der Tante als Regentin der Niederlande einzusetzen, wenn Karl nach Spanien aufbricht. Vor allem Eleonor selbst weiß nicht so recht, was von ihr erwartet wird. Braucht sie als Regentin nicht einen erfahrenen Mann an ihrer Seite? Die beiden jüngeren Schwestern sind bereits Königinnen. Muss sie auch eine Königin werden? Ist nicht Tante Margaretha das beste Beispiel, dass königliche Heiraten nicht immer den gewünschten Erfolg bringen? Und Friedrich selbst? Ist er nicht beim Fest zur Volljährigkeit für die Musik und sie in die Schranken geritten, hat er nicht für sie gesiegt? Zeigt nicht sein ganzes Verhalten seit Monaten, dass auch sie ihm gefällt? Ist es nur Respekt, der ihn hindert, sich zu erklären? Wird er hier die Gelegenheit suchen? Die Freiheiten des Lebens in Middelburg begünstigen ein Maß an „Intimität“, das im starren Hofzeremoniell zu Brüssel nie zu erlangen wäre. Die Hofgesellschaft kann nicht, wie beabsichtigt, im Konvent von Middelburg Wohnung nehmen, sondern zieht in kleine Häuschen im Dorf Westhoven in den Dünen, wahrhaftig schon für sich genommen ein „plaisant lieu“. Doch es stellt sich auch noch heraus, dass diese Art von Landleben für die seit siebzehn Jahren in Eleonors Diensten stehende Dueña, Anne de Beaumont, die all die Jahre Mutterstelle bei ihr vertreten hat, zu anstrengend ist. Madame bittet um ihre Entlassung. So schnell gibt es keinen Ersatz für die ständige Begleiterin Eleonors. Der Palatin verdoppelt die Zahl seiner Billets douce. Es findet sich immer eine Gelegenheit, während der Spaziergänge durch die Dünen die anderen zu verlieren und verstohlene Momente der Zweisamkeit zu genießen.

Bei diesen Gelegenheiten wird Friedrich Eleonor beschworen haben, endlich mit dem Bruder zu sprechen, der vielleicht als einziger noch nichts von den zarten Banden ahnt, die seine Schwester und seinen Favoriten aneinander binden. Die Möglichkeiten, die der ungezwungene ländliche Aufenthalt dem Paar bietet, bleiben der Hofgesellschaft natürlich nicht verborgen. Ohnehin hat Friedrich reichlich Neider, zu schnell und glatt geht manchem der Aufstieg des „Ausländers" in der erlesenen Runde. Besonders Lannoy, dessen Einfluss auf seinen Schüler Karl durch das Auftauchen Friedrichs schwindet, ist sehr eifersüchtig. Vor allem, seit Friedrich ihn auch noch in diesem wichtigen Turnier im Namen der Musik besiegt hat.

Höflinge sind wachsam

Aber auch Chièvres beobachtet argwöhnisch alles, was seinen Einfluss auf seinen Schützling schmälern könnte. Ihm wäre es genehm, die Eintracht zwischen Spanien und Portugal durch ein weiteres Heiratsbündnis zu stärken. Im März ist Maria, die Schwester Juanas, gestorben, und Manoel der Prächtige ist zum zweiten Mal Witwer. Was macht es da schon aus, dass der König von Portugal schon im fünften Lebensjahrzehnt steht, bereits zwei Ehefrauen überlebt hat, die beide Tanten Eleonors waren? Über solchen Kleinigkeiten steht eine Vertreterin der Casa de Austria doch! In diesem Falle nicht. Die sonst so gefügige Eleonor macht keinen Hehl aus ihrem Abscheu vor einer Ehe mit diesem alten Mann, der noch dazu ihr Onkel ist.

Der Hintergrund des portugiesischen Heiratsprojektes gibt Chièvres die Handhabe, die ganze Angelegenheit nicht als die kleine Liebelei zu behandeln, bei der es ohne sein Eingreifen vielleicht geblieben wäre. Er redet seinem Zögling Karl ein, es sei einfach unmöglich, dass seine Schwester sich mit einem Mann verbinde, der keine Aussicht auf eine Krone habe und macht die Sache damit zu einem Politikum. Niemand kann sagen, ob Karl von der Verliebtheit der Schwester, mit der er an sich auf vertrautem

Fuß steht, gewußt hat. Nun aber bauscht Chièvres die Sache zu einer Staatsaktion auf, indem er tönt, er könne schriftliche Beweise für den Verrat des Palatins beibringen. Es gäbe eindeutige Briefe, in denen er Eleonor auffordert, ihn auch gegen den Willen des Bruders zu heiraten. Eine Austria strebt eine Ehe an, ohne die Zustimmung des Chefs des Hauses einzuholen!

Karl greift ein (genauer: in ein Mieder)

Chièvres kennt den maßlosen Stolz seines Schülers genau. Der doppelte Verdacht, die Ehre seiner Schwester sei in Gefahr und seine prinzliche Autorität werde missachtet, zwingt ihn zum Handeln. Das Spiel nimmt seinen von Chièvres vorbedachten Lauf. Eines Morgens erscheint Karl unangemeldet bei seiner Schwester, als eine ihrer Damen ihr gerade ein Billet überreicht. Geistesgegenwärtig steckt Eleonor es ungelesen in ihre Corsage. So unbefangen wie möglich erwidert sie seinen Gruß. Noch glaubt sie, er wolle sich nur erkundigen, wie sie geschlafen habe, oder besprechen, was man den Tag über unternehmen wolle. Da fragt er plötzlich, ob sie sich etwa heute enger geschnürt habe als sonst? Er greift mit einer Kühnheit, die nur er als Familienoberhaupt sich erlauben kann, in ihr Mieder und entreißt ihr das Billet des Anstoßes. Errötend will sie danach greifen, doch er wendet sich brüsk ab und verlässt den Raum mit den Worten: „Ich glaube, ich weiß, wer das schickt und was es bedeutet!"

Aus der Traum vom privaten Glück

Sie weiß, das ist das Ende aller Träume vom Liebesglück mit dem Ritter ihres Herzens. Eleonor und Friedrich müssen öffentlich ihrer Liebe abschwören und beeiden, dass sie nie die Grenzen des Anstandes verletzt haben. Chièvres hätte die Affäre lieber in aller Stille beigelegt, doch Karl besteht darauf, dass das Abschwören öffentlich geschieht. Erstmals hört er nicht auf seinen Mentor - womit der sicherlich nicht gerechnet hat. Hier geht es um eine Ehrverletzung des Hauses, und damit ist Karl allein zuständig. Chièvres mag ein Vertrauter sein, aber er ist kein Angehöriger der Casa de Austria!

Der Palatin wird des Hofes verwiesen, da kennt Karl keinen Pardon, auch wenn es ihn selbst schmerzt, den Freund zu verlieren. Friedrich schreibt einige Briefe, in denen er um Vergebung für sich, vor allem aber für Eleonor bittet. Aber Karl, einmal aus seiner adoleszenten Lethargie erwacht, ist unbeugsam. Hier zeigt er zum ersten Mal, was in Zukunft typisch für ihn sein wird: Hat er einmal eine Entscheidung getroffen, führt er sie auch rigoros durch.

Eleonor, dennoch ergebene Schwester
Die sentimentale Eleonor hingegen bringt es fertig, ihre ganze Liebesfähigkeit auf den Bruder zu übertragen, der das einzige Glück ihres jungen Lebens zerstört. Diese kleine Affäre, die eigentlich gar keine war, wird sie ihr ganzes Leben in ihrem Herzen bewahren und sich daran erinnern, wenn das Schicksal sie mal wieder unnachsichtig beutelt. Sie wird manchen Anlass haben, diese kostbare Erinnerung, einmal verehrt und begehrt worden zu sein, zurückzurufen. Unbegreiflicherweise wird sie nie den Bruder dafür verantwortlich machen, dass ihr nicht mehr an Glück vergönnt war, doch dazu später mehr.

Man muss natürlich bedenken, dass diese Episode nicht nach den Werten des ausgehenden 20. Jahrhunderts beurteilt werden darf. Für Angehörige großer oder aufstrebender Dynastien war es selbstverständlich, dass Ehen einem dynastischen Ziel folgen und nicht einer Neigung. Das ist eigentlich auch Eleonor klar. Berichten doch die Briefe der Schwester aus Dänemark von dem Alptraum ihres Lebens in Kopenhagen. Diese Schwester war zu jung, sich auch nur zu verlieben, bevor sie sich dem gut zwanzig Jahre älteren und an ihrer Person überhaupt nicht interessierten Gatten unterordnen musste. Oder gar die kleine Schwester Marie, die mit acht Jahren schon das heitere Malines hatte verlassen müssen, um ganz allein in die raue alpenländische Provinz zu ziehen. Hat sie, Eleonor, da nicht unerhörtes Glück, dass sie mit achtzehn Jahren immer noch nicht an einen Ehemann gebunden ist und ein paar Sommerwochen in einem schönen Traum leben durfte?

Herrscherqualitäten?
Karl kann, durchdrungen von seiner Verantwortung für seine Reiche und als stellvertretender Chef des Hauses in seiner jugendlichen Selbstüberschätzung nicht anders handeln. Er kann gerade wegen seiner Jugend und der Größe dieser Verantwortung keine Attacke auf seine Autorität zulassen. Deswegen wird diese seine erste unabhängig getroffene und durchgeführte Entscheidung an allen Höfen als bemerkenswert kolportiert. Karl kann diese „Vergewaltigung" seiner Schwester als seinen ersten Achtungserfolg auf dem internationalen Parkett verbuchen. Er hat der Welt erstmals gezeigt, dass er sehr wohl mehr ist als eine Marionette seiner Umgebung.

Middelburg/Vlissingen, 8./9. September 1517

Lichtet Anker!

Sehr wahrscheinlich sind alle froh, als sich die Winde endlich drehen und man mit geschwellten Segeln in See stechen kann. Eleonor ist an Karls Seite. Es steht nun unumstößlich fest, dass sie den alten Onkel in Portugal heiraten muss, zumal, da von Intrigen die Rede ist, diesem eine französische Prinzessin zu vermitteln. Dem muss man zuvorkommen. Eleonor findet ihre gute Laune wieder, sie wird mit dem Bruder nach Spanien fahren und bei seiner Amtsübernahme dabei sein. Was kann nicht alles passieren, während einer solchen Seereise, allein die engste Familiengeschichte wimmelt ja nur so von Seeabenteuern! Auch diese Flotte gerät in ihrer ersten Nacht in einen Sturm und verliert ein Schiff. Die Fracht besteht aus Pferden und Damen, „die man leichte Mädchen nennen könnte, wären sie nicht von rubensschem Umfang gewesen" (Lahnstein).

Eine ruhige Überfahrt ...

Der weitere Verlauf der Überfahrt ist recht behaglich, und nachdem Karl seine anfängliche Seekrankheit überwunden hat, genießt er das alltägliche Auftragen der Platten und dann die Speisen selbst mit der ihm eigentümlichen Maßlosigkeit. Man weiß sich schon zu unterhalten auf dem behaglich, ja luxuriös eingerichteten Königsschiff, hat Musikanten dabei und erfindet immer neue Spiele. Auf hoher See begegnet die Flotte einem spanischen Frachtsegler. Der erkennt an den Wimpeln, dass er da dem Schiff seines Königs begegnet, dreht bei und lässt Karl Wein und Früchte als Willkommensgruß an Bord bringen. Nach zehn Tagen taucht eine Küste auf, von der die nicht sehr sicheren Navigatoren annehmen, dass es die spanische ist. Wie sich später herausstellt, sind sie westlich vom Kurs abgetrieben und statt in Laredo in Asturien gelandet, in der Bucht von Rodiles vor Villaviciosa.

Asturische Küste, 18./19. September 1517

... und eine unruhige Landung

Da wird es schwierig mit einer würdevollen Inbesitznahme des Landes! Keine Ehreneskorte wartet in sicherem Hafen, ein Hafen ist gar nicht zu sehen! Die überraschten Küstenfischer haben sich beim Anblick der ungewohnten Schiffe bewaffnet, um sich ungebetener Eindringlinge zu erwehren und rennen mit Sicheln, Mistgabeln und Enterhaken zum Strand. Zum Glück erkennt einer der ihren in den Wimpeln in Rot und Gelb die Farben Kastiliens.

Sie legen ihre Waffen nieder und helfen - nach einer Pause der Beratung - die anlandenden Boote an Land zu ziehen. Karl und seine Schwester werden, sobald die Flut es erlaubt, in einer Schaluppe den Rio hinauf bis zu dem Flecken Villaviciosa gebracht. Die Bewohner zeigen sich so gastfreundlich wie ihre bescheidenen Mittel es zulassen. Die Geschwister müssen dort einige Tage ausharren, bis ihre hochmögenden Berater eine Entscheidung treffen, wie es nun weiter gehen soll.

Durch Asturien oder: über Stock und Stein

Letztendlich beschließen die Ratgeber, sich nicht erneut der See anzuvertrauen. Ein Ritt die felsige Küste entlang ist wegen der Küstenform mit ihren zahllosen Buchten, Rios und Vorgebirgen schier unmöglich. Es bleibt nur der Weg ein Stück landeinwärts nach Osten, er mag in etwa dem Verlauf der heutigen N 632 folgen. Für Karl und Eleonor war zwar die lange Seereise neu gewesen, nicht aber die See an sich, sie ist ein Element ihrer Heimat. Hier, im Erbland der Mutter erleben sie zum ersten Mal die Berge, die in dieser Ecke Asturiens mit ihrer steil ansteigenden Nadelbaumbewaldung am ehesten an den Schwarzwald erinnern - recht unheimlich mag das auf die Kinder Flanderns und Brabants wirken.

Auch die Anstrengungen des Reisens sind mit nichts zu vergleichen, was die beiden kennen. Keine Kutschfahrten auf ebenen breiten Alleen, sondern ewiges Auf und Ab auf Karrenwegen, die meist nur von Maultieren zu bewältigen sind. Ein wildes Land empfängt seinen König, der mit der Schwester und einer kleinen Gruppe dem großen Tross vorauszieht. Keine behäbigen Städte säumen seinen Weg, es gibt keinen Luxus und keine Etikette, aber auch keine jubelnden Empfänge, keine üppigen Feste. In den wenigsten der kleinen Orte, in denen sie nächtigen, ist auch nur ein Bett aufzutreiben. Die mehr wilden als bäuerlichen Untertanen empfangen ihren neuen König naiv und treuherzig. Sie können nicht mit ihm sprechen, er versteht kaum höfisches Kastilisch, von lokalen Dialekten rein gar nichts. Sie bieten ihm an, was sie selbst essen: Fische und Geräuchertes, Zwiebeln, Käse und herben Wein. Die Infanten tragen traditionell den Titel: „Prinz von Asturien". Karl verdient ihn sich in diesen Tagen.

Mühsam geht es voran in Richtung Osten, man kommt durch Ribadesillas, und deutlich ragen jetzt zur Rechten die schneebedeckten Gipfel des cantabrischen Scheidegebirges auf, die Picos de Europa. Ganz nah kommt man am spanischen Nationalheiligtum Cavadonga, dem mystischen Ausgangspunkt der Reconquista vorbei. Doch damals führt dort noch keine bequeme Touristenstraße hinauf, und einen solchen Umweg kann man sich nicht leisten. Langsam genug kommt man voran, quert den felsigen Strand von Llanes. In San Vicente de la Barqua muss man einige Ruhetage einlegen, nicht nur Karl ist völlig erschöpft von dieser anstrengenden Art zu reisen.

Cantrabien - Altkastilien, im Oktober 1517

Das Problem Cisneros

In der Nähe der Höhlen von Altamira, die damals niemand kennt, wendet sich der Zug des Königs nach Süden und folgt zunächst in etwa der heutigen N 625, dann der N 611. Man überquert den Pass von Reinosa und steigt langsam hinab auf die Hochebene Altkastiliens. Nun schließt der Tross mit all der mitgeführten Ausstattung wieder zur Spitze um Karl und Eleonor auf. In der Kleinstadt Aguilar del Campo begegnet man endlich einer ersten offiziellen Vertretung der Krone. Das ist Anlass genug, dem Städtchen das Schauspiel eines pompösen Einzugs nach flandrischer Art zu bieten, soweit die mitgebrachten Requisiten dies zulassen. In der weiten Meseta Kastiliens kommt die königliche Reisegesellschaft erheblich schneller voran als in den unwegsamen Küstengebirgen.

Es wäre nun ein leichtes, mit dem Regenten Kardinal Cisneros zusammenzutreffen. Der uralte Kardinal der Katholischen Könige weiß, dass sein Ende naht. Er verzehrt sich danach, den König, dem er mit all seiner Energie und Erfahrung die Krone bewahrt hat, noch kennen zu lernen, um den Unerfahrenen am Schatz seines Wissens teilhaben zu lassen. Karl erfährt davon nichts, auch nicht davon, dass Cisneros gar nicht weit von der geplanten Route auf ihn wartet. Zu sehr fürchten Karls Begleiter die Macht der Persönlichkeit des alten Kardinals. Sie wollen ihren Herzog seinem Einfluss nicht ausliefern. Deswegen auch das Abweichen von der Hauptroute durch die kastilische Meseta über Revenga, Becerril de Campo und Ampudias.

Ein anderes Treffen mit ungewissem Ausgang steht unmittelbar bevor: das mit der Mutter in Tordesillas. Was erwarten die Kinder der unglücklichen Juana? Welche Vorstellungen haben sie vom Aufenthaltsort der Mutter? Handelt es sich in ihrer Vorstellung um eine Residenz, ein Refugium, einen Verbannungsort? Was hat man ihnen darüber erzählt? Man weiß es nicht!

Depesche aus dem Reich: Wittenberg, 31. Oktober 1517
Der ehemalige Mönch Martin Luther, Doktor der Theologie, hängt fünfundneunzig Thesen öffentlich aus. Er fordert darin eine Erneuerung der Kirche an Haupt und Gliedern.

Tordesillas, 4. November 1517

Chièvres trifft Königin Juana
Es geht schon auf den Abend zu, als die königliche Reisegesellschaft in Tordesillas anlangt. Chièvres übernimmt die Regie und stellt es nicht ungeschickt an. Er lässt sich zuerst allein bei Juana melden. Juana kennt Chièvres selbstverständlich aus ihrer Zeit in den Niederlanden. Sein vollendet höfisches Benehmen lässt sie auftauen, unbefangen plaudert sie mit ihm über die alten Zeiten in Flandern, über ihre Kinder und deren Entwicklung. Als Chièvres Karl „König" nennt berichtigt sie: „Infant! Die Königin bin ich!" Zum Schluss erwähnt er beiläufig, die Kinder hätten keinen sehnlicheren Wunsch, als sie zu sehen. Sie seien gar nicht weit entfernt. Juana erklärt sich einverstanden, ihre beiden ältesten Kinder sofort zu empfangen.

Karl und Eleonor haben in einem angrenzenden Raum gewartet. Madame Beaumont, die sich in Spanien zur Ruhe setzen will, und einige Vertraute sind bei ihnen. Karl soll einem Diener, der mit ihnen zusammen mit einer Fackel den Raum der Königin betreten will, dies verwehrt haben. Andere Autoren lassen Chièvres, Madame Beaumont und einige Diener Zeugen des Treffens zwischen Mutter und Kindern werden.

Karl und Eleonor treffen die Mutter
Die Tür öffnet sich, und Karl tritt ein, Eleonor einen halben Schritt hinter ihm. Beide verbeugen sich dreimal tief vor der Mutter und Königin, wie es das Zeremoniell erfordert. Juana verhindert, dass Karl ihr formell die Hand küsst, zieht ihn in ihre Arme, umarmt Eleonor stumm, aber strahlend. Seit zwölf Jahren hat sie die beiden nicht gesehen, betrachtet sie staunend, ungläubig, während Karl zu seiner wohleingelernten kleinen Begrüßungsrede ansetzt.

„Madame, wir, Eure demütigen und gehorsamen Kinder, sind ganz außerordentlich froh, Euch, Gott sei es gedankt, bei guter Gesundheit zu sehen. Wir haben uns schon lange gewünscht, Euch unsere Reverenz zu machen und das Zeugnis von unserer Ehrerbietung, Dienstbereitschaft und unserem Gehorsam darzubringen." Sieht Juana in den blassen Zügen dieses etwas steifen Sohnes tatsächlich eine Ähnlichkeit mit ihrem geliebten heiteren und leutseligen Philipp? Eigentlich sind größere Gegensätze kaum denkbar!

Erkennen die Kinder die fremdartige Mutter wieder in der dünnen, kleinen Gestalt in schlichtem Witwengrau, die ihnen in dem großen, aber kärglich möblierten Raum gegenübersteht? Verständlich, dass Juana fragt: „Seid ihr wirklich meine Kinder?" Sie nennt die zwölf Jahre eine kurze Zeit, zu viele Tage mögen für sie in grauem Einerlei verstrichen sein, so dass sie jedes Zeitgefühl verloren hat. Ihre kleinen Kinder sind richtige Erwachsene geworden, in dieser Zeit, die ihr fehlt. Fremdartig sind sie in ihrer prunkvollen Hofkleidung, ihrem zeremoniellen Verhalten, irgendwie unwirklich und doch auch vertraut. Sie muss verunsichert sein, niemand hat ihr diesen Besuch konkret angekündigt. Man hat ihr nur gesagt, die Kinder seien auf dem Weg nach Spanien.

Eine formelle Übergabe der Regierung?

Juana wird das Zusammensein zu viel, sie muss allein sein und besinnt sich automatisch auf das Formelle. Sie meint, die „Kinder" müssten wohl müde sein, nach einer so anstrengenden Reise. Sie dürfen sich zurückziehen. Man werde am Morgen weiterplaudern. Artig verabschieden sich Karl und Eleonor entsprechend dem für Juana seltsam altvertrauten burgundischen Hofzeremoniell. Überliefert ist, dass Juana natürlich zu aufgeregt ist, um an Schlaf zu denken und deswegen Chièvres Anfrage, ob er noch ein wenig mit ihr plaudern dürfe, freudig bejaht. Sie muss gar keine Fragen stellen, er ahnt, was sie interessiert. Er erzählt vom Heranwachsen der Kinder unter der Aufsicht Margarethas in Malines. Plaudert von Kaiser Maximilian und den glänzenden Möglichkeiten, die sich für Karl ergeben, nun, da der Kaiser persönlich seine Nachfolge im Reich betreiben wird.

In diesem Gespräch entlockt er ihr die Aussage, dass es gut sei, wenn Karl schon zu ihren Lebzeiten regiert. Alles Unglück ihres Lebens sei daraus entstanden, dass Philipp das zu Lebzeiten Isabellas nicht gewollt habe. In diesem Augenblick ist das Ganze keine vertraute Plauderei zweier guter Freunde aus alten Tagen mehr. Plötzlich sind Menschen im Raum, die diesen Satz der Königin gehört haben, vertrauenswürdige Leute, unantastbare Zeugen für das Eingeständnis der Königin, sie wolle, dass ihr Sohn die Regierung übernimmt. Chièvres hat erreicht, was er wollte. Juanas Vertrauen wird ein weiteres Mal missbraucht.

Ungewohnte Pracht in Tordesillas
Was werden die Geschwister noch miteinander geredet haben? Haben Karl und Eleonor überhaupt noch Bilder der Mutter aus Gent oder Brüssel, aus Brügge oder Malines in Erinnerung? Reden sie überhaupt miteinander über die Eindrücke des Wiedersehens? Sicher betrachtet die kleine Schwester, die inzwischen zehnjährige Catalina, die Zimmer der Geschwister mit ungläubigem Staunen. In geübter Eile hat die Dienerschaft die sonst kahlen Räume mit Samt und Satin, mit Tapisserien und Kleinmöbeln verschwenderisch ausgestattet. Noch nie hat das Kind etwas so Prächtiges gesehen! Karls Räume sind in weinrot, Eleonors in Gold drapiert, letzteres bietet besonders bei Fackel- oder Kerzenlicht einen ganz zauberhaften Anblick und verwirrende Effekte. Es ist den Chronisten auch besonderer Erwähnung wert, dass der Raum zwischen Karls und Chièvres Zimmer mit kostbaren Teppichen ausgehängt ist. Betont werden soll natürlich, dass Karl sich endlich von seinem ewigen Schlafgenossen emanzipiert hat.

Der Weg nach Valladolid ist frei…
Seltsam das Zusammentreffen: Am 8. November stirbt Kardinal Cisneros, ohne Karl getroffen zu haben. Chièvres und seinen Leuten wird bei dieser Nachricht ein Stein vom Herzen gefallen sein. Der Kardinal kann ihren Einfluss auf Karl nicht mehr gefährden.

Am 9. November steigt Karl in bühnenreifer Trauerkleidung zum Sarg seines Vaters hinab und lässt ein Requiem lesen. Juana sagt man nichts davon. Mit der beglaubigten Aussage seiner Mutter und dem Tod des Regenten ist Karl nun unumstrittener König von Kastilien. Nach acht Tagen Aufenthalt bei Juana wird es Zeit, sich den Cortes zu stellen. Karl wird feierlichen Einzug in Valladolid halten, Kastilien als König kennen lernen, nicht als zufälliger, quasi anonymer Reisender.

… die Ämter verteilt
Die Ämter des Verstorbenen Regenten Cisneros werden aufgestückelt: Kanzler Spaniens wird Sauvage, der auch Kanzler Burgunds ist. Das Amt des Erzbischofs von Toledo schanzt Chièvres bedenkenlos einem seiner Neffen zu, einem sechzehnjährigen Knaben, der weder die Weihen empfangen hat, noch in persona anwesend ist. Es ist das höchste und einträglichste Kirchenamt Spaniens, und

jedermann müsste klar sein, dass ein solch instinktloses Verfügen über ausgerechnet dieses Amt bei den Kastliliern unauslöschlichen Hass auslösen muss. Karl lässt es widerspruchslos geschehen. Das Privatvermögen Cisneros wird konfisziert. Die einträgliche Finanzverwaltung in Kastilien reserviert Chièvres für sich selbst. Er bereichert sich so ausgesprochen schamlos, dass noch vor der Eröffnung der Cortes ganz Spanien Spottverse über seine Raffgier singt. Gerät ein Spanier in dieser Zeit in den Besitz einer Golddoublone, pflegt er zu sagen: „Oh, eine ist Chièvres entkommen!"

Auch der Grundstock zu Adrian von Utrechts Aufstieg zum Papst wird gelegt. Man findet Mittel und Wege, ihm das Kloster San Pablo zu übergeben und ihn zum Bischof von Tolosa zu weihen. Nun steht dem Einzug in Valladolid, einer der Hauptstädte des hauptstadtlosen Kastilien eigentlich nichts mehr im Wege. Doch zuvor muss noch eine Familienzusammenführung stattfinden.

Mojados, 12. November 1517

Das Treffen mit dem unbekannten Bruder

Obwohl einer Begegnung mit Cisneros nun nicht mehr ausgewichen werden muss, verfolgt der Zug der „Flamencos" auch von Tordesillas nach Valladolid einen seltsamen Zichzackkurs. Es leuchtet nicht ganz ein, warum das Treffen mit Bruder Ferdinand unbedingt in dem unbedeutenden Flecken Mojados stattfinden muss. Ferdinand ist bekanntlich 1503 in Spanien geboren, als Philipp, maßlos enttäuscht von Spanien und den Spaniern, die verzweifelte Juana allein in Medina del Campo zurückließ.

Der Junge wurde der Liebling des spanischen Großvaters und die bevorzugte Figur in allen dynastischen Schachzügen des listenreichen Königs von Aragón. Ferdinand ist durch und durch Spanier und in seinem Geburtsland sehr beliebt. Er kann deshalb zu einer Gefahr für Chièvres und die anderen Flamen werden, die Karls spanische Politik in ihrem persönlichen Stil und zu ihrem persönlichen Nutzen führen wollen. Ferdinand seinerseits ist klug genug, dem älteren Bruder bei dieser ersten Begegnung den erwarteten Respekt zu erweisen.

Man hat die Brüder auf beiden Seiten gut unterwiesen, sie machen bei dieser ersten Begegnung keinen protokollarischen oder zeremoniellen Fehler. Jeder weiß, wann er in welchem Tempo vom Pferd zu steigen, wie weit er dem anderen entgegenzugehen hat. Der gutmütige Ferdinand bedient Karl bei Tisch. Er reicht dem königlichen Bruder Handwaschbecken und Handtuch, als habe er nie etwas anderes getan. Alle zusammen reiten zufrieden weiter.

Valladolid, 22. November 1517

Die Freude des Volkes vergeht...

Hier gibt es endlich, zwei Monate nach der Landung ein entrée joyeuse mit allem burgundischen Pomp. Die Granden und Cortes begegenen dieser Selbstdarstellung mit spanischer Würde. Das Volk zeigt seine Begeisterung in freudigen Zurufen für den jungen König, der zumindest dessen Erwartungen erfüllt: Prachtvoll gekleidet ist er, ein sehr sicherer Reiter und ein glänzender Ritter. Eleonors flämische Erscheinung bezaubert die Spanier auf Anhieb, „ihren" Ferdinand lieben sie sowieso.

Valladolid ist die erste bedeutende Stadt seines neuen Königreiches, die Karl betritt. Hier residierten die kastilischen Könige seit dem Mittelalter immer wieder turnusmäßig. Hier wurden seine Großeltern Isabella und Ferdinand 1469 getraut und damit der Grundstein zur spanischen Vereinigung gelegt, die er noch zu vollenden haben wird. Dazu braucht er die Zustimmung der Cortes, die hier tagen sollen. Doch zwischen den Sitzungen bleibt genug Zeit für Jagden, Feste und Turniere. Anlässlich eines solchen Turniers schlägt Karl sich besonders brillant und kann damit seine persönliche Reputation etwas steigern.

Die Bedingungen für eine reibungslose Einigung mit den Cortes sind bei allem Glanz der Feste nicht günstig. Die flämischen Herren, die zum Teil schon mit Karls Vater Philipp in Spanien gewesen sind, haben nichts dazu gelernt. Sie haben in allen bisherigen Aktionen spanische Empfindungen auf das Gröbste verletzt und ihren jungen Herrn damit unmöglich gemacht, denn alles, was sie tun, geschieht in seinem Namen.

... Hochmut besteht

Im alltäglichen Zusammenleben mit den Spaniern verhalten sich die Flamen genauso unmöglich wie in ihren Eingriffen in innerspanische Angelegenheiten. Sie sind in Adelspalästen und Abteien einquartiert und benehmen sich derart großspurig und hochfahrend, dass sie bei ihren Gastgebern im Nu verhasst sind. Die spanischen Herren sollen nicht nur den flämischen Hochmut zähneknirschend dulden, sie müssen sich auch noch belehren lassen, was ein wahres Turnier ist und dass ihre Art zu fechten jeder Eleganz entbehre. Nur die gemeinen Trossknechte dürfen - in Stellvertretung ihrer Herren - nach Herzenslust aufeinander eindreschen. Obwohl es strikt verboten ist, soll es manch blutiges Duell außerhalb der offiziellen Turniere gegeben haben.

Valladolid, ab 21. März 1518

Die Cortes von Kastillien

Gleich die erste Sitzung der Cortes beginnt mit einem Eklat: Infolge der Nachricht vom Tode Cisneros haben die altburgundischen Herren - wie erwähnt - ihren Kanzler Sauvage auch zum Kanzler Spaniens ernannt. Als Sauvage in dieser Position den Vorsitz über die kastilischen Cortes übernehmen will, lassen ihn die kastilischen Herren kurzerhand aus dem Sitzungssaal aussperren.

Entsprechend geladen treten die spanischen Herren ihrem jungen König, den sie für einen totalen Ignoranten halten müssen, gegenüber. Ein für die damalige Zeit ungeheurer Vorgang ist allein, dass sie ihrem Herren quasi als ersten Tagungspunkt daran erinnerten, dass es schließlich die hier versammelten Stände sind, die ihn bezahlen. Außerdem sei es an der Zeit, dass er vernünftig spanisch lerne. Es sei kein Zustand, dass man nicht wisse, ob er nicht verstehen könne oder wolle, wenn man mit ihm spricht. Letzteres zumindest muss Karl zugeben und gelobt umgehend Besserung. Auch der Forderung, „Juanas Haus und Wohnsitz so zu bestellen, wie es einer Königin und Herrin ihrer Reiche zukomme", erfüllt Karl gern. Doch schon bald wird er ihr einen veritablen Kerkermeister als Majordomus zuteilen, denn in den Vereinbarungen, die er unterschreiben muss, wird es auch heißen, dass er ihr die Regierungsgeschäfte überlassen muss, „wenn sie dazu wieder in der Lage ist".

Weitere Forderungen an Karl: Er muss seine französischen Heiratspläne (letzte Verlobung mit Louise de France vom 13. August 1516) endgültig aufgeben. Er muss sich verpflichten, die Älteste des Mannes zu heiraten, den seine Lieblingsschwester in Bälde ehelichen wird: Isabel, Tochter König Manoels des Profitreichen (Glücklichen) und seiner zweiten Frau Maria, der jüngeren Schwester seiner Mutter.

Ferdinand soll Spanien nicht verlassen, bevor er Vater geworden ist! Wen er allerdings ehelichen soll, ist nicht ganz klar. Es dürfen keine Ämter an Ausländer vergeben werden. In dem Punkt wird Karl an strikte Einhaltung des Testaments der Königin Isabella gebunden. Spanisches Gold darf das Königreich nicht verlassen. Karl unterzeichnet, aber kaum eine der spanischen Forderungen wird tatsächlich erfüllt werden.

Da vier Fünftel des kastilischen Einkommens bereits aus Amerika kommen, macht Chièvres sich auch noch zum Chef aller Indiengeschäfte und verehrt seiner Gattin aus diesem Anlass ein Geschenk von 615 Perlen. Der flämische Hof behandelt Spanien trotz aller Vereinbarungen wie ein erobertes Land.

Huldigung - auch durch die Geschwister

Die Sitzungen des Rates verlaufen aber letztlich glimpflich, wenn man bedenkt, wie Karls Begleiter sich in Spanien eingeführt haben. Anfang Februar 1518 sind alle Präliminarien abgeschlossen, und man schreitet am 7. des Monats zur Huldigung. Karl reitet vor großem Gefolge auf seinem feurigen spanischen Hengst durch Schnee und Regen nach San Pablo. Der erste, der Karl zu huldigen hat, ist sein Bruder Ferdinand. Der Kuss des Ringes muss stattfinden, doch Karl versteht es, ihn mit liebenswürdiger Geste in eine brüderliche Umarmung aufzulösen. Der Schwester allerdings verweigert er den Huldigungskuss, er küsst sie als graziöses Zeichen seines Dankes für ihre Begleitung und ihr Verständnis auf die Stirn. Diese Gesten gefallen. Dann beschwört Karl seinerseits die Gesetze und Privilegien des Landes in der ausgehandelten Form. Er erhält Subsidien in Höhe von 600.000 Dukaten. An den sich anschließenden höfischen Festlichkeiten soll auch die kleine Schwester Catalina teilhaben. So kommt in diesen Tagen die schon mehrfach geplante

Entführung Catalinas

zur Durchführung. Karl und Eleonor haben ihre Mutter während des Winters mehrfach besucht. Besonders Eleonor hat dabei ihr Herz für die kleine Schwester entdeckt und möchte ihr endlich ein ihrem Stand gemäßes Leben am Hof in Valladolid bieten. In einigen Versionen soll Catalina in die Pläne der Geschwister eingeweiht gewesen sein und verlangt haben, zunächst noch in der Nähe bleiben zu dürfen, damit sie sehen könne, wie die Mutter auf ihr Verschwinden reagiert.

Nach anderen Versionen weiß Catalina nicht, wie ihr geschieht, als sich eines Nachts ein Mauerspalt in ihrem Zimmer öffnet und man ihr bedeutet, sich mucksmäuschen still anzuziehen und mitzukommen. Zu ihrer Beruhigung sagt man ihr, dass ihr Bruder sie in einer wichtigen Sache sprechen müsse. Die Außenwand ihres Zimmers ist mit größter Vorsicht durchbrochen worden, während

Juana und Catalina sich außerhalb ihrer eigentlichen Wohnung aufhielten. Nach einem gefährlichen Abstieg an der Außenmauer des Turmes und einem verstohlenen Ritt durch die Nacht trifft Catalina wirklich auf die Geschwister, die ihr freudestrahlend erzählen, was sie mit ihr vorhaben.

Eine Austria erliegt der Versuchung

Die gerade elf Jahre alt gewordene Catalina ist hin- und hergerissen zwischen der von klein auf gewohnten Verantwortung für die Mutter und der Neugier auf all den Glanz, der sie plötzlich in Valladolid zu erwarten scheint. Die kindliche Neugier siegt. Mit der Versicherung, man werde sie stets über das Befinden der Mutter informieren, und der Ritt zurück zu ihr sei ja auch gar nicht weit, wird Catalinas Gewissen besänftigt.

Eleonor sorgt dafür, dass die kleine Schwester erstmals im Leben wie eine richtige Prinzessin behandelt wird. Geschickte Zofen lassen Catalina alle erdenklich Pflege zuteil werden, ihr Haar wird kunstvoll aufgesteckt, kostbare Kleider liegen bereit, die Tage sind angefüllt mit Kutschfahrten und Besuchen, die Abende mit festlichen Bällen. Lanzen werden zu ihren Ehren gebrochen. Mädchen und Knaben ihres Alters bilden einen kleinen Hofstaat, plötzlich dreht sich die ganze Welt um das an Einsamkeit und Abgeschirmtheit gewöhnte Kind.

Juana, völlig verzweifelt

Als Juana am folgenden Morgen das Verschwinden der Tochter bemerkt, glaubt sie, das Mädchen sei von Räubern entführt. Sie erhebt ein wahnsinniges Geschrei und verlangt sofortige Verfolgung. Als sie merkt, dass man keinerlei Anstalten unternimmt, die „Verlorene" wiederzufinden, ihr aber nicht sagt, was es tatsächlich mit dem Verschwinden Catalinas auf sich hat, verfällt sie in ihre alten Kampfmethoden: Hungerstreik, Schlafverweigerung, Missachtung der Hygiene.

Catalina folgt der Pflicht

Als sich das Verhalten der Mutter nach einer Woche nicht normalisiert, beschließt Karl Catalina, die damit einverstanden ist, zurückzubringen. Allerdings nicht auf die heimliche Art, wie man sie geholt hat. Sowieso durch das Versprechen an die Cortes gebunden, die Mutter standesgemäß unterzubringen, wird ein Hofstaat von 200 Personen zusammengestellt, der Catalina und Juana in Zukunft ein königliches Dasein vorgaukeln soll. Karl selbst reitet mit dem glanzvollen Zug in Tordesillas ein und erklärt der Mutter, besorgte „Flamencos“ hätten die Schwester entführt, da sie glaubten, das Leben in der Abgeschiedenheit sei nicht gut für ein junges Mädchen, das doch eines Tages seinem hohen Stande entsprechend verheiratet werden müsse. Doch er habe sie überzeugen können, dass die Infantin bei der Mutter am Besten aufgehoben sei und damit in Zukunft alle Bedenken ausgeräumt seien, habe er gleich einen Hofstaat mitgebracht, wie er der Königin und ihrer Tochter angemessen sei. Sie möge doch bitte überprüfen, ob er alles richtig gemacht habe, ob alles ihren Vorstellungen entspreche.

Damit hat Karl sein Ansehen - nicht nur - bei der Mutter gerettet. Die Cortes müssen den für Juana geforderten, angemessenen Lebensstil bewilligen. Mit all den Neuerungen kommt auch der neue, von Karl auf Chièvres Vorschlag ernannte Majordomus, Denia. Er ist ein veritabler Erbsenzähler, der seine Aufgabe mit großem Eifer erfüllen wird. Nicht immer zum Wohle Juanas, aber immer nach der ihm auferlegten Maßgabe, sie vom Getriebe der Welt fernzuhalten. Um das besser bewerkstelligen zu können, wird er als Herr über die Stadt und ihre Bewohner eingesetzt. Damit wird Tordesillas zu einer Art Enklave, einem winzigen Reich im Reich.

Normalität?

Es ist sehr zweifelhaft, ob Juana normalen Umgang mit ihrem angeblichen Hofstaat haben kann. Sie will sich über die „Außenwelt“ unterhalten, und ihr Gesprächspartner ist Denia, der ihr einredet, ihr Vater lebe noch. Unter diesen Umständen kann er es gar nicht wagen, sie mit „nicht eingeweihten“ Personen sprechen zu lassen. Das gleiche Verfahren wendet er ab 1519 auf Kaiser Maximilian an. Er behauptet Juana gegenüber, Max habe, des Regierens müde, seinen Enkel als Nachfolger wählen lassen.

Will man ihr damit einreden, dass das ein modernes Verfahren zeitgenössischer Herrscher sei, zugunsten der jüngeren Generationen abzudanken? Es gibt noch eine einfachere - und perfidere - Lösung: Juana will mit Vertrauten ihres Lebens vor Tordesillas in Briefkontakt treten. Denia erlaubt ihr solche Briefe nur, wenn sie zuvor an Ferdinand oder den Schwiegervater geschrieben hat. Diese „sinnlosen“ an - wie alle Welt weiß - Verstorbene gerichteten Briefe sollen nötigenfalls als Beweise ihrer geistigen Zerrüttung dienen.

Juana und die Religion
Da Denia ihr verbietet, die Messe weiter in Santa Clara zu hören, lehnt sie strikt jede Teilnahme an einem Gottesdienst ab. Man will ihr einen Altar in einem Nebenraum einrichten, doch das entspricht nicht ihrer Vorstellung von der heiligen Handlung. Aus den Berichten über ihre Weigerung, die Messe zu hören, entsteht später der völlig unhaltbare Verdacht, Juana sei eine heimliche Ketzerin gewesen. Wie sollte sie eine Anhängerin des lutherischen oder reformierten Glaubens geworden sein? Als sie 1505 die Niederlande verlässt, wird es noch zwölf Jahre dauern, bis Luther seine Thesen in Wittenberg anschlägt. Die ersten spanischen „Ketzernester" werden erst 1558 in Valladolid ausgehoben. Wer hätte sie mit den neuen Lehren bekannt machen sollen, da ja selbst ihr Schriftwechsel ständig kontrolliert wurde und man derartige Schriften bestimmt nicht hätte passieren lassen? Denia, ihre einzige Verbindung zur Außenwelt, mag ja ein seltsamer Mensch mit abwegigen Eigenschaften sein, aber in den Verdacht ein Lutheraner zu sein, wird er wohl nie kommen.

Altkastilien, März 1518

Karl bricht zu früh auf ...
Bereits im März verkündet Karl seine Absicht, nach Aragón aufzubrechen, um mit den dortigen Cortes seine Nachfolge zu regeln. Diesen frühen Aufbruch verzeiht man dem jungen König in Kastilien nicht, wenn man vielleicht auch froh ist, seine niederländischen Begleiter loszuwerden. Mit Karl zieht natürlich seine Lieblingsschwester Eleonor, deren Verheiratung mit Manoel ein weiteres Mal aufgeschoben wird, obwohl dessen Trauerjahr um Maria inzwischen abgelaufen ist.

Mit ihm reist auch sein Bruder Ferdinand. Was Karl in Kastilien noch so eben durchsetzen konnte, kann in Aragón ganz anders ausgehen. Besonders dort hat man den Plan, Ferdinand als Erben seines Großvaters einzusetzen, nie aufgegeben. Es könnte gefährlich sein, ihn dorthin mitzunehmen.

Die Brüder einigen sich darauf, dass Ferdinand in die Niederlande reisen und am Hof der Tante Margaretha seine Ausbildung vervollständigen soll. In den Niederlanden, im Reich oder in den österreichischen Stammlanden wird er auch den Großvater Maximilian kennenlernen. Da wartet ja auch in Innsbruck immer noch die böhmische Braut Anna und durch sie eventuell die Krone Böhmens. Vielleicht braucht der Großvater ja auch einen Regenten für die Stammlande. Andererseits wird der Kaiser auch nicht jünger, er könnte Hilfe in Italien brauchen oder Karl in Neapel und Sizilien, man wird sehen …

Gibt es unterschiedlichere Brüder?

Man kann sich kaum zwei unterschiedlichere Menschen als die beiden Brüder vorstellen: Karl, im sinnenfreudigen Burgund aufgewachsen, ist schweigsam, wirkt schon in so jungen Jahren manchmal düster, ist irgendwie ein wenig beunruhigend, wie alle Kinder der Häuser Trastamara und Aviz. Ferdinand hingegen, der Spanien nie verlassen hat, ist redegewandt, voller Heiterkeit und Beweglichkeit des Geistes, dabei charmant und umgänglich, ganz Kind des austro-burgundischen Erbes. So jung sie sind, gerade achtzehn und vierzehn Jahre alt, sie haben verstanden, dass Rivalität zwischen ihnen das Ende ihres Hauses sein kann. Zumindest Karl ist misstrauisch genug, zu vermuten, dass so mancher Herrscher nur auf einen Streit der Brüder wartet und mit Freude ein Zerwürfnis schüren würde. Deswegen bauen beide auf ihren Zusammenhalt, der ihr Haus nur stärken kann. Diese Affinität wird noch vielen Belastungsproben ausgesetzt sein.

Abschied der Brüder

Karl hat längst Heimweh und würde nur zu gern nach Flandern zurückkehren. Wenn es nur nach ihm ginge, würde er dieses wilde Land und seine Menschen, die es wagen, ihm Bedingungen zu stellen, mit Freuden dem Bruder überlassen, doch sein Pflichtgefühl verbietet ihm, dieser Neigung zu folgen. Bevor die Geschwister von einander Abschied nehmen, feiert man ein großes Fest, in dessen Verlauf Karl seinen Bruder und einige Kastilier in den Orden vom Goldenen Vlies aufnimmt.

Dennoch geht ein Aufschrei der Empörung durch das Volk, als publik wird, dass Ferdinand in die Niederlande abreisen soll. Ferdinand stört das nicht, er ist guter Dinge und voller Neugier auf das Land seines Vaters und seiner Geschwister, auf die Tante und auf den kaiserlichen Großvater. Mit einer angemessenen Eskorte reist er nach Norden, wo er im April 1518 von Santander in See sticht. Seine Tante Margaretha trifft er erstmals am 19. Juni in Gent.

Ordensritter und eine Heirat
Um sich beim Adel Aragóns angemessen einzuführen, hält Karl in Zaragoza ein weiteres Ordenskapitel ab. Er sichert sich in Hofkreisen Sympathien, indem er die Heirat seiner jungen Stiefgroßmutter, Germaine de la Foix, mit seinem Jugendgefährten, dem Markgrafen von Brandenburg, arrangiert. Dies Arrangement ist nicht ganz uneigennützig, denn Germaine spinnt seit längerem an einer Intrige, die ihr die Heirat mit ihrem anderen Stiefenkel, dem vierzehnjährigen Ferdinand einbringen soll. Sie hofft, auf diese Art Königin von Aragón bleiben zu können. Dort hält man zwar viel von Ferdinand, die Dame Germaine dagegen ist wegen ihrer Raffgier und Grausamkeit eher unbeliebt. So erscheint die Heirat mit einem deutschen Fürsten als elegante, von allen Seiten akzeptable Lösung.

Karl und die Cortes von Aragón
Die Verhandlungen mit den aragonesischen Cortes gestalten sich noch viel schwieriger als die mit den kastilischen. Die Kastilier sind Ritter, die nicht nachrechnen, was ihre Forderungen bedeuten. Die Aragonesen sind von Kaufmannschaft geprägt und rechnen sehr wohl nach. Außerdem sind sie streng darauf bedacht, ihre Andersartigkeit und ihre Privilegien zu bewahren. Obwohl Karl hier erstmals Gelegenheit hat, den arabisch geprägten Baustil Spaniens außerhalb Kastiliens kennenzulernen, wird ihm die Zeit doch lang. Erst im Mai 1518 wird er als Nachfolger seines Großvaters Fernando anerkannt, und es dauert mehr als zwei weitere Monate, bis Aragón der Einigung Spaniens unter seiner Herrschaft zustimmt.

Eine neue Ära?
Während der Debatten um die Einigung Spaniens stirbt am 17. Juni der altburgundische Kanzler Sauvage. Margaretha bricht innerlich in Jubel aus, als sie Karl „ihren Mann" Gattinara als dessen Nachfolger anfordert. Das ist ein sicheres Zeichen, dass Karl sich aus dem Einfluss seines Mentors Chièvres zu lösen beginnt. Gattinara hat nichts von der geistigen Enge und patriotischen Beschränktheit eines Chièvres oder Sauvage. Im Austausch gegen Gattinara unterzeichnet Karl am 18. August 1518 eine Urkunde, die Margaretha in den Niederlanden wieder voll in ihre alten Rechte als Regentin einsetzt.

Zaragoza, Herbst 1518

Abschied von Eleonor
Die Debatten um die Einigung Spaniens ziehen sich weiter hin. Anfang Oktober muss Karl sich von seiner liebsten Begleiterin Eleonor trennen. Sie ist inzwischen über zwanzig und damit für eine königliche Braut recht alt. Am 10. Oktober 1518 muss sie endgültig in Richtung Portugal aufbrechen. Wie ein Liebender, der den Abschied nicht erträgt, begleitet Karl sie einen ganzen Tag lang nach Westen. Es ist ihr gemeinsamer Abschied von der Jugend. Beide werden von nun an auf eine Art allein sein, die sie noch nicht kennen. Mit seiner kleinen Schar reitet Karl zurück nach Barcelona.

Ihr Teil des niederländischen Hofstaates begleitet Eleonor auf dem langen Weg nach Portugal. Im Gepäck hat sie den Vliesorden für den dreiundfünfzigjährigen Witwer ihrer Tanten Isabella und Maria. Manoel der Prächtige hat ein gelähmtes Bein und zu den acht ehelichen noch zehn natürliche Kinder. Wie wird Eleonor von ihnen allen aufgenommen werden? Die Reise dauert viele Wochen und geht doch viel zu schnell vorbei.

Lisboa, 7. März 1519 bis 1523

Trauung mit Manoel
Die seit so langem anstehende Trauung wird nun mit allem überbordenden Pomp des manuelinischen Hofes zelebriert. Hat Eleonor vielleicht manchmal gehofft, der Tod Manoels könne sie letztlich noch davor bewahren? Ihr Leben als Königin von Portugal hinterlässt keine Spuren in der europäischen Geschichte. Die Heirat ist in Europa nicht populär, Portugal und Spanien fraternisieren nicht miteinander, trotz der ständigen Heiraten untereinander.

Eleonors dynastische Ehe in Portugal
Man erfährt nichts darüber, wie sie zu ihrem Gatten steht oder zu ihren Stiefkindern aus seinen Ehen mit Juanas Schwestern. Freundet sie sich mit der ältesten, Isabel an, die ihren geliebten Bruder heiraten wird? Spricht sie mit ihr über seine vermuteten Qualitäten als Ehemann, wie Juana es zum Entsetzen Margarethas tat? Erzählt sie dem jungen Mädchen, das gleichzeitig ihre Cousine, Stieftochter und zukünftige Schwägerin ist, von der Zeit in den Dünen von Middelburg?

Das weiß man nicht, aber man weiß, dass sie keinen Einfluss auf die Politik hat. Manoel lässt ihr aber in kulturellen Dingen freie Hand, und sie holt niederländische Maler und Musiker nach Portugal. Die Arbeiten niederländischer Maler zieren die Galerien. Nicht alle Künstler kommen nach Portugal. Ein großes Bild der königlichen Familie Portugals in dieser Zeit wird vom Hofmaler der Tante Margaretha, Orley in Malines gemalt. Der Maler hat einzig Eleonor in ihrer Jugend gekannt, alle anderen Mitglieder der Familie kann er nur nach den Porträts anderer Künstler gestaltet haben, er hat sie nie gesehen.

Fragwürdiges Mutterglück

Eleonor wird während dieser Ehe zweimal Mutter, doch ihr Thronfolger, den sie unbeirrt auf den Namen Carlos taufen lässt, stirbt schon als Kleinkind. Die Geburt einer Tochter, die sie Maria nennt, tröstet sie zunächst. Doch bereits 1521 stirbt Manoel, und Karl verlangt die Rückkehr der Schwester nach Spanien, da er sie für neue Heiratsprojekte braucht. Ihre Tochter muss sie schweren Herzens zurücklassen. Vor ihrer Abreise hat sie noch im Sinne ihres Bruders die Heirat der jüngsten Schwester Catalina mit dem neuen König, João III., ausgehandelt.

Man behält ihre kleine Tochter Maria als Pfand für die Einlösung des Heiratsversprechens zwischen Karl und Isabel in Portugal zurück, denn seit der Abgabe dieses Versprechens sind mittlerweile drei Jahre verstrichen, und Karl hat keinerlei Anstalten gezeigt, es einzulösen. Gut, er ist im Norden Europas ständig unterwegs gewesen, aber andere heiraten ja auch per procuratione. Auch nachdem Karl 1526 endlich Isabel geheiratet hat, wird Maria in Portugal bleiben. Trotz zahlloser dynastischer Verlobungen wird sie dort auch 1577 - immer noch unverheiratet - in einem von ihr gestifteten Kloster sterben. Zweimal noch wird sie in dieser Geschichte auftauchen.

Tod und Wahl eines Kaisers

Malines, Herbst 1517 bis Sommer 1518

Korrespondenz um die Kaiserwahl

Verärgert über die unzureichenden Vollmachten, mit denen sie vor der Abreise Karls ausgestattet wurde, nimmt Margaretha unverdrossen wieder an den Ratssitzungen der Niederlande teil und verteidigt dabei zäh die von ihr als richtig erkannten Positionen. Der größere Teil ihrer Energie konzentriert sich allerdings auf die Vorbereitung der Wahl ihres Neffen zum römischen König. Dazu steht sie nicht nur mit dem Vater in ständigem Briefwechsel, sondern spinnt ihre diplomatischen Fäden über ganz Europa.

Als die Kunde vom Tode des Kanzlers Sauvage die Niederlande erreicht, ist Margaretha mehr als erleichtert, dass Karl Gattinara als neuen Großkanzler anfordert. Das ist in Bezug auf die anstehende Wahl zum römischen König ein Schritt in die richtige Richtung. Margaretha verstärkt Ihre diplomatischen Bemühungen. Karl ist mit nichten der einzige Bewerber um die Kaiserwürde, die zwar an realer Macht sehr wenig und in finanzieller Hinsicht nichts einbringt, deren mystische Bedeutung aber um so höher im Kurs steht.

Exkurs: Die Konkurrenten um die Kaiserkrone
Das Reich und die Nachbarn 1518

Das Reich war in seinen Grundzügen viel mittelalterlicher als Burgund oder Spanien. Es gab keine klare Linie der Reichspolitik und auch keine gemeinsame Außenpolitik. Man war sich dieser Mängel seit langem bewußt und hatte immer wieder eine umfassende Reichsreform angestrebt, die aber sowohl unter Friedrich III. als auch unter Maximilian I. lange in wohlmeinenden Ansätzen steckenblieb.

Burgund, in der Mitte zwischen Frankreich, dem erstarkenden Nationalstaat und dem in regionale Herrschaften zersplitterten Reichsteil deutscher Sprache gelegen, war ein guter Nährboden für das Wiedererstarken der Reichsidee, denn hier lebte noch der Geist der Ritterschaft, einst Blüte und Elite des Mittelalters. Die Ritterschaft war übernational, sprach zwar französisch, dachte aber abendländisch. „Ihr Land verfügte über keine nationalen Grenzen und über keine ethnische Einheitlichkeit. Das machte die Menschen aufgeschlossener und bereit, auch in geistigen Auseinandersetzungen ihren Mann zu stehen“ (Otto von Habsburg). In den deutschen Landen war die Ritterschaft fast gänzlich aufgerieben worden zwischen der Macht der Landesfürsten und der der freien Städte. Einer der letzten seines Standes war hier Franz von Sickingen, ein glühender Verfechter der Wahl Karls.

Trotz des Erwachens der Nationalstaatlichkeit in England und Frankreich haftete der Kaiserwürde noch immer ein religiöser, fast übernatürlicher Nimbus an. Er wurde verstärkt durch die nach der Vertreibung der Mauren aus Spanien bedrohlich werdenden islamischen Einfälle und Eroberungen in Südosteuropa und im Mittelmeerraum.

In den deutschen Reichslanden selbst sahen vor allem die Bauern, deren Aufstände in dieser Zeit beginnen, einzig in einem starken Kaiser denjenigen, der ihre Beschwerden abstellen und das Recht des Einzelnen gegen die Landesfürsten durchsetzen konnte. Die Bauern und alle, die sich ihnen anschlossen, begrüßten die Kandidatur Karls mit Stürmen der Begeisterung, die realistisch betrachtet nur dem Enkel des „Volkskaisers“ Maximilian galten und nicht der - unbekannten - Person Karl.

Da die Kaiserwürde so begehrt war, entwickelte sich die Wahl zu einem lukrativen Geschäft, bei dem alle Beteiligten die größtmöglichen Vorteile zu erringen suchten. Da es bei den Papstwahlen nicht anders zuging, empfand das niemand als ehrenrührig. Erst das Aufeinanderprallen der Ansprüche der Könige von Frankreich, England und Karls, der inzwischen ja außer Herzog von Burgund auch noch König von Spanien war, gab den Kurfürsten ein gewisses europäisches Gewicht. Auch der Papst war mehr denn je am Ausgang der Wahl interessiert, denn François‘ Kriegszüge nach Oberitalien bedrohten den Kirchenstaat und das Gleichgewicht in Oberitalien genauso wie Karl, der im Süden des Kirchenstaates Herr des Königreiches beider Sizilien war.

Konkurrent François I. von Frankreich

François I. meldet seine Ansprüche auf die Kaiserkrone sofort an, als in Europa publik wird, dass Maximilian seinen Enkel zum römischen König wählen lassen will. Er muss es quasi aus Selbstschutz tun, denn er kann nicht tatenlos zusehen, wie der jüngere Karl ihn nicht nur von Nord und Süd in die Zange nimmt, sondern sein durch die spanischen Besitzungen in Übersee ohnehin schon gigantisches Erbe auch noch um das Prestige der Kaiserkrone erhöht. François nennt sich als Souverän Frankreichs „allerchristlichster König“. Nun verkündet er, gemäß der überkommenen Vorstellung vom Kaiser als dem Schwert oder militärischen Arm des christlichen Glaubens, wenn er gewählt werde, sei er drei Jahre später in Konstantinopel - natürlich als Eroberer - oder tot! In der für ihn typischen verspielten Art erklärte er auch, warum zwischen ihm, François, und seinem „Sohn“ Karl (Altersunterschied zur Erinnerung: sechs Jahre) aus der gleichzeitigen Bewerbung um das höchste weltliche Amt der Christenheit keine Feindschaft entstehen müsse: „Das Reich ist eine Geliebte, um deren Hand wir beide werben.“ Eine solche Werbung könne man durchaus freundschaftlich und ritterlich führen als „une guerre amoureuse“.

François hat ausreichend Geld zur Verfügung, denn in Frankreich hat sich früh eine Staatskirche entwickelt. Die Krone hat die Kontrolle über die Einkünfte aus den Kirchengütern und damit ein geregeltes Einkommen. Dafür schützt der König die von ihm selbst eingesetzten Bischöfe vor Übergriffen aus Rom. Seit Louis XI. ist die Macht der Feudalherren im wesentlichen gebrochen, und die Krone kann mit einem von Bewilligungen unabhängigen Einkommen rechnen. Ausschlaggebend ist dabei nicht dessen Höhe, sondern dessen Regelmäßigkeit.

Konkurrent Henry VIII. von England

Erhebt der König von Frankreich Anspruch auf das Kaisertum, kann sein Rivale in England, Henry VIII., nicht zurückstehen. Er beruft sich auf Versprechungen, die Maximilian ihm - wie immer aus Geldmangel - gemacht hat. Noch kann sich auch der englische König darauf berufen, ein Verteidiger des christlichen Glaubens und des römischen Papstes zu sein. Hinter Henry steht als treibende Kraft sein Kanzler Wolsey, der darauf spekuliert, mit der Erhebung seines königlichen Herrn zum Kaiser, seinem persönlichen Ziel, der Erlangung der päpstlichen Mitra, ein Stück näher zu kommen. Letztlich ist die englische Kandidatur weniger aussichtsreich als die französische, denn es bestehen weit weniger Beziehungen zwischen englischen und deutschen als zwischen französischen und deutschen Fürstenhäusern.

Konkurrent Lajos von Ungarn

Da gibt es auch noch Lajos von Ungarn, mit Karls Schwester Marie in Kinderehe vereint, dem Maximilian die Kaiserkrone für den Fall zugesagt hatte, dass seine Schwester Anna nicht binnen Jahresfrist an einen seiner Enkel verheiratet sein sollte. Das gute Kind Anna sitzt weiterhin jungfräulich mit der ebensolchen Schwägerin Marie in Innsbruck und hat keinen der beiden je gesehen. Auf Anraten seiner Berater fordert Lajos Anna zurück. Als König von Böhmen ist er stimmberechtigter Kurfürst bei der Kaiserwahl und fordert - quasi als Entschädigung - die Kaiserkrone für sich. Dabei stützt er sich auf den Geheimvertrag mit Maximilian.

Marie ist entsetzt. Für sie steht außer Frage, dass ihr Bruder Karl der einzige mögliche Nachfolger des Großvaters ist. Natürlich steht sie in stetem Briefwechsel mit der Tante in Malines und weiß, dass diese für Karl um die Kaiserkrone kämpft. Die Tante ist der Überzeugung, dass François I. von Frankreich hinter der Forderung des Lajos steht. Für Marie zählt nur, dass ihr Gatte es wagt, gegen ihren Bruder anzutreten. Welche Vermessenheit! Oder will er auf diese Art auch noch seine Braut loswerden? Natürlich führt die ganze Angelegenheit zu heftigen Streitereien zwischen den jungen Königinnen in Innsbruck.

Verkaufe eine Braut immer teuer!
Die weltkluge Margaretha weiß die rechte Waffe zu wählen und schickt einen alten Botschafter ihres Vaters nach Buda. Der bringt den Magnaten das, was Lajos zwar verspricht, aber auch als Kaiser kaum wird aufbringen können: Bares. Aus Prestigegründen fordert Lajos noch, dass dann aber Karl Anna heiraten muss, damit die Kaiserkrone, auf die er „verzichtet" wenigstens in der Familie bleibt. Karl lässt mitteilen, er müsse erst die Dispens vom Eheversprechen an die kleine Valois abwarten. Wenn er schon die Kaiserkrone weder für sich noch für seine Schwester bekommt, stellt Lajos als letzte Bedingung, dass er Marie nur heiratet, wenn Ferdinand das komplette österreichische Gebiet aus dem habsburgischen Erbe erhält. Karl ziert sich lange. Letztlich ist diese Bewerbung des Königs von Ungarn eine reine Familienangelegenheit, international wird sie am wenigsten ernst genommen, denn zum einen gehört Ungarn nicht in das Konzert der westeuropäischen Staaten, und zum andern ist Lajos noch nicht großjährig.

Haltung des Papstes
Der Papst, Leo X. aus dem Hause Medici, empfindet sich selbst als echten Renaissancefürsten und weniger als Kirchenvater. Daher sind ihm weder Karl noch François sonderlich genehm, denn beide bedrohen mit ihren Anspruchen auf Teile Italiens den Kirchenstaat. Deswegen bringt er Friedrich den Weisen von Sachsen ins

Gespräch. Mitgespielt haben mag bei diesem Vorschlag auch die Hoffnung, der Landesvater des Mannes Luther wäre vielleicht bereit, seine schützende Hand von diesem „Religionsstörer" abzuziehen, wenn die Kurie seine Wahl zum Kaiser unterstützt oder gar durchsetzt.

Der Papst war gezwungen gewesen, den Kirchenbann über Luther zu verhängen, obwohl er persönlich an Glaubensgrundsätzen überhaupt nicht interessiert war. Doch Luther hatte auf seiner Verdammung des Ablasshandels bestanden. Zu ärgerlich, denn gerade der brachte doch soviel Geld in die Kassen des Vatikans. Besonders seit Tetzel in deutschen Zungen predigte und die Fugger aus Augsburg den Geldtransfer managten. Es wäre doch eine wunderbare Lösung, wenn auf diese Art Luther zum Schweigen gebracht und seine angeblich rasch wachsende Anhängerschaft sich danach einfach auflösen würde.

Malines, Sommer 1518

Erweiterte Vollmachten für Margaretha

Um die Tante für die Mehrarbeit zu entlasten, die der Weggang Gattinaras für sie bedeutet, erweitert Karl von Zaragoza aus ihre Vollmachten. Er räumt ihr alle Rechte einer Regentin ein, und in einem Begleitschreiben zu dem Erlass heißt es: „Wir tun zu wissen die große und einzigartige Zuneigung und das Vertrauen, das Wir haben zu der Person Unserer sehr teuren Tante. Und da Wir durch wahre Erfahrung die große Sorgfalt kennen, die sie bewiesen hat und täglich beweist bei Unseren Angelegenheiten in den Niederlanden in Zeiten Unserer Minderjährigkeit und selbst seit Wir von Unserem Lande abwesend sind, ohne ihre Person und ihre Güter zu schonen, danken Wir dieser Dame also, dass sie um so mehr geachtet und anerkannt sein möge".

Margaretha hat nun endlich die Regierungsgewalt, die der Vater ihr einst versprochen und nie wirklich überlassen hatte. In einem Brief, den sie mit der Kopie der Urkunde aus Zaragoza an den Vater schickt, gibt sie zu, wie sehr die Ausschaltung aus der Regierung durch den Neffen sie beleidigt hatte.

Margaretha steigt voll ein

Nun ist wieder Malines und nicht länger Brüssel das Zentrum. Es gilt ja nicht nur durch geschickte Gesandtschaften die Kurfürsten zu beeindrucken, man muss ja im ganzen Adel Parteiungen schaffen, gewinnen, verändern. Mancher kommt an den Hof, der glaubt, alte oder neue Differenzen mit der französischen Krone im Zuge der Wahl begleichen zu können, wie die Brüder de la Marck. Doch Margaretha hütet sich, die ganze Angelegenheit persönlich werden zu lassen. Als die kleine Louise, die aktuelle Verlobte Karls, stirbt, schickt die Tante sofort einen Botschafter, um für den Neffen um die Hand der nächsten Tochter der französischen Krone, Charlotte, zu bitten. Es ist allen klar, dass die Zweijährige nur eine weitere zeitweilige Verlobte Karls sein wird, aber solche Gesten zählen.

Fast ein Jahr hat Margaretha nun die zunächst eingeschränkte, jetzt vollständige Regentschaft, über die Niederlande in Händen. Alles in allem war es ein angenehmes Jahr, und vielleicht gibt es ja noch viele solche Jahre für sie. Wenn der Neffe Kaiser wird, wird er noch weniger Zeit für die Niederlande haben und ihrer endlich anerkannten Hilfe noch mehr bedürfen. Wer weiß, was der Vater, der beteuert, seine Gesundheit sei gut, noch alles aushecken wird, wo sie ihn bremsen, wo ihn unterstützen muss?

Die Wahl wird teuer werden

Karl selbst ist in Spanien vollauf beschäftigt und sieht es mit fast kindlichem Zutrauen als selbstverständlich an, dass die Tante und der Großvater es schon schaffen werden, ihm die Kaiserkrone zu sichern. Während Karl meint, mit 100.000 Gulden Wahlgeldern, die er aus Spanien schickt, Großes geleistet zu haben, sind Margaretha und Maximilian über seine naiven Vorstellungen von den tatsächlich erforderlichen Summen entsetzt.

Es entbrennt ein heftiger Briefwechsel über Kosten und Nutzen der Kaiserwahl und die nahezu unbeschränkten Mittel, die François willens und fähig ist, für seine Wahl einzusetzen. Von drei Millionen Livres (das entspricht einem halben Jahreseinkommen der Krone) ist die Rede, und der junge König tönt vollmundig, er sei bereit, sein ganzes Königreich, das schönste nach dem Himmelreich, für die Kaiserkrone einzusetzen. Bekanntlich nennt ihn seine Mutter seit frühester Kindheit: „Mein Caesar", und das ist nicht ohne Folgen geblieben. Da wird die Casa de Austria noch manchen finanziellen Kraftakt zu leisten haben.

Augsburg, Sommer 1518

Maximilians größer Traum

Kaiser Maximilian ist stets ein inspirierter Produzent unkonventioneller Ideen gewesen, jetzt jagt er seiner größten Schimäre nach: Um den mittelalterlichen Suprematsstreit zwischen Kaiser und

Papst zu beenden, will er die beiden höchsten Ämter der Christenheit in seiner Person vereinigen. Seine pragmatische Tochter Margaretha versucht, ihn mit dem Ausspruch, sie könne nicht an die Unfehlbarkeit ihres Vaters glauben, etwas auf den Boden der Tatsachen zurückzuholen. Maximilian gibt den Gedanken nicht ganz auf, reist aber im Sommer 1518 zum Reichstag nach Augsburg, um seinen Enkel Karl zum römischen König wählen zu lassen.

Das Erreichbare
Immerhin fünf der sieben Kurfürsten kann er zur Unterschrift bewegen. Die ganze Aktion hat nur einen kleinen Haken: Er selbst hat zwar seit Trient 1508 das Recht, sich „Erwählter Römischer Kaiser" zu nennen, vom Papst gekrönt worden ist er allerdings bislang nicht. Maximilian ist also de jure immer nöch „römischer König", und davon kann es nur einen geben. Die Statuten des Reiches lassen nicht zu, dass zwei Personen diesen Titel gleichzeitig führen. Nun drängt Maximilian beim Papst auf sofortige Krönung, doch Leo X. stellt sich taub. Als Maximilian die Nachricht erhält, moniert er voll Resignation. „Kein Papst hat mir die Treue gehalten!"

Malines, im September 1518

Ein Anfang ist gemacht
An einem lauen Herbstabend hat sich Regentin Margaretha allein in ihre Bibliothek zurückgezogen. Es ist schon recht spät, als ein Bote aus Augsburg den Palast erreicht. Soll man ihn nicht besser erst morgen vorlassen? Nein, sofort, er hat eilige Nachricht vom Kaiser! Maximilian teilt seiner Tochter voller Stolz mit, dass er die Zusagen von fünf Wahlmännern in der Tasche hat. Nur Sachsen und der Erzbischof von Trier müssen noch gewonnen werden, dann steht der Wahl Karls im nächsten Jahr nichts mehr im Wege.

Margaretha möchte vor Freude tanzen, singen und jubeln, doch das schickt sich wohl nicht für eine etwas füllig gewordene Regentin von bald vierzig Jahren. Ihre Freude ist so groß, dass sie am nächsten Morgen ihre professionelle Verschwiegenheit durchbricht und dem englischen Botschafter vom günstigen Stand der Dinge berichtet. Nicht ganz ungefährlich, denn Henry VIII. hat inzwischen eingesehen, dass seine eigenen Wahlchancen eher gering sind und verdingt sich mal auf der einen, mal auf der anderen Seite als „Wahlhelfer".

Neue Probleme ...

Ein zweiter Grund für Maximilians persönliches Erscheinen in Augsburg ist, dass er sich verpflichtet fühlt, zum Schutze Ungarns zum Türkenfeldzug aufrufen. In seiner allgemeinen Weltfremdheit und seiner Entfremdung von den Problemen der deutschen Reichslande ist ihm nicht klar, dass in Augsburg ganz andere Dinge zur Debatte anstehen. Man hat ihm längst die Thesen Luthers vorgelegt, die dieser im Jahr zuvor in Wittenberg angeschlagen hatte. Nun ja, eine dieser Streitschriften, wie sie ständig im Volke kursieren. Maximilian hat die Sache als solche nicht weiter wichtig genommen, nur an den sächsischen Kurfürsten geschrieben und gebeten, diesen Mönch gut zu bewachen, vielleicht könne man ihn noch einmal als Druckmittel gegen den Papst brauchen.

Nun muss er feststellen, dass die Thesen Luthers auch auf dem Reichstag mit Leidenschaft diskutiert werden, dass es unter Fürsten, Adel, Bürgern und Bauern Anhänger dieses Martin Luther gibt, die in ihm weit mehr sehen als nur einen weiteren religiösen Spinner. Der Kaiser hat erreicht, was er auf diesem Reichstage erreichen konnte. Um den Türkenpfennig muss eben im nächsten Jahr erneut debattiert werden. Maximilian fühlt sich leidend und beschließt, sich auf den Weg nach Süden zu begeben.

... und alte Krankheiten

Während des Reichstags hat Dürer, den Maximilian seinen Freund nennt, sein Altersporträt gemalt. Nun spürt der Kaiser die Last seiner Jahre, die das Bild zeigt. Auch die Sterne lassen für das Jahr 1519 für ihn persönlich nichts Gutes erwarten, und so macht er sein Testament. Darin regelt er penibel die Behandlung seines Leichnams und die Beisetzung, verliert aber kein Wort über die Regelung der Nachfolge in den Erblanden. Im Winter will er nach Wien reisen, vorher noch einmal in Innsbruck mit der Enkelin Marie auf Gamsjagd gehen. Doch schon die Reise dorthin kann er nicht mehr auf dem Pferderücken machen, er muss sich per Schiff und Sänfte transportieren lassen. Maximilian leidet an den Folgen eines Schlaganfalles, an einem verschleppten Darmleiden und wahrscheinlich auch an Syphilis. Seit zwei Jahren führt er im Reisegepäck stets einen Sarg mit. Als er endlich in Innsbruck ankommt, wollen die Wirte dort seine Begleitung nicht aufnehmen, bevor nicht die alten Schulden bezahlt sind. Der Kaiser schleppt sich noch bis Wels.

Wels, im Januar 1519

Die letzten Tage

Dort muss er bleiben, inzwischen ist er zusätzlich an der Ruhr erkrankt. Er versucht, seinen Zustand zu verheimlichen, damit die französischen Agenten keinen Vorteil für ihren König daraus ziehen können. Er hofft, seiner Tochter noch so lange beistehen zu können, bis die Wahl Karls gesichert ist. Deshalb schreibt er auch ihr nichts über seinen wahren Zustand, obwohl ihm inzwischen klar ist, wie es um ihn steht. Er stirbt am 12. Januar 1519. Die Enkelin Marie im nahen Innsbruck hört es als erste, Karl erreicht die Nachricht in Lérida, auf seinem Weg nach Barcelona. Die weit verstreute Casa de Austria gedenkt ihres Chefs.

Condottiere oder Traumtänzer?

Maximilian durchsegelte seine Epoche wie ein condottiere, voll sprühender Ideen und immer auf dem Sprung zu neuen, grandiosen Vorhaben. Ohne jeden persönlichen Vorteil hat er die Größe der Casa de Austria gemehrt und gesichert. Wegen seiner oft phantastischen Pläne wurde er häufig zur Zielscheibe des Spotts der Großen seiner Zeit. Vom Volk wurde er geliebt, wo immer er auftrat, denn er schwebte nicht in unantastbarer Glorie über den kleinen Leuten. Er hat sich im einfachen Wams unter sie gemischt, auf ihren Schützenfesten getrunken und getanzt. Deswegen sind diese Menschen bereit, auf seinen Enkel zu setzen. In der langen Linie der griesgrämigen, oft gestrigen, nicht selten von der Natur stiefmütterlich behandelten Habsburger erscheint er mit seiner ritterlichen Größe und seinen oft schrulligen Einfällen wohltuend menschlich.

Innsbruck, im Januar 1519

Marie sucht Schutz

Mit Schrecken wird ihr klar, dass sie nun keinen Beschützer mehr hat. Sie ist vierzehn Jahre alt und schreibt an den ihr vollkommen unbekannten Bruder Ferdinand, er müsse nun sofort kommen, Anna heiraten und bei Anna und ihr die Stelle des Großvaters als Beschützer einnehmen. Sie offenbart sich diesem ihr vollkommen Fremden, einfach aufgrund der Tatsache, dass sie beide der Casa de Austria entstammen. Sie berichtet sachlich, sie sei von Fremden abhängig und liefert sich der Loyalität der Brüder aus, ohne die sie das einsamste Geschöpf unter der Sonne sei. So offen ist die weitverzweigte Familienkorrespondenz selten. Diese Forderung nach

Loyalität richtet sich gleichermaßen nach Innen und Außen. Jedes Familienmitglied hat Anspruch auf sie und schuldet sie selbstverständlich den anderen.

Der Tod Maximilians stürzt ganz Europa in hektische Betriebsamkeit, davon wird noch zu berichten sein, doch die Zukunft der beiden jungen Frauen in Innsbruck ist ganz besonders bedroht. Letztlich ist nun Karl - als Chef des Hauses - für die finanzielle Neuordnung der Innsbrucker Hofhaltung verantwortlich. Als seine Vertreter von den jungen Königinnen die Entlassung einiger Höflinge fordern, scheint Anna zum Einlenken bereit, doch Marie setzt einen flammenden Protestbrief in Französisch auf, den Anna unterschreibt, ohne ihn lesen zu können. Die Sache kommt nicht mehr zur Regelung, da die Mädchen bald darauf Innsbruck verlassen.

Katalonien, Januar 1519

Karls Leben ändert sich drastisch

Acht Monate musste Karl in Zaragoza verhandeln, bevor er Anfang 1519 nach Barcelona aufbrechen kann, um dort die Anerkennung durch die Katalanen zu erringen. Nach Meinung der Aragonesen bleibt Karl auch in ihrem Land nicht lange genug. Unterwegs, genauer in Lérida, zwischen dem 28. und 30. Januar erreicht Karl die Nachricht vom Tode des Großvaters Maximilian. Von Stund an ist Karls Sinnen und Trachten auf die Wahl zum Kaiser des Heiligen Römischen Reiches Deutscher Nation gerichtet. Mehr denn je überlässt er die Verhandlung der spanischen Angelegenheiten seinen Beratern. Oft zieht Karl sich allein zurück, um über seine Zukunft, seine Bestimmung nachzugrübeln. Genauso häufig führt er lange Gespräche mit seinem neuen Großkanzler Gattinara. Jetzt erweist sich dessen Wahl als wahrer Glücksgriff. Denn Gattinara ist fähig, im Bezug auf das Kaisertum in gesamteuropäischen Dimensionen zu denken und zu planen. Allerdings wird er immer Italien als Zentrum dieses Kaiserreiches sehen, und daraus werden noch einige Schwierigkeiten erwachsen.

Kein berauschender Empfang

Der Einzug in die Stadt Barcelona vollzieht sich an einem Abend bei großer Illumination. Man ist nicht allzuweit von Valencia entfernt, der vierten Region, die dringend den Besuch Karls erwartet. Kastilien murrt immer noch, weil Karl sich nur so kurz dort aufgehalten hat. Man vermutet inzwischen, dass Karl Aragón bevorzugt. In Barcelona erweist man ihm auch nicht gerade den einem König schuldigen Respekt. Ein Mitglied der Cortes mäkelt, Karl solle lieber seinen Mund schließen, die katalanischen Fliegen seien unverschämt, es könne ihm leicht eine hineinfliegen, und daran sei schon mancher erstickt!

Auch die Katalanen haben kein Interesse an Karls Kandidatur bei der Kaiserwahl. Man bezweifelt, ob er das Erbe seiner spanischen Großeltern erhalten kann. Die Cortes sind überzeugt, dass er zu sehr unter dem Kuratel seiner Berater stehe, um überhaupt regieren zu können. Allgemein findet man es vermessen, dass dieser völlig nichtssagende Knabe gegen François antreten will, den strahlenden Sieger von Marignano, um auch noch das Reich seines anderen Großvaters zu übernehmen.

Barcelona, Frühjahr 1519

Karl täuscht sie alle

Er geht umher wie ein Schlafwandler, doch mit seinen halbgeschlossenen Augen und seinem halboffenen Mund beobachtet er scharf. Er saugt die Belehrungen Gattinaras in sich ein, bringt seine idealen Vorstellungen mit den Gegebenheiten der Alltagspolitik in Einklang und entwirft seine Ziele und die Möglichkeiten, sie durchzusetzen, in aller Stille. Dann öffnet er sein Visier immerhin soweit, seine Kandidatur François persönlich mitzuteilen. Dessen Antwort: „Wir streiten um dieselbe Dame" charmiert ganz Europa.

Trotz des Widerstandes gegen die Kandidatur in allen spanischen Teilreichen wird die Frage der Regentschaft für die offensichtlich zu erwartende Abreise Karls zunehmend wichtiger. Doch Karl schweigt zu den spanischen Angelegenheiten. Nur in Sachen Kaiserwahl zeigt er seinen unbedingten Willen, dieses Ziel zu erreichen. Vom spanischen Standpunkt erscheint es seltsam, dass Karl so lange in Barcelona verweilt und nicht wenigstens ins nahegelegene Valencia zieht. Doch von Barcelona hat er die schnellstmöglichen und sichersten Verbindungswege zum Reich und in die Niederlande, schnelle Schiffe eilen nach Genua (Grimaldi), Kuriere von dort nach Innsbruck, Wien und Augsburg (Welser, Fugger), nach Brüssel und Malines.

In Barcelona werden die Ergebnisse der Reise des Hernan Cortéz beurteilt und beraten. Seine Eroberungen beginnen, verheißungsvolle Früchte zu tragen. Das muss für die Geldgeber interessant werden. Da kann man leichteren Herzens Schuldscheine unterschreiben. Karl beschließt, Magellan bei seiner Weltumsegelung zu unterstützen.

Vlieskapitel
Im März wird im Tinell-Saal des alten Königspalastes im Barrio Gotico mit dem Gewölbe aus sechs kolossalen Rundbögen das erwähnte große Kapitel des Ordens vom Goldenen Vlies mit dreizehn Neuaufnahmen abgehalten, die meisten davon sind Spanier, aber auch Sigismund, der König von Polen und der Schwager aus Dänemark sind dabei. Auch ihm muss Karl wegen der Kaiserwahl Zugeständnisse machen, denn Christians Mutter stammt aus Sachsen, und er kann über seine dortige Verwandtschaft Einfluss auf die Wahl nehmen. Christian war versessen darauf, Ritter vom Goldenen Vlies zu werden. Da die niederländischen Herren nicht bereit waren, ihn in ihren Reihen zu dulden, macht Karl ihn nun zum Mitglied der Sektion Barcelona, die vielleicht den persönlichen Lebensstil des Probanten nicht kennt (was allerdings bei der Internationalität der Ritterschaft eher unwahrscheinlich ist!). Vom Königspalast führt eine Galerie in die Königskapelle Santa Aguenda. Hier wird Karl viele Male um Gottes Beistand zu seinem großen Vorhaben gefleht haben.

Malines, Frühjahr 1519

Nach Maximilians Tod
Margaretha trauert tief, sie hat den einzigen Menschen verloren, der ihr bei der Planung der Zukunft der Casa de Austria eine Stütze war, dem sie vertrauen konnte. Die Last der Verantwortung für die nächste Generation liegt nun allein auf ihren Schultern. Sie macht ihrem Schmerz in einigen Versen Luft, mehr Zeit zu trauern hat sie nicht, es gibt viel zuviel zu tun.

Neue Phase des Wahlkampfes
Mit dem Tode Maximilians sind alle früheren Abmachungen die Wahl betreffend hinfällig, und der Kaisertitel wird vollends zu einem Auktionsobjekt für den Meistbietenden. François schickt vertraute Freunde zu den Kurfürsten, die diese gegeneinander auszuspielen versuchen und Gerüchte über Karl ausstreuen. Karl sei als König von Spanien noch mehr Ausländer als François! Die Spanier würden ihren König nie nach Deutschland reisen lassen! Karl sei so krank, dass er die deutschen Lande nie lebend erreichen wird! Das letzte Gerücht hat leider einen realen Hintergrund, denn

Karl ist unlängst während einer Messe plötzlich umgefallen und wie tot liegen geblieben. Leider gab es zu viele Zeugen, um das Ereignis nach der sonst üblichen Vorgehensweise totzuschweigen. Immer wieder drohen die Franzosen, ihr König käme mit Truppen über den Rhein.

Inzwischen zeitigen die Maultierladungen Gold, die François heranschaffen lässt, bei allen Kurfürsten außer dem Sachsen ihre Wirkung. Als besonders gierig erweist sich der Brandenburger, den man den „Vater der Habgier" nennt, weil er fünfmal hinter einander die Hand aufhält. Es scheint, die Person des künftigen Kaisers ist den Kurfürsten völlig unwichtig, wichtig ist nur, wer ihre Säckel füllt.

Margaretha hat eine Alternative

Das Wahlgeschäft hat für Margaretha längst absolute Priorität. Selbst Ferdinands Ankunft in den Niederlanden geht in dieser Betriebsamkeit ein wenig unter. Er erhält in Malines seinen eigenen Hofstaat, nimmt seinen Sprachunterricht auf, aber eine konkrete Aufgabe für ihn wird noch nicht festgelegt. Nach altem Brauch hätten die Brüder die Herrschaft über die Erblande gemeinsam führen müssen, doch Karl hat Matthäus Lang, Kardinal von Gurk, als Regenten bestimmt. Er gilt als zu unbeweglich für die Verhandlungen um die Kaiserkrone, deswegen ist Innsbruck genau wie Barcelona nur eine „Nebenstelle" im Kampf um die Wahl. Das Zentrum ist Malines.

Margaretha erhält von Henry VIII. die Zusage, er werde sich für die Wahl Karls einsetzen. Sein Kardinal und Kanzler Wolsey zeigt sich dabei besonders beflissen, hofft er doch insgeheim, als „heimlicher Schiedsrichter der Christenheit" zuletzt der lachende Dritte zu sein und doch noch Papst zu werden. Trotz dieses Erfolges sinken die Chancen Austrias aber mehr und mehr, denn François zeigt sich immer entschlossener, die Krone zu erringen: „Soit pour amour, soit pour argent, soit par force" (Sei es durch Zuneigung, durch Geld oder durch Gewalt).

Margaretha ist sich nicht sicher, ob man es auf die totale Konfrontation ankommen lassen soll. Sie besinnt sich darauf, dass die deutschen Fürsten im Zweifel immer den schwächeren Kandidaten vorziehen, den, der ihre „Fürstenfreiheit" mangels geeigneter Hausmacht am wenigsten bedrohen kann. Deshalb schlägt sie nun Karl vor, den Bruder Ferdinand aufzustellen, der zwar wie Karl selbst das Prestige des Großvaters als Plus verbuchen könne, mangels eigener Herrschaftsgebiete aber keine Bedrohung für die deutschen Fürsten darstelle.

Barcelona, Frühling 1519

„Ich will Kaiser werden!“
Ohne jede Rücksprache mit Beratern antwortet Karl: „Ich denke nicht daran, angesichts so bedeutender Aufwendungen und Aussichten, insbesondere der früheren Bereitschaft der Kurfürsten, die Wahl eines anderen zuzulassen. Meine Berater sollen wissen, dass ich das Letzte einsetzen werde, denn es geht mir um Reputation und Ehre. Nur die Vereinigung aller meiner Länder gibt dem Kaisertum die jeden Gegner abschreckende Machtstellung zum Heile des Glaubens und zur Verteidigung der Christenheit. Bin ich erst einmal Kaiser, habe ich ganz andere Möglichkeiten, auch für Ferdinand zu sorgen!“ Er schreibt mit gleicher Post eigenhändig an den Bruder und sichert ihm eine gerechte Erbteilung zu. Er bittet Ferdinand, bis das erledigt sei, möge er nicht ins Reich reisen.

Diese klare Entscheidung - man kann sie auch eine Forderung nennen - ist als Karls erste eigenmächtige Regierungshandlung zu sehen. Es ist zugleich sein Bekenntnis zur Idee des universalen Kaisertums und zu der Überzeugung, dass nur er allein den damit verbundenen Aufgaben gewachsen ist. Margaretha und Ferdinand müssen ihm letztlich Recht geben. Die Casa de Austria muss sich in einer einzigen Identifikationsgestalt etablieren, eine aus Zweckmäßigkeitserwägungungen herbeigeführte Rivalität zwischen den Brüdern wäre zu unkalkulierbar.

... und Karl ist verunsichert?
Die Berichte der Tante über die Goldmengen, die François für seine Wahl einsetzt, versetzen Karl fast in Panik. Die Vorstellung, von François überboten zu werden, entwickelt sich bei ihm vielleicht schon in dieser Phase zum Trauma. Er muss unbedingt verhindern, dass der leichtfertige Franzose ihn in diesem Wettlauf um die Fürstengunst schlägt! Nur er kann das Reich retten, die Christenheit einen und ihren wahren Zielen zuführen. Das ist die Aufgabe, für die Gott ihn, Karl, ausersehen hat. Er muss sie mit christlichem Eifer und in Demut erfüllen. Dabei geht es ihm nicht um persönlichen Ruhm - den er François als Motiv unterstellt. Nicht einmal um das Prestige und die Ehre der Casa de Austria geht es hier für Karl. Es geht um die Erfüllung des universellen Ideals. Deshalb muss es ihm einfach gelingen, die spanischen

Cortes von der Notwendigkeit weiterer Bewilligungen für den Wahlkampf zu überzeugen. Er muss das schaffen, er muss!

Die Last des Kaisertums

Karl weiß, dass die Kaiserwürde eine ungeheure Last sein wird, auch finanziell. Doch er fühlt sich zu dieser Aufgabe berufen. Gattinara, sein Kanzler, bestärkt ihn in seinen universellen Vorstellungen, füllt seine mehr vagen und schwärmerischen Ideen mit konkreten politischen Inhalten. Dynastie und Reich sind die Begriffe, die seine Zukunft formen und die er in Zukunft formen will. Aus der Größe dieser Aufgabe erwächst ihm die so lange vermisste persönliche Kraft.

Er will als Kaiser die „pax romana" des Reiches neu errichten. Er hätte damit eine frühe Entsprechung der europäischen Einheit erreicht, wäre es gelungen. Das klingt heute wieder modern, 1519 aber beinhaltet es eine fatale Nähe zur Vergangenheit, denn es missachtet die reale Situation, die Ausbildung der Nationalstaaten.

Augsburg, Frühjahr/Sommer 1519

Die Fugger kommen ins Spiel

Da die ganze Wahl vom Geldtransfer bestimmt wird, ist klar, dass den Bankhäusern eine nicht unerhebliche Rolle zukommen wird. Der reichste Mann seiner Zeit ist der Augsburger Jakob Fugger, genannt der Reiche. Seine Familie war groß geworden, weil sie schon zu Zeiten von Maximilians Onkel Sigismund die Finanziers der Habsburger waren und dafür vornehmlich mit Bergwerksregalien und Münzrechten entschädigt wurden. Maximilian und Jakob Fugger waren fast so etwas wie Freunde, der Kaiser war oft bei den Fuggers zu Gast. Der König von Frankreich versucht nun, Fugger für sich zu gewinnen. Fugger lässt François mitteilen, er und seine Brüder seien „gute Untertanen des Kaisers und gedächten, es auch zu bleiben". Eine deutliche Votation für die Casa de Austria.

Margaretha erfährt davon über die österreichischen Räte ihres Vaters und schreibt Jakob Fugger einen sehr herzlich gehaltenen Brief, in dem sie sich für sein Verhalten bedankt. Jakob hebt in seinem Antwortschreiben seine großen Verdienste um den gewesenen Kaiser hervor und beteuert seine Bereitschaft, trotz allem Vorgefallenen dem Enkel Karl genauso treu dienen zu wollen. Fugger spielt darauf an, dass Karl sich häufig der Dienste seiner

Konkurrenten, der Welser und der Bankiers von Genua, vornehmlich der Grimaldis bedient hat.

Nun drängt man Karl von allen Seiten, den Fuggern die weitere Finanzierung zu überlassen. Besonders Margaretha besteht darauf. So bekommt das Handelshaus Fugger den größten Teil der Wahlgeschäfte in seine Hand, setzt allerdings auch seine geballten internationalen Beziehungen ein, um Karls Sieg zu erzwingen. So ist es keineswegs unberechtigt, wenn Jakob Fugger vier Jahre später Karl vorhält, ohne seine Unterstützung sei er wohl kaum Kaiser geworden und ihn an die Einhaltung seiner Wahlversprechen mahnt.

Frankfurt am Main, 27. Juni 1519

Das Wahlkollegium tritt zusammen
Die Spannung steigt. Noch ist nichts entschieden. In komprimierter Form wiederholt sich das Geschehen des vergangenen Jahres nun am Ort der Wahl unter persönlicher Anwesenheit der Beteiligten. Als Tag der endgültigen Wahl wird der 27. Juni festgesetzt. Das Läuten der Sturmglocken soll verkünden, dass die Entscheidung gefallen ist.

Längst hat Margaretha um Mainz herum Truppen zusammengezogen, die unter der Leitung Franz von Sickingens stehen. Sollen sie vor den Franzosen schützen, mit deren Aufmarsch François gedroht hat? Oder sollen sie bei den Herren Wahlberechtigten Flucht- und Vertagungsgedanken gar nicht erst aufkommen lassen? Quasi noch auf dem Gang zur Abstimmung halten die Herren die Hände auf.

Das Votum für Karl ist einstimmig!
Als die Glocken läuten und das „Te deum, laudamus“ die Bartholomäuskirche durchbraust, steht fest, dass Charles d‘Autriche, Herzog von Burgund, Carlos I., König von Spanien, als fünfter seines Namens mit einer Hausmacht, wie es sie vor ihm nicht gab und nach ihm nicht mehr geben wird, zum Kaiser gewählt ist. Eine neue Epoche kann ihren Anfang nehmen.

Malines, 30. Juni 1519

Margaretha jubelt
Die Regentin und Tante erhält die Siegesbotschaft bereits zwei Tage nach der Wahl. Triumph! Triumph! ist ihr einziger Gedanke.

Sie hat es geschafft, für die Casa de Austria, für Burgund, für Spanien. Was bedeutet es noch, dass sie nie die ihr versprochene Krone Frankreichs trug, sie hat den König von Frankreich in diesem Entscheidungskampf geschlagen, in dem er die bessere Ausgangsposition hatte! Sofort lässt sie ein Rundschreiben in alle Himmelsrichtungen abgehen: „Soeben haben Wir Nachricht vom königlichen Gesandten erhalten, daß die Kurfürsten einstimmig, inspiriert vom Heiligen Geist, meinen Neffen, den König von Kastilien, zum König der Römer erwählt haben. Wir ordnen an, dass Unsere guten Untertanen davon benachrichtigt werden und Ihr ihnen anempfehlt, Gott dafür zu danken durch Prozessionen, Predigten, Gebete und Ansprachen, Freudenfeuer und andere bei solchen Gelegenheiten üblichen Gebräuche!"

Die Niederlande im Freudentaumel

Mit Freuden und mit gewohnter Gründlichkeit kommen die Niederländer der Aufforderung ihrer Regentin zum Feiern nach. Sie entzünden Freudenfeuer, tanzen und schmausen auf Straßen und Plätzen. Noch vier Wochen später, als der englische Gesandte anreist, um Glückwünsche und Ergebenheitsadressen seines Herrn zu bekräftigen, findet er das Land in einem wahren Freudentaumel. Margaretha sieht es gelassen: Wer feiert, denkt nicht an Revolten. In den deutschen Reichsteilen ist die Reaktion verhaltener.

Eine erste Niederlage für François

In Frankreich löst das Wahlergebnis beim König einen Schock aus. Seit Marignano ist François der unbestrittene Held Europas. Er hat sich dort als der geborene Caesar erwiesen, so zumindest seine Sicht und die seiner Schmeichler. Seines Sieges sicher hat er im Spiel um die Kaiserkrone mehr eingesetzt als ihm tatsächlich zur Verfügung stand. Nun muss er sich mit leeren Kassen neuen Machtverhältnissen in Europa stellen. Die einzige Genugtuung des Königs von Frankreichs: Er hat mit seinem Einsatz die Kosten für den Sieg des Rivalen in schwindelnde Höhen getrieben!

Der Papst auf Seiten des Siegers

Doch kann ihm das Trost sein, wenn der Papst ihn plötzlich von oben herab abfertigt, fast wie einen Schuljungen? Er solle doch bitte die Verhandlungen des Heiligen Vaters mit dem Kaiser des Heiligen Römischen Reiches nicht mit seinen unsinnigen Klagen stören! Dabei hat François sich doch zu Recht - wie er meint - beim Papst darüber beschwert, dass der nicht die ganze Macht seines Amtes in die Waagschale geworfen hat, um die Wahl des ohnehin schon zu mächtigen Knaben Karl zu verhindern!

Malines, Spätsommer 1519

Nur eine kurze Pause
ist Margaretha nach den Anstrengungen und Aufregungen um die Wahl vergönnt. Während man an Europas Höfen wieder zum Alltagsgeschäft oder zu Vergnügungen, Klatsch und Tratsch übergeht, heißt es für sie, die so teuer erkämpfte Position des Neffen zu festigen. Zuerst streckt sie die Hand zu ihrem Lieblingsverbündeten England aus und wird zu ihrer Freude dabei von der Kanzlei Karls in Spanien unterstützt. Überraschend schnell ist man sich einig, dass Karl auf seiner Rückreise in die Niederlande in England eine Stippvisite machen soll, um neue Verträge auszuhandeln.

Barcelona, Sommer 1519

... und Sieg! Karls Reich seit 1519
In der Königskapelle Santa Aguenda verrichtet Karl sein jubelndes Dankgebet, als am 6. Juli 1520 nach Mitternacht der Kurier mit der Nachricht von seinem Sieg bei der Kaiserwahl eintrifft.

Karls Reiche umfassen nun in Europa das Land Luthers und das Torquemadas, die ertragreichen Niederlande und das verarmte Sizilien. Hinzu kommen die inzwischen unvorstellbar großen Gebiete in „outre-mer“. Gemäß seinen Vorstellungen vom Kaisertum will er den dort lebenden Eingeboren neben dem Christentum gerechte Gesetze bringen, während er am entgegengesetzten Ende „seiner Welt“ - in Ungarn - den Kampf gegen die Türken aufnehmen muss. Er wird in die deutschen Lande reisen, sich krönen lassen, dort einen Reichstag halten. Kein Mensch dort hat ihn je gesehen, und doch ist er dort gewählt worden!

Wenn Karl 1520 das Schiff in La Coruña besteigt, toben schon die Aufstände der Comuneros in Toledo. Er müsste sofort zurück nach Spanien, um das Schlimmste zu verhindern. Vor Tanger siegreiche Truppen können nicht bezahlt werden und fallen in Italien ein, bedrohen den Kirchenstaat. Doch da sind die Wechsel der Fugger zu zahlen, und Frankreich rüstet, vom Papst unterstützt, gegen Karl. Die Türken drohen im Südosten, seine kleine Schwester Marie und ihr anscheinend etwas unfähiger Gemahl Lajos brauchen seine Hilfe. Alle zerren an ihm. So wird sein Leben sein. Ist sein Gebet in der Kapelle in Barcelona wirklich ein jubelndes Dankgebet? Oder doch eher eine verzweifelte Bitte darum, unter dieser Last nicht zusammenzubrechen ?

Der Paladin meldet etwas später
Der offizielle Beauftragte der Kurfürsten, Friedrich von der Pfalz, trifft erst anderthalb Monate nach der Wahl in Barcelona ein. Er findet Karl in Molino del Rey, wohin er mit seinen Vertrauten vor der Pest in ein Kloster geflohen ist. So, wie die schlechte Nachricht den Boten töten kann, scheint die gute den Überbringer zu erhöhen. Karl nimmt Friedrich, den er vor fast zwei Jahren wegen seiner „Affäre" mit Eleonor verbannt hat, freundschaftlich wieder auf. Der fast väterliche Freund aus den Tagen von Malines wird zukünftig noch manch heikle Aufgabe für den Kaiser übernehmen. Allein die Religion wird sie noch einmal entzweien.

Rätselhaftes Verharren
Warum der Hof noch ein halbes Jahr nach dem Wahlsieg in Barcelona verbleibt, ist nur mit der schon erwähnten günstigen Verkehrsverbindung nach Norden zu erklären. Dass man nicht wenigstens die kurze Reise nach Valencia unternimmt, wird zur Folge haben, dass dort die Unruhen ausbrechen, die Spanien nach Karls Abreise für zwei Jahre ins Chaos stürzen. Selbst als in Barcelona eine Seuche ausbricht, weicht man nur noch einmal in das nahegelegene Molinas del Rey aus.

Spanien, Winter 1520

Erste Erhebung in Kastilien
Ganz unverständlich wird das Verhalten Karls und seiner Berater zu Beginn des Jahres 1520. Als sie endlich Barcelona verlassen, reisen sie weder nach Valencia, noch macht er in Aragón Station, wo er neuen Klagen entgegentreten müsste. Karl reitet ohne Aufenthalt nach Kastilien. Er bleibt eine Woche in Burgos, um seinen zwanzigsten Geburtstag zu feiern. Aber die dringend erwartete Versammlung der Cortes wird nicht dorthin berufen, sondern für Mitte April nach La Coruña bestellt. Das ruft eine erste Verschwörung hervor. Kastilier sollen eine teure Reise nach Galizien unternehmen, um dort ihrem König eine Reise zu bewilligen, die ihren ureigenen Interessen zuwiderläuft?! Man ist geneigt, ihre Empörung zu verstehen. Kastilien beschließt den Aufstand.

Karls Karawane zieht weiter. Mit einem geschickten Schwenker nach Tordesillas entkommt er den Aufständischen, die ihn in

Valladolid erwarten und womöglich festsetzen wollen. Vier Tage hält sich Karl in der Zwangsresidenz Juanas auf. Niemand erfährt, was Mutter und Sohn dort hinter verschlossenen Türen verhandeln. Jedenfalls bleibt es trotz aller Proteste und des drohenden Aufstandes bei der Ladung nach La Coruña. Man fragt sich immer noch: Warum im entlegenen Galizien?

Ein eingelöster Schwur

Karls Seereise nach Spanien hatte mit einem Sturm begonnen. Er hatte währenddessen ein Gelübde abgelegt: Sollte er die Reise lebend überstehen, würde er nach Santiago de Compostela, dem berühmtesten aller Wallfahrtsorte pilgern! Findige Mitarbeiter hatten an den Papst eine Bitte um Dispens gerichtet und von dort auch positiven Bescheid erhalten. Karl bekam die Erlaubnis, sein Gelübde „in alia pietatis opera" (durch jedes andere fromme Werk) einlösen zu können. Doch ihm genügt das nicht. Für ihn wäre das ein fauler Kompromiss gewesen. Er muss sein Wort halten. Besonders, da er es Gott gegeben hat. Für Karl ist ein Schwur absolut bindend. Alle Souveräne der Zeit, auch die Päpste, scheuen nicht davor zurück, Verträge auch dann noch zu brechen, wenn der Vertragspartner seinen Teil geleistet hat. Karl kann eine solche Haltung nicht begreifen - lange Zeit.

Pilger unterwegs

Ihm ist die Erfüllung dieses Gelübdes so wichtig, dass er die Reise nach Compostela und die Ladung der Cortes nach Galizien gegen den Willen seiner Räte durchsetzt. Bei Astorga trifft Karls Zug auf die schon damals Jahrhunderte alte Pilgerstraße, an deren Verlauf man auch in Spanien, das über weite Flächen keine Gasthäuser kennt, auf die Unterbringung von zahlreichen Reisenden eingerichtet ist. In Eilmärschen geht es nun durch die raue, gebirgige Landschaft, es liegt noch Frost in der Luft.

Santiago de Compostela, 27. März 1520

Pilger am Ziel

Das Ziel der aberwitzigen Reise ist erreicht. Will man nachvollziehen, was Karl sah, muss man sich natürlich die Barockfassade der damals „schönsten Kathedrale der Erde" wegdenken. Aber auch im 16. Jahrhundert erwarteten sechsundvierzig Kirchen und 114 Glockentürme des begehrtesten Wallfahrtsortes des Abendlandes den Pilger. Auch Karl wird den durch die ganze Länge der

Kirche rasenden Weihrauchkessel gesehen haben - eine mittelaterliche Methode zur Verhütung des sich Ausbreitens ansteckender Krankheiten. Damals war es durchaus üblich, dass die Pilger in der Kirche campierten, also dort auch kochten und schliefen.

La Coruña, 13. April bis 20. Mai 1520

Die Cortes - nicht geneigt

Die Cortes allerdings bewegt die Frömmigkeit ihres Königs nicht zu christlicher Demut. Hochfahrend sind die Forderungen, die sie erfüllt sehen wollen, bevor sie die Karls zu erfüllen bereit sind. Zäh wird das Ringen. In langer Rede beschwört Bischof Mota, als Vertreter der Krone, noch einmal die Beweggründe Karls, sich der Kaiserwahl zu stellen. Schließlich habe er die Zustimmung der kastilischen Berater eingeholt, bevor er sich zur Wahl stellte. Er habe es nicht um der persönlichen Bereicherung willen getan. Er wolle sich auch als Kaiser nicht von Spanien abwenden. Im Gegenteil, hier wolle er leben und sterben, er habe schließlich schon begonnen, sich spanisch zu kleiden und spanisch zu sprechen. (Schatzkammer und Schwert seiner Reiche wird Spanien ihm sein, doch dahin ist es noch ein langer Weg …)

Ihr König, fährt Mota fort, sei angetreten, um die Welt von den zwei Übeln zu befreien, die die Christenheit bedrohen: dem Islam und dem um sich greifenden Ketzertum. Damit verfolge er doch nur die Ziele, die die jedes guten Christen und erst recht die jeden stolzen Kastiliers sein müssten. Habe doch Kastilien seine Größe im erfolgreichen Abschluss der Reconquista 1492 bewiesen. Dieses gemeinsame Ziel aber sei nur mit der imperialen Macht des Kaisertums zu erreichen, da nur diese alle Christen unter sich vereinen könne. Auch seine Großeltern, die Reyes Católicos, mussten einig sein, um die Muslime vertreiben zu können.

Carlos el Rey ergreift das Wort

Die eloquente Ansprache des Bischofs kann die Cortes nicht überzeugen, erst als Karl selbst das Gesagte in knapper Form in passablem Kastilisch vorträgt, hört man ihm interessierter zu. Er schafft es, die kastilischen Cortes an ihrer Ehre zu packen. Dennoch laufen sie nicht gleich jubelnd zu ihm über, es sind noch einundzwanzig Tage zäher Verhandlungen nötig, bis Reise- und andere Gelder bewilligt werden. Karl wird wie auf Kohlen gesessen haben, denn er weiß, dass die Könige von England und Frankreich ein Treffen in der Nähe von Boulogne vereinbart haben, und er will unbedingt noch vorher vorher mit Henry VIII. sprechen und zu einer Vereinbarung gelangen.

Überstürzter Aufbruch
Kurz bevor Karl in La Coruña an Bord geht, ernennt er Adrian von Utrecht zu seinem Regenten und verstößt damit schon wieder gegen die gerade beschworene Versicherung, keine Ausländer mehr mit hohen Ämtern zu betrauen. Er jedoch sieht in Adrian seinen persönlichen Stellvertreter und keinen Beteiligten an der spanischen Regierung. Egal wer im Recht ist, es ist der Funken, der das vereinzelt lodernde Feuer der Rebellion zum Flächenbrand macht.

Dover, Canterbury, Dover, 26.-30. Mai 1520

Stippvisite in England
Ausnahmsweise sind die Winde der Biscaya gnädig, und auch im Kanal droht kein Unheil. Am 26. Mai 1520 ankert Karl vor der englischen Küste. In Dover erwartet Wolsey den Erwählten Kaiser. Nach ritterlichem Brauch reitet Henry VIII. die ganze Nacht durch, um seinen Herrscherkollegen würdig zu empfangen. Er ist nach elf Jahren Herrschaft in England innerlich gefestigt, hat ein gerüttelt Maß an politischer Erfahrung gewonnen, sich zu einem guten Menschenkenner entwickelt. Dennoch ist er geschmeichelt, dass die beiden mächtigsten Souveräne Europas sich so vehement um ihn bemühen.

Des Kaisers erster Verbündeter
Viel ist in den sieben Jahren geschehen, seit Karl und Henry sich erstmals persönlich getroffen haben. Beide sind in gewissem Sinne Realpolitiker und können in stiller Übereinkunft über eine rangmäßige Gleichstellung auf zeitraubende Zeremonien weitestgehend verzichten. Binnen fünf Tagen ist man sich einig. Das alte Bündnis Englands mit Spanien, noch von Großvater Aragón ausgehandelt, wird erneuert. Die guten wirtschaftlichen und politischen Beziehungen mit den Niederlanden, ein Augapfel Margarethas, werden bestätigt.

... und schnell noch eine Verlobung
Am Rande gibt es noch ein loses Heiratsversprechen zwischen Karl und der englischen Prinzessin Mary, dem einzigen Kind Henrys mit Karls Tante Katharina. Es ist unwahrscheinlich, dass auch nur einer der Anwesenden an dessen Einlösung glaubt, denn Karl

ist mittlerweile zwanzig und die Kleine gerade fünf Jahre alt. Da eine der vordringlichsten Aufgaben eines Souveräns die Sicherung der Nachfolge ist, kann kaum jemand erwarten, dass ein, wenn auch noch junger Kaiser, zehn Jahre auf die Ehefähigkeit einer Prinzessin warten wird.

Pikanterweise ist bei den wenigen und äußerst kurzen höfischen Zusammentreffen, die die Verhandlungen umgeben, auch eine ehemalige Verlobte Karls, ebenfalls mit dem Namen Mary anwesend: Lady Suffolk, als Gemahlin Louis XII. drei Monate Königin von Frankreich. Auch in Karls Gefolge befindet sich eine verwitwete Königin, Germaine de la Foix, seine Stiefgroßmutter. Als Gemahlin seines Jugendfreundes Brandenburg begleitet sie ihn zu seiner Krönung.

Vlissingen, 1. Juni 1520

Wieder zu Hause ?

Beruhigt kann Karl in seine so lange entbehrten Niederlande übersetzen und dem berühmten Fest der „Goldenen Zelte“, von dem sich François I. eine Allianz mit England erhofft, entgegensehen. Dort wird der König von Frankreichs sich mit Pomp und höfischem Radschlagen bemühen, seinen „Vetter England“ zum Freund zu gewinnen. Inzwischen absolviert Karl eine seiner später zur Gewohnheit werdenden Blitzreisen. Er besucht Gent und Brüssel, noch einmal Gent, Oudenburg und Dünkirchen.

Calais, 11.-13. Juli 1520

Effizienz statt Pomp

Nachdem sich François I. und Henry VIII. mit vielen vollmundigen Versprechungen aber ohne konkrete Absprachen voneinander verabschiedet haben, trifft Karl sich noch einmal mit dem englischen König. Ohne jeden Prunk und zeremonielle Schnörkel werden die in Canterbury skizzierten Verträge ratifiziert. Der französische Gockel hat umsonst gebalzt. Karl hat mit kühler Realpolitik ohne jedes schmückende Beiwerk seinen Gegner François ein weiteres Mal geschlagen. Manchmal kann dieser zögerliche und vom Mittelalter geprägte Karl ungemein effizient und überraschend modern sein.

Mehr als eine Pflicht!

Nun kehrt Karl für drei Monate wirklich in die Niederlande zurück, bevor er Mitte Oktober nach Aachen aufbricht, um die Früchte der konzertierten Bemühungen der Casa de Austria einzuheimsen und sich zum römischen König krönen zu lassen. Sein Hauptanliegen in dieser Zeit ist der Dank an seine Tante Margaretha.

Buch 3

Karl profiliert sich, seine Regentinnen arbeiten ihm zu

Karl öffnet das Visier

Vlissingen, im Juni 1520

Wiedersehen mit Tante und Bruder

Als Karl in den Niederlanden landet, sind ihm Tante und Bruder an die Küste entgegengeeilt. Die Niederländer empfangen ihn mit Jubel, wo immer er auf seiner Reise nach Brüssel auftaucht. Margaretha erkennt den Neffen kaum wieder. Sie hat stets den Ehrenplatz an seiner Seite inne und wundert sich während der Empfänge über die Sicherheit seines Auftretens. Er hat sich in Spanien verändert - oder ist es die Wahl, die dieses „Wunder" bewirkt hat? Seine Ansprachen wirken warm und herzlich, nichts erinnert an die hölzerne Marionettenhaftigkeit, über die Großvater Maximilian einst mäkelte. Bei Ratssitzungen lässt er die anderen reden und hört intensiv zu, um dann kurz und entschieden sein Urteil zu begründen.

Karl sieht mit Freude, dass die Tante alles optimal vorbereitet hat. In Brüssel wird ihm ohne Schwierigkeiten eine Million Gulden für die Krönung vorgestreckt. Die Kunde von einer Pestepedemie in Aachen verhindert den sofortigen Aufbruch. Man schlägt einen anderen Krönungsort vor, doch Karls Traditionsbewußtsein lässt eine Verlegung der Zeremonie nicht zu. Dieses Gespür für das Abwarten des richtigen Zeitpunkts wird er zu einer Kunst entwickeln. Aktuell gibt ihm die Verzögerung die Zeit, zu seinem erwähnten Treffen mit Henry VIII. nach Calais zu eilen.

Brüssel, Sommer 1520

Luthers Schatten

Zurück in Brüssel kümmert man sich natürlich um die Tagespolitik in den Niederlanden. Nuntius Aleander erscheint zur Audienz und verlangt die Verbrennung der Schriften des Martin Luther, der erschreckend an Anhängerschaft gewinnt. Karl entspricht in Leuwen diesem Wunsch des Papstes für die Niederlande. Viele Kaiser haben sich mit ketzerischen Bewegungen auseinandersetzen müssen, manche machten ein Konzil notwendig. Auch er will eine Reform der Kirche durchsetzen, man wird sich zu gegebener Zeit damit befassen. Eine besondere Gefahr kann Karl in diesem Mann Luther noch genausowenig erkennen wie die meisten seiner Zeitgenossen..

Dank an Margaretha, Teil 1
Karl weiß, was er seiner Tante zu verdanken hat und überschreibt ihr Stadt und Land Malines als persönlichen Besitz auf Lebenszeit. Endlich wird sie nicht mehr um die Bestreitung ihrer persönlichen Bedürfnisse rechten müssen. Sie ist gerührt, und ihr Verhältnis zum so erwachsen erscheinenden Karl wird besser, als es je zu dem spröden Kind Karl war. Ende September macht man sich langsam auf den Weg nach Aachen. Margaretha und Ferdinand sind immer dabei. Erst jetzt lernen sich die Brüder langsam kennen, fast ein Jahr werden sie dazu Zeit haben.

Margaretha hat Befehl nach Malines gegeben, ihr persönliches Silber, kostbarstes Tafelgeschirr, die erlesenste Tischwäsche, ihre schönsten Wandteppiche und eine Auswahl Kunstschätze einzupacken und nach Aachen zu expedieren, um den Feiern, die auf die offizielle Krönung folgen werden, ein angemessenes Ambiente zu geben. Außerdem stehen 2.000 Berittene und 3.000 Mann Fußvolk als militärische Eskorte bereit.

Maastricht-Aachen, Oktober 1520

Dank an die Tante, 2. Teil
Die Reise lässt sich gut an. Überall werden Karl, seine Tante und sein Bruder gebührend gefeiert. Selbst im gern rebellischen Lüttich ist der Empfang befriedigend. In Maastricht hat Karl eine Überraschung vorbereitet: Anlässlich des Empfanges vor dem Stadthuis durch Bürgermeister und Stadträte, angesichts der zusammengeströmten Massen, verkündet Karl noch einmal feierlich seinen Dank und seine Anerkennung für Margarethas Dienste und bestätigt sie als selbstständige Regentin mit größeren Vollmachten als sie je zuvor hatte. Das ist Balsam für die Seele Margarethas. Immer hat sie sich für ihr Tun verteidigen müssen. Es ist einer der wenigen Momente in dem ihr, die für ihren Wortwitz und ihre Schlagfertigkeit bekannt ist, die Worte fehlen. Nun sind endgültig alle alten Differenzen vergessen und beide arbeiten zukünftig in gegenseitigem Vertrauen im Dienste der Dynastie Hand in Hand.

Vier Tage später wird in einer Urkunde schriftlich alles bestätigt, was Karl in Maastricht mündlich zugesagt hat. Der Präsident des Conseiles hat Margaretha täglich Bericht zu erstatten. Sie ist befugt, die Stände zu laden und Hilfe, Dienste, Steuern und Subsidien von ihnen zu fordern. Generalstände und Untertanen ihrerseits sollen sich in allen Angelegenheiten an „*Unsere Tante wenden ... als ob Wir selbst anwesend wären*". Margaretha tritt die Weiterreise mit neuem Hochgefühl an. Endlich hat sie die Machtvollkommenheit, die sie sich immer gewünscht hat, um ihr Amt effizient führen zu können. Jetzt scheinen ihr die Aufgaben der Zukunft leicht zu bewältigen. Sie genießt die Fahrt durch die heiteren und milden Herbsttage. Überall laufen die Menschen zusammen um den prachtvollen, bunten Zug zu bestaunen.

Erste Begegnung mit Reichsfürsten

Bis nach Vaals reiten die drei geistlichen Kurfürsten an diesem Vormittag ihrem neuen Herrscher entgegen. Der Kurfürst von Mainz hält eine feierliche Begrüßungsansprache. Karl, des Deutschen nicht mächtig, lässt durch den Kardinal von Salzburg antworten. Die geeinten Züge ordnen sich zum feierlichen Einmarsch. Der pfälzische Kurfürst schließt sich mit 1.600 Mann zu Pferde dem Zug an, soweit geht alles in schöner Ordnung vonstatten. Doch dann kommt der Herzog von Kleve mit 400 Reitern und fordert den Vortritt, weil ihm als Landesherrn das Geleitrecht zustehe.

Da geht es für die beteiligten Fürstlichkeiten nicht um Kleinigkeiten, das muss diskutiert werden. Karl lässt die Herren gewähren und derweil seine Reiterei paradieren. Nach Stunden ist noch immer kein Ende des Gezänks abzusehen. Da bereits der Abend dämmert, lässt Karl ausrichten, dass er nun „in drei Teufels Namen" endlich in die Stadt einreiten will. Seine Grobheit wirkt, plötzlich ist eine Einigung möglich.

Aachen, ab 20. Oktober 1520

Abendlicher Einzug

Im Schein von Windlichtern und Fackeln windet sich der Zug in die Stadt. Rüstungen und Waffen spiegeln das unruhige Licht, Brokate und Seiden glänzen mit den gestriegelten Pferden um die Wette, die Glocken aller Kirchen der Stadt bilden einen klangvollen Triumphbogen. Singend zieht die Priesterschaft Karl bis zum Tor entgegen, singend geleitet man ihn zur Krönungskirche. Karls silberne Rüstung blitzt im Fackelschein, wenn er seinen Schimmelhengst spielerisch tänzeln und steigen lässt.

Durch die „Wolfstür" an der Westseite betritt der erwählte Kaiser das Oktogon des Münsters Karls des Großen. Die Krönungskirche ist von Tausenden Kerzen bis in die höchsten Gewölbebögen erleuchtet. Noch an diesem Abend beschwört Karl die Wahlkapitulation. Im Anschluss verleiht er seiner Tante Margaretha offiziell den Ehrentitel: „Erste Dame des Reiches". Damit steht sie im Rang über allen Fürstinnen. Diese Stellung hat sie allein der eigenen Tatkraft zu verdanken, und das gilt ihr persönlich sicher mehr als eine angeheiratete Krone ohne eigene Verantwortlichkeit.

Am späten Abend führt Karl noch kurze persönliche Gespräche mit jedem der Kurfürsten. Kritisch mögen sie feststellen, dass dieser Kaiser kein Deutsch spricht. Wie dieser neue „Chef der Christenheit" sie seinen Rang spüren lässt! So anders als sein leutseliger Großvater, der immer einer der ihren war! Jung ist er, mittelgroß nur und zierlich von Gestalt, dennoch ein exzellenter Reiter, das konnte man schon beobachten heute, ein guter Turnierer soll er ja auch sein, aber so distanziert und majestätisch! Ist das nur die territoriale Macht, die hinter ihm steht und die seine Vorgänger längst nicht mehr hatten? Ist da noch etwas anderes? Was? Heute wird man es nicht mehr ergründen, denn bald schon zieht Karl sich in seine Gemächer zurück. Das Krönungszeremoniell verlangt es.

Gedanken der Tante

Margaretha und ihre Damen folgen wie alle diesem Beispiel und es ist vorstellbar, dass ihr erst jetzt richtig klar wird, was sie da eigentlich für ihren Neffen, ihr Haus und letztlich sich selbst erreicht hat. Mit der Wahl ist Karl Herrscher dieses mystischen Reiches, er steht von diesem Tag an über allen diesen Herren, deren zwei sich heute so herzhaft um die Rangfolge untereinander gestritten haben.

Sie selbst ist nun die erste Dame dieses Reiches, solange Karl nicht verheiratet ist. Über eine Heirat muss man bald mal ernsthaft reden! Seltsam, wie dieser noch vor kurzem so unsichere und von der Meinung seiner Umgebung abhängige Knabe, scheinbar ohne jede Gemütsbewegung, mit der Würde des Amtes die unnahbare Miene des Herrschers angenommen hat und dennoch freier und herzlicher im Umgang ist, als je zuvor. Hat ihn die Größe seines Amtes über sich selbst hinauswachsen lassen?

Die Krönung zum römischen König

Der Verlauf der Krönung und aller damit verbundenen Zeremonien ist für Karl nicht leere Form, sondern Weihe für ein Amt, in dem er nur noch Gott verantwortlich sein wird. Auch mancher Anwesende mag von der mystischen Verschmelzung der Person mit dem Amt hinter dem äußeren Geschehen nichts erfasst haben.

Karl hat an diesem Tag seine Bestimmung erreicht. Die Analogie zu einer Priesterweihe oder der Initiation in einen Ritterorden ist evident. Doch es gibt unzählige Priester und Ordensritter gleichzeitig, hier aber ist Faktum: Es kann nur einen geben!

Der Morgen

In den frühen Morgenstunden beginnen die Feierlichkeiten in der Krönungskirche. Der Andrang ist so groß, dass die Wächter es nur mit Mühe schaffen, einen angemessenen Raum für die Beteiligten und die wichtigsten Zeugen und Gäste freizuhalten. Von der Burg zu Nürnberg hat man die Reichskleinodien herangebracht. Man nennt sie zwar „Caroli Magni kaiserlichen Zierart und Schmuck", doch wie alt sie auch sein mögen, so alt sind sie nicht! Es handelt sich um Krone, Szepter, Reichsapfel und Schwert sowie die Gewänder Leibrock, Stola, Pantoffeln und Handschuhe. Das alles kommt erst nach und nach ins Spiel, das ganze Procedere ist unendlich umständlich. Orgelmusik und Chorgesänge im Dom vermischen sich mit dem Klang der Trommeln, Pfeifen und Pauken der Heermusik vom Vorplatz und werden vom Geläut der Glocken überdröhnt. Unbeeindruckt davon nehmen die Akteure in angemessener Gravität ihre Plätze ein.

Die sakralen Zeremonien

Erster Akt ist die Verlesung der Eidesformeln durch den Erzbischof von Köln. Sprachliche Schwierigkeiten entfallen, denn man spricht Latein, und Karls Texte sind kurz. Auf jedes Gelübde: Erhalt des Glaubens - kraftvolle Verteidigung der Kirche und des Reiches - Schutz von Witwen und Waisen - muss Karl jeweils nur mit einem festen und vernehmlichen „Volo!" (ich will) antworten. Dann wendet sich der Erzbischof an die Anwesenden und fragt sie, ob sie gewillt seien, diesem Fürsten und Herrn allzeit gehorsam zu sein. Das „Fiat! Fiat!" schallt so vielstimmig zurück, als bekräftige die ganze Welt dieses „So sei es!" Damit ist der Pakt zwischen Herrscher und Beherrschten geschlossen.

Es folgt die Stunden dauernde Zeremonie der Salbung, Einkleidung, Krönung und Inthronisation, in deren Verlauf Karl sich zum Zeichen seiner Demut im schlichten Hemd flach vor dem Altar niederlegen und die Arme in Kreuzesform ausbreiten muss. Es ertönt der Ruf: „Es lebe der König für die Ewigkeit!" Endlich nimmt Karl die fünf Stufen zum steinernen Thron Karls des Großen und setzt sich. Angetan mit dem Herrschermantel, die Krone auf dem Haupt, Szepter und Reichsapfel in den Händen hat sich die Wandlung zum römischen König vollzogen. Aus dem Kind von Gent, aus Karl von Luxemburg, aus dem seigneur naturel Burgunds, aus Carlos I. von Spanien ist Kaiser Karl V. geworden und hat doch seine anderen „Inkarnationen“ nicht verloren. Natürlich ist das in Wirklichkeit nur die Krönung zum Römischen König und tatsächlich ist er nur Erwählter Römischer Kaiser, doch das sind nur formale Unterschiede, Karl ist in seinem Bewußtsein von diesem Moment an Kaiser. Er ist zwanzig Jahre jung und eine Welt, eine Zivilisation lastet auf seinen Schultern. Wenn er manchem Anwesenden zu zerbrechlich für diese immense Last erscheint, Karl selbst fühlt sich nicht wanken, weder in seiner Entschlusskraft noch in seinem Mut.

Karl beschließt die Krönungsmesse mit der Kommunion, während von draußen schon feierliche Musik erklingt. Ein brausendes „Te deum“ mit alternierenden Chören, Trompeten- und Orgelklang bildet den Abschluss des sakralen Teils der Feierlichkeiten. Wie dreizehn Jahre zuvor bei seiner Ausrufung zum Herzog von Burgund warten zahlreiche Herren kniend darauf, von ihrem neuen Kaiser den Ritterschlag zu empfangen.

Der Mittag und Abend

Eine Krönung ist aber nicht nur ein sakrales Fest, sondern auch Staatsakt und Volksfest. Für die Celebritäten findet im Reichssaal des Rathauses das Krönungsmahl mit einer Tischordnung statt, die die „Goldene Bulle“ Karls IV. von 1356 vorschreibt. Auch dabei geht es recht umständlich zu, zumal die Küche in einem so weit entfernten Haus untergebracht ist, dass die höchsten Würdenträger die Speisen zu Pferde abholen und dann die Treppen zum ersten Stock hochtragen müssen. Unter den „Diensthabenden“ ist auch der unvermeidliche Pfalzgraf Friedrich, der Liebeskummer und Ungnade längst verschmerzt hat.

Zum Zeremoniell gehört auch, dass ein Ochse gebraten wird, der mit allem zur Herrentafel gereichten Fleisch gefüllt ist. Davon isst nur Karl ein Stück, der Rest wird an das Volk verteilt. Dieses „gemeinsame Mahl“ soll die Verbundenheit zwischen Kaiser und Volk symbolisieren. Es heißt, der Bratspieß sei im Eifer des Gefechtes mitverschlungen worden. Später werden die Schaugerichte (Speisen in Form von Burgen, Tieren, Bäumen) und die reichhaltigen Reste der Tafel - weil die Herren vom Auftragen ermüdet sind - einfach zu den Fenstern hinaus unters Volk geworfen. Die obligatorischen Brunnen, aus denen den ganzen Tag lang Wein fließt, tragen mit Sicherheit dazu bei, dass die Stimmung allgemein freudig und zuversichtlich ist. Das Volk hat seinen Spaß an einer am Stadttor stehenden Puppe nach der Art niederländischer Karnevalsriesen, die Karl den Großen darstellen soll. Dürer - Augenzeuge auch hier - schreibt, er habe solche Köstlichkeiten wie an diesem Tag noch nie gesehen.

Abruptes Ende

Am folgenden Tag hört Karl noch einmal die Messe, verehrt die Reliquien und bekommt die päpstliche Bulle ausgehändigt, die ihn zur Annahme des Titels „Erwählter Römischer Kaiser" berechtigt. Nach einem Essen, das er für die Kurfürsten gibt, hält man es für geraten, die pestverseuchte Stadt so schnell wie möglich zu verlassen. Der Aufbruch ist allgemein, auch die Schaulustigen verlaufen sich so schnell, wie sie aufgetaucht sind. So lösen sich die Krönungsfeierlichkeiten auf wie ein Spuk, statt einen feierlichen Ausklang zu finden.

Der Kaiser reitet über Jülich und Brühl nach Köln, wo er am 29. Oktober mit seinem Heerhaufen einzieht. Seine Kanzlei arbeitet in Schichten rund um die Uhr, denn es sind nicht nur die Rundschreiben zur Ladung zum Reichstag nach Worms auf den 6. Januar 1521 auszufertigen, auch sonst ist reichlich Schreib- und Regierungsarbeit zu leisten.

Malines, Winter 1520/21

Auswirkungen der Wahl in den Niederlanden

Auch Margaretha macht sich langsam auf den Heimweg nach Malines. Ihr sind auf dem Gipfel der Macht ihres Hauses viele Ehrungen zuteil geworden. Hat sie damit auch den Höhepunkt ihres Lebens überschritten? Ach was, keine trüben Gedanken, frisch ans Werk. In Malines empfängt sie das gleiche Problem, das auch Karl für die nächsten Monate beschäftigen wird: Die Verbreitung der Lehre Martin Luthers. In Leuwen gibt es Widerstand gegen die Verbrennung seiner Schriften. Man muss eine Lösung finden, doch wichtiger ist es im Augenblick den von François I. angezettelten Grenzkrieg in Luxemburg zu ersticken. Sie findet überzeugende Argumente und den richtigen Ton, die Kriegsgelder werden bewilligt. Wenn es nötig ist, lässt sie auch eigene Preziosen einschmelzen, um die Niederländer zu ebensolchen patriotischen Gesten zu bewegen.

Die Causa Lutheri

Karl lernt in seiner Zeit in Köln die Kurfürsten etwas näher kennen, vor allem aber trifft er hier den zur Krönung nicht erschienen Herzog von Sachsen. Als Landesherr hat er bisher seine schützende Hand über Martin Luther gehalten, dessen Thesen die Menschen in Verwirrung stürzen. Karl erfährt nun mehr über den Mann Luther. Der 1512 zum Doktor der Theologie promovierte ehemalige Mönch lehrt an der Universität zu Wittenberg Bibelkunde. Seine Antrittsvorlesungen zum Paulusbrief fand über die Universität hinaus Beachtung. Gedrängt von der Sorge um seine persönliche Erlösung verwarf er für sich die in der Theologie der Zeit übliche Behandlung spekulativer Fragen und wandte sich einer selbstständigen Interpretation des Neuen Testaments zu. Er fand so zu dem zentralen Begriff seiner Lehre, der Rechtfertigung allein durch den Glauben.

Das Ablassproblem

Seine öffentliche Wirksamkeit begann mit seiner heftigen Stellungnahme gegen den allgegenwärtigen Ablasshandel, der vielen gläubigen Christen ein Dorn im Auge, für die etablierte Kirche aber als Finanzquelle unersetzlich war. In den 95 Thesen vom 31. Oktober 1517 prangerte er nicht nur den Ablasshandel an. Er bezweifelte darin generell die Macht der Kirche, Sünden zu vergeben. Das sei allein eine Sache des Gewisssens des Gläubigen und der Barmherzigkeit Gottes. Mit diesem Ansatz der Heilslehre nahm Luther eine Strömung auf, die in der Luft lag. Das machte ihn schnell bekannt und der römischen Kirche verdächtig.

Können Konzile irren?

Die Kirche ermahnte ihn zum Widerruf, den er ein Jahr später gegenüber dem päpstlichen Legaten Cajetan in Augsburg verweigerte. Während sich die Kurfürsten 1519 in Frankfurt versammelten, disputierte Luther in Leipzig mit Eck und Karlstadt. Hier ließ er sich zu der Behauptung hinreißen, dass auch Konzilien irren können. Damit war er für die Kirche endgültig nicht mehr tragbar.

Im deutschsprachigen Reichsgebiet wuchs Luthers Anhängerschaft weiter. Viele fühlten sich aus persönlichen Gewissensnöten, wie Luther selbst sie empfand, angesprochen. Der allgemeine Hass auf das verderbte Rom und seine entarteten Repräsentanten führte zu dem dringenden Wunsch nach einer Kirchenreform. Im deutschen Reich wurde er noch verstärkt durch diffuse nationale Anliegen und vage Vorstellungen von einem nötigen sozialen Wandel.

Luther und der Zeitgeist
Über den Missbrauch des Ablasswesens bestand weitgehender Konsens. Erst der Protest gegen die Lehrautorität des Konzils bereitete den Grund für ein neues Heilsverständnis aus persönlicher Überzeugung, weswegen die moderne Geschichtsschreibung den Beginn der Reformation mit der Konzilsaussage und nicht mehr mit dem Thesenanschlag datiert. Karl hat den zugrunde liegenden theologischen Ansatz nie begriffen, auch stets betont, er sei kein Theologe. Glaube ist für Karl kein persönlicher Weg zu Gott, sondern einfach eine Sache der Tradition. Persönliche Heilszweifel gibt es für Karl nicht, er steht sowieso in der Gnade Gottes, wenn er seine Aufgabe als Regent der Welt ordentlich erfüllt.

1520 gibt Luther die drei Schriften heraus, die seinen Bruch mit der Kirche unumkehrbar machen. Die erste heißt: „An den christlichen Adel deutscher Nation von des christlichen Standes Besserung". Darin spricht Luther Karl als den Kaiser direkt an. Er nennt ihn „das junge, edle Blut", das Anlass zu großer Hoffnung gäbe. Er ruft allerdings auch die Fürsten zur Reformation der Kirche in eigener Initiative auf und steht damit im Wiederspruch zu Karls Universalitätsvorstellungen. Luthers Kritik an Zölibat, Pilger(un)wesen, Heiligenverehrung, geistlichen Orden und päpstlicher Macht dagegen wird von Karl in manchen Punkten geteilt. Doch Karl kann nicht zulassen, dass Luther den Papst, das zweite, das geistige Oberhaupt der Christenheit, als Blutsäufer und Fürsten der Hölle tituliert. In der Schrift von der „babylonischen Gefangenschaft der Kirche" lehnt Luther alle Sakramente außer Taufe und Abendmahl ab. In seinem Aufsatz „von der Freiheit des Christenmenschen" postuliert er die Befreiung des Menschen durch den eigenen Glauben. In allen Schriften bedient sich Luther einer so heftigen Sprache, dass Versöhnungsversuche kaum möglich sind.

In der Bulle „Exurge Domine" hat der Papst im Juni 1520 die Thesen Luthers als ketzerisch verworfen und ihm sechzig Tage Zeit für einen Widerruf gelassen. Luther verbrennt die Bulle, und mit Ablauf der Widerrufsfrist ist die Bannbulle zu erwarten. Das ist knapp der Stand der Dinge zur Zeit von Karls Treffen mit dem Sachsenherzog.

Mit nach Köln gereist ist auch der päpstliche Nuntius Aleander, der Karl zu einem scharfen Vorgehen gegen Luther drängt. Im deutschen Reich ist Karl nicht Landesherr wie in den Niederlanden, sondern er steht in einem sehr schwierigen und diffizil zu handhabenden Herrschaftsverhältnis zu den Landesfürsten, die er noch kaum kennt. Mit rigorosen Eingriffen in ihre Fürstenfreiheit hätte er es sich sofort mit ihnen verdorben. Außerdem sind hier, im Gegensatz zu den Niederlanden, Luthers Ansichten bereits Allgemeingut, und Teile des Volkes haben sie zu ihren eigenen gemacht. Da kann der Kaiser nicht vorschnell entscheiden, er muss sondieren, vorsichtig die Standpunkte der Einzelnen eruieren, um nicht von vornherein Kooperationsmöglichkeiten und Mehrheiten zu gefährden. Das ist ganz im Sinne des Erasmus von Rotterdam, auf dessen Meinung Karl besonderes Gewicht legt.

Familiäres

In Sachen Familienpolitik sind weitreichende Entscheidungen zu treffen, über die natürlich schon seit Monaten korrespondiert wurde. Am 7. November 1520 wird endlich der Vertrag besiegelt, der die von Maximilian eingeleiteten Heiraten des „Wiener Kongresses" stattfinden lassen soll. Ferdinand wird Anna von Böhmen heiraten, und Marie soll endlich zu ihrem Lajos geschickt werden. Ferdinand soll von Karl die österreichischen Erblande erhalten und mit der Heirat eine Option auf die böhmische Krone. Außerdem soll er die Statthalterschaft im Reich übernehmen und später zum römischen König gewählt werden.

Zwei Königinnen proben den Aufbruch

Nun endlich ist die Zeit in der Provinz für Marie und Anna fast vorbei. Am 2. Januar 1521 bekommen die Provinz-Königinnen ihre Reiseinstruktionen aus Köln. Die Mädchen sollen mit den von Bianca Sforza hinterlassenen Kleidern und Wertgegenständen und dem Silber Sigismunds von Tirol ausgestattet werden, also quasi in Stiefomas Kleidern zur Hochzeit gehen. Marie und Anna lassen schneidern. Seit Marie aus ihren mitgebrachten Kinderkleidern aus Flandern herausgewachsen war, hatte sie sich nach Landesart gekleidet, nun muss es wieder höfischer Schick sein, das ist eine aufregende Sache. Doch die Auswahl der noch brauchbaren Kleider, die nötigen Änderungen, die lästigen Anproben und überhaupt die ganzen Gespräche mit Schneidern und Näherinnen überlässt Marie im wesentlichen Anna. Sie kümmert sich lieber um die Logistik des Aufbruchs.

Karl in Köln ...
Karl hat den Dom nur als Bauruine kennengelernt. Der Weiterbau war gerade eingestellt worden. Doch Köln hatte genug andere Kirchen. Sicher hat er dem Reliquienschrein der Heiligen Drei Könige seinen Respekt gezollt. Dabei mag ihn Friedrich von Sachsen, den man den Weisen nannte, begleitet haben, denn er war ein großer Reliquienverehrer und Sammler. Dürer, der im Tross des Kaisers mitzieht, berichtet von einem herrlichen „Pankett und Fürstentanz" im Gürzenich, bei dem Karl sich gut amüsiert.

... und rheinaufwärts reisend ...
Am 16. November 1520 verlässt Karl mit großem Gefolge Köln und reitet in Richtung Bonn. Eile tut nicht Not, man jagt unterwegs und verzehrt das Erlegte auf freiem Feld. Weiter geht die Reise, teils zu Schiff, dann wieder zu Pferde. Karl lernt mit dem Rheintal eine Landschaft kennen, die sich doch sehr von denen seines Geburtslandes und seines Königreichs Spanien unterscheidet. Man muss sich nur vorstellen, dass der Fluss noch ungebändigter ist, Stromschnellen und Seitenarme aufweist, keine Bahnlinien ihn einklemmen. Die Städte sind kleiner und vollständig ummauert, die zahlreichen Burgen zumeist noch intakt. Natürlich muss man beim Erzbischof von Mainz Station machen.

... nach Worms
Am 28. November langt der kaiserliche Tross in Worms an. Dort drängen sich die hohen und höchsten Herrschaften mit ihren Räten und Schreibern, Musikern und Truppen, Trossknechten und Trossgesindel beiderlei Geschlechts. Dazu kommen Botschafter und Bittsteller, Kaufleute und fahrendes Volk, alles in allem weit mehr als doppelt soviel Menschen, als die Stadt normalerweise an Einwohnern hat.

Karl und Ferdinand wohnen in dem nördlich an den Dom angebauten Bischofssitz. Die wenigen Gasthöfe sind im Nu belegt, die Furiere der Herrschaften führen einen erbitterten Krieg. Wer heute einen Raum ergattert und sein Wappen anschlägt, dem wird es anderntags heruntergerissen. Die Pferde müssen in den umliegenden Dörfern untergestellt werden, die Lebensmittelpreise steigen ins Unermessliche. Alle Ordnung bricht zusammen. Nur die Unterhaltungen funktionieren: Turniere, Scheingefechte, Ballspiele und Konzerte bieten tagsüber und bis spät in die Nacht die gewünschte Ablenkung von den trockenen Verhandlungen. Man schläft dann gern lang, auch der Kaiser besucht die Messe nicht vor zehn oder elf Uhr.

Worms, Januar - Mai 1521

Eröffnung des Reichstages
Nach einer Messe im Dom wird am 27. Januar der Reichstag eröffnet. Karl verliest eine in deutsch abgefaßte Rede, in der er verspricht, das Kaisertum zu seiner alten Größe zu führen. Er betont, dass er das dank seiner Ressourcen in Spanien und Burgund sehr wohl könne. Für alle inneren Konflikte des Reiches seien bei beiderseitig gutem Willen sicher Lösungen zu finden. Sein Ziel sei es, die Christenheit gegen den Islam zu einigen.

In Fragen des Reichsregiments, des Landfriedens, des Reichskammergerichts und der Halsgerichtsordung kommt man erstaunlich gut voran. Obwohl eigentlich keine Reichsangelegenheit, wird doch die Causa Lutheri immer wieder zum Gegenstand der Beratungen. Ansich will auch Nuntius Aleander vermeiden, dass daraus eine Reichssache wird, macht dann aber den Fehler, seine Argumente den Ständen vorzutragen.

Erster Auftritt Luthers
Karl entspricht also dem Wunsch der Stände und zitiert Luther unter Zusicherung freien Geleits am 6. März nach Worms. Zehn Tage später trifft der Geladene ein, und am 17. April 1521 erscheint der ehemalige Mönch Luther in einem zu kleinen und niedrigen Raum vor dem Kaiser und einem aus Hof und Ständen gebildeten Gremium. Da auf den Bann des Papstes die Verhängung der Reichsacht zu folgen pflegt, wird er nach den Regeln des Ächtungsverfahrens verhört.

Man hat die etwa zwanzig von ihm im Druck erschienen Schriften auf einem Tisch ausgelegt und fragt ihn, ob er sich zu ihnen bekenne oder widerrufe. Luther ist offensichtlich verwirrt, er hatte wohl mit einer Disputation gerechnet. Er ist unsicher und spricht mit leiser Stimme. Er erbittet Bedenkzeit. Man berät sich. Die Bedenkzeit wird gewährt. Er wird am Nachmittag des nächsten Tages erneut gehört werden. Dieser erste Auftritt Martin Luthers beeindruckt weder seine Anhänger noch seine Gegner sonderlich.

Zweiter Auftritt Luthers
Am folgenden Nachmittag tritt Luther also erneut vor Kaiser Karl und die versammelten Stände, Räte und Kleriker und gibt seine Erklärung ab. Er spricht ziemlich kurz, zunächst deutsch, dann lateinisch. Er unterscheidet zwischen drei Arten von Schriften, die er herausgegeben hat: Erbauungsschriften, Kampfschriften gegen das Papsttum und wissenschaftlich-theologischen Streitschriften. Er gesteht zu, nicht in allen Dingen unfehlbar zu sein, flicht aber geschickt eine Warnung an die Reichsstände ein: Sie sollen das Regiment des jungen Kaisers, auf das auch er so große Hoffnungen setze, nicht mit der Verfolgung des Wortes Gottes belasten. Letztlich nimmt er für sich in Anspruch, sich nur aus den Worten der Heiligen Schrift und durch klare Vernunftgründe widerlegen zu lassen. Er will und kann nicht widerrufen, da gegen das Gewissen zu handeln „gefährlich und beschwerlich" ist und schließt: „Gott helfe mir, Amen."

Sofort entsteht der von Luther gewünschte Disput zwischen ihm und dem mit der Befragung Beauftragten, der meint, die von Luther geforderten Beweise erbringen zu können. Kaum in Gang gekommen, wird die Diskussion auf einen Wink des Kaisers abgebrochen. Er hat genug gehört. Es ist fraglich, ob Karl die deutsche Rede voll verstanden hat, auch in Latein war er immer schlecht, die ihm ins Ohr geflüsterte Simultanübersetzung ins Französische wird nicht erschöpfend gewesen sein. Karl gibt sich weiter unbeteiligt, bewahrt seine übliche offizielle Majestätsmaske. Doch in der Nacht setzt er eigenhändig eine Stellungnahme auf.

Karl öffnet das Visier
Karl ist zutiefst empört: Was gibt diesem Mönch das Recht zu persönlichen Streitgesprächen mit Gott? Wie kann er es wagen, seine Ansichten über die Dekrete der Kirche zu stellen? Was überhaupt ist daran so wichtig? Abstoßende, rabiate Ichbezogenheit dieses Deutschen! Natürlich muss die Kirche reformiert werden, aber das ist doch keine Sache der persönlichen Gefühle! Niemand unter den Anwesenden hat im Moment des Geschehens dessen zukünftige Tragweite erfasst, das ist unmöglich. Aber Karl hat die Begegnung mit dem Mann Luther, von dem er mit seinem unbändigen Herrscherstolz sagen wird: „Der kann mich nicht zum Ketzer machen!" gezwungen, sein Visier zu öffnen und erstmals allein und eigenhändig sein Programm zu Papier zu bringen. Was er in dieser Nacht schreibt, kann und wird er niemals zurücknehmen.

Wegen dieser Bedeutung sei der Text hier in der deutschen Übersetzung (Karl schrieb natürlich französisch) wiedergegeben:

Ihr wißt, Ich stamme ab von den allerchristlichsten Kaisern der edlen deutschen Nation, von den katholischen Königen Spaniens, den Erzherzögen Österreichs und den Herzögen von Burgund, die alle bis zum Tod treue Söhne der Römischen Kirche gewesen sind;

Immer Verteidiger des katholischen Glaubens, der heiligen Zeremonien, Gesetze, Anweisungen und heiligen Bräuche -

Aus diesem Grund bin ich fest entschlossen alles aufrechtzuerhalten

was meine genannten Vorgänger und ich bis zur Stunde aufrechterhalten haben:

besonders aber was meine genannten Vorgänger verordnet haben sowohl auf dem Konstanzer Konzil als auf anderen:

denn es ist gewiss, dass ein einzelner (Ordens-) Bruder irrt mit seiner Meinung, die gegen die ganze Christenheit ist sowohl während der vergangenen tausend und mehr Jahre als auch in der Gegenwart;

dieser Ansicht nach wäre die ganze Christenheit immer im Irrtum gewesen und würde es (noch heute) sein.

In dieser Sache werden Wir alles einsetzen, Unsere Königreiche und Herrschaften, Unsere Freunde, Unser Leib, Unser Blut, Unser Leben und Unsere Seele.

Causa Lutheri und 1. Reichstagsabschied

Am nächsten Morgen berät Karl mit den Reichsständen die rechtlichen Folgen von Luthers Anhörung. Sie bitten um Bedenkzeit. Karl willigt ein, will aber vorher seine Meinung kundtun. Er lässt seine nachts verfasste Erklärung auf deutsch verlesen. Luther reist ab, das freie Geleit wird nicht in Frage gestellt. Kurfürst Friedrich von Sachsen wird Luther auf der Wartburg verstecken. Der Reichstag endet mit dem Wormser Edikt, das die Reichsacht über den Ketzer Luther verkündet. Mit den Folgen wird Karl sich immer wieder beschäftigen müssen.

Die beschlossenen Verordnungen und Gesetze werden verabschiedet. Karl verkündet, dass er seinen Bruder Ferdinand zu seinem Statthalter im Reich ernannt habe. Die Aufgabe für den Bruder ist damit offiziell. In Deutschland hat Karl fürs Erste seine Pflichten erfüllt. Er muss sich um sein spanisches Reich kümmern, in dem das Chaos der Comuneros die bestehende Ordnung zu zerstören droht.

Schon der erste Besuch Karls im Reich hat ihn mitten in die tragische Verstrickung gestellt, die seine Herrschaft prägen wird. Die Verfassung des Römischen Reiches Deutscher Nation ist verworren, doch die ersten Versuche seiner Räte haben gezeigt, dass praktikable Lösungen möglich sind. Der Reichstag hat Karl mehr Vertrauen und Loyalität entgegengebracht als die spanischen Cortes. Bei dem gezeigten guten Willen beider Seiten besteht berechtigte Hoffnung auf vernünftige Lösungen.

Dies stellt Luther mit seinen Gewissensnöten, die in Karls Weltbild aus Rittertugend und dynastischer Tradition sowenig passen wie zur universellen Reichsidee, in Frage. In der universellen Monarchie muss es den Papst als geistliches Pendant zum weltlichen Kaiser einfach geben. Karl wird immer wieder von den Päpsten bekämpft werden, denn sie sind die weltlichen Fürsten, als die Luther sie verdammt. Sie werden sich mit Frankreich, mit der Goldenen Pforte und indirekt selbst mit den Protestanten gegen ihn verbünden - und er wird zurückschlagen. Er wird die verachten, die das heilige Amt missbrauchen. Das Amt selbst aber wird er genauso wenig in Frage stellen wie sein eigenes Kaisertum. Gäbe er das eine auf, müsste auch das andere fallen. Karl müsste sich selbst aufgeben.

Ende einer Ära

Anfang Mai erkrankt Karls Großkämmerer Chièvres an der Grippe, die in diesem eiseskalten Frühjahr grassiert. Am 28. stirbt er. Karl hat die Fehler, die unter seines Erziehers Ägide in Spanien gemacht wurden, längst erkannt. Nicht zuletzt dessen Haltung zum Kaisertum hatte Karls einst unerschütterliches Vertrauen zu seinem Mentor im letzten Jahr erheblich geschmälert. Man könnte sagen, Chièvres Tod kam Karl gelegen, er ersparte ihm eine sonst fällige Auseinandersetzung.

Nachfolger als Großkämmerer wird Graf Heinrich von Nassau-Breda. Er wird bei Karl nie solchen Einfluss gewinnen wie sein Vorgänger, aber das wird niemand mehr. An die erste Stelle der Berater Karls ist ohnehin sein Großkanzler Gattinara gerückt, der die universale Reichsidee in praktische Politik umsetzt. Karl schätzt Gattinara sehr, wird aber auch ihm nie so sehr vertrauen wie einst Chièvres. So geht mit dem ersten Reichstag als Kaiser auch eine Ära im privaten Leben Karls zu Ende.

Depeschen von den Kriegsschauplätzen:
François I. führt in Navarra, Mailand und an der niederländischen Grenze Krieg gegen Karl. Er lernt die Nachteile der Mätressenwirtschaft kennen: Um seiner ersten Maîtresse en tître, Françoise de la Foix, zu gefallen, hat er deren Brüder zu seinen Feldherren gemacht. In Navarra ist Frankreich dank der miserablen Führung durch den einen unfähigen Bruder auf dem Rückzug. In Mailand wütet der andere derart grausam und selbstherrlich, dass selbst der Papst den Ausgleich mit Karl sucht.

Aufbruch zu neuen Taten
Nach dem Reichstagsabschluss verlässt Karl Worms. Er ist enttäuscht vom Ergebnis, mit zu großen Hoffnungen war er angetreten. Während des Reichstages war - wie erwähnt - François I. nach Luxemburg eingefallen, Margaretha hatte ihre liebe Not, ihre Grenzen zu verteidigen. Doch Gattinara und Wolsey handeln ein Bündnis zwischen Karl und Henry VIII. gegen Frankreich aus. Karl fährt den Rhein hinunter, und bei Mainz erreicht ihn die sechs Wochen alte Nachricht, dass der Aufstand der comuneros in Spanien fast niedergeschlagen ist, da deren Radikalisierung die Granden auf die Seite der Krone zurückgebracht hat. Nur eine Gruppe in Valencia und ein paar einzelne Desperados befinden sich noch im Aufruhr. Einen der Köpfe der Comuneros, den Bischof von Zamora, hat man auf der Flucht nach Frankreich verhaften können.

Nun heißt es Abschied nehmen für die Brüder. Karl zieht nach Norden, heim in die Niederlande, um erste militärische Abenteuer zu bestehen, Ferdinand nach Süden, wo ihn Braut und kleine Schwester ungeduldig erwarten.

Innsbruck - Linz, Frühsommer 1521

Der unbekannte Bruder
Endlich können Marie und Anna sich auf die lang erwartete „Hochzeitsreise“ begeben! Erst unterwegs erreicht die Bräute die Nachricht, dass Ferdinand doch allein kommen wird. Karl hat keine Zeit für Familienfeiern. Anna soll Ferdinand in Linz heiraten, und dann soll das junge Völkchen gemeinsam in das von den Türken stark bedrängte Ungarn weiterziehen. Lajos kann sein Land derzeit nicht verlassen. Inzwischen haben Braut und Schwester Linz erreicht und erwarten Ferdinand ungeduldig.

Der hat sich längst damit abgefunden, dass er nicht nach den Plänen des spanischen Großvaters dessen Nachfolger geworden ist. Ferdinand ist viel aufgeschlossener, beweglicher als der zur Düsternis neigende Bruder, er hat Freude am Leben, genießt, was seine Position einem jungen Mann zu bieten hat. Soviel Neues hat er erlebt, seit er Spanien vor drei Jahren verlassen hat. Nun hat er die österreichischen Erblande bekommen, in denen er selbstständig schalten und walten kann, er soll sogar Regent für den Kaiser sein, wenn dieser sich in seinen anderen Reichen aufhalten muss. Ist das nicht viel spannender, als immer eingespannt zu sein und für alles allein die Verantwortung tragen zu müssen?

Ein folgenreiches Treffen

Nun lernt er seine vierte und letzte Schwester kennen, und obwohl sie zwei Jahre jünger ist, wirken sie wie Zwillinge. Sie finden sofort Zugang zueinander. Einfacher und direkter ist die kleine Schwester als die doch etwas preziöse und auf ihren Rang bedachte Anna. Zeitgenossen werfen Ferdinand Mangel an vorehelicher Erfahrung vor, doch er erwidert, die Natur werde ihm eine angemessene Lehrmeisterin sein. Die Natur erfüllt die in sie gesetzte Erwartung voll! Von den fünfzehn Kindern, die in dieser Ehe geboren werden, erreichen zehn Mädchen und drei Jungen das Erwachsenenalter, eine für die Zeit erstaunliche Quote! Die Kinderschar wird in Innsbruck aufgezogen werden, während Anna den Gemahl so oft es geht auf seinen Reisen begleitet. Als Land- und später Reichstag die Reisekosten Annas monieren, erwidert Ferdinand gelassen, das Geld sei so ja wohl besser angelegt als flösse es in amouröse Abenteuer! Außerdem ist Anna - kann sie aus erklärlichen Gründen hin und wieder nicht reisen - eine ganz fähige Regentin.

Doch das alles ist noch Zukunftsmusik. Erst einmal feiern sie die Hochzeit und alles was dazugehört mit der Unbeschwertheit ihrer Jugend und ihres heiteren Naturells. Marie und Ferdinand dagegen müssen sie sich schneller trennen als erwartet. In Tirol sind Aufstände ausgebrochen, und Ferdinand muss für Ordnung sorgen.

Marie „erobert“ Ungarn

Donauabwärts, Juni/Juli 1521

Seltsame Brautfahrt

So besteigt Marie das Schiff, das sie nun endlich dem Bräutigam zuführen soll, allein mit ihrem Gefolge, zu dem auch die Botschafter ihrer Brüder und ihres Ehemannes gehören. Den für sie Wichtigsten der Herren kennt sie noch aus Wien: den Markgrafen von Brandenburg. Der hat sich vom alten Ungarnkönig adoptieren lassen und dann eine der reichsten Erbinnen Ungarns geehelicht. Sein Einkommen übersteigt das seines Souveräns um ein Vielfaches. Er ist Austria loyal ergeben, freut sich des Lebens, das er leicht nimmt, und ist ein vollendeter Kavalier. Die Heiterkeit und der höfische Glanz dieser Donaufahrt stehen in einem ziemlichen Widerspruch zu dem, was Marie am Ziel erwartet.

Lajos soll sie eigentlich in Bratislava empfangen. Wieder läuft alles anders als geplant. Die Türken bedrohen Belgrad, Buda ist nicht mehr sicher, die Flotte ist an die seit drei Jahren nicht bezahlten Matrosen verloren. Man traut sich nicht, die kostbare Braut Marie weiter fahren zu lassen. Sie soll in Bratislava warten, bis sich die Dinge soweit geklärt haben, dass man sie holen kann. Das kommt für sie gar nicht in Frage! Seit sechs Jahren ist sie nominell Königin von Ungarn, und nun soll sie, kaum auf ungarischem Boden, erneut unbegrenzte Zeit tatenlos warten! Sie argwöhnt, dass die Gefahr gar nicht so groß ist, dass man nur jede Gelegenheit nutzt, die im Lande unpopuläre „deutsche“ Heirat so lange wie irgend möglich hinauszuzögern.

Endlich: Lajos!

Marie gibt den Befehl zur Weiterfahrt - und man gehorcht. Sie erreicht Buda und reitet das letzte Stück bis zum Zusammentreffen unter der Burg voller Ungeduld. Sie muss sich zügeln, die Begrüßung muss den Regeln der Etikette folgen. Groß ist er geworden, der Lajos! Kräftig und immer noch etwas pausbäckig reitet er auf Marie zu. Auch seine langen, blonden Locken hat er noch! Trotz seines erzengelhaften Aussehens merkt man ihm an, dass er mit der Lanze umzugehen versteht und seine Knie es gewohnt sind, die wendigen Pustapferde zu dirigieren. Kurz: er hat alles, um als Held zu sterben. Das Gesicht mit der etwas breiten Nase und dem beginnenden rötlichen Bartwuchs gefällt ihr sofort, mögen andere es auch etwas dümmlich finden. Spontan lächeln sie sich - trotz aller Etikette - verschmitzt an, wie damals im Wald bei Wien auf der Jagd.

Seine Jugendfrische und seine liebenswürdige Art können die erfahrenen Augen der Höflinge nicht darüber hinwegtäuschen, dass er ärmlich aussieht neben seinen Magnaten. Seine Sachen sind abgetragen und sitzen so schlecht, als seien sie gar nicht für ihn gemacht. Das Paar reitet zusammen ein in die Stadt, die von Waffen starrt. Lajos ist es endlich gelungen, wenigstens einen Teil der Bewaffneten einzutreiben, die seine Lehnsleute ihm für den Kampf gegen die Belgrad bedrohenden Türken schulden. Es ist keine Zeit für höfische Empfänge, Feste und Tändeleien, Hochzeiten gar oder Krönungen. Während der wenigen Stunden, die ihnen zusammen bleiben, steht sein Schlachtross schon im Hof bereit. Am selben Tag noch muss Lajos ins Heerlager aufbrechen, und Marie bleibt zurück, wieder allein in einem fremden, kalten Schloss, umgeben von Fremden …

Ungarn, Sommer, Herbst und Winter 1521

Ungarische Zustände im Schloss…

Und was ist das für ein Alptraum von einem Schloss! Sie sieht sofort, dass sie klarmachen muss, wer hier Herr und wer Knecht ist, denn die Magnaten sind gerade dabei, die besten Appartements untereinander aufzuteilen. Marie weiß nur eins: Sie ist kein Knecht. Sie wird Ordnung in diesen Haushalt bringen. Man weicht unter leisem Murren, will nur den gewohnten Schlendrian wieder herstellen. Marie bemüht sich, ihre Räume einigermaßen wohnlich machen zu lassen und die Garderobe ihres Gatten aufzubessern. Man verbreitet das Gerücht, die fremde neue Königin bereite ihre Flucht vor, während das Volk in Massakern falle. So kann man mit Marie nicht umspringen. Am nächsten Tag erscheint sie im Heerlager, klein und schmal aber energisch, hat ein extra nervöses Pferd gewählt, das sie mit Meisterschaft bändigt. Das gefällt dem Reitervolk der Ungarn ausnehmend gut.

Die Zustände, die Marie in Ungarn vorfindet, sind durch die Jahre der Regentschaft nach dem Tode Wladislaws II. noch viel schlimmer als zu der Zeit, als Margaretha erstmals ihre Spione aussandte, um sich über das Land zu informieren, in dem ihre

Nichte Königin werden sollte. Der venezianische Gesandte Contarini urteilt: „Die einzige Art, die Ungarn zu regieren ist, ihnen ständig ein Schwert unter die Nase zu halten!“ So hatte Matthias Corvinius geherrscht, und die Ungarn hatten sich geschworen: nie wieder!

Sie wollten nur noch einen König wählen, dem sie sagen können: „Du bist unser König, und wir sind deine Herren!“ So waren sie dann auch mit Wladislaw und anschließend mit der Regentschaft umgesprungen. Jeder bereichert sich, soweit er irgend kann. Braucht die Krone Geld, muss sie teuer bezahlen, was ihr eigentlich zusteht. Während Prälaten und Magnaten in orientalischem Luxus leben, geht der König fast in Lumpen, oft gibt es am Hof nicht einmal genug zu essen, einzig Brandenburg sorgt täglich dafür, dass wenigstens genug Wein für die königliche Tafel da ist.

... und überhaupt

Grundlegendes Problem sind die ewigen Interessendivergenzen zwischen Hochadel und niederem Adel und das völlige Fehlen eines Bürgertums, auf das die Krone sich stützen könnte. Das Bürgertum war als Stand nicht anerkannt, d.h. 1514 war zwar eine Anerkennung erfolgt, aber wegen drohender Aufstände sofort wieder aufgehoben worden. Außerdem waren die Städte, soweit überhaupt vorhanden, meist von „Deutschen“ besiedelt und erregten so den allgegenwärtigen Nationalhass. All das führte dazu, dass der junge und noch ungekrönte Lajos ein hilfloser Spielball seiner Magnaten wurde.

Grundlagen einer allgemeinen Justiz sind unbekannt, es gibt keine funktionsfähige Administration, von der Kunst des Regierens weiß niemand etwas. Rat von außen wird nicht angenommen. Landtage sind Austragungsorte für Stammeskämpfe. Werden einmal Beschlüsse zum gemeinen Nutzen gefasst, gibt es keine Handhabe, sie auch auszuführen. Da es keine Verwaltung gibt, verrotten die Festungen, die Soldaten sind mutig, aber es gibt weder Geld für Waffen, noch für Verpflegung. Dieses Land soll der Schutzschild des Abendlandes gegen die Osmanen sein!

Die Türken gehen ins Winterlager...

Lajos hat den Papst und den Kaiser zur Hilfe gerufen, doch es war schon zu spät. Die Türken nehmen auf ihrem Zug eine Stadt nach der anderen, trotz heroischer Verteidigung durch die Ungarn mit Lanze und Schwert. Maries Heirat und Krönung sind auf unbestimmte Zeit verschoben, dennoch tut sie was sie kann, nicht nur, indem sie versucht, den Haushalt zu ordnen. Sie fleht die Brüder an, die Händel unter Christen einzustellen und lieber alle Kräfte gegen den gemeinsamen Feind, die muslimischen Türken, zu mobilisieren. Die haben derweil Belgrad genommen und scheinen für diesmal mit ihren Erfolgen zufrieden. Sie verkünden, dass sie ihre Winterlager aufschlagen und vor dem Frühling nicht mehr kämpfen werden.

... die Ungarn aufs Krankenlager
Nun wäre es an der Zeit, die unverdiente Gunst der Stunde zu nutzen, das Feldlager in einen Landtag umzuwandeln, die Steuern zu zahlen, die Lasten zu teilen, die verbliebenen Burgen zu befestigen, die tapferen Soldaten zu rüsten. Doch im Lager bricht ein Fieber aus, auch der König wird krank, und jeder, der noch gehen kann, bringt sich in Sicherheit. Immerhin findet sich noch jemand, der Lajos am 7. November 1521 in einer Sänfte nach Buda bringt.

Marie ist hin- und hergerissen zwischen der Freude, ihn bei sich zu haben und der Angst vor dem, was noch kommt. Dann sieht sie ihn lange an. Er ist erschöpft vom Fieber und vom vergeblichen Kampf. Er kann kaum stehen, ist ein hilfloses Kind, traurig und verlassen, und sie fühlt sich stark. Sie weiß plötzlich, dass sie ihn liebt. Sie wird ihn führen und beschützen, ihr Mut und Durchhaltevermögen reichen für sie beide. Sie wird für ihn kämpfen und ihn glücklich machen.

Niederlande, Spätherbst/Winter 1521

Glückliche Heimkehr?
Während Marie sich in Ungarn allein durchsetzen muss, gibt es in den Niederlanden Grund zum Feiern, denn am 18. Juni 1521 bestätigt der Papst Karls Investitur im Königreich Neapel. Weniger feierlich stimmt den Kaiser und seine Regentin das plötzliche Auftauchen des nordischen Schwagers Christian. Die Devise: „Tu, felix Austria, nube!“ zeitigt nicht immer Grund zur Freude …

Der „Nero des Nordens“
König Christian gelingt es, die aufständischen Schweden niederzuringen und sich 1520 in Upsala krönen zu lassen. Die Hinrichtungsstätten, die seinen Weg säumen, erscheinen den Schweden übertrieben zahlreich und bringen ihm den Beinamen: „Nero des Nordens“ ein. Es heißt allgemein, er sei von Sigebritte und ihrem Neffen Slagböck - derzeit Bischof von Lunden, vor seinem kome-

tenhaften Aufstieg in der Kirchenhierarchie Barbier im Westfälischen - zu den unnötigen Greueltaten animiert worden.

Das macht den frischgekrönten König so unpopulär, dass im Frühjahr darauf ein junger Wasa die Fackel des Aufstands nach Stockholm trägt. Dabei hat Christian durchaus seine Qualitäten als Herrscher: Er führt eine gerechte Justiz ein, verbietet den Verkauf von Leibeigenen, baut Schulen und Hospitäler, führt im hohen Norden Gasthäuser für Reisende ein, lässt Piraten und Briganten streng verfolgen. Er will die Kirche reformieren, bestellt bei seinem Onkel in Sachsen Wittenberger Prediger. Er verprellt den etablierten Klerus durch den vernünftig klingenden Befehl an die Bettelorden, zu Hause zu bleiben und zu arbeiten. Er führt die dänische Bibel und die Priesterehe ein. Damit hat er neben dem Adel natürlich auch noch den Klerus gegen sich.

Der Däne in den Niederlanden

Nachdem Christian es geschafft hat, sich dermaßen rundum unbeliebt zu machen, meint er, es sei an der Zeit, dass seine allmögende - inzwischen kaiserliche - angeheiratete Verwandtschaft ihm endlich mal hilft! Er reitet mit seinem Kämmerer und nur drei Dienern in Rekordzeit durch Deutschland in die Niederlande. Auf einer Wiese vor Brüssel trifft der dänische König erstmals mit seinem Schwager Karl zusammen. Prominenter Zeuge der Begegnung ist wieder Albrecht Dürer. Der Einzug in die Stadt findet der Feierlichkeit halber erst bei Fackelschein statt und endet im Nassau-Palast, von dem der weitgereiste Dürer behauptet, es sei das schönste Gebäude, das er je gesehen habe. Was nicht verwundern muss, denn das Haus Nassau verfügt in dieser Zeit über den größten Grundbesitz aller feudalen Familien in den Niederlanden.

Am nächsten Tag treffen die Herren mit Margaretha und Germaine de Foix zusammen. Man braucht wohl einen Dolmetscher, denn Karl spricht Französisch, und Christian antwortet auf Deutsch. Das versteht Karl zwar ein wenig, kann es aber nicht sprechen. Ein solches Familientreffen muss natürlich nach flämischer Art gefeiert werden. Es gestaltet sich auch für Dürer lukrativ, er bekommt den Auftrag für ein Ölbild und wird sofort bezahlt.

Christian diskutiert mit Erasmus von Rotterdam, begleitet Karl zur Grundsteinlegung des Chores der Liebfrauenkirche in Antwerpen. In Gent leistet er seine Huldigung für das Reichslehen Holstein und bekommt auch die Rechte über die Hansestädte zugesagt. Um diese Rechte wirklich ausüben zu können, müsste er Krieg gegen die Hanse führen. Karl ist zu einer Teilnahme daran nicht zu bewegen. Im August trifft Christian in Brügge mit Wolsey, dem noch allmächtigen Berater Henrys VIII. zusammen. Der Kardinal tritt mit dem Pomp eines veritablen Potentaten auf und macht dem Dänenkönig klar, dass er sich schon zu ihm, Wolsey, bemühen muss, wenn er von England etwas will. Zwar hat der Engländer letztlich einen ganz guten Eindruck von Christian, doch Hilfe gegen Skandinavien oder die Hanse gewährt er nicht.

Kopenhagen, Winter 1521 bis Frühjahr 1523

Heimkehr des frustrierten Gatten

Christian ist überall überaus höflich empfangen worden, doch wirklich erreicht hat er nichts. Wutentbrannt reist er zurück nach Dänemark und lässt Elisabeth ausbaden, was ihm in den Niederlanden widerfahren ist. Zwar hat sie ihm am 10. November 1520 eine gesunde Tochter, Dorothea, genannt Doro, geboren, doch das rührt sein Vaterherz wenig. Als ersten offiziellen Akt nach seiner Rückkehr schickt er den „papistischen" Beichtvater der Königin nach Hause. Dann reißt er sich in Elisabeths Beisein die Kette des Vliesordens vom Halse und zerstampft sie, Karl verfluchend, unter seinen Stiefeln. Da seine Frustration anhält, lässt er wieder einmal niederländische Schiffe kapern und den Sund sperren.

Alles hat sich gegen den Dänenkönig verschworen: Gustav Wasa belagert erfolgreich Stockholm und macht Eroberungen in Jütland. Christian zieht ihm wutschnaubend entgegen. Der Papst fordert als Revanche für die von Christian in Schweden ermordeten Bischöfe die Hinrichtung Slagböcks als Sündenbock. Dieser in seinen Augen mäßigen Forderung entspricht der König umgehend.

Der Kaiser - einsam?

Zwar ist Karl im direkten Kontakt mit Menschen sicherer und liebenswürdiger geworden, doch selbst inmitten von Festgesellschaften wirkt er oft einsam und abwesend. Er sinnt unablässig darüber nach, warum seine vordringliche, von Gott gestellte Aufgabe, materiellen Bedingungen unterworfen ist. Warum „Kollege" François - statt ihn zu unterstützen - gegen ihn antritt, ihn in drei Grenzkriege verwickelt. Allein sitzt er bei den öffentlichen Mahlzeiten, seltsam entrückt wirkt er zeitweise bei höfischen Festen, wie ein Streiter von einem anderen Stern bei manchen Turnieren. Dann hat er etwas von einem Androiden, einem Idol. Er ist entschlossen, der Menschheit zu dienen, aber er liebt den Kontakt mit den Menschen nicht immer, sein Ich braucht Phasen des sich in sich selbst Versenkens.

Karl - ein Mann?
Was dem Hof seit längerem Sorge bereitet ist, dass Karl mit seinen einundzwanzig Jahren nichts von dem bei seinen Standesgenossen üblichen Hang zu amourösen Abenteuern zeigt. Er amüsiert sich einfach nicht genug, finden sie. Er zeigt ein nahezu unheimliches Interesse an seinen Regierungsaufgaben und den öffentlichen Angelegenheiten. Er ist viel zu fleißig und zu pünktlich für einen so jungen Mann. Er begeistert sich nicht wenn etwas glückt, trägt Rückschläge mit Gleichmut, neigt dabei zur Melancholie. Schon in Spanien hat man immer wieder versucht, ihm willige junge Damen näherzubringen, doch Karl wiederstand - soweit man weiß - allen Verführungskünsten. Langsam entstehen schon Legenden, um seine Enthaltsamkeit zu erklären: So soll er in Spanien in heftiger Glut zu einer schönen Schäferin entbrannt, dann aber zu Eis erstarrt sein, als sie ihm mit der Klapper der Leprakranken Einhalt gebot. In Gent soll er gar einmal an eine Hexe geraten sein, die sich vor seinen Augen von einer prallen blonden Schönheit in eine faltige Alte verwandelte.

Ausweg: Liebe ? ...
Muss man solch märchenhafte Begegnungen überhaupt bemühen? Es sollte doch nicht Wunder nehmen, wenn Karl eine panische Angst vor großen Gefühlen und Sexualität entwickelt hätte, da die krassen Beispiele amourös-sexueller Verstrickungen aus der nächsten Verwandtschaft stets wie ein Menetekel über ihm schwebten! Wie gefährlich muss ihm leidenschaftliche Liebe erscheinen, wenn er an die Mutter denkt? Schlummert nicht auch in ihm diese Unbedingtheit, die Juana zum Verhängnis wurde?

Noch nach einer allgemein als glücklich beschriebenen Ehe wird er seinem pubertierenden Sohn das Schicksal des in Liebe verglühten Infanten Juan als warnendes Beispiel vorhalten, um ihn vor den Folgen ungezügelter körperlicher Leidenschaft zu warnen. Muss er nicht alle Schwächen des Körpers überwinden, wie er es im Kampfsport gelernt hat? Ist nicht die Tante Margaretha erst als allein lebende Frau eine erfolgreiche Herrscherin gworden? Muss er nicht, gerade um seinen extrem hohen Ansprüchen an sein Herrschertum gerecht werden zu können, nur für seine Aufgabe, frei von emotionalen Bindungen leben? Nun, eines Tages wird er heiraten müssen, als Chef des Hauses hat er auch dynastische Pflichten, doch: „Non dum!“

... oder Krieg?
Da stellt sich Karl doch lieber zuerst den Kritikern, die mäkeln, er habe noch nie ein Schlachtfeld gesehen! Im Herbst zieht er also dem Grenzgeplänkel mit Frankreich entgegen, einen richtigen Krieg kann man das nicht nennen. An seiner Seite sind Nassau und Sickingen. Sie ziehen nach Valenciennes. François zögert und verliert die Chance zum Sieg. Karl kann die seine nicht nutzen, da es ihm an Geld mangelt, seine Söldner zu bezahlen. In dieser Zeit des Grenzgeplänkels hält Karl sich mehrfach im Schloss der Lelaings in Oudenaarde auf. Während eines Balles dort erregt ein stilles, blondes Mädel seine Aufmerksamkeit. Er erkundigt sich, wer sie ist. Sie heißt Jehanne van der Gheenst, ist Tochter eines Handwerkers, nun Mündel der Schlossherrin und für das Kloster bestimmt.

... oder doch ein Mädchen?
Karl beauftragt einen Kammerherrn zu dessen Genugtuung, ein „privates“ Treffen mit dem Mädchen zu arrangieren. Sofort fordert der Kammerherr Jehanne zum Tanz und spricht auf sie ein. Einige Zeit später teilt er Karl mit, alles sei arrangiert, die Kleine sei bereit, allerdings auch sehr sittsam und unerfahren. Sie habe deshalb darauf bestanden, sich schlafend zu stellen. Überwältigt von ungewohnten Gefühlen findet Karl die Schöne nackt auf einem Bett liegend vor, ihre Augen sind fest geschlossen, sie atmet wie eine Schlafende. Die kleine Komödie kommt seiner Unsicherheit und Unerfahrenheit entgegen.

Unmittelbar nachdem er ihr „seine Glut bewiesen hat“ und wieder klar denkt, merkt er, was da gespielt wird: Das Mädchen schläft wirklich, allerdings einen sehr verdächtigen Schlaf, der eher einer Ohnmacht gleicht. Als sie nach längerer Zeit erwacht und die Situation erkennt, schreit sie in Panik und bricht in nicht zu trocknende Tränen aus. Sie sagt angeblich, sie erinnere sich nur, mit dem Kammerherrn getanzt zu haben, der sehr freundlich zu ihr war und ihr in diesem Raum eine Erfrischung angeboten hat. Danach weiß sie nichts mehr. Am nächsten Tag verschwindet sie in einem Kloster, das sie nie mehr verlässt. So die meistkolportierte Version des Geschehens.

Welch grauenvolle Vorstellung, Karls erstes erotisches Rencontre (sofern es wirklich das erste war), sei auf diese Art abgelaufen: Mit einer narkotisierten Frau, die erwachend bei seinem Anblick in Panik ausbricht! Kurz, man kann nur hoffen, dass das Ganze weit undramatischer abgelaufen ist. Dafür spricht auch, dass Karl nach anderen Quellen Jehanne bis zum Frühling 1522 bei sich behält. Erst als er die Niederlande verlassen muss, geht Jehanne van Geenst in ein Kloster. Zu diesem Zeitpunkt müsste längst klar sein, dass sie schwanger ist.

Ausblick
Bastard Margarete ... und andere
Am 1. August 1522 wird Jehanne eine Tochter zur Welt bringen, die Karl ganz selbstverständlich anerkennt. Sie wird nach der Tante, die sofort bereit ist, für die Erziehung des Kindes zu sorgen, Margarete genannt. Sie erhält später das Recht, sich „de Austria" zu nennen und wird als Heiratsobjekt des Vaters wieder in Erscheinung treten. Es liegt der Verdacht nahe, dass es Margaretha war, die auf eine Beendigung des Verhältnisses drängt, als die Schwangerschaft feststeht. Denn damit hat Jehanne ihren Zweck erfüllt. Die Zeugungsfähigkeit des Kaisers ist erwiesen.

Bis zu seiner Heirat wird Karl noch einige Male „seinem Verlangen erliegen". Meist handelt es sich dabei - wie bei Jehanne - um einfache Mädchen. Die ravissante Tochter des Herzogs von Nogarola bleibt als Dame von Stand einzig unter seinen Partnerinnen, die er sich kühl und sachlich zugesteht. Sein Inneres wird von diesen „Affären" nicht berührt. Die natürlichen Kinder aus diesen Begegnungen lässt er sorgfältig erziehen, man könnte sagen, er gibt ihnen die Beachtung, die er den Müttern verweigert. Es wird immer wieder betont, dass Karl seiner späteren Frau stets treu war. Sicher ist, dass er sich im Gegensatz zu anderen Fürsten seiner Zeit keine Mätressen hielt.

Depeschen von den Kriegsschauplätzen:
Am 19. November 1521 erobern Karls Heerführer Lannoy und Pescara Mailand von den Franzosen zurück.

Depeschen aus Rom, November 1521
Leo X. aus dem Hause Medici stirbt am 1. Dezember 1521. Das Kardinalskollegium ist total zerstritten, keiner denkt an die notwendige Erneuerung der Kirche. Es geht nur darum, italienische Familienclans an die Macht zu bringen oder sie ihnen zu erhalten. Es streiten die Medici, für die Farnkreich votiert, mit den Farnese, und in England steht Wolsey in den Startlöchern. Der spanische

Gesandte Don Juan Manuel hat keine Zeit, sich mit seinem Herrscher zu beraten und schlägt den Kardinal von Tolosa vor, Adrian von Utrecht, derzeit Statthalter Karls in Spanien. Er preist ihn als Heiligen an, der sich nicht um Pfründenvergabe und weltliche Politik kümmern wird und erntet Gelächter. Als aber von Wahlgang zu Wahlgang der Streit Medici gegen Farnese eskaliert, gewinnt am 19. Januar 1522 - als gar nicht lachender Dritter - Karls Erzieher die Tiara!

Brüssel - Calais, Januar bis Mai 1522

Aufbruch im Frühling

Ein Grund mehr für Karl, endlich nach Spanien zurückzukehren, um mit Adrian die gemeinsame zukünftige Politik zu besprechen. An sich müsste ja nun alles nach Wunsch zu regeln sein, mit diesem Papst an der Seite dieses Kaisers! Doch auch dieser „schnelle Aufbruch" dauert ein knappes halbes Jahr. Zuviel ist noch zu regeln, mit Ferdinand über die Situation in den Erblanden, seine Aufgabe als Karls Stellvertreter im Reich, mit Margaretha über den Schutz der Niederlande, über den Vertrag mit England, über eine Heirat Karls ...

Bevor er aufbricht, erneuert der Kaiser sein Testament. Noch immer will er in der Grablege der Herzöge von Burgund in Champol, das nach wie vor zu Frankreich gehört, beigesetzt werden. 30.000 Messen sollen für sein Seelenheil gelesen, Geld an die Alten, die Studenten und Mädchen ohne Aussteuer (sic !) vergeben werden, doch weder die Erblande noch das Reich werden mit einem Wort erwähnt.

Zunächst wälzt sich ein Lindwurm von 3.000 mit Mühe bezahlten deutschen Landsknechten, 74 Kanonen, 2.044 Mitgliedern des Hofes zu Pferde, in Kutschen und Sänften, mit Gepäck- und Trosswagen nach Calais. Dort schifft Karl sich auf englischem Boden nach Dover ein, denn er will sich ein weiteres Mal mit Henry VIII. und seiner Tante Katharina treffen, bevor er sich für längere Zeit nach Spanien begibt.

Calais - Dover - Windsor, Mai 1522

Englische Verhandlungen

Am 23. treffen sich die Souveräne in Dover und reiten gemeinsam über Canterbury und Rochester zunächst nach Greenwich, dann weiter nach London und Windsor. Hier verblüfft Karl auch den englischen Hof durch die Vorführung des kürzlich durch Cortés aus Mexico übersandten Schatzes des Montezuma. Offiziell geht es um die persönliche Ratifizierung des Vertrages von Calais, den Gattinara und Wolsey ausgehandelt haben. Doch es gibt auch erste Gerüchte, dass Henry VIII. nach Mitteln und Wegen sucht, sich von seiner Frau zu trennen, die ihm bisher nur tote Söhne geboren hat und langsam dem gebärfähigen Alter entgleitet. Vielleicht will er bei Karl, der inzwischen von einem aussichtsreichen Jüngling zu einem Machtfaktor geworden ist, vorfühlen. Vielleicht hat Katharina ja in den Briefen an Margaretha, die sie damals in Spanien Englisch lehrte und der sie sich immer noch sehr verbunden fühlt, etwas angedeutet. Offiziell kommt das Problem nicht zur Sprache.

Karls Verlobung mit der mittlerweile sechsjährigen Mary wird ein weiteres Mal bekräftigt. Ein Geheimvertrag verschiebt den Angriff gegen Frankreich auf 1524. Schließlich geleitet Henry den Kaiser nach Southampton, wo Karl am 6. Juli endgültig in See sticht. Eine ruhige Überfahrt von zehn Tagen nach Santander erwartet ihn und seine Begleitung. Zeit für Karl, noch einmal in Ruhe die Briefe seiner kleinen Schwester Marie aus den Ländern der Magyaren und Böhmen zu lesen. Sie berichtet aus

Székesfehérvár und Buda, Winter 1521/22

Krönung und Hochzeit

Während des Landtages vom November 1521 wurde Lajos für volljährig erklärt, der Landtag verspricht, die Krongüter zurückzuerstatten und alle Steuern zu zahlen. Am 4. Dezember 1521 werden Marie und Lajos zu Königen von Ungarn gekrönt. Am 13. Januar 1522 kann endlich die bereits zweimal stattgehabte Trauung in Buda vollzogen werden. Wegen der allgemeinen Unsicherheit ist das Versenden der Einladungen so lange verschleppt worden, dass nicht einmal der nahebei residierende Ferdinand rechtzeitig eine Gesandtschaft abschicken kann.

Marie stört das nicht. Sie hat beschlossen, Lajos glücklich zu machen und ist es mit ihm. Er ist der denkbar beste Kumpel für sie, denn er bewundert sie und lässt ihr freie Hand. Irgendwie erinnert das an Margaretha und ihren Philibert! Marie und Lajos reiten und jagen mit Enthusiasmus, unbekümmert erfreuen sie sich an Bällen und Mummenschanz. Damit die Königin dieses aufwendige Leben finanzieren kann, überschreibt ihr der König die einträglichsten Ländereien der Krone als Apanage.

Böhmen ruft

Nun, da sich die Kunde vom glücklichen jungen Paar verbreitet, verlangen auch die Böhmen ihre Königin kennen zu lernen. Die Ungarn wollen sie eifersüchtig bei sich behalten, behaupten, die Türken könnten die Abreise des Königspaares als Flucht auslegen. Die Böhmen drohen: Wenn Lajos kommt, kann er im Sommer mit 50.000 Mann gerüsteter Truppen zurückkehren, kommt er nicht, gibt es keine Truppen - er soll entscheiden. So einfach ist das! Natürlich entscheidet nicht Lajos, sondern Marie. Sie treten die Reise am 24. Februar 1522 an, und sie wird ein fünf Wochen währender Schrecken, denn das Land ist allenthalben total ausgepowert. Erst jetzt wird dem jungen Königspaar und seiner Begleitung klar, wie schlimm die Lage wirklich ist.

Prag, April 1522 bis April 1523

Böhmische Gemütlichkeit

Die Böhmen lassen von der versprochenen Zügigkeit nichts merken, sie diskutieren endlos, wer bei der anstehenden Krönung welche Insignien tragen, an welcher Stelle der Rangordnung auftreten darf. Am 1. Juni 1522 macht Marie diesem Gezänk auf für sie typische Weise ein Ende: Zu früher Stunde tragen Lajos und sie Krone und Szepter selber über den leeren Platz vom Hradschin zur Kathedrale, und Brandenburg folgt ihnen mit dem Schwert. Die Krönung findet quasi im „kleinen Kreis“ statt.

Nun hofft Marie, die Subsidienfrage ebenso effizient lösen zu können, denn der Sultan ist schon im Aufbruch. Aus unerfindlichen Gründen richtet sich der Vorstoß der Türken dann aber gegen Rhodos und nicht gegen Ungarn. Böhmen steht auf dem Standpunkt: keine Hilfsleistungen, bevor nicht die letzte Beschwerde ausdiskutiert ist. Diese lähmenden Verhandlungen ziehen sich bis zum April 1523 hin, und Marie und Lajos gewöhnen sich daran, allabendlich Feste zu feiern und in endlosen Jagdpartien Ablenkung vom Streit der Parteien zu finden. Letztlich muss das Paar ohne eine einzige Zusage abreisen in ein Ungarn, das noch immer auf dem Stand von 1521 ist.

Pavia erfordert Eleonors Opferung

Santander, 16. Juli 1522

Landung

Die 66 Schiffe landen Karl und seine Begleitung diesmal sicher in Santander an. Wie in memoriam seiner ersten Landung in Spanien vor fast fünf Jahren zieht Karl über staubige Landstraßen. Von seiner riesigen Entourage hält er sich möglichst fern, reitet in einer kleinen Truppe vertrauter Begleiter. Endlos sind die Tagesritte in der Sommerhitze. Karls Wunsch, sich sofort mit Adrian - als Papst Hadrian - zu treffen, geht nicht in Erfüllung. Kaum hört der Statthalter und Papst, dass der König an Spaniens Küste gelandet ist, macht er sich eilends auf den Weg nach Rom. Er will nichts mehr mit Politik zu tun haben, sich ganz auf den geistlichen Auftrag seines Amtes konzentrieren.

In den Dörfern jubeln die Menschen ihrem Rey Carlos zu, doch er grübelt über den Amtsmissbrauch der flandrischen Ratgeber und den daraus entstandenen Hass. Man hat in seinem Namen Versprechungen gemacht, um die Unterwerfung der Comuneros einzuleiten, er wird sie nicht halten können. Er hat kein grausames Temperament, aber er darf nicht nach den Beweggründen fragen, kann keine Milde walten lassen. Das gilt seiner Zeit als Schwäche und kompromittiert das Prestige der Krone. Er muss erst mehr erfahren, über diesen Aufstand der Comuneros, von dem er bisher nur aus Depeschen weiß und dann Lösungen finden.

Rückblick: Toledo, 20. Mai 1520

Der Sturm bricht los ...

Während Karl und sein Gefolge in fast fluchtartiger Eile in La Coruña die wartenden niederländischen Schiffe besteigen und mit Ziel England die Segel setzen, bricht in Toledo die bewaffnete Revolte los. Die Bürger vertreiben die königlichen Administratoren und bilden ein Volkskomitee. Mit Padilla und de la Vega werden zwei Adelige zu Anführern gewählt. Sie schicken Aufforderungen an alle Städte, sich ihnen anzuschließen. Bereits vier Wochen nach Karls Abreise sind fünfzehn Städte dem Aufruf gefolgt. Auf Betreiben Antonios de Acuña, des Bischofs von Zamora, hält man

Ende Juni einen Kongress in Avila ab. Man gibt sich den klangvollen Namen „Santa Junta de las Comunidades" und erklärt seine Ziele: Adrian und die königlichen Räte sollen abgesetzt, die Junta zur einzig legalen Regierung und Juana zur alleinigen Herrscherin Spaniens erklärt werden! Ihr allein wird man Lehenstreue halten. Die Mitglieder der Cortes sollen zukünftig gewählt und nicht mehr durch das Los bestimmt werden.

Um diese Ziele erreichen zu können, werden Truppen ausgehoben. Schnell sind es mehr als die Stadt fassen kann. Überall werden die Mitglieder der Cortes, die der letzten Bewilligung für Karl zugestimmt haben, ermordet. Adrian beschließt, ein Strafgericht nach Segovia zu senden. Der königliche Kommandeur will sich im Arsenal von Medina del Campo mit Waffen und Munition eindecken, die Bevölkerung dies verhindern. Die Speicher der Stadt sind in Erwartung der bevorstehenden Messe mit Waren aus ganz Spanien bis an die Dachsparren gefüllt. Eine Verkettung unglücklicher Umstände lässt die ganze Stadt bis auf die Grundmauern abbrennen. Die Bewohner kommen fast alle um, ein Großteil der Reichtümer Spaniens geht in Flammen auf. Der empörte Nationalstolz - natürlich lastet man das Unglück ausschließlich den königlichen Truppen an - verbreitet den Sturm des Aufruhrs durch ganz Spanien.

Adrian schickt Truppen nach Tordesillas, um das Hauptziel der Comuneros, die Befreiung Juanas zu vereiteln. Seine Soldaten müssen sich unverrichteter Dinge zurückziehen, die Bürger von Tordesillas verteidigen ihre Königin zu gut. Adrian entsendet den Erzbischof von Granada, de Rojas. Er soll Juana bewegen, ein Edikt zu unterfertigen, das der Junta die Auflösung befiehlt.

Tordesillas, 25 August bis Dezember 1520

... erreicht die Königin ...
Juana wird gemeldet, der Präsident des königlichen Rates, Erzbischof de Rojas, bitte um eine Audienz. Wie lange hat sie auf einen solchen Moment gehofft! Sicher ist sie nervös, doch de Rojas ist es nicht weniger. Um Juana klar zu machen, worum es geht, muss er ihr alles erklären, was man jahrelang vor ihr verheimlicht hat. Er beginnt beim Tode ihres Vaters und ihres Schwiegervaters und führt die Wahl ihres Sohnes zum Kaiser als Grund für dessen Abwesenheit an. Diese plötzliche Konfrontation mit der Wahrheit ist natürlich ein Schock. „Fünfzehn Jahre Lügen!" klagt sie immer wieder. Rojas hat keine Zeit für Gefühle, er weiß, dass die Rebel-

len nahen und beschwört Juana, nur sie könne - nächst Gott natürlich - das Königreich retten. Sie darf nicht bestimmen, wo und wann sie betet, aber sie kann das Königreich retten! Schon seltsam. Juana tut, was sie in Konfliktsituationen immer tut: Sie zögert, hält Rojas hin.

Juana und die Rebellen

Am vierten Tag nach Ankunft des Erzbischofs lagern die Comuneros am Duero. Padilla und seine Hauptleute reiten unter Vivatrufen und Trompetenschall in den Burghof ein, andere drängen nach. Alle fallen vor Juana auf die Knie. Padilla küsst ehrehrbietig ihre Hand und erklärt, sie seien gekommen, ihr zu dienen und sie zu schützen und fragt, ob sie diesen Schutz wolle. Juana will. Sie will alles erfahren, und sie will Rache nehmen an allen Übeltätern. Sofort wird der Aufseher Denia „im Hemd" gefangengesetzt und man beginnt, Karls Namen aus allen Akten zu tilgen. Die Führung der Junta wird von Avila nach Tordesillas verlegt. Sekretäre und Abgeordnete eilen geschäftig ein und aus. Hauptleute durchqueren sporenklirrend die Säle, täglich treffen neue Abgeordnete ein. Die Cortes werden nach Tordesillas berufen.

Doch die Junta macht ihren ersten Fehler: Sie entfernt zwar Denia, wechselt aber nicht den Hofstaat Juanas aus. So gelangen weiterhin alle Neuigkeiten unmittelbar zu Adrian und der kann, vor allem über die Priester, seine „Gegenbeeinflussung" starten. Die Comuneros behaupten, der Regent wolle sie, Juana, verschleppen lassen und von ihrer Tochter trennen. Karls Getreue halten dagegen: Karl persönlich habe ihr Catalina zurückgebracht. Juana ist verwirrt, traut aber den Comuneros nicht mehr vorbehaltlos. Inzwischen befinden sich alle nicht ermorderten karltreuen Beamten auf der Flucht oder halten sich versteckt. Der Regent Adrian selbst steht in Valladolid unter Hausarrest und kann nur unter großen Strapazen entkommen.

Juana und die Cortes

Am 24. September treten die Cortes zusammen. Juana führt erstmalig den Vorsitz über die gesetzgebende Körperschaft Kastiliens. Ein Abgeordneter leistet stellvertretend für alle den Treueid. Sie soll als ihrer aller Königin an des Reiches Spitze stehen. Man schildert ihr den Niedergang seit Fernandos Tod, seit Karl ins Land kam und mit ihm jene „Flamencos", die sie, Juana, besser kenne als irgend jemand sonst.

Juana erklärt, sie sei seit dem Tode ihrer Mutter eine Gefangene, eingesperrt und von der Außenwelt abgeschnitten. Dennoch erkenne sie ihre Verantwortung als Königin an. Aber sie wisse nicht, warum ihr Vater, der König, von dem sie immer das Beste angenommen, dies getan habe. Sie könne nur vermuten, dass Germaine, die zweite Frau des Königs, dahinterstecke. Als Chièvres kam, habe sie geglaubt, er käme in Angelegenheiten ihrer Kinder. Schon in den Niederlanden und erst recht in Spanien habe sie dagegen gekämpft, dass Philipp und seine Flamencos die Herrschaft ursupierten. Diesem Ziel habe sie ihr persönliches Glück geopfert. Sie kann sich eines Tadels an die Adresse der Spanier, die das alles haben geschehen lassen, nicht enthalten. Doch nun seien sie ja hier, um alles wieder ins Lot zu bringen und sie sei bereit, sie nach Kräften zu unterstützen. Nur im Moment sei alles noch etwas viel für sie, sie müsse sich erst daran gewöhnen, dass der König, ihr Herr -sie meint ihren Vater- tot sei. Man möge vier Männer auswählen, die jederzeit Zugang zu ihr haben sollen. Sie hält diese lange Rede aus dem Stehgreif. Die Comuneros glauben sich am Ziel.

Reaktionen aus der Ferne
Doch inzwischen hat Karl von Köln aus reagiert. Er ernennt den Admiral und den Konnetabel von Spanien zu Mitregenten. Damit ist das Hauptargument der Aufständischen, ihr Land werde von Fremden regiert, gegenstandslos. Dem Adel ist der ganze Aufstand inzwischen ohnehin zu plebejisch geworden, nun kann man sich ohne Gesichtsverlust wieder hinter den König stellen. Für die Spanier aller Stände sind der Admiral und der Konnetabel vom Glanz der Autortät der Reyes Católicos umstrahlt. Mit Energie geht der Konnetabel daran, die königliche Streitmacht zu reorganisieren.

Eine Unterschrift Juanas
Das Einzige, was die Comuneros jetzt noch legitimieren könnte, wäre eine Unterschrift der von ihnen für gesund und regierungsfähig erklärten Königin. Adrian schreibt an Karl: „Wenn sie diese erlangen, ist das ganze Reich verloren." Die Anhänger Karls lassen nichts unversucht, das Misstrauen Juanas gegen die Aufständischen zu schüren. Was für Leute sind die Führer der Comuneros denn: Verarmte Adelige, erfolglose Advokaten, kleine Händler, Gewerbetreibende! Sind das die Leute, mit denen ihre Mutter regiert hat? Wo sind denn die Granden, denen allein sie immer ihre Beschwerden vorbringen wollte? Sie solle mit jeder Unterschrift

warten, bis sie sich mit denen habe beraten können. Tatsächlich müsste Juana, wollte sie wirklich Macht erlangen, einen revolutionären Schritt unternehemen: Mit Bürgern und Bauern gegen den Adel regieren.

Juana wartet und treibt die Comuneros damit zur Verzweiflung, denn der Adel hat Anleihen im Ausland aufgenommen und zieht Söldner zusammen. Erste Städte sind schon abgefallen. Aus Zeitnot macht die Junta einen kardinalen Fehler: man versucht, die Unterschrift zu erzwingen! Das führt bei Juana - wie immer - zu passivem Widerstand. In ihrer Hilflosigkeit bestellt die Junta Ärzte, die Juana untersuchen, Priester, die sie exorzieren sollen. Die Kunde davon verbreitet sich und wird geschickt umgemünzt. Nun gilt es, die Königin aus den Händen der Junta, die sie gefangen hält und misshandelt, zu befreien.

Entscheidung im Dezember

Die Royalisten ziehen von Burgos kommend auf Tordesillas zu. Dort zerstreiten sich die Anführer der Comuneros endgültig. Padilla setzt sich mit seinen Truppen nach Toledo ab. Der November vergeht mit Scharmützeln. Am 4. Dezember 1520 greift das royalistische Heer Tordesillas an, das von 2.000 Juntamitgliedern und den Einwohnern mit dem Mut der Verzweiflung verteidigt wird. Den königlichen Soldaten gelingt es, eine Bresche in die Mauer zu schlagen. In den Straßen entbrennen heftige Kämpfe.

Einige Chronisten berichten, dass Juana ins Kloster läuft und befiehlt, den Sarg Philipps auf den Karren zu laden. Eine Nonne muss ihr gestehen, das der Wagen so verrottet ist, dass er beim Versuch, ihn zu bewegen, zusammenbricht. Juana eilt zurück in ihren Turm. Sie kommt wieder in den Patio, an der einen Hand Catalina, unter dem anderen Arm ihre Schmuckkasette, steht unschlüssig, bis die Königlichen den Hof stürmen.

Tordesillas für immer!

Juana erwartet die Granden. Sie unterschreibt sofort ein Dekret, das den Comuneros die Einstellung der Kämpfe befiehlt. Doch das Dekret wird nie veröffentlicht, es könnte als Beweis für die Regierungsfähigkeit der Königin interpretiert werden. Die Mehrzahl der Granden hat sich längst für die Regierung Karls entschieden und kein Interesse mehr an einer regierungsfähigen Juana, die die Lage nur komplizieren würde. So kann man mit Pathos behaupten, der Adel des Landes habe die letzte Königin aus spanischem Geschlecht verraten.

Denia kommt wutschnaubend zurück, und es gehen Bitten an Karl, ihn zur Mäßigung aufzurufen. Denia ist gleichermaßen bei den Bewohnern von Tordesillas und bei den Mitgliedern des Hofstaates der Königin verhasst. Den Dezember über spricht immer wieder der eine oder andere der Granden bei Juana vor, doch dann senkt sich wieder klösterliche Stille über die Burg, die Königin und ihre Tochter. Unterbrochen wird diese erst, als Karl der Mutter am 3. September 1522 einen Pflichtbesuch abstattet und dabei persönlich die Vorbereitungen zur Überführung der Leiche des Vaters nach Granada überwacht. Juana wird nicht informiert und bemerkt nichts von dieser Aktion.

Karl hält sich die nächsten zehn Monate zumeist in Valldolid auf. Der Admiral erbittet als einzigen Lohn für seine Verdienste um die Erhaltung von Karls Herrschaft einen Generalpardon für die Aufrührer. Vergebens! Karl kann - wie eingangs erwähnt - eine solche „Schwäche" nicht zeigen. Alle Rädelsführer werden hingerichtet und 300 Männer von Rang vom Generalpardon ausgenommen.

Medina del Campo, 14. - 16. Juni 1523

Ein freudiges Wiedersehen

Unterbrochen werden Karls Bemühungen um die Errichtung einer tragfähigen Regierung für Spanien durch die freudige Nachricht, dass seine geliebte Schwester Eleonor endlich Portugal verlassen kann. Adel und Volk hatten den neuen König, João III., gebeten, die Königinwitwe Eleonor zu heiraten. Erstens sei sie ihm ja schon einmal versprochen gewesen, bevor der Vater zum zweiten Mal Witwer wurde. Zweitens bliebe dann ihr Vermögen im Land, und drittens könne man die Ausgaben für eine weitere Königin sparen. Diese Heirat wurde von beiden Beteiligten abgelehnt. Karl fordert Eleonor nun zurück, nicht etwa weil er sie aus reiner Bruderliebe bei sich haben will, er braucht mal wieder eine Braut als Preis für einen Verbündeten.

João seinerseits schien im Gegensatz zu seinem Vater eine jungfräuliche Braut der Witwe eines Verwandten vorzuziehen. In diesem Fall hätte es sich gar um seine eigene Stiefmutter gehandelt, einen Hauch von Verständnis kann man da nur schwer verweigern. João kapriziert sich auf Karls jüngste Schwester Catalina.

Sofort wurden Verhandlungen über die Bedingungen dieser neuen Konstellation aufgenommen, doch João III. ließ sich von Karl nicht drängen. Erst am 15. Juni 1523 kann Karl seine

Schwester bei Medina del Campo wieder in die Arme schließen. Allerdings musste sie ihre Tochter Maria zurücklassen. Karl und Eleonor nehmen das Wiedersehen zum Anlass für ein dreitägiges Fest. Eleonor bekommt ihren eigenen Hof in Valladolid, wird ihren Bruder aber auf manchen Reisen durch Spanien begleiten.

Depeschen aus Frankreich:
François I. lässt durchblicken, dass er bereit ist, den Kampf um Mailand erneut aufzunehemn. Seine Rüstungen machen gute Fortschritte. Karl sieht das einigermaßen gelassen, weiß er doch England auf seiner Seite und hat in Frankreich selbst auf ungewöhnliche Art einen Verbündeten gefunden, dem er als Preis für geleistete Dienste seine Schwester Eleonor als Gattin in Ausscht stellt: Den Konnetabel de Bourbon!

Ein feudales Zwischenspiel: Frankreich, 1505 - 1523

Die Affäre Bourbon
oder wie der erste Vasall des Königs von Frankreich auf die Seite des Kaisers geriet. Charles de Bourbon, dessen Vater und Brüder auf den Italienfeldzügen ihres Königs gefallen sind, wird Mündel des Pierre de Beaujeau und, als der 1503 stirbt, Chef des Hauses Bourbon. 1505 heiratet er Susanne, Tochter seines Vormunds. Wenn seine Schwiegermutter Anne de Beaujeu und Louise de Savoie sich bei Hofe treffen, streiten sie nach „Mütterart" darum, welcher Jüngling der schönere ist: Charles de Bourbon, der Schwiegersohn Annes, oder François d'Angoulême, der Sohn Louises. Letzterer macht, kaum König geworden, Bourbon zum Konnetabel. Ihm verdankt François zu großen Teilen den Sieg bei Marignano. Deshalb und wegen seines immensen Reichtums ist der König eifersüchtig auf Bourbon.

Wenn Bourbon fortan bei der Besetzung militärischer Posten übergangen wird, behauptet François, einen Wunsch seiner Mätresse zu erfüllen, die den Einsatz eines ihrer Brüder gefordert habe. Den Vorrang des Wunsches einer schönen Frau muss ein Höfling goutieren und wo nicht, solches wenigstens heucheln. Diese Art Höfling ist Bourbon nicht, ziemlich unhöfisch ist er gar seiner unschönen, hinkenden Frau treu, trotz aller Versuche auch höchster Weiblichkeit, ihn zu verführen. Anfang 1521 stirbt sein einziger Sohn, kurz darauf seine Frau. Auf Betreiben Anne de Beaujeus haben die Eheleute sich in gültigen Testamenten gegenseitig zu Erben eingesetzt.

Die Königinmutter will heiraten - oder erben

Da wittert die Mutter des Königs, inzwischen siebenundvierzig und angeblich seit Jahren in den vierzehn Jahre jüngeren Bourbon verliebt, ihre Chance. Sie hat seine eheliche Treue immer der „Tatsache" zugeschrieben, er erwidere ihre heimliche Liebe. Nun bedrängt Louise ihn derart mit Heiratsanträgen, dass er ihr schließlich eine klare Antwort geben muss. Er sagt ihr, er sei gerade Anfang dreißig und habe keinen Erben, da könne er keine Frau von über vierzig heiraten! Das ist nicht charmant, aber eindeutig! Die sonst gar nicht so zartbesaitete Louise soll in Ohnmacht gefallen sein. Kaum wieder bei Bewußtsein beginnt sie, Bourbons Stellung systematisch zu untergraben. Da Louise einsehen muss, dass sie den Mann nicht bekommen kann, will sie sich an seinem Besitz schadlos halten und ficht - als Cousine - das Testament Susannes an. Ein völlig unhaltbarer Anspruch, selbst der Advokat des Königs wird bestätigen, dass das Erbe eindeutig Charles de Bourbon zusteht. Stirbt Bourbon selbst ohne Erben fällt sein Besitz an die Krone. An die Krone wohlgemerkt, niemals an die Mutter des Königs!

Der Rat der alten Dame

Bourbon wendet sich an die einzige Person seines Vertrauens, an die mittlerweile über sechzig Jahre alte Schwiegermutter, Anne de Beaujeu. Deren Rat ist erstaunlich. Sie erinnert ihn an die alte Allianz Bourbon-Bourgogne und rät ihm, sich und seinen Besitz Karl zu unterstellen. Das ist möglich, da einige Besitzungen Bourbons auf Reichsgebiet liegen. Im feudalen Denken des Mittelalters ist der Wechsel von einem Lehnsherren zum anderen ein durchaus legitimer Akt, widerspricht aber inzwischen dem „Zeitgeist". Bourbon zögert lange, befolgt aber letztlich diesen Ratschlag der alten Dame.

Karl ist natürlich hellauf begeistert - was kann es für seine Reputation besseres geben? Der erste und reichste Vasall des französischen Königs muss sich an ihn, den Kaiser, wenden, um Gerechtigkeit zu erlangen! Karl verspricht Bourbon begeistert goldene Berge - und die Hand seiner gerade erst in Portugal verwitweten Schwester Eleonor.

Louise beschlagnahmt

Als im August Louise die Regentschaft für den an die italienische Front abgereisten François übernimmt, setzt sie die Beschlagnahme des Bourbon-Vermögens durch und stellt Bourbon unter Arrest. In abenteuerlicher Verkleidung kann er sich auf kaiserliches Gebiet retten. Der Skandal ist perfekt, das französische Königshaus blamiert, die Meinung der Öffentlichkeit voll auf der Seite Bourbons. Der König hat seine oberste Pflicht, seinem Vasallen Gerechtigkeit widerfahren zu lassen, gröblich verletzt. Karl, Bourbon und Henry VIII. sehen das nicht nur als moralische Niederlage des Königs, im Geiste teilen sie Frankreich schon unter sich auf!

Nordspanien, Herbst / Winter 1523

Spaniens Weite

Während diese Verhandlungen noch laufen, reitet Karl über Arcos, Burgos, Logroño nach Pamplona, um von dort aus das rückeroberte Navarra neu zu orden. Unterwegs ist er von Spanien fasziniert, deswegen lässt er sich Zeit bei diesem Ritt durch Altkastilien. Er will möglichst allein sein, alles auf sich wirken lassen und darüber nachdenken, wie er die Bedingungen verbessern kann. Er träumt davon, „seine“ Spanier zu flämischer Arbeitsmoral und Prosperität zu führen und die Reichtümer der Neuen Welt zu dieser Metamorphose Spaniens einzusetzen.

Auf seinen „einsamen“ Ritten durch die spanische Landschaft denkt Karl auch über „outre mer“ nach. Natürlich weiß er davon nur, was ihm Heimkehrer berichten. Er ist des Glaubens, die Konquistadoren errichten dort moderne Staaten. Erst später wird er erfahren, was dort wirklich geschieht. Am 21. Oktober 1523 unterzeichnet Karl in Pamplona eine Urkunde, die lakonisch festschreibt, dass „los Indias“ für immer mit der Krone Kastiliens verbunden sein sollen.

Conquistadores

Was Karl und seine Zeitgenossen noch nicht überschauen: Das Abenteuer „Neue Welt“ zieht alle unternehmungsfreudigen Spanier in seinen Bann. Es sind hauptsächlich Kastilier mit ihrem Hang zu Träumen und Phantasmorgien, die übers Meer fahren. Die eigentlichen Conquistadores, die oft mit einigen Dutzend Männern unvorstellbar große Gebiete, ja ganze Reiche erobern, stammen zumeist aus der Estremadura. Wer diese Region Spaniens erlebt hat, kann noch heute verstehen, dass jemand, der in der unendlichen Einsamkeit dieser gewaltigen Landschaft seine Schafe - oder Schweine - gehütet hat, nichts und niemanden auf dieser Erde fürchtet.

Wären mehr der realistischeren Aragonier und Katalanen darunter gewesen, hätten die Kolonien Spanien vielleicht tatsächlich reich machen können, statt es à la longue in den Ruin zu führen. Doch haben nicht gerade die Kastilier all die Eigenschaften, die Karl bei seinen Anhängern braucht, um seine universelle Idee vom Kaisertum Realität werden zu lassen? Unerschütterlich im Glauben, allzeit bereit, sich für die Ehre zu schlagen? Überzeugt von der Überlegenheit des eigenen Wesens, von der Realität wenig behindert, fähig, Chimären nachzujagen? Die idealistischen Spanier fragen nicht nach Wohlleben und eigenem Nutzen, wie die Niederländer. Seit der Adel Spaniens seine Herrschaft anerkennt, stehen zwischen Carlos el Rey und seinen Granden und Hidalgos keine Bedenken um Fürstenfreiheit und landsmannschaftliche Interessen - wie im deutschen Reich.

Spaniens Wert

Aus diesen Erkenntnissen beschließt Karl, zunächst seine iberischen Besitzungen neu zu ordnen und hier eine zuverlässige Grundlage für seine Politik des Universalen zu schaffen. Damit hat er die Prioritäten für seine gigantische Aufgabe festgelegt. Mit Spanien als Basis kann er im Wespennest Italien Ordnung schaffen, sich dort krönen lassen, schließlich die Deutschen einen, um endlich mit allen Christen gemeinsam Konstantinopel zurückzuerobern. Einen so weit reichenden Plan kann er nur dank der Qualität seiner Minister und Generäle ins Auge fassen. Diese wiederum verdankt er seiner Fähigkeit, Menschen für sich zu gewinnen, die ihm intellektuell überlegen sind und dennoch absolut loyal zu ihm stehen.

Diese Loyalität mag darauf gründen, dass er seine Mitarbeiter nie gegeneinander ausspielt, keine Gunst gewährt, nie mit schönen Worten schmeichelt. Er ist unübertroffen in der angeblich königlichen Tugend der Undankbarkeit. Er vergibt selten Belohnungen, weil optimaler Einsatz aller Kräfte für ihn selbstverständlich ist. Gegen Bittgesuche, die er nicht hören will, ist er taub. Das funktioniert nur, weil er von sich selbst so unnachsichtig das Äußerste fordert, dass jede Nachlässigkeit eines Mitglieds des Stabes als Sakrileg erscheinen würde.

Metamorphose

Karl geht in dieser Zeit zurück auf den metaphysischen Grund seines spanischen Erbes. Wie sein Großvater Maximilian Burgunder aus Überzeugung wurde, wird er Spanier. So kann er zum Idol nicht nur seiner tercios werden. Wo immer Karl siegen wird, stehen seine spanischen Truppen in der ersten Linie. Der König und seine Truppen sind eins in ihrem Durst nach *grandeza*, ihrer Unfähigkeit zu Konzessionen in Sachen der Ehre. Weil er einer der ihren geworden ist, sind sie bereit, sich mit allen Konsequenzen für seine Ziele einzusetzen. Er ist sich in dieser Metamorphose seiner Bestimmung so sicher, dass sie als greifbare Realität erscheint. Das macht ihn unwiderstehlich mitreißend, solange es ihm gelingt, den Spagat zwischen Wunschvorstellung und Realität zu leisten.

Beflügelt von diesem Geist gelingt ihm die Erneuerung und Einigung Spaniens. In vielem kann er hier auf Ansätze der Großeltern zurückgreifen. Als Beispiele können die öffentliche Sicherheit und die Vereinheitlichung des Finanzwesens dienen. Bedeutendster spanischer Mitarbeiter ist dabei Francisco de los Cobos. Das alles vollzieht sich natürlich nicht in wenigen Monaten, doch die theoretischen Grundlagen werden jetzt entwickelt, und die Umsetzung beginnt. Das Engagement, mit dem Karl diese Umsetzung betreibt, bestätigt auch seine überlieferte Klage aus dieser Zeit: „Könnte ich doch aus den Spaniern ein Volk von Realisten machen! Wenn sie doch die Juden und Mauren hätten ihre Ökonomie entwickeln lassen!“

Gern würde Karl sich ganz in sein Einswerden mit Spanien versenken, doch zu ausgreifendend ist die Sphäre seiner dynastisch-politischen Interessen, um längere Phasen der Kontemplation zuzulassen… Briefe Margarethas blasen den Eishauch der Nordsee über die Biskaya … das „nordische Heiratsprojekt“ kehrt sich gegen seine Planer …

Kopenhagen, Frühjahr 1523

Die Dänen rebellieren …

Christians Stern sinkt nun auch in Dänemark selbst. Der Volkszorn richtet sich handgreiflich gegen Sigebritte. Sie wird bei Ausfahrten mit Steinen beworfen, einmal gar in einen Teich gekippt und nur mit Mühe vor dem Ersäuftwerden gerettet. Christian bittet ausgerechnet Elisabeth, dafür zu sorgen, dass die ehemalige Kneipenwirtin den Palast nicht mehr verlässt. Für die Geburt einer zweiten Tochter Anfang 1522, die nach ihm Christina genannt wird, dankt er der Gattin handschriftlich. Elisabeth wiederum bittet die Tante wenige Tage nach der Geburt um Hilfe gegen die um sich greifende dänische Rebellion. Margaretha würde der geliebten Nichte ja gerne helfen, aber es macht wenig Sinn, die Bitte an die Generalstaaten weiterzugeben, nachdem Christian erneut niederländische Schiffe gekapert und willkürlich den Sund gesperrt hat!

... und finden Unterstützung

Endlich macht auch noch der Onkel in Holstein gemeinsame Sache mit den dänischen Rebellen, und im Januar 1523 wird Christian formal abgesetzt und sein Onkel als Friedrich I. zum neuen König gewählt. Vergeblich bettelt Christian überall um Hilfe. Da beschleicht ihn das Grauen. Noch könnte er sich in Kopenhagen verschanzen, die Bürger stehen noch zu ihm, doch er entscheidet sich für die Flucht. Er sammelt zwanzig Schiffe im Hafen, belädt sie mit dem Kronschatz, den Archiven und dem, was vom Staatsschatz noch da ist.

Auf der Flucht

Friedrich I. versichert schriftlich, dass die „Übernahme" sich nur gegen die Person des Königs richte, die Königin und die Kinder seien vollkommen sicher und könnten gerne bleiben. Doch Elisabeth fühlt sich nicht in der Lage, für das Recht ihres Sohnes auf den Thron - und letztlich gegen den Gatten - allein im fremden Land zu kämpfen. Vielleicht ist ja auch die Erinnerung an das sorglose Leben in Malines und den Schutz der Tante Margaretha zu verlockend für sie. Elisabeth, Königin von Dänemark, geht mit ihren Kindern an Bord. Das Volk betrauert ihren Entschluss ehrlich und versammelt sich am Kai, um einen letzten Blick auf die Königin und ihre Kinder zu erhaschen. Noch weiß niemand, dass weder die Königin, noch eines ihrer Kinder je wieder die Küsten Dänemarks betreten wird.

Christian hingegen droht seinen Feinden und verspricht dem loyalen Teil des Volkes, in spätestens drei Monaten mit einer Flotte und frischen Truppen wiederzukommen. Sigebritte übrigens wird, um sie dem Volkszorn zu entziehen, in eine Truhe verpackt, an Bord gebracht.

In den Niederlanden, Frühjahr 1523 - Ende 1526

Exil und Bittfahrten

Natürlich begrüßt die Nordsee die Flüchtenden mit einem derartigen Sturm, dass alle sich nach der Landung in Walcheren erst eine Woche erholen müssen. Die Tante nimmt Elisabeth und ihre Kinder mit Freuden in ihren Haushalt auf (von Christian ist an dieser Stelle nicht die Rede), doch sie stellt sofort klar, dass mithilfe in

Form von Soldaten, Schiffen oder Geld für die Rückeroberung der dänischen Krone nicht zu rechnen ist.

Christian spekuliert auf den guten Eindruck, den er bei Wolsey gemacht hat und will sofort weiter nach England. Elisabeth begleitet ihn. Sie weiß die Kinder bei der Großtante Margaretha in den besten Händen. Wolsey hat die „Kaiserlichen“ wissen lassen, dass er es vorziehen würde, den Dänen nicht zu empfangen. Er hat wohl gehofft, Margaretha könne Christian die Reise ausreden. Als der den Kanal doch überquert, kommt ihm Wolsey nach Greenwich entgegen.

Katharina von Aragón empfängt ihre Nichte Elisabeth sehr mütterlich. Auch Lady Suffolk ist anwesend. Man tauscht drei Wochen lang Höflichkeiten aus, alle bewundern die engelsgleiche Haltung Elisabeths. Henry VIII. macht keinen Hehl aus seiner Verachtung für Christian, der seine loyalen Untertanen in Kopenhagen schmählich im Stich gelassen hat - so sieht er die Sachlage. Daher rät er Christian dringend, schleunigst in sein Land zurückzukehren - unterstützen kann er ihn dabei leider nicht, seine Kaufleute brauchen den Ostseehandel. Auch soll Christian unbedingt Sigebritte den Prozess machen. Auf dem Ohr ist Christian nach wie vor taub. Um die Sache abzuschließen: Sigebritte endet Jahre später als Hexe auf dem Scheiterhaufen.

Zurück aus England erholt sich Elisabeth bei der Tante und ihren Kindern in Malines, Christian eilt sofort weiter nach Antwerpen, um eine Flotte auszurüsten. Schnell kommt es zu einem Zerwürfnis mit Margaretha. Mit nur zwei Dienern eilt der gewesene Dänenkönig nach Brandenburg, um dort mithilfe seines Schwagers 25.000 Mann auszuheben. Als er sie nicht bezahlen kann, gelingt es ihm nur knapp, der Wut der eigenen Soldateska lebend zu entkommen. Kopenhagen, das fast ein Jahr auf die versprochene Rückkehr seines Königs vertraut hat, ergibt sich Ende 1523 den Belagerern, und damit wird die holsteinische Regierung in Dänemark legitim.

Trotz seines unsäglichen Verhaltens fühlt Elisabeth sich an Christian gebunden und reist ihm nach Deutschland entgegen, um seine Sache auf dem Reichstag vorzutragen. Dort trifft sie erstmals den ihr noch unbekannten Bruder Ferdinand, der den in Spanien weilenden Karl vertritt. Die zarte Frau, der man anmerkt, was sie gelitten hat, schildert die Situation mit so bewegenden Worten und so bewundernswürdiger Haltung, dass viele zu Tränen gerührt sind. Jeder der Anwesenden würde ihr, ihr allein, sofort zur Hilfe eilen. Doch

Christian ist nicht zu helfen ...
Mit seinem unvergleichlichen Instinkt, sich unmöglich zu machen, freundet er sich ausgerechnet jetzt offen mit Luther und Cranach an! Großspurig tönt er, er werde lieber seine drei Reiche aufgeben als den apostolischen Mann Luther! Zum endgültigen Entsetzen Ferdinands folgt Elisabeth ihrem Gatten auch noch in dieser Sache und nimmt öffentlich an Gottesdiensten nach lutherischem Ritus teil. Verhandlungen mit den Holsteinern in Hamburg zerschlagen sich, da Christian nicht gewillt ist, sich mit der Thronfolge seines Sohnes Johannes zu begnügen. Karl und Margaretha lassen Christian jetzt endgültig fallen und können dafür etwas später einen Vertrag mit Holstein ratifizieren, der die Schiffahrt durch den Sund wieder möglich macht.

Letztes Refugium
So gerne Margaretha ihre Nichte und deren Kinder um sich hat, mit Christian kann sie nicht auskommen. Letztlich installieren sich die „Dänen" in Lierre. Das Haus, in dem die Familie lebt, heißt noch heute „Het Hof van Danemaken". Um die Finanzen des Paares steht es Ende 1524 so schlecht, dass Elisabeth aus den abgetragenen Sachen ihres Mannes Kinderkleider schneidert. Christian verschleudert alle hereinkommenden Gelder sofort für seine meist aberwitzigen Ideen. So schickt er niederländische Freibeuter aus, um die dänischen Küsten zu verwüsten, woraufhin die Holsteiner den Sund wieder für niederländische Kauffahrer sperren.

Die Briefe Margarethas an Karl sind voll von Klagen über das so verschleuderte Geld. Karl antwortet lapidar, in all seinen Reichen leben Tausende von Pensionären auf seine Kosten, die meisten davon habe er nie gesehen. Elisabeth sei dagegen seine Schwester, und er müsse sie versorgen. Wenn sie damit zufrieden sei, wie ihr Mann ihr Geld verschleudert, könne er dagegen nichts tun. Elisabeth beklagt sich nicht und gibt Karl damit keine Handhabe.

Ein weiteres Ärgernis: Lierre wird durch Christian zu einem Refugium der Lutheraner. Margaretha fürchtet sehr, dass das publik wird. Im Spätherbst 1526 ist Elisabeth ausgezehrt von ihrem anstrengenden Leben und den viel zu frühen Schwangerschaften. Sie ist fünfundzwanzig und zu geschwächt, um noch einmal zur Kur nach Aachen zu fahren. Sie empfiehlt ihre Kinder Margaretha und stirbt am 12. Dezember 1526. Anfang Februar wird sie in Gent in St. Pieter beigesetzt. Ihr Grabmal wird während der Französischen Revolution zerstört. Die Kunde von ihrem Tod wird Karl in

Sevilla in den Tagen seiner Hochzeit erreichen. Er versteht das memento mori nicht. Schwestern, Töchter und Nichten wird er auch weiterhin nach dynastischen und nicht nach menschlichen Erwägungen verheiraten.

Depeschen aus Rom, September 1523
Hadrians Einstellung zum Papsttum kann der Kurie genausowenig gefallen wie die Tatsache, dass er im Vatikan bescheiden wie ein Eremit lebt. Hadrian fordert nach dem Fall von Rhodos einen Kreuzzug, wendet sich aber nicht an Karl, sondern stimmt einem Vertrag mit François I. zu. Ein harter Schlag für Karl. Etwas plötzlich und unerwartet stirbt Hadrian am 14. September 1523. Als Nachfolger favorisiert Karl Giulio de Medici, einen Neffen Lorenzos des Prächtigen. François kapriziert sich auf einen Farnese. Der Medici gewinnt und nennt sich als Papst Clemens VII.

Depeschen von den Kriegsschauplätzen 1524:
Im Sommer stehen 20.000 Mann kaiserliche und 15.000 Mann englische Landsknechte in Frankreich bereit. Es kommt nur zu Geplänkeln, die Entscheidung zwischen Karl und François wird auf italienischem Boden fallen. Bourbon wartet auf die Braut Eleonor; noch hat er Karl keinen wirklichen Dienst erwiesen. Bourbon erhofft vor Marseille seine Chance, doch die Stadt ergibt sich nicht. Karl betraut drei seiner Generäle mit der Führung: Lannoy, Pescara und Leyva. Bei Pavia geht das Gerücht, die deutschen Landsknechte wollten sich absetzen, da sie nicht bezahlt werden. Der Spanier Leyva löst das Problem auf seine Weise: er lässt ihre Anführer festnehmen.

Madrid - Tordesillas, Spätsommer/Winter 1524

Heiratsvorbereitungen
Karl und Eleonor sind in dieser Zeit oft in Tordesillas, um die beschlossene Heirat Catalinas mit João III. von Portugal in die Wege zu leiten. Da Juana die Trennung von der Tochter schwerfällt, wird beschlossen, sie erst Anfang des nächsten Jahres abreisen zu lassen. Um João zu beschwichtigen wird die Hochzeit per procuratione im Beisein Karls und Eleonors in Salamanca begangen. Catalina kehrt ein letztes Mal zu Juana nach Tordesillas zurück. Karl und Eleonor verbringen den Winter im Palast „El Prado“ bei Madrid. Dort erreichen Karl, der an einem Fieber laboriert, nur schlechte Nachrichten.

Stagnation auf den Kriegsschauplätzen in Italien! Bauernkrieg in Deutschland. Die Türken bedrängen Ungarn. Erste Lutheraner bescheren Margaretha Sorgen. Nirgends ein Silberstreif am Horizont. In einem Brief an den Bruder beklagt sich Karl, dass ihn die Sorgen „bis auf die Knochen" aufreiben. Er gesteht seine größte Pein: Wenn er jetzt sterben würde, ginge er ohne einen persönlichen militärischen Erfolg von dieser Welt!

Norditalien, Winter 1524/1525

François entflieht
einem Zusammentreffen mit seiner Mutter und bricht im Herbst 1524 ein weiteres Mal nach Italien auf. Dort alle Ratschläge in den Wind schlagend, sucht er die Konfrontation mit den kaiserlichen Truppen. In Pavia liegt eine von einem Spanier befehligte deutsche Garnison. Die Franzosen umzingeln die Stadt, bald sind einige Breschen geschlagen, die einen Sturmangriff möglich machen. Der wütende Nahkampf zwingt die Angreifer zu verlustreichem Rückzug. Fruchtet kühner Sturm nichts, muss man eine Festung eben aushungern. Die Franzosen richten sich für den Winter in einer Zeltstadt ein, Italiener versprechen Unterstützung.

Die Schlacht, die keiner wollte
Eines Nachts wollen die Kaiserlichen im Schutze der Dunkelheit 3.000 Mann Verstärkung einschleusen. Eine Mauer ist härter ist als erwartet, verzögert die Aktion bis ins Morgengrauen. Als die Frühnebel sich heben, bringen die Franzosen ihre Artillerie in Stellung. Sobald die Kaiserlichen sich in der Schußlinie befinden, sind sie auch schon auf der Flucht.

Doch für den König der Franzosen ist eine Schlacht, in der er nicht persönlich das Schwert führt, keine Schlacht. Also schwingen er und seine Ritter sich in die Sättel. Die Infanterie erhält den Befehl, den Reitern im Schrittempo zu folgen. Der Ruhm des Sieges in dem erwarteten Scharmützel soll allein François und seiner Reiterei gehören. Da sich die edlen Herren bald zwischen der eigenen Artillerie und den Flüchtenden befinden, stellt die das Feuer ein. Die voranstürmenden Ritter mähen alles nieder, was sich bewegt. Die kaiserlichen haben sich zwar mit der Niederlage in einem Scharmützel abgefunden, sich aber derartig abschlachten lassen wollen sie auch nicht. Sie stellen sich der Schlacht, die sie eigentlich vermeiden wollten.

Die Wende
Während François über Leichen reitend stolz ruft: „Jetzt bin ich wahrhaft Herzog von Mailand!“, formiert sich der Feind neu. Plötzlich steckt die schwere französische Reiterei im Schlamm fest. Spanische Hakenbüchsenschützen fallen wie Moskitos über sie her. Die Infanterie ist - befehlsgemäß - soweit zurückgeblieben, dass Spanier und Deutsche genügend Zeit haben, ihr eine Falle zu stellen und sie fast ausnahmslos niederzumachen.

Im allgemeinen Getümmel verteidigt sich der König von Frankreich verzweifelt inmitten eines dahinschwindenden Häufleins Getreuer. Seine außergewöhnlich gute Rüstung verhindert, dass er ernsthaft verletzt wird. Als es den immer wieder anflutenden Spaniern endlich gelingt, ihn zu Boden zu werfen, wollen so viele ein Stück von seiner Rüstung und dann von seinen Kleidern ergattern, dass die, die ihn töten wollen, nicht zum Zuge kommen. Schließlich kann sich Karls General Lannoy zu François durchkämpfen und ihn gefangen nehmen. Auf die Frage, ob er verletzt sei, antwortet der nur noch mit Hemd und Hose bekleidete König: „Nein, kaum!“ Mit diesen historischen Worten endet die Schlacht von Pavia. Es ist halb neun Uhr am Morgen des 24. Februar 1525. Kaisers Geburtstag!

Madrid, 5, März 1525

Karl als Sieger?
Ein reitender Bote wird gemeldet, fällt vor Karl auf die Knie und ruft: „Am 24. Februar gab es eine Schlacht bei Pavia, wir haben den Sieg davongetragen, wir haben die französische Armee vernichtet, der König ist unser Gefangener!“ Karl steht wie versteinert, murmelt nur zwei- oder dreimal: „Der König unser Gefangener!“ Ohne ein weiteres Wort geht er in sein Oratorium und kniet lange Zeit im Gebet. Welch ein Orkan unterschiedlicher Gefühle tobt in ihm! Als Mann und Ritter fühlt er sich gedemütigt, seine Generäle haben ohne ihn gesiegt, während er in Akten vergraben mit Tinte um die Verwaltung Spaniens kämpfte. Er ist fünfundzwanzig Jahre alt, Chef des Ordens vom Goldenen Vlies und hat noch nie persönlich an einer Schlacht teilgenommen. Welch eine Schande!

Und doch: Am 24., seinem Geburtstag, wurde dieser Sieg errungen, das ist ein Zeichen seiner Prädestination! Jetzt versteht er das Wort Caesar neu, nichts scheint unmöglich! Gott hat das Wunder vollbracht! Nun, da der Franzose unterworfen ist und ihm ausgeliefert, hindert ihn nichts mehr an der Vereinigung des Okzidents! Endlich wird die gesamte Christenheit ihn als ihren natürlichen Herrn anerkennen und unter seinem Banner nach Konstantinopel, nach Jerusalem eilen, den wahren Feind besiegen!

Der Bote berichtet
Karl muss genaueres wissen, lässt sich die Schlacht schildern. Der Bericht des Boten endet am französischen Hof mit der öffentlichen Lesung des berühmten Briefes, in dem François bekennt, alles verloren zu haben „außer der Ehre“. Ungesehen und ungehört wird des Königs Brief an Suleiman den Prächtigen das Goldene Horn erreichen, dessen Transport François mit großzügigem Geleit für den Boten an Karl sichert. Karl gibt sich für einen Augenblick der Freude hin. Einmal genießt er das Unglück seines Rivalen. Dennoch: François ist zwar im Augenblick sein Gefangener, aber ihn umstrahlt die Aureole des Helden, er hat das Schwert geführt in dieser Schlacht.

Der wirkliche Sieger ist Karls Heerführer Pescara. Mit seinen Arkebusiers hat er die französischen Herren besiegt, die Schlachten immer noch schlagen wie etwas schärfere Turniere. Karl, mit seinem Faible für alles Ritterliche, freut sich darüber nicht! Er ist überhaupt etwas verärgert über Pescaras Popularität.

Guadalupe, April 1525

Karl wallfahrtet
Dennoch ist Karls Reputation durch Pavia in ganz Europa gewachsen. Er dankt Gott, dessen Gnade den Sieg ermöglichte, mit einer Messe und einer Prozession und nimmt an beiden persönlich teil. Im April begibt er sich gar auf eine Wallfahrt in das berühmte Kloster von Guadalupe, wo schon Colon der Jungfrau nach seiner gelungenen Antlantiküberquerung dankte. Erstmals reist er durch die Estremadura. Sieben Tage verweilt er im Kloster in tiefer Andacht, um Gott zu danken, die Spanier mögen das, das hat er inzwischen gelernt.

Karl könnte seinem besiegten Rivalen alles diktieren, doch ihn hindern die Regeln des Ordens vom Goldenen Vlies, nach denen außergewöhnliche Hochherzigkeit seinerseits bei seinem Gefangenen eine solche Dankbarkeit erwecken muss, dass dieser fortan ein beständiger Freund und Verbündeter wird. In seiner imperialen Perspektive scheint ihm die Achtung der Würde des Gegners die beste Taktik. Er schreibt an seinen Kanzler, er befürchte, es könne einen schlechten Eindruck machen, Krieg gegen einen Gefangenen zu führen, der sich nicht wehren kann. Während seine Minister darüber reflektieren, verstreicht sowohl der Moment zur militärischen Lösung als auch der der Allianz.

England fordert

Bourbon will Frankreich, jetzt eine leichte Beute, einholen. Lyon will er nehmen und dann in einem Zug durch bis Paris. Dafür braucht er Geld aus dem verbündeten England. Henry VIII. verlangt für die weitere Bereitstellung von Geld und Soldaten, Karl solle sofort seine einzige Tochter Mary heiraten. Schließlich zahle er für die Vernichtung Frankreichs, um den Vertrag von Troyes zur Anwendung kommen zu lassen. Ist der erfüllt, ist Mary die Erbin Englands und Frankreichs. Erst wenn er sie geheiratet habe und nach seinem, Henrys Tod, über ihr Erbe verfügen könne, sei Karl wirklich der Herr der Welt! Auch eine Logik! In Wahrheit sucht Henry einen Grund zum Bruch mit Karl, um in seiner Scheidungssache voranzukommen.

Frankreich handelt

Karl fordert Burgund. François ist zu manchen Konzessionen bereit, aber Burgund kann er nicht aufgeben. Er sitzt in der Festung Pizzaghettone bei Adda in leichter Haft. Er hat sich mit Lannoy angefreundet, darf sich im Freien bewegen, mit Ballspielen fit halten. Besucher, auch Frauen, gehen ein und aus. Sogar Bourbon besucht seinen König und leiht ihm pikanterweise auch noch Geld. Die Verhandlungen stagnieren überall.

Inzwischen hat des Königs Mutter in Frankreich eine wirksame Parole ausgegeben: Der König ist gefangen, aber Frankreich ist frei! Plötzlich regelt sich alles. Sie kann Schulden bezahlen, die entstehende Nation sammelt sich um sie, augenblicklich gibt es keine Rivalität mehr zwischen den Provinzen. Louise ist bereit, jedes Lösegeld aufzubringen, Italien dem Kaiser oder sich selbst zu überlassen, aber auch sie wird keinen fußbreit französischen Bodens preisgeben!

Karl verharrt

Gattinara jubiliert, sagt er nicht immer, Italien sei das Zentrum der kaiserlichen Macht! Doch Karl hört nicht auf ihn, er fordert Burgund. In Italien herrscht weiter das übliche Chaos, in Deutschland geht der Bauernkrieg weiter, der Kaiser allein könnte die Ordnung wieder herstellen. Es wäre eine einmalige Gelegenheit, seine Reputation zu mehren. Doch Karl sitzt quasi unerreichbar für seine anderen Reiche reglos in Spanien. So sind bereits nach gut zwei Monaten die Möglichkeiten verspielt, die der Sieg von Pavia ihm gab. Karls verhangener Blick ist starr auf die „heilige Erde Burgunds“ gerichtet, nicht wahrnehmend, dass Burgund längst ein Mythos ist.

Norditalien-Spanien, Sommer 1525

Triumphzug eines Gefangenen

François kann Lannoy überzeugen, dass alle Schwierigkeiten in dem Moment ausgeräumt sein werden, da er mit seinem „lieben Bruder“ Karl von Angesicht zu Angesicht reden kann. Statt wie von Karl angeordnet nach Neapel, segeln Lannoy und sein Gefangener gemeinsam nach Barcelona. Für den Franzosen lässt sich Spanien prächtig an. Man empfängt ihn dort wie einen König und Helden. Seine Reise nach Madrid wird mit Festen, Jagden und Stierkämpfen auf den schönsten Adelssitzen des Landes gefeiert.

Am 12. August erreicht François Madrid. Hier wird er wirklich als Gefangener behandelt und 100 Fuß hoch in einem Turm des 1734 abgebrannten Alcazar untergebracht. Seine Zelle misst fünf auf fünf Schritte, hat nur eine Tür und ein Fenster. Fern kann man den Manzanares erkennen, wenn man es schafft, sich an den Gittern des hochgelegenen Fensters festzuklammern. Aus dem Hof klingen ständig Rufe und Marschtritt seiner Wachen. Des Königs Optimismus ist ungebremst, er ist immer noch überzeugt, im persönlichen Gespräch mit Karl alle Schwierigkeiten ausräumen zu können. Doch Karl kommt nicht.

Karl ist klar, wer in den Augen seiner in die Grandiosität verliebten Untertanen der Sieger ist: dieser mit Gloire bekränzte Gigant François und nicht der schwächliche, mit dem Staub seiner Akten bedeckte Carlos I. Zusätzlich sauer über Lannoys Eigenmächtigkeit, ist Karl erst in Toledo bereit, sich dessen Gründe anzuhören. Das endlose Hin und Her der Unterhändler beginnt. Louise schickt Botschafter nach Toledo, der Kaiser beweist seine Großzügigkeit, indem er einen Waffenstillstand von sechs Monaten unterschreibt. Er erlaubt, dass die Lieblingsschwester des Königs, zärtlich Marguerite des Marguerites genannt, als Sonderbotschafterin einreisen darf. Karl verschwindet zwei Wochen zur Jagd.

Da tut die Kerkerhaft ihre Wirkung. Ohne Bewegung an frischer Luft erkrankt François ernstlich. Die Ärzte sehen - wie meist - dem heftig Fiebernden ratlos zu. Nach zwanzig Tagen geben sie den König - ohne Diagnose - auf. Das endlich alarmiert Karl: Welche Katastrophe, wenn dem Sieger nur ein nutzloser Kadaver bleibt! Überstürzt bricht Karl auf, um wenigstens dem vermeintlich Sterbenden das persönliche Treffen zu gewähren. In weniger als drei Stunden erreicht er Madrid, nur von Lannoy begleitet.

Madrid - Toledo, September 1525 bis Anfang 1526

Der Kaiser und sein Gefangener
Gegen Abend erreicht er das Gefängnis des Königs. Als er dessen Zelle betritt, versucht François, sich im Bett zu verbeugen. Unerklärlich und vollkommen untypisch wirft Karl sich in seine Arme. So verharren sie eine Weile. Schließlich spricht François als Erster. Er grüßt den Kaiser als sein Gefangener und Sklave. Karl spricht ihn als Bruder und Freund an und versichert, dass er bald frei sein werde. Doch zunächst müsse er erst einmal gesund werden. Er habe da eine Nachricht, die sicher zu seiner Genesung beitragen werde. Seine Schwester Marguerite sei auf dem Weg zu ihm. Tatsächlich erreicht sie Madrid bereits einen Tag nach Karl. Sie hat die Reise von der Loire in einem solchen Tempo hinter sich gebracht, dass die Legende entsteht, sie sei geflogen.

Ein Friedensengel
Marguerite trägt das Weiß königlicher Trauer um ihren Gatten Alençon. Trotz der Wiedersehensfreude verschlimmert sich die königliche Krankheit. Drei Tage später, am 24. September 1525, fällt François in tiefe Bewußtlosigkeit. Marguerite lässt in seinem Zimmer einen Altar aufstellen und eine Messe lesen, an der alle anwesenden Edelleute und Damen teilnehmen. Als der Geistliche die Hostie hochhält, erwacht François und erklärt sich bereit, das Sakrament zu empfangen. Durch die Anstrengung, die Oblate zu schlucken, löst sich der Abszess, der sich in seiner Stirnhöhle gebildet hat, und ganze Ströme von Eiter fließen durch die Nase ab. Ein Wunder!

Zwar ist Karl über das „Wunder" und die rasch fortschreitende Genesung seines Gefangenen hoch erfreut, doch die Angebote, die Marguerite mitgebracht hat, befriedigen ihn nicht. Sie bietet alles - außer Burgund. Die Geschwister hecken einen anderen Plan aus: Wenn François nicht mehr König ist, kann Karl nichts mehr von ihm fordern! Also dankt er in aller Form ab, übergibt den Thron an seinen ältesten Sohn. Um klar zu machen, dass er mit einer sehr langen Gefangenschaft rechnet, verlangt er einen kleinen, aber umfassenden Hofstaat. Karl gewährt ihm sechzig Bedienstete, hält ihn aber weiter unter Bewachung. Ein Fluchtplan, für den François sich als Afrikaner verkleiden und schminken will, wird geschmiedet und verraten.

Isabel kommt ins Spiel ... und Eleonor

Marguerite bietet an, „alles" einzusetzen, um den Bruder zu retten. Sie ist überzeugt, den spröden Karl mit Leichtigkeit erobern zu können. Doch der Zeitpunkt ist ungünstig gewählt. Gerade hat Karl sich endgültig entschieden, seine portugiesische Cousine Isabel zu heiraten. Die Hochzeit per procuratione ist auf den 23. Oktober 1525 in Toledo festgesetzt und Marguerite natürlich herzlich eingeladen. Sie muss einsehen, dass dieser Akt Karls Unzugänglichkeit für weiblichen Charme noch um einiges festigt. Aber bester Garant eines dauerhaften Friedens ist nunmal eine Heirat.

Günstig, dass François Witwer ist. Seine Reine Claude, die erste Verlobte Karls, ist im vergangenen Jahr im Alter von fünfundzwanzig Jahren gestorben. In neun Ehejahren hat sie sieben Kinder geboren. Die beiden kleinen Mädchen, mit denen Karl verlobt war, sind bereits im Kindesalter gestorben.

Ungünstig, dass die ebenfalls verwitwete Eleonor ausgerechnet mit Charles de Bourbon verlobt ist. Noch ungünstiger, dass der gekommen ist, seine Braut einzuklagen. Günstig, dass Eleonor gegen Marguerites Charme nicht so resistent ist wie ihr Bruder. Mit untrüglichem Instinkt spürt Marguerite, dass Eleonor, genau wie sie selbst, von unerschütterlicher Liebe, ja fast Anbetung zu ihrem Bruder erfüllt ist. Das gilt es zu nutzen. Sie muss es Eleonor nur ermöglichen, François lieben zu können, obwohl er bisher der Gegner des geliebten Bruders war. Die sentimentale junge Witwe Eleonor sehnt sich im Innersten verzweifelt danach, lieben zu dürfen. Romantisch wie sie ist, hat das Unglück des sonst so bravourösen Gefangenen ihr Herz berührt, wie das all der Damen, die François in Spanien feiern.

Karl sind Heiratsprojekte für eine Schwester immer einen Gedanken wert. Außergewöhnliche Umstände erfordern außergewöhnliche Handlungsweisen. Also fragt Karl seine Schwester direkt, ob sie lieber einen flüchtigen Herzog oder den König von Frankreich heiraten will. So gefragt, und die gewünschte Antwort ohnehin kennend, gibt es für Eleonor natürlich nur eine Entscheidung: den König!

Noch eine Wallfahrt

Eigene praktische Interessen und die gefühlsmäßige Disposition Eleonors geschickt miteinander verwebend, gewinnt Marguerite zunehmend Einfluss auf Eleonor. Sie hofft, über das Herz der Schwester das des Bruders zu erweichen. Doch Karl weiß um die sentimentale Schwäche Eleonors, er ahnt wie leicht ihr Herz für diesen noch jungen und unglücklichen König entflammt werden kann. Er entzieht Eleonor der Versuchung durch die allzu geschickte Marguerite, indem er sie auf eine Wallfahrt nach Guadalupe schickt, um dort für einen günstigen Abschluss all der wichtigen anstehenden Verhandlungen zu bitten. Sehr zum Verdruss der beiden Damen, die sich gerade so schön angefreundet haben.

Karl will damit betonen, dass diese Heirat eine rein politische ist, allein von seinem Willen abhängig. Eleonor darf sich auch auf diese Ehe nicht als Liebende einlassen. Nach langwierigen Verhandlungen stehen die Bedingungen, und am 19. Januar 1526 heiratet die Königinwitwe von Portugal den König von Frankreich per procuratione. Die endgültige Hochzeit soll erst in Frankreich stattfinden, wenn François die Bedingungen des Vertrages von Madrid, der noch ausgehandelt wird, erfüllt hat. Bourbon wird übrigens für die Entlobung mit dem Versprechen getröstet, er werde demnächst mit dem Herzogtum Mailand belehnt …

Der Vertrag von Madrid

Inzwischen ist Karl klar geworden, dass er Burgund nie erhalten wird, solange das Parlament in Paris sich dagegenstellt. Nur einer kann dessen Widerstand brechen: der König selbst. Gattinara warnt immer wieder, dass François seine Versprechungen nie einhalten wird. Doch Karl ist taub auf diesem Ohr, François ist ein ritterlicher Herrscher wie er selbst und kann einfach nicht unaufrichtig sein! Nach langwierigen Diskussionen ist Karl bereit, den Dauphin und den nächstjüngeren Sohn als Geiseln zu fordern. François ist einverstanden. Welche Erleichterung ist es für Karl, sich nicht mehr als Gefangenenwärter sehen zu müssen! Endlich kann er eine ritterliche Freundschaft mit einem ebenbürtigen Gleichgesinnten eingehen.

Am 14. Januar 1526 beschwört François das Abkommen, Lannoy und Moncada vertreten den Kaiser. Fast einen Monat beschwört Gattinara Karl, er könne dem Franzosen auch dann nicht trauen, wenn er dessen Söhne als Geiseln habe, … doch Karl unterzeichnet den Vertrag von Madrid ebenfalls.

Ein familiäres Treffen

Als sich im Februar 1526 die Gefängnistore für François öffnen, liegt die Schlacht, die keiner wollte, fast auf den Tag genau ein Jahr zurück. Vier Wochen sind seit der Trauung per procuratione vergangen, als Eleonor ihren zweiten Gatten zum ersten Mal von Angesicht zu Angesicht sieht. Angeblich unterhält François seit Monaten einen geheimen Briefwechsel mit ihr. Ob Karl das zugelassen hätte, bleibt fraglich - nach den Erfahrungen von Middelburg!

Nun besucht François seine Braut. Eleonor beobachtet angeblich hinter einer Jalousie verborgen, wie Bruder und zukünftiger Gemahl Seite an Seite feierlichen Einzug halten. Jetzt ist François nicht mehr Gefangener, sondern lieber Bruder und Schwager. Eleonor steht, umgeben von ihren Damen, darunter ihre Freundin Nassau und die ewig präsente Germaine de la Foix, am Fuße der Treppe, um die Souveräne zu empfangen. Der König kann seine „Gemahlin“ unter den Damen nicht ausmachen und grüßt charmant die ganze Gruppe mit tiefer Reverenz.

Drei Stunden dauert das Souper mit Musik und Tanz, und François ist fest entschlossen, seine künftige Frau zu verzaubern. Es scheint ihm nur zu gut zu gelingen. Karl wird das verliebte Getuschel schnell lästig. Er verwickelt den lieben Schwager in politische Gespräche. Eine ganze Woche sind Kaiser und König fast unzertrennlich und beteuern einander immer wieder ihre Freundschaft. Am 19. trennen sie sich. Eleonor weint zum Abschied und fliegt förmlich in den Turm des Schlosses hinauf, um François lange nachschauen zu können, der seiner Freiheit entgegenzieht und „das heftige Glück genießt, unglücklich gewesen zu sein“. Eine Hofdame spendet Eleonor derweil Trost. Den kann sie wahrlich brauchen, denn ganze vier Jahre wird sie auf den Vollzung dieser Ehe warten müssen. Zunächst aber muss sie Schwägerin Isabel entgegenreisen und sie nach Sevilla geleiten, die Hochzeit mit Karl soll in Andalusien stattfinden.

Wege ins Glück?

Der Austausch des Königs gegen seine Söhne soll am Grenzfluss Bidassoa nahe Fuenterabbia stattfinden. Für die Zeit des Austausches ist dort ein zwanzig Meilen breiter „Todesstreifen“ angelegt worden, den niemand betreten darf. Am Morgen des 17. März 1526 erreicht François den Fluss. Alles ist bereit, in der Flussmitte ist ein Ponton verankert, auf dem der Austausch stattfinden wird. Ein Trompetensignal eröffnet die Zeremonie. Im diffusen Licht des frühen Morgens erkennt man am französischen Ufer eine junge Dame, die sich zu Henri, dem Zweitgeborenen des Königs neigt, um dem träumerischen und empfindsamen Kind einen letzten Kuss zu geben.

Auf ein Signal startet die Barke der Jungen am französischen Ufer im gleichen Moment wie die des Königs am spanischen. Gleichzeitig legen die Barken am Ponton an. Kurz umarmt der König seine Söhne, Dauphin François ist achteinhalb, Henri sieben Jahre alt. Die Barken legen wieder ab. Während die Kinder einer ungewissen Zukunft in einem fremden Land entgegenfahren, betritt François wieder französischen Boden. Sein Vollblut erwartet ihn, und er prescht davon. Jetzt will er endlich wirklich König sein, aber erst … vielleicht doch noch ein wenig Vergnügen …

Ob Karl seinen bevorstehenden Ritt nach Sevilla als Vergnügen empfindet? Kommen ihm nicht vielleicht doch Zweifel, ob er François wirklich trauen kann? Ist Burgund es wert, ein solches Risiko einzugehen? Macht der Mythos Burgund ihn wirklich blind für die Realität - wie man aus Gattinaras diplomatischen Mahnungen heraushören könnte? Hat er die moderne „Staatsraison“ zu sehr außer Acht gelassen? Nun, seine Heirat mit Isabel entspricht ihr jedenfalls! Schnell noch Geld für die Wachen auftreiben, die wollen sonst streiken! Dabei wartet die Braut schon am Ziel … doch das hat sie ja bereits sieben Jahre geübt, das Warten …

Hochzeit in Sevilla

Will oder muss Karl heiraten?
Man könnte einfach sagen: Karl braucht händeringend Geld, deswegen beschließt er, jetzt zu heiraten und zwar eine gewaltige Mitgift. Welches der europäischen Königshäuser ist dazu flüssig genug? Eigentlich nur Portugal. Man hat ihm erzählt, Isabel, seine langjährige Verlobte, sei von feenhafter Schönheit, sie habe den Charme und den Mystizismus der Prinzessinnen ihres Landes. Portugiesinnen haben ihre saudade (spezifisch portugiesische Art der Melancholie) und ihre Exaltation seit gut hundert Jahren an die Häuser Burgund, Kastilien und Austria vererbt. Karl hat an all diesen Verbindungen partizipiert. Er will Isabel, ohne sie je gesehen zu haben, denn sie ist von seiner Art - das weiß er. Vielleicht könnte zwischen ihnen sogar Liebe entstehen, weil sie sich so ähnlich und deswegen keine Gefahr füreinander sind. Zu gerne wüßte man, ob er Eleonor nach Isabel ausfragt! Aber die Gelassenheit, wenigstens mit den Schwestern über persönliche Dinge zu sprechen, entwickelt er wohl erst später.

Die Cortes sind über das zu Stande kommen dieser traditionellen Verbindung so glücklich, dass sie bereit sind, fast jede Summe zu bewilligen. Sie zahlen auch die unumgängliche Dispens, denn immerhin waren Karls und Isabels Mütter Schwestern. Die Verbindungen der Ahnen beider reichen viel weiter zurück: Geht man in Karls Ahnenpass in die fünfte Genration, so findet man bei ihm nur vierundzwanzig statt der üblichen zweiunddreißig Ahnen. Darunter stammen vierzehn von der iberischen Halbinsel, drei aus Frankreich, zwei sind Plantagenets und je ein(e) Ahn(in) stammt aus Italien, Polen, Litauen und Deutschland. Über die Iberer stammt Karl wohl auch von (getauften) Mauren und Juden ab.

Schwierige Verwandtschaftsgrade
Karls Braut Isabel ist eine Tochter des Königs Manoel I. von Portugal, genannt der Prächtige. Dessen dritte und letzte Ehefrau war Karls Schwester Eleonor. Eleonor ist also die Stiefmutter von Karls Braut. Die leibliche Mutter Isabels ist Maria, die jüngste Schwester von Karls Mutter Juana. In erster Ehe war Manoel mit Isabelle, der ältesten der Töchter der Reyes Católicos, verheiratet.

Für Isabelle war es die zweite Ehe, sie war zuvor mit Affonso, Infant von Portugal, verheiratet gewesen, der schon im ersten Ehejahr starb. Mit seinem Vater, João II., starb 1495 die direkte Linie Aviz aus. Joãos Neffe Manoel wurde König. Zuvor hatte Kaiser Maximilian die portugiesische Krone für sich reklamiert, da seine Mutter Eleonore eine Schwester Affonsos V., des Vaters Joãos II. war. Manoels Eltern sind Don Fernando, Bruder Affonsos V. und Doña Beatriz, Enkelin Joãos I., des Begründers der Dynastie Aviz - und nun zum Erholen:

Lisboa, nach 1500

Kindheit auf manuelinisch
Die Herrschaft Manoels ist Höhepunkt und beginnende Dekadenz des portugiesischen Imperiums. Obwohl Portugal zu Beginn des 16. Jahrhunderts nur etwa eine Million Einwohner hatte, war es durch seinen weitverzweigten Seehandel eines der reichsten Königreiche der Zeit. Lisboa, seine Hauptstadt, war ein kosmopolitischer wirtschaftlicher Knotenpunkt. Der Hof Manoels war kulturell und künstlerisch sehr eigenwillig, die Blüten des manuelinischen Stils sind noch heute in Portugal zu bewundern. Ein bekanntes Beispiel ist das Fenster des Königsklosters Tomar. Der Formenreichtum wird hier nicht nur ausgereizt, sondern überreizt. Nautische Motive wie Seile, Knoten, Anker werden wieder und wieder miteinander verschlungen bis - heute leicht bemooster-Stein eine seltsame Schwüle verströmt.

Im dritten Jahr der Ehe Manoels mit Infantin Maria wird in Lisboa am 24. Oktober 1503 in der Frühe des Morgens Isabel geboren. Über ihre ersten Jahre am väterlichen Hof ist wenig Gesichertes überliefert. Es heißt, dass sie sie seit ihrer frühesten Kindheit vom Vater außerordentlich geliebt wurde, während Manoel zu seinen anderen Kindern so gut wie kein Verhältnis gehabt haben soll. Ihr erster Lehrer in Grundwissenschaften und christlicher Erziehung war Alvaro Rodriges, wegen seiner Erfahrung und seines Wissens allgemein geschätzt. Isabel war er so wichtig, dass sie ihn später mit nach Spanien nahm, wo er als Kaplan ihrer Kapelle fungierte. Hier findet sich eine Parallele zu Karl, denn auch dieser Lehrer war schon recht betagt, als er sein Amt antrat.

Mangels detailierter Überlieferung ist anzunehmen, dass Isabels Kindheit ruhig und friedlich an der Seite der Mutter verlief, die die strengen weiblichen Sitten ihrer Mutter Isabella la Católica mit nach Portugal gebracht hatte. Maria war vor allem fromm, ehrenhaft und mildtätig, was für sie auch bedeutete, dass Untätigkeit eine Sünde war - oder Müßiggang aller Laster Anfang. So war sie stets mit Handarbeiten beschäftigt und hielt auch ihre Umgebung dazu an. Ihre Kinder strafte sie selbst, wenn dies nötig war, dem jeweiligen Alter entsprechend. Isabel wird an höfischen Gesellschaften teilgenommen haben und bei offiziellen Anlässen in Erscheinung getreten sein.

Hohe Ansprüche
Maria legte in ihrem Testament fest, dass ihre Töchter nur mit regierenden Königen oder legitimen Söhnen von Königen verheiratet werden dürften. Sollte kein standesgemäßer Mann verfügbar sein, sollten sie lieber ins Kloster gehen als irgendeinen Adeligen heiraten. Maria forderte von ihren Töchtern, dieses Vermächtnis zu erfüllen, selbst wenn sie sich damit gegen den Willen des Vaters auflehnen müssten!

Als ihre Mutter 1517 starb, richtete ihr Vater Isabel eine eigene Hofhaltung ein und überschrieb ihr dazu den Titel „Senhora de la ciudad de Viseo y de la villa de Torres Vedras" mit dem entsprechenden Besitz. Auch in punkto Heirat war ihm für die Lieblingstochter nur das Beste gut genug. Deshalb hatte er mit Karl Verhandlungen aufgenommen und verpflichtete in seinem Testament den Sohn und Erben João III. diese erfolgreich zu beenden.

Ein Chronist bemerkt, Isabel sei ein sehr schönes und standesbewußtes Mädchen gewesen und mit den Ambitionen der Eltern ganz und gar einverstanden. Schon früh beschloss sie, nur den größten Herrn der Christenheit zu heiraten. Der Prinz, den sie heiratet, muss auserwählt sein unter den Christen. Das wird zu ihrer Zeit nun mal Karl V. sein, ihr Vetter. Der Verdacht liegt nahe, dass Isabel und Karl einander wesensmäßig ziemlich entsprechen. Nach dem Tode des Vaters am 13. Dezember 1521 forciert João III. den Abschluss des Vertrages. Kastilien ist an der Verbindung auch interessiert. Dennoch dauert es unverständlich lange, bis die Verhandlungen konkrete Ergebnisse zeitigen.

Karl heiratet - Neigung oder Pflicht?
Man kann durchaus auch den Eindruck gewinnen, dass Karl es gar nicht so eilig hatte zu heiraten. Dafür sind verschiedene Gründe denkbar. Er selbst hat sich dazu nicht nachweislich geäußert. Er war und ist ein „Spätzünder", in seiner Entwicklung etwas retadiert. Alles, was andere Jungen „einfach so" machen, muss er sorgfältig trainieren. Erst, wenn er seine Fähigkeit für ausreichend

hält, stellt er sich dem Vergleich. Später als andere seines Standes hat er erste sexuelle Kontakte, und es ist durchaus vorstellbar, dass er erst bereit ist zu heiraten, nachdem er weiß, dass er zeugungsfähig ist, also auf diesem „Felde der Ehre“ seine Männlichkeit bei Jehanne unter Beweis gestellt hat.

Sein Verhalten anlässlich der kleinen Liaison der Schwester mit dem Pfalzgrafen wirft auch ein erhellendes Licht auf seine Einstellung zu Ehen seiner Familie: Liebe hat da nichts zu suchen, es geht um Prestige und politisch-dynastische Vorteile. Fast kann man den Eindruck gewinnen, er hält es für unwürdig, wenn Menschen seines Standes - und da gibt es zunächst nur ihn, die Geschwister und eventuell einige Basen und Vettern auf den europäischen Thronen - sich dazu hinreißen lassen, überhaupt Gefühle zu zeigen. Außerdem lässt Karl sich in allen Bereichen lange Zeit, bis er sich in irgendeiner Form festlegt.

Man hörte Karl darüber lamentieren, dass er noch keinen persönlichen militärischen Erfolg vorzuweisen hat, auch das gehört nach seinem Weltbild zu einem Mann und Herrscher. Nun, er hat inzwischen Pavia für sich verbuchen können. Er war zwar nicht persönlich dabei, aber die Welt rechnet es als seinen Sieg. Um einen persönlichen Kriegszug in Italien und die Kaiserkrönung finanzieren zu können, braucht er Geld. Das sicherste Geld ist das aus einer Mitgift. Karl ist inzwischen fünfundzwanzig Jahre alt. Er sollte vielleicht auch aus dynastischen Gründen einen Sohn haben, bevor er persönlich in die Schlacht zieht. Seine wohlmeinenden Räte fordern es!

Darum: Portugal

Zwei Probleme kann er durch die Heirat mit Isabel auf jeden Fall lösen. Er bekommt erstens Geld in die Kassen und hat zweitens Aussicht auf einen Erben. Vielleicht löst die Ehe auch noch ein drittes: Wenn er in den Kampf ziehen will, muss er Spanien verlassen. Dann braucht er einen fähigen Regenten, der von den Spaniern akzeptiert wird. Könnten sie Einwände gegen seine Königin und Kaiserin haben, wenn sie noch dazu keine Fremde aus dem Norden ist, sondern eine Enkelin der Católicos? Die Waage neigt sich unausweichlich nach Portugal. Isabel ist nur drei Jahre jünger als er, also schon eine erwachsene Frau, gebildet und intelligent. In der Zeit, die es braucht, einen Erben zu bekommen, müsste sie auch zur Regentin auszubilden sein! Ein dritter, nicht zu verachtender Vorteil.

Unterstützung durch die jüngste Schwester

Am 5. Februar 1525 wird die Hochzeit Catalinas mit João III. in Lisboa gefeiert. Catalina lernt Isabel kennen und ist bald sicher, dass sie wirklich die ideale Gattin für Karl ist. Sie beginnt sofort, Karl in Briefen davon zu überzeugen. Am 3. April 1525 berichtet ein Botschafter aus Madrid, Karl habe sich nun endgültig entschlossen, Isabel zu heiraten. Portugal ist, vielleicht zermürbt durch die immer wieder stockenden Verhandlungen, zur Zahlung der höchsten Mitgift bereit, die bis dato je gezahlt wurde. Nun gibt es noch eine Störung in den diplomatischen Beziehungen wegen der Molukken-Inseln - doch wenn Karl etwas wirklich will, ist in solchen Dingen immer ein Weg zu finden. Dennoch verzögert sich der Abschluss des Ehevertrages noch bis zum 17. Oktober 1525.

Mitgift und Dispens

Der Vertrag regelt die Fragen der Mitgift. Isabel wird 900.000 kastilische Golddoublonen erhalten, wovon aber eine Restschuld aus der Mitgift Catalinas in Höhe von gut 165.000 Doublonen ebenso abzuziehen sind wie die gut 50.000 Doublonen, die Manoel zur Niederschlagung der Comuneros der spanischen Krone geliehen hatte. Der Kaiser bietet der Infantin 300.000 Doublonen als Brautgeld, und weitere 40.000 werden ihr als Erträge der Städte und Marktflecken zufließen, die sie zur Bestreitung ihres Haushaltes überschrieben bekommen wird. Nun kann die Hochzeit per procuratione stattfinden, die auch in Portugal mit einem großen Fest gefeiert wird.

Von der erforderlichen päpstlichen Dispens war schon die Rede. Diese trifft bereits am 1. November 1525 in Almeirím (Portugal) ein und wird in feierlicher Zeremonie angenommen. Die Hoflegisten und Theologen unterziehen die päpstliche Bulle einer kritischen Prüfung, und sie wird für nicht ausreichend befunden. Man beschließt, eine neue anzufordern. Damit kann das festgesetzte Datum der Abreise Isabels Ende November nicht eingehalten werden. Man verschiebt sie auf den 30. Januar 1526. Diese letzte Verzögerung hat also der portugiesische Hof veranlasst. Man nutzt die gewonnene Zeit, um den Brautzug und die feierliche Übergabe der Braut an der Grenze bei Elvas um so präziser vorzubereiten.

Caja am Caya, 7. Februar 1526

Die Braut überschreitet die Grenze

Der Brautzug, „vielleicht der längste und strahlendste aller Hochzeitszüge in den Annalen unserer Geschichte“ wie ein portugiesischer Chronist beteuert, kann endlich aufbrechen. Man hat eine Brücke über den Caya zwischen Elva auf portugiesischer und Badajoz auf spanischer Seite als Ort der Übergabe gewählt. Auf der portugiesischen Seite der Brücke ist vor dem heutigen Örtchen Caja ein kreisrunder Platz angelegt, auf dem sich die Begleiter der Braut in weitem Rund aufstellen. Kurz bevor Isabel den Ort des Geschehens erreicht, wechselt sie von ihrer Sänfte auf eine schneeweiße Mauleselin und reitet dann in die Mitte des Kreises.

Nun schicken die fünf Infanten, die ihre Schwester geleiten, einen Boten zur kastilischen Delegation, die auf der anderen Seite der Brücke wartet.

Unter den Klängen von Tamburinen, Pauken, Schalmeien und Trompeten überqueren die Kastilier in feierlichem Zug die Brücke und treten in den Kreis der Wartenden. Als alle ihre Plätze eingenommen haben, reiten die drei kaiserlichen Gesandten vor die Infantin. Sie steigen ab und schreiten gemessen auf Isabel zu, um ihrer künftigen Königin die Hand zu küssen. Dann reiten die Herren zu Isabels Brüdern und begrüßen auch sie. Erzbischof Fonseca bittet die Infanten formell um die Hand ihrer Schwester Isabel. Feierlich werden Urkunden getauscht. Die eigentliche Übergabe aber geschieht ganz einfach dadurch, dass Don Luiz, der älteste Bruder, die Zügel des Maultieres Isabels dem Herzog von Calabria übergibt. Dann nehmen die spanischen Herren Isabel in ihre Mitte, die Züge formieren und trennen sich. Isabel reitet mit den Kastiliern in ihre neue Heimat, zunächst nach Badajoz.

Badajoz - Sevilla, Februar - März 1526

Die Braut wird umdirigiert

Noch auf dem kurzen Weg nach Badajoz erreicht eine Nachricht des Kaisers den Brautzug. Man möge sich nach Sevilla statt wie ursprünglich vereinbart nach Toledo begeben. Aber bitte langsam, denn Karl sei noch mit den abschließenden Verhandlungen zum Vertrag von Madrid beschäftigt. Er hoffe aber, den Zug vor dem Eintreffen in Sevilla noch einholen zu können. Vorab schicke er schon einmal Doña Eleonor, seine Schwester, damit sie der Braut Gesellschaft leiste. Es ist anzunehmen, dass sich die beiden sanftmütigen Damen recht gut verstanden haben, kannten sie sich doch schon aus Portugal und hatten gemeinsame Erinnerungen. Der Leiter des Brautzuges hat ein etwas heftiges Temperament und ist über diese Umlenkung des Zuges nicht gerade begeistert. Er schimpft: „Wenn der Kaiser hier seine Geschäfte hat und da seine Braut, sollte er seine Geschäfte da erledigen, wo die Braut ist, denn die kann ihn mit allerlei Talenten (!) unterstützen!"

Freudige Nachricht unterwegs

Zwischen dem portugiesischen Hof und dem Brautzug findet ein reger Briefwechsel statt, hat Isabel doch abreisen müssen, während Catalina kurz vor der Niederkunft steht! Als der König nun endlich die Geburt eines Kronprinzen meldet, lässt Isabel halten und die frohe Nachricht verkünden. Am Abend, als das nächste Etappenziel erreicht ist, wird ein zünftiges Fest veranstaltet, mit Spießbraten und allen Schikanen. Nur tanzen kann man leider nicht, weil das Haus, das man Isabel zugewiesen hat, zu klein dafür ist. Doch Isabel trägt ihr schönstes Gewand. Sie muss darin so bezaubernd ausgesehen haben, dass ein Marqués es wagt, sie zu bitten, dieses Kleid auch beim ersten Treffen mit dem Kaiser zu tragen.

Brautgedanken

Über Isabels Gefühle während ihres Brautzuges kann man nur spekulieren. Sicher ist ihr der Abschied von Portugal nicht leicht gefallen, aber die Unterschiede zwischen dem Hof ihrer Kindheit und dem ihrer Zukunft dürften längst nicht so gravierend gewesen sein, wie der zwischen den Niederlanden und Spanien oder gar den Niederlanden und Ungarn. Die Familien sind eng verwandt, sie wird weder auf eine fremde Mentalität noch auf Sprachschwierigkeiten treffen. Außerdem fährt sie dem Ziel ihrer Wünsche entgegen, sie ist ja seit langem überzeugt, dass Karl als König und Kaiser der einzig für sie in Frage kommende Gemahl ist. Die Schwester ihres Zukünftigen, nur fünf Jahre älter als sie selbst, war ihre Stiefmutter geworden und hatte drei Jahre in ihrer unmittelbaren Umgebung gelebt und sicher oft von ihm erzählt. Damit hat Eleonor vielleicht auch zur Entstehung von Isabels Überzeugung beigetragen: Karl - oder der Schleier!

Ankunft

Nun, nach dieser langen und zum Schluss auch noch künstlich verlangsamten Reise ist sie sicher begierig, Karl endlich zu treffen. Doch der ist immer noch nicht da! Sicher findet sie die Aufmerksamkeit, die man ihr zollt, angemessen, doch langsam wird selbst sie vielleicht etwas ungeduldig und die „Blumen ihrer Brautkrone etwas matt". Langsam muss sie es bei aller Einsicht in herrscherliche Pflichten als einen persönlichen Tort empfinden, dass Karl so gar keine Eile zeigt. Genau wie Karl selbst ist sie der Überzeugung, dass eine Königin und gar künftige Kaiserin sich solche Gefühle nicht anmerken lassen darf. So stellt sie bezüglich Karls Ankunft keine Fragen und lässt sich auch keine Verärgerung anmerken. Doch sie zeigt Heimweh, fragt immer häufiger nach Briefen ihrer Familie.

Sevilla, 10. März - Mai 1526

Stadt der Wunder

Man hat letztlich Sevilla zum Ort der Trauung gewählt, weil sich in Andalusien schon lange kein König Spaniens mehr aufgehalten hatte und Karl noch nie dort gewesen ist. Da ist eine königliche Hochzeit genau das Richtige, um die Menschen dieser Provinz für Rey Carlos und seine Braut einzunehmen. Für Karl wird „El Andaluz" zum Paradies auf Erden. Hier wird er die einzigen durchgehend glücklichen Monate seines Lebens verbringen, hier die mystische und leibliche Vereinigung mit seiner Gefährtin erleben.

Nichts hat dieses Kind von Gent, Geschöpf des flämischen Dunstes, auf die strahlende Herrlichkeit der Städte und Alcazars des Südens vorbereitet. Er kennt bislang nur die harten Kontraste des spanischen Nordens. Nichts hat ihn auf dieses Klima vorbereitet, nichts auf die ästhetischen und körperlichen Wohltaten der arabischen Kultur. Er hat sich die Mauren bisher in erbittertem Rückzug kämpfend vorstellen können. Nun sieht er die mit Wundern angefüllten Paläste, die die arabischen Fürsten und Händler - im Asienhandel unvorstellbar reich geworden - zurückließen. Geblendet von dem, was er mit nichts vergleichen kann, lässt er die lastende materielle Opulenz seines Geburtslandes und die karge Strenge Kastiliens hinter sich und taucht in die Sinnlichkeit von 1001 Nacht. Er verlässt den Winter für einen Frühling, dessen Blumen bisher ungeahnte Düfte verströmen.

Seit Colon hat Sevilla Venedig als Markt der Wunder überholt. Es ist der Hauptmarkt der christlichen Welt. Hier trifft das katholische Spanien auf die heidnische Exotik der Neuen Welt und die Wunder des Orients. Inmitten all dieser Wunder sieht Karl im Alcazar erstmals seine Braut. Isabel ist nach einhelliger Meinung der Zeitgenossen eine der schönsten Frauen der Welt. Das ungewöhnlich ebenmäßige Gesicht strahlt eine nur mit Entrücktheit zu umschreibende Ruhe aus. Auf Tizians Bildern hat sie die zerbrechliche Schönheit eines Idols, man kann sich nicht vorstellen, dass sie atmet, spricht, trinkt oder lacht. Eine fragile Schönheit, fast immateriell, eher Engel als Weib. Karl empfindet auf Anhieb eine gewisse Seelenverwandtschaft mit dieser Gattin aus seinem eigenen Blut. Sie ist wahrhaftig, mehr noch als eine der Schwestern es je sein kann, sein zweites Ich.

Trauungen und Trauer
Mit diesem ätherischen Wesen fällt man nicht in eine sinnliche amour fou! Dennoch findet die Trauung durch den päpstlichen Legaten Salviati am gleichen Abend statt. An überbordende Festlaune ist allerdings nicht zu denken, denn es herrscht Fastenzeit. Schon die Trauung kann nur mit Sonderdispens stattfinden. Ab Mitternacht hält der Erzbischof von Toledo eine Nachtwache, da Palmsonntag ist. Die großen Festlichkeiten sollen an den Osterfeiertagen und danach stattfinden, darunter auch Stierkämpfe, an denen Karl teilnehmen will. Doch dazu soll es vorerst nicht kommen. Am 15. März trifft die Nachricht ein, dass im Dezember Karls Schwester Elisabeth im Exil in Lierre gestorben ist. Es scheint, das Schicksal hat entschieden, dass Karl nie Momente ungetrübten Glücks erleben soll.

Erst als Mitte April die strengste Trauerzeit für die Königin von Dänemark abgelaufen ist, können die Feiern nachgeholt werden. Die Serie der Feste endet mit der unter der Patenschaft des Kaiserpaares stehenden dritten Hochzeit der Germaine de Foix, Witwe des gemeinsamen Großvaters Aragón. Sie ehelicht nun wieder einen Fernando von Aragón, diesmal den Herzog von Calabria, der Isabel an der Brücke des Grenzflusses Caya übernahm, um sie sicher zu seinem König zu geleiten. Die Krönung von Karls Hochzeitsfeierlichkeiten ist also die dritte Hochzeit seiner Stiefgroßmutter.

Andalusien, April - Dezember 1526

Das junge Glück
Zwischen den Neuvermählten herrscht „eitel Freude“, und wenn sie zusammen sind, nehmen sie niemand anderen wahr, selbst wenn der ganze Hof versammelt ist. Karl ist überzeugt, dass von allen Gnaden, die ihm widerfahren sind, seine Gemahlin die Größte ist. Er ist König João III. sehr dankbar, dass er sie ihm ge-

geben hat und hat ausnahmsweise ein offenes Ohr für die Wünsche, die die portugiesischen Gesandten im Namen ihres Herrn vortragen. Das geht soweit, dass einer dieser Botschafter froh meldet, er denke schon, dass sich die Riesenmitgift auszahlen wird.

Noch im Mai, bevor sich die Hitze erstickend über Sevilla senkt, verlassen Karl und Isabel die Stadt, in der man bereits Tücher über die Straßen spannt, um sich der Hitze zu erwehren. Karl wird also nun den Teil seines iberischen Reiches kennenlernen, von dem die Einheimischen sagen: „Leben, das kann man nur in Andalusien!"

Eine „Bausünde"

Die Reise führt das junge Paar nach Cordoba, wo die Domherren 1523 beschlossen haben, endlich dem Wunsch der Isabella la Católica zu entsprechen und eine Kathedrale in die Moschee einzubauen. Der Rat der Stadt hatte sich bis dato erfolgreich dagegen wehren können. Als Karl die mesquita besucht, müssen die Bauarbeiten wohl in vollem Gange sein. Karl hat längst eine Vorliebe für die Unaufdringlichkeit und Erlesenheit der maurischen Architektur gefaßt. Dementsprechend zornig ist sein Verweis an die Dombauherren: „Was ihr da macht, das kann man überall machen. Was ihr zuvor hattet, gibt es sonst nirgends!" Wer heutzutage den Säulenwald der mesquita durchschreitet, kann dem nur zustimmen und sich bemühen, das christliche Areal inmitten dieses islamischen Wunders weiträumig zu umschreiten.

Depeschen aus Cognac, 22. Mai 1526

Schon drei Monate nach seiner Freilassung „auf Ehrenwort" gelingt es François I. - dank den umsichtigen Vorbereitungen seiner Mutter Louise - eine „heilige Liga" gegen Karl zu bilden. Den „Vertrag von Cognac" unterzeichnet neben Frankreich, dem Papst, Venedig und einigen oberitalienischen Kleinstaaten auch Henry VIII. von England. Letzterer nicht etwa aus Kränkung darüber, dass Karl die Verlobung mit seiner Tochter Mary gelöst hat, sondern weil er Verbündete braucht, um die Scheidung von Katharina von Aragón durchzusetzen.

Verlautbarung des erzherzoglichen Hofes:

Am 9. Juni 1526 melden Erzherzogin Anna und Erzherzog Ferdinand voller Stolz und Freude aus Linz die Geburt ihres ersten Kindes. Es ist eine Tochter, und sie wird Elisabeth getauft, nach der im Vorjahr verstorbenen Königin von Dänemark. Sie wird mit siebzehn Jahren an den polnischen König Siegmund II. August vermählt werden und mit neunzehn - sehr wahrscheinlich im Kindbett - sterben.

Der Reisekaiser in den Flitterwochen ...
Den ganzen Sommer und Herbst, bis in den Dezember hinein, reisen Karl und Isabel durch Andalusien, halten sich meist in Granada und Santa Fé auf. Nie wieder wird er soviel Muße haben wie in diesem Sommer. Das Paar wohnt mehrere Monate im Generalife der Alhambra, und Karl entwickelt dort die Idee zu dem Palast, den er sich in einen der unteren Höfe bauen lassen wird. Meist wird behauptet, der Bau dieses Palastes sei Zeugnis seiner Ablehnung der maurischen Architektur. Eine viel interessantere Theorie will ihn gerade als Karls Verbeugung vor der maurischen Kultur verstanden wissen. Das klingt einleuchtend, denn die nach außen abweisenden Mauern andalusisch-maurischer Häuser und Paläste mit ihrem intimen Zauber der Innenräume und -höfe sind doch in gewissem Sinne eine Entsprechung zu Karls Wesen. Allerdings wird Karl nie dazu kommen, den Palast nach seiner Fertigstellung zu bewohnen.

bleibt doch immer: König
Natürlich obliegt Karl auch auf den Reisen durch Andalusien seinen königlichen Pflichten, vor Ort Recht zu sprechen und sich Bitten und Beschwerden seiner Untertanen anzuhören. Natürlich erreichen ihn auch hier ständig Depeschen aus allen Ecken seines Reiches. Doch dies eine Mal kann man sich vorstellen, dass er die Reisen genießt, dass ein Hauch von Ferien und Flitterwochen um ihn und seine schöne Frau ist.

So mag Karl in der Hitze des Sommers die angenehme Kühle im Löwenhof genießen, um Depeschen zu lesen. Oder auf den Turm des Generalife steigen, um den Blick über die Sierra Nevada ins Unendliche gleiten zu lassen und sich Strategien zu überlegen, wie er seine Reiche führen kann, die noch viel weiter reichen, als dieser unendlich erscheinende Blick. Kommt ihm hier der Gedanke, die Streitigkeiten mit Frankreich durch eine Art Gottesurteil zu bereinigen? Am 17. August 1526 schickt er jedenfalls François I. eine ritterliche Duellforderung.

Dann mag er zurückkehren in einen der zauberhaften Innenhöfe, wo das heitere Plätschern des Wassers seine Gespräche mit Isabel begleitet. Hier - mag man sich ausmalen - öffnen diese beiden verschlossenen Menschen einander ihr Wesen, beschreiben einander ihre Vorstellungen von der Welt und finden heraus, was jeder von ihnen dem anderen in dieser Welt sein will und kann.

Isabels Liebestraum

Bei Isabel reichen diese Vorstellungen sogar über diese Welt hinaus. Ihre Frömmigkeit hat sie die Vorstellung entwickeln lassen, dass sie die Liebe, die sie empfängt, nicht durch Genuss profanisieren darf, sondern unmittelbar an Gott zurückgeben muss. Ein Gedankengang, der heutigen Menschen schwer zugänglich ist, zugegeben. Sicher ist dieser „Liebesbeweis", den sie zu erbringen sich müht, im heutigen Sinne lustfeindlich. Aber: Einer von der iberischen Halbinsel stammenden Prinzessin des 16. Jahrhunderts waren die für unsereinen unbegreiflichen Geheimnisse der Mystik mehr Teil ihres Lebens als sexuelle Erfüllung. Jedenfalls scheint sie damit im Einklang mit sich selbst und mit Karl gelebt zu haben.

Angeblich schon aus dieser Zeit der Flitterwochen stammt die Idee des Paares, sich in ein Kloster zurückzuziehen, sobald ihre Kinder - die noch gar nicht gezeugt sind - alt genug sein werden, die Regierung zu übernehmen. Auch das scheint, so plötzlich dahingeschrieben, ein abwegiger Gedanke. Doch dahinter steht der Wunsch nach einem Leben ohne die ständige Öffentlichkeit eines Hofes, ein Leben nahe der Kontemplation und: sehr privat. Endlich nur miteinander reden können, ohne gleich wieder in den Zwang der Etikette gepresst zu werden. Es gibt ja auch die Tradition der „monasterios reales", besonders in Portugal. Unter der Maßgabe, sich seinem Seelenheil zu widmen, konnte der Herrscher die Öffentlichkeit hinter sich lassen. So wird diese Zukunftsvision vielleicht etwas verständlicher.

Vielleicht gab es nur diese Möglichkeit für Isabel, die Schrecken der Gegenwart durch den Ausblick auf eine verlockendere Zukunft zu bestehen. Denn das Eheleben kann für eine Fürstin dieser Zeit nur in den wenigsten Fällen eine reine Freude gewesen sein. Zu stark war der Druck, lebensfähigen Nachwuchs gebären zu müssen, zu groß die Anteilnahme des ganzen Hofes an den intimsten Dingen. In der Hochzeitsnacht war es allgemein üblich, dass zumindest „Ohrenzeugen" im Brautgemach verweilten, um den „Vollzug" später nötigenfalls bezeugen zu können. Geburten fanden immer im Beisein des ganzen Hofes statt, aus Angst, es könne ein Kind untergeschoben werden. Das Liebesleben eines königlichen Paares war stets und ständig einer der Hauptgegenstände des Hofklatsches. Groß auch die Gefahr, im Kindbett zu sterben, Beispiele genug gab es in Isabels Familie. Es ist zu einfach zu sagen, Karl und Isabel führten eine selten glückliche Ehe - es war eine sehr eigene Art von Gemeinschaft - punktum.

Außerdem steht die Welt „unterhalb“ von Granada nicht still. Im Herbst häufen sich alarmierende Depeschen, die zum Teil umwälzende Auswirkungen auf Familienmitglieder haben. Besonders des Kaisers kleine Schwester Marie ist betroffen, die Königin von Ungarn …

Buda, Mai 1523 bis April 1526 oder:

Die Königin vergnügt sich

Marie und Lajos leben in dieser Zeit wie Zwillinge, wie sorglose Kinder, die, endlich von Lehrern und Aufpassern befreit, einfach tun was sie wollen. Zurück in Ungarn behalten sie die in Prag angenommenen Verhaltensweisen bei, leben nur ihrem Vergnügen. Bei allen Aktivitäten ist sie die Macherin, ihre androgyne Gestalt eilt voraus, und Lajos folgt ihr in allem. Sie ist aufgeschlossen, lebhaft, gesprächig, temperamentvoll und unternehmungslustig. Lajos Leidenschaft gilt der Jagd und Reiterspielen, er schnitzt und liebt die Musik, er plaudert auf Französisch, Polnisch, Italienisch, Tschechisch und Latein. Liebenswert macht ihn seine Gutmütigkeit, er ist ungemein freigiebig, sobald er was zu geben hat.

Das Gros des Hofadels unterstützt das junge Paar in seiner Vergnügungsfreude. Brandenburg hat eingeführt, dass sieben Mal am Tag gegessen wird! Man kann sich vorstellen, dass da nicht viel Zeit für anderes bleibt. Einige Nationalisten jedoch beginnen, Lajos und Marie ihren kindlichen Übermut übelzunehmen. Nicht, weil sie etwas gegen Jagen, Tanzen, Feiern, Essen und Trinken haben - der Primas der Kirche ist angeblich den ganzen Tag betrunken, und sein bester Saufkumpan ist der nationale Gegenkönig - sie fürchten die „Deutschen“, die den Hof überschwemmen.

Mahnungen und Wandlungen

Die Nationalisten beschweren sich bei Sigismund von Polen, der mahnt den siebzehn Jahre alten König zur Pflichterfüllung, und auch Bruder Ferdinand richtet gestrenge Worte an die Schwester. Er erinnert daran, dass die osmanische Bedrohung keineswegs aus der Welt ist. Die Kritik trifft Marie in ihrem Familienstolz, wie es sie täglich kränkt, dass ihr herrlicher Lajos von Leuten abhängig ist, die eigentlich seine Diener zu sein hätten und die es wagen, seine gottgegebene Autorität aus eigennützigen Gründen zu untergraben. Sie muss Schulden machen, wenn sie angemessen leben will, sie, die Königin! Während diese barbarischen Magnaten eigroße Edelsteine an ihren Reitstiefeln tragen - sie macht Schulden!

Auch wenn die Flucht vor der rauen Wirklichkeit noch praktiziert wird, beginnt Marie doch Mitte der zwanziger Jahre langsam, über ihr eigenes Vergnügen hinausschauend, ein Gespür für die Bedürfnisse der Zeit und des Landes zu entwickeln. Der Wandel vollzieht sich über Gespräche mit den am Hofe anwesenden Humanisten Piso, Balbi und anderen. Es geht oft um die Frage des Verhältnisses zwischen Erasmus von Rotterdam und Martin Luther. Fußt letzterer wirklich auf Erasmus' Lehren? Dann kann er nicht schlecht sein, denn in den Niederlanden gilt Erasmus als der Vater aller Weisheit!

Stehen nicht die intelligenteren und gebildeteren Menschen bei Hofe, wie Brandenburg, der sich schon Anfang der zwanziger Jahre zu Luthers Lehre bekennt, der neuen Lehre nahe oder bekennen sich offen zu ihr? War das in Prag nicht auch so, dass die Ratsmitglieder, denen Verbindungen zur „Neuen Lehre" nachgesagt wurden, die waren, die eine effiziente, zentrale Regierung forderten? Steht es nicht wirklich schlimm um die Würdenträger der Kirche, gerade hier in Ungarn, wo sich die Prälaten schamlos bereichern, der Primas nie die Weihen empfangen hat? Sie will einen Hofprediger, der den Wittenbergern nahesteht. Kein Problem, findet der ungeweihte Primas zwischen zwei Flaschen Wein. Doch der national gesinnte Adel sieht das anders. Er will jeden Angreifer des Heiligen Vaters mit eigenen Händen zerreißen! Marie gibt nach, so wichtig ist das für sie nicht, sie ist ein Kind der Renaissance, sie braucht kein persönliches Glaubenserlebnis, das alles ist für sie mehr eine gedankliche Spielerei. Sie merkt nur, dass wenn in Ungarn von „den Deutschen" die Rede ist, immer auch der Verdacht auf Anhängerschaft zu Luther mitklingt.

Absturz aus den Träumereien

Marie hat in den ersten Monaten in Ungarn gelernt, dass sie durchaus etwas erreichen kann, wenn sie strikt zu ihren Überzeugungen und Entscheidungen steht. Das sind genau die Eigenschaften, die ihrem engelsgleich gutmütigen Mann fehlen. Sie weiß außerdem, dass sie zwei Stützen an ihrer Seite hat: Brandenburg und ihren Bruder, den Kaiser, respektive dessen Gesandten. Auch das nährt den patriotischen Hass auf die „Deutschen". Der Landtag von 1524 droht in Chaos und Rebellion zu versinken, obwohl der neue

Papst Clemens VII. endlich die bisher vergeblich geforderte Türkenhilfe verspricht.

Nur durch Preisgabe der „Deutschen“ aus ihrem Gefolge kann Marie die Revolte verhindern. Die nationale Partei um Zápolya will aber nun das Ruder ganz an sich reißen. Es gehen sogar Gerüchte, Zápolya wolle Lajos ermorden lassen und Marie heiraten, um mit ihr zu regieren. Unwetter, Missernten und Pest erschweren die Situation zusätzlich. Da bricht am 23. April 1526 in Konstantinopel der Sultan mit einer Armee auf, die ausreicht, die ganze Welt zu vernichten. Der Papst fleht um Einheit der Christenheit, Marie um Einheit der Ungarn, beides gleichermaßen sinnlos. Ungarn steht allein, Kirchenschätze werden eingeschmolzen, um Waffen und Nahrung für eine Armee bereitzustellen, doch das Geld verschwindet - wie immer - in den Taschen derer, die es verteilen sollen. Erst als es Suleiman trotz eines Unwetters gelingt, Brücken zu bauen, die ihm den Weg nach Buda sichern, wird Ungarn wieder von einer Welle des Heroismus überschwemmt. Nun wollen die Ungarn kämpfen und „sei es im bloßen Hemde“.

Marie und Lajos sammeln etwa 6.000 Kampfeswillige um sich, Lajos zieht Suleiman entgegen, Marie mit einigen hundert Mann nach Buda zurück. Lajos Heer beschließt, bei Mohács sein Lager aufzuschlagen und auf Zápolya und seine Nationalisten zu warten. Das dauert, und da kommt wieder die Tollkühnheit über die Ungarn, wie so oft, wenn sie sich in Waffen sammeln: Warum sollen 20.000 tapfere Ungarn auf Verstärkung warten, wenn ihnen nur 100.000 feige Türken gegenüberstehen? Gott wird seine Favoriten doch nicht im Stich lassen!!

Mohács, 29. August 1526

Das Ende naht ...

Es ist ein strahlender Sommertag, wolkenloser Himmel. Die Ungarn stellen sich in Schlachtordnung auf. Lajos schreitet die Reihen seiner Helden ab, sie versichern sich gegenseitig ihrer Unschlagbarkeit. Gegen drei Uhr am Nachmittag zeigen sich die ersten türkischen Reiter. Lajos setzt seinen Helm auf, besteigt sein gepanzertes Pferd. Seine Leibwache schneidet eine Schneise durch die türkischen Massen, auf Suleiman zu. Da bellt das Feuer der 300 gebündelten Kanonen der Türken, das Schlachtfeld versinkt in einer Wolke aus Blut und Staub. Nur wenige Ungarn können dem nun folgenden Gemetzel entkommen.

Urplötzlich setzt ein Wolkenbruch ein. Das Schachtfeld ist im Nu ein Morast ohne Grund. Eng gedeckt von seiner Leibgarde erreicht Lajos einen Wasserlauf, wenn man ihn überquert ist noch Hoffnung auf Entkommen… Das erschöpfte, schwergepanzerte Pferd des Königs schafft es nicht mehr, das jenseitige Steilufer zu bezwingen. Ross und Reiter versinken im bodenlosen Schlamm. Rettungsversuche scheitern am Beschuss durch die Türken, … fast der gesamte Adel und der hohe Klerus Ungarns wird an diesem einen Tag mit seinem König ausgelöscht. Erst am nächsten Morgen stellen die Türken fest, dass sie die Armee Ungarns komplett vernichtet haben. Sie bringen noch die vereinzelt auftauchenden Zivilisten um, damit sie die Kunde nicht verbreiten können und marschieren weiter auf Buda. Noch wissen die Türken nicht, das keine der Burgen am Weg dorthin mehr besetzt ist.

Buda, 30. /31. August 1526

... auch für die Hauptstadt
In der Hauptstadt gibt es keine verläßlichen Nachrichten. Es kursieren Gerüchte von einem grandiosen Sieg, und mancherorts werden Freudenfeuer entzündet. Doch am 30. August erreichen erste Überlebende die Stadt und künden von der totalen Niederlage und der Unmöglichkeit, Buda zu verteidigen oder gar die Türken unterwegs aufzuhalten. Über den Verbleib von Lajos erfährt Marie nichts. Man kann die Königin überzeugen, dass sie fliehen muss. Im Morgengrauen reitet sie auf die Jagd, als sei alles in Ordnung, man will eine Panik vermeiden. Währenddessen packen einige Vertraute noch Schnellgreifbares zusammen, und samt Jagdpferd geht Marie an Bord eines Schiffes. Das Volk von Buda sieht sich im Stich gelassen, und wer irgend kann, flieht auch. Die Donau kann all die Schiffe, Kähne, Boote und hastig gezimmerten Flöße kaum fassen. Obwohl man Suleiman den Schlüssel von Buda übergibt, geht die ganze Stadt in Flammen auf, mit Ausnahme des Königspalastes, wo der Sultan Residenz nimmt.

Bratislava, Herbst 1526 bis Herbst 1527

Marie auf der Flucht ...
Marie erreicht derweil in kleiner Begleitung Bratislava. Jetzt muss sie erleben, wie unbeliebt sie ist. Hilfe muss sie unterwegs teuer erkaufen, einige ihrer Schiffe werden trotz Schutzgeldzahlung gestohlen oder geplündert. Sie sieht mit an, wie betrunkene Matrosen

in ihren Kleidern auf dem Kai tanzen. In Bratislava wird sie offiziell empfangen, es gibt zwar etwas zu essen, doch solange ihre Gepäckschiffe nicht da sind, muss sie auf Stroh schlafen. Sie sendet verzweifelte Hilferufe an die Brüder, hofft, dass Ferdinands Kavallerie sie heraushol, doch der kann allenfalls Fußvolk schicken und das auch nicht sofort. Marie soll solange wie irgendmöglich ausharren, lässt er durch Eilkuriere bitten. Zumindest, bis man Konkretes über Lajos Schicksal weiß. Sollte ihm etwas zugestoßen sein, wäre Ferdinand der nächste König von Ungarn ... Marie wird ein Kämmerer gemeldet, der in Mohács dabei war. Minutiös berichtet er ihr von den Umständen, unter denen Lajos starb. Nicht einmal mit einem heroischen Tod auf dem Schlachtfeld kann sie sich trösten, er ist erbärmlich im Schlamm erstickt! Sie befiehlt, seine Leiche zu bergen, was erstaunlicherweise gelingt. Nun ist alles für sie dahin: der Spielgefährte, der Liebhaber, die Krone, ja, der Sinn des Lebens ...

... und Retterin der Krone für Austria

Depeschen Ferdinands fordern ihre Loyalität als Schwester, sie soll ihm die Krone sichern. Das schulde sie der Familie und dem Andenken des Gatten. Marie legt Trauerkleidung an, vertauscht die goldenen Haarnetze mit einer Trauerhaube, und es scheint, als lege sie mit dem Kopfputz die Jugend ab. Fortan wirkt ihr Gesicht scharf, sie scheint weit über ihre knapp einundzwanzig Jahre gealtert. Doch sie nimmt den Auftrag der Casa de Austria an.

Marie hat nur sieben Männer bei sich, auf die sie sich verlassen kann. Unerschrocken nimmt sie die Aufgabe in Angriff, in Ungarn eine Pro-Austria-Partei zu formen. Sie beruft einen Landtag ein, um die Situation zu beraten. Sie beauftragt Zápolya, die Organisation zu übernehmen. Der verweigert sich. Das ist Opposition, die Fronten sind klar. Ende September kehrt Suleiman - unter Mitnahme der Bibliothek und anderer Kunstschätze - nach Konstantinopel zurück. Vernünftigerweise ist es ihm zu gefährlich mit seiner riesigen Armee in dem zerstörten Land zu überwintern.

Ferdinand wird am 25. Oktober 1526 zum König von Böhmen gewählt - als Gatte der Erbin Anna. Marie empfängt einen Boten, der ihr einen Antrag Zápolyas überbringt: Er bittet sie, im „Interesse der ungarischen Nation“ seine Frau und Königin zu werden. Sie lehnt unter Berufung auf ihre Brüder, zu deren Feindin sie sich mit dieser Heirat machen würde, ab. Sie ist sich sicher, dass der Antrag nur pro forma gestellt wurde, denn Zápolya hat Lajos dafür verachtet, dass sie für ihn regiert hat. Außerdem argwöhnt er sicher, dass sie keine Kinder bekommen kann, da sie in vier Jahren Ehe nicht schwanger wurde.

Maries Aufrufe gegen Zápolya nützen nichts, da sie kein Geld hat, die wenigen Anhänger Ferdinands bei der Stange zu halten. Zápolya erobert Stadt um Stadt und schüchtert die Pro-Austria-Partei systematisch ein. Schließlich hat er genug Anhänger gesammelt, um sich zum König wählen zu lassen. Gekrönt werden kann er auch, die Krone befindet sich praktischerweise in seiner Obhut. Es gelingt Marie allen Schwierigkeiten und Geldnöten zum Trotz, einen Landtag nach Bratislava zu berufen und dort Ferdinand wählen zu lassen. Aber sie weiß, dass das nur ein Scheinsieg ist, denn Europa wird den von der Mehrheit der Ungarn gewählten und in der richtigen Stadt mit der richtigen Krone gekrönten Zápolya anerkennen, schon allein, um die Casa de Austria nicht noch größer werden zu lassen.

Die Kämpferin erkrankt

Marie harrt weiter aus. Die Ungarn erkennen langsam, dass ihnen der Regierungsstil Zápolyas nicht gefällt. Wenn Marie jetzt genügend Geld hätte! Sie wird krank. Die Ärzte stellen erstmals eine Herzschwäche (Herzflimmern) fest, die sie in kritischen Situationen auch in späteren Jahren immer wieder befallen wird.

Sie bittet Ferdinand um ihre Entlassung. Der schreibt mitfühlend zurück, sie habe sicher Angst um ihr Leben, das könne er verstehen. Sie antwortet, sie kenne nur eine Angst, und zwar die, ihrem Hause und ihren Brüdern nicht gut genug zu dienen. Sie fände es einfach unerträglich, nicht handeln zu können, weil sie kein Geld zur Verfügung habe! Das mache sie richtig krank! Sie harrt weiter aus, erkrankt im Frühjahr 1527 erneut. Ferdinand hat inzwischen seine Macht in Böhmen etabliert und ist willens, seinen Anspruch in Ungarn mit Waffengewalt durchzusetzen. Marie hört durch Boten, dass der Bruder am 31. Juli 1527 die Grenze überschreitet. Drei Wochen später kann er in Buda einziehen und hat als Sieger reichlich Zulauf. Zápolya weicht mit seinen Getreuen hinter die Theiss zurück und Ferdinand wird zum König der Ungarn gewählt.

Buda, Herbst 1527

Ferdinand holt sich seine Krone ab

Marie sitzt immer noch unbeachtet in Bratislava. Sie erfährt dort, dass Ferdinand seine Frau Anna zur Krönung bestellt. Wird er sie, die Schwester, wenigstens zur Feier einladen? Seine erste Anfrage bei ihr ist keine Einladung, sondern eine Erkundigung nach dem Verbleib des Tafelsilbers! Scheint ja vor Dankbarkeit schier zu bersten, dieser Bruder! Schließlich kommt die Einladung doch noch rechtzeitig. Marie reist ganz in Schwarz auf schwarz dekoriertem Schiff. Auf einem schwarz drapierten Stuhl verfolgt sie vom Rand des Geschehens, wie derselbe Bischof, der vor einem Jahr Zápolya krönte, diesen Dienst nun dem Bruder erweist. Anna erstrahlt in Gold. Marie weiß, dass ihre Aufgabe in Ungarn ebenso beendet ist wie ihre Jugend.

Irgendwo in Ungarn, Herbst 1527 - Mai 1529

Marie, eine Nomadin ...
Natürlich will der Bruder sie wieder verheiraten, aber darauf geht sie gar nicht erst ein. Man einigt sich über die Höhe ihrer Apanage als Königinwitwe. Einige Getreue beschließen, bei ihr zu bleiben und mit denen begibt sie sich auf Bärenjagd. In nächster Zeit führt sie ein Nomadenleben in den westlichen Provinzen der Königreiche. Nie bleibt sie länger als sechs Wochen an einem Ort. Ihren jeweiligen Wohnsitz möbliert sie mit dem Wenigen, das ihr nach ihrer Flucht aus Buda geblieben ist. Kein Terrain ist für sie und ihre Aktivitäten unpassierbar, kein Wintertag ist ihr zu kalt zum Ausreiten. Manchmal bekommt sie Fieber, die Ärzte haben keine Erklärung dafür. Kaum kann sie das Bett verlassen, sitzt sie schon wieder im Sattel und entschwindet in unwegsames Gelände. Man könnte meinen, sie will sich mit körperlicher Anstrengung betäuben und durch ständige Bewegung für niemanden fassbar sein.

Ferdinand scheut sich nicht, ihre bescheidenen Einkünfte für seine Kriegsanstrengungen zu erbitten. Sie gibt alles her, obwohl sie oft nicht weiß, wovon sie ihre Ausgaben für Unterkunft und Verpflegung bestreiten soll. Dabei müssen die ziemlich gering sein, denn sie hält sich oft in Gegenden auf, in die sie ihren Proviant mitnehmen muss, weil es dort einfach nichts gibt.

Marie und die Reformation
Martin Luther widmet ihr ein schmales Bändchen seiner Traktate. Ferdinand ist sehr konsterniert und mahnt sie, es sei an der Zeit, sich darauf zu besinnen, dass man gut katholisch sei. Sie antwortet auf seine Ermahnungen sehr diplomatisch und erklärt wahrheitsgemäß, dass das Ganze nicht von ihr autorisiert sei, sie habe bis zu Ferdinands Brief nicht einmal von der Existenz des Buches ge-

wußt. Sie kann sich aber nicht enthalten, wie nebenbei zu bemerken, dass es bisher ja weder ihm, Ferdinand, noch dem hochmögenden Bruder Karl gelungen sei, „dem Luther das Maul zu stopfen“ und sie seien schließlich gekrönte Häupter und die Männer der Familie. Was solle sie, als Frau und ohne jedes Amt, da groß tun können? Sie betont, dass sie nie die Grundlagen der Kirche verlassen habe und dies auch nicht zu tun gedenke. Dafür allerdings, was die Menschen ihrer Umgebung glauben, könne sie nicht verantwortlich gemacht werden. Ihre Loyalität zum Erzhause gehe allerdings auch nicht soweit, dass sie bestätige, Luther sei verdammenswert, allein, weil die Kirche ihn verdamme.

Da ihre immer häufiger werdenden Krankheitsphasen ihr ein Fortführen ihres „outdoor-life“ unmöglich machen, widmet sie sich nun der Literatur und den Wissenschaften. Sie korrespondiert mit vielen Berühmtheiten ihrer Zeit. Erasmus widmet ihr sein „Witwenleben“, es wird ihr gefallen haben, denn die Art praktischen Glaubens, die sie bei Erasmus findet, entspricht ihr weit mehr als Luthers leidenschaftliche Selbstgerechtigkeit. Sie nutzt diese Zeit, da der wilde Schmerz um Lajos Tod abklingt, zur Selbstfindung (wie man heute sagen würde). Sie folgt nicht mehr den allgemein akzeptierten Meinungen, sondern steckt sich einen eigenen Kurs in den Wirren der Zeit.

Die Königinwitwe verweigert sich

Dass sie nicht mehr einfach verfügbar ist, bekommt als erster Bruder Ferdinand zu spüren. Der meint, sie könne ihn doch als Regentin vertreten, während er auf Betteltour für die Kriegskasse gegen die Türken geht. Sie lehnt mit einer Spitzfindigkeit ab, die Schmunzeln lässt. Sie führt an, das sei eine Aufgabe für eine viel ältere und weisere Person als sie es sei. Sie sei einfach nicht intelligent genug, und niemand wisse besser, als sie selbst, wie wenig intelligent sie sei.

Erschwerend käme noch hinzu, dass Opposition sie zu Unbedachtsamkeiten hinreiße. Da sie ihre Sache oft zu vehement verfechte, könne sie eher schaden als nützen. Sie sei für eine Regentschaft nur geeignet, wenn sie auf Sympathie und Anerkennung rechnen könne! (sic!) Nein, im Falle Ungarn müsse er sich - leider - wirklich nach einer geeigneteren Person umschauen. Aus dieser Antwort blitzt eine erfrischende Mischung aus Arroganz und Selbstkritik, gewürzt mit Ironie auf, die doch stark an die Tante in den Niederlanden erinnert!

Schottland als Alternative?
Letztere hat übrigens durchblicken lassen, dass es im Norden vielleicht bald neue Aufgaben für Marie geben könnte. Henry VIII. von England ist ins Lager des Feindes Frankreich übergewechselt, weil er in der Familie seiner Frau kein Verständnis für seine Scheidungsabsichten erwarten kann. Deshalb sucht Margaretha engeren Kontakt mit Schottland. Natürlich wäre eine Heiratsverbindung da ein probates Mittel. Die einzigen Mädchen, über die die Familie derzeit verfügt, sind die dänischen Babys der Schwester Elisabeth. Doch der schottische König, James V., ist schon zweiundzwanzig und will mit Heirat und Vaterschaft nicht noch anderthalb Jahrzehnte warten! Sie, die Witwe Ungarns, allerdings wäre gerade im rechten Alter, und James habe durchblicken lassen, dass er sehr an Heirat mit ihr interessiert sei! Außerdem gäbe es in Schottland wunderbare, einsame Landschaften und herrliche Jagdreviere!

Die Tante weiß, dass sie ein delikates Thema anschlägt, aber ist Marie sich wirklich sicher, dass die Ehe für sie nicht mehr in Frage kommt? Zwar sei James nicht übermäßig reich, aber doch jung und gutaussehend. Außerdem ist Schottland nicht weit von den Niederlanden, und auch in Spanien ist man von dort weit schneller als von der mittleren Donau. Da der Vorschlag von der Tante kommt, deren Schicksal ähnlich verlief wie das ihre, denkt Marie darüber nach. Was bringt diese Ehe, die ihr Leben einschränken würde ohne es zu bereichern, der Dynastie ein? Einige Autoren sind der Ansicht, Marie sei überzeugt davon gewesen, unfruchtbar zu sein. Damit kann eine dynastische Ehe zu einem unverantwortlichen Risiko werden! Man denke nur an Tante Katharina in England! Marie wägt es wohl und Schottlands James wird für zu leicht befunden. Sie weiß, dass Schottland traditionell zu Frankreich tendiert und findet sich selbst nicht sensationell genug, James nachhaltig von diesem Kurs abzubringen.

Was will Marie?
Mit diesen beiden Ablehnungen hat sie eins deutlich gemacht: weder für eine zeitlich begrenzte Regentschaft über das Chaos in Ungarn, noch für eine dynastische Ehe ist sie bereit, ihr freies Leben aufzugeben. Da müssen die Herren Brüder schon Lohnenderes anbieten, wenn sie ihre Mitarbeit wollen. Sie schließt noch ein paar „kostenlose" Empfehlungen an Ferdinand an: Er solle schleunigst nach Ungarn zurückkehren, denn dort seien inzwischen viele der Meinung: lieber mit den Türken als mit den „Deutschen" und

Zápolya strecke schon seine Fühler nach einem Bündnis mit der Goldenen Pforte aus. Doch die Abenteuer Maries nach ihrer Flucht aus Buda liegen noch in der Zukunft. Ungefähr zu der Zeit, als Lajos in Mohac fällt, zeitigt der im Mai geschlossene Vertrag von Cognac Wirkung.

Depeschen aus Europa, Sommer 1526:
Der zweite Krieg Frankreichs gegen Karl, der überwiegend auf italienischem Boden ausgetragen werden wird, hat begonnen.

Die Liga fordert von Karl: 1. Er soll der Liga beitreten. 2. Mailand an die Sforza zurückgeben. 3. Seine Geiseln, die Kinder Frankreichs, soll er sofort an Frankreich zurückgeben. Der Papst ist nur bereit, Karl zum Kaiser zu krönen, wenn er alle Forderungen erfüllt und ohne Armee nach Italien kommt!

Granada, September 1526

Zweite Metamorphose
Die Entwicklungen in Europa, besonders die Parteinahme des Papstes für François führen dazu, dass Karl seine Harmlosigkeit und „Somnambulität" über Bord wirft. Bisher hat er an die Heiligkeit gegebener Schwüre geglaubt. Nun ist er es leid. Gestützt auf sein gutes Recht und die Infamie der anderen, lässt er nun den grausamen Instinkten, die auch in ihm schlummern, freien Lauf! Die Söhne des treulosen François bekommen die Rigidität des „neuen Karl" als erste zu spüren. Ihre bisher geduldeten französischen Bediensteten werden auf Galeeren geschickt oder als Sklaven verkauft. Einzig Eleonor, die in Vittoria - natürlich vergebens - auf ein Zeichen ihres Gatten François wartet, wird sich in Zukunft noch ein wenig um sie kümmern.

Depeschen Karls nach Italien:
Die imperialen Leutnants in Italien bekommen freie Hand. Moncada soll den Papst aus Rom heraustreiben, wenn der nicht endlich die Liga auflöst. In Italien aufgegriffene Boten Frankreichs an den Sultan werden hingerichtet.

Karl verfasst einen offenen Brief an den Papst, der dessen Versagen geißelt und ein allgemeines Konzil fordert. In Deutschland an öffentlichen Plätzen ausgehängt wird dieser Brief begeistert aufgenommen. Frundsberg fühlt sich berufen, seine nach Niederschlagung des Bauernkrieges aufgelöste Armee zu reaktivieren und zieht, unterstützt von Bourbon, gegen Italien.

Zur Lage in den deutschen Reichsteilen:
In Deutschland hat Karl die Chance vertan, auf Seiten der Aufständischen mit kleinen Entgegenkommen einzugreifen und damit eventuell das kaiserliche Regiment stärken, die Reformation zumindest verlangsamen zu können. Inzwischen haben die Fürsten, beflügelt durch Luthers Pamphlete, den Bauernkrieg brutal niedergeschlagen. Doch Ende des Jahres kämpfen Karl und Luther - aus verschiedenen Positionen und auf verschiede Art - gegen den selben Feind: den Papst.

Granada - Valladolid, Winter 1526 - Mai 1527

Der Reisekaiser bricht auf
Am 10. Dezember 1526 ist die relativ unbeschwerte Zeit in Andalusien zu Ende. Karl und Isabel reisen mit dem Lindwurm ihres prächtigen Hofes in angemessenen Etappen zurück nach Kastilien. Manchmal reitet Karl mit kleiner Begleitung voraus oder macht Abstecher, wie die Umstände es gerade erforderen. Doch er sieht immer zu, dass er einige Stunden des Tages mit Isabel verbringen kann, indem er dorthin zurückreitet, wo das Gros des Zuges Quartier nimmt. Im Januar 1527 eilt er voraus nach Valladolid, um die Cortes zu laden. Am 22. Februar erreicht auch Isabel die Stadt, gerade rechtzeitig, um seinen ersten Geburtstag als Ehemann mit ihm gemeinsam feiern zu können.

Wie eine Kaiserin niederkommt
Isabel ist schwanger, und Mitte Mai steht ihre Niederkunft unmittelbar bevor. Das kaiserliche Paar logiert im Palast des Don Bernadino Pimantel. Die Wehen beginnen in den frühen Morgenstunden des 21. Mai 1527, und Isabel leidet entsetzlich. Auch der „Gürtel der Heiligen Elisabeth“, den Margaretha fürsorglich geschickt hat, bringt keine Erleichterung. Die Aufforderung, ihrem Schmerz freien Lauf zu lassen und durch Schreien den Geburtsvorgang zu beschleunigen, weist Isabel empört zurück. „Ich sterbe, wenn es sein muss“, sagt sie, „aber ich werde nicht schreien!“

Sie zerfleischt sich die Hände, um auch nicht einen Seufzer hören lassen zu müssen. Mittags ziehen finstere Gewitterwolken auf, und es ist im Zimmer so dunkel, dass man die Hand vor Augen nicht sieht. Isabel muss gestatten, dass Lichter hereingetragen werden. Sie verlangt aber vorher noch, dass ihr ein Tuch über das Gesicht gelegt wird. Niemand soll es sehen, wenn der Schmerz ihre Züge verzerrt. Um vier Uhr nachmittags bricht mit einem ungeheuren Donnerschlag das seit Stunden drohende Gewitter endlich los. Im Moment des Donnerschlages wird der Kopf des Kindes sichtbar. Niemand kann sagen, ob Isabel in diesem Augenblick nicht doch ein Schrei entfahren ist. Mit Blitzen und Donner ist die Welt erfüllt, die der kleine Infant so dramatisch betritt. Ja, es ist der ersehnte Thronfolger!

Karl als Vater ... festfreudig

Karls erste Worte an seinen Sohn sind angemessen: „Möge Gott Dir immer gnädig sein und Dir die Weisheit geben, Deine Untertanen mutig zu regieren!" Als das Gewitter langsam abklingt, geht Karl allein in den Regen hinaus und wandert über Straßen und Plazas zum Konvent von St. Paul, sucht dort eine kleine, bescheidenen Kapelle auf, fällt auf die Knie und dankt Gott für den gesunden Erben.

Mit seiner dann einsetzenden Reaktion auf die Geburt des Sohnes, des Erben all seiner Kronen, verblüfft Karl alle! Dieser immer so gefasste und schweigsame Mann bricht in einen wahren Freudentaumel aus. In den folgenden Tagen ist Valladolid der Mittelpunkt Spaniens, und Spanien ist der Mittelpunkt der Welt. Aus allen Himmelsrichtungen, aus allen Reichen strömen Menschen herbei, um ihre Glückwünsche darzubringen. Es sind weit mehr als die Stadt beherbergen kann. Karls Exaltation dauert während der ganzen Festivitäten an. Erst wird die Geburt gefeiert, dann das Ende des Kindbetts und schließlich am 5. Juli 1527 die Taufe des Erben der Welt. Don Felipe wird er heißen, nach seinem Großvater väterlicherseits.

Karl ist so voller Freude und so vergnügt, dass er gar nicht genug feiern kann, wochenlang vergehen die Tage mit Turnieren und Stierkämpfen. Im Verlauf eines dieser Stierkämpfe steigt der König und Kaiser selbst in die Arena und beweist dabei einen Mut und einen Stil, der seine Untertanen begeistert. Er kann damit alle Zweifel an seinem persönlichen Mut zerstreuen. In Palästen und in den Straßen wird nach der Siesta weiter geschmaust, getrunken und getanzt bis in den frühen Morgen. Die Freudenfeste dauern an, bis Gattinara die neuesten Nachrichten aus Rom bringt. Karl hat einen neuen Gefangenen.

Sacco di Roma - Isabel wird Regentin

Leuwen - Rom, Frühjahr 1527

Die Landsknechte
In Oberitalien revoltieren die Söldner, nachdem sie sich zwischen Gardasee und Etsch mit den Truppen des Konnetabel de Bourbon vereinigt haben. Sie sind nicht bezahlt worden und fordern: „Geld! Geld!" Frundsberg und Bourbon bieten 12.000 Taler oder Gulden, die Söldner fordern 150.000. Sie stürmen das Zelt von Bourbon, richten ihre Lanzen gegen „aller Landsknecht frommen Vater", Georg von Frundsberg. Es ist der 16. März 1527. Der massige Frundsberg erleidet einen Infarkt, an dessen Folgen er einige Zeit später in der Heimat stirbt. Die Armee zieht zunächst gegen Florenz, doch die Verteidigungsanlagen dort sind in zu gutem Zustand, Bourbon wagt den Angriff nicht. Der Heerhaufe wälzt sich gen Rom.

Was weiß Karl?
Nach neueren Forschungen gibt es einen geheimen Brief, in dem Karl Bourbon und Lannoy anweist: „Eilt nach Rom und bezahlt dort, ich kann es nicht. Ihr seht, dass das Spielchen schon viel zu lange dauert. Macht das Unmögliche möglich, um dem Allen eine Ende zu machen, und vertraut niemals auf eine Unterschrift des Papstes!" Vermeintliche Verteidiger Karls haben immer alle Schuld auf Bourbon geschoben. Sie behaupten, er habe aus eigenem Antrieb gehandelt, um sich zum Herrn von Rom und Neapel und sein Herzogtum zu einem Königreich zu machen. Sicher hat Bourbon egoistische Motive.

Aber Karl hat sie auch und steht dazu, der angeführte Befehl an Moncada beweist es - wie die in Auftrag gegebenen Forschungen in Leuwen. Es ist zeitüblich, dass Beute zumindest ein Teil des Soldes der Landsknechte ist. In seinem Brief an den Papst hat Karl darauf hingewiesen, dass er zukünftig den Heiligen Vater behandeln wird wie einen beliebigen Fürsten, solange er sich seinerseits an politisch-militärischen Bündnissen beteiligt oder gar aktiv Krieg gegen den Kaiser führt. Karl ist nicht mehr bereit, ob des geistlichen Amtes Schonung walten zu lassen!

Letztlich wäre wohl sowieso kein Befehl - von wem auch immer - in der Lage gewesen, dem Geschehen Einhalt zu gebieten. Clemens VII. versucht, sich mit 150.000 Dukaten freizukaufen, vergebens! Verzweifelt ordnet der Papst Verteidigungsmaßnahmen an, doch die Zeit reicht nicht. Der Führer der päpstlichen Armee lehnt die Zerstörung der Tiberbrücken ab. Der Papst schöpft noch einmal Hoffnung, als er vom vatikanische Belvedere Ausschau haltend sieht, dass die sich heranwälzenden Horden keine Artillerie mitführen. Die hatte man bei der Überquerung der Alpen „verloren".

Rom, Mai 1527

Der Sturm

Am 5. Mai 1527 verlangt Bourbon freien Zugang in die Stadt Rom. Papst Clemens antwortet mit Exkommunikation des Herzogs. Am nächsten Morgen begünstigt Nebel einen Angriff. Die Landsknechte improvisieren Sturmleitern aus vorgefundenem Material. Bourbon ist unter den Ersten, die stürmen und unter den ersten, die fallen. Benvenuto Cellini wird sich später rühmen, die Arkebuse bedient zu haben, aus der die tödliche Kugel kam. Diese Aussage ist allerdings mit einiger Vorsicht zu behandeln, denn Cellini benutzt sie, um eine einträgliche Stelle am Hofe des Königs von Frankreich zu ergattern.

Die Erstürmung gelingt dennoch, denn der Tod Bourbons erfüllt die Landsknechte mit blinder Wut. Hinzu kommt, dass ein Platzregen die päpstliche Artillerie behindert. Der Papst kann in buchstäblich letzter Minute über Geheimgänge in die Engelsburg in Sicherheit gebracht werden. Dort allerdings ist er Gefangener. Damit beginnt, was als „sacco di Roma" in die Geschichte eingegangen ist, eine ungemein grausame Plünderung Roms. Weder Kirchen noch Paläste, weder Bürgerhäuser noch Mausoleen werden verschont. Wer seine verborgenen Schätze nicht freiwillig preisgibt, wird gnadenlos gefoltert.

Das Zeitenende scheint nahe

Anhänger Luthers verwandeln das Konklave in einen Pferdestall, jagen Kardinäle und andere Kurienmitglieder mit der blanken Waffe durch die Straßen, besteigen Nonnen und Nobeldamen im Wechsel. Priester und Nonnen werden auch gern als Sklaven verkauft. Im Petersdom verkleiden sich Soldaten in Kardinäle und wählen Luther zum Papst. Man macht keinen Unterschied zwischen Freunden und Feinden des Kaisers unter den Klerikern. Die Paläste der papstfeindlichen Colonna werden genauso geplündert wie alle andern. Unersetzliche Manuskripte und Archive werden blindwütig vernichtet. In Unkenntnis ihres Wertes werden die antiken Sammlungen verschont, während alles was nach Gold, Silber und Edelsteinen aussieht, gestohlen wird. Die Plünderer untereinander geraten in Streit um Beutestücke und tragen ihn bis zum Totschlag aus.

Die Soldateska lebt in Saus und Braus, doch kaum jemand traut sich, Rom zu beliefern, der Preis für ein Ei steigt auf einen Taler. In den Straßen und im Tiber türmen sich verwesende Leichen. Erst aufkommende Seuchen werden die Horden wieder unter militärische Disziplin zwingen. Auch der Papst und die Kardinäle in der Engelsburg müssen wegen Mangels an Lebensmitteln kapitulieren. Noch immer gilt Rom als das Haupt der Welt. Nun ist der Papst Gefangener des Kaisers und die Stadt ein Inferno. Auf die „aufrechten Christenmenschen" wirkt das Geschehen wie ein Menetekel vom Zeitenende.

Einzig das Fuggerkontor bleibt unangetastet, selbst die Konkurrenten aus dem der Welser flüchten in seine Sicherheit. Die Fuggerbank überweist die Beute vieler Söldnerführer sicher in die Heimat, auch die Marketenderinnen bedienen sich ihrer mit Vorliebe. Nach der Freilassung des Papstes gehen die Einnahmen schlagartig zurück.

Karls Reaktion

Trotz aller Betroffenheit über die von den Plünderern verübten Greuel: Karl empfindet tief innerlich auch große Freude! Das Schicksal hat ihm - nachdem er François freigelassen und dieser ihn nach Strich und Faden betrogen hat - den Papst ausgeliefert. Für ihn ist das das sichere Zeichen, dass Gott ein unwürdiges Papsttum ablehnt und dass er, der Kaiser, allein die Mission hat, die Kirche zu schützen und zu erneuern.

Im Juli verschickt Karl einen Rundbrief an die christlichen Fürsten. Er deklariert die Plünderung Roms als Strafe des Himmels für das verwerfliche Verhalten des Papstes. Er droht, den Papst als Gefangenen nach Spanien bringen zu lassen, wenn er nicht endlich einen wirklichen Beweis seines guten Willens liefert. In Valladolid erheben sich Stimmen gegen eine Überführung des Papstes nach Spanien. Unterdessen entkommt der Papst - einige Quellen behaupten, dank der Hilfe des Beichtvaters des Kaisers - aus der Engelsburg und kann sich nach Orvieto absetzen. Auf der uneinnehmbaren Felsenburg hoch über der Stadt nimmt er die Verhandlungen mit Karl wieder auf.

Verlautbarung des böhmischen Hofes:
Am 31. Juli 1527 melden Königin Anna und König Ferdinand voller Stolz und Freude aus Wien die Geburt ihres zweiten Kindes. Es ist der ersehnte Stammhalter und wird nach dem Urgroßvater Maximilian getauft. Er wird 1548 Doña Maria, die Tochter Karls V., heiraten. Sie werden sechzehn Kinder haben. Als Nachfolger seines Vaters wird Maximilian 1564 Kaiser. Er stirbt am 12. Oktober 1576 während des Reichstages in Regensburg und wird im Veitsdom in Prag beigesetzt.

Depeschen:
Tokai in Ungarn, 27. September 1527
Ferdinand siegt über das Heer des Gegenkönigs Zápolya.

Neapel, 27. September 1527
Lannoy, General und Vertrauter Karls - inzwischen Vizekönig von Neapel - fällt dort einer Pestepedemie zum Opfer.

Verlautbarung des portugiesischen Hofes:
Mit großer Freude verkünden am 15. Oktober 1527 Königin Catalina und König João III. in Coimbra die Geburt einer gesunden Tochter, die sie auf den Namen Maria-Manuela taufen lassen. In familiärer Freude und dynastischer „Weit"-sicht wird sofort eine Verbindung der Neugeborenen mit dem knapp ein halbes Jahr alten Infanten von Spanien und Erben der Welt, Don Felipe, in wohlwollende Erwägung gezogen.

Burgos - Madrid, Winter 1527/28

Kriegserklärungen
Ende August brechen im immer noch überfüllten Valladolid Seuchen aus, und der Hof flieht nach Palencia. Im Oktober zieht man weiter nach Burgos, wo man den Winter über bleibt. Hier erreichen Karl Herolde Frankreichs und Englands, die eine Kriegserklärung überbringen - vorgeschobener Grund ist die Befreiung des Papstes. Karl kontert, dass er das nun etwas seltsam fände, führe François doch bereits seit fünf oder sechs Jahren ununterbrochen Krieg gegen ihn, ohne denselben je erklärt zu haben. Außerdem sei

die Befreiung des Papstes ein überholter Kriegsgrund, da der Papst längst befreit sei, es habe sich nur noch nicht herumgesprochen.

Französische Sticheleien, er sei noch nie auf einem seiner Kriegsschauplätze erschienen, führen dazu, dass Karl François ein zweites Mal zum Duell fordert. Er schickt seinen Herold an den französischen Hof, um die Bedingungen festzulegen. François lässt den Herold beleidigend lange warten und verbittet sich solch „neue Sitten" - seit wann duellieren sich Könige! Bald ziehen von François angeheuerte Söldner durch Italien. Ziel ist diesmal Neapel. Karl muss eine Flotte nach Salerno schicken, die allerdings eine Seeschlacht verliert. Die kaiserlichen Truppen werden am 17. Februar 1528 aus Rom abgezogen. Der Papst versucht eine Annäherung an den Kaiser, denn Frankreich wird durch seinen Sieg in Süditalien zu einer Bedrohung für den Vatikanstaat.

Und immer reist der Hof

Inzwischen ist die kaiserliche Familie mit ihrem Anhang unterwegs nach Madrid. Karl ist immer im Sattel, hat nicht die Zeit, gemütlich mit dem Hofzug zu reisen. Seine persönliche Herrschaft in Spanien ist gefestigt. Spanisch spricht er inzwischen „wie nur einer", an die spanische Tracht hat er sich gewöhnt, er wird sie nicht mehr ablegen. Vorbei die Zeiten der kostbar schimmernden Outfits für ihn, er bevorzugt schwarze Schlichtheit. Die iberische Heirat hat ihren Teil beigetragen, seit der Thronfolger geboren ist, gibt es endgültig keine Zweifel mehr an Karls Königtum. Carlos el Rey kann auf „seine" Spanier zählen, besonders auf die Soldaten, obwohl er noch keine Schlacht geschlagen hat. Er hat seinen persönlichen Mut mehrfach im Stierkampf bewiesen. Auch mit den spanischen Einnahmen kann er rechnen, Steuerwesen und Finanzverwaltung funktionieren nun. Sogar Geld aus Übersee beginnt merklich zu fließen.

Huldigung und Trennung

Nur eine wichtige Zeremonie muss noch abgehalten werden, bevor Karl Kastilien verlassen kann. Für den April sind die Cortes nach Madrid geladen. Die Familie trifft im März dort ein. Am 19. April 1528 hat der Infant Don Felipe, noch nicht ganz ein Jahr alt, seinen ersten großen, offiziellen Auftritt - auf dem Arm seiner Mutter Isabel. Die Cortes huldigen ihm als Thronfolger.

Die erste längere Trennung Isabels und Karls nach zwei Jahren lässt sich nicht länger aufschieben. Karl muss in Aragón mit den dortigen Cortes verhandeln. Isabel steht zwei Monate vor ihrer zweiten Niederkunft und kann nicht mitreisen. Der Gedanke an Karls wochenlange Abwesenheit macht ihr schwer zu schaffen. Sie bemüht sich sehr, stark und mutig zu erscheinen, denn sie weiß, das schon sehr bald Zeiten noch viel längerer Trennungen auf sie zukommen werden. Um sich selbst Mut zu machen, bittet Isabel Karl um eine Erneuerung des „Klosterversprechens". Dann stellt sie sich ihrer ersten Regentschaft.

Ausbildung einer Regentin

Seit ihrer Hochzeit in Sevilla sind Isabel und Karl stets zusammengewesen, seine „Abwesenheit in Geschäften" dauerte kaum je länger als einen Tag. In diesen zwei Jahren hat er Isabel darauf vorbereitet, eines Tages die Regierungsgeschäfte in Spanien zu führen. Vorbild kann nur die Regentschaft der Tante Margaretha in den Niederlanden sein. Doch Karl ist viel zu vorsichtig, um seine junge Frau sofort mit so weitreichenden Kompetenzen auszustatten, wie die erfahrene Tante sie nach langen Jahren der Bewährung hat.

Für sich selbst bevorzugt Karl eine Regierung auf zwei Ebenen: Einen fest konstituierten Rat auf der einen und einen informellen Stab auf der anderen Seite. Dieses Prinzip soll auch in die Regentschaft integriert werden, zumal Isabel mit landestypischen Gegebenheiten noch nicht ausreichend vertraut ist. Wirkliche Handlungsfreiheit hat Isabel nur auf dem Papier, letztlich laufen alle Fäden beim Kaiser zusammen. Er bestimmt über die von ihm eingesetzten Räte auch in Detailfragen.

Isabel unterzeichnet mit „Yo, la Reyna" an Karls statt, doch die Gültigkeit ihrer Erlasse ist an die Mitunterschrift der Räte gebunden. Eine sehr detaillierte Instruktion schreibt vor, wie die Geschäfte zu führen sind. Es gibt einen für die regelmäßige Beratung der Königin zuständigen Ratspräsidenten, der wie alle anderen auch, an Karls Weisung gebunden ist. Überflüssig zu sagen, dass Karl alle Mitglieder des Rates persönlich ausgewählt hat. Im Zweifel ist ihm dabei absolute Loyalität und Diskretion wichtigeres Kriterium als eine herausragende Begabung. So kann Karl den Mitarbeitern Isabels uneingeschränkt vertrauen. Nur einfache Ernennungen und Begnadigungen können in Spanien direkt erledigt werden, alles andere geht über den Kaiser und sein Sekretariat. Empfehlungen Isabels werden allerdings berücksichtigt.

Ein ausgereiftes Konzept
Diese erste Regentschaft ist so gut konzipiert. dass alle weiteren darauf aufbauen können. Die Politik der Regentschaft unterstützt Karls überspanische Interessen so gut, als sei er selbst anwesend. Die entscheidende Komponente ist dabei die Arbeitsteilung und eine klare Zuweisung der Kompetenzen. Ein ausgeklügeltes Kommunikationssystem macht es - nach Behebung von Anlaufschwierigkeiten - letztlich möglich, dass die kaiserliche Kontrolle gewahrt bleibt. Entscheidend für die Funktionstüchtigkeit eines solchen Systems ist die Fähigkeit, die richtigen Menschen für die jeweiligen Posten auszuwählen.

Während Karl den Cortes in Aragón vorsitzt, übernimmt Isabel also erstmals die Regentschaft in Kastilien - quasi als Generalprobe. Die erste Instruktion macht in ihrer Ausführlichkeit noch klar, dass Isabel zwar formal Regentin ist, de facto aber eher als Karls Informantin vor Ort fungieren soll. Sie soll in die politischen Prozesse einbezogen, aber noch nicht mit der Verantwortung für konkrete Entscheidungen belastet werden. Isabel akzeptiert dies gern, da sie weiß, wie unerfahren sie noch ist. Hinzu kommt der große Respekt, den ihr Karl als König einflößt, nicht aus serviler Unterwerfung, sondern aus Anerkennung seiner königlichen Würde und seiner persönlichen Fähigkeiten und Begabungen. Die Königin bewährt sich, und in den nächsten Instruktionen sind ihre Kompetenzen schon erweitert. Neu für beide ist in dieser Zeit, dass der „eheliche Verkehr" nur schriftlich, manchmal nur über offizielle Kanäle stattfindet.

Ärztliches Bulletin vom Hofe in Madrid:
21. Juni 1528: Ihre Majestät, die Königin und Kaiserin wurde von ihrer ersten Tochter entbunden. Mutter und Kind sind den Umständen entsprechend wohl auf. Die Majestäten lassen verlauten, dass sie das Kind in ihrer großen Freude und in Dankbarkeit an die Himmelsmutter auf den Namen Maria taufen lassen wollen.

Ärztliches Bulletin vom Hofe in Zaragoza:
10. August 1528: Der Kaiser leidet unter starken Schmerzen in den Gelenken, besonders im linken Bein. Die besorgten Ärzte diagnostizieren nach langem Zögern einen Gichtanfall - ungewöhnlich bei einem so jungen Menschen. Man begründet die Erkrankung mit der Unvernunft des Kaisers in Ernährungsfragen. Er hält sich nie an den Rat seiner Ärzte und schlingt oft Unmengen ungesunder Gerichte in sich hinein. Außerdem hat er aus seiner ersten Heimat

Flandern die schlechte Angewohnheit mitgebracht, schon am frühen Morgen möglichst eiskaltes Bier zu trinken.

Depeschen aus Italien, Sommer 1528
Glücklicher Seitenwechsel
Der Krieg um Italien dauert unvermindert an. Zwei Ziele hat der französische Angriff: Im Süden soll Neapel von See her fallen, im Norden wird Mailand auf dem Landweg attackiert. Neapel scheint für die spanischen Verteidiger verloren. Die Genueser Flotte, die in François' Diensten steht, hat eine unüberwindbare Seeblockade errichtet. Auch der Landweg ist den Spaniern durch Truppen Frankreichs verlegt. Sie wagen todesmutige Ausfälle, die nichts als Verluste bringen, ihr Schicksal scheint besiegelt.

Da fühlt sich der ruhmreiche Andrea Doria, Genueser Admiral in französischen Diensten durch seinen Kriegsherrn François düpiert. Der König beachtet die Privilegien Genuas nicht und schädigt die Stadt in ihren wirtschaftlichen Interessen, indem er den Salzhandel mit Norditalien nach Savona verlegt. Doria hat dagegen scharfen Protest eingelegt. François will ihn deshalb verhaften lassen. Doria erfährt davon und bietet dem Kaiser seine Dienste an, sofern dieser bereit ist, Genua von den Franzosen zu befreien und seine Privilegien zu achten. Doria zieht seine Flotte vor Neapel ab. Kurz darauf erhält er Karls Billigung seiner Forderungen und wechselt die Seiten. Sein Admiralsschiff zieht die kaiserlichen Farben und die Devise des Kaisers: „Plus ultra!" auf. Diesem Beispiel folgend laufen viele italienische Städte zum Kaiser über.

Todo por la patria!
Im Norden, bei Mailand, muss ein neuer Heerführer wegen leerer Kriegskassen aufgeben, noch bevor der Feind überhaupt gestellt werden kann. Frundsbergs Landsknechte, inzwischen ohne ihren „frommen Vater" aber wieder gesammelt, wollen ohne Sturmgeld nicht stürmen. Irgendwie auch verständlich. Letztlich erfechten Spanier den Sieg und nehmen den französischen Befehlshaber gefangen. Man könnte meinen, das Banner des Kaisers sei einfach unwiderstehlich. Ganz Italien ist in seiner Hand.

Verlautbarung des inzwischen böhmisch-ungarischen Hofes:
Am 7. Juli 1528 melden Königin Anna und König Ferdinand voller Stolz und Freude aus Prag die Geburt ihres dritten Kindes. Es ist wieder eine Tochter, und sie wird Anna getauft. Mit achtzehn Jahren wird sie auf dem Reichstag in Regensburg den bayerischen

Erbherzog Albrecht heiraten. Ihre Ehe soll die Aussöhnung Austrias mit den Wittelsbachern besiegeln. Sie ist eine der wenigen Frauen ihres Hauses, die keine Anhängerin der Jesuiten wird. Sie bringt sieben Kinder zur Welt und führt einen prächtigen Hof, die Hochzeiten ihrer Kinder sind die gesellschaftlichen Ereignisse der Zeit. Sie stirbt am 17. Oktober 1590 in München und wird in der Frauenkirche beigesetzt.

Toledo, Winter 1528/1529

Wiedersehen und Abschied

Im Oktober kommt Karl nach Madrid zurück, und mit dem ganzen Hof übersiedelt das kaiserliche Paar nach Toledo, wo Isabel und Karl gemeinsam den Winter verbringen. Karl hat in den knapp drei Jahren, die seit seiner Hochzeit vergangen sind, das Glück gehabt, in perfekter Gemeinsamkeit mit einem bewunderten und ihn bewundernden Wesen zu leben. Jeder andere Mensch hätte gezögert, ein solches Glück aufzugeben. Für Karl ist das kein Gefühl, das er zulassen darf. Er muss sich seinen Pflichten stellen.

Im März 1529 heißt es endgültig auf ungewisse Zeit Abschied nehmen. Karl lässt Isabel mit den Kindern Don Felipe und Doña Maria in Toledo zurück und zieht in Richtung Barcelona, um zur gegebenen Zeit schnell zur Krönung in Italien sein zu können. Am 8. März, dem Tag seiner Abreise, überträgt er Isabel die Regentschaft in Kastilien. Für Aragón und Katalonien will er auf dem Weg nach und in Barcelona noch die geeigneten Berater auswählen. Erst wenn er Segel setzt, wird sie Regentin ganz Spaniens sein. Karl meint, nach seiner überfälligen Krönung in Italien die Angelegenheiten im Reich in ein bis zwei Jahren regeln und dann nach Spanien und zu seiner Familie zurückkehren zu können.

Toledo, Frühling - Sommer 1529

Der Hof Isabels

Isabel führt die Regentschaft zunächst von Toledo aus, wo sie sich mit ihren Kindern und ihrem Hof nach ihrem Gutdünken einrichtet. Es wurde erwähnt, das Isabel schon in früher Jugend sehr standesbewußt war. Daher erscheint es selbstverständlich, dass sie sich mit einem Hof umgibt, den sie selbst ihrer einzigartigen Stellung für angemessen hält. Für seinen Unterhalt gewährt Karl ihr jährlich 50.000 Golddoublonen, die ursprünglich angesetzte Summe ist unmittelbar nach der Hochzeit aufgestockt worden. Hinzu kommen persönliche „Reichtümer“, die sie mitgebracht hat oder geschenkt bekommt.

Isabel war in Portugal mit großer Begleitung aufgebrochen, und eine Vielzahl von Damen und Herren sowie Bediensteten war von vornherein dazu ausersehen, mit ihr in Spanien zu bleiben. Sie sollten ihr in der neuen Heimat zumindest in ihrem engeren Kreis ein „manuelinisches Ambiente“ erhalten, die Lebensart, die sie gewohnt war und über alles schätzte. Der Hof Isabels ist nun unumstrittener Mittelpunkt Spaniens. Allerdings hat sie keine Dame aus der Familie an ihrer Seite, die sie in Gebräuche und Gewohnheiten dieses Hofes hätte einführen können. Karls Schwester Eleonor, die sich allerdings besser in Portugal als in Spanien auskennt, kann ihr auch keine Hilfe sein. Warum sie sich seit ihrer Heirat per procuratione meist in Vitoria aufhält wird leider nirgends erklärt. So richtet Isabel ihren Hof ganz nach Sitten und Gebräuchen ihres Heimatlandes ein, was die Kastilier nicht akzeptieren wollen. Ihre Proteste haben Erfolg, und Isabel versucht, den kastilischen Forderungen zu entsprechen.

Kastilische Strenge

Die kastilischen Forderungen zielen darauf ab, die tonangebenden Portugiesen durch Kastilier zu ersetzen. Seltsamerweise werden aber auch Forderungen nach mehr Disziplin und Moral erhoben. Das erscheint etwas übertrieben, wenn man sich erinnert, dass Isabel durch ihre Mutter Maria geprägt wurde, die wiederum in Portugal einen Hof nach dem Vorbild Isabellas der Katholischen installiert hatte. An den Moralvorstellungen dieser Dame kann doch nun wirklich niemand etwas auszusetzen haben!

Moniert wird, das bei Tisch zu viele junge Männer anwesend sind, dass Männer überhaupt Zutritt zu den privaten Gemächern der Königin haben. Isabel kommt den Wünschen der Kastilier entgegen, indem sie ihre Wachen aus spanischen Soldaten rekrutiert, und manche portugiesische Hofdame, die heiraten oder sich aus Altersgründen zurückziehen will, durch eine Spanierin ersetzt. Wie jede Königin ist sie bemüht, für ihre Damen günstige Heiraten zu arrangieren. Sie kümmert sich auch um das Privatleben ihrer Diener und Dienerinnen, letzte Beweise dafür sind Passagen ihres Testamentes. Einen Kern von portugiesischen Vertrauten behält sie allerdings bei sich.

Erzherzogin Margaretha
Statthalterin der Niederlande, Tante und Erzieherin Karls
(Kunsthistorisches Museum Wien)

Isabel von Portugal, Gemahlin Karls
(Bayer. Staatsgemäldesammlungen)

Übergabe und Verlesung
der Confessio Augustina vor Kaiser und Reichstag 1530
(Kupferstich Georg Köler, Stadt Augsburg)

Luther vor dem König und den Kurfürsten in Worms 1521
(Stadt Worms)

Ferdinand I., Bruder Karls
(Kunsthistorisches
Museum Wien)

Anna von Böhmen
und Ungarn
(Tiroler Landesmuseum
Innsbruck)

Christian II. von Dänemark
(Germanisches
Nationalmuseum Nürnberg)

Elisabeth, Schwester
Karls
(Österreichische
Nationalbibliothek)

Kleiderfragen
Isabel hatte Truhen über Truhen von Staatsroben mitgebracht, doch im „Alltag“ bevorzugte sie als Regentin eine der königlichen Würde angepaßte, aber strenge und nüchterne Kleidung. Würdevolles Schwarz oder warmes Dunkelbraun sind ihre bevorzugten Farben bei den Regierungsgeschäften. Gleiche Zurückhaltung erlegt sie auch ihren Kindern auf, die zwar zu offiziellen Anlässen durchaus in Gold und Silber als Idole königlicher Würde vorgeführt, normalerweise aber mit schlichten und sicher bequemeren Kleidern ausgestattet werden. Wenn der Hofmaler kommt, zieht man sie natürlich an, die Staatsgewänder. Isabel selbst wird das schlichte Gewand gewählt haben, als die Vorlage gemalt wurde, nach der Tizian, dem sie nie persönlich begegnet ist, ihr bekanntes Bildnis malt.

Die Korrespondenz
Den Umständen entsprechend spielen sich über lange Zeiträume die Beziehungen zwischen Isabel und Karl nur in ihrer Korrespondenz ab. Da sich in diesen Briefen immer Offizielles und Privates mischt, tritt letzteres sehr in den Hintergrund, zumindest, was den überlieferten und damit überprüfbaren Teil dieser Korrespondenz betrifft. Es ist bekannt, dass beide von Zeit zu Zeit eine Person ihres tiefsten Vertrauens zum Aufenthaltsort des jeweils anderen schickten. Diese Personen mögen privatere Mitteilungen - auch schriftliche! - übermittelt haben, die aber vom Empfänger zu vernichten waren.

So darf es nicht wundern, dass die Korrespondenz im allgemeinen die starren Formeln höfischer Mitteilungen nur ganz selten durchbricht, denn die bewahrten Briefe wurden bewußt so geschrieben, dass sie in die offizielle Aktensammlung eingehen konnten. Stereotype Erkundungen nach dem Gesundheitszustand und Bedauern über das Ausbleiben von Nachrichten gehören genauso in dieses Schema wie die immer gleiche Anrede.

Sie schreibt an: „die Heilige Caesarische und Katholische Majestät des Kaisers und Königs, Meines Herrn“ und wiederholt die Abkürzung „S. C. C. M.“ respektvoll und mit feierlichem Ernst noch einmal oben auf dem Blatt. Karl benutzt stets die etwas charmantere Anredeformel: „Durchlauchtigste, hochwohlgeborene und mächtigste Kaiserin und Königin, meine sehr teure und sehr geliebte Frau.“ Auf die Anrede folgt meist eine Aufzählung der zuletzt erhaltenen und geschriebenen Briefe, eine verständliche Kontrolle.

Auffallend ist, dass Isabel es immer wieder schafft, ihm in den unterschiedlichsten Tonlagen und Zusammenhängen zu sagen, wie sehr sie ihn vermisst, wie sehr sie wünscht, er möge doch bitte wieder nach Hause kommen. Doch auch hier darf man nicht außer Acht lassen, dass sie damit nicht nur ihrem privaten Gefühl Ausdruck gibt, sondern sie vermittelt als Regentin den wirklich stark ausgeprägten Wunsch aller Spanier nach Heimkehr ihres Monarchen - Kaiser Karl V. hin oder her -, Carlos I. ist ihr König.

Isabel wächst an ihrer Rolle

Die Korrespondenz dient auch als Instrument zur Weiterbildung der Regentin. Karl breitet, auf ihre Berichte antwortend, vor Isabel seine Gedanken und politischen Vorstellungen aus. Mit der Zeit übernimmt sie seine Art, Lösungsvorschläge zu entwickeln, gewonnene Überzeugungen nicht nur darzustellen, sondern auch herzuleiten. Zwar geht sie fast immer mit der Meinung des Kaisers konform, das sieht sie ja auch als ihre Aufgabe und Verpflichtung, doch an der Art, wie sie die Dinge ableitet, kann man ihr wachsendes Verständnis für die diplomatischen, wirtschaftlichen und allgemein politischen Zusammenhänge ablesen.

Sie lernt, zwischen den spanischen Interessen und Karls Reichsinteressen zu lavieren. Sie ist dabei immer um Ausgleich bemüht, zunächst zögerlich, fast ängstlich, doch mit der Zeit wird sie sicherer und selbstständiger. Es ist verständlich und auch vernünftig, dass ihr die Probleme der Reiche Karls, die sie nur aus seinen Schilderungen und nicht aus eigener Anschauung kennt, nicht wirklich nahe gehen. So kann sie sich für den Türkenkrieg an der ungarischen Front nicht begeistern. Als aber Türken und berberische Piraten verstärkt das Mittelmeer unsicher machen, bombardiert sie aus eigenem Antrieb die Vizekönige von Italien, Valencia und Mallorca mit Briefen, in denen sie eine Beteiligung an der Vernichtung dieser Feinde der Christenheit fordert. Sie entwickelt sich in wenigen Jahren von einer reinen Beobachterin zur diplomatisch geschulten, komplex denkenden Regentin und fähigen Ratgeberin ihres Gatten. Doch sie wird nie aufhören, ihm die Hände zu küssen, für das Vertrauen, das er ihr entgegenbringt, indem er sie an seinen Überlegungen und Problemen teilhaben lässt.

Auf der anderen Seite sind Karls Interessenschwerpunkte auch immer dort, wo er sich gerade aufhält. Im Reich bedauert er Isabels mangelndes Verständnis für die Notwendigkeit, die Türken von Wien fernzuhalten, hat aber seinerseits wenig Interesse an einer „Befreiung des Mittelmeeres". Doch das sind Probleme und

Lösungen der Zukunft, noch weilt Karl in Barcelona, wo die katalanischen Cortes tagen.

Barcelona, im Sommer 1529

Ein Vertrag ... ein weiteres Damenopfer

Deshalb schickt der Papst nun seinen Nuntius dorthin. In Vorgesprächen haben Unterhändler Karls und Ferdinands sich die Kurie mit zwei Zugeständnissen gewogen gemacht, um Unterstützung gegen die Türken vor Wien zu erhalten. Der Kaiser und sein Stellvertreter im Reich sind erstens bereit, das Konzil zurückzustellen, wenn wenigstens Religionsgespräche geführt werden. Karl wird zweitens Florenz an die Medici zurückgeben.

Als Unterpfand der Freundschaft zwischen den Häusern Austria und Medici wird am 23. Juni 1529 die Ehe zwischen Karls natürlicher Tochter Margarete, die sich nun de Austria nennen darf, und einem der übelsten Vertreter des Hauses Medici, Allessandro, vereinbart.

Regentin Margaretha hat die Erziehung ihres inzwischen siebenjährigen Patenkindes an die ihrem Hof nahestehende Familie Douvrins in Brüssel überantwortet. Da Margarete in erster Linie als Heiratobjekt zum Einsatz kommen wird, legt man Wert darauf, dass sie Sprachen lernt. Von kleinauf spricht sie flämisch und französisch, wird schon früh in italienisch und spanisch unterrichtet. Sicher wird der Italienischunterricht jetzt forciert, aber Margarete bleiben noch gut drei Jahre in ihrer Heimat.

Um Karl endlich den Zug nach Italien und zur Kaiserkrönung zu ermöglichen, muss es nur noch zu einem tragfähigen Friedensschluss mit Frankreich kommen. Schließlich sind es zwei couragierte Frauen, die die verfahrene Sache in ihre bewährten Hände nehmen, doch zuvor gibt es zur Freude der Familie noch eine

Verlautbarung des böhmisch-ungarischen Hofes:

Am 14. Juni 1529 melden Königin Anna und König Ferdinand voller Stolz und Freude aus Linz die Geburt ihres vierten Kindes. Es ist ein Knabe, und er wird nach dem Vater auf den Namen Ferdinand getauft. Seine Feuertaufe erhält der Erzherzog in der Schlacht von Mühlberg. Ab 1547 wird er kaiserlicher Statthalter in Böhmen, später Landesfürst von Tirol und Vorderösterreich. 1557 heiratet er heimlich die Patriziertochter Philippine Welser. Die Ehe wird fast zwanzig Jahre geheimgehalten. 1584 heiratet Ferdinand in zweiter Ehe eine Nichte. Berühmt wird er durch seine Bautätigkeit (Schloss Ambras), sein Talent im Ausrichten großer Feste und seine Sammelleidenschaft. Er stirbt am 24. Januar 1595 in Innsbruck und wird in der Hofkirche beigesetzt.

Der Damenfrieden ermöglicht die Kaiserkrönung

Paris - Malines, Sommer 1529

Louise macht den ersten Zug

Louise von Savoyen, die einflussreiche Mutter François I., hatte eine friedensheischende Hand über die nördliche Grenze des Reiches ihres Caesars ausgestreckt und bei Regentin Margaretha, ihrer Spielkameradin aus längst vergangenen Kindertagen am französischen Hof anfragen lassen, wie sie zu einer endgültigen Regelung der Angelegenheiten zwischen Sohn und Neffe stehe. Margaretha hatte Bereitschaft signalisiert und gleichzeitig bei Karl vorgefühlt, wie weit sie Handlungsvollmacht habe.

Karl sieht da eine gute Möglichkeit, den für seine Krönung so wichtigen Friedensvertrag zu erlangen, ohne selbst in Erscheinung treten zu müssen und gibt ihr völlig freie Hand. Ihm brennt die Zeit unter den Nägeln, denn den Kirchen Wiens droht das Schicksal der Hagia Sofia, wenn er nicht endlich ins Reich kann, um dort kraft seines Amtes einen ausreichenden „Türkenpfennig" bewilligt zu bekommen und eine schlagkräftige Armee gegen die osmanische Bedrohung aufstellen zu können. François, nach seinen Misserfolgen in Italien zum Frieden genötigt, ist genauso froh, es seiner Mutter überlassen zu können, einen möglichst ehrenvollen Kompromiss auszuhandeln.

Die Königinmutter

Louises Vater war ein rechter Glücksritter, sein Leben spielte sich zwischen Kriegszügen und Gefängnisaufenthalten ab. Nach dem Tode der Gattin brachte er die fünfjährige Tochter an den Hof der Anne Beaujeu, Gattin seines Vetters Pierre. Louise hatte als „arme Verwandte" einen schweren Stand am Hofe der späteren Regentin. Stets musste sie abgelegte Kleider auf- und manche Demütigung ertragen. Um sich einigermaßen behaupten zu können, erlernte sie früh die „Tugend des Antichambrierens". Zu ihrem Leidwesen war Louise ein recht unscheinbares Kind. Als die strahlende Margaretha kam, um zur Dauphine erzogen zu werden, entwickelte Louise eine heftige Abneigung gegen die vier Jahre Jüngere.

Louise ist zwölf Jahre jung, als sie den Hof verlässt, um zu heiraten. Der noch von Louis XI. ausgewählte Gatte ist Charles d' Angoulême, ein lebenslustiger Endzwanziger, der sich in Cognac einen Hof mit südländischem Charme und Schlendrian eingerichtet hat. Dazu gehört eine offizielle Mätresse, die nun kurzerhand Leiterin des gräflichen Haushaltes wird. Eine Geliebte von niedriger Geburt wird zur Zofe der kindlichen Ehefrau Louise. Die arrangiert sich zunächst mit dieser „menage à quatre". Mit dreizehn noch nicht schwanger, konsultiert sie einen berühmten Wahrsager. Der kann sie beruhigen, denn er „sieht", dass Louise rechtzeitig den zukünftigen König Frankreichs gebären wird!

Louise nimmt es gelassen, dass ihr erstes Kind ein Mädchen ist. Angoulême muss seine Gunst wahrhaft salomonisch auf seine Damen verteilt haben, denn im Sommer 1494 sind alle drei schwanger. Am 12. September wird Louise von einem außergewöhnlich kräftigen Knaben entbunden. Zwei Ammen reichen kaum aus, François zu nähren. Diese Konstitution bestärkt Louise in dem Glauben, einen künftigen „Caesar(en)" ihr eigen zu nennen.

Als im Jahr darauf Angoulême von einer Erkältung dahingerafft wird, bleibt das trauernde Damenkleeblatt beisammen. Louise, nun Herrin von Cognac, nimmt sich einen Liebhaber. Da ihr Vater im gleichen Jahr Herzog von Savoyen wird, nennt sie sich fortan Louise von Savoyen. Das Leben in Cognac plätschert heiter und ein bißchen träge dahin, bis im April 1498 eine Nachricht von der Loire wie eine Bombe einschlägt: Louis XII. ist Nachfolger Charles VIII. geworden und bestimmt Louises Sohn François zum Thronfolger, solange er keine eigenen Nachkommen hat. Warum? François ist der einzige männliche Nachkomme Charles V. in der fünften Generation. Für Louise, die mit ihrer ganzen Menage an die Loire zieht, beginnen zwei Jahrzehnte ständiger Wechselbäder der Gefühle. Louis XII. heiratet Anna de Bretagne, die regelmäßig schwanger wird, letztlich aber keinen Dauphin zur Welt bringt. Als Anna endlich das Zeitliche segnet, heiratet Louis XII. die englische Mary, und François bringt sich fast selbst um den Thron - an allen Höfen wurde darüber geklatscht.

In der Zeit des Bangens wegen der Schwangerschaften der Königin werden Louise und Margaretha durch deren Savoyen-Heirat Schwägerinnen. Dass Louise ihren Hass auf Margaretha nie vergessen hat, zeigt sich, als Louise alles daransetzt, um Margaretha ihre Witwenrente streitig zu machen. Obwohl sie seit Jahren Regentinnen benachbarter Reiche sind, haben sie sich nie mehr gesehen. Louise ist offiziell Regentin, wenn ihr Sohn auf Kriegszügen - oder in Gefangenschaft - weilt, inoffiziell führt sie die Geschäfte aber auch, wenn er in Frankreich ist, denn er braucht sehr viel Zeit für seine vielfältigen Liebhabereien. Jetzt muss Louise ihren schwersten Gang antreten und alle persönlichen Gefühle Margaretha gegenüber überspielen, um noch zu retten, was zu retten ist. Eigentlich hat ihr Caesar François schon alles verspielt.

Margaretha 1529
Die Regentin hat während Karls Zeit in Spanien die ständigen Attacken Gelderns und schließlich eine Rebellion der ausgepowerten Niederlande niederkämpfen müssen. Gern würde sie sich zurückziehen, vielleicht nach Brou. Die Jahre ständigen Kampfes ohne einen Menschen, mit dem sie sich wirklich austauschen konnte, haben sie hart gemacht. Zu Anfang ihrer Regentschaft waren da noch die Nichten und der Neffe, die auf sie angewiesen waren und ihre Zärtlichkeit brauchten - zumindest die Nichten. Die Zuneigung der Mädchen strahlte auf ihre Person und Erscheinung zurück.

Zu den dänischen Kindern der Nichte ist der Kontakt nicht so eng, das sind ihr eher Enkel. Zu sehr war sie mit den Regierungsgeschäften belastet, zuviel unterwegs in den letzten sieben Jahren. Zu weit greift das Netz ihrer diplomatischen Verbindungen aus, zu oft wurde es durch die großen Ambitionen des Neffen im Inneren ihrer Niederlande bis zum Zerreißen gespannt. Im Kampf um den ungeschmälerten Erhalt der Provinzen hat sie Nachsicht gegen sich und andere verlernt. Ihr Aussehen und ihre Attitude haben nun wirklich einen nicht zu übersehenden männlichen Zug. Auch ihre bislang immer eiserne Gesundheit ist angegriffen. Sogar das Gehen bereitet ihr in letzter Zeit oft Schwierigkeiten.

Cambrai, Juli/August 1529

Wahl des Austragungsortes
Nach einigen Präliminarien kommen die Fürstinnen überein, sich in Cambrai zu treffen, einer freien Stadt an der Grenze zwischen Frankreich und den Niederlanden. Margaretha wird mit der Wahl gerade dieses Ortes sehr einverstanden gewesen sein, hatte sie doch hier ihren ersten diplomatischen Sieg errungen. Die Verhandlungen beginnen am 5. Juli 1529. Die kleine Stadt platzt aus

allen Nähten, schon bevor die beiden Hauptakteurinnen mit ihrer Begleitung eintreffen. Vorab haben Beauftragte beider Seiten die Standpunkte in langwierigen Verhandlungen einander angenähert. Nun will jeder in unmittelbarer Nähe sein und beobachten, wie die Damen vollbringen, was Kaiser und König in über vier Jahren nicht geschafft haben. Als Margaretha und Louise eintreffen, halten sich bereits acht Kardinäle, zehn Erzbischöfe, dreiunddreißig Bischöfe, siebenundachtzig Herzöge und Grafen sowie 400 Adlige geringeren Ranges mit all ihren Sekretären und dienstbaren Geistern in der Stadt auf.

Trickreiche Margaretha
Margaretha, die bewußt zuerst anlangt, weil sie mit Erzbischof Croy das Terrain beherrschen will, entfaltet noch einmal den alten Glanz Burgunds. Keiner bemerkt, dass sie nur mehr unter Schmerzen gehen kann, denn man deutet es dank ihrer Haltung als imperiale Geste, dass sie sich in einer Sänfte bis zur Tür des Verhandlungszimmers tragen lässt. Die Logis der beiden Fürstinnen sind mit einem überdachten Gang verbunden, so dass man nach der feierlichen Begrüßung das höfische Zeremoniell außer acht lassen kann. Man plaudert gelassen über die alten Zeiten. Louise hat zu ihrer Unterstützung ihre Tochter Marguerite mitgebracht. Margaretha versteht es auch diesmal, wie schon vor Jahren an diesem Ort, Stimmung für sich und ihre Sache zu machen. Sie spart nicht mit Geld und erfüllt mit wacher Aufmerksamkeit kleine Wünsche, kurz, sie schafft ein ungemein angenehmes Ambiente.

Der Damenfrieden
Bereits einen Monat später, am 3. August 1529, ist der Vertrag unterschriftsreif. Karl muss für den Augenblick auf Burgund verzichten, nicht aber auf seinen Anspruch darauf, den er unter günstigeren Umständen erneut anmelden kann. François hingegen gibt endgültig und für alle Zeiten den Anspruch auf die Lehensoberhoheit über Flandern und Artois auf, verzichtete auf die Städte Lille, Douai und Orchies und akzeptiert einige kleinere Grenzkorrekturen. Ganz Italien überlässt er dem Kaiser. Er verpflichtet sich, für seine Söhne ein Lösegeld von zwei Millionen in Gold zu zahlen, abzüglich der Mitgift Eleonors. Seine Braut soll endlich nach Frankreich kommen. François wird sie sofort heiraten und krönen lassen. Außerdem muss er Karls Schulden bei Henry VIII. begleichen, darunter fallen auch die 500.000 Taler für das gebrochene Eheversprechen an Mary Tudor. Fällig wird auch eine Entschädi-

gung an die Erben Bourbons für die Beschlagnahme von dessen Besitz.

Dieser Vertrag ist für den Kaiser so günstig, dass seine Gesandten ihn zunächst für eine Täuschung halten. Als sie in der Ausarbeitung keinen Fehler entdecken, können sie ihn nicht schnell genug unterzeichnen. Sie tun dies in Notre Dame in Paris, und König François behandelt sie ungeheuer zuvorkommend. Immer wieder beteuert er, er wolle von nun an leben und sterben als wahrer Freund des Kaisers. Er liebt sie nun einmal, die großen Worte und die großen Gesten.

Cambrai - Malines, Spätsommer - Herbst 1529

Krönung einer Laufbahn

Margaretha ist im Moment der Unterzeichnung auf dem absoluten Höhepunkt ihrer Laufbahn. Sie hat dem Neffen eine Weltmacht gesichert, gegen die kein Konkurrent antreten kann. Der Weg zur Krönung in Rom ist frei, wie vor zehn Jahren der Weg nach Aachen. Durch den glücklichen Abschluss dieses Vertrages erreicht Margaretha eine Popularität, die sie nie gesucht hat. Überall empfängt man sie mit Begeisterung, die Versammlung der Generalstände ist ein einziger Triumph. Sie geht zurück in die Ruhe von Malines und trifft dort die dänischen Kinder an, und auch die kleine, kürzlich in eine unmögliche Ehe versprochene Margarete d'Austria ist zu Besuch.

Erinnert sie sich beim Anblick dieses Kindes an die eigenen Heiraten zum höheren Nutzen der Casa de Austria? Wird dies Bastardkind es ähnlich glücklich treffen wie sie selbst? Wohl kaum, bei allem, was man über diesen Alessandro hört! Aber noch hat sie ja drei Jahre, bevor sie nach Italien geschickt werden soll, da kann noch viel geschehen. Was mag für Christina, ihre Lieblingsgroßnichte, die schon jetzt eine richtige Schönheit zu werden verspricht, in den Sternen stehen?

Eine mögliche Nachfolgerin?

Soll sie nicht lieber den Neffen beeinflussen, dass er sie durch seine Schwester Marie ablösen lässt? Die jagt doch da ganz unnütz in den südöstlichen Wäldern herum, könnte doch auch was Vernünftigeres leisten, als Hirschen und Bären nachzuschleichen! Das Zeug dazu hat sie allemal, das beweisen ihre Briefe, und das hat sie gezeigt, als sie es geschafft hat, in Ungarn die Stellung für Ferdinand zu halten. Eine neuerliche Ehe hat sie entschieden genug abgelehnt. Selbst Karl wird es nicht gelingen, sie noch einmal unter die Haube zu bringen. Diese kleine Anfälligkeit für die neue Lehre, die sie sich anscheinend in Böhmen eingefangen hat, muss man ja nicht an die große Glocke hängen. Wie es im Herzen einer Regentin aussieht, das geht doch sowieso niemanden was an. Sie hätte jetzt auch gerade das rechte Alter, mit knapp fünfundzwanzig Jahren. Nun, jetzt kann es ja nicht mehr lange dauern bis Karl kommt, vielleicht kann sie ja auch zum Reichstag reisen, im nächsten Sommer. Er scheint sich ja tatsächlich auch darauf zu freuen, sie endlich wiederzusehen. Sie hat gelernt, in seinen Briefen auch zwischen den Zeilen zu lesen

Barcelona - Genua - Bologna, Spätsommer 1529

Karls Sterne stehen günstig
wie selten. In England ist Henry VIII. seit zwei Jahren nur an seiner Scheidung von Katharina von Aragón interessiert. Er will endlich Anna Boleyn heiraten, von der er sich den Thronfolger erhofft, den zu gebären Katharina inzwischen zu alt ist. Karl widersetzt sich einer Scheidung seiner Tante immer noch und so kann François darauf hoffen, dass Henry und Karl dauerhaft entzweit sind. Doch François freut sich zu früh, letztlich unterschreibt Henry in Hampton Court einen Nichtangriffspakt, damit droht Karls Reichen auch vom Meer her keine Gefahr mehr. Karl fließt derzeit sogar Geld in die Kassen, die Eroberungszüge der Conquistadores tragen endlich Früchte. Auch wenn Karls größter Wunsch noch nicht erfüllt ist - das französische Burgund hat er nicht zurückgewonnen - so ist er doch im Augenblick unumstrittener Herr der christlichen Welt. In den Ereignissen der letzten Zeit sieht er eine Bestätigung seiner Mission.

Karls erste Begegnung mit Italien
Noch während die Damen in Cambrai verhandeln, geht Karl am 27. Juli in Palamos bei Barcelona an Bord der Staatsgaleere seines neuen Verbündeten Andrea Doria. Der Galeere folgt eine ganze Flotte von Schiffen, die neben Karls üblicher Begleitung auch 8.000 Soldaten und eine stattliche Zahl von Rittern transportiert. Nach einer kurzen, ungestörten Überfahrt landet man am 7. August in Savona. Dort empfangen Karl seine Generäle, allen voran Leyva. Der Papst hat zu seiner Begrüßung drei Kardinäle abgeordert. Am 12. bereiten ihm die Bewohner Genuas einen begeisterten Empfang. Es ist anzunehmen, dass Karl sich mit seinen Bankiers,

den Grimaldis, trifft. Soviel Zeit muss sein. Immerhin hat er von ihnen und der Bank von San Giorgio in den letzten zehn Jahren 1,6 Millionen Dukaten aufgenommen zu Zinssätzen zwischen neun und vierundzwanzig Prozent.

Papst und Kaiser haben beschlossen, sich in Bologna zu treffen. Ob der wahre Grund nun war, dass es für Karl näher an Deutschland lag, wo er unbedingt am nächsten Reichstag teilnehmen wollte, oder ob man es nicht für opportun hielt, das noch lange nicht vom „sacco" genesene Rom durch eine Kaiserkrönung zu reizen, sei dahingestellt. Karl lässt sich Zeit, denn er hat schon beschlossen, dass seine Krönung an seinem dreißigsten Geburtstag stattfinden soll. In Piacenza unterzeichnet er seinerseits den Vertrag von Cambrai. Im Palast der Gonzaga sieht er Porträts, die Tizian für die Familie gemalt hat. Karl ist begeistert und wünscht, den Maler kennen zu lernen.

Das Türkenproblem löst sich wundersam

Ein weiterer Grund für das langsame Tempo mag auch die Nachricht sein, dass Suleiman mit seinen 250.000 Janitscharen und 300 Kanonen am 20. September 1529 Wien erreicht hat. Der Sieg der Ungläubigen wird allgemein erwartet, trotz der neuen Wunderwaffe der christlichen Heere, der langen Arkebuse. Denn innerhalb der Ringmauern verfügen die Kaiserlichen nur über etwa 6.000 Mann und zweiundsiebzig Geschütze. Europa zittert drei Wochen, doch dann werden die Türken, die bislang durch den Heldenmut der Eingeschlossenen unerwartete und empfindliche Verluste erlitten haben, derart von Regen, Kälte und Hunger gequält, dass sie es vorziehen, sich zurückzuziehen. Der Sultan erklärt seinen Abzug damit, dass er nicht gekommen ist, um Wien zu erobern, sondern um gegen Karl zu kämpfen, den er aber leider nicht angetroffen habe.

Karl bezieht das Mirakel dieses Rückzuges keineswegs auf seine Person, denkt nicht mal an einen göttlichen Eingriff, sondern erklärt in einem Schreiben ganz offen und nüchtern, dass dieser Rückzug auf versorgungstechnische Notwendigkeiten zurückzuführen sei, die der Sultan realistisch und klug eingeschätzt habe. Fast wichtiger als die Entlastung an der ungarischen Front ist für Karl der Stimmungsumschwung in Deutschland, wo die Furcht vor einem Einfall der Türken hohe Wellen geschlagen hatte. Selbst Luther veröffentlichte eine „Rede wider die Türken" und gab damit den Weg für seine Anhänger zum gemeinsamen Kampf aller Christen gegen die Türken frei.

Krems - Linz - Insbruck, September 1529

Geldmangel treibt Marie nach Westen

Inzwischen zahlt in Ungarn Zápolya Tribut an Suleiman und hat - sicher nicht nur deshalb - Maries Minen okkopiert. Sie hat nun keinerlei Einkommen mehr und muss sich an Bruder Ferdinand wenden, eventuell auf Dauer an seinem Hof leben. Der Gedanke gefällt ihr nicht sonderlich. Im September 1529 erreicht sie Linz, wo derzeit Anna mit den Kindern residiert. Da die Türken Wien bedrohen, wird Linz für nicht mehr sicher gehalten. Gemeinsam reisen die Damen mal wieder gen Innsbruck. Unterwegs halten sie im Dienste Austrias gemeinsam einen österreichischen Landtag ab. Das macht Marie dann doch wieder Spaß, sie weiß plötzlich, dass sie auf diesem Gebiet Größeres leisten kann. Ihre Briefe über das Geschehen sind klare Analysen der Situation, aber sie enthalten auch ein ironisches Augenzwinkern für die eigen Person. Sie sprüht vor Unternehmungsgeist und freut sich auf das bevorstehende große Familientreffen in Innsbruck, das für den nächsten Frühling geplant ist. Sie wird nach sechzehn Jahren ihren Bruder Karl wiedersehen.

Bologna, Oktober 1529 - März 1530

Karl formiert seine Kräfte

Papst Clemens VII. aus dem Hause Medici wartet seit dem 7. Oktober in Bologna. Mit fünfundzwanzig Kardinälen und einem großen Hofstaat ist er angereist. Karl, der langsam ein Meister in Propaganda wird, lässt an einer Kartause zwei Meilen vor der Stadt halten. Er will seinem Einzug einen beeindruckenden militärischen Anstrich geben. Die Vorhut bilden 300 leichte Reiter in glänzenden Rüstungen. Es folgen zehn schwere Geschütze mit ihren Schützen und Helfern, hundert Pioniere schwenken Loorberzweige, und ihnen folgen zahllose leichtere Geschütze. Der verwundete Leyva wird in einer mit Samt ausgeschlagenen Sänfte getragen, umgeben und gefolgt vom Pikenwald seiner Landsknechte. Zwei Ritter in voller Rüstung tragen das Banner mit dem schwarzen Reichsadler und das silberne Banner mit dem roten Kreuz Burgunds.

Es folgt der Graf du Rœulx mit 300 Mann der berühmten Ordonanztruppe des Herzogs von Burgund in Samt und Seide. Sie tragen die Farben der niederländischen Provinzen: weiß, rot und gelb. Die großen Herren und Heerführer Spaniens reiten in dunklen, golddurchwirkten Kostümen auf eisengepanzerten Pferden, hinter ihnen über 400 herausgeputzte Knappen. Pagen in gelbem Samt auf spanischen Pferden mit glänzenden Satteldecken künden vom Nahen des Kaisers, doch vor ihm marschieren noch 600 ebenfalls gelb gekleidete Hellebardiere.

Der Kaiser trägt über seiner Prunkrüstung einen Mantel aus Goldbrokat. Sein prächtiges andalusisches Pferd ist reichgeschmückt, Kandarre und Kinnkette sind aus feinem Gold. Vier Edelleute zu Fuß halten einen golddurchwirkten Baldachin über das Haupt des Monarchen, der sich anschickt, nun wirklich Kaiser zu werden. Unmittelbar vor ihm reitet sein Großmarschall, Adrien de Croy, mit gezücktem Schwert.

Hinter dem Kaiser folgen Graf Heinrich von Nassau und die Schar der Edelleute, die sich gegenseitig an Kleiderluxus zu überbieten sucht. Im Kontrast dazu die Bogenschützen der Leibwache in schwarzem Samt auf feurigen Rossen. Die noch folgenden 2.000 Mann tragen verschiedenfarbige Kleidung, und den Abschluss bildet ein spanisches tercio von Veteranen. Ganz schön beeindruckend für einen jungen Souverän, der noch nie „im Felde" gestanden hat. Aber Karl reitet hier in dem Bewußtsein ein, dass das von nun an anders werden soll. Was man bei all dem nicht übersehen darf: Deutschland ist durch die Landsknechte Leyvas vertreten, sonst ist alles, was dem kaiserliche Hof Glanz verleiht, aus Spanien, den Niederlanden oder Italien angereist. Als einziger deutscher Fürst ist der unvermeidliche Pfalzgraf Friedrich anwesend.

Begrüßung durch den Papst

Zunächst reiten Karl die Kardinäle Como und Farnese entgegen. Am Stadttor angelangt, steigt Karl ab, küsst das Kreuz und lässt Münzen im Wert von 3.000 Dukaten unter das Volk werfen, das natürlich in nicht endenwollenden Jubel und Hochrufe ausbricht. Die Straßen der Stadt sind wie bei solch bedeutenden Einzügen üblich nach römischer Art geschmückt. Kaiserbüsten und Statuen berühmter Männer säumen den Weg im Wechsel mit kunstvoll gefalteten Draperien, die Wappen und Embleme zieren. Kostbare Wandteppiche und Blumengirlanden vervollständigen das prächtige Bild. Der glanzvolle Zug erreicht schließlich die Kirche San Petronio, vor der eine mächtige Estrade errichtet ist. Oben thront der Papst mit der Tiara, umgeben von seinen Kardinälen und seinen sonstigen Würdenträgern.

Hier steigt Karl vom Pferd und kniet dreimal grüßend nieder. Auf der Estrade beugt er das Knie noch einmal unmittelbar vor Seiner Heiligkeit. Er küsst dem Ritual folgend den Pantoffel des Pontifex, der ihn nach der gleichen Etikette aufhebt, ihm die Hand zum Kuss reicht und ihn dann mit dem Friedenskuss auszeichnet. Der Kaiser überreicht dem Papst Gold- und Silbermünzen verschiedener Währungen im Wert von 1.000 Dukaten. Auch das ist Bestandteil des alten Krönungsrituals, wie auch die Grußworte des Papstes. Karl allerdings spricht spanisch!

Damit ist dem Ritual fürs erste Genüge getan. Karl betritt die Kirche, um sein Gebet zu verrichten. Der Papst kehrt in den Palazzo de Podestá zurück, in dem er Quartier genommen hat. Für Karl sind auf gleicher Etage Räume vorgesehen. So können sich Kaiser und Papst ohne große Präliminarien formeller Art zu effizienten Gesprächen treffen.

Die Verhandlungen mit dem Papst

Da Karl inzwischen über den Rückzug der Türken von Wien informiert ist, kann er in Ruhe mit dem Papst und den italienischen Stadtstaaten verhandeln. Durch seine Vermittlung erstatten die Venezianer dem Kirchenstaat Ravenna und Cervia zurück, derer sie sich während der Gefangenschaft des Papstes bemächtigt hatten. Francesco Sforza wird in Mailand wieder eingesetzt und verpflichtet sich dafür, sein Herzogtum an Karls Sohn zu vererben, sollte er ohne Nachkommen sterben. Auch diesem Abkommen wird Karl wenige Jahre später eine der jungen Frauen seines Hauses opfern.

Dem Medici-Papst selbst sagt Karl seine Unterstützung bei der Wiedereinsetzung seiner Familie in Florenz zu. In diesem Sinne ist bereits das Heiratsversprechen zwischen Karls leiblicher Tochter Margarete und dem Neffen des Papstes gegeben worden. Aus der Republik soll ein Herzogtum werden. Die Herzöge von Savoyen, Mantua und Ferrara erkennen die Oberhoheit des Kaisers über Italien feierlich an. Damit ist Karl Herrscher über ganz Italien, mit Ausnahme des Kirchenstaates und der Republik Venedig.

Für Karl genauso wichtig wie die Ordnung der italienischen Angelegenheiten ist der Kampf gegen die Türken und die Bekämpfung der bestehenden Häresien. In allem zeigt sich der Papst den Ansichten Karls geneigt, wie der an die Tante in den Niederlanden berichtet. Margaretha ist sehr daran interessiert, die kirchliche Ordnung in den Niederlanden durch Gründung neuer Bistümer zu reorganisieren. Nur in der Frage des Konzils zur inneren Erneuerung der Kirche kommt es zu keiner klaren Aussage.

Verlautbarung des spanischen Hofes, Oktober 1529
Am 22. Oktober 1529 bringt Isabel in Madrid einen zweiten Sohn zur Welt, der auf den Namen Ferdinand getauft wird. Besonders Margaretha freut sich riesig, denn es war schon zu Beginn der Schwangerschaft Isabels vereinbart worden, dass ein zweiter Sohn von der Großtante in den Niederlanden erzogen werden soll, um dort als prince naturel aufzuwachsen.

Die eiserne Krone der Lombardei
Die Nachricht von der Geburt des zweiten Sohnes ist ein schöner Ausklang für ein erfolgreiches Jahr. Nachdem auch noch alle Verträge zu Karls Zufriedenheit unter Dach und Fach sind, kann man seinen Wunschtermin der Krönung einhalten. Am 22. Februar 1530 holen zwei Kardinäle den Kaiser in seinen Räumen ab. Karl hat eine Dalmatika in Silberbrokat mit dem Purpursaum des Herrschers angelegt. Gefolgt von allen Würdenträgern seines Hofes und den Botschaftern aus aller Herren Länder begibt er sich zur Palastkapelle. Seine Kammerherren Nassau und Noircarmes entkleiden ihn bis aufs Hemd. Der Kardinal von Tortosa trägt das heilige Salböl auf der Brust Karls auf. Feierlich wird er wieder angekleidet, und man legt ihm zusätzlich einen Mantel aus Purpur mit Hermelinsaum an.

Nun betritt der Papst gemessenen Schrittes die Kapelle, um das heilige Werk zu vollenden. Zunächst begrüßen Karl und Clemens sich herzlich und nehmen auf zwei Betstühlen vor dem Altar Platz. Während eine Messe zelebriert wird, führt man Karl vor den Papst, der ihm einen kostbaren Diamantring an den Finger steckt und ihm anschließend feierlich ein Schwert überreicht. Dem uralten Ritual entsprechend zieht Karl es aus der Scheide und schwenkt es dreimal durch die Luft. Nachdem dieser symbolische Akt vollzogen ist, kniet Karl vor Clemens VII. nieder. Der Papst spricht die liturgischen Gebete und setzt ihm die Krone der Lombardei aufs Haupt. Man nennt sie „die Eiserne", weil in den Reif ein Nagel des Kreuzes Christi eingearbeitet sein soll. Nach dem Abschluss der Zeremonie verlassen Kaiser und Papst die Kapelle gemeinsam.

Kaiser des Heiligen Römischen Reiches Deutscher Nation
Den Beteiligten bleibt ein Ruhetag, bevor auf das Vorspiel der Hauptakt folgt. Es ist der 24. Februar 1530, Karls dreißigster Ge-

burtstag und der fünfte Jahrestag des Sieges von Pavia. Es wird der Tag der letzten Krönung eines Kaisers durch den Papst auf italienischem Boden sein. Doch das weiß noch niemand, heute ist Karls Tag.

Schon in den frühesten Morgenstunden hat sich die deutsche und spanische Infanterie auf dem Platz vor dem Palast versammelt. Sie untersteht dem Befehl Leyvas. Inzwischen steht in der Mitte des Platzes eine Batterie Artillerie zum Abfeuern der Salutsalven bereit. Nun lässt Leyva die Infanterie in Schlachtordnung um die Geschütze Aufstellung nehmen.

Inzwischen hat Karl im Großen Saal des Palastes unter einem Baldachin Platz genommen und hält Audienz. Anwesend sind die Würdenträger seines Hofes, Repräsentanten des Hochadels all seiner Staaten (jedoch keiner der deutschen Kurfürsten) sowie die Botschafter Englands, Ungarns, Polens, Portugals, der italienischen Staaten und Frankreichs. Es findet besondere Beachtung, dass François seinen Großadmiral, den Sire de Brion, geschickt hat.

Während die Audienz noch läuft, begibt sich der Papst in Begleitung aller Kardinäle und des gesamten Hofstaates bereits nach San Petrino. Wie häufig bei solch bedeutenden Festlichkeiten hat man vom Palast zur Kirche einen hölzernen Steg für die Würdenträger gebaut. Schließlich finden diese Aufmärsche statt, um den Massen die Pracht und Herrlichkeit ihrer Herrscher vor Augen zu führen.

Karls Einzug in die Kathedrale

Als in der Kathedrale alles zur Messe bereit ist, schickt der Papst zwei Kardinäle aus, um Karl feierlich einzuholen. Dem zu krönenden Kaiser schreiten vierundzwanzig in Samt gekleidete Pagen voraus, ihm folgen sein Hofstaat und die Abgesandten der Kurfürsten. Szepter und Schwert werden für alle sichtbar im Zug mitgeführt. Den Reichsapfel trägt Pfalzgraf Friedrich. Die Ehre, in Vertretung von Bruder Ferdinand die Krone Karls des Großen zu tragen, hat Carlo III., Herzog von Savoyen. Deutsche Hellebardiere und spanische Leibwachen sichern den feierlichen Zug. Karl trägt einen Herrschermantel in Purpur und Hermelin und statt einer Krone einen blütengeschmückten Kranz. Nassau und Noircarmes tragen seine Schleppe.

Nur ein Schatten fällt auf die gelungene Darbietung: Als Karl die hölzerne Brücke auf dem Weg zur Krönung überschritten hat, bricht sie unter der Last der Nachfolgenden zusammen und begräbt drei Menschen unter sich, darunter einen flämischen Ritter.

Das sakrale Fest

An der Tür zur Kapelle „Sancta Maria inter duas torres“ empfangen Karl eine Anzahl Domherren, die ihm den Herrschermantel abnehmen und statt dessen Oberrock und hellgrauen Umhang der Domherren anlegen. Jetzt endlich betritt er die Kathedrale durch das Hauptportal. Zwei Kardinäle empfangen ihn dort und geleiten ihn in eine weitere Kapelle, wo er erneut umgekleidet wird. Nun trägt er Sandalen, Albe, Tunika und den Kaisermantel. So gewandet führen ihn die Bischöfe zum St. Peters-Altar, wo er sich flach auf dem Boden legen und die Arme in Kreuzesform ausstrecken muss, bis alle Litaneien gesungen und alle Gebete gesprochen sind.

Wieder wird Karl in eine andere Kapelle geleitet, wo ihn Kardinal Farnese an der rechten Seite, am Handgelenk, am Arm und an den Schultern salbt. Nun kanonisch geweiht wird Karl von zwanzig Kardinälen endlich zum Hauptaltar geführt, wo er niederkniet und der Papst die Messe intoniert. Während der Liturgie hüllt Clemens Karl in Weihrauch, und der Großkämmerer legt, dem Lebensalter Karls entsprechend, auf dem Altar dreißig Goldstücke zu zehn Dukaten nieder.

Endlich: Die Krone Karls des Großen

Mit den Worten „Accipe gladium“ überreicht der Papst nun dem knienden Karl das kaiserliche Schwert, dann Reichsapfel und Zepter und setzt ihm endlich die Krone aufs Haupt. Trompeten und das Feuern der Geschütze verkünden diesen Höhepunkt der Krönungszeremonie. Es ertönen Hochrufe: „Das Reich! Das Reich!“, aber auch und nicht weniger laut: „Espagna! Espagna!“

Wieder muss Karl die Pantoffeln des Pontifex küssen, dann entledigt er sich aller Insignien und hört demütig die Messe zu Ende. Um an die Weltherrschaft der römischen Kaiser zu gemahnen, wird in Latein und griechisch gesungen. Beim „Agnus Dei“ erhebt sich der Kaiser, um dem Papst die Wange zu küssen, dann kniet er erneut, um die Kommunion von ihm zu empfangen. Die Messe ist beendet. Karl legt die kaiserlichen Gewänder wieder an.

... und ein weiterer Festzug

Nun eröffnen die Würdenträger des päpstlichen und des kaiserlichen Hofstaates den Festzug, dem sich diesmal Adel und Magistrat der Stadt Bologna anschließen. War der Einzug Karls eine Demonstration militärischer Macht, so ist der festliche Krönungszug von Kirche zu Kirche auch eine Demonstration des Reichtums der Stadt Bologna, die man „La Grassa" nennt und die nicht zuletzt eine der berühmtesten Universitäten der Zeit beherbergt. Natürlich ist auch diese beim Festzug vertreten.

Kirchliche Würdenträger tragen vier Kardinalshüte auf Stangen den Fürsten und Granden Italiens, Spaniens und der Niederlande voraus. Unter ihnen erkennt man den Neffen des Papstes, Alessandro de Medici, an seiner abscheulichen Hässlichkeit und dunklen Hautfarbe, den Seehelden Andrea Doria und die Niederländer Aerschot, Egmont und Lalaing. Diakone stellen den päpstlichen Chormantel und das päpstliche Kreuz zur Schau. Ihnen folgt das „Allerheiligste Sakrament" auf einem Schimmel, die vornehmsten Bürger Bolognas halten einen Baldachin darüber.

Unmittelbar vor den Hauptdarstellern des Tages reiten vierundzwanzig Kardinäle auf ihren Mauleseln, gefolgt von den Herolden der akkreditierten Staaten in den Wappenfarben ihrer Souveräne. In ihrer Mitte der Wappenkönig Burgunds, der mit den Rufen „Largesse! Largesse!" Gold und Silber unter die Menge wirft, die begeistert „Imperio! Imperio!" zurückbrüllt. Unmittelbar vor dem goldenen Baldachin des Kaisers und des Papstes reiten die Vertreter der Kurfürsten. Karl trägt die Kaiserkrone (nicht die wirkliche) und einen goldenen Mantel bestickt mit dem doppelköpfigen Adler. Bezeichnenderweise reitet der Papst ein „Türkenpferd" und Karl seinen andalusischen Schimmel „Virginis". Die Herren des Abendlandes sind umgeben von weißgekleideten jungen Leuten, alles heranwachsende Nachfahren der größten und ältesten Adelsgeschlechter des Okzidents. Es folgen die ausländischen Beobachter und Botschafter und weitere Angehörige des internationalen Adels. Den Abschluss des Zuges bilden die Ordonanztruppen unter Aerschot und Rœulx. Der Papst reitet zurück in sein Quartier. Karl hingegen betritt die Kirche um Dankgebete zu verrichten und anschließend einige Edelleute zu Rittern zu schlagen.

...und natürlich ein Bankett

Schließlich begibt sich Karl auf einem anderen Weg mit allem Gefolge zurück in den Palast. Als Karl den Palast erreicht, ist es bereits drei Uhr nachmittags, und endlich darf die Artillerie ihren Salut schießen. Es scheint, als fielen Blitz und Feuer vom Himmel, und die Detonationen sind so laut, dass man sie bis zu acht Meilen weit hört. Sie übertönen sogar das vereinte Geläut aller Glocken der Stadt und die sich noch immer steigernden Jubelrufe des Volkes.

Während sich die Herren im großen Saal zur Tafel setzen, wird in den Straßen das Volksfest eröffnet. Wieder, wie schon in Aachen fast zehn Jahre zuvor, balgt man sich um den am Spieß gebratenen Ochsen, gefüllt mit einem Kalb, einem Schwein und allerlei Geflügel von Gänsen bis zu Krammetsvögeln und die aus den Fenstern geworfenen Schaugerichte. Auf dem Platz vor dem Palast stehen zwei Säulen mit dem Wahlspruch des Kaisers „Plus ultra!" Darunter hat man einen Springbrunnen errichtet, der mit den verschiedenen Wappen des Kaisers geschmückt ist und aus einem doppelköpfigen Adler besteht, der auf zwei Löwen ruht. Der Adlerkopf speit den ganzen Tag Würzwein aus und die Löwen roten und weißen. Die Musik des Orchesters im Saal mischt sich mit den Stanzen der Straßensänger und dem Gefiedel der Spielleute auf dem großen Platz und setzt sich über Straßen und Plätze bis in die engsten Gassen fort. „Triumph von Bologna" nennt man dieses gelungene Fest zur Krönung Karls später, denn es war nicht nur äußerst glanzvoll, es fand auch bei strahlendem Wetter und in vollkommener Fröhlichkeit und Ordnung statt.

Der dreißigjährige Kaiser

Karl, der nun die höchste Würde innehat, die ein menschliches Wesen in dieser Zeit erringen kan, bewahrt dennoch seinen gesunden Menschenverstand und seine realistische Sicht auf Menschen und Dinge. Contarini, der venezianische Botschafter, beschreibt den Karl der Tage des „Triumphes von Bologna" folgendermaßen:

„Am Tag seiner Krönung ist er dreißig Jahre alt geworden. Obwohl körperlich nicht sehr kräftig, ist er gesund und munter. Das einzige, was ihn verunstaltet, ist sein vorstehendes Kinn. Er ist klug und zurückhaltend und widmet sich mit größtem Eifer den Regierungsgeschäften.

Er schreibt sogar auch aus Bologna eigenhändig lange Briefe an seine Gemahlin in Spanien und seinen Bruder in Deutschland. Der Papst erzählte mir, dass er während der Verhandlungen mit ihm ein Aide-mémoire mit sich führte, in dem er mit eigener Hand alle Punkte notiert hatte, über die er verhandeln wollte, um keinen zu vergessen.

Er gibt sich keinerlei Vergnügungen mit Leidenschaft hin; gelegentlich begibt er sich auf die Jagd, besonders auf Keiler. Auch wenn er in Bologna nur selten seinen Wohnsitz verließ, besuchte er die Messe in einer der Kirchen. Er spricht und diskutiert hier viel mehr als in Spanien. Gelegentlich habe ich zwei Stunden ununterbrochen mit dem Kaiser verhandelt, was er in Spanien nie tat. Er besteht nicht mehr so absolut auf seinen Meinungen, wie es früher seine Art war.

Als wir eines Tages freimütig diskutierten sagte er mir, er habe einen eigenwilligen Charakter. Als ich entschuldigend antwortete, es sei Beständigkeit und nicht Eigensinn, wenn man auf guten Ideen beharre, antwortete er sofort, er habe aber auch schlechte! Ich habe den Eindruck, dass seine Majestät dank seiner Klugheit und seines guten Willens die Fehler seiner gegebenen Anlagen überwunden hat. Seine Absichten scheinen mir ausgezeichnet zu sein, besonders, da sie auf Erhaltung des Friedens gerichtet sind."

Karl steht angeblich spät auf, viele Chronisten sagen, als erstes nehme er morgens ein möglichst eiskaltes Bier zu sich. Er hört die Messe und geht zu Tisch. Daraus wird der seinem Arbeitspensum nicht gerecht werdende Spruch „de la missa a la mesa" (Von der Messe zu Tisch). Er arbeitet sich durch Berge von Akten, indem er Berichte anhört oder bespricht anstehende Probleme mit den Ministern und zugezogenen Fachleuten. Oft vertieft er sich in Einzelfragen, will alles ganz genau wissen und verstehen. Er setzt seinen Willen durch, wenn er zu einer Meinung gelangt ist und weicht dann auch nicht mehr davon ab. Doch wenn er einen Fehler gemacht hat, ist er auch in der Lage, es zuzugeben.

Stets ist er von einem großen Hof umgeben, der weit mehr Personen als die Minister, Ratgeber und Sekretäre umfaßt. Zu seiner Entourage zählen auch Wissenschaftler und Künstler unterschiedlichster Sparten, durchreisende Adelige, Kaufleute, Konquistadoren verweilen für Tage oder Wochen. Damit hält er eine burgundische Tradition aufrecht, auf die er sehr stolz ist.

Ein großer Staatsmann??

Er zeigt keine Gefühle, außer für die Kaiserin. Während François und die meisten anderen Fürsten der Zeit sich mit ihren Liebschaften schmücken, hält Karl seine wenigen Abenteuer im Verborgenen. In dieser Phase, da Karl den ersten Zenit seiner Macht erreicht, fragt man sich, ob er ein großer Staatsmann werden wird. Man akzeptiert längst seine Auffassungsgabe. Seine Langsamkeit hat etwas Gravitätisches, seine Ernsthaftigkeit wirkt souverän, seine Geduld scheint die Tiefe seiner Reflexion zu garantieren. Seine Haltung ist aus der Erfahrung entstanden, die er „mit den Kaprizen Fortunas" gemacht hat. Schwierigkeiten und Chancen des Augenblicks berühren ihn nicht, er weiß um ihre Kurzlebigkeit.

Seine Sicht des Universums ist eine innere Sicht, gekettet an die großen Momente der Vergangenheit. Die universelle Monarchie, die er anstrebt, ist eigentlich nichts anderes als die Wiederherstellung des römischen Kaiserreiches, gegründet auf die Einheit des christlichen Glaubens. Trotz aller Verachtung, die er für den Papst als Person hat, kommt er nicht auf die Idee, spirituell Autokrat zu werden, also wie Henry VIII. später seine eigene Kirche zu gründen.

Er gibt nicht vor, ein Staatsgebilde zu errichten, dass die Veränderungen, die seine Epoche gebracht hat, umsetzt. Er will bewahren, restaurieren oder reformieren nach seiner Art und das bedeutet, die Inspiration aus der Vergangenheit zu ziehen. Dennoch ist er ein humanistischer Kaiser. Er hat Geschmack und Sensibilität für die Kunst. Er verlangt nicht, wie später Louis XIV., von Künstlern als Halbgott verehrt zu werden, er verehrt die Künstler.

Aussehen und Gesundheit

Während der Zeit in Bologna hat er seinen zweiten Gichtanfall. In seinem Gesicht wirkt die Deformation des Unterkiefers dominierend, daran kann auch der gepflegte Vollbart nichts ändern. Seine schlechten Zähne und sein heftiges Atmen machen ihn auch nicht gerade attraktiv. Sein Blick allein reflektiert seine Majestät, seine Intelligenz, seine unerschütterliche Überzeugung. Die Bilder Ambergers und Tizians vermitteln den hier nach Zeitgenossen geschilderten Eindruck.

Karl ist meist nach spanischer Art in dunkle Wolle gekleidet, mit der Kette des Vliesordens als einzigem Schmuck. So erscheint er schlicht und zerbrechlich inmitten der Seigneurs, die mit ihren Federn und Brokaten, ihren aufgepufften Ärmeln und aufgeschlitzten Hosen, überladen mit Schmuck, ihr Volumen verdoppeln zu wollen scheinen.

Dabei müsste er eigentlich die Dimensionen eines Gargantua haben, denn selbst dieser berüchtigte Riese kann nicht mehr Essen in sich hineingeschlagen haben als der zierliche Karl, dessen Nahrungsaufnahme mit großem Appetit ziemlich untertreibend beschrieben wäre. Er isst Unmengen sättigendster Sachen und bekommt nie genug. Natürlich kann er durch die Kieferdeformation nicht richtig kauen, und die Nahrung wird sicher schlecht verwertet. Dennoch bleibt erstaunlich, dass er nie zunimmt, verbringt er doch längst mehr Zeit in seinem Sessel als auf dem Rücken seiner Jagdpferde.

Florenz, März 1530

Karl löst seine Zusage ein

Karl hält seine Zusage an den Papst ein, dessen Familie bei der Wiedererlangung der Herrschaft in Florenz zu unterstützen. Unter dem Oberbefehl des Fürsten von Oranien beginnen seine Truppen mit der Belagerung. Obwohl die Stadt von dem Angriff überrascht wird, leistet sie erbitterten und überraschend zähen Widerstand. Gemäß einem Konzept Macchiavellis bildet sich eine Bürgerwehr aus der Stadtjugend. Zehntausend Bauern werden rekrutiert, Michelangelo als Militäringenieur herbeigerufen und einer der letzten großen Condottieri - Malatesta - wird angeheuert. Ein Florentiner namens Feruccio facht den moralischen Widerstand immer aufs neue an und zwingt schließlich mit einem Ausfall Oranien zu einer Schlacht, bei der der Fürst getötet wird. Dadurch fällt Oranien an das Haus Nassau. Feruccio wird gefangengenommen und sofort hingerichtet. Elf Monate trotzt Florenz der Belagerung, dann zwingen Hunger und Pest die Verteidiger zur Aufgabe. Das mit dem Papstneffen errichtete Herzogtum wird zum Reichslehen.

Karl wartet das Ende der Belagerung nicht ab, er muss eilends nach Deutschland weiter. Bruder Ferdinand meint zwar, Karls Anwesenheit sei in Wien erforderlich, weil die Türken bestimmt wieder kommen werden, doch Karl ist entschlossen, in Augsburg einen großen „Versöhnungsreichstag“ abzuhalten. Der Tag seines Aufbruchs ist der 22. März 1530.

Familientreffen und Reichstage

Von Mantua nach Innsbruck, Frühling 1530

Karl von Österreich erstmals in Österreich

Karl zieht zunächst nach Mantua und verweilt dort, um die Treue der Gonzaga mit dem Herzogstitel zu belohnen. Dann geht es weiter am Gardasee entlang, nach Rovereto, Trient, Bozen und Karl nimmt seine erste Alpenüberquerung in Angriff. Während viele Gelehrte seiner Zeit auf der Passhöhe schauernd die ledernen Sichtblenden ihrer Sänften herablassen, weil ihnen die Gesteinsmassen und die sich türmenden Wolken eine Heidenangst einjagen, geht Karl davon unberührt auf die Jagd. Sehr wahrscheinlich auf die Gemsen, von denen ihm sicher sein Großvater Maximilian erzählt oder auch die kleine Schwester Marie geschrieben hat. Von der Jagdbeute wird nichts berichtet.

Am 4. Mai erreicht er Innsbruck und wird mit großem Jubel empfangen, denn es ist das erste Mal, dass der Chef des Hauses Österreich diese Stadt seiner Väter betritt. Innsbruck ist zu Beginn des 16. Jahrhunderts viel mehr das Zentrum der Habsburgerwelt als Wien. Unter Maximilian hatte sich das noch verstärkt. Der Stadtkern vermittelt heute noch mit etwas Phantasie das Bild, das Karl und Ferdinand vorfinden. Maximilian hat noch in der alten Burg gelebt, inzwischen ist die Hofburg im Bau. Karl wird einen ganzen Monat verweilen und außer dem Bruder noch andere Familienmitglieder treffen.

Familientreffen in Innsbruck

Ferdinand ist in den letzten elf Jahren ein veritabler deutscher Fürst geworden. Man vergleicht ihn längst mit dem Großvater Maximilian. Er ist rascher, weniger grüblerisch als sein älterer Bruder, auch oberflächlicher und weniger religiös. Gleich sind sich die Brüder jedoch in der vom Ritterwesen geprägten Lebenshaltung. Karl lernt seine Schwägerin Anna und ihre bisher vier Kinder kennen. Und da ist Marie, die den Aufstieg des bewunderten ältesten Bruders nur aus der Ferne verfolgen konnte. Sie ist sehr gespannt auf ihn, hofft aber auch, mit den Brüdern ihre desolate finanzielle Situation besprechen zu können. Der eine für die Familie eingeplante Monat verfliegt viel zu schnell, man beschließt, dass die Damen mit zum Reichstag reisen sollen,

Schwester Marie, Ex-Königin von Ungarn
In Innsbruck - und später in Augsburg - kommt es zu langen Gesprächen unter den Geschwistern, die zur Grundlage ihrer späteren Zusammenarbeit in Europa werden. Hier anerkennt Karl den Wunsch der Schwester, nicht wieder zu heiraten. Man sucht gemeinsam nach einem zukünftigen Wirkungskreis für Marie, die vielleicht der klügste Kopf in dieser Runde ist, kommt jedoch noch nicht zu einem Beschluss. Sicher sind die Niederlande schon im Gespräch, denn Margaretha hat Karl in ihren Briefen häufig gebeten, sie von der Bürde des Amtes, das sie nun schon dreiundzwanzig Jahre trägt, zu befreien. Sie hat mehrfach betont, dass sie Marie für die geeignete Nachfolgerin für ihr Amt hält. Karl scheint entschlossen, ihr eines Tages diese Aufgabe zu übergeben.

Wenigstens wollen die Brüder Maries drückendsten Schulden tilgen, Ferdinand überschreibt ihr ein Schloss auf Lebenszeit, und Karl setzt ihr eine Rente von 1.200 Dukaten aus, die aus seinen neapolitanischen Einkünften bestritten werden soll. Alles vergebens, als Marie von Augsburg wieder nach Krems an der Donau zieht, um ihr „Dianenleben" wieder aufzunehmen, fehlt es ihr bald schon wieder an Geld für die Lebensmittel ihres Hofstaates.

Ein lästiger Schwager
Auch Schwager Christian von Dänemark - nach wie vor für einen Skandal gut - erscheint in Innsbruck. Alle Geschwister lasten ihm zumindest eine Teilschuld am allzu frühen Tod Elisabeths an. Die Briefe der Tante an Karl und Ferdinand sind oft voll von Beschwerden über ihn, denn in Holland führt er sich seit Jahren wie ein Renegat auf und überhäuft Margaretha mit immer unverschämteren Geldforderungen. Nun hofft Christian, dass Karl auf dem Höhepunkt seiner Macht endlich auch seine Rückeroberungspläne tatkräftig unterstützen wird. Christian verspricht, seine drei nordischen Reiche dem Kaiser zu unterstellen, wenn seine „persönliche Reconquista" unterstützt wird. Im Gegenzug will er mit Karl gegen die Türken ziehen. Alle Untertanen aller Reiche Karls sollen im ganzen skandinavischen Raum Handelsfreiheit genießen.

In Innsbruck erklärt er sich nun sogar bereit, für seine Wiedereinsetzung kraft kaiserlicher Machtvollkommenheit wieder katholisch werden zu wollen. Zum Beweis seiner diesbezüglichen Entschlossenheit wirft er sich öffentlich dem Kardinallegaten Campeggio zu Füßen und widerruft sein lutherisches Bekenntnis. Diese Vorstellung hindert ihn nicht, weiter mit seinen lutherischen Freunden zu verkehren. Sehr wahrscheinlich um ihn loszuwerden, gibt Karl ihm Schuldverschreibungen über 24.000 Florins, einzulösen in den Niederlanden. Damit schiebt Karl den schwarzen Peter wieder der Tante zu, denn in den Niederlanden wird niemand einen von Christian präsentierten Wechsel ohne die Gegenzeichnung Margarethas einlösen.

Der Tod des Großkanzlers

In Innsbruck stirbt der Kanzler Gattinara ganz plötzlich an Apoplexie. Das ist ein herber Verlust, denn Gattinara entschied viele Dinge selbstständig. An ihn wandten sich die Gesandten und viele Probleme waren bereinigt, wenn sie dem Kaiser zur Entscheidung vorgelegt wurden. Zu Beginn jedes neuen Lebensabschnittes Karls scheinen die engsten Berater des vorhergehenden zu sterben.

Karl muss die Lücke füllen, die Gattinaras Tod hinterlässt, und scheint binnen eines Jahres darin eine effektive Routine zu entwickeln. Das Amt des Kanzlers in der Form, wie es Gattinara innehatte, als oberste Instanz aller Reiche Karls, wird nicht mehr besetzt. Karl stützt sich auf eine ganze Reihe fähiger Minister, Generäle, Juristen, Diplomaten, Theologen und Conquistadores und erreicht etwas in diesem Jahrhundert sehr seltenes: Sie alle sind durchgängig loyal. Sie teilen sich die verschiedenen Funktionen, entwickeln sich zum Teil zu Spezialisten für bestimmte Regionen und Bereiche. So ist Los Cobos in erster Linie zuständig für alle spanischen Fragen, Granvelle Ratgeber in niederländischen und Reichsangelegenheiten.

Von Tirol nach Bayern , 6. - 15. Juni 1530 oder

Was Austria und Fugger verbindet

Erste Station auf der Reise nach Norden ist Schwaz mit den bedeutendsten Erzgruben der Zeit, die schon Maximilian an die Fugger verpachtet hat. Man passiert das Städtchen Kufstein und auch Rosenheim. Nach einer knappen Woche ist München erreicht, wo der bayerische Kurfürst und seine Brüder, darunter ein weiteres Mal der Pfalzgraf Friedrich, dem Kaiser einen Empfang wie aus dem Bilderbuch bereiten. Als sportliche Neuerung für Karl steht Fischstechen auf der Isar im Programm. Beim Bankett werden zweiunddreißig Gänge aufgetragen, doch Karl verlässt die Tafel ausnahmsweise schon vorzeitig. Er muss noch ins Rathaus und mit den Bürgersfrauen tanzen, man hat es ihm als eine besondere Gaudi geschildert. Drei Tage vergehen mit Jagden am Morgen, Volksbelustigung am Nachmittag und abendlichen Banketten und Bällen. Dann zieht die kaiserliche Karawane weiter in Richtung Augsburg, nur eine Übernachtung ist zwischendurch noch erforderlich.

Depesche aus England Juni 1530
Henry VIII., der wegen Karls Intervention beim Papst in seiner Scheidungssache weder mit Geld noch guten Worten weiterkommt, bietet Karl die Oberhoheit über England an, wenn er die Scheidung zulässt.

Augsburg, 15. Juni 1530

Die Fuggerstadt
Augsburg ist identisch mit Fugger. Der alte Jakob, der Karls Wahl finanzierte und sich auch nicht scheute, bei Gelegenheit harsch daran zu erinnern, ist inzwischen verstorben. Es war ihm nicht vergönnt, den Kaiser in seiner Stadt zu begrüßen. Der neue Chef ist Anton Fugger. Ihn und seinen Bruder Raimund hat Karl von Granada aus am 19. Oktober 1526 in den Reichsgrafenstand erhoben. Die Verbindungen zwischen Karl und seinen Bankiers sind natürlich auch in seiner Zeit in Spanien nie unterbrochen gewesen.

Vor dem Roten Tor erwartet den Kaiser bei seiner Ankunft in Augsburg eine glänzende Versammlung von Fürsten und Stadtvätern zu einem feierlichen Empfang. Das Reich holt seinen Kaiser ein. Es bildet sich ein gewaltiger Festzug der Art wie mehrfach beschrieben. Karl reitet unter einem dreifarbigen seidenen Baldachin, diesmal auf einem polnischen Schimmelhengst. Im Zug brillieren die Helden des sacco di Roma im Glanz ihrer gestohlenen Preziosen. Trompeten, Heerespauken und Chöre schmettern um die Wette und können doch nicht ganz das Jubelgeschrei des Volkes übertönen. Man reitet zum Dom, und dort wird ein Te Deum gesungen.

Kurzer Rückblick: Deutsches Reich 1521 - 1530
Die Situation in den deutschen Reichsteilen hat sich seit Worms verändert. Die Lehre Luthers hat in allen Kreisen ihre Anhängerschaft gefunden. Die Bibelübersetzung und zahlreiche Flugschriften haben ein Weiteres getan, um die Menschen zum Abfall von der römischen Kirche zu bewegen. Das Wormser Edikt von 1520

war eigentlich nirgends und gegen niemanden wirklich zur Anwendung gekommen. Erzherzog Ferdinand, der Vertreter des Kaisers, war durch den Krieg mit Frankreich, die Geschehnisse in Oberitalien und seit 1526 durch seine persönliche Nachfolge in Böhmen und Ungarn viel zu sehr in Anspruch genommen, um eine Durchsetzung des Wormser Ediktes zu erzwingen. Papst, Kaiser, Frankreich und die altgläubigen Fürsten neutralisierten sich gegenseitig, und so konnten die Anhänger der neuen Lehre in Ruhe abwarten und Kraft schöpfen. Hätte der Papst zu Beginn der zwanziger Jahre einem Konzil zugestimmt, wäre die Einheit der Kirche vielleicht zu retten gewesen. Denn zu dieser Zeit brachten die noch in ihrer Entwicklung befindlichen Theorien Luthers mehr Verwirrung als „Glaubensfestigkeit", ja sie führten in ihrer Unausgegorenheit sogar zu Unruhen.

Reichsritter proben den Aufstand

Das Rittertum sah als erste Gruppierung in den Lehren Luthers eine Rechtfertigung, seine soziale Misere auf Kosten der Fürsten und der freien Städte zu verbessern. Die kargen Rittergüter waren kaum noch in der Lage, ihren Besitzern ein bescheidenes Auskommen zu gewähren. Viele von ihnen waren zu Raubrittern geworden und lebten mehr schlecht als recht von Überfällen auf Warentransporte und Reisende. Begeistert von Luthers Predigten waren der Bund der Ritter vom Rhein unter Führung des Franz von Sickingen und die schwäbische Ritterschaft unter Ulrich von Hutten aufgestanden und hatten den Erzbischof von Trier in seiner Stadt belagert. Sie wurden allerdings von einem Heer der Fürsten und Städte vernichtend geschlagen. Sickingen selbst wurde in den Ruinen seiner Burg schwerverwundet gefangen genommen und starb kurz darauf an seinen Verletzungen.

Der Bauernkrieg und Luther

Auch die Bauern hatten aus Luthers Lehre den Anbruch eines neuen Zeitalters herausgelesen, in dem alle sozialen Ungerechtigkeiten aufgehoben sein würden. Luther nannte sie zunächst seine lieben Brüder. Doch als die besitzlosen Massen nicht nur Kirchen und Klöster, sondern auch Schlösser stürmten und ausplünderten, lief Luther Gefahr, von seinen Schutzherren fallen gelassen zu werden. Auch Erasmus von Rotterdam befand Luther an dem Ursprung der Bauernaufstände für mitschuldig. Das brachte den guten Mann Luther zunächst in arge Verlegenheit, und dann zu einem radikalen Umschwung. Nun schrieb er „Wider die mörderischen Rotten der Bauern". In dieser Schrift forderte er die Fürsten auf, die Bauern als tollwütige Hunde zu behandeln und mit aller zur Gebote stehenden Macht gegen sie vorzugehen.

Fürstenreaktion

Dieser Aufforderung bedurften die Fürsten gar nicht. Mit gnadenlosem militärischen Einsatz wurden die Bauernhaufen aufgerieben. Ihre Lage verschlimmerte sich in der Folge, denn alle Freiheiten wurden aufgehoben, und die Leibeigenschaft wieder rigoros angewandt. Die Fürsten stützen sich nun ihrerseits auf Luthers Forderungen, als sie begannen, systematisch Säkularisationen von Kirchengütern vorzunehmen. Kurfürst Johann von Sachsen und Landgraf Philipp von Hessen wurden Führer der Partei, die nun begann, den Religionsstreit zu nutzen, um gleichermaßen Forderungen gegen Kirche und Reich, respektive Papst und Kaiser durchzusetzen.

Seit 1522 war Luther in Wittenberg wieder öffentlich aufgetreten. Seine dynamische Kraft und seine oft grobe, aber mitreißende Beredsamkeit führte ihm ständig neue Anhänger zu. Die Landsknechte marschierten im Takt des von ihm vertonten und getexteten Kirchenlieds: „Ein feste Burg ist unser Gott, ein gute Wehr und Waffen" in die Schlacht. Einige Autoren sind der Ansicht, er habe es unter dem Eindruck des Vordringens der Türken auf Wien verfasst.

Der Reichstagsabschied zu Speyer von 1526 hob das Wormser Edikt faktisch auf, indem er salomonisch festlegte, bis zu einem Konzilsbeschluss solle jeder Reichsstand bezüglich der Religion so „leben, regieren und es halten, wie er es gegen Gott und kaiserliche Majestät zu verantworten sich getraue". Damit war die weitere Entwicklung im Reich der freien Gewissensentscheidung der Fürsten und der Räte der freien Städte anheimgestellt.

Die Protestanten

Auf Anregung Karls hatte Ferdinand auf dem Reichstag von Speyer 1529 versucht, endlich die strikte Durchführung des Wormser Edikts von 1520 durchzusetzen. Ein von der katholischen Mehrheit gestützter Beschluss untersagte kirchliche Neuerungen. Doch gegen diesen Beschluss hatten fünf Fürsten (Kursachsen, Hessen, Brandenburg-Kulmbach, Anhalt und Lüneburg) und vierzehn Städte (darunter Nürnberg, Straßburg und Ulm) protestiert. Seither kam die Bezeichnung „Protestanten" für die Anhängerschaft Luthers in Mode.

Karls Einschätzung der Lage

Karl hatte gehofft, Ferdinand könne in seinem Namen in den deutschen Reichsteilen regieren, wie es die Tante in den Niederlanden tat. Dabei hatte er übersehen, dass sich die imperiale Struktur für ein solches Regiment nicht eignete. Auch wenn Ferdinand in erstaunlichem Ausmaß ein „deutscher Fürst" geworden war, hatte er doch bei seinem Großvater Aragón genau den falschen Unterricht in Sachen Herrschertätigkeit erhalten, um ein erfolgreiches Reichsregiment zu führen. Der Unterschied zwischen einem der Krone verpflichteten spanischen Granden und einem souveränen Reichsfürsten verlangte einen gänzlich anderen Führungsstil.

Die Gespräche mit Ferdinand seit Innsbruck haben Karl inzwischen einen Einblick in die Lage in Deutschland aus erster Hand verschafft. Er versucht, die Probleme pragmatisch anzugehen. Seine Sorge um die Einheit der Kirche war immer eng verflochten mit der um die Regierbarkeit des Reiches. Auch er wollte berechtigte Reformwünsche auf einem Konzil durchsetzen. Für ihn sind abweichender Heilsglaube und neue Kirchenordnungen ein Ding, Rebellion gegen Kaiser und Reich ein ganz anderes.

Wie weit die für das Reich verhängnisvolle Doktrin von der „deutschen Libertät" besonders Frankreichs Politik und Propaganda nutzte, wird noch zu zeigen sein. Das Streben nach dieser fatalen Libertät wächst mit dem Zunehmen der Glaubensspaltung. Der Ruf nach dem „Los von Rom!" wurde zunehmend zu einem „Los vom Reich!" Solange beides streng von einander geschieden wird, beharrlich protestantische Reichsstände reichstreu bleiben, ist Karl sehr wohl in der Lage, mit ihnen zu regieren. Er scheut sich auch nicht, ihnen entgegenzukommen, wenn sie seine Politik unterstützen. Die früh protestantisch gewordenen Reichsstädte Nürnberg und Straßburg sind Beispiele dafür. Erst wenn aus dem Protest gegen die römische Kirche und den Papst Rebellion gegen das Reich und den Kaiser wird, wird Karl rigoros einschreiten.

Karl zwischen Reich und Rom

In der ersten Hälfte des 15. Jahrhunderts hatten sich - außer im Reich - Nationalkirchen ausgebildet, so in Frankreich seit 1438 durch die pragmatische Sanktion die gallikanische. Das Reich dagegen blieb völlig von Rom abhängig, da Friedrich III. im Wiener Konkordat auf jede Reform verzichtete. Das Verhältnis Rom - Reich wird durch das Auftreten Luthers falsch polarisiert. Karl will das nun klarstellen. Er hat bereits in Bologna ein klärendes Konzil eingefordert, Clemens jedoch nicht zu einer eindeutigen Stellungnahme bewegen können.

Karl versteht die zum Teil hassvollen Auseinandersetzungen zwischen Luther und dem Schweizer Zwingli nicht. Ihm ist auch der Wert Melanchthons als Beschwichtiger Luthers nicht klar. Für ihn sind das alle gleichermaßen Ketzer, in diesem Punkt wird er sein ganzes Leben nicht ein Jota von seiner persönlichen Erwiderung an Luther von 1520 abweichen. Doch noch will Karl keine Gewalt. Deutschland soll in Bezug auf die Haltung zur Glaubensspaltung sein Modell für all seine Reiche werden.

Er will einen tragbaren Kompromiss zwischen den Antagonisten. Der Enkel der Católicos, die in Spanien der Inquisition unerhörte Machtbefugnisse gaben, ist hier ganz der Schüler des Erasmus. Er will eine Reform, die beide Seiten zufriedenstellt. Das Konzil soll endlich die theologischen Querelen um „Spitzfindigkeiten“ beenden. Hatten nicht die großen Konzile, die in den ersten Jahrhunderten durch Assimilierung verschiedener Lehrmeinungen den christlichen Glauben einten, unter der Ägide der römischen Kaiser gestanden? Ist das nicht auch seine Aufgabe?

Selbst sein alter Beichtvater Loayosa hatte Karl empfohlen, wie Ferdinand Bewährtes beizubehalten. Loayosa bezog sich auf Böhmens Utraquisten (hussitische Prediger), denen Ferdinand in ihren Gemeinden den Laienkelch und das Lesen der Messe in der Landessprache weiterhin erlaubte.

Die realen Chancen

Die Hoffnungen Karls sind noch immer nicht utopisch. Seine Haltung gegenüber dem Papst im allgemeinen und dem sacco di Roma im besonderen haben den Kaiser in den deutschen Landen populär gemacht. Ulrich von Hutten, Führer der aufständischen Reichsritter, hat ihm Lobeshymnen verehrt. Die „Protestanten“ unter den Fürsten, primär am eigenen Vorteil interessiert, sind sich gar nicht sicher, ob es sich lohnt, für den Sieg der Luthersache gegen den Kaiser anzutreten. Zu unsicher scheint ihnen, ob ein Sieg der neuen Lehre überhaupt möglich ist. Und falls ja, was er ihnen überhaupt einbringt.

Sie werden eine Diskussion in jedem Fall akzeptieren. Luther kann wegen der immer noch bestehenden Reichsacht in Augsburg nicht erscheinen. Er ist aber doch bis an die Grenze des Landes seines Schutzherrn nach Coburg gereist, um den Verhandlungen möglichst nahe zu sein. Melanchthon, ein bekannter Humanist, wird ihn vor Ort repräsentieren. Das kann der Sache nur dienlich sein, denn Melanchthon ist verhandlungsbereit in einem Maße, wie es der viel fanatischere Luther nie sein könnte. Melanchthon schreibt an den päpstlichen Nuntius: „Kein Dogma kann uns von der römischen Kirche scheiden!" Warum sollten die Fürsten da nicht mitziehen? Die Reform kann ihnen doch nur Vorteile bringen - solange die römische Reaktion sie nicht zwingen kann, säkularisiertes Kirchengut zurückzuerstatten. Warum also sollte Karl unter diesen Bedingungen nicht ehrlich daran glauben, dass ein Kompromiss möglich ist, sobald die tatsächlichen und allsichtbaren Missstände in der Kirche Roms beseitigt sind?

Erste Querelen

Ein erster Eklat erregt schon am Tag des feierlichen Einzuges die Gemüter: Karl fordert die reformierten Fürsten ohne lange Vorrede auf, agitative Predigten in der Stadt für die Dauer des Reichstages zu unterbinden. Der Landgraf von Hessen antwortet, dass er es nicht auf sein Gewissen nehmen kann, das Wort Gottes zu unterdrücken. Karl antwortet irritiert, er sei nicht hergekommen, um theologische Fragen zu diskutieren, sondern um Frieden und Ordnung in Deutschland wieder herzustellen. Es sei ein Faktum, dass die aufrührerischen Predigten zur Polarisierung beitragen, und das könne nur Ärger bringen und müsse deshalb unterbunden werden.

Nun ereifert sich auch der alte Markgraf von Brandenburg und schreit in den Saal, dass er niemals das Wort Gottes unterdrücken werde, lieber wolle er sich auf der Stelle hinknien und sich den Kopf abschlagen lassen! Auf mit solcher Heftigkeit geäußerte Gewissensnot nicht vorbereitet, kann Karl nur liebenswürdig, aber mit stahlhartem Unterton antworten, dass es unter seiner Regierung keine abgeschlagenen Köpfe geben werde! Gleich der nächste Tag, es ist Fronleichnam, bringt eine weitere Konfrontation. Der Kurfürst von Sachsen und der Landgraf von Hessen weigern sich, mit Karl und Ferdinand an der traditionellen Prozession teilzunehmen.

Eröffnung des Reichstages

Die Ladung zum Reichstag war noch von Gattinara verfasst worden. Sie ist milde formuliert und betont, alle Zwietracht unter Beachtung jeder Überzeugung in Liebe beilegen zu wollen. Der Kaiser bietet die Hand zur Versöhnung. Das heißt aber, dass Karl, der wie er selbst immer wieder betont, kein Theologe ist, in Glaubensdingen mitsprechen, wenn nicht gar entscheiden will. Das muss den Widerstand der Kurie herausfordern.

Am 22. Juni eröffnet der Kaiser feierlich den Reichstag. In seiner Ansprache bittet er die Fürsten, die Kirche zu respektieren und alle Kräfte gegen die Türken, die die Südostgrenze des Reiches bedrohen, zu einigen. Dann erteilt er dem päpstlichen Legaten Campeggio das Wort. Der fleht die Anhänger Luthers an, in den Schoß der Kirche zurückzukehren. Die Antwort übernimmt Melanchthon, der die noch recht unbestimmten und oft auch widersprüchlichen Lehren Luthers in gemäßigter Form zusammenfaßt und präzisiert. Damit ist man sofort beim durchgehend beherrschenden Thema dieses Reichstages: der Konfessionsfrage.

Confessio ...

Am 25. Juni 1530 legen der Kurfürst von Sachsen, vier weitere Fürsten sowie die Städte Nürnberg und Reutlingen ein in achtundzwanzig Artikeln zusammengefaßtes Glaubensbekenntnis vor. Dieses Papier wird zur Diskussionsgrundlage der nächsten Wochen und Monate. Melanchthon selbst bezeichnet die achtundzwanzig Artikel als katholisch. Dogmatisch ist das jedoch nicht haltbar. Aber hier ist nicht der tatsächliche Nachweis dogmatischer Unterschiede gefragt. Es handelt sich um eine Absichtserklärung der „Protestanten" von Speyer.

... und Confutatio

Die katholischen Theologen arbeiten binnen acht Tagen eine „Confutatio" aus, die Karl unterschreibt. Das ist eine wirklich starke redaktionelle Leistung, denn die ursprüngliche Zurückweisung des ungemein gründlichen Johannes Eck umfaßt 351 Seiten. Der Kaiser selbst mahnt zu Mäßigung und Kürze. Nachdem Campeggio und Melanchthon die Confutatio diskutiert haben, bleiben vier Artikel, in denen man keine Einigung erzielen kann: Laienkelch, Priesterehe, Messe in Landessprache und Besitzlosigkeit der Kirche.

Letztlich siegt der Verfahrenszwang. Eine Diskussion unter dem Aspekt intellektueller Redlichkeit ist aus Zeitgründen nicht möglich. Die Confutatio soll von den Protestanten nicht diskutiert, sondern akzeptiert werden. Das muss zum Bruch führen. Fortan gibt es in Deutschland zwei Konfessionen. Lutherische Pastoren werden bis heute auf den Wortlaut der Confessio Augustana von 1530 vereidigt. Das Angebot der protestantischen Laien hat der versöhnlichen kaiserlichen Einladung zwar entsprochen, doch da die Zurückweisung nicht ausreichend diskutiert wird, ist das Ergebnis des Reichstages der unauflösliche Bruch. Indem Karl die Confutatio unterschreibt, ist er nicht mehr Schiedsrichter, sondern Partei.

Der Bund von Schmalkalden

Die zum Reichstagsbeschluss erhobene katholische „Widerlegung“ zwingt die Protestanten zu einer politischen Reaktion. Am letzten Tag des Jahres 1530 gründen sie in der kleinen Reichsstadt Schmalkalden einen Verteidigungsbund für ihren Glauben. Die achtundzwanzig Artikel der Augsburger Konfession gelten dabei als Bundesurkunde. Der theologische Gesprächsrahmen ist damit ausgeschöpft, die Kompromisspolitik gescheitert. Da der Bund von Schmalkalden zunächst nicht offen aggressiv agiert, duldet Karl ihn. Damit gibt er François I. und Henry VIII. Gelegenheit, die Mitglieder als Verbündete zu gewinnen. Noch sind die Bemühungen Frankreichs und Englands nicht unmittelbar von Erfolg gekrönt.

Verlustigungen nebenher

Wie bei allen Anlässen dieser Art kommt auch in Augsburg neben den ernsthaften Verhandlungen das Amusement nicht zu kurz. Diese „Verlustierungen“ können manchmal recht albern werden, wie die „Zimmersche Chronik“ zu berichten weiß. So forscht man eines Abends in sicher wein- und bierseeliger Laune nach dem längsten und dem kürzesten Mann bei Hof. Die Wahl findet statt, und die erlauchten Herrschaften wollen sich schier ausschütten vor Lachen, als die beiden nebeneinander stehen und allerlei Faxen machen.

Da meint einer der Anwesenden, diese Gaudi sei noch gar nichts, er habe einen Vetter, der sei so groß und so feist, wie sicher noch nie einer der Anwesenden einen Mann gesehen habe und allein komischer anzuschauen als die beiden da zusammen. Auch der Kaiser will den Dicken sehen, und so wird er herbeizitiert. Karl bewundert die Ausmaße des Kolosses gebührend. Der Mann wird auch in zumindest teilweise unbekleideten Zustand in Augenschein genommen, und man kommt darauf, dass er erst kürzlich geheiratet hat. Da sind alle gar sehr interessiert, wie er denn bei dieser Leibesfülle der jungen Gräfin seine Manneskraft beweist. Die Antwort des Dicken, er „zeige es ihr wie ein frommer Landsknecht“ scheint allen Anwesenden einschließlich des Kaisers geläufig und führt zu neuen Heiterkeitsausbrüchen.

Gutachten und Gesetzgebung
Trotz solch zweifelhafter Lustbarkeiten wird auch ernsthaft gearbeitet. Karl ordnet an, dass ein Gutachten über die Situation in Deutschland erstellt wird. Beauftragt wird damit ein gewisser Schepper, Schüler des Erasmus. Er kommt zu dem gleichen Schluss wie Kardinal Osma: Man kann die religiösen Differenzen nicht mit Gewalt beilegen. Der Kaiser kann Luther nicht anerkennen, muss aber die Gegebenheiten tolerieren. Karl hofft immer noch, dass das Konzil die Lösung bringen kann. Trotz des Überwiegens der religiösen Thematik stehen auch andere Fragen zur Entscheidung an. So wird den ökonomischen und sozialen Veränderungen durch die Einführung eines neuen Gesetzbuches, der „Majestas Carolina" Rechnung getragen.

Unter den beschriebenen Umständen ist keine weitere Einigung zu erhoffen. Die katholischen Reichsstände stimmen noch einem Dekret zu, das jede Änderung in Religionsfragen untersagt und die Restitution der säkularisierten Kirchengüter vorschreibt. Der Kaiser schickt einen Sonderbotschafter nach Rom, um die Zusage zu einem Konzil zu erlangen. Der Papst, der auf keinen Fall ein Konzil will, lehnt ab. Karl will ohne Beschlüsse eines Konzils keine Gewalt anwenden. Am 19. November erklärt der Kaiser den Reichstag für beendet und reist ab. Er will in die Niederlande.

Köln - Aachen, Winter 1530/31

Sicherung der Nachfolge
Hierher hat er die Kurfürsten geladen, denn Karl möchte die Kaiserkrone auch in Zukunft für sein Haus sichern, seinen Bruder - wie schon 1520 versprochen - zum römischen König wählen lassen. Die Zustimmung des Papstes hat er bereits in Bologna erhalten. Zum ersten Mal bröckelt die Einheit des katholischen Flügels der Reichsfürsten, denn der bayerische Wittelsbacher widersetzt sich. Letztlich kann Karl sich durchsetzen, und am 5. Januar 1531 wird Ferdinand gewählt und bereits am 11. in Aachen gekrönt. Da es das erste Mal ist, dass ein Kaiser seinen Bruder und nicht seinen Sohn zum römischen König wählen lässt, erregt die Nachricht an den europäischen Höfen einiges Aufsehen.

Ein Todesfall und eine sich daraus ergebende Nachfolgefrage machen den schnellstmöglichen Aufbruch Karls in die Niederlande erforderlich. An einen Rückzug nach Spanien ist nicht zu denken - auch - weil von Ungarn aus ein neuer Angriff der Türken droht.

Die Tante stirbt, eine Schwester wird verheiratet

Malines, Ende November 1530

Die Unermüdliche ist krank
Den ganzen Sommer über hat man Margaretha bei all den Familientreffen vermisst. Auf alle dringlichen und herzlichen Einladungen hat sie zunächst ausweichend geantwortet, dringende Arbeiten vorgeschoben und schließlich zugegeben, sie fühle sich nicht wohl genug, noch bis Innsbruck oder Augsburg zu reisen. Auch die kurze Entfernung nach Köln bewältigt sie nicht mehr. Schon in Cambrai im Sommer 1529 fiel ihr das Laufen sehr schwer. Die entscheidende Krise allerdings wird durch einen an sich unbeutenden häuslichen Unfall ausgelöst. Eines Abends reicht eine ihrer Damen Margaretha etwas ungeschickt ein gläsernes Gefäß, das zu Boden fällt und zerspringt. Eigentlich keine große Sache, doch ein Splitter dringt durch Margarethas Damastpantoffel und hinterlässt eine blutende kleine Wunde.

Eine Diagnose
Die Wunde entzündet sich und verursacht heftige Schmerzen. Die Ärzte haben keine wirksame Arznei, die Wunde weitet sich aus, der Fuß und schließlich das Bein schwellen an, Margaretha bekommt hohes Fieber. Nach vier Stunden entschließt sich das Ärztekollegium zu schneiden, um die „schlechten Säfte" abfließen zu lassen. Der Eingriff führt zu einer weiteren Krise, das Fieber steigt Stunde um Stunde, man wähnt die Regentin schon verloren. Die Kirchen füllen sich, vor allen Altären wird für sie gebetet. Das Fieber fällt. Margaretha scheint auf dem Wege der Besserung.

Doch dann treten untrügliche Zeichen einer Blutvergiftung auf, und Margaretha ahnt, dass es kein „fortune" mehr geben wird. Sie ordnet ihre Angelegenheiten, trifft Verfügungen über ihren Besitz und über Art und Ort ihrer Beisetzung. Am 23. schickt man einen Boten an Karl, der gerade in Augsburg aufbricht. In dieser Woche ist die Regentin noch meist bei klarem Bewußtsein und verabschiedet sich von den Menschen, die sie auf ihrem Weg begleitet haben.

Der letzte Tag des November
ist ein kalter, klarer Wintertag in Malines. Die Ärzte sehen sich zu einer gewagten Operation genötigt. Als letzten Versuch, das Leben der Regentin zu retten, wollen sie das verseuchte Bein amputieren. Margaretha willigt am Morgen des 30. November ein. Bevor sie sich den Ärzten ausliefert, bestellt sie Hoogstraten zum Regierungschef, bis Karl eintrifft und das Weitere ordnet. Sie weiß, dass sie nun nicht länger über den Neffen und Kaiser wachen, ihm nicht mehr mit ihrem Rat zur Seite stehen kann, wie sie es so viele Jahre getan hat. Der Sekretär sitzt neben ihrem Bett, und sie diktiert ihren letzten Brief an Karl. In schlichten Worten teilt sie ihm ihre Gedanken und Gefühle mit:

„*Monseigneur, die Stunde ist gekommen, da ich die Feder nicht mehr selbst halten kann. Versehen mit den Tröstungen der Kirche übergebe ich Ihnen Ihre Länder, die ich in Ihrer Abwesenheit nicht nur gehütet, sondern erheblich gemehrt habe und gebe Ihnen deren Regierung zurück, die ich loyal ausgeübt, sodass ich dafür von Gott Vergeltung, von Ihnen Zufriedenheit und von Ihren Untertanen Anerkennung erhoffe. Ihnen angelegentlich Frieden empfehlend, besonders mit den Königen von Frankreich und England, sage ich Ihnen ein letztes Lebwohl.*

Malines, am letzten Tag des November 1530.
Margaretha“

Noch im Angesicht des Todes ist sie in der Lage, ihre tiefsten Überzeugungen in Worte zu kleiden, um sie dem fast-Sohn als Vermächtnis zu hinterlassen. Sie, die seit Jahren nur Kampf gekannt hat und stets dem Verlangen ihres Volkes nach Frieden zuwiderhandeln musste, findet jetzt den Mut, von ihrem kriegsbegeisterten Neffen den Frieden zu fordern. Nach einem Leben voller dynastischer Streitereien mit Frankreich sieht sie in dieser Stunde die Notwendigkeit einer friedlichen Zusammenarbeit mit dem königlichen Haus, das sie geängstigt und gedemütigt hat.

Keine Pflichten mehr
Ihre Regentschaft war eine „tour de force“. In den letzten zehn Jahren hat sie in den Niederlanden Bewilligungen von über fünfzehn Millionen écus für den Neffen durchgesetzt, dennoch ist die wirtschaftliche Lage gut. Dass sich Widerstandsgeist in den Pro-

vinzen regt, hängt eng mit der strikten Unterdrückung der neuen Religion zusammen und ist nicht ihr anzulasten. Sie hat für Karl mit dem „Damenfrieden" die Kaiserkrönung ermöglicht, wie zehn Jahre zuvor die Wahl zum Kaiser. Trotz der seit Jahren schwelenden Scheidungsaffäre Henrys VIII. hat sie es verstanden, die für die Niederlande so wichtigen politischen und ökonomischen Kontakte mit England zu erhalten. Dank ihrer Tatkraft sind die Pays bas 1530 die reichsten und bestverwalteten Provinzen in Karls gigantischem Reich.

Der Mut, den sie schon in ihrer Jugend zeigte, verlässt sie nicht, als sie nun in hilfloser Agonie daliegt, wohl wissend, dass ihre Stunde gekommen ist. Aber die ironische Distanz, mit der sie ihrem Schicksal in jener Zeit trotzte, ist nun einer ruhigen Resignation gewichen. Sie nimmt Abschied von ihrem irdischen Besitz und ihren irdischen Affektionen. Ihre letzten Gebete gelten ihrem Seelenheil und dem Wohl ihrer Diener, deren Tränen ihr diesen endgültigen Abschied nicht bitter machen können.

Die Niederlande beten

Bittprozessionen ziehen durch die Straßen, die Menschen beten bis spät in die Nacht für die Rettung des Lebens ihrer Regentin. Sie lässt sich auf die Operation vorbereiten, man gibt ihr Opium, reichlich Opium. Letztlich bleibt die Frage: „Überdosis oder nicht?" unerheblich, denn eine Amputation in dieser Zeit ist meist sowieso gleichbedeutend mit einem Todesurteil. Nach Mitternacht steht das Herz der Herrin von Malines still. „Ich habe kein Bedauern mehr!", sind ihre letzten Worte.

Sie hat darauf gehofft, von Karl bei seiner Rückkkehr in die Niederlande von ihrem Posten entbunden zu werden und ihr Leben im Konvent „Unsere Dame von den Sieben Seufzern" in Brügge friedvoll beenden zu können. Nun soll ihr Leichnam einbalsamiert in diesem Konvent seine vorläufige Ruhe finden, bis das in Brou von ihr erbaute Mausoleum für ihren in ihrer Erinnerung jung und schön gebliebenen dritten Gatten vollendet ist. Dann will sie für alle Ewigkeit an seiner Seite ruhen. Solange beten die Schwestern in ihren grauen Habits mit dem scharlachroten Skapulier für das Seelenheil ihrer Stifterin.

Zunächst aber müssen die Trauerfeierlichkeiten für die verstorbene Regentin zelebriert werden. Der einzige männliche Vertreter der Casa de Austria in den Niederlanden ist der kleine Johannes von Dänemark. Er führt mit seinen Schwestern Dorothea und

Christina den Trauerzug an. Johannes ist es auch, der Karl bei seiner Rückkehr in die Niederlande Ende Januar 1531 begrüßt.

Zurück nach Savoyen

Erst an einem schönen Frühlingstag im Mai 1532 macht sich in den grünen Auen Flanderns ein Trauerzug auf, um die lange Reise nach Süden anzutreten. Durch die Städte und Dörfer, die einst die junge Braut des Herzogs von Savoyen grüßten, fährt nun der Leichnam Margarethas seiner letzten Ruhe entgegen. Auf den Feldern, in den Obstgärten und Weinbergen halten die Landleute in ihrer Arbeit inne, um ihr einen letzten stummen Gruß zu erweisen. Margaretha hat verfügt, dass ihre Eingeweide in Malines, ihr Körper in Brou und ihr Herz bei der Mutter in Brügge bestattet werden. Ihr Herz ging in den Wirren der Jahrhunderte verloren. Sie hätte es geliebt, dieses Geschichtchen von „Margaretha mit dem verlorenen Herzen", mit ihrer Vorliebe für Poesie und Wortspiele wie ihr „fortune - infortune - fort une".

Depeschen aus Europa:
aus Hampton Court - London - Canterbury

Im Oktober 1530 wird Kardinal Wolsey auf Befehl Henrys VIII. angeklagt. Er soll mit seinem Apell an den Papst in der Scheidungssache ein Gesetz gebrochen haben, das in Fällen königlicher Gerichtsbarkeit die Berufung auf Rom untersagt. Wolsey verliert sein Kanzleramt und große Teile seines nicht unbedeutenden Vermögens. Sein Palast Hampton Court, auf den Anna Boleyn ihr begehrliches Auge geworfen hat, geht in den Besitz der Krone über. Der Kardinal darf sich zunächst in sein Bistum zurückziehen. Im November wird er des Hochverrats angeklagt, und nur sein natürlicher Tod auf dem Weg zur Verhandlung in London bewahrt ihn vor der als sicher geltenden Hinrichtung. Wolseys Nachfolger wird Cranmer.

aus Boulogne: Frankreich heiratet päpstlich

Im Frühjahr 1531 beschließen François I. und Henry VIII. ein Treffen in Boulogne. Sie hoffen, gemeinsam den Papst doch noch zu einer Auflösung der Ehe Henrys und zu einer Stellungnahme gegen den Kaiser in Sachen Mailand überreden zu können.

Der Papst sucht händeringend einen Gemahl aus königlichem Geblüt für seine Nichte Catherine. Damit kann Henry natürlich nicht dienen, das ist ja gerade sein Dilemma! Aber Frankreich hat drei Söhne, zumindest dann, wenn die beiden älteren aus der Geiselhaft ausgelöst sind. Man wird schnell handelseinig. François' zweiter Sohn Henri wird die Papstnichte heiraten und der Papst dafür Henrys Scheidung ermöglichen.

aus Rom, Frühjahr 1531: Der Papst düpiert die Könige
François hofft, der Papst werde als „Verwandter" einen Bruch des Vertrages von Cambrai hinnehmen. Henry braucht unanfechtbare Legitimität für den erhofften Sohn der Boleyn. Die Hoffnungen der beiden königlichen Schlitzohren sollen sich nicht erfüllen. Der Medicipapst, ganz Weltfürst, nimmt lieber die endgültige Abspaltung der englischen Kirche von Rom in Kauf, als sich einen neuen Krieg mit dem Kaiser einzuhandeln. François bekommt Mailand nicht - für den Aufstieg der „florentinischen Krämerstochter" in die königliche Familie. Um den Sohn überhaupt verheiraten zu können, muss er selbst erstmal sein Eheversprechen an Eleonor einlösen!

Vitoria - Padranza - Fuenterabbia, Mai 1531

Die Braut wartet auf das Lösegeld
Am 17. März 1526 hat François seine Freiheit gegen die seiner Söhne eingetauscht. Anfang 1530 kauft er die Freiheit seiner Söhne gegen vier Tonnen Gold zurück. Fast vier Jahre haben die beiden Jungs in Spanien verbracht, sie sind nun zwölfeinhalb und elf Jahre alt. Da seit der Verschärfung der Haftbedingungen nach des Vaters Wortbruch 1527 niemand in ihrer Umgebung mehr französisch sprach, haben sie ihre Muttersprache weitgehend verlernt. Eine systematische Erziehung wurde ihnen auch nicht zuteil. Der Dauphin soll sich die Zeit mit Zeichnen vertrieben haben. Nun kommt Eleonor, um sie in Pedranza abzuholen und mit ihnen gemeinsam zum Bidassoa zu reisen.

... und zieht nach Frankreich
Als der Ort der Übergabe erreicht ist, gibt es Missverständnisse und Schwierigkeiten. Eleonor muss sehr energisch auftreten, damit die Übergabe wenigstens noch am Abend des vereinbarten Tages stattfinden kann. Die Karawane der Braut zieht weiter nach St. Jean de Luz in Frankreich. Erst jetzt gehen Boten ab, um den König vom gelungenen Austausch zu benachrichtigen. Eleonor verlässt die Sänfte, einen Königssohn an jeder Hand. Man nimmt kaum Notiz von ihrer Ankunft. Über das Entrée der neuen Königin Frankreichs herrscht eine solche Desinformation, dass der Begrü-

ßungssalut erst einige Zeit nach dem Eintreffen des Zuges abgefeuert wird. Die spanische Seite glaubt schon an einen Angriff, erst in letzter Minute klärt sich alles auf, man salutet zurück, und schließlich kommt doch noch Freude auf, und es gibt sogar einen kleinen Festschmaus.

Erwünscht? Unerwünscht?

Am nächsten Morgen geht es weiter nach Bayonne, und Eleonor, ihre Schützlinge und alle Begleiter sind nun prächtig ausstaffiert. Die künftige Königin erscheint den neuen Untertanen in ihrer Aufmachung sehr schön, wenn auch Brantôme später boshaft bemerkt, sie habe den Oberkörper einer Riesin, aber so kurze Beine und Schenkel, dass sie eher einer Zwergin gleiche. Der Casa de Austria geneigte Zeitgenossen beschreiben sie hingegen als wahre Schönheit.

Auch der Festredner der gut organisierten Begrüßung in Bayonne vergleicht sie mit allen Schönheiten der Bibel und der Antike. Etwas höhnisch wirkt es, wenn er sie im Namen von François anfleht, ihn zu erhören, damit er sie endlich zu dem machen kann, was sie durch ihre Schönheit schon ist: Königin von Frankreich.

Es hat ja nun wahrlich nicht so lange gedauert, weil Eleonor sich geziert hätte, das 1526 in Spanien geleistete Eheversprechen einzulösen! François scheint es immer noch nicht eilig zu haben, seine Dauerverlobte in seinem Reich willkommen zu heißen. Erst in Mont-à-Marsan sollen der Zug der Königin und der des Königs sich vereinen und das von Eleonor so heiß ersehnte Wiedersehen stattfinden. Bis dahin ist der König mit seiner Maîtresse-en-titre, der goldblonden Anne de Pisselieu, die durch eine zum Dekorum gehörende Ehe zur Madame d'Etampes wird, vollauf beschäftigt. Er hat es mal wieder nicht fertiggebracht, die Dame seines Herzens von diesem Staats- und Familienereignis fernzuhalten.

Für Eleonor bleibt nur zu hoffen, dass sie die herzergreifende Lyrik der Begrüßungsrede nicht Ernst nimmt, denn was sie erwartet ist alles andere als eine romantische Vereinigung mit einem liebenden Gatten. Die Reise bleibt beschwerlich, und auch in Mont-à-Marsan wird sie nur von einigen Bischöfen und dem König von Navarra erwartet. In dem kleinen Ort gibt es keine Unterkünfte für eine so große Gesellschaft. Alle ihre Reisebegleiter müssen auf freiem Feld kampieren, nur für die Königin und die Kinder gibt es Schlafplätze in der Abtei.

Unziemliche Hast

Am Morgen dann die große Überraschung: François kommt persönlich, um seine Söhne in die Arme zu schließen. Viel förmlicher und in der Öffentlichkeit begrüßt er gen Mittag auch seine Braut. Der Tag vergeht mit Wiedersehensfeiern, und man weiß nicht, ob der Jubel des Volkes nur den heimgekehrten Söhnen oder auch der neuen Königin gilt. Sehr wahrscheinlich ist er primär Ausdruck der Hoffnung auf Frieden.

Die endgültige Trauung wird fast heimlich und in unziemlicher Eile in der Nacht zum 7. Juli 1531 in der Abtei der Klarissen von Beyries vorgenommen. Eleonor gibt sich vielleicht immer noch der romantischen Illusion hin, das geschähe auf Wunsch des Königs, der sein Verlangen nach Konsumption nicht länger zurückhalten könne. Es ist nicht klar, ob er auch nur pro forma die wenigen verbleibenden Nachtstunden mit ihr verbringt, auf jeden Fall geht es am nächsten Morgen eilig weiter nach Bordeaux. Hier erwartet Mutter Louise die Frischvermählten, und endlich beginnt ein angemessener Festreigen.

Einsam im Triumph

Der König vergnügt sich bei Turnieren, der Dauphin darf seine ersten Lanzen brechen, doch nicht für Eleonor - wie am Hofe des Bruders üblich - reiten die Herren in die Schranken. Sie muss hinter der Favoritin des Königs zurückstehen, niemand nimmt Anstoss daran. Auf den abendlichen Bällen bekommen auch die Schönen des Südens ihren Teil des königlichen Charmes, nur gegen Eleonor verhält sich der König mit allenfalls höfischer Galanterie. Sicher kommen ihr erste Zweifel, ob das hier das Paradies ist, das sie nach dem ersten Treffen mit dem damals an ihr sehr interessierten François erwartet hat.

Die Pest vertreibt die Hochzeitsgesellschaft aus dem festfreudigen Bordeaux, und man reist weiter in die Geburtsstadt des Königs, nach Cognac. Auch hier gibt es die obligatorische Serie von Feierlichkeiten, und dann geht die Reise in gemütlichen Etappen an die Loire, durch den Garten Frankreichs mit Ziel Paris, wo Eleonors Krönung stattfinden wird. Eleonor will ihren protzigen Gatten und die königlichen Kinder lieben, doch auf Gegenliebe hofft sie - außer bei Dauphin François - vergebens. Auch die Schwester des Königs, inzwischen wieder verheiratet und Königin von Navarra, ist nicht die Freundin, als die sie sich in Spanien gerierte.

Feierlicher Einzug in Paris

Da die Krönungszeremonien in allen Monarchien sehr ähnlich sind, brauchen die Einzelheiten hier nicht wiederholt werden, man kann sich ausmalen, mit welch tiefem Glauben und welcher Liebe die fromme Eleonor sich den geheiligten Riten unterworfen haben wird, die sie mit Frankreich vereinen, wie sie das Sakrament der Ehe mit seinem König vereinigt hat. Mit dem König, aber nicht mit dem Menschen, der übrigens als Einziger bei der Krönungszeremonie überhaupt nicht in Erscheinung tritt.

Eigentlich folgt auf die Krönung unmittelbar der festliche Einzug in die Hauptstadt, doch das Wetter ist derartig schlecht, dass man dieses Spektakel verschieben muss. Obwohl Eleonor längst ihre Wohnung im Louvre hat, wird sie am Morgen des festlichen Tages sozusagen heimlich zur Porte St. Denis gebracht. So, als käme sie nun wirklich zum ersten Mal in die Hauptstadt. Wieder ist ein Gerüst mit einem Lilienthron errichtet, und Eleonor nimmt die Huldigung ihrer Untertanen entgegen.

Die Magistrate der Stadt, die Juristen, die Zünfte, die Vertreter der Universität überreichen ihr den Stadtschlüssel, und dann formiert sich ein schier endloser Zug, dem sich noch die Kleriker, die Gesandten, die Garden anschließen. Eleonor wird in einer offenen Sänfte getragen, jeder soll sie in ihrer Pracht sehen können, und neben ihr reiten die Prinzen. Immer wird die Königin mit den „Kindern Frankreichs" vorgeführt, der König scheint einer anderen Abteilung anzugehören. Die Königinmutter, die Schwester und die Töchter des Königs folgen mit den Damen des Hofstaates. Langsam windet sich der Zug durch die geschmückten Straßen zur Ile de la Cité.

Man vermisst den König. Wieso ist er nicht an der Seite seiner Gattin? Soll sie auf ihn zureiten, erwartet er sie erst in der Kathedrale? Nicht ganz: man sieht ihn kurz vor dem Ziel des Zuges an einem der Fenster, die man bei solchen Anlässen für teures Geld mieten kann. Der König hat natürlich einen absoluten Logenplatz, und an seiner Seite lacht die blonde Madame d'Etampes! Welch ein Affront für Eleonor! Das ist also der Roi chevalier als Gatte! Selbst an diesem Ehrentag seiner Königin scheut er sich nicht, sich an der Seite seiner Geliebten öffentlich zu zeigen!

Vom Gatten gemieden

Nun muss Eleonor die Selbstbeherrschung zeigen, die sie an ihrem Bruder immer so bewundert. Sie konzentriert sich auf den Jubel des Volkes, lächelt und winkt. Auch sie wird zukünftig eine Maske tragen müssen. Das ganze Jahr über stehen weitere feierliche Einzüge in allen Landschaften des flächengroßen Frankreich auf dem Programm. Jede Provinz hat ein Recht darauf, ihre Königin zu sehen. Oft bestreitet Eleonor das Spektakel allein mit ihren Stiefkindern, wie in Rouen, Hauptstadt der Normandie. So nah ist sie hier an ihrer Heimat, wie gern würde sie Schwester Marie treffen, der sie von ihrem Kummer schreibt und von der Unmöglichkeit, das vom Bruder aufgetragene Friedenswerk zu vollbringen, wenn der König sie so offensichtlich meidet. Doch das gespannte Verhältnis zwischen Kaiser und König lässt das nicht zu.

Ein letzter Rat der Tante

Als Eleonors Übersiedlung nach Frankreich noch in unbestimmter Ferne lag, hat die kluge Margaretha ihrer Nichte geraten, egal wie das Verhältnis zu François sei, sie müsse sich um ein gutes Einvernehmen mit Madame Louise, des Königs Mutter und zu Madame Marguerite, seiner Schwester bemühen. Diese beiden haben den größten Einfluss auf den König. Allein über diese beiden seien politische Entscheidungen zu beeinflussen. Doch dazu müsste Eleonor mehr Kontakt zu diesen Damen haben. Sie ist ja in den ersten Monaten ständig in Frankreich unterwegs, während der Hof nach altem Brauch den König begleitet oder mit Louise in den Schlössern der Loire weilt.

Auch Louise de Savoie tritt ab

Im Sommer tritt in Mittelfrankreich eine Pestepidemie auf. Madame Louise residiert in Fontainebleau. Seit längerem kränkelt sie, nun erkrankt sie ernsthaft. Bei ihr ist ihre Tochter Marguerite. Sie bittet François, der sich in den weiten Jagdrevieren der Gegend mit seinen Günstlingen vergnügt, die Mutter zu besuchen. Der König kommt nicht - aber die Pest. Man beschließt, die Kranke in Sicherheit zu bringen, doch nach drei Meilen bittet Louise darum, zurückgebracht zu werden und die Sakramente zu empfangen. Sie kämpft darum, solange bei Bewußtsein zu bleiben, dass sie ihren Caesar noch einmal sehen kann. Sie verliert diesen letzten Kampf und stirbt am 22. September 1531 im Alter von fünfundfünfzig Jahren.

Die Königin ist nicht die erste Dame

Nun ist die dominante weibliche Figur am französischen Hof dahin, und an sich müsste nun Eleonor die Führung übernehmen. Doch ganz selbstverständlich nimmt die Schwester des Königs den

Platz ein, der eigentlich der Königin gebührt. Des Königs Gunst hat Marguerite umso sicherer, da sie - ob aus Überzeugung oder aus Kalkül - eine intime Freundin der Madame d'Etampes wird. Diese führenden Damen versuchen nun auch noch, Eleonors einzigen ehrlichen Freund an diesem Hof, den Konnetabel Montmorency, einen erklärten Freund des Friedens mit dem Kaiser, auf ihre Seite zu ziehen. Die Damen Navarra und d'Etampes verstehen sich selbst als Speerspitzen der Kriegspartei, die seit Jahren auf Rache für Pavia brennt.

Nur als es Marguerite im Sinne Navarras günstig erscheint, ihre Tochter mit dem Infanten von Spanien, Karls Sohn Don Felipe, zu verheiraten, sucht sie die Nähe Eleonors. Sicher gibt es keine bessere Fürsprecherin dieses Vorhabens als die Schwester des Kaisers. Nun besucht Marguerite Eleonor häufiger, erklärt sich gar zu ihrer Pflegerin, als diese in Fontainebleau erkrankt. Letztlich hilft diese aufopfernde Schwägerinnenliebe nichts, denn François ist gegen die Heirat einer französischen Prinzessin mit dem Erben Karls. Er hat andere Pläne. Eleonor hofft unverdrossen, ihn trotz allem irgendwann mit Liebe und Geduld für sich gewinnen zu können.

Die Königin duldet

Doch es ist offensichtlich, dass François keine Freude an seiner Frau hat, obwohl sie, besonders in der kleidsamen Mode der Renaissance durchaus attraktiv wirken kann. Die von Tante Margaretha früher beklagte Magerkeit ist durch die Schwangerschaften in Portugal längst gefälligen Rundungen gewichen, besonders die Büste wirkt, umrahmt von Brokat und Hermelin durchaus verführerisch. Da ist der reizvolle Kontrast zwischen den dunklen Augen, den vollen roten Lippen und der marmornen Blässe der Haut. Gelobt wird die Schönheit ihrer Hände mit den langen schlanken Fingern, die auf dem Bildnis von Tizian graziös einen Brief halten. Sie ist freundlich herzlich, musikalisch begabt und sehr belesen. Ihr Bild strahlt einen etwas fremdartigen Charme aus. Ist sie zu harmlos, zu wenig kokett, um die korrumpierten Gelüste des Libertins François zu wecken? Oder gemahnt ihn einfach ihr Anblick stets an die größte Niederlage seines Lebens? Kann er sie deshalb nicht um sich haben? Selten wird sie an den Hof geladen, eigentlich nur bei Staatsakten, bei denen die Abwesenheit der Königin Befremden auslösen könnte. Monatelang lebt sie allein mit ihrem Kreis von Hofleuten, Musikern, Dichtern und Gelehrten, die sie sehr schätzen.

Keine Mutterfreuden für Eleonor

Sicher hat sie gehofft, dass erneute Mutterschaft sie über die Missachtung durch den Gatten hinwegtrösten werde. Im ersten Jahr in Frankreich fühlt sie sich auch einmal schwanger, also muss es zumindest doch zur Konsumption gekommen sein. Die Schwangerschaft erweist sich als Fehlinterpretation, bei der der Wunsch der Vater des Gedankens war. An ihr kann die Kinderlosigkeit eigentlich nicht liegen, denn sie hat in Portugal während ihrer kurzen Ehe mit Manuel zwei Kinder zur Welt gebracht.

Die Ursachen sind wohl eher bei François zu suchen, von dem ja früh das Gerücht geht, er habe sich mit einer galanten Krankheit infiziert. Wenn er das eheliche Bett vielleicht auch äußerst selten aufgesucht haben mag, mit seiner Mätresse Anne d'Etampes (und einigen anderen Damen) hat er die Freuden der körperlichen Liebe weidlich genossen. Doch in all den Jahren von seiner Rückkehr aus Spanien bis zu seinem Tod hört man nie von einem Bastard - und das legt den Schluss nahe, dass er zeugungsunfähig geworden ist.

Eleonor als Stiefmutter

Da Eleonor so auch die Tröstungen der Mutterschaft versagt bleiben, bemüht sie sich um so mehr, ihren Stiefkindern die Mutter zu ersetzen. Erfolg hat sie dabei nur bei Dauphin François, der mit ihrer so schmerzhaft vermissten Tochter verlobt ist. Der junge François wird der einzige in der königlichen Familie sein und bleiben, der sie wirklich gern hat. Umso seltsamer, dass die zukünftige Dauphine Maria nicht wie allgemein üblich an den Hof ihres Zukünftigen geholt wird.

Der König betrachtet das gute Verhältnis zwischen Eleonor und Jung-François schon mit Argwohn, zumal sich der Thronfolger nicht scheut, für seine Stiefmutter gegen ihn Partei zu ergreifen, wenn er meint, sie sei im Recht. Der zweite Sohn, Henri, weicht ihr stets aus und wird später einer ihrer erbittertsten Gegner werden. Die Mädchen stehen zu sehr unter dem Einfluss ihrer Tante Marguerite, um den Annäherungsversuchen der Stiefmutter nachzugeben. Das gilt auch für den jüngsten Sohn, Charles. So fließt Eleonors Leben als Königin von Frankreich in ruhigen Bahnen - meist fern vom Hof, dem Brennpunkt des Geschehens - dahin.

Buch 4

Eine neue Frauengeneration - kaiserliche Triumphe und Verluste

Marie, neue Regentin der Niederlande

Brüssel, Januar 1531

Es gibt keine bessere

Im Januar 1531 wird der Kaiser in den Niederlanden mit großem Jubel empfangen. Als „Chef vor Ort" führt Johannes von Dänemark das feierliche Empfangskommittee in Brüssel an. Die Generalstaaten verehren Karl eine Serie von Wandteppichen, die den Triumph des Kaisers über den König von Frankreich bei Pavia darstellen.

Nach dem von allen tief betrauerten Tod Margarethas steht ihr verantwortungsvoller Posten zur Disposition. Eigentlich haben die „Geschwister Austria" sich schon im vergangenen Sommer auf die einzig mögliche Nachfolgerin geeinigt: Marie, verwitwete Königin von Ungarn. Karl ist überzeugt, dass sie ungeachtet ihrer Jugend die nötigen intellektuellen Fähigkeiten, die Leidenschaft und das Gefühl für Politik, die Offenheit des Geistes und die Durchsetzungsfähigkeit hat, um die Tante zu ersetzen. Er lässt zunächst Ferdinand vorfühlen, ob die Schwester bereit sei, diese anspruchsvolle Aufgabe zu übernehmen. Erst als sie nicht gleich ablehnt, schreibt Karl Anfang Januar 1531 eigenhändig an sie und bittet sie, das Amt zu übernehmen. Er erklärt auch, warum er glaubt, dass sie für diesen Posten die Richtige sei.

Marie hat ihre Zweifel - andere auch -

ob sie dieser Aufgabe wirklich gewachsen sein wird. Sie kokettiert ein wenig mit der Beschränktheit ihres weiblichen Geistes, doch das meint sie nicht ganz ernst. Ernster zu nehmen sind ihre generellen Zweifel an den eigenen Fähigkeiten, wenn sie sie an der Größe der auf sie zukommenden Aufgaben misst. Dies sind Zweifel, die Karl zumindest in seiner Jugend auch nicht fremd waren. Allerdings hatte er kaum je Gelegenheit, sie einem anderen Menschen gegenüber zu artikulieren.

Auch andere melden Zweifel an Maries Eignung für das Amt an, allen voran Karls Beichtvater Loaysa, der sie mit ihren fünfundzwanzig Jahren zu jung und zu hübsch findet. Vor allem wärmt er all die eigentlich längst ad acta gelegten Gerüchte über ihre

Neigung zur „Neuen Religion“ wieder auf. Noch einmal von den Brüdern auf Treu und Gewissen hierzu befragt, gibt sie offen zu, die Schriften Luthers und anderer Reformer gelesen zu haben. Allerdings vor allem, um sie widerlegen zu können, fügt sie gewitzt hinzu. Sie selbst fühle sich in der katholischen Kirche zu Hause und habe nicht im Sinn, sie jemals zu verlassen. Sie habe sogar schon überlegt, in ein Kloster einzutreten, vielleicht in Spanien, um in der Nähe der Mutter sein und sich um sie kümmern zu können.

Außerdem seien ihr die Anschauungen Luthers längst zu radikal, sie tendiere viel mehr zu Erasmus, und der sei selbst in Spanien akzeptiert. Er entspricht ihrem beweglichen Geist wohl auch viel mehr als der bodenständig-schwerfällige Luther. Letztlich ist es Karl egal, was sie privat glaubt oder nicht. Die Regentin muss nur in offiziellen Stellungnahmen klar zeigen, dass sie seine und damit die Linie der Casa de Austria vertritt. Deshalb soll Marie die Reste ihres ehemaligen Hofstaates zurücklassen, Karl wird ihr bei der Zusammenstellung eines angemessenen neuen helfen. Das dürfte Marie nicht leichtgefallen sein. Überhaupt übernimmt sie die Regentschaft nicht aus Neigung, sondern aus einem Gefühl der Verpflichtung der Familie gegenüber. Es wird Momente geben, in denen sie um Ablösung bittet, weil sie sich der Last nicht mehr gewachsen fühlt. Doch immer wird sie bleiben und sich mit unglaublicher Energie in die Probleme des Landes verbeißen.

Krems - Louvain, Frühjahr 1531

Die Regentin kommt ...

Marie kann am 10. Februar mit wahrhaft „leichtem Gepäck“ in Krems aufbrechen, um in das Land ihrer frühen Kindheit zurückzukehren. Es wird keine der für sie später so typischen Expressreisen. Immer wieder wird sie in größeren und kleineren Städten von den Honoratioren mit Ansprachen empfangen, die sie in der Landessprache beantworten kann. Von allen Geschwistern spricht sie mit Abstand am besten Deutsch, nur ihre Rechtschreibung bleibt „französisch“. Oft genug reicht die Zeit noch für ein Jagdvergnügen auf dem einen oder anderen Herrensitz.

Der kaiserliche Bruder kommt ihr bis Louvain entgegen. Er empfängt sie dort mit allen Ehren und den üblichen Festereien. Doch im Wesentlichen sind die nächsten Monate mit ernsthafter Arbeit ausgefüllt. Karl sollte eilends zurück ins Reich, doch erst müssen die Niederlande versorgt, die Regentin in ihr kompliziertes

Amt eingeführt werden. Während Margaretha zuletzt fast die Rechte einer Souveränin hatte und ihre Räte und ihren Hof selbst bestimmte, will Karl der noch unerfahrenen Schwester so viele Freiheiten nicht von vornherein zugestehen.

... und manches ist im Argen

Durch die ununterbrochenen Kriege mit Frankreich und die nie wirklich beigelegten Grenzstreitigkeiten sind weite Landstriche verwüstet. Dem damaligen Brauch entsprechend ist ein Kriegszug mit dem Friedensschluss für die Menschen im umkämpften Gebiet nicht zu Ende. Die Söldner werden zwar entlassen, doch niemand organisiert ihren Rücktransport, sondern sie ernähren sich „aus dem Land". Daraus entsteht das Paradox, dass die eigentlichen Belastungen des Volkes mit dem Frieden beginnen. Meist muss dieser noch in Form von zusätzlichen Steuern bezahlt werden.

1531 sind die Lutheraner in den Niederlanden keine Gefahr mehr. Die rigorosen Gesetze Karls, die Margaretha durchzusetzen gewußt hat, haben sie nie recht Fuß fassen lassen. Die Religion des Herrschers ist für alle Untertanen verbindlich. Wer von der Religion abfällt, ist juristisch Verräter und Rebell. Obwohl sich die Humanisten zunehmend von der Neuen Religion distanzieren - Erasmus hat bereits 1524 öffentlich mit Luther gebrochen - hat die rigorose Haltung in der Religionsfrage zu einer tiefsitzenden Unzufriedenheit mit der Regierung geführt.

Brüssel, Sommer 1531

Die schlichte Witwe

Als Marie in die Niederlande kommt, trägt sie schlichte, aber auffallend elegant geschnittene Witwenkleider, auf denen keinerlei Juwelen blitzen. Ihr junges, aber immer blass und etwas müde wirkendes Gesicht ist umgeben von einer weiß-leinernen Haube von strengem deutschem Schnitt, die sich doch sehr von den schmeichelnden Mousselingebilden Margarethas unterscheidet. Überhaupt hat sie wenig von dem ewig weiblichen Charme der jungen Tante. Ihr Gesicht mit den leicht vorstehenden Augen, den schweren Lidern und den vollen Lippen scheint oft einen leicht verächtlichen Zug zu tragen, drückt immer kühle Distanziertheit aus.

Welch ein Unterschied zwischen Margaretha, die auch in den Jahren der Bitterkeit Freundlichkeit und Charme versprühte und dieser hochmütigen jungen Frau, deren Gesicht nie verrät, was sie gerade denkt. Beide sind hochgebildet, aber während die Tante mehr den Künsten zugeneigt war und ein Leben in künstlerisch gestalteten Innenräumen pflegte, ist die Nichte rein intellektuell und zieht das Leben an frischer Luft vor. Sie liebt die Jagd über alles und wird ausreichend Gelegenheit haben, eine Vorliebe für militärische Inspektionsreisen zu entwickeln.

Dass Marie ein anderes Konzept hat als die Tante, zeigt sich zuerst darin, dass sie Malines als Regierungssitz und Residenz ablehnt. Es ist ihr sicher zu weiblich. Sie wählt Brüssel, weil es zentral liegt und im Bereich der Sprachgrenze, was ihre Haltung als ausgleichende Vermittlerin deutlich machen soll. Außerdem spricht für Brüssel, dass es von Wäldern umgeben ist, die Marie ununterbrochenes Jagdvergnügen gewährleisten.

Verlautbarung des böhmisch-ungarischen Hofes:
Am 15. Mai 1531 melden Königin Anna und König Ferdinand voller Stolz und Freude aus Prag die Geburt ihres fünften Kindes. Es ist wieder eine Tochter, und sie wird Maria getauft. Sie heiratet auf dem Regensburger Reichstag von 1546 - als Unterpfand des Friedens mit Kleve. Sie residiert in Düsseldorf und hat sieben Kinder, darunter den letzten Herzog von Jülich-Kleve-Berg, den irrsinnigen Johann Wilhelm. Maria stirbt am 11. Dezember 1592 auf Schloss Hambach und wird in Kleve beigesetzt.

Maries Kompetenzen und Aufgaben
Am 6. Juli 1531 wird Marie den Generalständen offiziell als künftige Regentin vorgestellt. Sie gleicht dem Bruder sehr, wenn sie mit undurchdringlicher Miene neben ihm sitzt, klein und schmal in schlichter und doch bestechender Witweneleganz. Den aufgezeigten Schwierigkeiten will Karl mit eng umschriebener Festlegung aller Kompetenzen begegnen, ähnlich, wie er es bei Isabel in Spanien geregelt hat. Marie bekommt einen Stab von Experten für alle wahrscheinlichen und eventuellen Probleme zugeteilt.

Es wird ein Konzept ausgearbeitet, das ihr drei Ratskollegien an die Seite stellt. Dabei ist das wichtigste der Staatsrat, der sich mit der sogenannten „Großen Politik“ befasst. In diesem Sonderfall schließt das auch die Lage in Karls Gesamtreichen ein. Der Conseil Privé ist für die inneren Angelegenheiten, Jurisdiktion, Polizeisachen und Verwaltung zuständig. Das Sujet des Finanzrats ist im Namen definiert. Um die Finanzen steht es momentan - 1531 - besonders schlecht, denn Fugger und Welser verweigern weitere Kredite. Am 7. Oktober 1531 ist das Papier, das die Regentschaft Maries regelt, endlich unterschriftsreif.

Auf Marie wartet, ähnlich wie auf Tante Margaretha ein Vierteljahrhundert zuvor, als zweite große Aufgabe die Erziehung der dänischen Halbweisen, der drei Kinder Elisabeths. Die Mädchen Doro und Christina sind inzwischen zehn und neun Jahre alt, es ist also abzusehen, dass dynastische Ehebündnisse ins Haus stehen. Der Erbe der Dänenkrone, Johannes, ist dreizehn Jahre alt, ein aufgeweckter und hübscher Junge, der selbst Karls Herz auf Anhieb gewinnt.

Der erste Eindruck täuscht

Mitte Juli erfolgt die offizielle Amtseinführung der Regentin im Beisein aller geistlichen und weltlichen Führer des Landes. Äußerlich ruhig und unbewegt auf ihrem Thron neben dem des kaiserlichen Bruders sitzend, flattern Maries Nerven vor dem beängstigenden Augenblick, in dem sie erstmals vor all diesen Zelebritäten das Wort ergreifen muss. Ihre Tortur dauert endlos. Zunächst spricht Karl eine geschlagene Stunde, kündigt seine Abfahrt an, beschwört seine Zuhörer, treue Katholiken zu bleiben und keine häretischen Bücher zu lesen. Jeder, der das tue, sei sein persönlicher Feind.

Er verpflichtet alle Anwesenden zum Gehorsam gegenüber Königin Marie. Auch wenn sie noch unerfahren sei, sagt der Kaiser und scheint eine Ewigkeit nach dem rechten Wort zu suchen - qualvolle Sekunden, die sich für Marie endlos dehnen -, so werde sie doch unterstützt vom erfahrenen Urteil der Mitglieder ihres Rates. Der Kanzler antwortet ebenso ausführlich und endet mit großer Emphase, Karls Untertanen seien untröstlich über seinen Weggang, er möge doch baldmöglichst zurückzukommen. Einige der Anwesenden können ihre Bewegung nicht verbergen und Nassau seine Tränen nicht zurückhalten.

Dieser emotionsgeladene Moment ist es, in dem Marie sprechen muss. Ihr meist bleiches Gesicht ist gerötet, sie spricht eine halbe Stunde, aber so leise, dass selbst die ihr am nächsten Sitzenden sie kaum verstehen. So kann ihr erstes öffentliches Auftreten nichts von den Zweifeln beseitigen, die man an der Fähigkeit der jungen Frau hat. Mancher gewinnt den Eindruck, mit dieser schüchternen Regentin könne man leichter fertig werden als mit Madame Margaretha. Sie werden sich noch wundern! Doch zunächst erhalten die Niederländer keine Chance, die Qualitäten ihrer Regentin kennenzulernen, denn verschiedene Angelegenheiten zwingen Karl, seine Abreise nach Deutschland noch einige Monate zu verschieben.

Nördliche Niederlande, Sommer und Herbst 1531

Immer noch Ärger mit Christian

Dieser unerwünschte Emigrant lauert immer noch auf eine Möglichkeit, mit Gewalt seine Länder zurückzuerobern. Für die Niederländer ist er eine ständige Bedrohung ihres guten Verhältnisses zum holsteinischen Dänenkönig. Dessen Wohlwollen ist eine Bedingung des lebenswichtigen Ostseehandels. Deshalb haben die Stände mehrfach gegen Christians Bleiben protestiert.

Margaretha hat ihn auf Befehl des Kaisers geduldet, obwohl seine raue und rückgratlose Persönlichkeit in ihr eine heftige Aversion auslöste. Karl hält von Christian auch nicht viel. Wie könnte er einen Mann achten, der sich von seinem Thron vertreiben lässt, sich öffentlich zu Luther bekennt und dann widerruft, wenn er sich einen Vorteil davon verspricht! - Karl geht es darum, die Kinder unter seinem Einfluss zu behalten, sind sie doch Pfänder dynastischer Möglichkeiten, und vielleicht kann man ihre berechtigten Ansprüche auf die Dänenkrone ja eines Tages einklagen.

Als Karl nach Brüssel zurückkehrt, ist Christian sofort zur Stelle. Doch Karl ist schon wieder zu sehr Niederländer, um ein für den Handel so gefährliches Unterfangen wie die Eroberung Dänemarks öffentlich zu unterstützen. Also beschließt Christian, sich endlich selbst zu helfen. Er hebt Truppen in Ostfriesland aus und fällt über Overijssel in Holland ein. Dort verlangt er von den Ständen Schiffe, Kanonen und Munition für seine Expedition gegen den wichtigsten Handelspartner der Holländer. Leider gibt es genug Abenteurer und mittellose Glücksritter, die sich liebend gern einem Condottiere wie Christian anschließen. So gelingt es ihm mithilfe von Strauchdieben und Strandräubern die Stadt Alkmar zu plündern, noch bevor die Generalstaaten überhaupt eine Chance zur Reaktion haben. Der Rest seiner Piratenbande macht derweil die Gegend von Utrecht unsicher.

Wie man ihn endlich los wird

Gegen solche Renegatenmethoden ist Karl im Augenblick genauso machtlos wie Holland selbst. Nur durch Nachgeben ist die unmittelbare Gefahr von den nördlichen Provinzen abzulenken. So kann ein triumphierender Christian Ende Oktober mit fünfundzwanzig stabilen holländischen Schiffen und 6.000 Mann in See stechen. Er sucht zunächst Verbündete in Norwegen, wo er immer beliebt war und wo es viele Rebellen gibt.

Und immer wieder: Heiratspolitik

Im Jahr zuvor erreichte den kaiserlichen Hof eine Anfrage aus Mailand, ob man sich eine Heirat zwischen dem Enddreißiger Franzesco Sforza und der zehnjährigen Dorothea von Dänemark vorstellen könne. Marie ist entsetzt, weniger wegen des Altersunterschiedes als vielmehr weil Sforza kein Souverän, sondern ein Vasall des Reiches ist, eingesetzt von des Kaisers Gnaden.

Dann doch lieber Schottlands James, der vor kurzem noch um ihre eigene Hand angehalten hat. Doro wurde 1528 als zu jung abgelehnt, inzwischen wurde dieses Argument auf natürlichem Wege geringer. In Wahrheit hält man die Tochter eines exilierten Dänenkönigs für unter der Würde des erlauchten Hauses Stuart. Marie und Karl kommen zu keiner Entscheidung, Karl muss ins Deutsche Reich, dringend, doch der Abschied muss zuvor gebührend gefeiert werden.

Brüssel, im Winter 1531

Fest zu Karls Abschied

Das Fest des portugiesischen Botschafters anlässlich der Geburt eines Thronfolgers eröffnet den Reigen. Auf dem Platz vor dem Haus der Botschaft findet ein Turnier bei Fackelschein statt. Von einem mit grünem und weißem Samt drapierten Balkon schauen Marie, Karl und die Dänenkinder dem Spektakel zu.

Beim anschließenden Festessen sitzt Karl zwischen Marie und seiner Nichte Doro und ist fröhlicher und gesprächiger als üblich. Dabei isst er ununterbrochen von den unzähligen Gängen, deren Folge immer wieder von musikalischen Einlagen unterbrochen wird. Auf das Essen folgt eine von maskierten Spaniern und Italienern aufgeführte italienische Komödie, die mit dem Auftritt Cupidos in einem Triumphwagen umringt von Göttinnen endet. Portugiesischer Wein in goldenen Bechern, kandierte Früchte auf chinesischem Porzellan werden ständig kredenzt. Damit nicht genug, der Gastgeber beschenkt alle Damen mit Parfüms in Kristallflacons und anderen Aufmerksamkeiten. Bis spät in die Nacht erklingt Tanzmusik in den Räumen der Botschaft, und niemand geht vor zwei Uhr nachts zu Bett.

Der Glanz des Reiches geht ...
Die Brüsseler bestaunen das Treiben von Fenstern und Dächern der umliegenden Häuser und haben in den folgenden Wochen noch manche Gelegenheit, prachtvolle Umzüge und rauschende Feste zu begaffen. Ihre eher beschauliche Stadt ist plötzlich zur Hauptstadt eines Weltreiches geworden, in der über das Schicksal von Millionen - Menschen und Talern - entschieden wird. Doch der Rausch dauert nur wenige Wochen. Als der kaiserliche Hof mit all seinem Glanz abzieht, werden hier fast ein Jahrzehnt keine politischen Entscheidungen von weltweiter Bedeutung fallen, denn solange wird Karl seine Niederlande der alleinigen Regentschaft der Schwester überlassen.

... niederländische Probleme kommen
Brüssel wird zur Provinzhauptstadt einer unerfahrenen Regentin. Marie wird sehr schnell ein ökonomisches Grundgesetz dieser Provinzen kennenlernen: Fahren keine Schiffe im Baltikum, ist kein Brot auf dem Tisch. Ist kein Brot auf dem Tisch, gibt es keinen Gehorsam gegen die Regierung. Als Antwort auf Christians Piratenzüge in der Nordsee sperrt Dänemark im Einverständnis mit der Hanse den Sund für die Niederländer. Das fürchten letztere aus Erfahrung mehr als Springfluten und Epidemien, denn es bringt Arbeitslosigkeit, Hunger und Revolten.

Die nördlichen Provinzen schicken eigene Unterhändler nach Kopenhagen, um die Lage zu erklären und den Ruin abzuwenden. Sie bitten aber auch Marie um eine offizielle Intervention zu ihren Gunsten. Da die Regentin Order hat, möglichst alle Differenzen auszugleichen, schickt sie einen kaiserlichen Rat hinter den Holländern her. Man kann in Kopenhagen zu einer Einigung gelangen, doch die Hanse will sich die Gelegenheit nicht nehmen lassen, den Niederlanden zu schaden. Holländische Schiffe werden aufgebracht, eine Blockade gegen Texel organisiert. Die nördlichen Provinzen befinden sich im Krieg. Die Folgen sind katastrophal, das Land kann dort die Menschen nicht ernähren. Statthalter Hoogstraten stellt klar, dass man die kaiserliche Politik für das Disaster verantwortlich macht. Er weist unmissverständlich daraufhin, dass man sich einen anderen Herrn suchen wird, wenn Marie nicht binnen kürzester Frist Abhilfe schafft. Marie steht allein, denn Karl ist im Reich von Schwierigkeiten umzingelt.

Kopenhagen, Frühjahr 1532

Schuldzuweisungen
Inzwischen war Christian im Winter 1531 in Norwegen ganz gut aufgenommen worden. Doch im Frühjahr kann der Holsteiner ein dänisches Heer und eine hanseunterstützte Flotte aussenden. Wieder gibt Christian kampflos auf. Er will mit dem Onkel in Kopenhagen verhandeln. Seine in Holland rekrutierten Männer und die Norweger, die ihn unterstützt haben, lässt er schmählich im Stich, als man ihm freies Geleit nach Kopenhagen zusichert. Es hätte ihm klar sein müssen, dass sich weder die Holsteiner noch die Dänen, noch die Hanse an ein ihm gegebenes Wort gebunden fühlen! Man beschließt seine Inhaftierung auf der Sonderburg. Seine Tobsuchtsanfälle helfen ihm nichts. Einer der möglichen Liebhaber seiner längst verblichenen Dyveke zerrt ihn am Bart und reißt ihm die Vlieskette vom Hals. Christian verschwindet für den Rest seines noch langen Lebens in dänischen Verliesen.

Regensburg - Wien, Frühling, Sommer, Herbst 1532

Unfälle und Anfälle
Karl will Anfang 1532 im Reich eine tragfähige Ordnung herstellen und endlich zurück nach Spanien, um die vernichtende Schlacht gegen die Muslime im Mittelmeer zu schlagen. Doch es soll mal wieder alles ganz anders kommen. In seiner Begleitung reist sein Neffe Johannes, ein hübscher blonder Bengel, aufgeweckt und fröhlich, den er wie einen Sohn behandelt. In gut zwei Dutzend Orten kehren der Kaiser und sein Neffe unterwegs ein, immer ist es der gleiche Aufwand mit Empfängen und Ansprachen, mit Speis und Trank.

In Regensburg stürzt der Kaiser bei einer Jagdpartie vom Pferd und verletzt sich das linke Bein. Zunächst verläuft die Heilung normal, doch dann steht Karl zu früh auf und erleidet einen Rückfall. Der ungeduldige Patient kann den Juckreiz nicht ertragen und kratzt sich die Wunde immer wieder auf. Die mangelnden Hygienekenntnisse der Zeit lassen daraus eine Wundrose entstehen, die solche Schmerzen bereitet, dass Karl schon an Amputation denkt. Gleichzeitig erleidet er den dritten und bisher heftigsten Gichtanfall seines noch jungen Lebens.

Schonung oder Offenheit

Es ist interessant, auf welch unterschiedliche Weise die derzeit für Karl wichtigsten Frauen Nachricht über sein Missgeschick erhaltenen. Isabel in Spanien erfährt von seiner Verletzung und dem Stand der Dinge aus offiziellen Bulletins des Leibarztes. Sie ist in erster Linie die Kaiserin, Königin und Mutter seiner Kinder. An Marie schreibt Karl eigenhändig, er habe sich inzwischen überlegt, ein schmerzendes Bein aus eigenen Knochen, Fleisch und Blut sei ihm doch lieber als ein schmerzfreies aus Holz. Also werde er brav die Kur an der Heilquelle machen, auf die die Ärzte soviel Hoffnung setzen. Die kleine Gefährtin seiner frühen Kindheit wird langsam eine enge Vertraute, mit der er kumpelhaft über solche Lappalien wie Reitunfälle scherzen kann.

Im Sommer 1532 wechseln Regengüsse mit brüllender Hitze, dann wieder gibt es unerwartete Kälteeinbrüche. Jedermann ist erkältet. Karl natürlich auch, noch bevor er sich an die Heilquelle zurückzieht. Dort angekommen erfährt er, dass Johannes ebenfalls an Fieber erkrankt ist und bricht seine Kur ab. Doch als das Kind in tiefe Bewußtlosigkeit fällt, kann er es nicht ertragen, das Sterben des Knaben mit anzusehen, auf den er im Stillen große Hoffnungen gesetzt hat und kehrt zu seiner Heilquelle zurück.

Tod des Lieblingsneffen

Der kleine Prinz stirbt am 12. August 1532 mit dreizehneinhalb Jahren. Nach einer Trauerfeier, an der alle zum Reichstag Versammelten teilnehmen, wird die Leiche des kleinen Dänen in die Niederlande überführt und im Grab der Mutter beigesetzt. Wieder ist es Marie, der Karl gesteht, dass ihm in seinem ganzen Leben nie etwas so nah gegangen sei wie der Tod dieses Neffen. Nicht einmal der Tod des eigenen Sohnes Ferdinand, der allerdings noch ein Kleinkind gewesen sei, das er nie gesehen habe. Karl fühlt sich sogar schuldig am frühen Tod des Dänenprinzen, denn er fährt fort, er sei überzeugt, Johannes könne noch leben, wenn er ihn in Maries Obhut gelassen hätte. Er scheut sich auch nicht zu schreiben, dass es ihm recht sei, der Vater Christian wäre tot, wenn nur Johannes an seiner Stelle leben würde. Der Kaiser denkt auch an die Nichten und bittet Marie, sie zu trösten. Letztlich sei das Einzige, was man wirklich für die Mädchen tun könne, sie gut zu verheiraten! Verfolgt man allerdings Christinas erste Ehe, müssen schon Zweifel gestattet sein, ob Karl da nicht sehr bald wieder alle menschlichen Vorsätze der Politik geopfert hat!

Depeschen aus Nueva Espagna:
Am 30. März 1532 schließt der ehemalige Schweinehirt Pizarro aus der Estremadura die Eroberung Perus erfolgreich ab.

Dann ist da noch der Reichstag
Die Debatten sind unfruchtbar, und so einigt man sich erneut auf die Vertagung der Religionsfrage bis zum Konzil, das momentan allerdings unwahrscheinlicher denn je ist. Auf Parellelverhandlungen in Nürnberg schließen die Reichsstände den „Nürnberger Religionsfrieden". Damit erlangen die Lutheraner religiöse Duldung und Nießnutz der eingezogenen Kirchengüter, solange sie volle Unterstützung gegen die Türken gewährleisten, denn in Konstantinopel rüstet Suleiman wie nie zuvor.

Erster militärischer Triumph Karls?
Im August erfährt Karl, dass Suleiman seine Janitscharen selber führen wird und beschließt, sich an die Spitze des christlichen Heeres zu setzen. Nassau, Alba und de Vasto ziehen mit Karl und seinem Heer von - man höre und staune - 90.000 Infanteristen und 30.000 Reitern. Damit bilden Deutsche, Italiener, Spanier und Niederländer eine der größten christlichen Armeen aller Zeiten. Auf dem Mittelmeer erobert der sieggewohnte Doria wichtige türkische Stützpunkte. Angesichts dieser Verluste, der Entfernung von den Nachschubbasen und der Stärke des heranziehenden Heeres, sowie der düsteren Voraussagen seines Astrologen zieht der Sultan sich gegen Ende September zurück. Karl erreicht am 23. Wien, ohne dass es zu der von ihm ersehnten Schlacht gekommen wäre. Dennoch kann er im Triumph dort einziehen.

Verlautbarung des böhmisch-ungarischen Hofes:
Am 14. August 1532 melden Königin Anna und König Ferdinand voller Stolz und Freude aus Innsbruck die Geburt ihres sechsten Kindes. Es ist wieder eine Tochter, und sie wird Magdalena getauft. Nach dem Tode des Vaters 1564 legt sie die Trauerkleidung nie wieder ab. Da ihr als Frau die Aufnahme in den Jesuitenorden versagt ist, gründet sie das „Königliche Stift" in Hall in Tirol und leitet es zweiundzwanzig Jahre. Sie stirbt am 10. Dezember 1590. 1707 werden ihre Gebeine in die Jesuitenkirche von Hall überführt.

Karl fordert das Konzil
Karls Anwesenheit an der Spitze des mächtigen christlichen Heeres hat anscheinend genügt, um den Sultan zum Rückzug zu zwingen. Das bringt Karl einen gewaltigen Prestigeschub, und den gilt es zu nutzen. Die Regelung der Einzelheiten für Wien überlässt er Ferdinand, und schon nach knapp zwei Wochen enteilt er nach Italien, um moralischen Druck auf den wankelmütigen Medici-Papst auszuüben. Karl schlägt eine Einladung nach Venedig aus, eilt weiter, rastet erst bei den Gonzaga in Mantua. Ab Mitte Dezember hält er Hof in Bologna, wo er den ganzen Winter über bleibt.

Exkurs: Wandel der Einstellung Karls in der Konzilsfrage
1521 in Worms billigt alle Welt Luther allenfalls lokale Bedeutung zu, ein allgemeines Konzil scheint nicht dringlich. Die Forderung nach einem Nationalkonzil steht für Karl als Universalisten nicht zur Debatte. Für alle Renaissancepäpste ist das Wort Konzil ein rotes Tuch, denn ein Konzil bedroht die päpstliche Allmacht. In dieser Zeit brauchte Karl den Papst für seine Italienpolitik. Um 1520 waren die Reichsfürsten noch keine Lutheraner, aber die Kirchenreform war ihnen Anliegen und Luther ihr Faustpfand. Das zwang Karl zu einem Seiltanz zwischen Rom und Reich.

Drei Jahre später geht er auf die Konzilsforderung ein, denn nun konnte er sie als Konzilsdrohung gegen den Vatikan benutzen. Auch ein Nationalkonzil erschien ihm nicht mehr unmöglich. Ab 1530 nimmt die Religionspolitik in seinem Gesamtkonzept einen höheren Stellenwert ein, denn die Verhältnisse haben sich gewandelt. Seit dem Reichstag von 1526 waren Landeskirchen entstanden, die die Religionshoheit des Reiches offen in Frage stellen. Auf seiner Fahrt nach Augsburg im Frühsommer 1530 hatte Karl sich über die Situation aufklären lassen und gestanden, er habe bisher darüber zu wenig gewußt.

Karls neues Wissen zeitigt zwei Ergebnisse:
Erstens: Der Kaiser fordert das Konzil nun ernsthaft, er will eine grundlegende Reform und Neugestaltung der Kirche, denn er hofft immer noch, eine endgültige Spaltung verhindern zu können.

Zweitens: Er fordert vom Reichstag die Diskussion der Religionsfrage und macht ihn damit quasi zu der Nationalversammlung, die er bislang strikt verweigerte.

Mit dem Scheitern der Gespräche ist er an sich kriegsbereit, lässt sich jedoch von sofortigem Handeln abraten. Verweigerung der Rückerstattung von Kirchengut gilt nun als Landfriedensbruch und wird vor dem Reichskammergericht verhandelt. Das hat à la longue zur Folge, dass die Gerichtshoheit des Reiches generell in Frage gestellt wird.

Mit den „Anständen" von Frankfurt und Nürnberg wird die Toleranz zu einer nicht mehr wegzudenkenden Alternative, die allerdings für Karl auf Dauer unerträglich ist. Wenn die Einheit der Religion als Reichsgrundsatz aufgegeben wird, verliert die universale Autorität des Kaisers ihre Grundlage. Die Anstände können für ihn immer nur aus der Not des Augenblicks geborene Übergangslösungen sein. Sein eigentliches Ziel muss die Rückführung zur Einheit der Kirche bleiben. Mittel hierzu soll das Generalkonzil sein. Der Papst sieht dessen Unumgänglichkeit langsam ein, fürchtet aber nach wie vor eine daraus erwachsende Übermacht des Kaisers.

Bologna - Genua, Februar/März 1533

Politik und Kultur in Italien

Deshalb lässt Clemens VII. Karl drei Wochen auf ein Zusammentreffen warten. Er erscheint erst im Februar in Bologna. An dem Konzil hat der Papst kein wirkliches Interesse, gibt nur vage Zusagen. Clemens erkennt aber den politisch-militärischen status quo in Italien an. Der Kaiser kann mit dem Erreichten für den Augenblick zufrieden sein. Karl gönnt sich ein wenig Kultur, hört viel Musik, ein wenig Dichtung und trifft zum ersten Mal Tizian, den er in den Grafenstand erhebt und in den Orden vom Goldenen Sporn aufnimmt. Allzuviel Zeit verbringen sie nicht zusammen, diese Männerfreundschaft entwickelt sich zäh. Tizian malt zwar das Porträt Karls mit Dogge, doch sehr originär ist das nicht, es unterscheidet sich kaum von dem von Jakob Seisenegger gemalten aus dem Jahr zuvor.

Mit einigen unerklärlichen Aufenthalten zieht Karl weiter nach Genua - vielleicht hat er ja wirklich in Begleitung des Augenzeugen de Vasto das Schlachtfeld von Pavia besichtigt. Als er in Genua anlangt, findet auf dem Admiralsschiff Dorias eine Siegesfeier für die kombinierte Operation Mittelmeer - Wien statt.

Brüssel, Herbst 1532

Marie zwischen Melancholie und Hysterie

Während Karl nach Italien stürmt, stürzt Marie in den Wäldern Brüssels vom Pferd, und die durch die Verletzung erzwungene Ruhe macht sie neurotisch und melancholisch. Als im Oktober auch noch ein Komet auftaucht und obskure Sternengucker den Tod einer hohen Persönlichkeit hineindeuteln, ist Marie überzeugt, sie sei gemeint.

Sie reagiert sehr zurückhaltend, als Eleonor aus Frankreich anfragt, ob die Schwestern sich nun, da sie „Nachbarinnen" sind, nicht einmal treffen sollten. Immerhin haben sie sich achtzehn Jahre nicht gesehen! Vermutet Marie irgendwelche Ränke von François? Sie übergibt Eleonors Anfrage dem Conseil zur Beratung. Der rät zur Absage, empfiehlt aber, den endgültigen Entscheid dem Kaiser zu überlassen. Karl sieht keinen realen Nutzen in einem Treffen der Schwestern, votiert dagegen. Marie könne ja anführen, dass sich ihre Witwenschaft nicht mit dem mondänen Hofleben nach französischer Sitte vertrage. Sehr glaubhaft, der Tod des Lajos liegt ja erst sechs Jahre zurück!

Marie erkrankt erneut, diesmal an Herzrhythmusstörungen und Fieber, will aber von Ärzten nichts wissen. Die ihrerseits sind der Überzeugung, alles käme nur von ihrer wilden Reiterei. Marie kann nicht anders, sie steht um fünf Uhr morgens auf, verbringt soviel Zeit wie irgend möglich auf dem Rücken eines Pferdes und zieht sich bereits um neun Uhr abends in ihre Appartements zurück. Weist man sie auf den letzten Reitunfall oder die Gefährlichkeit wilder Ritte für Frauen im allgemeinen hin, stellt sie stets die Frage, wofür, bitte, sie sich denn vorsehen solle? Der englische Gesandte meldet nach London: „Sie glaubt, sie sei krank, wenn sie einmal vier Tage nicht reitet."

Medina del Campo - Toledo, Sommer 1532

Spanische Impressionen

In einem Brief bittet Karl Isabel im Sommer 1532 die Cortes von Kastilien einzuberufen, damit sie Gelder für den Feldzug gegen die Türken bewilligen. Isabel weilt mit ihrem Hof zu diesem Zeitpunkt bereits ein Jahr in Medina del Campo. Im Laufe des Sommers werden die gesundheitlichen Verhältnisse dort schlechter, und sie beschließt, sich in das höher gelegene Toledo zu begeben, und die Cortes nach dort zu laden. Doch inzwischen ist es August, und die

Erntearbeiten sind in vollem Gange. Isabel überlegt sich, dass es ungünstig sei, die Bauern jetzt für den Transport des Hofes von ihrer vordringlichen Arbeit abzuziehen. Sie beschließt, die Cortes nach Segovia zu laden, das auch für die meisten Delegierten näher liegt als Toledo. Die Reise nach Segovia unterbricht sie in Tordesillas, um ihre Tante und Schwiegermutter Juana zu besuchen. Der Aufenthalt wird, wie alle seiner Art nur erwähnt, nicht geschildert. Auch in den Briefen Isabels an Karl findet sich kein persönliches Wort dazu. Über das Verhältnis der beiden Frauen zueinander ist nichts zu erfahren.

Wie immer ist Isabel um die Finanzen besorgter, als es die Realität unbedingt erfordert. Bei allem wachsenden persönlichen Verständnis für Karls Weltreichsbelange bleibt sie doch als Regentin stets Sachwalterin spanischer Bedürfnisse. Sie hinterfragt immer wieder, was dem Kaiser aus spanischer Sicht notwendig erscheint. Denn trotz allen Einsatzes derer, die in der Nähe des Kaisers leben oder die Größe des Reiches zu eigenem Vorteil nutzten, das Gros der ständig im Land lebenden Spanier hat kein Interesse an dem Weltreich und noch viel weniger daran, es finanziell zu unterstützen. Diese Spanier hätten es immer noch lieber gesehen, wenn ihr König nicht Kaiser geworden wäre, sondern auf der Halbinsel geblieben und das in ihrem Verständnis durchaus große und mächtige „Imperio de las Españas“ in guter Ordnung gehalten hätte.

Privatleben der Kaiserin-Regentin:
Im Grunde ist auch Isabel mit ihrem Hof ständig auf Reisen, nur die Aufenthalte an den einzelnen Orten dauern länger, wenn Karl nicht dabei ist. In diesem Jahr ist der Hof besonders ärgerlich über die lange Abwesenheit Karls, über die ständigen Reisen, über die Unfähigkeit der Quatiermacher. Jeder wirft jedem vor, dass er nur auf seinen Vorteil bedacht, Freundschaften falsch, Lug und Trug an der Tagesordnung seien, Versprechen nicht gehalten, Hoffnungen zu oft getäuscht werden. Isabel vereinsamt dabei, weil sie nicht Partei ergreifen will und kann. Die Mahlzeiten sind ein Horror, sie sitzt allein und starr an einem Tisch, alle betrachten sie kritisch, sie darf niemanden durch einen zu freundlichen Blick, ein persönliches Wort auszeichnen. Kein Wunder, dass sie keinen Appetit hat, stets isst sie nur ein Gericht mit Fleisch, trinkt den wenigen Wein mit Wasser gemischt, lehnt das reichhaltige Angebot an Süßigkeiten ab. Aber es kann doch nicht alles nur Trübsinn und Warten auf Karl gewesen sein?

Ein Lichtblick

Freude wird sie gehabt haben, als sie mit dem vierjährigen Don Felipe nach Avila kommt. Die Stadt hat sich hektisch auf den hohen Besuch vorbereitet. Neugierige sind von weit her gekommen, die einen Blick auf die illustren Gäste erhaschen wollen. Der Prinz von Asturien sitzt hoch auf einem feurigen Pferd, das allerdings von einem Hofmann am Zügel geführt wird. Der Prinz lacht in kindlichem Stolz, winkt und wirft Kusshändchen. Die reizende Szene begeistert die Massen derart, dass die Stadt bald vollkommen verstopft ist. Die Menschen rufen ihrem Infanten Scherzworte zu und lachen. Sicher verfolgt Isabel die Szene mit mütterlichem Stolz und auch etwas Sorge. Später berichtet sie Karl vom hoheitlichen Auftreten des Prinzen von Asturien in ihrem typischen staubtrockenen Hofberichterstatterstil, der kein persönliches Gefühl zulässt. Vielleicht ist es wirklich an der Zeit, dass Karl nach Spanien und zu Isabel zurückkommt.

Zwei Damenopfer und der Triumph von Tunis

Barcelona, Frühsommer 1533

Wiedersehen mit Isabel

Am 22. April landet Karl nach vierjähriger Abwesenheit wieder in Barcelona, sehnsüchtig erwartet von Isabel. Sie berichtet ihm seit ihrem Aufbruch aus Madrid getreulich täglich, wer von wo bis wo mit ihr reist und wen Karl in Barcelona zu erwarten habe, denn Karl hat genaue Anweisungen erteilt, wen er zu sehen wünscht und wen nicht. Natürlich bringt sie auch die Kinder Don Felipe und Doña Maria mit. Sie werden sich des Vaters kaum wirklich erinnern, doch vermutlich hat die Mutter ihnen ständig von seiner Stellung erzählt und von der Verpflichtung, die diese für sie bedeutet. Isabel und Karl nehmen sich Zeit für lange Zwiegespräche, doch dabei geht es oft um „Staatsaffären".

Karl berichtet Isabel von einer veränderten Welt. Die alten Regeln gelten nicht mehr. Alle - außer ihm - handeln wie Narren, treffen Entscheidungen aus dem Augenblick für den Augenblick, einzige Richtschnur ist der persönliche Nutzen. Eine höhere Ordnung gibt es nicht mehr, zu schnell und zu radikal wurde die alte über Bord geworfen. Für ausgreifende Visionen bleibt keine Zeit, man könnte während des Nachdenkens ja schon um einen momentanen Vorteil gebracht werden.

Der geradlinige und konformistische Geist Karls kann den Ränkespielen seiner königlichen Kollegen nicht folgen. Der allerchristlichste König ist mit dem Türken verbündet und unterstützt die Häretiker! Der König von England, nennt sich Verteidiger des Glaubens und erwägt, von Rom abzufallen, nur um seine Mätresse heiraten zu können! Der Papst ist das Modell eines Schurken, der einem korrupten Hof vorsteht! Die deutschen Fürsten werden zu Adepten Luthers, nur um sich an den Domänen der Kirche zu bereichern!

François verfolgt einzig das nationalstaatliche Interesse seines Landes, wenn er sich mit allen Feinden des Kaisers und des Reiches verbündet, um die totale Hegemonie Karls abzuwehren - die Einheit der Christenheit bedeutet ihm dagegen nichts. Damit hat er sich endgültig aus den Denkschemata des Mittelalters gelöst.

Wenn Karl dies als richtig akzeptiert, wird er sein Amt aufgeben müssen! Aus Karls derzeitiger Sicht scheint mit der Akzeptanz der neuen Lehre nicht nur eine neue Epoche angebrochen zu sein, sondern auch eine Zeit ohne Ethik und Moral. Nicht ohne Größe fühlt Karl sich verantwortlich für das alte Gebäude, das kurz davor ist einzustürzen. Er resigniert nicht, er passt sich nicht an. Er ist entschlossen, den Dämonen die Stirn zu bieten, die nach seinem Verständnis über die Menschenheit hereingebrochen sind, selbst wenn er - ganz idealer Ritter - allein auf dem Schlachtfeld stehen sollte!

Depeschen aus England:
Im Mai 1533 hat Cranmere, Wolseys Nachfolger als Bischof von Canterbury, gestützt auf Gutachten einiger englischer und europäischer Universitäten die Ehe zwischen Katharina von Aragón und Henry VIII. geschieden. Unmittelbar darauf traut er den König mit der schwangeren Hofdame Anna Boleyn.

Ruhe vor dem Sturm? Metamorphose?
Bei Karl wechseln in den ersten Monaten in Spanien Phasen heftiger Aktivität mit solchen absoluter Unbeweglichkeit. Er ist dann unfähig, eine Entscheidung zu treffen, spricht sehr leise, mit fremdartiger Stimme, sein Blick ist abwesend, seine Haltung zeigt totale Niedergeschlagenheit. Plötzlich, ohne Übergang, macht er heftige Späße, lacht ein gellendes Lachen, verdoppelt seine Gefräßigkeit. Manchmal wühlt er in seinen Dossiers bis zur Dämmerung, dann schiebt er sie weg, steigt aufs Pferd und galoppiert wie ein Gejagter davon. Die beunruhigten Herren flüstern schon: „Juana la loca“. Sie irren sich - zwischen Mutter und Sohn besteht ein gewaltiger Unterschied. Die eine will bis ans Ende einer Welt fliehen, die sie nicht erträgt, der andere will alle Lasten auf sich laden, um die Welt zu retten.

Karl, der rücksichtslose Ehestifter
Während einer Phase hektischer Aktivität im Juni 1533 unterschreibt Karl den Vertrag über die Sforza-Heirat der Nichte Christina. Für die in ihrer Rücksichtslosigkeit dem persönlichen Schicksal der Betroffenen gegenüber verachtenswerte und brutale Heiratspolitik Karls gibt es zwei rationale Gründe. Erstens: In ganz Europa - selbst in den Stadtstaaten Italiens - hat sich der dynastisch-herrschaftliche Gedanke, die Erbherrschaft, durchgesetzt.

Zweitens: In Karls Riesenreich gibt es keine integrale Kraft, keine einheitlichen Institutionen, keine einheitliche Staatsidee (wie im Imperium Romanum) oder die Kraft einer Nation (wie später im British Empire). Alles, was das aus Einzelteilen bestehende Riesenreich zusammenhält, ist die Person Karls. Um es beherrschen zu können, muss er an den Schaltstellen Personen seines Vertrauens einsetzen. Trauen aber kann er nur Mitgliedern seiner Familie.

Vor diesem Hintergrund entstehen auch die beiden Heiratskontrakte, um die es nun geht. Beide sind für die betroffen Frauen - eigentlich: Kinder - unzumutbar. Seine natürliche Tochter Margarete soll - wie erwähnt - Alessandro Medici ehelichen, und seine Lieblingsnichte Christina den als Verbündeten unsicheren Kantonisten Sforza. Die Mädchen sind zehn und elf Jahre alt, und der Eheaspirant der einen ist selbst seiner Verwandtschaft unheimlich, der andere hat nicht nur ein lahmes Bein, er ist auch drei Jahrzehnte älter als die Braut, ja älter als Karl selbst.

Exkurs: Warum Sforza?
1495 kamen die beiden Söhne Ludovico Sforzas, genannt Il Moro, mit Bianca Maria Sforza ins Reich, als diese Maximilian I. heiratete und zumindest nominell Kaiserin wurde. Der ältere Bruder war einer der zeitweiligen Spielgefährten der Kinder von Malines, Francesco blieb in Innsbruck. Während der kurzen Herrschaft seines Bruders (1512-1515) kam er nach Mailand, musste sich dann nach Trient zurückziehen. 1521 wird er von den Mailändern umjubelt zum Herrscher der Stadt erwählt, die allerdings noch einmal von den Franzosen erobert wird. Nach der Schlacht von Pavia fällt Francesco wegen undurchsichtiger Machenschaften seines Kanzlers zum Nutzen der Kurie bei Karl in Ungnade.

Als Karl wegen seiner Krönung 1529/30 in Italien weilt, kommt es zur Aussöhnung, und Karl investiert Francesco erneut mit Mailand - für die enorme Summe von 900.000 Dukaten. Francesco ist zwar erst Mitte dreißig, aber chronisch krank durch den Stich des vergifteten Messers eines gedungenen Mörders, der zwar nicht den Tod brachte, aber immer wieder auftretende Lähmungen verursacht. Manchmal kann Sforza sich kaum noch bewegen. Er neigt zur Melancholie. Mit aller verbliebenen Kraft bemüht er sich um den Wiederaufbau Mailands.

Da Karl ihn nun so freundlich und vertrauensvoll behandelt und seine Mailänder dringend seine Verheiratung fordern, wagt Sforza einen Vorstoß bei Karl und bittet um die Hand einer seiner dänischen Nichten. So viel Nähe will Karl zu diesem Zeitpunkt noch nicht und hält den Freier erstmal hin. Als Karl nach seinem

Triumph vor Wien Italien durcheilt, eilt auch Sforza herbei und fragt nach. Karl hat keine grundlegenden Einwände, und die Juristen beginnen, die Feinheiten des Ehekontraktes auszuhandeln. Im Juni 1533 ist das Werk unterschriftsreif, und nun trifft es Christina.

Brüssel, Sommer 1533

Marie empört sich
Als Marie von Karl die Weisung erhält, Christina sofort auf den Weg nach Italien zu expedieren, ist sie empört. Wie gesagt, hält sie einen Sforza nicht für standesgemäß - auch wenn der Großvater Maximilian mit einer Sforza verheiratet war. Marie hat die elfjährige Christina in den schwierigen ersten Monaten ihrer Regentschaft ins Herz geschlossen. Das Mädchen ähnelt ihr selbst in Aufgewecktheit und Intelligenz und hat dazu noch die Schönheit ihrer Mutter geerbt. Marie will nicht zulassen, dass dieses kindliche „Juwel der Casa de Austria“ einem alten Invaliden angetraut wird und teilt dies ihrem Bruder auch in ihrer unverblümten Art mit.

Sie beginnt diplomatisch, politisch sei eine solche Heirat ja ein guter Schachzug. Es sei auch unzweifelhaft, dass das Kind einem direkten Befehl des vergötterten Onkels ohne zu zögern folgen werde. Auch sie selbst, Marie, sei immer bestrebt, der Sache des Bruders zu dienen. Aber sie sei nun nicht mehr elfeinhalb Jahre alt und wisse sehr wohl, was es bedeutet, wenn im Ehevertrag von schneller Consumation die Rede ist! Sie kann nicht glauben, es sei Gottes Wille, dass eine noch nicht Zwölfjährige schwanger wird, wenn das sehr wahrscheinlich weder sie selbst noch das Kind überleben, zumindest nicht unbeschadet. Sie bedauert, das alles in dieser Deutlichkeit sagen zu müssen, aber die Liebe zu dem Kind Christina verlangt diese Offenheit. Sie bittet den Bruder, alles noch einmal zu überdenken und dem Kind wenigstens noch eine Frist bis zur juristischen Ehefähigkeit (zwölfter Geburtstag) zu gewähren. Dezent weist sie noch daraufhin, dass vielleicht der Vater Christian gefragt werden müsse, auch wenn er in Dänemark in Gefangenschaft sitzt. In kaum einem ihrer erhaltenen Briefe hat Marie soviel Gefühl gezeigt, und kaum eine Antwort Karls mag sie so enttäuscht haben.

Karl gnadenlos zynisch

Karls Antwort ist bar jeglichen Gefühls. Gegen juristische und kirchliche Bedenken sei die Heirat abgesichert. Er habe diese Ehe an des Vaters Statt verfügt, der sei schließlich so gut wie tot. Die Ehe sei im Interesse des Reiches vereinbart. Schließlich opfere er selbst sich auch für seine Reiche auf und könne mit Fug und Recht das gleiche von den Frauen der Familie erwarten, seien sie nun seine Schwestern, Nichten oder Töchter. Für den „schiefen Herzog" sei Christina reif genug. Für das Mädchen wäre es vielleicht besser noch etwas zuzuwarten, doch genau das könne sich der Herzog leider nicht leisten - aufgrund seines Gesundheitszustandes. Außerdem bestehe ja die Hoffnung, dass der „Alte" (Sforza ist fünf Jahre älter als Karl selbst!) die Hochzeit ohnehin nicht lange überleben wird, und dann könne man nach einen passenderen Mann für Christina Ausschau halten!

Damenopfer Christina

Die Schwestern „Dänemark" sind so unterschiedlich wie Geschwister nur sein können: Doro ist etwas pummelig und nur mittelgroß, dabei lustig, furchtlos und lebensfroh. Ihre Augen blitzen vor Übermut, ihre wirren Locken sind schwer zu bändigen - wie sie selbst. Christina hingegen ist still und zielbewußt, scheint älter als die Schwester, ist auch größer als sie und schlank. Das Herz der Tante gewinnt sie, weil auch für sie Reiten und Jagen das Höchste ist - während Doro lieber tanzt und lacht, und Karten und andere Spiele spielt. Christina hat den stillen Charme ihrer früh verstorbenen Mutter Elisabeth geerbt, und sie ähnelt ihr sehr mit ihrem zarten, ovalen Gesicht und ihrer eher scheuen Art.

Brüssel - Lille, Herbst 1533

Maries Verzögerungstaktik

Ein gewisser Stampa kommt im September in Brüssel an, um die Heirat per procuratione mit Christina zu vollziehen und sie nach Mailand zu geleiten. Marie tut es sehr leid, die Nichte hatte gerade heute morgen einen Jagdunfall und muss auf unbestimmte Zeit das Bett hüten. Vielleicht kann er sie in ein paar Tagen kurz sprechen. Auch sie selbst hat leider gar keine Zeit, sie ist gerade im Aufbruch, um die Grenzbefestigungen im Süden zu inspizieren. Ein paar Tage später kommt Marie wieder, und Stampa darf seiner zukünftigen Herrin die Hand küssen und die Grüße seines Herrn übermitteln. Aber zum Aufstehen ist Christina noch zu schwach. Da Stampa überzeugt ist, dass sein Herr mit Christina die schönere und klügere der Kaisernichten bekommt, geduldet er sich. Zum Lohn darf er bald darauf die Prinzessinnen tanzen sehen und seinem Herrn begeistert darüber berichten.

Noch hat Marie keine Antwort auf ihre Bitte um Aufschub von Karl, und sie täuscht notwendige Verhandlungen mit Dänemark vor. Sie findet Gründe, aus denen der Hof unbedingt von Brüssel nach Lille umziehen muss. Auch das kostet seine Zeit. Inzwischen hat sie Karls vernichtende Antwort in Händen und weiß, dass sie nicht gewinnen kann - aber mittlerweile ist Oktober. Bis man in Lille für einen so wichtigen Staatsakt wie eine Heirat per procuratione gerüstet ist, das dauert leider auch noch ein paar Tage. Die Niederländer sind es gewohnt, große Ereignisse des Herrscherhauses ausführlich zu feiern, das kann man ihnen nicht verwehren …

… und schon ist November und eine Alpenüberquerung im tiefsten Winter wird der Herzog seiner zarten Braut doch wohl nicht zumuten wollen? Sforza bekommt ein allerliebstes eigenhändig in Italienisch geschriebenes Briefchen seiner Zukünftigen und muss seinen Untertanen, die schon Freudenfeuer für deren Ankunft zusammentragen, erklären, dass die Braut erst im nächsten Frühjahr kommen wird. Am nächsten Morgen begeben sich Marie und Christina in aller Hergottsfrühe bei strömendem Novemberregen zur Jagd … und sind noch mal davongekommen. Marie kränkelt den ganzen Winter über, zieht sich von allen Veranstaltungen zurück. Anfang 1534 feiert man Christinas zwölften Geburtstag mit gemischten Gefühlen. Es ist klar, dass im März, wenn der Frühling beginnt, die Schonzeit endgültig vorüber ist und Christina aufbrechen muss.

Verlautbarung des englischen Hofes:
Voller Stolz und Freude verkündenen Königin Anna und König Henry VIII. am 7. September 1533 die Geburt ihres ersten Kindes. Das gesunde Mädchen wird auf den Namen Elisabeth getauft. Stolz und Freude mögen sich bei Henry in Grenzen gehalten haben, eine Tochter hat er schon!

Verlautbarung des böhmisch-ungarischen Hofes:
Am 15. September 1533 melden Königin Anna und König Ferdinand voller Stolz und Freude aus Innsbruck die Geburt ihres siebenten Kindes. Es ist wieder eine Tochter, und sie wird Katharina getauft. 1549 wird sie sechzehnjährig mit dem gleichaltrigen Herzog von Mantua verheiratet, der schon vier Monate nach der

Hochzeit stirbt. Mit Zwanzig wird sie die dritte Gemahlin des Königs von Polen, Sigismund II. August, der in erster Ehe mit ihrer Schwester Elisabeh verheiratet war. Fünf Jahre später steht fest, dass sie keine Kinder bekommen kann. Sigismund leitet die Scheidung ein. 1562/63 trennt sich der König von ihr, und 1566 verlässt sie Polen und lebt künftig in Linz. Bis zu ihrem Tode 1572 bemüht sich Sigismund vergebens um die Scheidung. Er stirbt nur wenige Monate nach ihr. Die Kinderlosigkeit einer Austria ist also eine der Ursachen dafür, dass der nächste König von Polen Henri de Valois heißt, Enkel François I., Sohn der „florentinischen Krämerstochter" Catherine de Medicis und später als Henri III. letzter König Frankreichs aus dem Hause Valois!

Brüssel - Milano, März - Mai 1534

Kindbraut auf dem Weg nach Süden

Als Sforza im März verkünden lassen kann, dass die junge Braut am 11. in Brüssel gestartet ist, bricht auf dem Gebiet Mailands hektische Tätigkeit aus. Straßen werden geflickt, Triumphbögen errichtet, Empfangsreden gedrechselt, lebende Bilder entworfen und eingeübt, Kriegsschäden am Palast und anderen Gebäuden beseitigt. Doch der Brautzug lässt sich Zeit. Christina reist in einer schwarzen Sänfte, die von vier Pferden getragen wird, sie wird von einem Hofstaat aus zwölf Damen, vierundzwanzig Herren und vier Pagen begleitet, die alle die notwendige Ausrüstung und Dienerschaft mit sich führen. Die Trousseau ist einer Kaisernichte angemessen umfangreich, er benötigt 130 Pferde. Der Hochzeitszug schafft nicht mehr als elf bis zwölf Meilen am Tag. Nach einem Monat erreicht man die Grenze Savoyens, hier ist das Empfangsprogramm besonders umfangreich. Die Berichte, die nach Mailand abgehen, sind wahre Lobeshymnen. Die Braut sei noch gewachsen, und die Reise scheine sie überhaupt nicht anzustrengen, sie sei schöner als die Sonne.

Dann beginnt der gefährlichste Teil der Reise, die Durchquerung der Hochalpen. Man nutzt die enge Schlucht der Isère, übernachtet in der uneinnehmbaren Burg von Montmèlian, überquert den Mont Cenis und rastet in der Kapelle „Unserer Lieben Frau vom Schnee", der Bourbon bei der Alpenüberquerung mit den kaiserlichen Truppen sein Schwert weihte. In Rivoli reitet Christina die Stufen zur Burg hinauf und wird von Karls Schwägerin Beatriz von Portugal herzlich empfangen. Einige Tage später erreicht sie Vigvano, den Geburtsort Ludovico Sforzas und wird enthusiastisch begrüßt. Schließlich soll sie sich in Cussaga akklimatisieren, einst das Lieblingslandhaus von Beatrice d'Este, der Mutter des Herzogs. Es ist ein bezauberndes Anwesen. Christina empfängt Besucher, man spielt Theater für sie, und eines Tages kommt gänzlich unerwartet der Herzog selbst. Sein Anblick muss ein Schock gewesen sein.

Der Gatte tritt auf
Sforza wirkt erschreckend alt mit seinen grauen Haaren, kann sich nur mithilfe eines Stockes fortbewegen - entsetztes Gewisper unter den Hofdamen, wirklich keine geeignete Partie für eine so zauberhafte junge Prinzessin. Doch Francesco ist ein vollendeter Kavalier, und seine Höflichkeit und Sanftheit machen seine körperliche Erscheinung vergessen. Nichts kann die Freundlichkeit überbieten, mit der er seiner kindlichen Braut begegnet. Sie ist wirklich noch ein Kind, und das Erlebnis dieser neuen, südlichen Welt, die er ihr mit all ihrer Schönheit und ihren Schätzen zu Füßen legt, schmeichelt ihrer unschuldigen Eitelkeit.

Milano, Mai 1534

Einzug in Mailand
Am Sonntag, dem 3. Mai, wird der feierliche Empfang der künftigen Herzogin zelebriert. Am frühen Nachmittag wird sie in ihrer Sänfte zum Konvent S. Eustorgio gebracht, wo sie vom Halbbruder des Herzogs mit seinen Männern in Gold und Weiß empfangen wird. Sie betet am Schrein Peters, des Märtyrers und wird zu einer kleinen Erfrischung in das Gästehaus geführt, wo ihr anschließend der Bischof, der Klerus, die Magistrate und Senatoren huldigen. Nach der Vesper versammeln sich alle an der Porta Ticine, und die große Prozession beginnt. Zunächst die Truppen in prächtigen Kostümen, alle in unterschiedlichen Farben, dann die Nobiles und schließlich Christina unter einem Baldachin, den die Doctores der Universität tragen. Sie reitet einen weißen Zelter, ist ganz in weißen Brokat gekleidet und trägt einem hauchzarten Schleier über dem Haar. „Ein Anblick, mehr göttlich als menschlich", schwärmt ein begeisterter Chronist. Er kann den kleinen Nebensatz: „aber noch sehr jung" nicht unterdrücken. Bei ihrem Anblick gerät die Menge in einen wahren Freudentaumel. Zurufe, Glockengeläut, Trompetenstöße und Salutschüsse mischen sich zu einem nicht enden wollenden Creszendo.

Hinter Christina reitet Kardinal Gonzaga mit zwölf jungen Adeligen, dann folgen die Damen in Sänften und Senatoren, Bischöfe und Magistrate. Triumphbögen und lebende Bilder beschwören den Frieden, den die junge Herzogin bringt. Überall sind das kaiserliche Wappen und das der Sforzas miteinander verbunden. Allegorien stellen die Jahreszeiten dar, verherrlichen Francesco, den Sohn des großen Ludovico und Christina, Tochter Dänemarks und Austrias. Am Dom hält die Prozession, Gonzaga leitet Christina zum Altar, wo sie zunächst in stillem Gebet verharrt. Sie küsst zeremoniell den Friedensvertrag, und der Kardinal segnet sie. Die langen Wände des Kirchenschiffs sind mit Prunkteppichen und goldenen Stoffbahnen verhangen und mit Statuen der Stadtheiligen geschmückt. „Wenn man die Kirche betritt, wähnt man sich im Paradies", schwärmt der Chronist.

Der Zug formiert sich wieder, Christina besteigt ihr Pferd, und über die Straße der Goldschmiede nähert man sich dem Castello. Weitere Triumphbögen, Kopien berühmter Gemälde von Leonardo da Vinci, unzählige Wappen zieren den Vorplatz. Der Palast ist ganz in blaue Stoffbahnen gehüllt, auf denen goldene Sterne und Planeten funkeln, und über dem Portal kündet eine Inschrift: „Der weiseste aller Fürsten heiratet heute die schönste aller Jungfrauen und bringt uns das Versprechen dauernden Friedens."

Herzogin von Mailand

Die Hochzeit am nächsten Tag steht dem Einzug an Prachtentfaltung in nichts nach. Aus aller Welt treffen Glückwünsche ein. Tizian malt die junge Braut, es ist nicht klar, ob er persönlich anwesend ist oder eine Vorlage benutzt. Leider geht das Bild in Spanien verloren. Der Herzog liest seiner jungen Frau jeden Wunsch von den Augen ab. Er lässt die Appartements seiner Mutter für sie neu einrichten, die Kriegsschäden am Palast werden vollständig beseitigt, und obwohl Teuerung das Leben in Mailand belastet, nimmt man der jungen Fürstin diesen Luxus nicht übel, sie ist auf Anhieb ungemein populär.

Sforza scheint an dem heiteren Glanz ihrer Jugend zu genesen. Sie hat ihr Italienisch schnell perfektioniert und genießt die Unterhaltungen, die er zu ihrem Zeitvertreib erfindet. Liebevoll stellt er ihr einen Hofstaat zusammen. Sie schreibt ihm rührende Briefchen, wenn seine Geschäfte ihn von ihr fernhalten. Die seltsame Ehe entwickelt sich besser als erwartet.

Spanische Angelegenheiten
Karl ist unterdessen in Spanien auf dem Weg von Barcelona zur Versammlung der Cortes von Aragón in Monzón. Sie tagen bis Ende des Jahres, doch Karl eilt nach der Eröffnungsrede zurück nach Barcelona. Isabel ist ernsthaft an einem Fieber erkrankt. Sobald es ihr besser geht, kehrt Karl nach Monzón zurück. Er bedient sich dabei der „silla de poste", also der Postkutsche, ein für ihn ganz und gar ungewöhnliches Fortbewegungsmittel. Das spricht dafür, dass die Post in Aragón ungewöhnlich gut funktioniert. Isabel folgt, sobald sie genesen ist. Nach dem Ende der Ratsversammlung hält sich der Hof zwei Wochen in Saragossa auf, um dann eine Winterreise quer durch Aragón und Kastilien nach Toledo anzutreten.

Karls persönlicher Kreuzzug
Ruhe ist Karl nicht beschieden. Nur wenige Wochen ist die Familie in Toledo zusammen, schon treibt Karl ein Plan um, der die volle Zustimmung Isabels findet. Er will die Türken in Afrika angreifen und die Basis ihrer Korsarenangriffe im Mittelmeer zerstören. Ein ganzer Cocktail aus Motiven treibt ihn an: Kreuzzugsgedanken und politisch-militärische Vernunft, dazu ein Quentchen persönlicher Ehrgeiz. Nach all den Triumphen seiner Streitkräfte, an denen er keinen oder nur sehr geringen Anteil hatte, will er endlich der Welt beweisen, was er, Kaiser Karl V., als Feldherr persönlich vermag. Ein solcher Kriegszug wird teuer werden, er braucht Unterstützung seiner Granden und der Cortes. Wohl deswegen ist er ständig unterwegs, um Ressourcen zu prüfen, Mitstreiter zu begeistern. Aber auch, weil er weiß, dass er sich zeigen muss. Besonders da sein Plan auch bedeutet, dass er Spanien schon bald wieder verlassen wird.

Exkurs: Warum Tunis?
Eine Familie türkischer Piraten unter Führung der Brüder Aroudj und Chair-ed-Din, genannt Barbarossa, hatte die durch Schwäche der lokalen Dynastien entstandene Anarchie genutzt, um eine eigene Herrschaft zu errichten. 1512 eroberten sie eine Handelsniederlassung der Genuesen, 1516 Algier von den Berbern. 1518 wurde eine spanische Flotte ausgeschickt, um zu verhindern, dass die Brüder die ganze Mittelmeerküste Afrikas an sich rissen. Aroudj fiel in den Kämpfen, und Barbarossa wandte sich um Un-

terstützung an den Sultan. Der ernannte ihn zu seinem Statthalter im westlichen Mittelmeer und unterstützte ihn im Kampf gegen eine auf Karls Befehl 1519 ausgelaufene Flotte. So war die Mittelmeerküste zu einem Austragungsort des Kampfes der Moslems gegen die Christen geworden. Durch seine Stützpunkte an der afrikanischen Küste bedrohte Barbarossa zugleich Spanien, Sizilien und Neapel. Seine ständigen Überfälle dort brachten Verzweiflung und Tod, außerdem entführte er Tausende von Menschen und verkaufte sie als Sklaven.

Deshalb beschließt Karl, seinen Kreuzzug zur See gegen diesen gefährlichen Feind zu richten und Gefahr für Handel und Leben der Küstenbewohner von Spanien bis Süditalien abzuwehren. Das erscheint ihm im Sinne seiner universellen Sichtweise wichtiger, als die Türken auf dem Balkan zu stoppen. Dort bedrohen sie nur die Grenzen des Reiches und damit wirtschaftlich unbedeutende Gebiete. Er verwendet den Kreuzzugsgedanken zur Erreichung pragmatischer Ziele, die nichts mit der Rückeroberung der heiligen Stätten zu tun haben und vermischt dabei Realpolitisches und Idealistisches.

Durch Altkastilien, Frühsommer 1534

Endlose Reisen durch Spanien
Der Hof verlässt Toledo und zieht über Illescas, Madrid und El Pardo in die Berge der Guadarrama bei Segovia. Dies ist ein bevorzugtes Jagdgebiet Karls mit Kiefernwäldern unter sengender Sonne, schattigen Tälern mit kalten Bächen und einer kühlenden Brise von den oft schneebedeckten Gipfeln. Eng wie Schluchten sind die Taleinschnitte, durch die man zu dem Felssporn gelangt, auf dem das Schiff des Alcázar von Segovia gestrandet ist. Die Kathedrale ist seit neun Jahren im Bau. Eine Woche verweilt der Hof, während Karl mit ausgewählten Begleitern der Jagd frönt. Weiter zieht die Karawane, jetzt nach Westen über Villacastin nach Avila, ungefähr auf der Route der heutigen N110.

Avila
Linkerhand bleibt die Sierra de Guadarrama langsam zurück, und die Sierra de Gredos taucht auf. In Avila war Karl noch nie zuvor. Hier hat man die Strohpuppe König Enricos IV., des Stiefbruders der Isabella Católica, unter Hohngelächter verbrannt. Hier war eine der Keimzellen der Aufstände der Comuneros zu Beginn von Karls Regierungszeit. Blendet man all die ausufernden Vororte,

centros comerciales und Autowerkstätten des 20. Jahrhunderts aus, hat man das gleiche Bild vor sich wie Karl im 16. Jahrhundert: Ringsum die immer windige, leicht gewellte Hochebene, mit Granitblöcken übersät und daraus aufsteigend der Mauergürtel der Stadt, geformt aus den gleichen Granitblöcken, abweisend und kalt.

Acht Tore gewähren Zugang in die Stadt Avila, achtundachtzig Türme überragen die dicken, nur bei Sonnenschein nicht grauabweisenden Mauern. Selbst die Kathedrale ist wie eine Bastion in die Wehrmauer einbezogen und noch Anfang Juni - Karl kommt am 6. - kann Avila, in 1.130 Meter Höhe liegend, bei Wind und Regen abweisend und düster sein wie ein nebelfeuchter Novembertag in Gent. Schöner wäre ein sonniger Tag, der Kleider, Schmuck und Waffen Karls und seines Gefolges aus spanischen, niederländischen, deutschen und italienischen Herren fröhlich blitzen lässt. Zu den Festlichkeiten anlässlich des Besuches des Königs und Kaisers gehört eine Corrida, sie findet mitten in der Stadt, in der Nähe von San Juan, statt. Nach nur sechs Tagen zieht der Hof weiter, zunächst zu einer der Burgen des Herzogs von Alba bei Alba de Tormes. Heute ist sie seit Jahrhunderten Ruine, 1534 fähig, den ganzen kaiserlichen Zug aufzunehmen und zu bewirten.

Karl studiert in Salamanca

Von Albas Burg ist es nur eine bequeme Tagesreise zu Karls eigentlichem Ziel: Salamanca. Die Universität dort wird schon zu Karls Zeiten die „alte" genannt. Sie ist das „Hirn Spaniens" und den Problemen der Gegenwart mit radikaler Offenheit zugewandt. Karl kommt wegen des führenden Kopfes der Universität, Francisco de Vitoria, der seit 1526 dort lehrt. Als Karl seine Vorlesungen hört, ist Vitoria zwar erst zweiundvierzig Jahre alt und auf der Höhe seines geistigen Wirkens, aber doch schon zu krank, um zu reisen. Karl würde ihn gern als seinen Berater in Sachen Konzil gewinnen, doch Vitoria traut sich die erforderliche Mobilität nicht mehr zu.

Vitoria behandelt genau die Fragen, die auch Karl sein ganzes Leben umtreiben: die Einheit der Christenheit angesichts der sich herausbildenden modernen Staatenwelt; Kriegsrecht; die fundamentalen Fragen, die sich aus der Inbesitznahme der Neuen Welt durch Spanien ergeben. Die Kaiseridee ist mächtig, wirksam und: umstritten. In Salamanca wird gelehrt, weder Kaisertum noch die weltlichen Machtansprüche des Papstes gäben Spanien die Herrschaft über die vom Naturrecht geschützten Völker der neuen

Welt. Das vom Papst verliehene Missionsrecht sei eine Verpflichtung, und das schließe die Fernhaltung anderer Mächte mit ein, damit die Missionierung einheitlich sei.

In den Wochen, die Karl Vitorias Veranstaltungen besucht, liest der über die Päpste und Konzilien. Karl wird sicher aufmerksam zugehört haben. Gehalten werden diese Vorlesungen in den Escuelos Menores mit dem schönen Innenhof und dem auffallenden Treppenhaus. Angeblich soll auch die Bank noch da sein, auf der Karl saß. Zweifel müssen erlaubt sein! Sind die Arbeiten an der 1533 begonnenen prunkvollen plataresken Fassade mit Wappen und Medaillons seiner spanischen Großeltern, Karls und des Papstes schon beendet? Die neue Kathedrale ist im Bau und viele der Adelspaläste ebenfalls. Die Planung der Plaza Mayor, seit über 250 Jahren einer der schönsten Plätze der Welt, liegt noch in ferner Zukunft.

Brüssel, Frühling 1534

Marie wird krank
Nach Christinas Abreise geht es Marie gesundheitlich sehr schlecht. Ständig leidet sie an Magenschmerzen und Herzrasen. Sie nimmt diese körperlichen Beschwerden nicht als Warnzeichen. Von Stress und psychosomatischen Zusammenhängen weiß ihre Zeit noch nichts. Die Höflinge wittern ein „schreckliches Geheimnis" und bitten sie, sich ihnen oder den Ärzten anzuvertrauen. Sie bezieht eine hauptsächlich aus Wasser bestehende Medizin von einer alten Frau in Brüssel und glaubt doch an ihren bevorstehenden Tod. Deshalb bittet sie ihren Bruder um ihre Entlassung, denn allein schon der Gedanke an ihre Pflichten löse bei ihr Herzrasen und Magenschmerzen aus. Nur frei von Verantwortung könne sie gesund werden. Karl denkt nicht daran, er schickt ihr Rezepte, wie die Kaiserin und andere Damen des Hofes sich von ähnlichen Leiden befreit haben.

Auch der fürsorgliche Sforza hat von den Leiden der Ziehmutter seiner Gemahlin gehört und längst einen Arzt geschickt, den Marie nun endlich vorlässt. Es gelingt ihm, ihr Vertrauen zu gewinnen. Man weiß nichts über seine Therapie, aber Ende Mai besteigt Marie zum ersten Mal seit Wochen wieder ein Pferd, und einige Zeit später hält sie eine zwölftägige Jagd durch. Das bringt ihren Elan zurück, der auch dringend gebraucht wird, denn in den Niederlanden treten hordenweise religiöse Sektierer auf, deren Ziel es ist, möglichst viele Menschen in das „neue Jerusalem" (Münster

i. W.) zu führen. Sie propagieren Schlachtrufe wie „Nieder mit den Mönchen! Nieder mit den Papisten! Nieder mit jeder Regierung! Besonders aber mit der unseren!“ Gesetzlosigkeit macht sich breit, dem um sich greifenden Wahn muss mit Gewalt ein Ende bereitet werden. Die Regierung muss einschreiten, Dörfer und Städte gegen diesen Aberwitz verteidigen.

Neben diesen inneren drohen auch äußere Gefahren: Lübeck stellt eine Kriegsflotte zusammen, der Herzog von Geldern ist - wie immer in schwierigen Zeiten - auf Seiten Frankreichs. In England hat Henry VIII. nach seiner erfolgten Scheidung keinen Grund mehr, irgendwelche Rücksichten zu nehmen. Auch seine Schiffe liegen zur Invasion bereit, während an den Südgrenzen der Niederlande die Franzosen lauern. Es ist wie in den schlimmsten Zeiten bei Margaretha: Gefahr ringsum und kein Geld in den Kassen. Marie kann es sich nicht länger leisten, krank zu sein, sie muss die Initiative ergreifen. Da kommt ein neues Besuchsgesuch Eleonors, die sich unter denkbar schlechten Bedingungen bemüht, ihre vom Bruder verordnete Mittlerrolle zu spielen, gerade recht. Doch noch muss so etwas schriftlich mit dem Bruder in Spanien abgeklärt werden - und das dauert!

Während Karl scheinbar sorglos durch sein Spanien zieht und im Schnellgang das nie gehabte Studentenleben nachholt, laufen längst die Vorbereitungen für seinen ersten persönlichen Kriegszug auf Hochtouren.

Depeschen aus Rom:
Am 15. September 1534 stirbt Papst Clemens VII. Nachfolger wird im Oktober der älteste aller Kardinäle, Alessandro Farnese (66), der sich als Papst Paul III. nennt. Er signalisiert Konzilsbereitschaft, sucht aber eigene Wege der inneren Reform. Karl ist ihm zu mächtig. Paul III. entwickelt die nicht nur für den Kaiser irritierende Angewohnheit, sich als über allen Fürsten stehend zu betrachten, und er versucht stets, Karl auf eine Stufe mit dem König Frankreichs zu stellen.

Verlautbarung des böhmisch-ungarischen Hofes:
Am 2. November 1534 melden Königin Anna und König Ferdinand voller Stolz und Freude aus Wien die Geburt ihres achten Kindes. Es ist wieder eine Tochter, und sie wird Eleonor getauft. Zunächst sollte Eleonor den Sohn des Kurfürsten von Sachsen heiraten. Diese Ehe wird nach Mühlberg unmöglich. Im Alter von achtundzwanzig beugte sie sich dem Vater und verehelichte sich

mit Herzog Wilhelm von Mantua und schenkt ihm acht Kinder. Sie stirbt 1594 in Mantua und ist auch dort begraben.

Barcelona, Februar 1535

Aufruf an alle christlichen Fürsten

Bis Anfang Februar feiert Karl mit den Seinen fröhlich Karneval. Dann ruft er die Fürsten Europas zu einer Kriegsfahrt gegen die Ungläubigen. Das konkrete Angriffsziel gibt er immer noch nicht bekannt. Auf die Frage, wer denn das Oberkommando haben werde, hebt der Kaiser das Kruzifix und sagt: „Dieser, dessen Fahnenträger ich bin." Der erste, der seinem Ruf folgt, ist João III. von Portugal, Bruder der Kaiserin und sicher mit ihrer tatkräftigen Unterstützung für das Unternehmen gewonnen. Die Kreuzritter von Rhodos, denen der Kaiser die Insel Malta geschenkt hat, können seinen Ruf ebensowenig ungehört verhallen lassen wie der Papst. Freiwillige aus Deutschland und den Niederlanden folgen, einige Italiener werden auch dabei gewesen sein. François handelt mit dem Sultan aus, er solle eine Verheerung der Ostküste Neapels veranlassen und der Serenissima den Krieg erklären. Damit sind Venedigs Kräfte gebunden und können Karls Kriegsmacht nicht verstärken.

Barcelona - Tunis, Mai - August 1535

Aktueller Kriegsgrund

Barbarossa vertreibt im Namen des Sultans den Bey von Tunis, Muley Hassan, aus seiner Herrschaft. Dieser wendet sich mit einem Hilfsersuchen an Karl. Der Kaiser hat damit eine „legale" Möglichkeit gefunden, Barbarossa in einem seiner Stützpunkte anzugreifen und womöglich alle afrikanischen Küstenstützpunkte des Piraten aufzurollen. Inzwischen hat Andrea Doria eine mächtige Flotte in Barcelona zusammengezogen. Im Marienheiligtum Monserrat empfängt Karl die Kommunion und überträgt Isabel die Regentschaft. Sie ist hochschwanger, als sie sich von Karl verabschiedet. Um ihren Regierungsgeschäften zu genügen, muss sie sich umgehend auf den Weg nach Madrid machen. Dort angekommen, bleibt ihr nicht viel Zeit bis zur Niederkunft. Am 24. Juni 1535 bringt sie ein gesundes Mädchen zur Welt. Wie sie es mit Karl vereinbart hat, lässt sie es nach der Großmutter auf den Namen Juana taufen. Die Kleine wird fast drei Jahre alt sein, wenn ihr Vater sie zum ersten Mal sieht.

Karl eilt von Montserrat nach Barcelona und schifft sich dort am 30. Mai 1535 ein. Man läuft zunächst Cagliari auf Sardinien an, um sich mit den Galeeren des Papstes, des Malteserordens, Mailands, Siziliens und Neapels zu vereinen. Die Gesamtstärke der Truppen beläuft sich nun auf etwa 30.000 Mann, darunter 2.000 Reiter, die unter dem persönlichen Oberbefehl des Kaisers stehen. Der Kaiser ist ein Propagandaspezialist geworden! Er hat den Maler Jan Vermeyen herbeizitiert, der genau wie einige Dichter, Chronisten und Historiker den ganzen Feldzug mitmachen und dokumentieren soll, denn Karl will diesen Kriegszug angemessen überliefert haben und überlässt nichts dem Zufall.

Der Kampf um La Goulette

Die Streitkräfte landen am 16. Juni 1535 unweit der Ruinen von Karthago. Im Schutz der Kriegsschiffe werden die Transporter in erstaunlicher Schnelligkeit und Ordnung entladen. Nachdem man den Küstenstreifen von Türken „gesäubert" hat, schlägt man hier das Lager auf. Barbarossa kann das Unternehmen weder ver- noch behindern. Außerdem verlässt er sich ganz auf die Unbezwinglichkeit seiner Festung La Goulette, die den Zugang nach Tunis beschirmt. Nach einem eintägigen Fußmarsch lagern Karls Truppen in Sichtweite der Festung. Die Belagerung beginnt. Karl hat den Vorteil, dass die eigene Flotte das Meer beherrscht und so den Küstenstreifen sichert.

Man beginnt mit dem Bau von Laufgräben, und schon bald setzen die Hitze und der Mangel an Trinkwasser den Belagerern mächtig zu, immer mehr Männer werden krank. La Goulette wird von einer starken Garnison unter einem sehr fähigen Kommandanten verteidigt, einem jüdischen Renegaten. Täglich kommt es zu Scharmützeln, und Karl ist immer mitten im Getümmel. Die Deutschen vermerken mit Stolz, dass der Kaiser bei ihnen lagert. Barbarossa unternimmt während dieser Phase einen Ausfall aus Tunis und will das Belagererheer in die Zange nehmen und aufreiben. Trotz zahlenmäßiger Übermacht wird er zurückgeschlagen.

Karl nutzt geschickt die nationalen Gefühle in den Truppen, als am 14. Juli nach schwerem Beschuss von Land und von See um drei Uhr morgens der Sturm auf die Festung beginnt. Die Männer sind nach Nationen in Sturmtrupps geordnet, und jede Gruppe will natürlich den entscheidenden Streich für sich verbuchen können. La Goulette wird mittags genommen, Karl ist unter den ersten, die in die Festung stürmen. Die Beute der Sieger ist nicht zu verachten: 400 Geschütze, zweiundvierzig Galeeren, darunter die Capitaine, ein Geschenk des Sultans an Barbarossa und weitere vierzig große und über achtzig kleine Schiffe.

Der Marsch durch die Wüste

Man gönnt sich fünf Tage Erholung von den Strapazen dieses Sieges, dann nimmt man den schwersten Teil des Unternehmens in Angriff, den Marsch auf Tunis. Unter der sengenden afrikanischen Sonne ohne ausreichende Wasserversorgung müssen Rüstungen, Waffen, sogar Kanonen von halbverdursteten Männer geschleppt werden. Aufgrund des bekannten Wassermangels führt man so wenig Zugtiere wie irgend möglich mit. Um jeden Brunnen muss gekämpft werden. Die Piraten in der Wüste wissen wohl, wie sie die Strapazen der Angreifer noch vermehren können: Sie wirbeln mit großen Tüchern von der Höhe ihrer Sättel Sand auf. Karl, die Helebarde in der Faust immer in der Spitzengruppe dabei, wird später an Marie schreiben: „Wir starben vor Durst und Hitze…“ Dass er all diese Mühsal und Gefahr überhaupt übersteht, ist für viele schon allein ein Mirakel …

Das Wunder von Tunis

Nach acht Meilen stößt man auf Barbarossa, der eine von 80.000 Infanteristen besetzte Verteidigungslinie hält, an deren Flanken 20.000 Reiter operieren. Karl hat nur etwa 20.000 Mann und ganze zwölf Geschütze zur Verfügung. Mit seinem unbändigen Willen zum Sieg stellt er sie in Schlachtordnung auf. Wieder gar nicht mittelalterlich, hält Karl sich inmitten seiner Artilleristen auf, sie ständig mit Worten und vor allem mit seinem Beispiel anfeuernd.

Nach Stunden erbitterten Kampfes zieht Barbarossa seine Linien zurück. Doch als er und seine flüchtenden Truppen die Tore von Tunis erreichen, erleben sie eine herbe Überraschung: Die Tore sind geschlossen und bleiben es! Ja, man eröffnet das Feuer auf die heranwogenden Krieger! Was ist da los? Die gefangenen christlichen Sklaven in Tunis haben sich, angefeuert von dem Schlachtlärm, von ihren Fesseln befreit, ihre Bewacher überrumpelt und die wenigen zurückgebliebenen Soldatenen niedergemacht. So steht ihnen auch die Artillerie Barbarossas zur Verfügung, die sie nun mit Begeisterung einsetzen. Sie haben aus dem Mut der Verzweiflung gehandelt, denn man hatte ihnen gesagt, sollte Karl siegen, würden sie mit der ganzen Garnison in die Luft gesprengt.

Barbarossa und seine Leute wenden sich nach Bône, doch das hält Andrea Doria, und nur mit Mühe erreicht der Pirat mit einem

Teil seiner Leute Algier. Karl verbringt die Nacht auf dem Schlachtfeld. Am 21. Juli 1535 zieht der Kaiser feierlich unter einem kruzifixgeschmückten Banner in Tunis ein. Es ist nicht eindeutig, ob ein striktes Plünderungsverbot verhängt wird - jedenfalls ist Karl von Ausmaß und Grausamkeit der folgenden Ausschreitungen entsetzt. Insgesamt aber ist das Unternehemen, bei dem wichtige strategische Entscheidungen wirklich von Karl getroffen wurden, ein voller Erfolg. Karl kann den Triumph nicht ungetrübt genießen, denn ihn ereilt ein neuerlicher Gichtanfall. Wie er an Marie berichtet, bekommt er ein wirksames Pflaster von einem einheimischen Arzt.

Eine Kolonie in Afrika?

Mit Muley Hassan, den Karl wieder einsetzt, ist nun ein Vasall des Kaisers Herr von Tunis. Er muss in La Goulette und anderen Küstenorten spanische Garnisonen zulassen und Christen freie Religionsausübung garantieren. An Tribut schuldet er Karl fortan jährlich sechs Araberpferde und zwölf Jagdfalken.

Karl hätte am liebsten Barbarossa nach Algier verfolgt und ihn auch von dort vertrieben. Doch für diesmal beugt er sich den Ratschlägen seiner Berater, die meinen, die Jahreszeit sei schon zu weit fortgeschritten, und in dem ohnehin gefährlich kleinen Heer seien zu viele Verwundete und Kranke. So schickt er das Gros seiner Armee zurück nach Europa. Er selbst und die für ihn wichtigen Leute segeln in Richtung Sizilien, denn Karl hat beschlossen, endlich auch seine Königreiche Sizilien und Neapel kennen zu lernen.

Cambrai, ab 10. August 1535

Schwesterliche Gegensätze

Immer wieder hat Eleonor, die den Auftrag des Bruders, Mittlerin zwischen Valois und Austria zu sein, sehr ernst nimmt, um ein Treffen mit Schwester Marie gebeten. Nach mehreren Ablehnungen stimmt Karl im Frühjahr 1535 einem solchen Treffen zu, doch er bittet Marie, es ausgesprochen familiär zu halten. Wie immer hält Marie, die die Logistik eines Treffens in Cambrai besorgt, sich strikt an die Anweisungen des Bruders. Die Vorbereitungen ziehen sich mehrere Wochen hin.

Marie erscheint schlicht gekleidet und mit zahlenmäßig geringer Begleitung, um den familiären Charakter des Treffens zu betonen. Eleonor dagegen prunkt in den aktuellen Kaprizen der französischen Hofmode. Dadurch wirkt sie jünger als die im Ernst ihrer

Aufgabe aufgehende und an modischen Torheiten nicht interessierte sieben Jahre jüngere Schwester. Überhaupt bilden die Schwestern einen ziemlichen Gegensatz. Hier die sanfte und sentimentale, inzwischen recht rundliche Eleonor mit ihrer Freude an Putz und Klatsch, die ihre mütterlichen Gefühle an ihre Stiefkinder verschwendet. Da Marie, knabenhaft schlank und durchtrainiert, mehr eine „virago", eine männlich handelnde Frau, die inzwischen über die Jagdleidenschaft noch ein Gespür für alles militärische entwickelt hat, für Waffen, Taktik, Strategie, Logistik. Die Franzosen nennen sie „un peu homasse". Doch die beiden finden zu einer schwesterlichen Beziehung, die sie in Malines aufgrund des Altersunterschiedes und der frühen Abreise Maries nach Österreich nie hatten. Dies Band wird bis zum Tode Eleonors bestehen und sich mit ihrer Witwenschaft noch verstärken. Doch bis dahin wird noch ein Dutzend Jahre vergehen.

Es ist klar, dass François sehr wohl politische Absichten verfolgt, er hat einige Herren mitgeschickt, die allerlei Tricks anwenden, um Marie zu politischen Äußerungen und Stellungnahmen zu verleiten. Doch sie betont hartnäckig immer wieder, dies sei ein Familientreffen und keine politische Konferenz. So kommt es zu keiner Annäherung. Marie sieht dazu auch keinen Grund, zumal sie gegen Ende des Treffens erste Nachrichten vom Sieg Karls in Tunis erhält.

Sizilien, Ende August - November 1535

Von Trapani nach Palermo

Karl landet am 22. August in Trapani, denn die als besonders unerschrocken bekannten Seefahrer aus dieser Gegend waren maßgeblich am reibungslosen Ablauf des Landungsmanövers vor Tunis beteiligt. Mit solchen Gesten versteht Karl es instinktiv, seine Untertanen zu gewinnen. Entsprechend groß ist die Begeisterung bei seinem Empfang. Überhaupt kann er keinen besseren Moment wählen, sich auf Sizilien und anschließend in Neapel vorzustellen, sind doch die Sizilianer und Neapolitaner am stärksten von den Raubzügen der türkischen Piraten betroffen. Fast wäre es Barbarossa einmal gelungen, die als schönste Frau Europas geltende Vittoria Colonna, geborene Gonzaga, zu rauben und an den Harem des Sultans zu liefern. Diese Begebenheit soll übrigens den Ritter Karl mitbestimmt haben, an der afrikanischen Küste zuzuschlagen.

Palast und Grablege eines frühen Kollegen

Karl zieht mit seinem Tross nach Monreale, wo er eine Woche verweilt. Die Kirche mit ihren detailreichen Mosaiken und dem Kreuzgang mit den unendlich vielfältigen Säulen mag ihm gefallen haben. Vieles wird ihn hier an Spaniens mozarabischen Stil erinnern. Er steigt hinunter nach Palermo. Hier ist der Jubel unübertroffen groß. Sicher erreicht er die Stadt über den heutigen Corso Calatafimi und durch die Porta Nuova. Stattet er zuerst seinem Vorgänger im kaiserlichen Amt, Federico II., in der Kathedrale einen Besuch ab, oder führt man ihn zuerst in dessen Palast? Wohl weder noch, denn der nicht enden wollende Jubel verlangt, den Triumphzug bis zum Hafen La Cala fortzusetzten.

Sicher wird er im Palacio del Rey wohnend über den Staufer nachgedacht haben, der mit den Päpsten seiner Zeit mindestens soviel Ärger hatte, wie er, Karl, in seiner hat. Nicht nur die äußeren Konstellationen, auch persönliche Ansprüche an Amt und eigene Person scheinen bei Karl und Federico ähnlich. Beide entwickeln ein messianisches Selbstbewußtsein. Sehr ähnlich sind sie sich in ihrem herrscherlichen Hochgefühl. Doch während Federico den Wunsch hatte, ein neuer Messias zu sein, hat sich Karl von dieser mittelalterlichen Vorstellung weit entfernt. Seine Vision einer Weltmonarchie erwächst aus den geographischen Gegebenheiten und realen Erfordernissen seiner Reiche. Er ist nicht mehr der Heilsbringer einer mittelaterlichen Weltallegorie, sondern der Ordner einer sehr realen Welt.

Ob Karl die Erzählungen kennt, wie dieses „Kind von Pulle" als Gassenjunge lebte und manchmal schon in seinem Porphyrsarg schlief? Wusste Karl von der Ansiedlung der Sarazenen in Lucera durch Federico? Von seinen philosophischen Fragen an arabische Gelehrte? Fühlt Karl sich dem Staufer seelenverwandt? Oder sind es erst die 500 Jahre mehr, die solche Spekulationen nahelegen - bei allen Gegensätzlichkeiten der beiden Charaktere?

Man nennt Karl hier Caesar, und es scheint ihm zu gefallen, denn er bleibt einen ganzen Monat. An der Piazza Quatro Canti steht noch heute Karls Denkmal als römischer Imperator.

Selbstkonservierter Ruhm

Die Kunde von Karls großem Sieg bei Tunis verbreitet sich langsam und dann immer schneller in Europa. Die Befreiung von 20.000 christlichen Sklaven steigert sein Prestige gewaltig. Die von ihm selbst georderten Chronisten und Dichter künden von seinem persönlichen Heldenmut. In Brüssel werden in der Werkstatt

Pannemakers die zwölf Teppiche gewebt, die getreu den Zeichnungen Vermeyens die verschiedenen Etappen dieses glorreichen Feldzuges für die Nachwelt festhalten. Einer ist noch heute im Stadthuis von Malines zu sehen, ein weiterer im Alkazar von Sevilla.

Verlautbarung aus der Pfalz:
Heidelberg, 13. September 1535. Ihre Vermählung geben bekannt: Pfalzgraf Friedrich bei Rhein und Dorothea von Dänemark.

Exkurs: Der Pfalzgraf gibt nicht auf
Nach König Manoels Tod 1522 hatte Friedrich versucht, doch noch seine Jugendliebe Eleonor zu heiraten, war aber harsch - besonders von Karl - abgewiesen worden. Es war eine fixe Idee von ihm, eine Austria zu heiraten, also vesuchte er es auch bei Marie, als Lajos gefallen war. Später sollte es eine von Ferdinands Töchtern sein, doch man hatte ihn beschieden, die seien zu jung.

Nach dem Tode des kleinen Johannes im August 1532 sucht Marie einen Bräutigam für die rechtmäßige Erbin der dänischen Krone, Doro. Sie verfällt auf Friedrich, den hartnäckigen Austriafreier. Dem ist es in seinem Alter - er nähert sich mittlerweile den Fünfzigern - an sich zu lästig, noch eine Krone erobern zu müssen. Er koketiert ein wenig damit, für die vierzehnjährige Doro zu alt zu sein. Doch Marie hat einen überzeugenden Köder ausgelegt, es stehen 50.000 Kronen Mitgift zur Disposition. Im Mai 1535 unterschreibt Friedrich den Ehekontrakt. Das Paar versteht sich erstaunlich gut, denn Doro hat den gleichen Hang zu Amusement, Abenteuer, Leichtsinn und Verschwendung wie der alte Roué Friedrich. Als der Kindersegen auf sich warten lässt, unternimmt das Paar Wallfahrten, die aber eher Vergnügungsreisen sind. Es wird viel gefeiert und gelacht, und Doro ist erst zufrieden, wenn sie „den letzten Pfennig auf den Kopf gehauen hat". Karl schickt den Pfalzgrafen, der nun zur Familie gehört, als Bot- oder eigentlich Kundschafter nach Frankreich.

Milano, Frühjahr - November 1535

Krankheit und Tod
Christina und Francesco Sforza leben in heiterer Gemeinschaft, nichts scheint ihr Glück trüben zu können. Doch im Frühjahr 1535 muss eine lang geplante Reise nach Pavia abgesagt werden, weil

Francisco erkrankt ist. Sein Zustand verschlechtert sich langsam, aber stetig. Ende des Sommers erreicht die Nachricht von Karls grandiosem Sieg in Tunis auch Milano. Dies Ereignis muss gebührend gefeiert werden, doch ab September ist Sforza bettlägerig, und sein Zustand verschlechtert sich rapide. An Allerheiligen befürchtet man das Ende, und an Allerseelen ist Francesco Sforza tot.

Christina weicht in diesen letzten Tagen nicht von seinem Bett. Sie ist untröstlich über seinen Tod, denn „sie haben sich ja so sehr geliebt“, notiert der Chronist. An dieser großen Liebe sind Zweifel erlaubt. Christina wird den Herzog sicher hoch geschätzt haben und ihm dankbar gewesen sein, für die zartfühlende Art, mit der er sie behandelt hat, für den Luxus und die Schmeicheleien, mit denen er sie umgab. Achtzehn Monate hat die Ehe der kindlichen Herzogin gedauert, ist sie aber je vollzogen worden? Zum Glück für ihre Gesundheit ist Christina jedenfalls nicht schwanger, als sie mit dreizehn Jahren und neun Monaten Witwe wird.

Eine dreizehnjährige Witwe

Stampa, den man in Brüssel so geschickt hinzuhalten verstanden hatte, übernimmt die Verantwortung für Christinas Schutz und die Staatsangelegenheiten, bis man konkrete Order vom Kaiser bekommt. Als Reichslehen fällt Mailand an den Kaiser zurück, da Sforza kinderlos starb. Christina schreibt dem Onkel persönlich.

Der Herzog liegt mehrere Tage aufgebahrt im Palast. Damit alle von ihm Abschied nehmen können, fertigt man eine Wachspuppe an. Er selbst hatte bei seinen Eltern in Santa Maria delle gracie beigesetzt werden wollen, doch ein Aufschrei des Volkes verlangt nach einer Beisetzung im Duomo. Es gibt ein Gerücht, nach dem sich die Beisetzungsfeierlichkeiten verzögern, weil man nicht schnell genug genügend schwarze Stoffbahnen auftreiben kann, um den ganzen Palast zu verhüllen. Der Trauerzug ist von unvorstellbarer düsterer Pracht. Bei der Zeremonie im Duomo wird erstmals die Große Glocke geläutet, drei volle Stunden, erst dann fallen die anderen Campaniles Mailands ein.

Neapel, Winter 1535/1536

Noch ein Wunder seiner Reiche!

Karl verlässt Palermo und zieht an der Nordküste nach Osten durch Termini, schwenkt nach Polici und Nicosia ins Landesinnere und nördlich am Aetna vorbei nach Taormina. Möge er einen dunstfreien Blick über die Bucht auf den Aetna gehabt haben! Karl setzt von Messina über nach Calabrien und erreicht Napoli durch die Porta Capuana. Die Neapolitaner feiern ihn mit dem ihnen eigenen Überschwang. Hier erscheint erstmals das Motto von dem Reich, in dem die Sonne nicht untergeht oder das „vom Aufgang der Sonne bis zu ihrem Niedergang“ reicht. Karl erweist den Damen der Stadt eine ungewöhnliche Reverenz: Er lässt sich vor dem feierlichen Einzug die ersten weißen Haare auszupfen! Der Kaiser ist wohl in heiterer und gelöster Stimmung, denn er lobt Neapel als die schönste Stadt all seiner Reiche.

Witwen und Bräute

In Neapel erreicht Karl die Nachricht vom Tode Sforzas. Er ordnet an, dass die Herzogin erstmal Herzogin bleiben und Stampa die Geschäfte führen soll. Mailand ist einverstanden. Es wird der Wunsch laut, Christina solle den ältesten Sohn Savoyens heiraten und Herzogin bleiben. Doch es tauchen auch französische Botschafter auf, die Ansprüche ihres Königs geltend machen wollen und eine Ehe mit dem Herzog von Angoulême, François‘ Jüngstem, vorschlagen. Auch der Schotte James V. zeigt sich wieder an einer Austria interessiert, der Ruf von Christinas früh erblühter Schönheit scheint also bis in die rauen Highlands gedrungen zu sein. Der Medici aus Florenz möchte lieber diese schöne Königstochter als die weniger schöne natürliche Tochter des Kaisers. Mailand bleibt vorerst ruhig.

Karl feiert Weihnachten in Neapel, und weil es so schön dort ist, auch noch den Karneval, obwohl ihn zwischendurch auch mehrmals die Gicht quält. Im Laufe des Karnevals wohnt der Kaiser auch der Hochzeit seiner natürlichen Tochter Margarete mit Alessandro de Medici bei. 1533 hielt man es für angebracht, die Elfjährige nach Italien zu schicken, damit sie sich an Land und Leute gewöhnen kann. Sie reiste mit großem Gefolge unter dem Geleit eines Kardinals über Mantua nach Florenz und wurde dort von ihrer zukünftigen Familie gefeiert und dann nach Neapel zur Erholung geschickt. Sie darf sich seit ihrem Aufbruch nach Italien „d’Austria“ nennen.

Ein Prachtstück von einem Gatten

Bis heute ist fraglich, ob der um 1510 geborene Alessandro de Medici ein unehelicher Sohn des Guilio de Medici, der unter dem Namen Clemens VII. Papst wurde, oder des Lorenzo de Medici war. Es bestand immer der Verdacht, er sei der Sohn einer Afrikanerin, vielleicht einer Sklavin, denn seine Haut soll sehr dunkel und seine Gesichtszüge afrikanisch gewesen sein. Er wirkte aber weniger deswegen als wegen seines zügellosen Charakters abstoßend. Es ging sogar das Gerücht, er habe seine Mutter ermordet, weil er sich ihrer geschämt habe. Karl V. überließ ihm bereits 1521 das Herzogtum Penna in Neapel. Dort machte Alessandro schon in sehr jungen Jahren durch sein ausschweifendes Sexualleben auf sich aufmerksam.

Sein Onkel oder natürlicher Vater, Papst Clemens, setzte ihn 1523 zum Mitherrscher seines Bruders Ippolito in Florenz ein. Sein anderer möglicher Vater Lorenzo hinterließ nur ein legitimes Kind. Er starb jung an einer tödlichen Mischung aus Tuberkulose und Syphilis, während seine junge Frau, eine mit der Königsfamilie verwandte Französin, in den Wehen lag. Das am 13. April 1519 geborene Kind war ein Mädchen und wurde auf den Namen Catherine getauft, die Mutter starb im Kindbett. Das kleine Mädchen wurde bei den Großtanten in Rom erzogen, und der Ehrgeiz des Papstonkels hat sie im Oktober 1533 mit dem zweitgeborenen Sohn des Königs von Frankreich verheiratet.

und Herzog von des Kaisers Gnaden

Bekanntlich sind die Medici in ihrem Ursprung eine Kaufmannsfamilie, die mit Bankgeschäften zu Reichtum gelangte und in Florenz schnell eine führende Rolle spielte. Im Verlauf des Feldzugs, der im sacco di Roma endete, wurde Alessandro 1527 aus Florenz vertrieben. In den Verhandlungen mit der Kurie von 1529/30 einigten sich Karl und Clemens auf Alessandro als zukünftigen Herrscher von Florenz, und für Zugeständnisse seitens des Papstes legte Karl noch den Herzogstitel obendrauf. Die Ernennung Alessandros erfolgte erst 1532. Vielleicht hat der Papst etwas gezögert, seinen Part zu erfüllen.

Nun ist das Scheusal also Herzog, und darf am 29. Februar 1536 Karls natürliche Tochter heiraten. Karl ehrt das Fest auch noch durch seine persönliche Anwesenheit. Ein bißchen viel der Ehre für diesen Medici. Für Alessandro ist die Ehe mit der unhübschen und nicht gerade charmanten Kaisertochter ausschließlich eine Prestigeangelegenheit. Als das Paar nach der Hochzeit gemeinsam nach Florenz zurückkehrt, verdunkelt eine Sonnenfinsternis die Szene, und das vermutete böse Vorzeichen erfüllt sich. Zwar kommt Karl einige Monate später noch einmal zu Gesprächen nach Florenz, doch es ist nicht sicher, ob er seine Tochter überhaupt sieht.

Ein knappes Jahr nach der Hochzeit ist Margarete mit fünfzehn Witwe. Ihr etwa zwölf Jahre älterer Gatte ist der Klinge eines gedungen Mörders erlegen. Der ist ein entfernter Verwandter namens Lorenzino de Medici, und engagiert hat ihn die engere Familie, die die Anmaßung, Grausamkeit und Zügellosigkeit dieses Familienoberhauptes von des Papstes und des Kaisers Gnaden einfach nicht mehr ertragen konnte. Der Mörder kann ihn leicht in seine Villa locken, denn Alessandro ist sicher, dort willige Mädchen vorzufinden. Als er eingeschlafen ist, wird er vom Vetter und dessen Diener abgestochen. In seiner Agonie zerbeißt er dem Mörder den Daumen derart, dass der nicht mehr zu gebrauchen ist.

Noch eine Teenager - Witwe in Italien

Die Familie Medici kümmert sich ganz reizend um die junge Witwe, immerhin hat man ja den Schwiegersohn des Kaisers über die Klinge springen lassen. So installiert man Margarete mit allem Komfort in Prato, nahe Florenz, und alle harren der Dinge, die Karl für sie in Petto hat. Nachfolger Alessandros als Herzog wird mit Karls Einverständnis ein gewisser Cosimo aus einem anderen Zweig der Familie. Er kann etwas später sogar den Titel eines Erzherzogs für sich und seine Erben erwirken. Doch noch liegt das Ende von Margaretes erster Ehe im Dunkel der Zukunft, andere Todesfälle und Geburten erregen die Gemüter.

Verlautbarungen aus England:

Am 7. Januar 1536 stirbt in ihrer Zurückgezogenheit in Greenwich Katharina von Aragón. Sie hat Henry VIII. die Scheidung schriftlich verziehen. Im Jahr von Katharinas Tod wird Anna Boleyn auch schon wegen „erwiesener Untreue" hingerichtet, nachdem ihr zweites Kind, endlich ein Sohn, bereits kurz nach der Geburt stirbt. Henry VIII. heirtatet Jane Seymour, Hofdame der Boleyn und eigentlicher Grund für deren Hinrichtung.

Verlautbarung des böhmisch-ungarischen Hofes:

Am 16. Februar 1536 melden Königin Anna und König Ferdinand voller Stolz und Freude aus Innsbruck die Geburt ihres neunten Kindes. Es ist wieder eine Tochter, und sie wird Margarete getauft. Mit ihren Schwestern Magdalena und Helene begründet sie das Damenstift in Hall. Sie stirbt am 12. März 1566 und wird in der Jesuitenkirche von Hall beigesetzt.

Von Rom nach Aigues Mortes

Neapel - Rom, März - April 1536

François hebt den Vipernkopf
Unmittelbar nach Sforzas Tod hat François - alle Verträge missachtend - erneut Anspruch auf Mailand erhoben und Savoyen - als Erbe seiner Mutter - besetzt. Karls Schwägerin Beatriz, Witwe des letzten Herzogs, flieht mit ihren Kindern zu Christina nach Mailand. Außerdem hat François einen neuen Vertrag mit dem Sultan geschlossen. Die fünf Jahre seit Cambrai haben seine Kassen soweit gefüllt, dass er wieder ein Heer zur Verfügung hat.

Auf seinem Weg nach Rom trifft Karl in Monteleone Pier Luigi Farnese, den Sohn des Papstes, der Karls Haltung zum Konzil eruieren soll. Karl begegnet ihm kühl und fordert, es sei die Pflicht des Papstes, François zur Unterstützung des Konzils zu bewegen. Es genüge nicht, dass der König die Glaubensspaltung von Frankreich fernhalten wolle, er müsse aktiv an deren genereller Überwindung mitarbeiten - und alle Agressionen abstellen, alle Vetragsverletzungen zurücknehmen.

Kaiserlicher Triumphzug
Am 5. April zieht Karl feierlich in die ewige Stadt ein, neun Jahre nachdem seine Truppen sie verwüstet haben. Man hat ungeheure Anstrengungen unternommen, um die Stadt für den Einzug des Kaisers herzurichten. Kein geringerer als Michelangelo ist mit der Erneuerung der Via triumphalis und des Kapitols beauftragt worden. Selbst Kirchen und Feudaltürme fielen dieser Sanierung zum Opfer. Das zur Kuhweide verkommene antike Forum wurde geräumt. Der Kaiser zieht nun über die alte Via triumphalis durch die Triumphbögen des Titus und des Septimus Severus zum Kapitol. Zweiundzwanzig Kardinäle, ungezählte andere Kirchenfürsten und die meisten Adelsfamilien feiern Karl als neuen Caesar und Scipio Africanus Tertius, nicht als Schirmherren der Christenheit!

Religiöse und weltliche Erbauung
Von der Engelsburg hallen Salutschüsse, und der Zug bewegt sich weiter zu St. Peter, der alten Basilika - die heutige ist noch im Bau.

Nach dem traditionellen Fußkuss des Kaisers und der Umarmung des Papstes beten sie gemeinsam am Grabe des Apostels, um die Einigkeit der beiden höchsten Autoritäten der Welt zu demonstrieren. Während der Karwoche nimmt der Kaiser an allen geistlichen Zeremonien teil und empfängt die Kommunion aus den Händen des Papstes. Karl findet aber auch Zeit, neben den Basiliken Roms die nicht minder berühmten Damen des römischen Adels mit Besuchen zu beehren. Das Volk hat 1527 anscheinend vergessen, denn es verfolgt seine Wege durch die Stadt mit fortwährendem Jubel.

Eine Machtdemonstration Karls

Stundenlange Unterredungen zwischen Papst und Kaiser werden nicht dokumentiert, es verlautet nur, die Eröffnung des Konzils stehe bevor. In Wirklichkeit geht es Karl um die Durchsetzung seiner kaiserlichen Autorität - auch gegenüber dem König von Frankreich -, die der Papst nicht anerkennt. Karl kann sich nicht durchsetzen, obwohl er bewußt als Machtdemonstration und Mahnung an den „sacco" sein ganzes Heer mit sich führt. Rom ist übrigens von der gesitteten Haltung der spanischen Soldaten beeindruckt. Sie haben allerdings auch keinen Anlass zu Plünderungen, denn Karl ist auf Einladung des Papstes in Rom und der Vatikan ist verpflichtet, seine Begleitung zu versorgen.

Es gibt im Augenblick nur eine Möglichkeit, den Krieg gegen Frankreich noch zu verhindern: Eine öffentliche Erklärung des Papstes, im Konflikt mit Frankreich sei das Recht auf Seiten Karls. Im vertraulichen Gespräch hat Karl diese Zusicherung nicht erhalten können, nun will er sie öffentlich erzwingen. Noch einmal erscheint er im Vatikan und überrascht Papst und Klerus und schließlich die ganze Welt mit seiner sogenannten

Osterrede vom 17. April 1536

Ohne einer Menschenseele etwas von seinem Vorhaben zu sagen, „stellt" er den Papst und bittet ihn, ihn kurz anzuhören. Das gesamte geistliche und weltliche Personal beider Höfe ist anwesend. Karl hat sich auf einem kleinen Zettel einige Stichworte notiert, spricht aber frei und: Spanisch! Er spricht eineinhalb Stunden und zeigt seine Gründe für und seine Erfolge vor Tunis auf. Er referiert sein Verhältnis zu Frankreich, betont immer wieder, dass er alles Mögliche unternommen habe, um den Frieden zu erhalten, dass es immer wieder François gewesen sei, der die Verträge und immer neue Kriege vom Zaune gebrochen habe. Nun habe der König mit seinem Einfall in Piemont eindeutig auch wieder den Vertrag von Cambrai verletzt.

Seit er die Regierung in Spanien übernahm, habe Frankreich verhindert, dass Karl seiner eigentlichen Aufgabe, dem Schutz der Christenheit gegen Übergriffe des Islam, gerecht werden konnte, da er immer wieder gezwungen gewesen sei, Frankreichs Angriffe zurückzuschlagen. Er sei bereit, um weiteres Unheil von der Christenheit abzuwenden, statt eines Krieges einen Zweikampf mit François zu bestehen. Der Siegespreis müsse die Führung der Christenheit sein! Er betont noch einmal seinen Willen zum Einlenken, auch in Hinsicht auf Mailand. Auch wolle er den französischen König nicht schlechtmachen, sondern nur klarstellen, dass seine, des Kaisers, Absichten immer auf den Frieden gerichtet seien. Der Papst und die ganze Welt müssen das endlich einsehen. Abschließend appelliert Karl an Paul III., nun endlich eindeutig Stellung zu beziehen.

Ein Propagandacoup

Damit ist klar, dass der Papst derjenige ist, den Karl mit dieser Rede treffen will. Paul III., verwirrt und überrumpelt wie alle Anwesenden, murmelt nur Ungenaues. Einige Stunden später lässt er versichern, er werde seine neutrale Haltung beibehalten. Karl akzeptiert seinen Misserfolg, was die Haltung des Papstes betrifft. Doch er kann sich sicher sein, dass er diesmal getragen von der öffentlichen Meinung in den Krieg ziehen wird. Es ist ihm gelungen, sich im Gegensatz zum Papst als unerschütterlichen Schutzherren der Christenheit darzustellen.

Das Ganze ist also kein Ausdruck spontaner und persönlicher Entrüstung über François, sondern eine großangelegte Kampagne, um Frankreich als notorischen Friedensstörer zu denunzieren und den Papst als eigennützigen Renaissancefürsten zu desavouieren. Ein Beweis dafür ist die Drucklegung der Rede in sechs Sprachen, die angeblich erfolgt, weil der französische Botschafter erklärt, er habe nicht alles verstehen können. Die Rede findet Verbreitung in ganz Europa und wird allenthalben diskutiert. Vom Papst erreicht Karl nichts als die Zusicherung eines Konzils in Mantua. Das ist ein reines Scheinmanöver, denn François lehnt eine Beteiligung französischer Bischöfe mit dem Argument ab, Mantua sei Reichsgebiet und daher nicht sicher genug. Doch Karls Propagandafeldzug in Rom bringt dem Sieger von Tunis zusätzliche Popularität in Europa.

Rom - Südfrankreich, Frühsommer 1536

Verbrannte Erde

Karl eilt weiter nach Norden, macht einen Umweg über Pavia, um sich mit Nichte Christina und Schwägerin Beatriz zu treffen. Die Zusammenkunft ist kurz und herzlich, Karl versichert der Schwägerin, dass er ihren Kindern das Erbe zurückerobern wird und nimmt ihren Sohn in sein Gefolge auf. Bei Christina fühlt der Onkel vor, ob sie bereit sei, eine neue Ehe einzugehen, wenn er einen geeigneten Mann findet. Zunächst soll sie nach Mailand zurückkehren und dort die Beliebtheit Austrias durch ihre Anwesenheit stärken. Karl eilt schon am nächsten Tag weiter, um persönlich die Leitung des Feldzuges in Südfrankreich zu übernehmen. Ihm genügt es nun nicht mehr, Savoyen von François zurückzuerobern, er will Frankreich vernichtend schlagen.

Das gelingt ihm allerdings nicht, denn Montmorency praktiziert in der Provence die Taktik der verbrannten Erde, das blühende Land wird in eine Wüste verwandelt. Brücken werden zerstört, ganze Dörfer niedergebrannt, Lebensmittelvorräte vernichtet. Der Kaiser kann zwar Antibes, Cannes, Frejus und Aix besetzen, aber er kann seine Soldaten nicht verpflegen. In einer letzten Kraftanstrengung erreicht er mit seinen Truppen Arles, doch auch hier sind die Bewohner unter Mitnahme aller Lebensmittel geflohen. Karl kann mit seiner durch Hunger und Ruhr geschwächten Armee nicht warten, bis sich die heranrückenden französischen Armeen zum Kampf stellen. Er zieht sich Ende September durch den Var zurück.

Toulon - Paris, Sommer 1536

Tod des Dauphins

Während einer Inspektionsreise mit dem Vater bleibt Dauphin François in Toulon zurück, weil er erkrankt ist. Wieder gesund leert er nach einem heftigen Paumespiel hastig ein Glas Eiswasser, das ihm sein Stallmeister Graf Montecuccoli reicht. Noch in der Nacht bekommt er hohes Fieber und stirbt. Dass diese Fürstensöhne nicht aus all den Todesfällen durch das Zusammenspiel von sportlicher Anstrengung und dem Genuss von Eiswasser lernen! Sofort ist die Rede von Gift, obwohl die Autopsie keinerlei Spuren zu Tage bringt. Montecuccoli wird verhaftet. Er beteuert seine Unschuld, doch unter der Folter gesteht er alles, was man ihm in den Mund legt. Auch, dass sein Auftraggeber der in Karls Diensten stehende Vizekönig von Neapel gewesen sei. Er wird in Lyon verurteilt und öffentlich gevierteilt, sein Leichnam zwei Tage „dem Zorn des Volkes“ überlassen. Der ist groß genug, den Leichnam noch weiter zu zerstückeln. Auch Catherine de Medici wird des Giftanschlages verdächtigt. Das ist genauso absurd, denn ihre Ehe mit Henri ist kinderlos. Wird ihr Gatte Dauphin, ist das ein allgemein akzeptierter Grund, sie zu verstoßen.

Eleonor trifft es am härtesten

Eleonor ist vom Tod des jüngeren François dreifach betroffen. Erstens muss sie die Hoffnung aufgeben, in Kürze ihre Tochter Maria als Dauphine in die Arme schließen zu können. Mit dem Thronfolger verliert sie ihren einzigen Freund in der königlichen Familie. Zum Dritten trifft es sie natürlich hart, dass man ihren Bruder verdeckt der Anstiftung zum Mord beschuldigt. Außerdem ist das Gerücht so haltlos wie selten eines, denn welchen Vorteil sollte Karl davon haben, dass nun der allgemein als spanienfeindlich bekannte Henri Thronfolger ist? Umsonst hat Eleonor sich in all den Jahren bemüht, Zugang zu ihm zu finden. Sogar seine Mätresse, Diane de Poitiers, hat sie hofiert. Sie hat Henri zu seinen ersten militärischen Erfolgen beglückwünscht, obwohl er diese gegen ihren geliebten Bruder Karl errungen hat!

Ein weiterer Verzicht Eleonors

Aber François hat ja noch einen dritten Sohn aus erster Ehe, Charles. Zwar hätte er ihn gern mit Englands Mary Tudor verheiratet, doch nun fürchtet er, Karl könne die durch den Tod des Dauphins entlobte Nichte Maria dem Herzog von Kleve andienen. Deswegen ermutigt er Eleonor, Karl eine Hochzeit zwischen ihrer Tochter und Charles vorzuschlagen. Eleonor ist über diesen Vorschlag ungemein glücklich und setzt sofort eine Gesandtschaft in Bewegung. Letztlich bleibt Marie aber weiter in Portugal, denn Karl reklamiert sie nun für seinen Sohn Don Felipe, und das ist natürlich die größte Ehre, die Eleonor sich für ihr Kind vorstellen kann. So verzichtet sie auf die französische Verbindung, die sie mit ihrem einzigen Kind hätte vereinen können.

Nachricht aus der Schweiz:

Am 11. Juli 1536 stirbt in Basel Erasmus von Rotterdam. Er hatte kurz zuvor beschlossen, in die Niederlande zurückzukehren und am Hof der Regentin Marie zu leben.

Maries Teil an der Last

Schon bald nach dem Treffen der Schwestern in Cambrai hat Marie Gelegenheit, ihr militärisches Können unter Beweis zu stellen, denn Frankreich versucht, das zum Reich gehörende Bouillon zu erobern. Sie schlägt den Angriff zurück und fällt sogar ihrerseits nach Nordfrankreich ein. Doch nach Anfangserfolgen bei St. Quentin und Peronne scheitern ihre Feldherren. Sie wird von heftigen Selbstzweifeln befallen und bietet dem Bruder ihren Rücktritt an. François „vergisst", dass er schon im Vertrag von Madrid auf Lehenshoheit über Flandern und Artois verzichtet hat. Er erklärt Karl und Marie zu Landesverrätern, da sie gegen ihren Lehnsherrn, den König von Frankreich, die Waffen erhoben haben! Er schickt 30.000 Mann ins Artois, um „das Lehen einzuziehen". Der Widerstand der dortigen Besatzungen lässt das Unternehmen sozusagen versickern und hinterlässt beide Parteien kriegsmüde.

Auf - fast - verlorenem Posten

Marie hat nun keine Zeit mehr für Krankheiten und Selbstzweifel. Sie beruft die Generalstände ein, und unter dem Druck der Ereignisse in den Grenzprovinzen werden Gelder bewilligt. Die Generäle allerdings halten sich nicht an Maries Angriffsbefehle, sie verplempern Geld und Zeit mit langwierigen Belagerungen. Die Regentin fürchtet Aufstände, fühlt sich hintergangen, glaubt die Niederlande schon für Austria verloren, wenn Karl nicht endlich selber kommt. Doch als sie erfährt, dass Karl nach Spanien fahren muss, nimmt sie das Heft noch einmal in die Hand. Sie reitet selbst nach Süden, trägt eine Lederjacke, an der man einen Kürass befestigen kann. Der englische Botschafter vermeldet seinem Herrn, sie sei die kriegerischeste Frau, die er je gesehen habe. Der Rat erlaubt ihr nicht, bis in die Feuerlinie zu reiten. Das Blatt wendet sich tatsächlich, Maries Strategie des „venir à paix par la force" hat Erfolg. Die Franzosen ziehen sich zurück, denn Maries Truppen erringen im April und Mai mehrere kleinere und einen aufsehenerregenden Sieg bei St. Pol.

Auf direkten Befehl Karls verfolgt sie die Franzosen nicht weiter, sondern bricht den Kriegszug gegen den Willen aller Militärs ab, um mithilfe Eleonors einen Waffenstillstand auszuhandeln. Sie muss überstürzt das Kampfgebiet verlassen und gilt fast als

Verräterin an der niederländischen Sache, weil sie dem Befehl des Bruders gehorcht, statt die Gunst der Stunde zu nutzen.

Depeschen aus Oberitalien:
Im November kann ein Waffenstillstand, diesmal für Italien, ausgehandelt werden. Hier sieht Paul III. seine Chance, sich als Friedensstifter einen Namen zu machen, zumal sich in Frankreich das Zünglein der Waage gerade der Friedenspartei um den Konnetabel Montmorency zuneigt. Paul III. nimmt Verhandlungen mit François und Karl auf. Doch solche Dinge brauchen ihre Zeit.

Barcelona - Valladolid, Dezember 1536 - Sommer 1537

Müde in Spanien
Im November ist Karl nach dem enttäuschenden Kriegszug in der Provence in See gestochen. Wieder ist es eine stürmische und langwierige Überfahrt, doch Anfang Dezember 1536 landet er in Barcelona. Diesmal ist Isabel nicht da, um ihn zu empfangen. Karl zieht sich nach Montserrat zurück. Ach, er ist desillusioniert und müde. Erstmals findet er, ach, keine Freude an den Festen, die zu seinem Empfang bereitet werden. Niederschmetternde Nachrichten erwarten ihn, ach, aus der Neuen Welt, in den Reichen dort bekämpfen sich die Conquistadores gegenseitig. Von ihm erwartet man, ach, dass er dem Einhalt gebiete. Man will gegen die Türken rüsten, doch woher, ach, das Geld für diese Rüstung auftreiben. Seit zwanzig Jahren, ach, lastet all das auf ihm. Kaum hat er am einen Ende eine Lücke gestopft, reisst am anderen ein Damm ein. Was tut er überhaupt … und zu welchem Zweck …

Der Traum ist ausgeträumt
Er weiß es, kann es aber nicht offen zeigen: Der Traum seiner Jugend - geprägt durch seine Erziehung zum burgundischen Ritter - ist geplatzt. Nie wird er Konstantinopel zurückerobern, kein Mensch will es haben - wozu auch! Frankreich schließt lieber Verträge mit dem Sultan, die Venezianer treiben dort seit jeher am liebsten friedlich Handel und sind dabei reich geworden. Selbst der Papst, immer noch das geistliche Oberhaupt der Christenheit, schleudert nicht nur nicht den Bannstrahl gegen den allerchristlichsten Türkenfreund François, nein, Paul III. bemüht sich selbst um ein Bündnis mit der Pforte! Für was oder wen ist er überhaupt als Kaiser angetreten?

Unendlich einsam ist es im Mittelpunkt der Welt, die er doch nur einen will, unter einem Glauben zum gemeinen Nutzen. Doch Fürsten und Völker haben diesen Glauben verloren, ach, sie ersetzen ihn durch Nationalgefühl, das sagt ihm gar nichts. Sein Wesen ist ja gerade bestimmt durch das supranationale seiner Herkunft, das polyglotte Gemisch seiner Vorfahren, die bunte Vielfalt seiner Reiche. Ist es nicht das, was den Herrscher ausmacht, dass er für die unterschiedlichsten Regionen eine dem regionalen Charakter angepasste, aber dem Großen Ganzen sich einfügende Form findet? Ach nein, er mag nicht mehr darüber nachgrübeln, wie es kommt, dass reiner Materialismus als Wert an sich anerkannt wird. Naja, es wäre schön, immer volle Kassen zu haben, aber wo soll es denn herkommen?

Endlich: Isabel!
Er trifft Isabel in Tordesillas, wo sie ihn in den Gemächern der Mutter empfängt. Karls Gemüt erhellt sich, als er die Kaiserin wiedertrifft. Welch ein Glück, sie in unveränderter Schönheit wiederzufinden, so graziös in ihrer Majestät, so fest in ihrer Zartheit. Sie feiern Weihnachten mit Juana in Tordesillas. Dann nehmen sie ihre gemeinsamen Reisen durch Spanien wieder auf. Schließlich bleiben sie einige Zeit in Toledo.

Der Hof begibt sich weiter nach Valladolid, wo Karl bis zum Sommer bleibt, weil er wegen seiner immer öfter und heftiger auftretenden Gichtanfälle nicht gut reisen kann. In Valladolid erreicht ihn auch die Nachricht von der Ermordung seines Schwiegersohnes Alessandro de Medici. Die Feste anlässlich seiner Rückkehr lassen ihn kalt. Mehr als Turniere und Stierkämpfe, an denen er in dieser Zeit nicht teilnehmen kann, interessieren ihn nun Geographie, Astrologie, Philosophie und vor allem Mechanik. Er beginnt, Uhren und Landkarten zu sammeln.

Valladolid und viele Reisen, Sommer, Herbst und Winter 1537

Die Melancholia ist überwunden
Erst im Frühsommer rafft der Kaiser sich wieder auf. Nun ist es sicher: Isabel ist wieder schwanger. Das ist für Karl wie ein Zeichen des Himmels. Er braucht einen zweiten Sohn, denn der Infant Don Felipe ist beängstigend zart und kränkelnd. Außerdem hat er immer vorgehabt, dem zweiten Sohn die Niederlande zu hinterlassen, da Don Felipe ganz eindeutig der Infant Spaniens ist. Karls Melancholia schwindet zusehends, er ist plötzlich wieder voller

Begeisterung für dieses Spanien, das ihm zum Zentrum seiner Reiche geworden ist. Quer durchs Land hält er die Cortes ab, die von Aragón halten ihn lange auf.

Frieden und Trauer
Inzwischen sind die vom Papst eingeleiteten Verhandlungen um einen Frieden zwischen Karl und François soweit gediehen, dass Mitte November der „Friede von Mouzon" unterzeichnet werden kann. Er erübrigt ein weiteres Ausharren Christinas in Italien, und Karl teilt Marie und der Nichte mit, dass sie nach Brüssel zurückkehren kann, wenn sie das will. Die Damen scheinen diese Erlaubnis nicht abgewartet zu haben!

Wenige Tage später bringt Isabel einen Sohn zur Welt, der aber noch vor der Taufe stirbt. Die Eltern sind untröstlich, und Karl zieht sich allein in ein Kloster zurück. Er lässt sich nicht einmal überreden, Weihnachten mit Isabel zu feiern. Das klingt unverzeihlich egoistisch. Doch misst man Karls Verhalten an den Weisungen an Don Felipe, die er sechs Jahre später schreibt, hält er sich von ihr fern, um sie nicht erneut der Gefahr einer Schwangerschaft auszusetzen, nachdem sie gerade erst Geburt und Verlust erlebt hat.

Milano - Pavia - Brüssel, Winter 1536/1538

Eine Witwe kehrt zurück
Christina, Herzogin von Mailand, trat zuletzt mit Karl und dessen Schwägerin Beatriz in Pavia in Erscheinung, bevor der Kaiser in die Provence zog. Die Damen kehrten nach Mailand zurück, und Christina hat in der älteren eine mütterliche Freundin gefunden. Christinas Beschützer Stampa wird abberufen, eine starke spanische Garnison soll Mailand vor französischen Eroberungsversuchen schützen. Damit endet die Zeit der Lombardei als relativ unabhängiger Staat. Christina soll sich nach Pavia zurückziehen, wo es ihr ausnehmend gut gefällt. Während ihres achtmonatigen Aufenthaltes macht sie sich dort so beliebt, dass ihre Abreise im Herbst ein veritables Lamento auslöst.

Herbstliche Regengüsse erschweren die Reise, doch es gibt auch glanzvolle Empfänge in Mantua bei den Gonzaga, in Verona durch den Bischof von Trento, bei der Familie in Innsbruck. Vom Bodensee geht es rheinaufwärts, in Heidelberg treffen sich die Schwestern wieder, und Christina und Doro möchten gern Weihnachten zusammen feiern, doch Tante Marie drängt. Weiter geht die Reise also zurück ins Land der Kindheit über Köln, Aachen, Kleve, Mastricht, Leuwen nach Brüssel. Das Wiedersehen wird gefeiert, und gleich dreht sich wieder das

Kleve - ein Heiratskandidat?
Da ist zunächst der Erbe von Kleve, ein netter, wohlerzogener Mann von Zweiundzwanzig. Seine Mutter ist die Erbin von Jülich und Bergh, das macht zusammen drei einträgliche niederrheinische Provinzen. Karl hat der Verbindung von Spanien aus zugestimmt, doch dann spürt der alte Herzog von Geldern sein Ende nahen. Er würde - getreu seiner Einstellung - sein Land gerne an Frankreich ausliefern, doch seine Untertanen wählen den jungen Kleve zu ihrem Fürsten. Das ist ein Treubruch, denn Geldern ist an Burgund verkauft. Marie schäumt vor Wut und droht, wenn Kleve sich einfallen lasse, die Wahl anzunehmen und sich am Eigentum des Kaisers zu vergreifen, kann er die Heirat vergessen. Kleve beteuert, dass ihm nichts ferner läge, doch dann lässt er sich in Geldern huldigen, und damit ist dieses Heiratsprojekt gestorben.

Endlich eine Vertraute für Marie
Christina stört es nicht, sie hat es nicht eilig, wieder zu heiraten. Sie vergnügt sich mit ihren italienischen Begleitern, die drei Dinge in Flandern begeistern: die sauberen Straßen und Häuser, die immer grünen Wiesen mit den fetten Kühen und der Klang der Kirchenglocken. Christina bekommt einen eigenen Flügel im Brabanter Schloss mit Blick auf die Gärten, die Dürer ein wahres Paradies nannte. Sie lebt dort mit den Getreuen aus ihrem italienischen Hofstaat und von ihrem Witwengut, erfreut sich also verhältnismäßiger Unabhängigkeit.

Christina gewinnt mit ihrem schnellen Witz und ihrer offensichtlichen Freude an den kleinen Dingen des Lebens Freunde, wo immer sie erscheint. Tagsüber trägt sie meist die schwere italienische Tracht und versteckt ihr Haar. Doch für die abendlichen Zusammenkünfte schmückt sie sich auf Wunsch der Tante und verzaubert die Gesellschaft mit Schönheit und Charme. Sie spricht mit Damen und Herren gleichermaßen unbefangen, tanzt und spielt Karten mit Berghen, Aerschot und Nassau, einst Spielgefährten des Bruders, inzwischen stattliche junge Männer. Besonders Nassau, der wegen seiner Erfolge im Ardennenfeldzug so etwas wie ein lokaler Held ist, scheint ihr zu gefallen.

Sooft es die Pflichten Marie erlauben, reiten sie gemeinsam zur Jagd und erregen Aufsehen und Bewunderung, weil sie mit dem

Fuß im Steigbügel reiten, was für Frauen zu dieser Zeit noch sehr ungewöhnlich ist. Christina ist sechzehn Jahre jünger als Marie und behandelt die Tante mit scheuer Achtung. Marie hat nach Jahren jemanden von „ihrer eigenen Art" um sich und genießt es sichtlich. In gewisser Weise sieht sie in dem der Nichte eine Wiederholung des eigenen Schicksals. Sie will, dass Christina all das bekommt, was ihr, Marie, nicht auf Dauer beschieden war: Einen liebenswerten Mann, einen jungen Hof, eine eigene Krone. In diesem Fall will sie es einzig für die Person der jungen Frau, nicht zum höheren Nutzen der Dynastie. Intensiv wie nie genießt Marie die langen gemeinsamen Ausritte und die Picknicks im Freien, die oft so ausgedehnt sind, dass man erst im Fackelschein in die Stadt zurückkommt. Nur im Freien fühlt Marie sich noch wohl, in Räumen bekommt sie Platzangst, wird nervös und ungeduldig oder melancholisch, fast depressiv. Das ist international bekannt, und wer immer etwas bei ihr erreichen will, schenkt ihr ein feuriges Pferd, exklusive Jagdhunde oder gut trainierte Falken.

Eine „ehrenvolle" Werbung

In dies heitere Leben in Brüssel platzt die Werbung Henry VIII. von England wie eine Bombe. Der ist gerade zum dritten Male Witwer geworden. Seiner letzten Gattin, der blutjungen Jane Seymour, ist es im Oktober 1537 tatsächlich gelungen, ihm den ersehnten Thronerben Eduard zu schenken. Allerdings bezahlte sie dieses Geschenk am 24. Oktober mit ihrem Leben.

Bereits 1536, nach der Hinrichtung der Anna Boleyn hat der ruchlose Ehestifter Karl dem Kollegen auf Englands Thron und Mörder seiner so teuer erkämpften zweiten Gemahlin seine Nichte Maria (Portugal) angetragen. Doch Henry war schon vor dem Prozess gegen die Boleyn in deren Hofdame Seymour verschossen und hatte keinen Bedarf. Nach Seymours Tod erinnert er sich an Karls Angebot, streckt aber auch die Fühler nach Frankreich aus. Dort gibt es für ihn zwei Kandidatinnen: Marguerite, jüngste Tochter des Königs, gerade vierzehn und eigentlich Savoyen versprochen, und Marie de Guise, eine charmante Witwe, eigentlich Schottland versprochen. Henry verlangt, beide Kandidatinnen in Calais vorgeführt zu bekommen, bevor er sich entscheidet. François lacht schallend und meint, das höre sich aber doch ein bißchen sehr nach Pferdemarkt an.

Inzwischen sieht sich Henrys Kanzler Cromwell in Flandern um und stößt auf Anna von Kleve, rät seinem Herrn und Meister aber ab. Sie sei zwar im heiratsfähigen Alter, aber niemand behaupte, dass sie angenehm oder hübsch sei. Bleibt eigentlich nur die sechzehnjährige Christina, die zwar Witwe, aber dennoch Jungfrau sein soll. Außerdem habe sie beim Lachen ganz reizende Grübchen, sei charmant, klug, witzig und als Nichte des Kaisers auch noch eine Prestigepartie, also unbedingt zu bevorzugen. Als dann auch noch ein Porträt Christinas von Orley London erreicht, gibt es für Henry kein Halten mehr. Er ist Feuer und Flamme und in Liebe für Christina entbrannt.

Marie hält Henry zwar für einen Unhold, ist aber wegen des Handels der Niederlande daran gewöhnt, mit ihm möglichst im Einvernehmen zu sein. Gerade hat sie noch an Bruder Ferdinand geschrieben, sie hoffe, dass Henry diesmal andere Mittel fände als eine Hinrichtung, um die Seymour loszuwerden, wenn er sie leid sei. Nun allerdings fährt sie von ihrem Sessel auf, als der englische Botschafter ganz unverblümt anfragt, ob Holbein ein Porträt Christinas malen dürfe. Sie hat zwar diesbezüglich keine Instruktionen von Karl, glaubt aber ihn und seine Skrupellosigkeit in Sachen dynastische Heiraten gut genug zu kennen, um die Erlaubnis ohne Nachfrage geben zu können.

Old Henry blüht sichtlich auf, kaiserliche und spanische Gesandte sind ihm lieb wie noch nie. Die Politik der Niederlande kann sein wie sie will, er will nur noch von Christina hören. Die Botschafter dürfen die königlichen Kinder sehen, auch die von ihm zum Bastard erklärte Mary. Dann hat der König die Unverfrorenheit, Marie zu bitten, Christina zur Begutachtung nach Calais zu bringen, was die ebenso empört wie François zuvor amüsiert ablehnt. Schon türmen sich die Schwierigkeiten. Henry verlangt die Aufgabe der Thronansprüche in Dänemark von Doro und Friedrich. Wegen der engen Verwandtschaft zwischen Christina und Henrys erster Frau wird ein päpstlicher Dispens nötig, den Henry natürlich nicht anerkennen will. Außerdem ist die Situation mit Frankreich nicht gerade günstig für eine englische Heirat, Marie muss mal wieder auf Zeit spielen.

Frankreich will nicht ausgebootet werden

Henry führt parallell zu dem Antrag an Christina Verhandlungen mit Frankreich über eine Doppelhochzeit. Wenn er Marguerite heiratet, soll deren Bruder Charles seine Tochter Mary freien. Sehr kompliziert! Frankreich setzt natürlich alles daran, der Verbindung Englands mit Austria zuvorzukommen und fährt zwei weitere Guisendamen auf, die jüngere möchte allerdings lieber in Reims ins Kloster gehen. Auf die kapriziert sich Henry. Das inspiriert den nicht gerade als witzig bekannten Montmorency zu dem Bonmot: „Kein Wunder, dass ein König, der sich zum Papst im eigenen Land gemacht hat, eine Nonne vorzieht."

Als Henry auch noch verlangt, dass alle Guisenmädchen zur Begutachtung nach Calais gebracht werden, ist es an Eleonor sich zu empören. Erst als ein Botschafter Henry direkt fragt, ob er sich ein solches Ansinnen von den Rittern der Tafelrunde vorstellen könne, wird der rot, reibt sich die dicke Nase und gibt zu, ein bißchen „unzivil" gewesen zu sein. Danach gibt es erstmal Wichtigeres als die Heirat einer jungen Kaisernichte und eines alternden Königs, zumal alles weitere vom päpstlichen Dispens abhängt. Doch auch der Papst ist mit den wichtigeren Dingen beschäftigt.

Barcelona, Anfang 1538

Frieden scheint machbar
Karl kehrt Anfang 1538 nach Barcelona zurück, um den Friedensverhandlungen des Papstes in Norditalien näher zu sein. Er will jetzt einen dauerhaften Frieden mit Frankreich. Da ihm klar geworden ist, dass er seine größten Erfolge im Kampf gegen die Türken erzielt hat, will er den Rücken freihaben für einen weiteren Schlag gegen die Piraten im Mittelmeer. Der Papst, der nicht Schiedsrichter sein wollte, möchte nun Friedensstifter werden und hat seine Fühler nach allen Seiten ausgestreckt. Lange Vorverhandlungen, zu denen auch die Schwestern Eleonor und Marie im Verein mit ihrer Schwägerin Isabel ihren Teil beitragen, führen dazu, dass Karl Anfang des Jahres Barcelona verlässt. Im Mai versammeln sich die Höfe Karls, des Papstes und des Königs von Frankreich in Nizza.

Depesche aus Ungarn:
Am 24. Februar, dem achtunddreißigsten Geburtstag seines Bruders, schließt König Ferdinand einen Geheimfrieden mit dem ungarisch-nationalen Gegenspieler Zápolya.

Verlautbarung des böhmisch-ungarischen Hofes:
Am 10. April 1538 melden Königin Anna und König Ferdinand voller Stolz und Freude aus Wien die Geburt ihres zehnten Kindes. Es ist ein Sohn und wird auf den Namen Johann getauft. Er stirbt bereits im folgenden Jahr an einer Kinderkrankheit.

Distanz und „atmosphärische Lockerungen"

Allerdings treffen sich nur die Höfe. Die drei Schiedsrichter der Welt sind getrennt untergebracht und bleiben es auch. Es treffen sich immer nur der Kaiser und der Papst oder der König und der Papst. Eine persönliche Begegnung zwischen Karl und François findet nicht statt. Karl bewohnt ein bescheidenes Haus in den Weinbergen. Der Papst und seine Kardinäle haben sich in das Franziskanerkloster zurückgezogen, und François ließ sich einen provisorischen, aber prunkvollen Wohnsitz im antikisierenden Stil errichten - also: jeder nach seiner Façon.

Eleonor kommt erst eine Woche später in Nizza an und muss drei weitere Tage auf einen Besuch bei ihrem Bruder warten. Karl will sie nicht in seiner bescheidenen Behausung, sondern auf seiner Staatsgaleere empfangen, und dazu muss eine provisorische Brücke gebaut werden. Die allerdings bricht unter der Last der Damen und ihrer mit Preziosen überladenen Kleidung zusammen. Das Gros fällt ins Wasser, kann aber schnell gerettet werden. Da alle sich umziehen müssen, entsteht ein großes Chaos, doch der Vorfall trägt letztlich zur Lockerung der angespannten Atmosphäre bei.

Eleonor ist überglücklich, den Bruder endlich einmal wiederzusehen. Mit Begeisterung und Geschick fungiert sie als privater Bote zwischen Kaiser und König. Unter diesen Umständen können sie sich in allen Punkten relativ schnell einigen. Nur in der Mailandfrage scheint es unmöglich, eine Lösung zu finden. François ist nicht bereit, seinen Anspruch auf das Erbe seiner Viscontivorfahrin aufzugeben. Am 18. Juni 1538 einigt man sich schließlich auf einen zehnjährigen Waffenstillstand auf Basis des status quo.

Eleonor gibt nicht auf

Doch Eleonor gibt die Hoffnung noch immer nicht auf. Sie bearbeitet Gatten und Bruder gleichermaßen, bis beide zu einem weiteren, diesmal persönlichen Treffen bereit sind. Karl zieht sich zwischenzeitlich nach Genua zurück, denn die Gicht quält ihn wieder. Er trifft sich dort noch einmal mit dem Papst. Der hat ein familiäres Anliegen, quasi als Belohnung für seine Rolle als Friedensstifter. Bekanntlich ist Karls flämische Tochter im Januar 1537 Witwe geworden, und Paul III. braucht eine Gattin für seinen Enkel. Karl signalisiert Einverständnis. Die Einzelheiten müssen von den Kanzleien ausgearbeitet werden. Nebenbei laufen Eleonors Bemühungen um ein persönliches Treffen weiter. Treffpunkt soll schließlich Aigues Mortes, der alte, von Louis le Saint gegründete Sammlungsort der Kreuzfahrer, sein.

Aigues Mortes, Juli 1538

Ein inspirierender Ort

Am 14. Juli legt die Galeere des Kaisers am alten Tour Constant an. Im 16. Jahrhundert ist der Hafen noch nicht versandet, und man kann direkt anlanden. Der Konnetabel Montmorency und der Bischof de Guise erscheinen an Bord, um das Kommen des Königs anzukündigen. Kaiser und König unterhalten sich zwei Stunden angeregt und freundschaftlich. François lädt Karl zu einem Gegenbesuch an Land ein, er will der Königin und den Prinzessinnen eine Freude machen. Karl zögert zunächst, gibt aber schließlich den Bitten seiner Schwester nach. Der Empfang ist herzlich und familiär, auch der Dauphin Henri und sein jüngerer Bruder Charles bemühen sich um Freundlichkeit. Man verbringt zwei Tage und eine Nacht in der Burg, und der Geist der alten Kreuzfahrer scheint die langjährigen Gegner zu beseelen. Zwischen den üblichen Festen bleibt Zeit zu weiteren vertraulichen Gesprächen zwischen Karl und François.

Schließlich einigt man sich auf Karls alten Vorschlag: Der jüngste Sohn Frankreichs soll mit Mailand belehnt werden, das aber unter der Oberherrschaft des Kaisers bleibt. Dafür verpflichtet sich François, seinen Einfluss bei den protestantischen Fürsten einzusetzen, um sie zur Botmäßigkeit zurückzuführen. François gelobt auch, sich am Kreuzzug gegen die Türken zu beteiligen, sobald seine Verträge mit Suleiman abgelaufen sind. François verehrt Karl „spontan“ einen Diamantring, was diesen einigermaßen in Verlegenheit bringt, denn er trägt zu dieser Zeit schon lange keinen Schmuck mehr. Er kann als Gegengeschenk nur seine Vlieskette anbieten. Zu Karls Abschied jubelt „das Volk“ über den nun sicheren Frieden. Eleonor jubelt innerlich, trotz der schnellen Trennung vom Bruder. Endlich hat sie die Mission erfüllt, die er ihr vor fast fünfzehn Jahren aufbürdete.

Toledo, Anfang 1539

Es könnte alles gelingen

Nach Aigues Mortes verhandeln die Kanzleien weiter. Am 1. Februar 1539 unterzeichnet Karl in Toledo den Vertrag, der die Aussöhnung der Häuser Austria und Valois garantieren soll, natürlich wieder durch eine Heirat. Diesmal soll Charles d'Angoulême mit einer der Töchter oder Nichten des Kaisers vermählt werden, die als Mitgift das Herzogtum Mailand erhält. Der Infant Don Felipe soll zur weiteren Sicherung des Vertrages eine der Töchter des Königs von Frankreich heiraten. In der nächsten Zeit hat die katholisch-konservative und kaiserfreundliche Partei die Oberhand am französischen Hof. François bricht mit den Fürsten des schmalkaldischen Bundes, geht gegen die Protestanten im eigenen Land vor und denkt sogar an eine Invasion Englands im Verein mit Schotten und Kaiserlichen.

Brüssel, Sommer 1538

Bleiben die Niederlande

Um das neue „Familiengefühl" zu vertiefen und auch für das Verhältnis Frankreich-Niederlande zu einer dauerhaften Lösung zu kommen, wird ein weiteres Treffen zwischen den Schwestern geplant. Marie kann diesem Treffen gelassener entgegensehen als dem letzten. Diesmal geht es nicht um Gefühle, sondern um Politik, und da ist sie in ihrem Element. Souverän hält sie auch den Freier Henry VIII. weiter hin. Wenn er sich beklagt, er habe es eilig, schließlich drohe das Alter, antwortet sie kühl, Verzögerungen habe er sich selbst zuzuschreiben, solange er sich auch noch anderweitig umschaue und sich nicht eindeutig festlege. Henry ist vielleicht auch irritiert, weil er zugetragen bekommt, dass Marie und Christina wochenlang bei den Nassaus in Breda zu Gast sind und die Gerüchte nicht verstummen, da bahne sich etwas an zwischen Christina und dem jungen Nassau.

Compiègne, Herbst 1538

Viel Glanz ...

Im Oktober ist es dann soweit, die große Herbstjagd der Höfe Frankreichs und der Niederlande in Compiègne beginnt. England hegt Befürchtungen ob dieser Verbrüderung. Doch beide Seiten bescheiden den Botschafter, es handele sich nicht um ein politisches, sondern um ein rein familiäres Treffen. Familie Valois erscheint mit dem ganzen Tross. François gibt sich persönlich die Ehre, beschenkt die Damen reihum mit teueren Preziosen, zahlt überhaupt das ganze Treffen und alle Feste, das Gerücht weiß von Kosten in Höhe von annähernd 50.000 Kronen. Marie mag das

Aufgebot ja schon etwas suspekt erscheinen. Eleonor strahlt im Glanze ihres Erfolges von Aigues Mortes. Eleganz und Kostbarkeit ihrer Roben und ihres Schmuckes sind - fast- unvergleichlich. Übertroffen wird sie darin nur von Anne d'Etampes, der langjährigen Maîtresse-en-tître des Königs. Diane de Poitiers, die sich seit einiger Zeit intensiv der amourösen Erziehung des Dauphins Henri widmet, ist „offiziell verfeindet" mit ihr.

Dann ist da die immer noch unverheiratete Tochter Marguerite, mittlerweile immerhin schon fünfzehn Jahre alt. Immer häufiger wispert man, sie warte auf den Infanten von Spanien. Anwesend ist auch der jüngste Sohn Charles, von dem Marie inständig hofft, das nicht ihr Liebling Christina ihn heiraten muss. Zum engeren Kreis gehören auch die Familie Guise, die sehr zahlreich erscheint und Antoine de Bourbon, derzeit der Herzensbrecher am französischen Hof. Er ist der erste Prinz von Geblüt und als solcher zu Christinas ständigem Begleiter bestimmt. Bourbon verliebt sich Hals über Kopf in die bezaubernde Witwe, doch sie erhört ihn nicht - wie schade für den klatsch- und liebessüchtigen Hof. Diese ganze in Seide und Satin glänzende, von Juwelen funkelnde Gesellschaft tanzt und flirtet und intrigiert, hasst und begehrt einander bis spät in die Nacht. Ein bisschen albern findet Marie all dies neckische Treiben schon.

... und ein wenig Politik

Sie hat eine politische Unterredung mit François, doch sie traut seinen Versicherungen nicht. Die Regentin ist sich sicher, dass er eine Gelegenheit wie den Tod des alten Geldern nicht ungenützt verstreichen lassen wird. Der König erklärt unter anderem, dass er einem Angriff auf Konstantinopel zu diesem Zeitpunkt nicht tatenlos zusehen kann, weil er vertraglich an den Sultan gebunden ist. Sonst hat er doch nicht so viele Skrupel! Man besucht Chantilly, das zauberhafte RenaissanceSchloss des Konnetabel Montmorency, das schon Schauplatz mancher Romanze war. So erhörte hier Diane de Poitiers den zwanzig Jahre jüngeren Dauphin Henri zum ersten Mal. Marie bewundert die Kunstschätze, die denen der Burgunderherzöge ebenbürtig sind. Sie hat keine Zeit für den neuen englischen Botschafter, der auf eine Audienz drängt. England fürchtet, dass Marie irgendwelche Zusagen macht. Es ist bekannt, dass Eleonor gerne sähe, wenn ihr jüngster Stiefsohn Christina heimführen würde, dann könnte ihre Maria doch noch den Infanten Don Felipe bekommen. Doch Marie ist auf allen Kupplerohren taub, verweist auch die Schwester immer auf den Entscheid des

Bruders, der nicht kommt. Christina erliegt auch in der Atmosphäre des romantischen Schlosses nicht den Werbungen Bourbons. Doch sie bleibt in Frankreich, um mit Tante Eleonor Weihnachten zu feiern. Übersättigt von diesem glamourösen Festreigen, reitet Marie in kleiner Begleitung zurück nach Brüssel. Sie übernachtet in Dorfgasthöfen und jagt unterwegs viel, um sich wieder einen klaren Kopf zu verschaffen. Sie muss einen Aktionsplan in Sachen Geldern-Kleve entwerfen.

Florenz, im Herbst 1538

Margaretes zweites Opfer
Eine Heirat beschließt das Jahr, die auch Ergebnis der Verhandlungen des Sommers war, die Allianz Austria-Farnese. Die junge Witwe Margarete lebt in der Obhut der Familie Medici bei Florenz. Der neue Chef des Hauses, Cosimo, hätte sie gerne geheiratet, und auch sie scheint dieser Verbindung nicht abgeneigt. Doch solch sentimentale Regungen zählen für Karl nicht. In Florenz müssen die Medici sowieso nach seiner Pfeife tanzen, die Verbindung mit der Papstfamilie Farnese kann ihm momentan in Italien und auch für das Konzil nützlicher sein. Über den Medici-Einwand, er könne doch nicht jedem Papst eine Tochter geben, setzt er sich selbstverständlich genauso hinweg wie über die Wünsche der Tochter.

Exkurs: Die Familie Farnese
Papst Paul III. hat sich den Kardinalspurpur damit erworben, dass er den Ehebruch seiner schönen Schwester mit Papst Alexander VI. (Borgia) unterstützte. Damals war Paul achtundzwanzig Jahre jung und verheiratet. Natürlich musste die Ehe aufgelöst werden, doch seinen Sohn Pier Luigi und seine Tochter hat der Kardinal nie verleugnet. In den fast vierzig Jahren bis zu seinem Pontifikat war er Ausschweifungen nie abgeneigt, nun wähnt er sich im Stande, über seinen einzigen Enkel Oktavio eine Dynastie zu gründen. Der dreizehnjährige Bräutigam bekommt die Herrschaft Novarra zugesprochen.

Rom, Herbst - Winter 1538

Eine rebellische Braut
Margarete, deren Züge in ihrer Jugendblüte stets als „nicht unangenehm" beschrieben werden, ist zu passivem Widerstand ent-

schlossen. Ihr gefällt es in Florenz und Prato. Doch im Herbst 1538 muss sie sich Karls striktem Befehl beugen und nach Rom übersiedeln, die Medici wagen nicht, sie gegen den kaiserlichen Befehl zu halten. Cosimo gibt ihr das Geleit bis an die Grenze seines Herzogtums, doch was die Menschen an der Straße sehen ist eher ein Trauer- als ein Brautzug. In Florenz hat Margarete mütterliche Gefühle für einen Bastardsohn ihres Gatten entwickelt, sie möchte ihn mitnehmen. Doch Cosimo kann sie überzeugen, dass es im Farnese-Rom selbst für einen so unwichtigen Medicispross zu gefährlich ist.

Die Trauung wird bereits am 4. November vollzogen, kein Mitglied der Casa de Austria erachtet das Ereignis seiner Teilnahme würdig. Allein tritt Margarete ihrem noch nicht ehefähigen zweiten Gemahl gegenüber. Kann man es ihr verdenken, dass sie den Knaben vom ersten Augenblick verachtet? An diesem denkwürdigen Tag ist von der zum Widerstand entschlossenen Braut zwar kein Jawort zu hören, doch das stört zunächst niemanden, da an einen Vollzug der Ehe frühestens in zwei Jahren zu denken ist.

Ausblick: Margaretes Ehe"glück"

Als man Ottavio 1540 für ehefähig erklärt, versucht Margarete alles, um der Konsumption zu entgehen. Sie behauptet, sie könne Ottavio nicht „erkennen", da sie ihm nie das Jawort gegeben habe. Sie muss ihren Widerstand aufgeben, als man ihr mit einem öffentlichen Prozess droht, den sie nur verlieren kann. Ihr ist klar, dass halb Rom den Finger heben wird, um zu beschwören, was immer der Papst beschworen haben will. Offensichtlich ist dem Papst sehr an der Gültigkeit der Ehe des Enkels gelegen.

Da beide Gatten so ungemein von einander begeistert sind, wundert es nicht, dass es weitere fünf Jahre dauert, bis Margarete endlich schwanger wird. Am 27. August 1545 bringt sie in Rom Zwillinge zur Welt. Nur einer der Jungen überlebt. Man nennt ihn Alessandro, und er ist sowohl Urenkel des Papstes als Enkel des Kaisers.

Als es 1547 zu einem Zerwürfnis zwischen Papst und Kaiser kommt, bittet Karl die Tochter um Vermittlung. Sie nutzt die Gunst der Stunde und beklagt sich bitterlich über den Gatten. Als Karl sie beschwört, dennoch nichts Unüberlegtes zu tun und den Schein zu wahren, beteuert sie umgehend, sie würde eher ihrem kleinen Sohn den Kopf abschneiden, als etwas tun, das dem Vater missfallen könne.

Tod in Toledo - Aufstand in Gent

Brüssel, Winter 1538/1539

Freier Henry VIII. scheidet aus

Kaum ist Christina zurück in Brüssel, steht der englische Botschafter auf der Matte. Doch Karl hat sich immer noch nicht zu einer Antwort in Sachen englische Heirat bequemt. Er scheint der Überzeugung zu sein, manche Dinge erledigen sich ganz von selbst. Ein volles Jahr läuft die Werbung Henrys VIII. nun schon. Man kann verstehen, dass er langsam ungeduldig wird. Er ist ja - für das Zeitalter - mit achtundvierzig Jahren wirklich nicht mehr der Jüngste. Und siehe: die englische Heirat erledigt sich wirklich von selbst. Anfang des Jahres 1539 erhält Henry die längst überfällige Exkommunikationsbulle des Papstes. Als Reaktion bietet er dem Herzog von Kleve die Hand seiner Tochter Mary. Der junge Kleve kann sich für Mary Tudor nicht begeistern, er schickt Unterhändler nach Brüssel und Toledo, weil er viel lieber Christina hätte. In Brüssel feiert man erstmal fröhlich Karneval. Mit Vergnügen beobachtet man bei Hof, dass sich Christina und der junge Nassau, inzwischen durch Erbschaft Herzog von Orange, nicht unsympathisch sind. Am Aschermittwoch endet die Heiterkeit jäh, das Gespenst eines Krieges mit England hängt über den Niederlanden, Schiffe dürfen nicht mehr auslaufen. An diesem Tag eröffnet Henry VIII. seine offizielle Werbung um die zunächst als unansehnlich verschmähte Anna von Kleve. Der Unterhändler scheut sich nicht, Anna als die „goldene Sonne" zu beschreiben, die den „silbernen Mond" (Christina) verdunkelt. Wahrheitsgehalt hat die Aussage vielleicht, wenn man sie pekuniär deutet.

Neue Favoriten

Als England nun die Werbung einstellt, fällt Christina sicher ein Stein vom Herzen, denn wie sie später sagen wird: Sie hat nur einen Kopf auf den Schultern! An Freiern mangelt es der jungen Schönheit keineswegs. Sie hat in Compiègne bei den jungen Herren Furore gemacht: der Herzog von Vendôme (Bourbon), erster Prinz von Geblüt, würde sie mit Kusshand nehmen. François Marquis de Pont-à-Mousson, künftiger Herzog von Lothringen, verfolgt sie seither zielstrebig, und da ist natürlich der Herzog von Kleve.

Der ist aus politischem Kalkül Maries Favorit. Erstens votiert ihr Rat für diese Heirat, zweitens besteht die Möglichkeit, als Gegenleistung für Christinas Hand Geldern unblutig wiederzugewinnen. In ihren Briefen bedrängt Marie Karl, endlich persönlich nach Flandern zu kommen, denn letztlich könne nur er die Geldernsache lösen. Wenn Karl Einwände gegen den Herzog von Kleve als Familienmitglied habe, könne in Sachen Geldern auch der zukünftige Herzog von Lothringen ein Ass im Ärmel sein. Nur bitte, sie brauche - endlich - ein klärendes Wort oder, noch besser: die Kunde seiner baldigen Ankunft.

Unterwegs in Altkastilien, Anfang 1539

Glückliches Frankreich - isoliertes England

Karl reitet sinnend durch Spanien, er ist ein weiteres Mal von Melancholie umdüstert. Er sinnt nach, auch über die unterschiedlichen Gegebenheiten verschiedener Reiche. François hat es gut, Frankreich ist ein kompakter, unzerstörbarer Block. England mit seiner Insellage hat sich durch das Schisma selbst isoliert. Aber auch das hat seinen Vorteil: die viel zu spät ausgesprochene Exkommunikation - was hat es ihn gekostet, den Papst zur Ausübung seiner Pflicht zu zwingen! - zeitigt keinerlei Effekt auf Henrys Herrschaft. Gut, er wird sich jetzt aus politischem Kalkül wegen der nötigen Bündnispolitik eine Frau aus dem protestantischen Lager nehmen müssen - Christina kann froh sein, dass dieser Kelch, der leicht ein Schierlingsbecher respektive Richtblock hätte werden können, an ihr vorüber gegangen ist. Unwillkürlich muss er lächeln: Marie, seine Amazonenschwester kommt ihm in den Sinn, wie sie ihn bedrängt hat, endlich eine Entscheidung zu treffen. Immer so ungeduldig, diese Marie, am liebsten mit dem Kopf durch die Wand. Man muss halt ein Gespür dafür entwickeln, was sich von selbst erledigt und wo man dreinschlagen muss!

Was nützt der Kampf?

Krieg führen, so sinnlos, so teuer! Ach, er wird wieder kämpfen müssen. Nicht nur gegen die Türken. Ach, diese Protestanten, die trotz aller Bemühungen des Bruders im Reich immer mehr Anhang finden! Wie kann man über Sachen der Religion kriminell werden? Unglaublich! Er muss es noch ein letztes Mal mit Verhandlungen versuchen, muss sich dazu aufraffen, es wirklich zu wollen. Sonst ist der Krieg im Reich unvermeidlich! Ach, mit der Unterstützung, um die er seit zwanzig Jahren kämpft, könnte er die Türken bezwingen, sicher! Aber, ach, wozu?

Der Kaiser hat die heilige Pflicht, die Einheit der Kirche zu bewahren! Aber: wem, außer ihm selbst, gilt sie denn noch etwas? Nein, diese „Staatskirche“ von Henrys Gnaden wird nicht ewig bestehen, sie ist nur eine vorübergehende, heilbare Krankheit. Auch Erasmus war dieser Auffassung. Sind wirklich schon bald drei Jahre vergangen seit er starb? Ach, wie um alles in der Welt soll er allein eine Barriere gegen das Chaos bauen? Ach und überhaupt, warum muss es in Spanien selbst im Winter derart staubig auf den Straßen sein, ist ja unerträglich! Jetzt ein kaltes Bier und morgen weiterreiten zu Isabel. Sie wenigstens versteht seine Gedanken und Zweifel. Bis zu einem gewissen Grad, sie kennt nur die spanische Welt. Sie hätte mit ihm reisen sollen, aber auch das geht nicht, sie ist wieder schwanger! Wird diesmal alles gutgehen?

Exkurs: Karl und sein Stab um 1540

Trotz der Zweifel, mit denen Karl ringt, wenn er sich absondert und allein durch die spanische Landschaft reitet: Er bewegt sich sicher auf dem gefährlichen Parkett der internationalen Diplomatie. Seine Menschenkenntnis ist ausgezeichnet. In ihrer praktischen Anwendung fehlt es ihm nur noch selten an der nötigen Gewandtheit. Da er schon auf der politische Bühne stand, bevor er die nötige Selbstsicherheit erwerben konnte, bleibt sein Stil von Ernsthaftigkeit geprägt, manchmal verbirgt er sich gern hinter dem Protokoll. Zuverlässig war er immer. Mit wachsender Sicherheit ist seine Politik zielgerichteter geworden. Die unbedingte innere Gradlinigkeit gibt dem inzwischen oft leidenden und äußerlich unschönen Menschen in dieser Phase seines Lebens etwas Zwingendes, dem sich kaum jemand entziehen kann.

In seiner Frühzeit völlig von seinen Beratern abhängig, wählt er die wenigen Menschen seines Vertrauens längst mit kritischem Scharfblick. Er hat auch gelernt, sie bei erwiesenem Versagen unerbittlich fallen zu lassen. Sein Vertrauen auf militärischem Gebiet besitzen derzeit Andrea Doria, Lehrmeister für seeunterstützte Aktionen, Ferrante Gonzaga und der gerade dreißigjährige Herzog von Alba. Unter den politischen Beratern steht ihm einzig Los Cobos nahe, der wohl eine besondere Gabe zur Einfühlung in die Befindlichkeiten des Kaisers besitzt und sich durch seine große Arbeitsleistung vollends unentbehrlich macht. Nicolaus Perrenot, Herr von Granvelle, beherrscht die Kunst der Beobachtung, Verhandlung und Formulierung ohne ein eigenständiges und durchgängiges Konzept zu haben wie sein gewichtigerer Vorgänger Gattinara. Zwar wird der Rat offiziell beibehalten, doch er hat längst nicht mehr den Einfluss der frühen Jahre. Spanische Prälaten und Beichtväter haben nicht länger politisches Mitspracherecht. Wichtig für die kaiserliche Politik sind die Gesandten als Beobachter an den europäischen Höfen.

Toledo, Winter 1538/1539

Isabel ist mit Dorothea beschäftigt!
Nichte Doro und Pfalzgraf Friedrich weilen in Spanien, um vom Kaiser Unterstützung ihres Anspruches auf Dänemark zu bekommen. Karl ist nicht greifbar und dann mit anderen Dingen beschäftigt, sodass die Sorge um die Gäste an Isabel hängt, die die beiden herzlich aufnimmt. Das Paar weckt allerdings bei der spanischen Hofgesellschaft Befremden. Sie nehmen am Tag fünf Mahlzeiten zu sich und verzichten selbst am Aschermittwoch nicht auf Fleisch, was sogar die Inquisition auf den Plan bringt. An den Hof zurückgekehrt fragt Karl, ob die Zahl der Begleiter der beiden die Höhe ihrer Einkünfte nicht um ein vielfaches übertreffe? Scheinbar bezaubert die immer heitere Doro auch ihn, denn er zahlt letztlich nicht nur den Aufenthalt der „dänischen Delegation“, er schenkt ihr sogar noch 7.000 Kronen.

Exkurs: Mit neuem Elan für die Neue Welt
Vielleicht aufgemuntert durch die quirlige Doro stürzt sich Karl mit neuem Elan auf die Probleme von „outre mer“. Alle Conqistadores vollbringen ihre Heldentaten im Namen des „allmächtigen Kaisers Don Carlos“- er ist die von allen in allen Streitigkeiten akzeptierte letzte Instanz. Manche Regelung hat er seit 1517 nach bestem Wissen und Gewissen bereits getroffen. Wobei zu bedenken bleibt, dass dieses „Wissen“ immer aus zweiter Hand stammte und durch den Standpunkt des Informanten - zumindest - akzentuiert war.

Vorab eine Erinnerung: zu Beginn des 16. Jahrhunderts ist man nicht geneigt, wirklich an die Existenz dieser Länder jenseits des Meeres zu glauben. Selbst Thomas Morus macht sich an einen augenscheinlich weitgereisten Seemann heran, um ihn auszuhorchen. Angeblich soll das Gehörte Grundlage seiner Utopia geworden sein. Das Wissen um die Neue Welt hielt sich sehr in Grenzen, ins Bewußtsein der Allgemeinheit hatte nicht mal ihre

Existenz Eingang gefunden. Noch 1525 klagt ein Venezianer, dass man am Rialto nichts Geschriebenes über „outre mer" findet.

Um sich die Problematik zu vergegenwärtigen, lässt Karl sich einen chronologischen Bericht der Ereignisse seit der Entdeckungsfahrt des Cristóbal Colon 1492 geben. Colon hatte bekanntlich der Krone die versprochenen Goldschätze nicht eingebracht. Er selbst starb nach vier Amerikafahrten verarmt und verkannt 1506 in Valldolid, trotz einer Erkundung der Orinokomündung überzeugt, den Kontinent Asien gefunden zu haben.

Die encomienda und die Folgen

Seit den Reyes Católicos hatten alle Conquistadores ihr Abenteuer selbst zu finanzieren, die Krone vergab lediglich Rechte wie das repartimiento, nach dem jeder Conquistador Indios zugeteilt erhielt, die alle Arbeit für ihn zu verrichten hatten. Wieviel so ein Spanier vom Arbeitsertrag seiner Indios brauchte, bestimmte er selbst. Dies System führte durch Raffgier und Dummheit zu so hoher Sterblichkeit unter den Indios, dass man bald auf Abhilfe sann. Auch die encomienda verpflichtete den spanischen Herrn nur dem Wortsinn nach, für körperliches und geistiges Wohl der ihm „anvertrauten" indios zu sorgen. De facto genügte, sie zu missionieren. Für diese Fürsorge schuldeten die Indios Abgaben und Arbeitsleistung - der ganze Aufwand, weil man den Eindruck vermeiden wollte, Leibeigenschaft oder Sklaverei zu betreiben. Bereits die Leyes de Burgos vom 27. Dezember 1512 versuchten, die schlimmsten Missstände zu beseitigen.

1513 überquerte Vasco Nuñez de Balboa die Landenge von Panama und nannte den Pazifik „Südsee". Er vergaß nicht, mit seinem Degen das Kreuzzeichen in die Fluten zu schneiden und im Namen seines Herrn, des Königs, von diesem Meer Besitz zu ergreifen. Im gleichen Jahr wurde die Küste Floridas erkundet.

Bartolomé de las Casas

1515 kommt Bartolome de las Casas nach Spanien, um die unhaltbaren Verhältnisse im Inselreich um Santo Domingo zu brandmarken. Er ist der Sohn eines Weggefährten Colons, hat in Salamanca studiert und beteiligt sich an Colons vierter Fahrt. Er lässt sich mit dem Vater auf Espagnola nieder, wird einer der reichsten Grundbesitzer und Sklavenhalter. Er hält sich einen Harem von Indiofrauen und lebt in Saus und Braus, bis er durch die Adventspredigt eines Dominikaners bekehrt wird. Mit siebenundvierzig Jahren verkauft er allen Besitz, lässt seine Sklaven frei und sich zum

Priester weihen. Als selbsterannnter Beschützer der Indios fährt er in den nächsten vierzig Jahren vierzehn Mal nach Spanien und bombadiert ständig den Kaiser, den Indienrat, den Papst mit Eingaben. Nebenbei wird er Bischof, lässt sich von Indios, die sein Schlafstroh als Reliquien vertreiben, fast wie einen Gott verehren.

Las Casas bringt die Bilderchronik eines Indios (heute Dänemark) mit nach Spanien, um die Leiden der Indios zu demonstrieren. Er empfiehlt, afrikanische Sklaven, die viel robuster seien, zur Entlastung der Indios einzusetzen, (Dass die Schwarzen Afrikas vom Teufel geschaffen und daher keine Menschen seien, nimmt er später zurück). Kurz darauf erhält ein flandrischer Hofmann, Laurent Gorrevod, ein Privileg für die Sklaveneinfuhr. Er verkauft es nach Genua. 1528 übernehmen es die Welser von einem spanisch-genuesischen Konsortium und fahren erhebliche Gewinne ein.

1516 steht die Kolonisation noch in den Anfängen, beschränkt sich auf die großen und kleinen Antillen, Zentrum ist die Insel Santo Domingo oder Hispañola. Da es weder Gold noch Gewürze (nur Vanille) in großer Menge gibt und Amerigo Vespucci bewiesen hat, dass das Festland nicht Asien ist, sucht man vordringlich einen neuen Seeweg für gewinnbringende Gewürztransporte. Cisneros entsendet dennoch eine Delegaton von Hieronymiten zur Untersuchung der Zustände nach Hispaniola. Die encomienda aufzulösen erscheint ihnen nicht als Lösung. Auch sie meinen, das Los der Indios sei durch Einführung schwarzer Sklaven zu verbessern. Sie schlagen aber auch vor, die Indios in eigenen Gemeinwesen siedeln zu lassen.

Nach Cisneros Tod wird Francisco de los Cobos für die Amerika-Angelegenheiten zuständig, und 1520 beschließen die Cortes in La Coruña - unter Karls Vorsitz - und auf den Bericht der Mönche hin: Indios sollen nur nach Einverständniserklärung als Arbeitskräfte eingeteilt werden, persönliche Dienstleistungen unmöglich gemacht werden. Trotz diverser Nachbesserungen bringt das in der Praxis keine Veränderung der Situation der Indios.

Hernando Cortéz und der Schatz Montezumas

1519 segelt Hernando Cortéz mit 553 Mann, vier Kanonen und sechzehn Pferden von Cuba nach Mexico. Er ist der glänzendste unter den Hidalgos, die Conquistadores werden. Cortéz wird 1485 geboren, sein Vater ist ein kleiner Truppenoffizier. Jung Hernando zeigt standesgemäße Freude am körperlichen Einsatz, soll aber in Salamanca studieren. Doch ein Leben als Letrado gefällt ihm nicht. 1504 setzt er sich nach „outre mer" ab. Der Gouverneur

Diego Velasquez fördert ihn, Cortéz wird reich, doch das genügt ihm nicht, er will eine Expedition führen. Als der Gouverneur ihn übergeht, stellt er eigene Männer auf und startet am 22. Februar 1519 im Namen des größten Herrschers der Welt, Don Carlos. Doch Letrado lässt Cortéz von Schreibern und Notaren alles notieren und legalisieren.

Auf dem Festland gründet er Vera Cruz und verbrennt die Schiffe, damit allen klar ist, dass es kein Zurück gibt. Mit dem Schrecken der Zentauren (Pferde sind unbekannt), Knall und Wirkung der Kanonen gewinnt er mit der Herrschaft der kriegerischen Azteken Unzufriedene zu seinen Verbündeten. Auch Cortéz verfällt dem Rausch von Macht und Herrschgier, gefördert vom Klima, leichten Siegen und Geschenken in Gold und Sex, der vielen zum Verhängnis wird. Fast glaubt er selbst eine Inkarnation der gefiederten Schlange zu sein, des Gottes Quetzalcoatl.

Der Aztekenherrscher Montezuma ergibt sich Cortéz und erklärt sich zum Vasallen und Verbündeten Karls. Als Zeichen seines guten Willens übergibt er Gold und andere Geschenke für den fernen Herrn. In dieser Situation macht ein anderer Conquistador Cortéz das Terrain streitig. Cortéz überwältigt ihn mit Verwegenheit, der Nimbus seiner Göttlichkeit aber gerät bei den Indios ins Wanken. Die Folge ist eine Rebellion in der Hauptstadt. Cortéz nimmt Montezuma als Geisel. Montezuma soll sein Volk besänftigen, stirbt angeblich unter dem Steinhagel seiner empörten Untertanen, wahrscheinlicher an einer spanischen Klinge. Dem folgenden Gemetzel kann Cortéz mit aberwitzigem Mut entkommen, kann sogar seinen dezimierten Haufen und vor allem die Schätze Montezumas an die Küste retten. Er schickt sie mit seinem Bericht über seine Eroberung voraus nach Spanien. In atlantischen Gewässern lauernde französische Korsaren können einen Teil des Schatzes kapern, mit dem Rest macht Karl als frisch gekürter Kaiser von Brüssel bis London Furore. Einige Stücke, die er Ferdinand schenkt, sind noch heute in Wien zu bewundern. Cortéz muss Mexico Stadt erstmal aufgeben, kann es aber nach der Unterwerfung Mittelamerikas durch seine Kumpane wieder einnehmen, und 1521 ist das Aztekenreich in spanischer Hand.

Magellans Weltumseglung

1519 - ungefähr zur Zeit des großen Vliesfestes in Barcelona - hat Karl eine persönliche Unterredung mit Fernan de Magalhães (Magellan). Der erklärt, wie er Amerika südlich umschiffen und so die einträglichen Molukken-Inseln erreichen will, das Zentrum des

Gewürzhandels. Karl begreift, was das bedeutet und stellt fünf Schiffe und 265 Mann Besatzung zur Verfügung. Magellan gründet in der Mündung es Rio de la Plata eine Kolonie, die sich später zu Argentinien auswächst und segelt weiter. Wieder auf Fahrt muss er eine Meuterei niederschlagen. Der Seefahrer passiert die nach ihm benannte Meeresstraße im Oktober 1520. Er benennt den Pazifik und benennt erst die Karolinen, dann die Marianen (Maria zu Ehren) und schließlich die Philippinen (nach Philipp dem Schönen). Da diese Inseln von Amerika und Europa gleich weit entfernt sein sollen, kann man nun sagen, dass in Karls Reich die Sonne nicht untergeht! Magellan stirbt bei der Verteidigung eines Häuptlings, der sich zum Untertanen Karls erklärt hatte, gegen Aufständische. Sebastiano de Cano führt das letzte Schiff und einige Mannen um Asien und Afrika herum zurück. Drei Jahre hat die erste Weltumsegelung gedauert! Am 8. September 1522 landet de Cano bei Sevilla. Karl ist begeistert und berichtet überschwenglich an Margaretha. Er will diese Route jetzt öfter befahren lassen, lädt auch deutsche Kauffahrer (Februar 1523 die Lübecker) zur Teilnahme ein. Da der Rechtsstreit mit Portugal um die Breitengradregelung (Aufteilung der Welt, Tordesillas 1496) noch ansteht, unterstützt Spanien zunächst die Erkundung des amerikanischen Festlandes.

Der Indienrat

Am 21. Oktober 1523, einunddreißig Jahre nach der ersten Fahrt Colons, siegelt Karl eine Urkunde in Pamplona, die bestimmt, dass „los Indias“ immer mit Kastilien verbunden bleiben. Während seines entscheidenden zweiten Spanienaufenthaltes befasst Karl sich mehrfach mit „los Indias“. 1524 trennt er den Obersten Indienrat vom kastilischen, macht ihn zu einer eigenständigen Behörde. Deren Jurisdiktion erstreckt sich auf alle zivilen, militärischen, kirchlichen und kommerziellen Angelegenheiten der Kolonien. Zusätzliche Aufgabe wird der Schutz der Eingeborenen. Beabsichtigt war auch, die Rechte der Kolonisten zu regulieren, die sich gerne als unabhängige Feudalherren gerierten. Das gestaltet sich schwierig, und mancher Gouverneur scheitert vor Ort daran. Die Missionare sollen auch zivilisatorische Aufgaben übernehmen, deshalb sind seit 1523 Niederländer unter ihnen. Karl schickt flämische Ingenieure ins heutige Panama, er will einen Kanal zum Pazifik bauen lassen. Das allerdings übersteigt die Fähigkeiten der Ingeneurskunst seiner Zeit.

Die „Provision de Granada" von 1526, entstanden während Karls Flitterwochen, anerkennt nur noch drei Kriegsgründe: Behinderung der Mission; Verweigerung des Gehorsams gegen die Krone; Behinderung des Abbaus von Bodenschätzen. Als Organe einer zentralen Verwaltung -auch auf unterer Ebene - werden „audiencias" eingerichtet, mit vier Richtern besetzte Gerichte. Die *encomienda* soll schleichend durch zentralisierte Verwaltung abgelöst werden.

Als Cortéz 1528 nach Spanien zurückkehrt, brüstet er sich, Karl mehr Länder untertan gemacht zu haben als seine Großeltern ihm Städte hinterlassen hätten. Karl ist Cortéz wegen seiner Höflichkeit, der Klarheit seines Denkens und seines knappen Stils sofort angenehm, er befragt ihn häufig zu kolonialen Angelegenheiten. Karl überhäuft ihn mit Ehren, u.a. dem Titel eines Marques de Val de Oaxaca mit fürstlicher Herrschaft und ernennt ihn zum General-Capitan von Mexico, das nun Nueva España genannt wird. Cortéz hat mit dem Gouverneursposten gerechnet, doch 1529 wird ein Mendoza als Vizekönig eingesetzt..

Pizarro - oder ein Schweinehirt erobert das Inkareich

Francisco Pizarro, Bastard eines Hidalgos aus der Estremadura - dort als Schweinehirt tätig -, und einige Kumpane haben nach diversen Abenteuern in den Kolonien von den Inkas, Abkömmlingen des Sonnengottes und ihrer sagenhaften Hauptstadt Cuzco gehört. Am 1. März 1525 schließen in Panama Pizarro, Diego de Almagra und Fernando de Luque einen Vertrag über die Aufteilung Perus, das noch keiner von ihnen je betreten hat! (Pikanterweise hält Karl sich zur gleichen Zeit in Trujillo, dem Geburtsort Pizarros, auf.) Pizarro reist nach Spanien, um von Karl eine Art „Kaperbrief" zu erhalten. Er wird dort erstmal festgenommen, warum ist nicht ganz klar. Der Schweinehirt hat gelernt, mit Subalternen umzugehen, beherrscht das stolze Auftreten eines Hidalgos perfekt. Seine Eingabe hat Erfolg, und er wird zur Audienz zugelassen. Er ist ein brillianter Erzähler und kann Karl für seinen Plan begeistern. Letztlich befindet der Indienrat über Pizarros Antrag. Das dauert. Isabel zeichnet 1529 als Regentin die entsprechende „Kapitulation" ab. Das ist noch nicht der Freibrief für das Auslaufen, es gilt Auflagen zu erfüllen. Im Januar 1530 segelt Pizarro heimlich los. Als die Behörde seinen legitimen Bruder Hernan kontrolliert, gibt der sein Ehrenwort als Adliger, alles als fehlend Beanstandete sei auf dem Schiff des vorausgesegelten Komandanten. Die Schiffe treffen sich vor Gomera.

1532 landen Pizarro und Teilhaber mit 168 Mann und siebenundsechzig Pferden an der Felsküste der Anden. Sie spielen zwei örtliche Despoten gegeneinander aus. Der eine wird ermordet, der andere des Brudermordes angeklagt. Da er sich taufen lässt, gewähren sie ihm die Gnade, vor dem Brennen auf dem Scheiterhaufen erdrossselt zu werden. Die Eroberung von Cuzco gelingt und die Conquistadores gründen Lima, später Hauptstadt Perus. Ein Halbbruder der verblichenen Despoten wird offiziell zum Häuptling bestellt, in Wahrheit herrschen Pizarro und seine Kumpane. Einer der zahllosen Brüder Pizarros bringt Karl die frohe Kunde und seinen Anteil von 50.000 Dukaten im Jahre 1535.

Ausblick:
Almagro langt das nicht, er reitet weiter nach Süden und erobert sich Chile, wird bei seiner Rückkehr auf Befehl Pizarros getötet, dem nun - 1541 - der Sohn Almagros den Garaus macht. Als Karl sich nach Algier wieder mit den Kolonien befasst, kann er mit einer Audencia in Lima das Vizekönigreich Peru oder Neukastilien errichten. Andere erobern Neu-Granada (Kolumbien) und Neu-Andalusien (Venezuela). Bis zur Jahrhundertmitte ist außer dem portugiesischen Brasilien ganz Süd- und Mittelamerika spanisch. In Florida und Südkalifornien setzt sich die Conquista nach Norden fort.

Seit den zwanziger Jahren rüsten auch Fugger und Welser Kolonisten aus, darunter auch Deutsche. Mit Bergknappen aus Joachimstal bringen sie Spezialisten vor Ort. Zur Sicherung seiner Kredite überschreibt Karl allen Bankhäusern riesige Arreale in den frisch eroberten Gebieten. Faktoren der Welser werden die ersten Gouverneure von Venezuela. Die Beispiele lassen sich fortsetzen.

Lösungswege
Hinter dieser hier schnell erzählten Eroberungsgeschichte stehen noch ganz andere Probleme. Isabella genügte es noch, die Missionierung der „armen Heiden" als Rechtfertigung zu haben. Erst durch die Conquista Amerikas wurde das Christentum zu einer Weltreligion. Mit dem Humanismus sind die Gewissen differenzierter geworden. Wie ist das mit der Herrschaftsbegründung in diesem Weltreich? Ist diese Herrschaft von Gott erlaubt? Was ist mit den gestürzten Herrschern? Was ist mit dem Naturrecht? Neben ethischen Fragen gibt es auch pragmatische:

Wie kann die Zentralgewalt die selbstherrlichen Strukturen der Conquistadores brechen? Wie kann man die Erschließung der

Gold- und Silberschätze kontrollieren? Wie den Transport über den Atlantik sichern? Welche Auswirkungen haben die Edelmetalle auf die spanische, die „europäische" Wirtschaft, auf Geldwert und Preisgefüge? All diese Probleme sind nicht neu, über die Rechtfertigung der Herrschaft hat Karl in Salamanca mit Vitoria diskutiert. Über die Praxis der Conquistadores hat er von Cortéz und Pizarro gehört. Er ist stolz auf „seine" Conquistadores, beschneidet ihre vermeintlichen Rechte ungern, aber er ist auch verantwortlich für das, was auf die Eroberung folgt. Über das Los der Indios klagt ein weiteres Mal Las Casas mit Vehemenz. Vielleicht gelingt hier, was in der Religionssache bisher gescheitert ist: die gegensätzlichen Meinungen sollen in einer Kommission diskutiert und dann eine praktikable Lösung gefunden werden, mit der alle leben können. Ab 1539 tagt eine solche Kommission unter dem Vorsitz von Las Casas, dem „gequälten und anklagenden Gewissen der großen Conquista".

Sorgen um Isabel

Der Frühling 1539 kommt, doch der Horizont verdunkelt sich. Noch immer kein Konzil in Sicht, und die Briefe Maries werden immer drängender. In den Niederlanden droht durch den Herzog von Kleve in Geldern eine französische Enklave zu entstehen. Doch Karls ganze Aufmerksamkeit ist auf seine Frau gerichtet. Die Kaiserin ist krank. Ihre Schwangerschaften waren immer sehr schwierig, und dies ist ihre siebente. Schließlich bringt sie am 24. April 1539 eine Frühgeburt zur Welt, einen Jungen. Doch er lebt nur einige qualvolle Stunden. Sorgen erfüllen Karl, die sich bis zur Beklemmung steigern. Isabel erholt sich nicht. Ihr Fieber steigt, sinkt, steigt erneut. Der Kaiser vergisst darüber alles andere. Er wandert rastlos von ihrem Zimmer zur Kapelle und zurück an ihr Bett.

Sterben einer Kaiserin

Am Morgen des 1. Mai, als Karl sich gerade zwingt, einige Depeschen zu lesen, tritt ein Mönch bei ihm ein. Kein anderer hat es gewagt, sich dem König und Kaiser mit der Nachricht zu nähern, dass nun alle Hoffnung verloren sei. Isabel hat bisher alles Geschehen für die „normalen" Umstände einer Frühgeburt gehalten. Als sie die Wahrheit erkennt, zeigt sie keinerlei Aufregung. Mit einer Ruhe, die dem Stoizismus des Gatten gleicht, spricht sie zu ihm von Gott, vom Paradies, von der Auferstehung. Später findet sie die Kraft, sich zu erheben und sich selbst, ohne Hilfe anderer anzukleiden. Sie ist bereit. Sie verlangt, dass von nun an - vor allem nach ihrem Tod - keines Menschen Hand sie mehr berühren soll. Karl kniet am Bett der Sterbenden. Die Priester kommen, als das Bewußtsein sie bereits verlassen hat. Die schönste Herrscherin der Welt stirbt mit achtunddreißig Jahren, ein kleines Ebenholz-Kruzifix umklammernd, die Augen auf den Gatten gerichtet.

Der verlässt, ohne ein weiteres Wort, das Sterbezimmer, durchmisst abwesend die Zimmerfluchten, bis er an eine offenstehende Fenstertür kommt. Er nimmt die herabstürzenden Wassermassen eines Frühlingsgewitters nicht wahr, überschreitet den Hof und verschwindet in der Kapelle. Niemand wagt, ihm zu folgen. Am nächsten Tag zieht Karl sich in das Kloster La Sisla bei Toledo zurück, um dem Hofleben zu entfliehen. Nach wenigen Tagen des sich Versenkens in seinen Schmerz nimmt er dort die Arbeit wieder auf.

Die Prüfung des Don Felipe

Um ihr zu gehorchen, wird Isabels Leichnam nicht einbalsamiert. Sie wird nach Granada überführt, wo die junge Königin die glücklichste Zeit ihrer Ehe mit Karl verbrachte. Der noch nicht zwölfjährige Infant Don Felipe muss den Trauerzug anführen. Ihm zur Seite steht der glänzendste Kavalier des Hofes, Francisco Borja. Vor dem Aufbruch muss der Sarg geöffnet werden, um sicherzustellen, dass es die Königin und Kaiserin ist, die nun zur Stätte ihrer ewigen Ruhe geleitet wird. Das Kind Don Felipe muss ihre Identität bestätigen.

Der Weg von Toledo nach Granada, wo Karl und Isabel beschlossen haben, in der Nähe der Grabmäler der Católicos beigesetzt zu werden, ist weit. Im Süden herrscht die übliche Frühlingshitze. Die Reise dauert sechs Tage und Nächte, der Leichnam strömt einen Geruch aus, der die Mitglieder des Trauerzuges krank macht. Schließlich ist Granada erreicht. Das unerbittliche Hofzeremoniell verlangt, dass der Sarg erneut geöffnet wird und der junge Prinz seine Mutter noch einmal identifiziert. Das Leichentuch wird weggezogen und gibt ein bis zur Unkenntlichkeit zerstörtes Gesicht frei. Das Kind fällt in Ohnmacht. Die Kenntnis dieser Begebenheit macht geneigt, Don Felipe manche seiner späteren charakterlichen Unzulänglichkeiten nachzusehen.

Wandlung eines Borja

Francisco Borja hat Isabel als Königin und Frau hoch verehrt und bewundert. Es gibt in der Literatur einige Versuche, den beiden sogar eine Romanze anzudichten. Für den Weltmann Borja ist der Anblick der verwesenden Isabel so erschütternd, dass er nach dem Tode seiner eigenen Ehefrau aller weltlichen Güter entsagt und dem gerade entstehenden Jesuitenorden beitritt. Als Exponent dieses Ordens erlangt er großen Einfluss auf die adeligen Damen Europas, besonders aber auf die der Casa de Austria.

Verlautbarung des böhmisch-ungarischen Hofes:
Am 30. April 1539 melden Königin Anna und König Ferdinand voller Stolz und Freude aus Innsbruck die Geburt ihres elften Kindes. Es ist wieder eine Tochter, und sie wird Barbara getauft. Sie wird als hässlich beschrieben und heiratet nach mehreren gescheiterten Eheprojekten 1565 den Herzog Alfonso II. von Ferrara. Die Ehe gilt als vorbildlich, obwohl sie kinderlos bleibt. Barbara betätigt sich vornehmlich karitativ. Die Anhängerin der Jesuiten verbindet eine enge Freundschaft mit ihrer protestantischen Schwiegermutter Renée de France, Tochter Louis XII. von Frankreich. An ihrem Hof lebt Torquato Tasso. Barbara stirbt am 19. September 1572 in Ferrara an Tuberkulose. Beigesetzt wird sie in Del Gesù.

Toledo, Sommer 1539

Karl entscheidet sich für seine Pflicht
Karl bleibt im Kloster, abgeschlossen vom Lärm der Welt. Zwischen Gebet und Meditation kommt bei der Arbeit mit Macht die in seiner depressiven Phase aufgetretene Versuchung zurück, sich seiner Bürde zu entledigen. Sind die Menschen es wert, dass er sich erneut der Last seines Amtes beugt, während sie wohlfeilen Leidenschaften nachgehen und nicht einmal den Sinn seiner Bemühungen verstehen? Karl verspürt ein herbes Vergnügen dabei, sich ein nahezu monasteres Leben auszumalen. Der Hof hat Angst, dass er nicht aus dem Konvent zurückkehrt. Kann er sein Reich einem zwölfjährigen Erben ausliefern ?

Wie soll er das Leben und seine Aufgaben wieder in den Griff bekommen? Ihm ist ja nicht nur die einzige Gefährtin genommen, sondern auch die kluge und fähige, von allen mit Hochachtung behandelte Regentin. Er selbst schreibt lakonisch: „ ... der Kaiser ist untröstlich." In diesem Stil berichtet er auch Marie vom Geschehen und bittet sie um Rücksendung einiger Porträts der Kaiserin aus den Niederlanden. Ihr schreibt er, er müsse eine Regentschaft für Spanien zusammenstellen. Sie müsse die von ihm keineswegs unterschätzten Schwierigkeiten in den Niederlanden noch allein meistern. Er verspricht, sich zu beeilen - davon erfährt seine Umgebung noch nichts.

Karl verlässt Las Sislas am 27. Juni, nimmt die Dinge wieder in die Hand, aber er ist gezeichnet. Die langjährige Gicht und der Schmerz über den Verlust Isabels haben ihn mit noch nicht vierzig Jahren zu einem alten Mann gemacht. Die Gliedmaßen sind verdreht, die Kinnlade hat sich noch weiter verschoben, der Mund steht fast immer offen. Die Haare sind ergraut. Einzig sein Blick bewahrt sein durchdringendes Licht. Karl bleibt von nun an bei der ausschließlich schwarzen Kleidung, die er schon seit gut zehn Jahren unterwegs und im Alltag bevorzugt. Aus Trauer und Noblesse formt sich der Nimbus eines unnahbaren Idols. Es scheint, als betrachte er die Eitelkeiten der Welt aus einer anderen Sphäre. Seine Einsamkeit wächst.

Loire - Den Haag, Sommer 1539

Die Jagd nach dem verlorenen Thron
Mit dem Tod Isabels und Karls Rückzug in die Einsamkeit enden die Hoffnungen des Pfalzgrafen und Doros auf Unterstützung durch den Kaiser. Sie reisen durch Frankreich und werden von Eleonor herzlich empfangen. Wie mag sie es finden, dass ihre Jugendliebe nun mit ihrer Nichte verheiratet ist? François und Friedrich finden gefallen aneinander, und Eleonor hält Doro an ihrer Seite, damit François länger von seinen Damen abgelenkt ist. Friedrich erkrankt, und erst als er gesundgepflegt ist, zieht das Paar weiter nach Norden.

Dänisch-niederländisches Seeabenteuer
Marie, die sich immer noch um eine Einigung mit Kleve bemüht, verbringt den Sommer mit Christina in Holland. Der Pfalzgraf und Doro gesellen sie sich zu ihnen. Die Schwestern bestehen ein ernstes Seeabenteuer, denn Christina fährt entgegen allen Warnungen in einem kleinen Boot ihrer Schwester entgegen, als diese von einer Insel zurück zum Festland kommt. Christina gerät in Seenot, doch sie kann vom Schiff Doros gerettet werden. Sehr erschreckt scheint das kleine Abenteuer die unternehmungslustige Doro nicht zu haben, denn als sie und ihr Gatte sich im September 1539 verabschieden, ist Deutschland nur ihr vorgebliches Ziel. In Wahrheit fahren sie nach England.

Die Jagd geht weiter

Henry VIII. hat sie in der Hoffnung eingeladen, der Pfalzgraf als Jugendfreund Karls könne ihm etwas über des Kaisers wahre Absichten mitteilen, da derzeit auf diplomatischem Wege nichts in Erfahrung zu bringen ist. Wahrlich ein seltsames Paar, der alternde Paladin und die lebenslustige Doro, an allen Höfen zu Hause, selbst aber nirgends regierend. Natürlich ist die „geheime Kommandosache" in ganz Europa Tagesgespräch, noch bevor die beiden in England anlanden. Der Papst und François fürchten gleichermaßen ein geheimes Abkommen zwischen Karl und Henry. Auch Kleve hat es plötzlich wahnsinnig eilig, seine Schwester Anna nach England zu schicken. Doro und Friedrich stört diese internationale Aufregung, die ihre Eskapade verursacht, überhaupt nicht. Sie genießen den exzellenten Empfang, den Henry ihnen bereitet, ganz so, als seien sie tatsächlich gleichwertige Souveräne. Volle zwei Stunden spricht Henry mit Friedrich unter vier Augen. Der Pfalzgraf versucht natürlich auch hier, Unterstützung für die Rückeroberung der Dänenkrone zu finden. Wie alle Herrscher weicht Henry aus. Über Christina fällt kein Wort, der Rest ist Vergnügen bei Bällen und Jagden.

Im Oktober entlässt Henry das Paar mit einem Abschiedsgeschenk von 2.000 Kronen, seine desolate Finanzlage ist allgemein bekannt. Henry bedauert zutiefst in Sachen Dänenkrone nichts unternehmen zu können. Aber er sei nunmal mit den protestantischen Fürsten im Bunde und die stützen den derzeitigen Dänenkönig. Er bittet das Paar, dennoch den verwandtschaftlichen Einfluss bei Marie geltend zu machen, damit sie seiner Braut Anna von Kleve freies Geleit durch die Niederlande gewährt. Marie ist verständlicherweise sauer über die Extravaganzen des Paares, die zu erheblichen diplomatischen Verwicklungen geführt haben. So machen sich Doro und Friedrich nun wirklich auf den Heimweg in ihre Residenz Heidelberg.

Henrys vierte Ehe

In den Niederlanden ist die Kleve-Heirat Henrys sehr unpopulär. Man empfindet sein Verhalten als eine Beleidigung für die sehr beliebte Christina. Deshalb wollen die Kaufleute von Antwerpen Anna von Kleve die Durchfahrt verweigern. Marie sieht das von einer höheren Warte, sie hätte ihre Lieblingsnichte ohnehin sehr ungern dem alten Blaubart wirklich ausgeliefert. Ihr kamen nur die

Vorteile ganz gelegen, die sie Henry während der Zeit seiner heftigen Brautschau abluchsen konnte. Sie regelt die Sache mit dem Geleit diplomatisch, und Anna landet am 27. Dezember sicher in Dover. Für lange Zeit das Letzte für sie, das klappt.

Gent und die Niederlande, Frühjahr 1537 - Sommer 1539

Gent rebelliert

Seit dem Angriff Frankreichs auf das Artois im Frühjahr 1537 gärte es in den Niederlanden, man war nicht mehr gewillt, die gewaltige Steuerlast zu tragen, die zur Finanzierung der Kriege zwischen dem Kaiser und Frankreich erhoben wurden. Der Widerstand kristallisiert sich in Gent, das die Steuern verweigert, die es nicht mit bewilligt hat. Man stützt sich dabei auf ein obskures Privileg, angeblich gewährt, nachdem ein Graf von Flandern die Stadt an den Grafen von Holland verloren und Gent sich selbst zurückgekauft hatte. Als Marie in Den Haag informiert wird, meint sie, Gent in die Knie zwingen zu können, indem sie Genter Bürger, die andere Städte bereisen, dort als Geiseln festsetzen lässt. Sie unterschätzt die Vehemenz, mit der die Niederländer bereit sind, ihre „Freiheiten" zu verteidigen. Es entsteht eine Art Bürgerkrieg um die Steuererhebung. Erste Todesurteile werden gesprochen, erste Familien fliehen, zunächst aus Gent, bald aus ganz Flandern. In Gent wird ein von Karl 1515 gesiegeltes Dokument zerschnitten, obwohl man weiß, dass dies ein frevlerischer Akt ist, gleichzusetzen mit einer Verletzung der Person Karls! Gent wähnt sich frei von herzoglicher Herrschaft, streckt Verhandlungsfühler nach Frankreich aus.

Marie reagiert

Marie ist bestrebt, die Revolte auf Gent zu beschränken. Sie schreibt einen ersten Brandbrief an Karl. Gegen Frankreich ist sie allein geritten, gegen die Bürger von Gent wagt sie es nicht. Es sind schließlich die eigenen Untertanen, und sie will nicht die „Guten" mit den „Bösen" abstrafen, indem sie mit Gewalt gegen die Stadt vorgeht. Regierungstreue Flamen meinen, Maries persönliches Erscheinen in Gent könne von Nutzen sein. Sie schickt vertrauenswürdige Räte hin. Inzwischen fürchtet der Genter Rat, den radikalisierten Mob nicht mehr im Griff zu haben und sieht - auch zur Rettung des eigenen Überlebens - als ultima ratio ein Einlenken der Regentin. Marie lässt ein entsprechendes Dokument ausfertigen, doch unter dem Siegel ist der Zusatz verborgen, es handle sich um eine unter Druck gegebene Zusage. Weitere flandrische Städte schließen sich den Forderungen Gents an. Unterhändler Maries werden von den bewaffneten Massen regelrecht belagert.

Maries Geduldsfaden reißt, sie will ihr Tafelsilber einschmelzen lassen, um Truppen anwerben zu können. Da gelingt es einem ihrer Unterhändler mit den Aufständischen Kontakt aufzunehmen, und er verspricht, dass keine Soldaten eingesetzt werden, nur Beobachtungstrupps in der Region Gent. Das löst dort neue Wut aus, ein Demagoge fordert, die Regentin in einen Konvent zu stecken, denn man brauche sie nicht mehr, die Herrschaft der Casa de Austria sei vorbei.

Marie schickt einen weiteren Brandbrief an Karl, ist überzeugt, dass einzig seine Autorität und Popularität das Ruder noch herumreißen kann, sonst gehen die Niederlande verloren. Karl ist nun wirklich alarmiert und verspricht sein Kommen, sobald er die Regentschaft für Spanien geregelt hat. Er schickt ihr Rœulx mit Blanko-Vollmachten mit Siegel und Unterschrift - er vertraut ihr und hält sie für fähig standzuhalten. Rœulx soll die Genter von der baldigen Ankunft Karls informieren. Wenn sie nicht einlenken, haben sie eine Strafexpedition zu erwarten, die sie nie vergessen werden. Die Genter sind jedoch überzeugt, den Kaiser von der Rechtmäßigkeit ihres Tuns überzeugen zu können.

Toledo - Fuenterabbia, Spätsommer 1539

Aufbruch aus Spanien

Karl setzt nur nominell seinen zwölfjährigen Sohn Felipe zum Regenten ein, die eigentliche Entscheidungsgewalt liegt bei Talavera, der von bewährten Räten aus Isabels Regentenzeiten unterstützt wird. Noch einmal fährt Karl nach Tordesillas. Wäre es nicht besser, Juana wäre gesund und er könnte ihr Spanien anvertrauen, müsste nicht den kränklichen Don Felipe so früh damit belasten? Zu spät!

François ist ausnahmsweise nicht auf das Hilfsansinnen der Genter Bürgerschaft eingegangen. Er hat sogar Karl darüber informiert und ihm angeboten, statt die im Winter gefährliche Seereise nach Vlissingen zu wagen, durch Frankreich zu reisen. Natürlich haben viele Berater dem Kaiser davon abgeraten, dies Anerbieten anzunehmen. Zu naheliegend ist nach all den Vertragsbrüchen des Franzosen der Gedanke an eine Falle. Doch Karl ist entschlossen, François in diesem Fall zu vertrauen. Er tut dies nicht mehr als ritterlicher Naivling, er weiß einfach, dass ein gebrochener Vertrag etwas anderes ist, als Hand an die Person eines anderen Souveräns zu legen.

Karl war bereits mit sechzehn Jahren am Hof in Frankreich gewesen, um den Vertrag von Noyon zu unterzeichnen. Damals hatte er den sechs Jahre älteren François als „guter Vater" angeredet. Nach Pavia war in Spanien aus dem Gefangenen ein „Bruder" geworden. 1536 hat Karl Frankreich als Heerführer betreten, und in Aigues Mortes sind sie Freunde und Diplomaten gewesen. Die Persönlichkeit des Franzosen übte auf Karl von jeher eine schwer zu fassende Faszination aus, sicher bewunderte er seine Leichtigkeit und Wendigkeit - verachtete sie aber zugleich. Vielleicht kann er wegen dieser Ambivalenz der Gefühle keinen vernichtenden Schlag gegen Frankreich führen.

Karl reitet durch Altkastilien, bis an die Biscaya und nach Fuenterabbia. Der erhaltene Palacio Real an der Plaza ist äußerlich einer der verschlossensten seiner Art. Hier empfängt der Kaiser Charles d'Orléans, den man ihm bis über den Grenzfluss Bidassoa entgegengeschickt hat. Der jüngste Sohn Frankreichs war noch ein Kleinkind, als seine Brüder als Geiseln nach Spanien gebracht wurden. Vielleicht, weil er das Trauma der Grenzüberschreitung nicht noch einmal ertragen kann, erwartet Dauphin Henri Karl erst auf französischer Seite in Bayonne.

Bayonne - Paris, Herbst - Winter 1539/1540

Karls Reise durch Frankreich

Hier kann Henri beweisen, dass die Erziehung zum höfischen Chevalier durch seine angejahrte Geliebte etwas genutzt hat. Er muss den Mann, den er hasst wie sonst keinen auf der Welt, mit vollendeter Höflichkeit empfangen. In Bayonne vereinen sich Karls Suite und das französische Empfangskommitee, und gemeinsam geht es weiter über Dax nach Bordeaux, wo man zwei Tage verweilt. Entrée Joyeuse und Gastmähler ziehen sich entsprechend Größe und Reichtum der Stadt etwas länger hin. Dann reitet man weiter über das spätherbstliche Land, es ist die beste Zeit für Jagden, und die stehen reichlich auf dem Programm, über Angoulême und Poitiers erreicht man

Loches

Hier ist ein besonders prächtiger Empfang vorbereitet. Zehn Kardinäle und - fast - alle Fürsten und Herren Frankreichs begrüßen

Karl, um ihn zum Schloss zu geleiten, wo François ihn erwartet. Der hat ein etwas delikates Leiden, das es ihm zeitweise unmöglich macht, ein Pferd zu besteigen. Er empfängt den Kaiser unter dem Tor des Schlosses und entfaltet seine ganze überströmende Herzlichkeit. Die ist bei ihm nicht mal gespielt, er ist in der persönlichen Begegnung von Natur so. Dankbar umarmt Karl seine Schwester Eleonor, die entgegen den üblichen Gepflogenheiten des Hofes die ganze Zeit dabei ist. Sie genießt es sichtlich, dem Bruder Frankreich in all seiner Schönheit zu zeigen. Auch wenn er sich auf seine Trauer herausreden könnte, nimmt Karl es auf sich, alle wichtigen Damen des Hofes formell zu küssen, selbst die unvermeidliche Madame d'Etampes.

Loches ist ein prächtiger Rahmen für einen feierlichen Empfang, aber nicht sonderlich wohnlich, obwohl es einst der Lieblingsaufenthalt der Agnès Sorel war, der ersten offiziellen Mätresse Frankreichs.

Die Wunder der Loire

Inzwischen ist es Dezember geworden, die Tage sind kalt und kurz, und die Abende lang in den prunkvollen Sälen, die von Kerzen, Fackeln und hoch flackernden Kaminfeuern erhellt sind. In denen die überladenen Tafeln von Gold, Silber und Kristall um die Wette funkeln mit den schmuckstrotzenden Kleidern der Damen und Herren. Es wird geplaudert, gelacht und geflirtet. Jeder sieht alles, und jeder ist da, um gesehen zu werden. Bilder und Gobelins erzählen geheimnisvolle Geschichten von Heldentaten und Romanzen.

Chenonceau

Vielleicht spielt sich hier ja wirklich die Anekdote ab, die zwar unbewiesen ist, aber immer wieder auftaucht: François, besorgt um das totale Wohlbefinden seines Gastes, soll eines Abends ein junges Fräulein postiert haben, das den Kaiser im Himmelbett erwartet, um ihm alle Wünsche zu erfüllen, quasi ein lebendes Betthupferl. Doch Karl, ohnehin etwas genervt von den ununterbrochenen Festlichkeiten, weist die Dienste der jungen Frau freundlich, aber bestimmt zurück. Wahrscheinlich hat er sich schon seit Stunden darauf gefreut, es sich endlich bequem machen und den gichtigen Körper entlasten zu können. Nicht bewiesen, aber gut erfunden - so unterschiedlich sind sie nunmal, die lebenslänglichen Rivalen François und Karl.

Amboise
Sein Abenteuer in Amboise schildert Karl allerdings selbst in einem Brief an Bruder Ferdinand mit der ihm eigenen, verhaltenen Heiterkeit. Das Licht des kurzen Nachmittages hat François noch zu einer Jagd genutzt, um seine prächtige Meute vorzuführen. Nun ist es Karl endlich gelungen, sich mit dem Kardinal de Lorraine und wenigen Herren von der Gesellschaft abzusetzen und sozusagen privat zum Schlosshof hinaufzureiten, um endlich einmal dem anstrengenden Empfang und dem endlosen Austausch gedrechselter Floskeln zu entkommen. Eine der Besonderheiten von Amboise ist der Tour de Minimes, in dem eine Rampe hinaufführt, auf der man bequem zu Pferde oder in der Kutsche den oberen Schlosshof erreichen kann.

Obwohl es schon dämmert, erkennt der Wachoffizier in letzter Minute doch noch, wer da auf ihn zukommt. Schnell will er die Fackeln entzünden lassen, die den Weg für hohe Herrschaften normalerweise beleuchten. In der Hektik unterläuft jemanden ein Fehler, ein Feuer bricht aus, und im Turm entwickelt sich schnell starker Rauch. Die Pferde sind zwar etwas irritiert, aber die Herren erreichen ohne Schaden genommen zu haben den oberen Hof. Vielleicht sind ihre Manschetten vom Rauch etwas gräulich, aber zum abendlichen Festmahl muss man sich ja ohnehin umkleiden. François ist ob dieser rauchigen Panne in seinem makellosen Festprogramm für den hohen Gast so erzürnt, dass er den verantwortlichen Offizier und alle Beteiligten sofort richten, verurteilen und köpfen lassen will. Karl kann ihm das nur mit Mühe ausreden. Nun ja, man muss auch François verstehen! Wer hätte es ihm schon abgenommen, dass wirklich ein Zufall, die dumme Ungeschicklichkeit eines Fackelträgers das Leben des Kaisers ernsthaft in Gefahr gebracht oder gar ausgelöscht hätte!

Chambord
Natürlich geht es in diesem „Jagdschlösschen“ nicht ohne die obligatorische Jagd ab. Diesmal geht es auf Hirsche, doch der Höhepunkt ist hier während des abendlichen Balles ein Tanz, den eine Schar schöner junger Mädchen einstudiert hat. Nur in leichte Schleier gekleidet, gaukeln sie tanzend und singend eine Feenwelt mit Nymphen und Dianen, Fluss- und Waldgeistern und Göttinnen vor. Hier endlich wurde François für all seine Mühen belohnt. Bei der ersten Annäherung an das Schloss, das François zu Recht als sein ganz persönliches Gesamtkunstwerk betrachtet, zügelt Karl, der auf seinen unendlichen Reisen einiges gesehen und einen Blick

für Architektur, Gartenbau- und Wasserkunst entwickelt hat, sein Pferd und versinkt in eine eingehende Betrachtung. „Dieses Schloss ist der Inbegriff all dessen, was menschliche Kunst vermag!“, lautet sein überliefertes Urteil. François ist glücklich.

Nach Paris

Die Strecke nach Orléans legt man auf des Königs neuen Prunkgaleeren zurück, die als Gipfel technischer Innovation mit Holz beheizbare Kabinen haben. Am Heiligabend 1539 erreicht die königlich-kaiserliche Vergnügungstour Fontainebleau und verweilt dort mehrere Tage. Hier gibt es einen unerfreulichen Auftritt des sonst intelligenten und charmanten Charles d'Orléans, der sich nicht entblödet, von der Freitreppe hinter Karl auf dessen Pferd zu springen, ihn von hinten zu umklammern und triumphierend zu rufen: „Ihr seid mein Gefangener, Sire!“ Der Kaiser bezwingt sich in blasser Wut.

Der Neujahrstag 1540 wird mit einem besonders glanzvollen Einzug in die Hauptstadt gefeiert. Eine riesige Menschenmenge ist zusammengeströmt, jedes Fenster ist mit winkenden Menschen gefüllt. Verwundert stellen die Pariser fest, dass der Kaiser ganz schlicht in Schwarz gekleidet ist. Das goldene Vlies an dunklem Seidenband ist sein einziger Schmuck. Er ist immer noch ein exzellenter Reiter. Auf seinem mit einer schwarzen Schabracke bedeckten Pferd wirkt er dunkel und fremdartig, aber auch übermäßig mächtig. Volle vier Stunden dauert das Defilée des Zuges.

Die ganze Gesellschaft hört die Messe in Notre Dame und bewegt sich in feierlicher Prozession zum nahegelegenen Königspalast, von dem heute noch die wuchtigen Türme der Conciergerie stehen. In einer der zahllosen Ansprachen preist der König seinen Gast in höchsten Tönen, und Karls trockene Antwort ist: „Euer großes Lob ist Uns darum so lieb, weil es uns daran erinnert, wie Wir sein sollten!“ Als man dem Kaiser voller Stolz die Schatzkammer zeigt, lässt er sich zu der Bemerkung hinreißen: „Ich weiß da einen Weber zu Augsburg, der kann all das bar zahlen!“ Als Karl sich endlich zurückziehen kann, ist sein Betthimmel mit Perlen und Edelsteinen bestickt.

Eine Dornenkrone

Am nächsten Tag zeigt Eleonor dem Bruder die St. Chapelle, die Louis IX., genannt der Heilige, zur Aufnahme der Dornenkrone Jesu errichten ließ. Eleonor begleitet ihn weiter in den Louvre, wo prächtige Räume für ihn bereit stehen. Trotz der gelungenen Organisation kommt es zu einem weiteren Unfall. Anlässlich eines Turniers im Palais de Tournelles, heute Place des Vosges und der schönste Platz von Paris, stürzt eine etwas zu schnell und nachlässig aufgebaute Tribüne in der Nähe der Loge des Königs zusammen. Es gibt erst großes Geschrei, dann eben so großes Gelächter, niemand ist ernstlich verletzt, nur der König brüllt wütend: „Faites sortir ces canailles!" Er kann es einfach nicht ertragen, wenn etwas sein Bild vom perfekten Gastgeber trübt. Karl kann hier die wichtigsten Verehrer seiner Nichte Christina in voller Aktion beurteilen.

... und die Leiden älterer Herren

Weniger irritiert hat François wohl die Tatsache, dass Karl in seinem Quartier im alten Louvre mehrmals das Bett hüten muss. Zuviele schwere Mahlzeiten für einen Gichtkranken, der alle Leidenschaften beherrschen gelernt hat, nur nicht seinen unmäßigen Appetit. Auch François ist seit dem Herbst 1538 gesundheitlich angeschlagen. Ihn quält ein Abszess am Darm, bei dem nicht klar ist, ob die Ursache Syphilis oder die vom Vater geerbte Tuberkulose ist. Außerdem leidet er an einer langwierigen Harnröhrenentzündung. So ist er sicher ganz froh, wenn auch er einmal ein paar ruhige Stunden hat.

Paris - Brüssel, Januar 1540

Endlich! Die Grenze

Am 7. Januar verlässt Karl die Stadt Paris und erhält einen riesigen silbernen Hercules zum Geschenk, der sein Motto „plus ultra" trägt. König und Königin zeigen Karl noch das neue Lustschloss „Chateau de Madrid" und führen ihn durch die Grablege der französischen Könige in St. Denis. Zuletzt ist er auch noch Gast Montmorencys in Chantilly. Bis St. Quentin geben François und Eleonor ihm das Geleit. Dann ist der König so überanstrengt, dass er zurückbleiben muss. Seine hochgesteckten Erwartungen sind nicht erfüllt worden. Karl hat sich Staatsgeschäfte verbeten. Auf die verklausulierte Anpreisung der immer noch unverheirateten jüngsten Tochter hat Karl unmissverständlich klargemacht, dass er sich keine zweite Frau nehmen wird. Um die Absage zu mildern, hat er charmant hinzugefügt, dass er für eine so reizende junge Dame ohnehin viel zu alt sei. Auch über etwaige Heiraten der beiderseitigen Kinder ist es zu keiner Absprache gekommen.

Der Dauphin und sein Bruder reiten noch bis Valenciennes mit. Marie ist dem Bruder bis hierher entgegengeeilt. Nun müssen die Niederländer feierliche Einzüge für die französischen Prinzen organisieren. Karl ist unendlich erleichtert, dass er diese fünfzigtägige Festserie unterbrochen von kurzen Reisen zu Wasser und zu Lande überstanden hat. Man vermeint des Kaisers erleichterten Seufzer zu hören, als die Franzosen sich endlich verabschieden und er diese lästige Gesellschaft los und hinter der eigenen Grenze vor deren grenzenloser Vergnügungswut in Sicherheit ist. Er ist so erschöpft, und die Gicht quält ihn so sehr, dass er sich unmittelbar nach der gemeinsamen Ankunft mit Marie in Brüssel einige Tage zu Bett legen muss. Seine Bettlägerigkeit hindert ihn nicht, mit der Schwester ausführlich die Lage zu erörtern.

Gent, Februar 1540

Karl martialisch

In Brüssel findet Karl eine von Marie in Deutschland und den Niederlanden rekrutierte Armee vor. Seinen Einzug in Gent am 14. Februar 1440 gestaltet er in voller Absicht als Demonstration militärischer Macht. Vor ihm marschieren die Bogenschützen und Hellebardiere seiner Leibwache und fünf Ordonanzkompanien, hinter ihm 5.000 Landsknechte, eine beeindruckende Artillerieabteilung und mehrere Fähnlein niederländischer Infanterie. Das Defilée dauert volle sechs Stunden. Er lässt die Truppen auf alle Stadtteile so verteilen, dass sie bei Gefahr sofort in Verbindung treten können. Das Zentrum des Aufstandes, der Freitagsmarkt, wird von vier Fähnlein Infanterie besetzt, die Mündungen der Geschütze sind auf die einmündenden Straßen gerichtet. Am folgenden Tag kommen weitere Truppen an, das „stolze Gent zittert unter der gepanzerten Faust“ des Herzogs, Königs und Kaisers.

Karl sphinxisch

Als weitere Demonstration seiner Macht lässt Karl sich von seiner Regentin-Schwester Marie, von Nichte Christina, immer noch Herzogin von Mailand, vom päpstlichen Nuntius, von allen Botschaftern und den höchsten Herren aus seinen vielen Staaten begleiten. Er zieht in den Prinsenhof, sein Geburtshaus außerhalb des Stadtzentrums. In seiner üblichen majestätischen Statuenhaftigkeit lässt er keine Anzeichen von Zorn oder Rachsucht erkennen. Er lässt nur die von den Aufrührern Eingekerkerten frei und ändert die Zusammensetzung der Stadtbehörden nach den Bestimmungen des zerschnittenen „Calfvel“. Das hat an sich nichts Bedrohliches und die von der Demonstration militärischer Macht zunächst verängstigten Genter atmen schon auf.

Wie immer will Karl nicht impulsiv aburteilen, sondern nach „Recht und Gesetz“. Er ordnet eine Untersuchung an, lässt die Rädelsführer verhaften, Flüchtige verfolgen. An seinem vierzigsten Geburtstag empfängt Karl auf seinem Thron sitzend, umgeben von Hofstaat und Räten die Ratsherren und lässt die Anklage verlesen. Alle Beteiligten werden des Frevels an der Person des Kaisers als ihrem Grafen, Fürsten und Oberherrn angeklagt. Es wird ihnen Zeit zur Vorbereitung ihrer Verteidigung eingeräumt.

Die Verteidigungsschrift ist ein einziger Missgriff: Die Angeklagten mutieren darin zu Anklägern gegen die Regierung - also: Marie -, die in Abwesenheit des Kaisers ihren Aufgaben nicht gewachsen gewesen sei. Man beharrt auf dem Recht, eine nicht genehmigte Steuer nicht zahlen zu müssen. Der Anwalt der Krone hält dagegen, es genüge durchaus, wenn die drei anderen Mitglieder der Grafschaft ihre Einwilligung gegeben hätten. Eine Sonderkommission bereitet den Prozess vor. Er endet mit neun Todesurteilen. Jetzt bitten die Genter Marie begrüßen zu dürfen und flehen um Gnade. Sie bemerkt lakonisch, die Begrüßung käme etwas spät, immerhin sei sie ja schon einen Monat in der Stadt, aber sie wolle gern beim Wiederaufbau helfen!

Karl richtend

Der Kaiser spricht sein Urteil am 29. April 1540. Die Genter sind der Treulosigkeit, des Ungehorsams, des Vertragsbruches, des Aufstandes und der Majestätsbeleidigung schuldig. Sie verlieren ihre Vorrechte, die Freibriefe müssen zurückgegeben werden. Die Vermögen der Kommune, der Handwerkerzünfte und die Artillerie der Stadt werden konfisziert. Die berühmte Rolandsglocke muss vom Belfried heruntergeholt werden. Die Gräben vor der Stadtbefestigung werden zugeschüttet. Die Stadt muss ihren Anteil an der 1537 gewährten Subsidie nachzahlen, dazu eine Strafe von 150.000 und eine ewige Rente von 6.000 Gold-Carolus berappen.

Die Schöffen, dreißig Bürger, der Älteste der Weber, dreißig Männer von jeder Zunft, fünfzig Mitglieder der Weberzunft und fünfzig der „Creesers“ müssen barfuß und barhäuptig, in Unterwäsche und mit dem Strick um den Hals öffentlich auf Knien vor dem Kaiser Abbitte leisten. Viele können Tränen des Kummers oder der ohnmächtigen Wut nicht zurückhalten. Nach diesem Ritual der Selbsterniedrigung, das mit dem Hersagen der Unterwerfungsformel endet, senkt sich Stille über den Hof. In diese Stille klingt die Stimme Maries, die für die braven Bürger Gents vom Bruder einen Generalpardon erbittet, schließlich sei es seine Geburtsstadt. Mit leiser Stimme gewährt der Kaiser „in brüderlicher Liebe“ das Erbetene.

Am nächsten Tag bekommt die Stadt Gent eine neue Verfassung, die „Consession Caroline“. Alle Privilegien werden darin für abgeschafft erklärt, die letzten Selbstverwaltungskörperschaften aufgehoben und dem Herrscher das Recht zur Ernennung der Schöffen eingeräumt. Damit ist die letzte bestehende städtische Verfassung auf Grundlage der mittelalterlichen Ständeordnung Vergangenheit. Die neue Verfassung unterstützt das Patriziat gegen die Unterschichten. À la longue sollte das für Gent zu einem neuen Aufschwung führen. Doch zunächst nimmt Karl auch noch einen Plan von Maximilian wieder auf und lässt ein ganzes Stadtviertel schleifen, um dort eine Zitadelle zu erbauen. Am nächsten Tag reitet Karl mit nur einem Begleiter - so sicher fühlte er sich! - nach Brüssel, um seinen gerade angekommen Bruder Ferdinand zu begrüßen. Gemeinsam reiten die Brüder zurück nach Gent. Noch bevor Karl die Stadt verlässt, ist der Grundstein zur Zitadelle gelegt.

Dennoch: beliebt

Nachdem Karl seine Autorität über seine rebellierenden Untertanen wiederhergestellt hat, begibt er sich mit wechselndem Gefolge auf eine lange Inspektionsreise durch die altniederländischen Provinzen. Er kann dort mit Genugtuung feststellen, dass sein Strafgericht gegen Gent seiner Popularität genausowenig Abbruch getan hat wie die verschärften Gesetze gegen die Häretiker. Zu seiner Beliebtheit hat zweifellos auch Marie bewußt und unbewußt beigetragen. In den Niederlanden weiß man, dass sie immer versucht hat, den Bruder von seiner Wahnsinnskreditwirtschaft abzubringen. Sie ist vor Ort, sie muss unliebsame Entscheidungen durchsetzen, und so wird sie auch zum „Blitzableiter“. Oft ist zu hören: „Ach, wenn doch der „Goude Carolus“ jetzt hier wäre, der würde uns verstehen!“ Wenn Karl dann kommt, ist die Freude groß, wird viel gefeiert, und schon ist er wieder fort. Marie muss den Alltag bewältigen.

Schwierigkeiten einer Regentin

Marie ist der Überzeugung, dass eine Frau nie so geachtet wird wie ein Mann. Die besondere Schwierigkeit in den Niederlanden ist, dass sie keine reine Monarchie sind und auch keine reine Oligarchie oder Republik. Deshalb ist es dort so schwer, es allen recht zu machen. Man müsse dazu viel zu viele Leute kontaktieren, oft mehr, als es für eine Witwe ziemlich sei. In Kriegszeiten dürfe man zwar nicht mit an die Front, würde aber für alles verantwortlich gemacht, lauten ihre Klagen.

Einige Schwierigkeiten, die sie hier ihrer „Weiblichkeit" zuschreibt hat sie aber gerade, weil die ihre nicht sehr ausgeprägt ist. Sie ist nicht geschmeidig und diplomatisch wie ihre Tante Margaretha, die das gleiche Amt mit Takt, Flexibilität, Selbstbeherrschung, Humor und Charme ausübte. Margaretha hatte den sonnigen Charme Maximilians. Die Tante konnte viel mit einem Lächeln, einem Scherz, einem Lob erreichen, konnte Lachen und vergeben. Sie war fähig, ihre wahren Gedanken und Absichten hinter charmanter Höflichkeit verbergen.

Das alles kann Marie nicht. Sie hätte ihre Opponenten lieber mit realen Waffen bekämpft. Ihr physischer und mentaler Mut sind unbegrenzt. Sie glaubt unumstößlich an ihre herrscherlichen Rechte, übertragen vom Kaiser und der Casa de Austria. Sie verfolgt ihre Ziele entsprechend hart, autoritär, heißblütig und unnachgiebig, ist von der gleichen leidenschaftlichen Unbedingtheit wie ihre Mutter Juana. Marie kann nicht Fünfe gerade sein lassen, vergessen oder vergeben. Ihre heftigsten Gefühlsäußerungen kommen aus verletztem Stolz, dann wird sie bissig und sarkastisch. Bewegt sie etwas, wird sie unwillkürlich rot oder blass. Weil ihr das peinlich ist, verletzt sie ihr Gegenüber mit Schroffheit, statt es mit einem Lächeln zu entwaffnen.

Marie kennt auch die Selbstzweifel, die Juana das Leben zur Hölle machten und die sie zwangen, sich zurückzuziehen. Die Vorfälle in Gent nimmt sie erneut zum Anlass, den Bruder um Entlassung zu bitten. Der wird sich hüten. Er bittet sie sehr herzlich, zunächst bis zu seiner Rückkehr aus Deutschland und dann bis nach seinem nächsten Mittelmeer-Feldzug für ihn auszuhalten.

Marie wird von 1540 an Karls erster Berater in allen Belangen der Niederlande. Sie will ihn zu einem Zug gegen den neuen Herzog von Geldern überreden. Karl will davon nichts wissen, will nur die Protestanten in den deutschen Reichslanden und die Türken im Mittelmeer „erledigen". Immer wieder quälen ihn auf den Reisen durch die Provinzen Depressionen, wie auch Marie sie nur zu gut kennt. Nun ist sie es, die den Bruder mit unverminderter Energie antreibt, wenn er an Abdankung denkt. War es ihr eine Erleichterung zu sehen, dass auch der so sehr bewunderte

Kaiser dieses Gefühl eigener Unzulänglichkeit kennt? Kann sie aus dieser Erkenntnis neue Kraft schöpfen?

Gent, Frühling 1540

Kleve in persona ...
Wilhelm von Kleve hat bereits dreimal vergeblich um Investitur mit Geldern angehalten und erscheint am 13. April überraschend selbst in Gent. So überraschend auch wieder nicht - Ferdinand hat ihn geladen. Der englische Gesandte fängt ihn ab und senkt Zweifel in sein Herz bezüglich der Chancen einer Heirat mit Christina. Sie bandele viel zu offensichtlich mit dem Prince d'Orange, der noch viel offensichtlicher in sie verliebt sei. Niemand scheine etwas dagegen zu haben. Ausgerechnet Orange ist es, der Kleve in Ferdinands Suite führt. Der Empfang durch Ferdinand ist so herzlich, dass Kleves Zweifel an seinen Chancen wieder schwinden. Als er von Ferdinand an die Familientafel geladen wird, glauben viele mit ihm, dass seine Hochzeit mit Christina unmittelbar bevorsteht.

... kann auch nichts ausrichten
Doch in der Geldernfrage ist keine Einigung zu erzielen, und Kleve wird klar, dass man ihn nur hinhält. Er verschwindet bei Nacht und Nebel aus der Stadt und nimmt seine Verbindungen zum französischen Hof wieder auf. Hocherfreut, die hochfahrenden Heiratspläne Karls durchkreuzen zu können, bringt François seine Nichte Jeanne d'Albret, Erbin Navarras, ins Spiel, und die Bedingungen einer Heirat werden ausgehandelt.

Verlautbarungen aus England: Eine Kleve wird verstoßen
Cromwell, der die Kleveehe seines Herrn und Meisters eingefädelt hat, wird im Tower angeklagt, abgeurteilt und wegen Hochverrats hingerichtet. Hochverrat kann es ein König nennen, wenn ihm sein Kanzler eine „unebene“ Frau aufschwatzt. Anna von Kleve, die sich kurzfristig Queen Anne nennen durfte, muss erleben, dass ihre Ehe für null und nichtig erklärt wird. Als Vorwand dient ihre längst aufgelöste Kinderehe mit Franz, dem Erben von Lothringen. Bereits im Juli heiratet Henry in fünfter Ehe die dreißig Jahre jüngere Catherine Howard, die er wegen ihres „Lebenswandels“ zwei Jahre später hinrichten lassen wird.

Ferdinand und Familienpolitik

Seit Ferdinand angekommen ist, diskutieren die Geschwister die europäische Lage gemeinsam und suchen nach einer tragfähigen Lösung für die nächste Generation. Sicher stehen Marie und Ferdinand unter dem Eindruck von Karls Abdankungsphantasien. Erste Überlegungen in diese Richtung führen zu einer Lösung, die schon Karl der Kühne anstrebte. Die Niederlande sollen mit Geldern und Burgund zu einem Königreich vereint werden. Da Karl keinen zweiten Sohn hat, für den er die Niederlande immer vorgesehen hatte, soll seine Tochter Doña Maria dies Reich als Mitgift erhalten und mit dem jüngeren Sohn Frankreichs vermählt werden. Don Felipe ist der Erbe Spaniens und soll alle an das Mittelmeer grenzenden Besitzungen erhalten. Die Kaiserkrone mit den österreichischen Stammlanden sowie Böhmen und Ungarn soll bei Ferdinand und seinen Söhnen bleiben. So hoffen die drei, einen endgültigen Schlussstrich unter den Zwist Austria-Valois ziehen zu können, um dann gemeinsam das Protestanten- und das Türkenproblem zu lösen.

Zumindest vorerst ist das nur ein schöner Traum. François ist keineswegs willens, den Anspruch auf Mailand aufzugeben, zu sehr fürchtet er das Motto „AEIOU“ Friedrichs III., „Austrie est imperare orbi universo“ (alles Erdreich ist Österreich untertan), d.h. die Einkreisung durch die Casa de Austria. Im Sommer tagen in Brüssel die Generalstände, und das lenkt die Geschwister wenigstens vorübergehend von der leidigen Heiratspolitik ab, die ohnehin immer mit kleinen Varianten um die gleichen Konstellationen kreist.

Verlautbarung des böhmisch-ungarischen Hofes:

Am 3. Juli 1540 melden Königin Anna und König Ferdinand (derzeit Brüssel) voller Stolz und Freude aus Wien die Geburt ihres zwölften Kindes. Es ist wieder Mal ein Sohn, und er wird zu Ehren seines kaiserlichen Onkels auf den Namen Karl getauft. Nach der Erbteilung erhält er die Herrschaft Innerösterreich. Lange Zeit ist er als Ehekandidat für Elisabeth I. von England, die lebenslänglich mit dem Titel „jungfräuliche Königin“ kokettiert, im Gespräch. Letztlich heiratet er seine Nichte Maria von Bayern und hat mit ihr fünfzehn Kinder, von denen ihn zwölf überleben. Er stirbt 1590 in Graz.

Der Lanzenreiter von Mühlberg
(Museo Nacional del Prado, Madrid)

Karl in Brüssel, 25. Oktober 1555
(Frans Francken, Rijks Museum Amsterdam)

Tapisserie-Serie „Der Tunisfeldzug Karls V.“, dritter Teppich:
Landung am Kap von Karthago (Foto: Knud Stuckmann)

Maria,
Tochter Karls
(Museo
Nacional del
Prado, Madrid)

Don Felipe
(Museo Nacional
del Prado, Madrid)

Kaiser Karl V. um 1550
(Jan Cornelisz Vermeyen, Rijks Museum Amsterdam)

Rampe zur Terrasse des Palacio Real San Yuste, Refugium Karls
(Foto: Knud Stuckmann)

Das Opfer eines treuen Ritters
Nun, da Kleve als Freier aus dem Rennen ist, scheint der Weg frei für eine Heirat Christinas mit dem Prince d'Orange. Doch wie das Schicksal - und Onkel Karl - es will, gibt es da ein Heiratsversprechen mit einer jungen Guise. An dieser Ehe hängen Zusagen, die Karl zu einer Lösung der Geldernfrage in seinem Sinne verhelfen können. Er schildert dem jungen Prince d'Orange die Lage. Als guter Vasall, der er sein will, muss Orange seinem Souverän den Gefallen tun und Anne von Lothringen ehelichen.

Die Tradition des Damenopfers lebt
Obwohl sie ja schon eine Ehe zum Nutz und Frommen der Casa de Austria hinter sich hat, scheint eine Liebesheirat für Christina nicht in Frage zu kommen. Karl mag sie sehr, diese liebreizende und intelligente Nichte, aber muss sich in ihr deshalb das Schicksal seiner Lieblingsschwester Eleonor wiederholen? Wenn Christina weint, tut sie es nur in der Stille ihres Alkovens, in der Öffentlichkeit merkt man ihr nichts an. Auch nicht, als Orange nach Bar aufbricht, wo sich die Familien Lothringen und Guise zur Hochzeit versammelt haben. Erst recht nicht, als das jungvermählte Paar glanzvollen Einzug in Brüssel hält und man Anne sehr bewundert. Anne und Christina werden sogar echte Freundinnen. Karl macht Orange zum Dank für seine Einsicht zum Statthalter von Holland und Friesland; das Paar wird fortan in Breda leben.

Nachricht vom französischen Hof:
Noch eine Kleveheirat mit Folgen
Der König von Frankreich gibt die pro-procuratione-Heirat seiner Nichte Jeanne d'Albret mit Wilhelm von Kleve, Herzog von Geldern, bekannt. Die zwölfjährige Braut wird unmittelbar nach den Feierlichkeiten nach Norden expediert.

Als Reaktion auf die französische Heirat des Herzogs von Geldern belehnt Karl am 11. Oktober 1540 Don Felipe mit Mailand. Damit ist die nächste kriegerische Auseinandersetzung zwischen dem Kaiser und Frankreich programmiert. Karl unternimmt mit Marie eine beschwerliche Kontrolltour entlang der südlichen Grenze.

Abschluss und Aufbruch

Karl feiert Weihnachten mit Schwester und Nichte in Namur. Hier erfahren die Damen, wen Christina in zweiter Ehe heiraten wird. Karl ist längst klar, welchem der angedachten Freier für seine Lieblingsnichte die Palme winkt: Franz von Lothringen (François de Lorraine). Im Laufe des Herbstes und Winters sind die Verhandlungen energisch vorangetrieben worden. Nun sind sie so gut wie abgeschlossen.

Karl und die Damen brechen nach den Feiertagen in Richtung Luxembourg auf. Karl, getauft als „Graf von Luxembourg“, betritt diese Grafschaft zum ersten Mal. Hier will er sich mit dem Herzog von Lothringen treffen, um die Eheverhandlungen abzuschließen. Christina und Franz kennen sich seit dem glamourösen Familientreffen in Compiègne im Herbst 1538. Danach haben sie sich noch mehrfach gesehen, wenn Christina ihre Tante Eleonor in Frankreich besuchte. Am Dreikönigstag wird die Verlobung der Herzoginwitwe von Mailand mit dem zukünftigen Herzog von Lothringen gefeiert. Sein Vater und der Kaiser haben Franz noch schnell zum Herzog von Bar befördert, damit für Christine die neue Verbindung kein rangmäßiger „Abstieg“ ist.

Am 8. Januar 1541 verabschiedet Karl sich in Luxemburg von Schwester, Nichte und deren niederländischem Gefolge, um sich nach Deutschland zu begeben. Vorher verleiht er Marie endlich die Generalvollmacht, die Margaretha seit Karls Kaiserkrönung innehatte.

Von Algier zum Konzil

Regensburg, Januar 1541

Ein Reichstag mit mageren Ergebnissen
Der Reichstag war eigentlich zum 6. Januar 1541 ausgeschrieben, doch eröffnet wird er erst im April. Karl erscheint unter der Prämisse selbstverständlicher Überlegenheit, hat aber im Vorfeld großzügig die eine oder andere Reichsacht aufgehoben, Kammergerichtsprozesse gegen protestantische Städte suspendiert und manch anderen Gnadenbeweis erteilt, um seinen guten Willen zu zeigen. Ihm geht es darum, möglichst Bewilligungen für den Türkenkrieg zu bekommen, bevor Frankreich wieder den Krieg eröffnet. Wegen der Gnadenbeweise wird er in all den Orten, in denen er einkehrt, freudig begrüßt.

Nach drei Monaten Jagden, Festlichkeiten und Heiratsabsprachen kommt man in den Religionsgesprächen gut voran. Katholiken und Lutheraner haben gemeinsam Münster erfolgreich belagert, als es in der Hand der Wiedertäufer war. Diese Interessengemeinschaft hat zu einer Schwächung des schmalkaldischen Bundes geführt. Karl hat angeregt, zunächst alle Punkte zu sammeln, in denen man zur Einigung gelangen könne. Er meint, die Verhandlungen zum Scheitern zu bringen, sei wahrlich kein Kunststück. Er kann nicht verstehen, warum die Theologen an bestimmten Stellen unverrückbare Standpunkte einnehmen, hält weiter für einen Akademikerstreit, was sich bereits zum Bekenntnis verfestigt hat. So hält er die Bereitschaft, die Ohrenbeichte anzunehmen für viel entscheidender als das Beharren auf der Transsubstantiation und übersieht dabei, dass ersteres nur geübte Praxis, letzteres ein theologischer Grundsatz ist.

Am 31. Mai enden die Gespräche der Theologen, darunter Nuntius Contarini, Melanchthon, Bucer und Calvin über die dreiundzwanzig Artikel des „Regensburger Buches“. Es wird den Ständen übergeben. Am 5. Juli lehnen es die Katholiken ab, eine Woche später auch die Protestanten. Luther schäumt und wütet über Hyänen und Talmud.

Trotz allen Bemühens gibt es also keine Einigung im Grundsätzlichen. Einig ist man nur in der Konzilsforderung und darin,

Karl in seinem Kampf gegen den Islam unterstützen zu wollen. Karls Enttäuschung ist größer als zehn Jahre zuvor in Augsburg. Doch er empfindet das Scheitern nicht mehr als Kränkung seiner Majestät. Ihm wird klar, dass der „humanistische Versuch, die Löcher im Gewand der Christenheit zu stopfen" gescheitert ist und er eines Tages gezwungen sein wird, sich mit Waffengewalt durchzusetzen. Doch noch ist er nicht soweit.

Persönliche Bindungen
Als Konsequenz versucht er, erklärte protestantische Fürsten und unsichere Kantonisten an sich persönlich zu binden. Erstes „Opfer" dieser neuen Strategie wird der Landgraf Philipp von Hessen. Der war seiner Ehefrau, die ihm sieben Kinder geboren hatte, überdrüssig und ersuchte um die Erlaubnis einer zweiten Heirat mit einer Hofdame. Luther billigte des Landgafen Vorhaben unter Berufung auf die Bibel. Als die Erregung über dieses Vorgehen wuchs, speiste Luther den Unmut der Kritiker mit öffensichtlichen Lügen zu seiner Rechtfertigung. In die Isolation getrieben sucht der Landgraf die Nähe des Kaisers. Karl scheut sich nicht, dessen Zwangslage zu nutzen. Er schließt einen Beistandsvertrag mit ihm, der auch dessen Schwiegersohn Moritz von Sachsen mit einbezieht. Karl kann Bigamie leichter vergeben als Protestantismus.

Noch am Tag des Reichstagsabschieds bricht der Kaiser nach Innsbruck auf. Suleiman steht vor Ofen, und Karl brennt darauf, endlich seinen Gegenzug in Algier zu starten. Inzwischen hat sich François wieder den Türken genähert, die mit Argwohn beobachtet haben, wie die Herren des Westens während Karls Frankreichreise ein Herz und eine Seele zu werden schienen.

Brüssel - Nancy, Frühling - Sommer 1541

Christinas zweite Hochzeit
Während in Regensburg debattiert wird, rüsten die Damen Austria in den Niederlanden mal wieder für eine Hochzeit. Die Trauung per procuratione findet im gleichen großen Saal des Schlosses in Brüssel statt, in dem ein Vierteljahrhundert zuvor die Mutter der Braut in gleicher Zeremonie dem „Nero des Nordens" überantwortet wurde. Die verwitwete Tochter ist Zwanzig und macht die Prozedur zum zweiten Mal mit. Sie darf hoffen, dass diese Ehe glücklicher verläuft als die der Mutter. So wird sie in froher Erwartung an all den obligatorischen Jagden, Bällen und Festessen

teilnehmen und sich auf die Reise freuen, die sie in ihre neue Heimat führen wird.

Der Zukünftige

Franz von Lothringen ist knapp fünf Jahre älter als sie. Er ist ein Patenkind des französischen Königs und wurde an dessen Hof mit dessen Söhnen erzogen. Er hat die hohe Gestalt und die regelmäßigen Züge der Familie seines Vaters geerbt und von der Mutter die Vorliebe für Kunst und Literatur. Sein Studieneifer und seine schnelle Auffassungsgabe machten ihn zum Liebling aller Lehrer. François nennt ihn den gelehrtesten Prinzen seines Alters. Obwohl Franz anderen Jünglingen in Reit- und Fechtkünsten in nichts nachsteht, ist er nicht wirklich körperlich robust.

1538 begleitet er seinen Vater nach Aigues Mortes und macht dort einen so angenehmen Eindruck auf Karl, dass der Kaiser eine Hochzeit mit einer der Töchter seines Bruders Ferdinand vorschlägt. Viele Partien sind an den begabten Prinzen herangetragen worden. Als er zehn ist, wird die Kinderehe zwischen ihm und Anna von Kleve geschlossen, die später Henrys VIII. Handhabe zur Verstoßung Annas wird. François bietet eine seiner Töchter, dann Cousine Vendôme an, die gerade von James Stuart, King of Scotts, wegen der hübscheren Longueville abgewiesen wurde. Auch Henry VIII. sieht im Erben Lothringens eine lohnende Partie und steht in Verhandlungen um die Hand seiner Tochter Mary, als Franz in Compiègne der jungen Witwe Christina begegnet. Um ihn ist es geschehen, für ihn steht unumstößlich fest: die oder keine!

Ein Kreis schließt sich

Nun kann Franz beim Familientreffen in Pont-à-Mousson Christina allen Lothringern und Guisen als seine Braut vorstellen. Nach der mit allem schuldigen Pomp am 10. Juli 1541 gefeierten Hochzeit begibt sich das Paar in seine künftige Residenz Nancy. Seltsamer Kreislauf: Hier schlug Karl der Kühne seine letzte Schlacht, und durch seinen frühen Tod kam Burgund an die Casa de Austria und Karl wurde sein Erbe. Dessen Nichte zieht nun als künftige Landesmutter in die Schicksalsstadt Burgunds ein und wird dem Kaiser eines Tages einen Herzenswunsch erfüllen. Sie lässt in heimlicher Generalstabsarbeit die Gebeine des Ahnen ausgraben und über die Grenzen Lothringens transportieren, so dass sie endlich in Brügge neben seiner Tochter Maria beigesetzt werden können.

Ein neues Leben beginnt
Doch noch ist Christines Ankunft als erste Dame und zukünftige Herzogin zu feiern, über die sich der Schwiegervater ganz besonders freut. Seine Gattin ist vor zwei Jahren verstorben und die Tochter hat vor einem Jahr in die Niederlande geheiratet, so dass der Hof ohne weibliche Leitung war. Christina erobert mit ihrer Schönheit, ihrem Liebreiz und ihrer Freundlichkeit das Volk genauso schnell wie den alten Herrn. Vor allem aber genießt sie die hingebungsvolle Liebe ihres Gatten, die ihr alle geheimen Sehnsüchte erfüllt. Nach den Stürmen ihrer frühen Jugend, den einsamen Monaten in Mailand und Pavia, ihren zerstörten Träumen von einer königlichen Heirat und der unerfüllten Liebe zu Orange findet sie ein Glück, auf das sie nicht mehr zu hoffen gewagt hat. Jubelnd schreibt sie ihrem alten Freund Granvelle einige Monate später: „Mein Gatte behandelt mich so freundlich und ist so aufmerksam zu mir, dass ich die glücklichste Frau der Welt bin!"

Verlautbarung des böhmisch-ungarischen Hofes:
Am 24. Juli 1541 melden Königin Anna und König Ferdinand voller Stolz und Freude aus Innsbruck die Geburt ihres dreizehnten Kindes. Es ist wieder eine Tochter, und sie wird Ursula getauft. Sie stirbt bereits 1543.

Innsbruck - Trient - Lucca, Ende Juli 1541

Familien- und andere Treffen
Am 30. Juli, unmittelbar nach Unterzeichnung des Reichstagsabschieds, verlässt Karl Regensburg. Nur zwei Tage Rast gönnt er sich in Innsbruck. Die Zeit reicht sicher nicht, um die inzwischen zwölf (!) Nichten und Neffen, darunter die neugeborene Ursula, kennen zu lernen, zumal er mit der Ausfertigung wichtiger Depeschen beschäftigt ist. Er erklärt seinen Beitritt zur katholischen Liga. Zwischen der Abfertigung von Botschaftern und Boten kehrt er immer wieder zu einem langen Brief an Marie zurück, die seit dem Tode Isabels und seinem letzten Aufenthalt in den Niederlanden zu seiner einzigen Vertrauten wird. Es scheint, als suche er für sich selbst Klarheit zu gewinnen, während er Marie seine Einschätzung der Situation im Reich und die wahrscheinliche weitere Entwicklung darlegt.

Den größten Raum nehmen die Erklärungen zu seinem Algier-Projekt ein. Seine Ehre erfordere eigentlich, dass er Suleiman nach Ofen entgegenzöge, doch das erlauben seine finanziellen Mittel nicht. Da er aufgrund der Situation mit Frankreich nur mit einer starken Kriegsflotte nach Spanien zurückkehren könne, wolle er die Situation nutzen und sich den Schlag gegen Algier von Neapel und Sizilien mitfinanzieren lassen. Den Zug gegen Algier sei er seinen treuen Spaniern schuldig. Wie immer die Sache in Algier ausgehe, er sei es Spanien auch schuldig, sich danach einige Zeit dort aufzuhalten und seinen einzigen Sohn auf sein künftiges Regierungsamt vorzubereiten. Marie solle sich deswegen darauf einstellen, dem Geldernproblem und etwaigen Angriffen Frankreichs die nächsten zwei Jahre allein standhalten zu müssen. Erst dann könne er kommen und mit ihr gemeinsam eine endgültige Lösung finden. Er wird diese Frist fast auf den Monat genau einhalten.

In Trient gibt es ein weiteres „Familientreffen“. Karl trifft seine trotz allen Wiederstandes inzwischen mit Ottavio Farnese in eheliche Gemeinschaft gezwungene Tochter Margarete. Das unglückliche Paar wurde vom Papst abgestellt um den Kaiser über Pavia, Mailand, Genua und Viareggio nach Lucca zu geleiten, wo der Papst ihn erwartet. Unterwegs erreicht ihn eine

Depesche von der ungarischen Front:
Am 29. August 1541 erobern die Türken durch eine List Buda. Suleiman erklärt Zentralungarn zur türkischen Provinz und Ofen zur Hauptstadt. Ofen wird bis 1686 Sitz eines türkischen Paschas bleiben.

Wie immer weicht Paul III. allen Entscheidungen aus, und Karl erreicht weder eine Unterstützung seines Angriffes gegen die türkischen Piraten im Mittelmeer noch eine verbindliche Zusage das Konzil betreffend. Der Papst erteilt nur den weisen Rat, zumindest zu dieser Jahreszeit das Algierunternehmen besser zu unterlassen. Ausnahmsweise ist dieser Rat wirklich weise.

Mittelmeer - Nordafrika, Oktober - Dezember 1541

Das Unternehmen Algier
Für Karl ist die Ausräucherung des Seeräubernestes Algier auch ein Vermächtnis Isabels. Ihr unschlagbares Argument war, dass er damit endlich einmal wieder etwas für Spanien tun würde, das sonst nur für seine kaiserlichen Interessen herhalten muss. Auch den Italienern jenseits seiner Königreiche Neapel und Sizilien kann ein solches Unterfangen nicht missfallen. Das Reich und die Niederlande haben keinen direkten Nutzen davon, dennoch strö-

men Begeisterte aus allen Schichten und Landen zu seinen Waffen, gern erinnert man sich an Tunis.

Erste Schwierigkeiten

Am 1. Oktober schifft Karl sich ein und trifft bei den Balearen die Hauptmacht seiner Flotte mit den Landungstruppen. Die Überfahrt nach Tunis wird durch widrige Winde, die zu dieser Jahreszeit üblich sind, erheblich erschwert. Am 20. Oktober erreicht die Flotte die Reede von Algier. Die Stadt ist ein weiß leuchtendes Dreieck, gekrönt von der Kasba. Die Stadtmauer ist mit starker Artillerie bestückt, und eine große Garnison unter Befehl des sardischen Renegaten Hussan Aka ist zur Verteidigung bereit.

Bei der Landung verfügt Karl über eine Flotte von über 250 Schiffen, darunter fünfzig Galeeren. Etwa 20.000 Soldaten gehen bei strahlendem Wetter an Land. Wegen des Seegangs bleibt das schwere Gerät zurück. Das Landungsheer schlägt in den Weinbergen unterhalb der Stadt ein provisorisches Lager auf. Angeblich wird diese Stelle noch heute „Karls Dorf" genannt. Bereits am 23. versuchen die Türken einen Ausfall, können aber, wenn auch unter Verlusten, zurückgeschlagen werden. Karls Soldaten beginnen mit der Einschließung der Stadt.

Der Himmel zürnt

Am nächsten Tag verfinstert sich der Himmel, ein gewaltiger Nordwind peitscht das Meer an die Küste, der ununterbrochene Sturzregen ist mit Hagel durchsetzt. Die Kaiserlichen müssen ohne Zelte und Lebensmittel die Nacht durchstehen, jedes Landungsmanöver ist zum Scheitern verurteilt. Man versucht dennoch, das Allernötigste mit Booten an Land zu bringen, doch sie zerschellen. Die Mannschaften, die nicht von den Wellen verschlungen werden, werden niedergemetzelt, und der Rest ist Prise. Die wenigen Feuerwaffen, die beim Anlanden mitgenommen wurden, sind nicht zu gebrauchen, da das Pulver völlig durchnässt ist. Die großen Galeeren im Sturm durch Rudern auf der Stelle zu halten erfordert übermenschliche Anstrengung. Es geht auf Mitternacht, als Karl einen Steuermann fragt, wie lange die Rudermannschaften noch durchhalten können. „Allerhöchstens zwei Stunden!", sagt der Seemann. Karl darauf: „Gut, das muss reichen, um Mitternacht erheben sich die Mönche in Spanien zum Gebet, sie werden Zeit haben, uns Gott zu empfehlen!"

Dennoch: Angriff
Am nächsten Tag wüten die Elemente unverändert weiter, die schweren Geschütze der Flotte können die Stadtmauern nicht wie geplant unter Beschuss nehmen. Die Kanonen müssen teilweise sogar über Bord geworfen werden, damit die Schiffe dem Sturm standhalten können. Dennoch unternehmen die Italiener einen Angriff und treiben die Mauren bis zu den Bollwerken zurück, müssen aber dem Beschuss durch die Verteidiger der Stadt weichen. Trotz tatkräftiger Unterstützung durch die Malteser, die den Vorstoß noch einmal bis ans Tor tragen, müssen sie sich ungeordnet zurückziehen. Karl V. selbst kommt in voller Rüstung an der Spitze eines deutschen Regiments herbeigeeilt und kann die Truppe durch sein beherztes Beispiel soweit beflügeln, dass die Türken sich wieder hinter die Mauern zurückziehen müssen.

Ein weiterer Ausfall wird gegen die Spanier geführt, die ihn zurückschlagen können. Die ganze Zeit ist Karl, unter der schweren Rüstung vom eisigen Regen vollkommen durchnässt unermüdlich von Truppenteil zu Truppenteil unterwegs, taucht immer dort auf, wo die Gefahr gerade am Größten ist. Seine Gicht kann er in solchen Momenten überwinden, und es bleibt ihm keine Zeit, daran zu denken, wie teuer er das später wird bezahlen müssen.

Das Ende naht
Der Sturm wird wahrhaftig noch heftiger, vierzehn Galeeren gehen verloren, hundert andere Schiffe, beladen mit Pferden, Lebensmitteln, Munition sind an der Küste zerschellt. Karl selbst eilt mit an den Strand, um vielleicht noch Überreste der so dringend benötigten Versorgungsgüter zu retten. Keine Chance! Andrea Doria gibt den noch manövrierfähigen Schiffen Befehl, hinter dem nächsten Kap Schutz zu suchen, damit wenigstens der Rücktransport der möglichen Überlebenden einigermaßen sichergestellt ist.

Am 1. November muss Karl das Desaster endgültig akzeptieren und gibt den Befehl zum Rückzug. Halb verhungert, seit Tagen vom eisigen Regen völlig durchnäßt, schlammverkrustet, schleppt sich der Rest der Armee vier Tage lang ununterbrochen marschierend um das Kap, dabei immer wieder durch von den Bergen herastürmende Mauren bedroht. Irgendwie gelangen sie an Bord der zerzausten Reste der einst so stolzen Flotte. Karl bleibt bei dem unsicheren Einschiffungsmanöver als einer der letzten an Land. Auch wenn das Unternehmen gescheitert ist, Karls Unerschütterlichkeit, seine Gelassenheit und sein persönlicher Mut, seine Größe im Unglück, machen auf die Dabeigewesenen einen unauslöschlichen Eindruck. Seine Haltung in dieser Niederlage wird letztlich mehr zu seinem Ruhm beitragen als der relativ leichte Sieg über Tunis.

Ein Konquistador
Bevor die Schiffe ablegen erbitten Cortéz, der Eroberer Mexikos, der mit seinen Söhnen als Freiwilliger am Feldzug teilgenommen hat und der Graf von Alcandete die Erlaubnis, mit ausgewählten Freiwilligen den Angriff erneut aufnehmen zu dürfen. Der Kaiser dankt seinem Konquistador und allen Gleichgesinnten, untersagt ihnen aber, ein solch sinnloses Wagnis auf sich zu nehmen, zumal der Sturm unvermindert tobt. So machen sich die Reste des Invasionscorps verdreckt und eingepfercht auf den Rückweg. Die verbliebenen Pferde müssen geopfert werden, um alle Männer an Bord nehmen zu können. Letztlich wird Karls Galeere vom Wind abgetrieben und muss fast drei Wochen lang in dem Hafen von Bougie Schutz suchen. Als die ersten Überlebenden ohne ihn in Spanien an Land gehen und die Tage verstreichen, ohne dass seine Galeere gesichtet wird, kommt das Gerücht auf, der Kaiser sei umgekommen. Es verbreitet sich schnell bis in die Niederlande.

Brüssel, Herbst - Winter 1541

Maries „zweite" Regentschaft
Die harte Bestrafung des Aufstandes in Gent hat Karl persönlich kaum Sympathien gekostet. Marie bekommt die negativen Folgen um so mehr zu spüren. In den Grenzgebieten treten „Vertriebene" auf, die den Hass auf Austria und Spanien predigen. Sie finden Zuhörer, wenn sie die steigenden Steuern und die rigorose Durchsetzung der Religionsgesetze anprangern, von angestammten Freiheiten predigen. Frankreich, im Bunde mit Geldern und Dänemark, legt wieder einen „Ring aus Eisen" um die Niederlande. Marie übernimmt den Vorsitz im Kriegsrat. Doch das sind alles nur Vorgeplänkel, die Zeit zum Zuschlagen kommt für diese nicht erklärten Feinde erst mit der Kunde von Karls Niederlage vor Algier.

Keiner ihrer zahllosen Spione kann Marie verläßliche Informationen beschaffen, wo sie zuerst zuschlagen werden. Also muss sie überall bereit scin, alle Festungen inspizieren, überall Heerschau und Kriegsrat mit den örtlichen Kommandeuren halten. Eigentlich ist sie in ihrem Element, immer auf dem Pferderücken unterwegs von Festung zu Festung, von Kriegsrat zu Kriegsrat. Dann wieder ein Gewaltritt nach Gent, als von dort der Beginn neuer Unregelmäßigkeiten gemeldet wird. Sie hat gar keine Zeit, Christina zu vermissen. Der Winter gibt eine kleine Gnadenfrist …

Nancy- Fontainebleau, Spätherbst - Winter 1541

Ein Besuch am französischen Hof
François hatte den Herzog von Lothringen sowohl wegen der Inauguration als auch der Heirat seines Sohnes Franz barsch zurechtgewiesen. Umso erstaunter ist man in Nancy, als im Spätherbst eine herzliche Einladung des Königs ins Haus flattert, der Herzog möge doch so freundlich sein, Sohn und Schwiegertochter als Eheleute bei Hofe einzuführen. Franz ist seit seiner Heirat gut kaiserlich geworden und befürchtet deswegen nichts Gutes. Doch Christina ist überzeugt, dass diese Einladung der guten Tante Eleonor zu verdanken und Argwohn unangebracht ist. Es wird sich herausstellen, dass beide Einschätzungen ihre Berechtigung haben. François hat Eleonor vorgeschickt. In gespannter Erwartung reisen die Lothringer ab und werden mit einer Serie von Jagden und Bällen nach allen Regeln der Kunst eingelullt. Das junge Paar steht immer im Mittelpunkt, und François fällt es sicher nicht schwer, die charmante Christina immer wieder mit einer Geste, einem Kompliment, einem Geschenk auszuzeichnen.

Die Rechnung
wird am vierten Tag präsentiert: Als Entschädigung für die Belehnung von Franz mit Bar und die Aufnahme in den Michaelsorden verlangt François die Übergabe der Grenzfestung Stenay, die auf Reichsgebiet liegt. Er verspricht großzügig, in einem zukünftigen Krieg gegen den Kaiser die Neutralität Lothringens zu wahren! Die Lothringer müssen unterschreiben und tun das unter Qualen. Man weiß inzwischen von der Niederlage vor Algier, aber nichts über Karls Verbleib. Franz befürchtet, Karl könne sein Verhalten als einen Akt der Illoyalität werten, und Christina beugt dem mit einer ausführlichen Schilderung der Lage an Granvelle vor. Trotz allem verbringt Christina Weihnachten mit Tante Eleonor in Fontainebleau und bleibt bis Mitte Januar. Dann muss sie zurück nach Nancy, denn die Geburt ihres ersten Kindes steht bevor.

Ein neuer Charles
In Nancy ist die Erleichterung groß, als ein Brief Karls eintrifft, in dem er versichert, er vertraue Franz voll und ganz. Der drohte schon in untätige Melancholie zu versinken, doch dieser Vertrau-

ensbeweis muntert ihn auf, und er stürzt sich mit neuer Energie in die Renovierung des Palastes. Als dann noch am 13. Februar 1542 ein gesunder Sohn und Erbe Lothringens das Licht der Welt erblickt, scheint das Glück des jungen Paares perfekt. Natürlich wird er zu Ehren seines Großonkels, des Kaisers, Charles getauft.

Cartagena - Toledo - Valladolid, Winter 1541/42

Karl trifft seine Kinder
Anfang Dezember 1541 landet Karl in Cartageña, und als die Nachricht die Runde macht, ist die Erleichterung in seiner Familie natürlich groß - manch anderer hat vielleicht etwas anderes erhofft. Der Regent Don Felipe, inzwischen vierzehn Jahre alt, zieht mit den Schwestern Doña Maria und Doña Juana dem Vater entgegen. Man trifft sich in Toledo. Karl findet den Sohn ängstlich bemüht und rasch verzagt. Er muss es irgendwie schaffen, dem Don Felipe diese Verzagtheit zu nehmen und weiß doch schon jetzt, dass ihm auch diesmal nicht viel Zeit dazu bleiben wird.

Die Gicht quält Karl nach dem nasskalten Abenteuer vor Algier wie nie zuvor, ertsmals sind alle Gliedmaßen gleichzeitig befallen, es ist sein neunter Anfall. Er gönnt sich kein Verweilen, reist weiter nach Norden. Er jagt in der Guadarama, seinem Lieblingsrevier unweit Segovia, reitet weiter. Er nimmt sich mehrere Tage Zeit für einen Besuch bei der Mutter in Tordesillas. Juana ist inzwischen dreiundsechzig Jahre alt, ein biblisches Alter für eine Frau ihrer Zeit - noch dazu unter ihren besonderen Lebensumständen. Dreiunddreißig Jahre lebt sie bereits abgeschlossen von der Welt. Zu gern würde man wissen, worüber Mutter und Sohn sich unterhalten, was sie besprechen!

Der Stierkämpfer
Schließlich endet seine Reise vorläufig wie so häufig in Valladolid. Hier nimmt er sogar wieder an einem Stierkampf teil und erlegt einen von acht Stieren mit eigener Hand. Das Bild des Toreros scheint gar nicht zu dem Bild des Mannes zu passen, den seine Vliesritterbrüder mehrfach wegen Trägheit tadeln. Auch nicht zu dem Gichtkranken, der sich tagelang vor Schmerzen kaum rühren kann. Immerhin ist er ja auch schon fast zweiundvierzig und damit nach der Lebenserwartung seiner Zeit kein Mann in der Mitte des Lebens mehr. Er bestreitet diese Corrida sicher auch, weil es ihm mehr als nur Bewunderung der Spanier einbringt. Mehr als alles andere, was er hätte tun können, hat ihn sein erster Stierkampf zum

Spanier gemacht. Es muss auch für Karl selbst einen ganz persönlichen Reiz gehabt haben, dieses Ballett um Blut um Tod, mit seinem strikt vorgeschriebenen Verhaltenskodex und der bedeutungsvollen Choreographie jeder Geste. Die hohe Kunst des Abwartens des rechten Moments im scheinbaren Gewirr der Aktionen, das Gefühl, die „Gewalten" im Griff zu haben und letztlich der unumstößliche Sieg fasziniert Karl. Dabei besteht bis zum Augenblick der Wahrheit immer die Möglichkeit der blitzgewaltigen Wende des ganzen Tanzes. Diese Faszination nachzuvollziehen, ist vielleicht schwierig, besonders in heutiger Zeit, da es selbst in Spanien nicht länger politisch korrekt ist, aficionado zu sein.

Noch einmal: Amerika

Immer diese Widersprüchlichkeit: da beweist Karl sich gerade im Stierkampf seinen Machismo, um eine militärische Niederlage zu kompensieren (so kann man es auch sehen!), und kurz darauf versinkt er in grüblerische Selbstzweifel, ob Gott ihn vor Algier dafür gestraft hat, dass er Unrecht tat, indem er seine indianischen Untertanen der Machtgier der Conquistadores geopfert hat? Hat er diese Probleme zu lange schleifen lassen? Wollte Gott ihm zeigen, dass seine Aufgabe hier gelegen hätte und nicht in der Verschwendung von Geld und Menschenleben zur Wiederholung eines letztlich eitlen Sieges?

Er bestellt Las Casas, will die Ergebnisse der Kommission prüfen. Der Indienrat wird noch einmal umgestaltet, und am 20. November 1542 werden in Valladolid neue Gesetzte für die Kolonien erlassen, die „Nuevas Leyes", die die Praxis der encomienda beenden sollen. Darin heißt es: „Unser vornehmliches Anliegen… ist immerwährend die Erhaltung und Zunahme der indianischen Bevölkerung, ihre Einführung und Unterweisung in unseren heiligen katholischen Glauben … und ihre gute Behandlung, wie sie ihnen als freien Personen und unseren Untertanen zukommt". Die Nuevas Leyes enthalten Rechts- und Arbeitsschutzbestimmungen, doch sie gehen in ihren Forderungen weit über das Durchsetzbare hinaus und müssen drei Jahre später wieder aufgehoben werden. Letztlich wird die encomienda in abgeschwächter Form noch ein halbes Jahrhundert praktiziert.

Die Augsburger Instruktionen von 1548

Selbst während des „geharnischten Reichstages" 1548 in Augsburg befasst Karl sich mit den amerikanischen Problemen. Er unterzeichnet die „Augsburger Instruktionen". Sie sollen den Schutz der Indios durch strenge Kontrollen der Siedler durchsetzen. Neu an den Instruktionen ist das Bekenntnis der Krone zum Naturrecht und damit zur Rechtmäßigkeit der vorgefundenen indianischen Obrigkeiten. Karl verwarf die Ansichten der Verfechter der „Sendung des weißen Mannes" nach Aristoteles mit dem Postulat, Eingeborene seien von Natur Sklaven und unfähig, sich selbst zu verwalten. Deshalb sollen jetzt die noch bestehenden indianischen Herrschaftsstrukturen in die Verwaltung eingebaut werden, soweit sie weder mit der Kirche noch der Kolonialgesetzgebung in Widerspruch stehen.

Die Instruktionen werden 1549 durch ein neues Gesetzeswerk ersetzt. Es schreibt fest, dass die Bekehrung der Indios ohne Zwang stattfinden soll, und es fordert gerechten Lohn für ihre Arbeit, ja sogar freie Tage sind vorgesehen. Dennoch: Ansporn war und blieb das Gold. Statistiken registrieren für die Zeit von 1516-1520 eine Einfuhr im Wert von ungefähr 200.000 Pesos jährlich. Bis zum Ende von Karls Regierung steigt sie auf fast das Zehnfache.

Valladolid 1550/1551

Disputation Las Casas versus Sepúlveda

Immer wieder werden die Gesetze erneuert, die gesellschaftlichen Bedingungen neu diskutiert. So im Dominikanerkloster San Pablo zwischen Las Casas und dem Humanisten und Historiographen Karls, Sepulveda. Als Vertreter der aristotelischen Weltsicht verteidigt Sepulveda das Recht Spaniens auf Eroberung und Versklavung der Indios mit deren Sünden wider die Natur wie Götzendienst und Menschenopfer. An beiden Sitzungsperioden nehmen Mitglieder des Indienrates teil. 1552 veröffentlicht Las Casas seine „Disputation" dazu in Sevilla. 1578 in mehrere Sprachen übersetzt, wird sie Stützpfeiler der Polemiken gegen die Regierung Don Felipes und der „Leyenda Negra" (Schwarze Legende über die grausamen und intoleranten Spanier).

Karl begriff die Entdeckung und Erschließung Amerikas als wichtigstes Ereignis seit der Erschaffung der Welt. Er sah die eroberten Gebiete nicht als Kolonien im imperialistischen Sinn, sondern als eigenständige Gemeinwesen unter der Verwaltung eines Vizekönigs. Karls Problem ist wie immer und überall, dass seine Reiche zu groß und deren Probleme zu vielfältig sind. Gemessen an ihrer Wichtigkeit hätte er der Conquista und ihren Folgen mehr

Sorgfalt widmen müssen. Andererseits ist im 16. Jahrhundert beachtlich, dass soziale Probleme und Verfehlungen der Conquistadores am Hof überhaupt diskutiert wurden und man nach allen gerecht werdenden Lösungen suchte. Karl wollte seine neuen Länder auch kulturell entwickeln und gründete 1551 die erste Universität in Mexico - weitere sollten folgen.

Das sind 1542 Ausblicke in die Zukunft, Karl kann sich nicht lange genug mit den Probleme in der Neuen Welt befassen, allzu schnell holen ihn die des alten Europa wieder ein.

Depeschen aus Schottland:
Ein Baby auf dem Thron, weiblich
James V. stirbt wenige Tage nach der Geburt seines einzigen Kindes am 8. Dezember 1542. Das Kind wird Maria Stuart genannt und die berühmteste Königin, die Schottland je haben wird. Seine Mutter, eine geborene Guise, übernimmt eine unsichere Regentschaft für das gekrönte Baby Maria. Die Regentin ist Französin, und François fühlt sich verpflichtet, sofort Soldaten zur Sicherung ihrer Herrschaft zu entsenden. Gleichzeitig bietet er seinen einjährigen Enkel als Gatten der kleinen Königin an.

Depeschen aus England:
Old Henry wieder im Geschäft
Sofort reklamiert Henry VIII. Baby Mary als Ehegespons für seinen Sohn. Die Gelegenheit, sich den nördlichen Nachbarn einzuverleiben, ruft den lange Zeit ausschließlich in seine ehelichen Affären verstrickten Henry VIII. auf die politische Bühne zurück. Die Anwesenheit französischer Soldaten im Norden der Insel erbost ihn derart, dass er seine alte Liebe zu Karl wiederentdeckt. Als Beweis familiärer Bindung erkennt er seine mehrfach verstoßene Tochter Mary aus der Ehe mit Katharina von Aragón wieder als rechtmäßig an. Karl und Henry schließen einen zunächst geheimen Beistandspakt gegen Frankreich. In dem Vertrag wird Henry als „Defensor Dei“ bezeichnet. Karl meint belustigt, das könne er ruhig zugestehen, da der Titel nie vergeben worden sei, könne er auch nicht abgesprochen werden.

Verlautbarung des böhmisch-ungarischen Hofes:
Am 7. Januar 1543 melden Königin Anna und König Ferdinand voller Stolz und Freude aus Innsbruck die Geburt ihres vierzehnten Kindes. Es ist wieder eine Tochter, und sie wird Helene getauft. Mit ihren Schwestern Magdalena und Margarete gründet sie das

Damenstift in Hall in Tirol und stirbt dort 1574 im Alter von einundvierzig Jahren.

Valladolid - Valencia - Alcala, Winter 1543

Neuer Krieg mit Frankreich

Anfang des Jahres erhält Karl auch Nachricht über den Besuch seiner Nichte Lothringen in Fontainebleau und reagiert mit Humor. Er lädt seinen „guten Bruder" François zur Leistung des Lehnseides für die annektierte Grenzfeste. Als Frankreich kriegerische Vorstöße an den Pyrenäen, in Oberitalien und an den Grenzen Flanderns unternimmt, weiß der Kaiser seine Militärmaschine gut geölt. Er beschwichtigt Marie, die ihn mit Briefen über das Geschehen an ihren Grenzen und in Geldern bombardiert und reist weiter, um die Dinge in seinem Spanien zu regeln. Eine besonders angenehme Zeit erlebt er in Valencia, wo man ihm verzeiht, dass er diese Region bei seinen ersten Aufenthalten in Spanien sträflich vernachlässigt hat. Weihnachten 1542 verbringt er mit seinen Kindern Don Felipe (15), Doña Maria (14) und Doña Juana (7) in Alcala de Henares.

Austrias Kinder heiraten für Spanien

Das Alter der Kinder lässt ahnen, dass es Zeit wird für heiratverstärkte Bündnisse. Im Ernstfall setzt Karl auf Bewährtes, deswegen entscheidet er sich mit Einwilligung der Cortes für eine portugiesische Doppelhochzeit. Deren Zustandekommen verdankt er ausschließlich seiner Schwester Catalina. João III. ist kein Freund Spaniens und mag seine Schatullen eigentlich nicht für eine Mitgift an das Nachbarland öffnen. Es kommt zu heftigen Auseinandersetzungen zwischen dem Königspaar. Karl versorgt die Schwester zuverlässig mit neuen Argumenten. Schließlich kapituliert João vor dem geballten Austria-Charme. Don Felipe wird Catalinas Tochter, Maria Manuela, ehelichen und Doña Juana zu gegebener Zeit den Infanten Don João Manoel. Maria Manuela soll eine Mitgift in Höhe von 800.000 écus d'or erhalten. Die Verhandlungen werden abgeschlossen, bevor Karl Spanien verlässt, heiraten müssen die Kinder alleine.

Aus Karls Testament von 1543

Allerdings hinterlässt er Don Felipe in seinem berühmten Testament von 1543 detaillierte Anweisungen, sowohl über den Umgang mit Räten und Höflingen als auch den mit Ehefrauen. Karl rechtfertigt seine Abreise, indem er Schaden und Nutzen für die Reiche abwägt, die der Sohn von nun an „versuchsweise" regieren soll. Don Felipe soll seine Jugend durch Mut und Tüchtigkeit wettmachen, Ruhm und Ehre gewinnen, auf dass der Vater stolz sein kann, einen solchen Sohn zu haben. Diese völlig personifizierte Herrschaftsvorstellung ist typisch für Karl in dieser Zeit. Später wird er dem Sohn als Regierungsziele den Gemeinen Nutzen und die Staatsraison empfehlen. Der Rat, sich allen zuzuwenden, sich aber an niemanden zu binden, entspricht Karls eigener Lebenserfahrung.

Auch um familiäre Belange hat sich Don Felipe zu kümmern, so um die kranke „Herrin in Tordesillas" und um die Schwestern, deren Namen auch nur zu nennen Karl nicht für nötig erachtet. Don Felipe selbst soll noch fleißig lernen. Der Sechzehnjährige soll das nicht als schmachvolle „Verlängerung der Kindheit" betrachten, sondern als Möglichkeit des Wachstums an Ehre und Ansehen. Besonders Sprachen legt Karl ihm dringend ans Herz, er soll an die Vielfalt der Länder denken, in denen er einst herrschen wird. Dieser Rat wird nicht beherzigt werden, Don Felipe wird nie eine andere Sprache als Spanisch wirklich beherrschen.

Am bekanntesten sind Karls Ratschläge die Ehe betreffend. Der Sohn soll sich auf die eine Frau beschränken, die er bald heiraten wird. Doch auch im ehelichen Verkehr mit der Gattin soll er sich eine gewisse Zurückhaltung auferlegen, wenn nötig zeitweilig von ihr getrennt Wohnung nehmen, damit es ihm nicht so ergeht wie seinem Großonkel Juan in seiner hitzigen Ehe mit Margaretha. Es klingt an, dass ständige Schwangerschaften das Leben - besonders einer sehr jungen - Gattin gefährden können. So etwas kann der Katholik Karl natürlich nicht in aller Deutlichkeit aussprechen.

Im Frühling reitet Karl mit seinem Sohn durch Aragón und lässt dort die Cortes - wie in Kastilien und Valencia - auf Don Felipe vereidigen. Karl hat in den vergangenen Monaten unterwegs ein erfahrenes Beraterteam für den Sohn zusammengestelt. Am 1. Mai schifft sich der Kaiser in Palamos ein, um sich in den nächsten dreizehn Jahren ausschließlich seinen „europäischen“ Angelegenheiten zu widmen.

Savona - Düren, Mai - Juli 1543

Ein letztes Mal Italien

Als Karl im Mai 1543 in Italien landet, ist er ausnahmsweise gut bei Kasse. Man hat ihm die Hälfte der Mitgift Maria Manuelas in Spanien ausbezahlt, die andere Hälfte nach Antwerpen angewiesen. Außerdem ist vor seiner Abreise eine langerwartete Goldladung aus Mexico eingetroffen. In Italien will er sich mit dem Papst treffen und sich dessen Unterstützung für den Mehrfrontenkrieg gegen Frankreich sichern. Der inzwischen fünfundsiebzigjährige Paul III. scheint an ausgeprägtem Altersstarrsinn zu leiden und ist ausschließlich auf das Fortkommen seiner Nachkommen fixiert. Er plant französische Ehen für seine Enkel und will Karl gar Mailand abkaufen. Botschafter Mendoza beschwört vor den versammelten Prälaten den Kaiser, Mailand und damit ein Stück des Reiches auf keinem Fall dem Papst zu überlassen. Paul III. stecke doch hinter all den Schwierigkeiten der letzten Jahre, tue immer noch so, als wisse er nichts vom Bündnis Frankreichs mit dem Sultan - als einziger in Europa! Karl bemerkt launig, dass es ganz so scheine, als würden alle eines Tages türkisch sein. Aber eins sei gewiss: Er werde der letzte sein! Der Papst verspricht, Legaten an beide Parteien zu entsenden. Mit dem Manne ist nicht mehr zu rechnen! Unsinniger Aufenthalt!

Von Busseto reist Karl weiter nach Norden. Über Gardasee, Brenner, Innsbruck und Fernpass (der wird unter Karls Regierung mit Ferdinands Unterstützung neu eröffnet) weiter nach Ulm. Am Rhein vereinigen sich im Juli 1543 die Truppen aus Spanien und Italien mit den deutschen und ziehen auf dem Fluss den Kriegsschauplätzen des Geldernkonflikts entgegen. Denen, die ihn seit dem Reichstag in Regensburg nicht mehr gesehen haben, scheint der Kaiser verwandelt. Seine Haltung wird von ihnen als straff, forsch und wahrhaft kaiserlich beschrieben. Man wundert sich über seine Energie, seine strenge Erscheinung, seine Unmittelbarkeit.

Rückblick: Die Niederlande im Winter 1542/1543
Marie rettet die Niederlande
Frankreich hatte schon lange vor der Kriegserklärung an Karl versucht, in die Niederlande vorzudringen. Marie und ihre Generäle waren vorbereitet, der Adel stand ausnahmsweise geschlossen hinter ihr, und sie bekam die Subsidien bewilligt, die sie brauchte. Die Franzosen besetzen Luxembourg und bedrohen den Süden der Niederlande. Nach groben Fahrlässigkeiten der französischen Führung gelingt es der unglaublichen Marie, die Franzosen zurückzuschlagen. Nun will sie alle Kräfte auf Geldern werfen.

Für die Regentin ist der Herzog von Kleve ein Verräter und Rebell, da er sich weigert, Karls Herrschaft anzuerkennen. Seinem „Marschall" Martin von Rossem, mehr Raubritter als General, ist es gelungen, auf niederländisches Gebiet vorzudringen. Er will über das immer noch geschwächte Gent nach Süden gelangen und sich mit dem über Luxemburg herankommenden französischen Heer vereinen. Doch Marie ist wachsam und kann sich diesmal auf ihre Niederländer verlassen. Als klar wird, dass Rossem auf Antwerpen zielt, helfen sogar die dort ansässigen Ausländer mit, die ungenügend befestigte Stadt zu sichern. Auch eine Art Guerillataktik gegen die vom Prince d'Orange herangeführte Verstärkung für die Stadt bringt durch dessen Kaltblütigkeit keinen Erfolg für Rossem. Orange und der Großteil seiner Truppe erreichen Antwerpen als Erste. Rossem fordert dennoch die Übergabe der Stadt an den König von Frankreich. Die Belagerten antworten, dass sie außer Kaiser Karolus keinen Herrn anerkennen. „Den haben doch längst die Fische gefressen!", höhnt Rossem, nicht mehr ganz auf dem Laufenden. „Er wird wie Jonas wieder auferstehen!", ist die schlagfertige Antwort. Ganz so heiter ist das Ganze natürlich nicht, Rossem versucht zu stürmen, holt sich aber eine blutige Nase. Auf seinem Rückzug verwüstet er die unbewehrten Dörfer.

Auch Rossems Angriffe auf Lierre und Duffel werden mit Improvisationstalent abgewehrt. Um Malines sind die Deiche geflutet, in Brüssel stellt sich ihm eine entschlossene Bürgerwehr entgegen. Rossem versucht, über das platte Land auf kürzestem Weg die Franzosen zu erreichen. In Leuwen kann er der Versuchung nicht widerstehen. Die zwei Kilometer lange Stadtmauer wird von nur fünfzig Infanteristen und einer Abteilung Ordonanztruppen verteidigt. Der Stadtrat ist schon bereit zur Übergabe, da taucht aus dem Nichts eine Truppe Niederländer auf und beginnt einen Überraschungsangriff. Das nehmen die Studenten zum Zeichen und bauen aus Karren und Straßenpflaster Barrikaden. Ihr Beispiel reißt die Bürger Leuwens mit. Wieder muss Rossem erfolglos abziehen.

Im Frühjahr stehen die Eindringlinge nur noch im Süden. Es kommt zu einigen Geplänkeln, doch zu keiner Entscheidung. Die Lage wird prekär, als François selbst mit 60.000 Mann in den Hennegau einzieht und Valenciennes bedroht. Doch der energische Widerstand verschiedener kleinerer Städte und starke Regenfälle kosten ihn Zeit. François denkt natürlich, dass Karl von Süden kommend zunächst das wieder französisch besetzte Luxembourg entsetzen wird. Doch Karl führt zunächst

am Niederrhein, Sommer - Herbst 1543

den letzten Streich gegen Kleve.

Am 22. August erreicht Karl mit seinen Truppen Düren, die wichtigste befestigte Stadt des Herzogtums Kleve. Der Stadtkommandant lehnt es - überzeugt von der Uneinehmbarkeit seiner Befestigung - ab, den Herold des Kaisers anzuhören. So was kann man mit Karl nicht machen! Es beginnt eine regelrechte Materialschlacht. Aus Namur und Liège heranzitierte Pioniere werfen Laufgräben um die eingeschlossene Stadt auf, vierzig Kanonen werden zu einer Batterie zusammengeschlossen und schießen eine Bresche in die Mauer, die immer als unbezwingbar galt. Spanische Spezialisten stürmen vor, das Feuer aus einem mächtigen Turm und die Tiefe der Laufgräben stoppen ihren Angriff zunächst. Doch sofort konzentriert die kaiserliche Artillerie ihr Feuer auf diesen ebenfalls als uneinnehmbar geltenden Turm, der bald darauf den großspurigen Stadtkommandanten und die Besatzung unter sich begräbt.

Nach heftigem Kampf kann die zweite Sturmspitze in die Stadt eindringen. Karl ist persönlich dabei. Die Einwohner stürzen in blinder Panik davon, und viele kommen in den Laufgräben zu Tode. Nach den Gepflogenheiten der Zeit steht dem Sieger eine im Sturm genommene Stadt zur Plünderung frei. Irgendwie entsteht ein Brand, und fast die ganze, noch zum großen Teil aus Holzhäusern bestehende Stadt geht in Flammen auf. Jülich kapituliert daraufhin kampflos.

Karl wird von den Bewohnern als legitimer Herzog von Geldern anerkannt. Er trifft seine kriegerische Schwester Marie, die ihn als Befreier feiert. Er lobt sie für ihr Geschick und die Tapferkeit, mit der sie ihm den Rücken freigehalten hat, trotz aller ihm wohl bekannter Schwierigkeiten. Er schlägt sein Lager in Venlo auf und wartet ab. Wilhelm von Kleve hat längst verstanden, in welche Gefahr sich ein doch eher kleiner Fürst begibt, wenn er in den Streitigkeiten der Mächtigen Partei ergreift. Erst hat ihm der König von England seine Schwester, die er öffentlich „diese schwere deutsche Stute“ nannte, zurückgeschickt. Dann hatte der Landgraf von Hessen, wegen seiner Bigamiegeschichte beim Kaiser im Wort, Kleves Aufnahme in den Bund von Schmalkalden verhindert. Nun lässt ihn der König von Frankreich im Stich. Kleve nimmt über den Herzog von Braunschweig Verhandlungen mit dem Kaiser auf, signalisiert bedingungslose Unterwerfung.

Karl holt Geldern „heim“

Karl nützt seinen Sieg nicht übermäßig aus. Kleve muss ihn auf Knien um Vergebung bittet, das verlangt das Ritual. Am 7. September 1543 wird der Vertrag von Venlo unterzeichnet, in dem der Herzog allen Rechten auf Geldern und die Grafschaft Zutphen entsagt. Seine Erblande Kleve, Jülich, Berg und die Mark bekommt er 1546 zurück, nachdem er mit einer Tochter Ferdinands verheiratet ist. Bevor er eine Austria heiraten kann, muss er seine französische Ehe mit Jeanne d'Albret auflösen lassen und sie zurück nach Frankreich schicken. (Nach einigen französischen Autoren ist sie allerdings nie bei ihm angekommen!) Er muss in die katholische Kirche zurückkehren. Das mag aus heutiger Sicht genauso nebensächlich erscheinen, wie die Auflösung der französischen Ehe, doch es ist ein ungeheurer Schlag für das protestantische Lager und ein Triumph für Karl. Der gegen die Niederlande so sieglose Rossem tritt übrigens in die Dienste des Kaisers und wird ein treuer Gefolgsmann.

Mit dieser Eroberung Gelderns vollendet Karl die Einheit der Niederlande, die alle Herzöge von Burgund vor ihm bereits angestrebt haben und die nur sein namensgebender Ahn der Kühne kurzzeitig verwirklichen konnte. Der „Leo Belgicus“ ist komplett: Seinen Kopf bilden Friesland und Groningen, seine Pranken bedrohen Deutschland, seine Füße stützen sich auf Frankreichs Grenze, und sein Schwanz peitscht die Nordsee. Ein hübsches Bild der Kartographen der Zeit. Karl hat mit Umsicht, Sorgfalt und persönlichem Einsatz wieder einen Sieg davongetragen. Er schließt aus dem Geschehen, dass es ganz leicht ist, Ungebärdigkeit mit Gewalt zu zügeln, wenn es nur zur rechten Zeit mit dem richtigen Elan und versehen mit den richtigen Mitteln geschieht. Nun richtet der Kaiser sich gegen Frankreich, das mit der Preisgabe Kleves zumindest bei den deutschen Fürsten allen Kredit verloren hat.

François steht wieder in Luxembourg. Karl will ihn zur Schlacht zwingen, es wäre das erste Mal, dass sie sich persönlich gegenüberstehen. Auch François hat getönt, dass er sich auf diese direkte Konfrontation freue. Moritz von Sachsen schließt sich dem Kaiser an und bleibt auch nach dem Ende der Kämpfe einige Wochen in seiner unmittelbaren Umgebung. Am 5. November 1543 sind die Franzosen verschwunden. Die Verfolgung wird zu spät aufgenommen, der Winter vertagt die Entscheidung. Karl reitet in voller Rüstung in Cambrai ein und lässt eine mächtige Zitadelle bauen. Bei Wahrung äußerlicher Unabhängigkeit sind Cambrai und das Umland genau wie Liège fortan dem Einfluss Brüssels unterworfen.

Binche - Brüssel, Winter 1543

Karl gichtig

Zwar hat die Anwesenheit Karls Marie von der Last der Kriegführung befreit, aber von allen anderen Lasten nicht. Im Gegenteil, da er wieder an heftigen Gichtanfällen leidet, wird sie zu seiner ersten Beraterin in allen Dingen. Sie ist mehr als sein erster Minister, sie ist sein alter ego, sein Gewissen, der nimmermüde Umsetzer der Beschlüsse beider. Bruder und Schwester werden einander immer ähnlicher, je älter sie werden. Beide bedrückt die unmenschliche Verantwortung, die königliche Isolation. Beide sind gleichermaßen desillusioniert und melancholisch.

Marie doppelt aktiv

Marie hat in der Mitleid- und Lieblosigkeit ihres Lebens alle weiblichen Züge verloren. Ihr Gesicht straft nicht nur alle französischen Pamphlete über ihre Unkeuschheit Lügen, es zeigt auch ihr Wissen darum, dass sie geachtet und gefürchtet, aber nicht geliebt wird. Sie weiß, wie man Befehle gibt und sie durchsetzt, aber nicht, wie man liebt. Es kommt keinem in ihrer Umgebung in den Sinn, sie als Frau zu betrachten. Kein Gesandter sieht sich veranlasst, ihr unveränderliches Trauergewand zu beschreiben. Als sie einmal Hand in Hand mit Bruder Ferdinand eine Kirche verlässt, wird das als unglaublicher Gefühlsausbruch registriert.

Jetzt sorgt Marie sich um Karl, dessen Gesundheit eigentlich keinen Kriegszug zulässt. Er versichert ihr - um einen scherzhaften Ton bemüht -, dass er sich keinen Strapazen aussetzen werde, die sie sich nicht auch zumuten würde. Sie spürt den versöhnlichen Ton nicht und entschuldigt sich bei nächster Gelegenheit für ihre

„Schwäche". Karl muss ihr erklären, dass er lachte, als er das obige schrieb und hoffte, sie würde auch lachen. Ihr schwerfälliger Versuch, auf den lockeren Ton des Bruders einzugehen, zeigt, wie hart sie geworden ist. Sie kann sehr gut Indignation, Hohn und schneidenden Spott ausdrücken, Ironie ist ihre schärfste Waffe, aber Gefühl und Zuneigung machen sie hilflos.

Karls Anfall von Schwäche in Binche verzehnfacht Maries eigene Anstrengungen auf dem Felde der Diplomatie. Es gilt, Henry VIII. zu einer Invasion in Frankreich zu bewegen. Als Karl zwischendurch ins Reich muss, steigert sie ihren Arbeitseinsatz noch mehr, führt wieder alle Ministerien gleichzeitig, und täglich gehen Kuriere über den Kanal.

Verlautbarung des spanischen Hofes:
Valladolid, 13.-15. November 1543: Don Felipe, Infant von Spanien, Herzog von Mailand, sechzehn Jahre alt, heiratet seine gleichaltrige Cousine Maria Manuela, Infantin von Portugal. (Seine Mutter, Isabel von Portugal, und ihr Vater, João III, König von Portugal sind genauso Geschwister wie ihre Mutter Catalina von Kastilien-Burgund und sein Vater, der König und Kaiser.)

Brüssel - Speyer, Anfang bis Frühling 1544

Willige Fürsten verursachen Wandel
Am 2. Januar bricht Karl nach Speyer auf, um sich die Unterstützung der deutschen Fürsten im Krieg gegen Frankreich zu sichern. Erstmals spricht er hier von „zwei Religionen", denen er brüderliche Liebe und gegenseitigen Respekt empfiehlt. Da weder die Katholiken noch die Protestanten Frankreichs Bündnis mit dem Sultan billigen können und François sich öffentlich gebrüstet hat, „dass er sich nichts so wünsche, wie sein Pferd mit Rheinwasser zu tränken", ist es ungewöhnlich leicht, diese Unterstützung zu erhalten. Als dann noch die Meldung kommt, die Franzosen hätten im April in Piemont einen Sieg über die Kaiserlichen erfochten, kennt der Kampfeswille keine Grenzen mehr.

Karl kann nicht von der Einheit der Kirche lassen, weil sie in seiner Vorstellung auch die Einheit des Reiches garantiert. Doch er wird gezwungenermaßen „Realpolitiker". Er ist nicht länger geneigt, dem Papsttum wegen seiner überkommenen, de facto längst nicht mehr praktizierten "Heiligkeit" den Weg zu bereiten. Der Kaiser wird moderner, je älter er wird. Wenn ein „Ketzer" als Fürst seine hochgesteckten Maximen befolgt, steht er Karl näher als ein Papst, der nur seine persönlichen Ziele verfolgt.

Halbfamiliäres Reichstagsgeschehen

Familiär und reichspolitisch von Bedeutung ist der Tod Ludwigs von der Pfalz, denn nun wird Pfalzgraf Friedrich bei Rhein, der Weggefährte aus Karls Jugendzeit, sein Nachfolger. Er ist unter anderem zum Reichstag gekommen, um sich vom Kaiser mit dem Rheinland belehnen zu lassen. Natürlich begleitet ihn seine Frau Doro. Ihre Schwester Christina kommt erst etwas später, denn sie hat am 20. April 1544 in Nancy eine gesunde Tochter geboren, die auf den Namen Renée getauft wird. Nun eilt Christina herbei, denn auf dem Reichstag soll auch über einen endgültig Frieden mit Dänemark entschieden werden. Seit nunmehr zwanzig Jahren wird mit wechselndem Einsatz und Erfolg um eine Rückeroberung der dänischen Krone des gefangenen Königs Christian für seine Erben Krieg geführt. Dieser Krieg hat den Seehandel der Niederlande stark behindert. Karl gelingt es, die Zustimmung seiner Nichten zu einem für Reich und Niederlande gleichermaßen notwendigen Frieden zu erlangen. Mit dem am 23. Mai 1544 geschlossenen „Frieden von Speyer“ herrscht wieder freie Fahrt in den Sund und die Ostsee. Nur der Pfalzgraf protestiert, er wird Karl diesen Friedensschluss, der seine persönlichen Aussichten auf eine Krone endgültig beendet, nie verzeihen.

Metz - Paris, Sommer 1544

Gegen Frankreich

Da Einigkeit über die Notwendigkeit des Zuges gegen Frankreich herrscht, sammeln sich die Truppen bei Metz, wo Karl am 16. Juni eintrifft. Die Franzosen - überall zum Rückzug zwingend - erreichen die Kaiserlichen in knapp vier Wochen St. Didier. Der Kaiser selbst geht übermüdet und von Gicht gequält auf Erkundung, seine Umgebung ist entsetzt ob dieses Wagnisses. Die Kaiserlichen setzen ihren Siegeszug fort, wenn auch mit einigen Verlusten.

Nach den Absprachen hätte der englische König am 20. Juni in Calais landen sollen, um die Franzosen an einer zweiten Front zu binden. Er erscheint erst am 15. Juli und hält sich dann auch noch mit der Einnahme von Boulogne und Montreuil auf, statt vertragsgemäß sofort auf Paris zu marschieren. Der Kaiser schickt ihm bedeutende Verstärkungskontingente, dennoch nimmt Henry VIII.

geheime Verhandlungen mit François auf. Ein schöner Verbündeter!

Karl, durchaus über diese Verhandlungen unterrichtet und sicher entsprechend wütend, setzt seinen Vormarsch auf Paris fort. Er hofft, dass François sich zur Schlacht stellen wird. Doch die französische Armee steht unter dem Oberbefehl des Dauphin Henri, und der zieht sich trotz zahlenmäßiger Überlegenheit unerklärlicherweise zurück. Die Kaiserlichen besetzen eine Stadt an der Marne nach der anderen, am 7. September auch Château - Thierry, das nur drei Tagemärsche vor Paris liegt.

In der französischen Hauptstadt bricht Panik aus, die Bevölkerung weiß nichts von den geheimen Verhandlungen mit England und sieht sich von zwei feindlichen Armeen bedroht. Wer es sich irgend leisten kann, rafft seine wertvollsten Besitztümer zusammen und flieht in Richtung Loire. François, der wieder an offenen Geschwüren der Genitalien leidet, lässt sich in die Stadt tragen, um seinen Parisern Mut zu machen.

Depeschen aus Lothringen:
Am 19. Juni 1544 stirbt der alte Herzog von Lothringen auf dem Weg zu François, den er zum Frieden überreden will. Nun sind Franz und Christina Herzog und Herzogin von Lothringen. Franz wird an der Fortführung der Verhandlungen des Vaters durch das Schicksal gehindert, denn er stürzt vom Pferd und muss auf einer Bahre nach Hause gebracht werden.

Soisson - Crépy, Herbst 1544

Kampf ist zu teuer
Am 12. September zieht Karl in Soissons ein und wartet dort vergeblich auf Henry VIII., der alle Truppenbewegungen einstellt, um das Abkommen mit François zu beschleunigen. Damit besteht für die Kaiserlichen die Gefahr eines Flankenangriffs. Gleichzeitig macht sich der Lebensmittelmangel so tief im Feindesland schmerzlich bemerkbar. Die von Niederlanden und Reich bewilligen Subsidien sind aufgebraucht. An Nachbewilligungen ist nicht zu denken, da französische Agenten es mal wieder verstanden haben, bei den deutschen Fürsten die Urangst vor einem zu mächtigen Kaiser zu schüren. Es drohen die Herbstregen, die die Wege für den eh nicht ausreichenden Nachschub unpassierbar machen und auch der Artillerie erhebliche Schwierigkeiten bereiten wer-

den. Der langen Rede kurzer Sinn: Verhandlungen sind vernünftiger!

Die Schwestern sind einen Schritt weiter

Als die Verhandlungen mit Henry VIII. beginnen, beauftragt François seine Gattin Eleonor, über die Schwester auszuloten, ob man nicht auch mit Karl verhandeln könne. Mit Feuereifer ist sie sofort dabei und schickt ihren Beichtvater zu Gesprächen mit dem Beichtvater Maries aus. Die Verhandlungen beginnen am 21. August und ziehen schnell immer weitere Kreise, immer höher stehende Personen sind beteiligt. Anfang September erklärt Henry, er werde einen weiteren Vormarsch auf Paris nicht länger unterstützen, die für die Waffenhilfe vereinbarte Frist sei ohnehin fast abgelaufen.

Um den 10. September trifft unvermutet Charles d'Orléans, der Lieblingssohn des französischen Königs, im kaiserlichen Hauptquartier ein. Karl ist dieser lebhafte, intelligente und charmante junge Mann immer sympathischer gewesen als der hölzerne Dauphin Henri. Deswegen hat Eleonor auch ihn geschickt. Karl also empfängt Charles herzlich, und die Gespräche nehmen einen so positiven Verlauf, dass bereits am 19. September 1544 der Vertrag von Crespy-en-Laonnais (oft auf Crépy verkürzt) unterzeichnet werden kann. Das geht natürlich nur so schnell, weil Kanzlisten und Juristen der Schwestern alles schon vorbereitet haben.

Inhaltlich bringt dieser Vertrag, der einen guten und dauernden Frieden sichern soll, nichts Neues. Das alles ist seit 1530 und dem Damenfrieden von Cambrai immer das Gleiche. Neu ist an diesem Vertrag, dass er den Franzosen jede Landnahme in Amerika verbietet. Der entscheidende Passus des Vertrages ist nicht für die Öffentlichkeit bestimmt. Darin anerkennt François Karl als obersten Schirmherren der Christenheit. Ein zweifelhafter Erfolg! Dauphin Henri boykottiert den Vertrag und zieht sich vom Hof zurück.

Cambrai - Brüssel, Oktober 1544

Familientreffen oder Staatsbesuch

Um die erneut so hart (und sinnlos) erkämpfte Harmonie zwischen Austria und Valois, den Niederlanden und Frankreich zu feiern, wird beschlossen, dass Königin Eleonor und der Herzog von Orléans dem Kaiser und der Statthalterin einen Besuch abstatten sollen. Es wird einer dieser seltsamen Zwitter zwischen Staatsbesuch und Familientreffen. Übrigens ist auch Schwiegersohn Farnese - ohne Gemahlin Margarete - anwesend.

Ein weiteres Mal ist Eleonor mit Feuer und Flamme bei der Sache, und im Laufe der Jahre hat sie sich an die ständige Anwesenheit der Madame d'Etampes gewöhnt. Es regt sie nicht sonderlich auf, als ihr zur Auflage gemacht wird, Madame mitzunehmen. François hat anscheinend immer noch nicht begriffen, dass Karl solcherart persönliche Kontakte nicht so goutiert. Das Umschwenken der Mätresse zu Eleonors Partei hängt auch damit zusammen, dass die Madame das Ende ihrer Ära nahen sieht. François ist immer häufiger krank. Ihr ist klar, welche Macht ihre Rivalin Diane de Poitiers haben wird, ist Henri erst König. Also muss sie sich eine Partei schaffen, die sie auch nach des Königs Tod schützt. Eleonor wird als Königinwitwe immerhin eine offizielle Position haben. Am 14. Oktober erreichen die Botschafter der französisch-habsburgischen Freundschaft Cambrai. Verwundert wird registriert, wie besorgt die Königin um das Wohl der Mätresse ist, mehr als um ihr eigenes. Madame d'Etampes muss unbedingt fürstlich untergebracht werden. Befremdlich, wie „Würde und Schönheit eng aneinandergeschmiegt in einer einzigen Sänfte!" weiterreisen. Auf Seiten des Kaisers ist übrigens auch Charles d'Orléans, der seinen Bruder Henri hasst wie die Pest und aus Prinzip alles befürwortet, was jener ablehnt.

Dank an Schwester Marie...

Es ist durchaus ein „erweitertes" Familientreffen, denn die Erzherzöge Maximilian und Ferdinand, die ältesten Söhne Annas und Ferdinands, weilen derzeit auch am kaiserlichen Hof. Nur Christina kann nicht rechtzeitig kommen, da sie ihren kranken Mann pflegen muss. Karl und seine Neffen sind es denn auch, die Eleonor in Mons empfangen und im Triumph nach Brüssel geleiten, wo die französische „Delegation" am 20. Oktober mit gewohntem Pomp empfangen wird. Es beginnt der übliche Festreigen. Ein Turnier im Schlosspark, eine mehrtägige Jagd in Groenendael, Kampfspiele. Marie ist bei der Jagd so heftig dabei, dass sie sich anschließend mit Fieber zu Bett legen muss. Ein Turnier auf der Grande Place in Brüssel lässt sich der spanische Graf Feria angeblich 10.000 Kronen kosten. Karl nutzt den festlichen Rahmen, um Marie seine Dankbarkeit für ihre intelligente und mutige Regierung in den Niederlanden zu beweisen. Er schenkt ihr Stadt und Herrschaft Binche und die Domäne Turnhout, beides natürlich ausgezeichnete Jagdreviere.

... und Abschied von Eleonor

Die Stadt Brüssel entlässt die Königin von Frankreich mit einem kostbaren Geschenk, einer vergoldeten Silberfontäne. Karl schenkt allen Damen teure Halsbänder zum Abschied. Christina ist zwar gerade erst angekommen, erhält als Lieblingsnichte aber auch eins. Am 3. November verlässt Eleonor mit allem Anhang Brüssel. Karl reitet bis zur Stadtmitte mit, dann geben die „Erzbuben" - die Neffen - ihr das weitere Geleit allein. In Mons wird Eleonor plötzlich krank. Die anderen haben es eilig, wieder ihre eigenen Spiele in Frankreich zu spielen und lassen die Königin auf eigenen Wunsch zurück. Die Ärzte sprechen von einer „maladie de la mer" und meinen damit anscheinend nicht Seekrankheit, sondern irgendein Frauenleiden. Eleonor hofft vergebens, dass Karl sie noch einmal aufsuchen und unter vier Augen mit ihr sprechen wird. Als ein Briefchen von François persönlich kommt, rührt sie dieses seltene Zeichen von Courtoisie so sehr, dass ihre zwölftägige Krankheit spontan endet.

Gent - Brüssel, Dezember 1544 - Mai 1545

Die Gicht gewinnt an Gewicht

Am 2. Dezember begibt sich Karl in seine Geburtsstadt Gent. Jetzt schlägt die Gicht, die er während seines Feldzuges und des Besuches aus Frankreich noch in Schach halten konnte, derart zu, dass er sechs Wochen lang das Bett hüten muss. Sobald er transportfähig ist, empfehlen seine Ärzte dringend, das feuchtkalte Klima Gents mit dem trockeneren Brüssels zu vertauschen. Am 15. Januar ist es soweit. Alle, die den Kaiser sehen, sind entsetzt über sein Aussehen. Er ist gespenstisch bleich und abgemagert und selbst schwer auf einen Stock gestützt kaum in der Lage, die wenigen Schritte bis zur Sänfte humpelnd und unendlich langsam zu überwinden.

Das Brüsseler Klima bringt keine spontane Besserung. Seit Weihnachten herrscht strenger Frost, der noch bis in den März andauern wird. Es ist so kalt, dass Wein in Fässern einfriert und nach Gewicht verkauft wird. Karl erleidet den bislang schlimmsten Gichtanfall. Die ganze linke Seite bis in die Finger- und Fußspitzen ist betroffen. Dic Ärztc schwanken zwischen einer Kur mit „Indienholz" (Chinarinde), das von der Medizin der Zeit als Allheilmittel betrachtet wird und einer Ätzung des Beines. Die Verfechter des Chininvorläufers können sich durchsetzen. Entscheidender für die Ende März endlich einsetzende Besserung dürfte sein, dass es Karl diesmal so schlecht geht, dass er eine rigorose Diät durchhält. Als er das erste Mal wieder Botschafter empfängt, ist er sehr mager und bleich und trägt eine schwere Stoffbinde zur Stützung des linken Arms. Dem venetianischen Botschafter erscheint seine linke Hand vollkommen verändert.

Welche Tochter/Nichte? Welche Mitgift?
Nun wird es höchste Zeit, sich um die im Vertrag von Crépy in Aussicht gestellten Heiraten zu kümmern. Lange schwankt Karl, welche Mitgift bevorzugt werden soll: Mailand oder Burgund? Nach Zeitzeugenberichten hätten die Niederländer keine Bedenken gegen einen französischen Prinzen als künftigen Herrscher gehabt. Die Zeit der Entstehung Burgunds hatte gezeigt, dass sie sich vollkommen assimilieren und sogar zu den ärgsten Widersachern ihres Geburtslandes werden können. Damit wären die Niederlande auch das leidige Frauenregiment losgeworden, unter dem sie nun schon vierzig Jahre stehen. Doch Regentin Marie, Bruder Ferdinand und der Hochadel der Provinzen sind da anderer Ansicht. Karl, dem sein Geburtsland letztlich doch näher steht als Mailand, ringt sich bis zum 23. Mai 1545 zu einer Entscheidung durch. Er lässt nach Amboise melden, dass er sich entschieden habe, dem Herzog von Orléans seine Nichte Anna mit Mailand als Mitgift zu geben.

Lothringen, Winter 1544 bis Juni 1545

Christinas zweite Ehe endet
Im Winter leben sich Christina und Franz in Nancy in die Herrscherrolle ein. Sie entwickeln sich über die Renovierung des Schlosses ganz allgemein zu Sponsoren der schönen Künste. Das Paar lebt in gutem Einvernehmen mit den Guise, dem französischen Zweig der Familie Lothringen. Im März erkrankt Franz zum dritten Mal seit dem Tode seines Vaters ernsthaft. Er erholt sich gerade rechtzeitig zu den großen Inthronisationsfeierlichkeiten im April 1545. Anschließend soll Franz sich in ländlicher Luft weiter erholen. Alle Verwandten schicken Ärzte mit unterschiedlichen Kurvorschlägen. Schließlich bringt man ihn zu seinem Lieblingsplatz in den Vogesen, und die Maienluft scheint wirklich ein Wunder zu bewirken. Doch die Hand des Todes liegt schon auf ihm, er wird immer schwächer, ist aber bis zuletzt bei vollem Bewußtsein. Er diktiert sein Testament, bestimmt Christina zur Regentin für den Sohn, empfiehlt sie und die Kinder dem Schutz des Kaisers. Am 12. Juni ist es vorbei. Franz von Lothringen stirbt mit knapp

achtundzwanzig Jahren. Er hat exakt ein Jahr selbstständig regiert. Christina ist mit dreiundzwanzig Jahren zum zweiten Mal Witwe …

Der frühe Tod des Gatten lässt Christina in sehr schwieriger Lage zurück. Ihre Gesundheit ist angegriffen, die Geburt eines dritten Kindes steht bevor. Ihr Sohn Charles ist erst zweieinhalb. Sie hat keine Ratgeber. Man mag sie persönlich, fürchtet aber den übermächtigen Einfluss des kaiserlichen Onkels, fürchtet um die Unabhängigkeit Lothringens. Noch weilt der Kaiser in Worms, doch das Ende des Reichstages ist abzusehen. Vorerst bleibt sie mit ihm in regem Briefwechsel, vielleicht kann sie sich nach der Niederkunft in Brüssel mit ihm beraten.

Worms, März - August 1545

Wieder ein Reichstag, noch einmal Worms

Während bei Karl eine erste spürbare Besserung zu bemerken ist, eröffnet Ferdinand am 24. März als Römischer König den Reichstag. Nun bricht auch Karl auf, um persönlich zu erscheinen. Er kommt am 17. Juni in Worms an. An sich hat Karl zu diesem Reichstag eine christliche Reformation versprochen, doch plötzlich erklärt sich Paul III. bereit, ein Konzil nach Trient zu berufen. Er - oder eher die Kurie - hat begriffen, dass ein Konzil, das von Karl nicht unterstützt wird, auf keinen Fall Erfolg haben kann. Kardinal Farnese erscheint in Worms mit 100.000 Dukaten und ein paar Tausend Soldaten. Karl empfängt ihn gnädig und verspricht, die Bischöfe seiner Länder zu entsenden. Er gibt zu, dass die lutherischen Fürsten sich sehr starrsinnig verhalten. Er begründet es damit, dass sie - wie er auch - schon viel zu lange auf dieses Konzil hätten warten müssen. Im Moment habe er keine Möglichkeit, sie zu zwingen, lässt aber durchblicken, dass er die zu gegebener Zeit schon finden werde. In Worms stehen zwei letztlich unvereinbare Forderungen einander gegenüber: Die Katholiken verlangen allgemeine Teilnahme am Konzil zu den Bedingungen des Papstes, die Protestanten eine christliche Reform durch den Reichstag.

François müht sich

Frankreich entsendet einen Botschafter zum Reichstag. Der König Frankreichs als „natürlicher Freund der deutschen Nation“ bittet die Fürsten, ihre Streitigkeiten dem allgemeinen Konzil zu unterbreiten. Außerdem sichert er dem Reich seine Unterstützung bei den Verhandlungen um einen langfristigen Waffenstillstand mit dem Sultan zu. Hier macht man gleich Nägel mit Köpfen, und ein Mitglied des geheimen Rates wird sofort abgestellt, um den französischen Botschafter nach Konstantinopel zu begleiten.

Endlich: Das Konzil?

Die Frage, ob das Konzil nun endlich eröffnet werden wird, bleibt genauso offen, wie die der Teilnahme der Protestanten. Momentan haben letztere beschlossen, den Reichstag zu verlassen. Der ist damit nicht mehr beschlussfähig und muss sich auflösen. Am 7. August 1545 reist Karl unverrichteter Dinge zurück in die Niederlande. Dort leidet die Bevölkerung unter den Folgen des extrem kalten Winters. Trotz aller Mühe konnte die Regentin nicht genug Getreide im Ausland aufkaufen, um die folgende Missernte auszugleichen und die Not ausreichend zu lindern. Eine Pestepedimie führt bei den geschwächten Menschen zum Massensterben. Boten kommen mit weiterer Kunde von Geburt und Tod …

Nachricht vom spanischen Hof:

Valladolid, 8. Juli 1545: Dem Infantenpaar von Spanien, Don Felipe und Doña Maria Manuela wird ein Sohn und Erbe geboren. Das Kind wird nach seinem Großvater Don Carlos genannt. Die sechzehnjährige Mutter überlebt das Kindbett nicht. Die Ärzte haben die kindliche Mutter zur Geburtserleichterung so lange zur Ader gelassen, bis sie fast ausgeblutet und vollkommen kraftlos war. Don Felipe ist nach siebzehn Monaten Ehe mit knapp achtzehn Jahren Witwer.

Nachricht vom französischen Hof:

Am 7. oder 9. September 1545 stirbt Charles d'Orléans mit dreiundzwanzig Jahren unter mysteriösen Umständen an einem Fieber. Das Fieber tritt ganz plötzlich auf, nachdem er in einem Zimmer, das man ihm nicht zuteilen wollte, weil darin jemand an der Pest gestorben war, eine Kissenschlacht veranstaltet hat.

Dieser Tod hat für die beiden alten Kontrahenten ganz unterschiedliche Bedeutung: Karl ist ganz froh, dass er Nichte und Mailand nicht an Frankreich ausliefern muss, und François sieht darin eine Nichterfüllung des Vertrages von Crépy durch Karl! Der König von Frankreich fühlt sich nicht mehr an den Vertrag gebunden! Nun kann er wieder die protestantischen Fürsten aufhetzen!

Karls Frühling in Regensburg

Brüssel - Binche, Winter 1545

Marie richtet sich ein

Mit den Überschreibungen von Binche und Turnhout kann sich Marie ihren „Goldenen Käfig" etwas angenehmer gestalten. Auch sie trägt das burgundische Erbe der Lust an Extravaganzen und Luxus in sich. In Binche baut sie sich einen prachtvollen Renaissance-Palast. Dem Zeitgeist entsprechend bildet er mit Gärten und Umgebung ein Gesamtkunstwerk. Ein künstlicher Himmel gar kann Blitz, Donner und Regen produzieren. In diesem Palast hat sie endlich Gelegenheit, ihre über die Jahre gesammelten Kunstschätze zur Geltung zu bringen und ihre Sammlungen zu vergrößern. Sie lässt Teppiche zum Tunisthema weben. Sie sammelt Kuriosa, Bruder Ferdinand schickt ihr einen versteinerten Fisch aus einer Manfeldschen Silbermine. Die Sammlung Margarethas und die Bibliothek der Burgunderherzöge werden nach Binche überführt. Durch all ihre internationalen diplomatischen Kontakte ist Marie immer auch über interessante Neuerscheinungen informiert.

Die Regentin kann auf diesen Gütern auch ihrem Interesse an Landwirtschaft und Viehzucht frönen. Sie lässt unter anderem eine weiße Rinderrasse züchten, die einige Berühmtheit erlangt. Natürlich kann sie sich nicht ausschließlich den eigenen Angelegenheiten widmen, der Tod des jungen Orléans und die Möglichkeit eines Krieges gegen die Protestanten in Deutschland verlangen ihren Tribut. Um Karl unterstützen zu können, bedient sie sich des Florentiner Bankiers Ducci, der ihr noch verfeinerte Methoden der Steuererhebung beibringt, wie überhaupt „modernes Finanzwesen". Sie reist im Sommer 1546 mehrfach nach Regensburg, doch immer wieder kehrt sie zur Ausschmückung ihres Palastes und eines Jagdschlösschens in die Niederlande zurück.

Brüssel - Regensburg, Frühling 1546

Karl bricht auf

Am 18. Februar stirbt in Eisleben Martin Luther, doch damit sind die Sorgen Karls darüber, wie es in Deutschland weiter gehen soll, keineswegs gelöst. Der Kaiser sucht in all den Monaten, in denen ihn seine Krankheit zeitweilig zur Unbeweglichkeit verdammt - oft im Gespräch mit Marie - nach Lösungsmöglichkeiten. Nun muss er sich dem nach Regensburg einberufenen Reichstag stellen. Sieben Jahre wird Karl sich oft in Deutschland aufhalten, um die dort anstehenden Probleme zu lösen.

Seit der Confessio Augustana von 1530 hat man sich stets um Concordia zwischen Altgläubigen und Protestanten bemüht, diese Bemühungen sind 1541 in Regensburg gescheitert. Karl ist der Überzeugung, dass er sich zuerst zum tatsächlichen Herrn in Deutschland machen muss, bevor das Konzil zu einer wirklichen Lösung führen kann. In Maastricht verabschiedet er sich Anfang März von Marie und zieht gen Südwest. Zum Abschied verspricht er ihr nochmals, keinen Bürgerkrieg anzufangen. Launig vergleicht er die folgende Fahrt durch Deutschland mit der durch Frankreich im Winter 39/40. Sie sei genauso „gefahrvoll".

Vorgeplänkel

Schon in Maastricht hat er eine Delegation der deutschen Fürsten empfangen, die für den Erzbischof von Köln um Gnade bitten und darum, daß Karl kein Kriegsvolk nach Deutschland bringen möge. Man sei sehr besorgt wegen der Farnese-Mission im Jahr zuvor. In seinen Memoiren berichtet Karl, daß er ihnen antwortet, er werde den neuen päpstlichen Boten nicht so bald abfertigen. Dass er nur seine normale Begleitung bei sich habe, sei ja deutlich zu sehen. Er wünsche nach wie vor Frieden und Einigkeit. Zu den Waffen würde er nur gezwungenermaßen greifen. Er beschließt den Bericht mit dem Satz: „Das war noch immer nicht ganz unwahr."

Allerdings auch nicht ganz wahr. Denn schon im Februar hatte er Don Felipe geschrieben, dass sein Entschluss zum Krieg feststehe. Um sicher über den Rhein zu kommen, trifft er sich mit verschiedenen Bischöfen und Fürsten, ist dabei ernst, aber höflich. Der Landgraf von Hessen, der seine erzwungene Annäherung an den Kaiser längst zugunsten seiner Führung im Bund von Schmalkalden wieder aufgegeben hat, kommt Karl mit 200 Reitern und dem Falken auf der Hand entgegen. Man jagt und speist, doch in der Sache ist der Landgraf schroff, verlangt eine Festschreibung der Zugeständnisse von Speyer. Er demonstriert Unabhängigkeit von Papst und Kaiser.

Das bestärkt Karl in seiner Entschlossenheit zum Kampf, die zwischenzeitlich schon wieder wankend geworden war. Er ist so verärgert über die Anmaßung Hessens, dass er - ganz ungewöhnlich für ihn - laut wird: „Jeder verlangt Reformen, aber keiner hilft mir sie durchzusetzen!“ Er bittet seinen Bruder dringend, in Regensburg zu erscheinen. Er glaubt, im Bunde mit dem Papst und mit der Unterstützung von Bayern und Österreich die Schlacht gegen die Protestanten wagen zu können.

Nun kommt Karl den Protestanten nur noch aus Staatsraison entgegen, nicht mehr aus Sympathie für den Einzelnen. Wo er direkter Souverän ist - in Spanien und den Niederlanden - unterdrückt er die neue Religion. Im Reich kann er das nicht. Auf protestantischer Seite ist eine neue Fürstengeneration herangewachsen, die durch die Religion stärkere Unabhängigkeit vom Reich erzwingen will und dabei von Frankreich unterstützt wird. Protagonist dieser Fürsten ist der Landgraf Philipp von Hessen (1504-1567). Er ist jung zur Herrschaft gekommen, sein Übertritt war eine bewußte Kampfansage an den Kaiser.

Ein Sonderproblem sind die Reichsstädte. Sie sind fast alle protestantisch, fast alle schmalkaldisch und dennoch um Ausgleich bemüht. Vermittlungsversuche über Moritz von Sachsen sind vergeblich. Der Kurfürst von Sachsen tritt offen für eine Revolte gegen die kaiserliche Macht ein und spricht von Karl als „Karl von Gent, der Kaiser zu sein glaubt“.

Regensburg, April - August 1546

Verschiedene Arten von Kuren

Am 10. April 1546 zieht der Kaiser in Regensburg ein. Er bezieht eine Etage im heute noch bestehenden Gasthof zum „Goldenen Kreuz“. Hier wird er bis zum Ende des Reichstages bleiben. Das Theologenkolloquium, das er berufen hatte, war gesprengt und trat auch nicht mehr zusammen. Die Stimmung ist erregt und gereizt, außer Moritz von Sachsen ist keiner der protestantischen Fürsten erschienen. Karl ist sehr deprimiert, die physischen Leiden haben an seiner Psyche gezehrt, die Vielfalt und Verworrenheit der zu lösenden Probleme tut es immer noch. Gewalt scheint die einzige Möglichkeit, sich noch Achtung zu verschaffen. Das Risiko, das er eingeht, wenn er einen Krieg auf deutschem Boden entfacht, ist Karl voll bewußt. Deswegen zögert er lange.

Wie prekär die Situation tatsächlich ist, wird klar, als sich herausstellt, dass die protestantischen Fürsten seiner durchaus freundlichen Einladung nicht gefolgt sind. Nicht mal sein Jugendfreund Kurfürst Friedrich von der Pfalz gibt ihm die Ehre! Erst kürzlich ist Friedrich gemeinsam mit Doro zum Protestantismus übergetreten. Vielleicht geschah auch das aus Ärger über den Friedensvertrag von Speyer mit dem holsteinischen Dänenkönig. Alle Fürsten haben nur Beamte mit beschränkten Vollmachten geschickt.

Die Holzkur oder: Chinin hilft

Während der Kaiser mal wieder auf die Herren Fürsten warten muss, macht er eine weitere „Holzkur", er hat genügend Zeit dazu. Er erlebt einen Heilerfolg wie nie zuvor, die Wandlung ist erstaunlich. Krönung seiner Verjüngungskur ist eine Liaison mit einer schönen, jungen Regensburgerin namens Barbara Blomberg. Das Abenteuer ist kurz und bar jeglicher Poesie.

Exkurs: Barbara Blomberg

In der Literatur, vornehmlich in der romantisierenden des 19. Jahrhunderts, ist sie es, die den Kaiser verjüngt. Dabei ist es eher so, dass er sie gar nicht wahrgenommen, geschweige denn sich ihr genähert hätte, wäre diese letzte Kur nicht so ungewöhnlich erfolgreich gewesen. So jagt und festet Karl und geht auf Bälle, kann sich voll dem sinnenfrohen Treiben hingeben, das die Wartezeit auf den Reichstag versüßt. Da fällt ihm ein schönes, kräftiges Mädchen auf: Barbara Blomberg, Handwerkerstochter aus dem Gürtlergewerbe. Das Mädchen ist verwirrt, geschmeichelt, beglückt und wird zum Schweigen verpflichtet. Die angeblich schöne Singstimme ist so wenig belegt wie ihr Alter, es dürfte aber in etwa dem Don Felipes entsprochen haben.

Über die Dauer der Affäre weiß man nichts genaues. Tatsache ist, dass Karl sie in den Gasthof bestellt und sich mit ihr zurückzieht. Sein Kammerherr Quijada dürfte eingeweiht gewesen sein, irgendjemand musste die Schöne ja benachrichtigen und zum Kaiser hereinlassen. Quijada ist in dieser Zeit Karls engster persönlicher Betreuer. Er ist schon als Page an seinen Hof gekommen, hat dann eine militärische Laufbahn absolviert und schließlich diesen persönlichen Dienst übernommen. Unklar bleibt auch, ob und inwieweit Mitglieder der Casa de Austria informiert sind. Fest steht nur, dass man allgemein am Kaiser eine sehr positive Veränderung wahrnimmt.

Das sind die über die Affäre bekannten Tatsachen. Faktum ist auch, dass Barbara Blomberg zu Kaisers Geburtstag am 24. Februar 1547 einen Knaben zur Welt bringt, den Karl anerkennt. Das Kind verbringt die ersten zwei Jahre bei der Mutter und wird dann durch Vertrauensleute Karls nach Spanien gebracht, wo es zunächst in der Familie eines pensionierten Hofmusikers lebt.

Über Dauer und Umstände der Affäre Barbara weiß man eigentlich genausowenig wie über ihr Leben zuvor. Über die Jahre danach „mehr als uns lieb sein kann“, wie ein kritischer Betrachter meint. Als ihre Schwangerschaft feststeht, wird sie mit dem niederländischen Musterungskommissär Hieronymus Kegel verheiratet, eine Praxis, die damals gang und gäbe ist. Barbara zieht mit ihm 1551 in die Niederlande. Das Paar lebt dort ganz gut, und Barbara bekommt drei weitere Kinder.

Madame Kegel, die kregele Witwe

Mit ungefähr vierzig wird Madame Kegel Witwe und beginnt, unverschämte Forderungen an Don Felipe zu stellen, der inzwischen König von Spanien und Herr der Niederlande ist. Ihr Sohn, in seiner Kindheit in Spanien Jeronimo genannt, lebt längst als anerkannter Bastard Don Juan d'Austria am Hof des Halbbruders. Er ist wegen seiner liebenswerten Manieren, seinem natürlichen Auftreten und seinem Charme allgemein beliebt. Er erwirbt sich früh erste militärische Verdienste. Sein wachsender Ruhm und seine Beliebtheit sind seinem legitimen Halbbruder Don Felipe ein steter Stachel im Fleisch.

Gegen die Mutter erweist sich der eher geizige Don Felipe finanziell ungewöhnlich großzügig. Mit diesem Geld führt die Witwe ein ziemlich „tolldreistes“ Leben, zieht durch Gent und Brügge mit einer Gruppe abenteuerlicher Freunde. Zu der illustren Runde zählen diverse Glücksritter, Anhänger der gescheiterten Maria Stuart, Spione und eine abgedankte Bordellwirtin als engste Freundin. Die Geldforderungen Barbaras steigen, und es gibt ständig Krach mit Statthalter Alba, den der König für sie verantwortlich macht.

Die „Heldenmutter“

Als Don Juan 1572 zum Helden von Lepanto geworden ist, wird das lockere Treiben der „Heldenmutter“ für den spanischen Hof immer peinlicher, zumal Barbara nun beginnt, öffentlich mit ihrem Sohn zu prahlen. Man schlägt ihr vor, nach Spanien überzusiedeln. Doch sie will sich lieber „in Stücke hauen lassen, als nach Spanien“. Dann allerdings macht Don Felipe seinen Halbbruder zum Statthalter der Niederlande. Nach einem „unsentimentalen“ Gespräch mit dem Sohn 1576 in Luxembourg willigt sie in eine Übersiedlung ein. „Sie hat es in Spanien an verschiedenen Plätzen noch lange getrieben“, vermerkt ein Chronist. Gesichert ist, dass Barbara ihre letzten Jahre auf einem Gutshof in der Bucht von Laredo/Santoña verbringt. Sie wird gut siebzig Jahre alt und stirbt schließlich am 8. Dezember 1597 auf ihrem Landgut. Auch ihr Skelett erlebte noch einige Abenteuer, wurde identifiziert und umgebettet, zeitweilig in einem Cellokasten zur Schau gestellt. Heute sollen die Reste im Kloster San Sebastián de Ano in Santoña endlich eine letzte Ruhe gefunden haben.

Regensburg, Mai - August 1546

Zurück zur Arbeit

Man weiß also nicht, wie oft und wie lange Karl sich mit Barbara trifft, ziemlich sicher dürfte sein, dass er kaum noch Zeit für sie hat, als der Reichstag am 5. Juni endlich feierlich eröffnet wird. Manchmal drängt sich einem der Eindruck auf, dass Karl diese Affäre in der Art benutzt, wie in Spanien den Stierkampf, als Selbstbestätigung und Kraftquelle für den bevorstehenden Kampf. Denn dass es zum Kampf kommen wird, scheint unausweichlich. Deshalb hat Karl auf dem völlig zerstrittenen Reichstag vornehmlich zwei Ziele:

Erstens: die Gewinnung Bayerns für seine Sache. Dies gelingt schon im Vorfeld mit der Vereinbarung einer Heirat, die den Argwohn des katholischen Bayern betreffs der Ziele der Casa de Austria einschläfert. Karl erreicht immerhin einen Geheimvertrag über Beistand im Kriegsfall.

Zweitens: Die Spaltung des protestantischen Lagers. Hier hat er schon im Winter in Binche die Vorarbeiten geleistet. Es gelingt ihm, den protestantischen Moritz von Sachsen auf seine Seite zu ziehen. Karl verspricht ihm dafür die Kurwürde Sachsens.

Überhaupt scheint das Winken mit der Kurwürde das alte Verhältnis der Kurfürsten zum Kaiser umzudrehen, plötzlich ist sie eine Waffe in der Hand des Kaisers, auch die Pfälzer erliegen ihr.

Karl berät sich mit Ferdinand

Karl muss beiden Parteien in Deutschland zeigen, dass er immer noch der Kaiser aller ist, sonst ist es um seine Reputation geschehen. Er berät sich mit Ferdinand, der am 28. Mai in Regensburg eintrifft. Schon Anfang 1546 gaben die protestantischen Fürsten einen Anlass, den Krieg zu eröffnen, ohne ihn als Religionskrieg deklarieren zu müssen, worauf es Karl sehr ankommt.

Der katholische Braunschweiger war von seinen protestantischen Untertanen vertrieben worden und wollte sein Land zurückerobern. Sachsen und Hessen verhinderten das, indem sie ihn gefangennahmen. Karl ahndet das in Regensburg durch Verhängen der Reichsacht. Damit geht es im Falle eines Krieges um die Durschsetzung von Reichsrecht gegen unbotmäßige Fürsten und die Religion braucht keine Erwähnung zu finden. Die Zeit drängt, denn fast alle Fürsten sind inzwischen protestantisch, auch die ehemaligen Eminenzen von Köln und Mainz.

Karls Erklärung für Marie

In einem Brief an Marie erklärt Karl seinen Standpunkt: Er, Ferdinand und Bayern seien sich einig, daß der Zeitpunkt günstig sei, die Feindseligkeiten zu erklären. Die Protestanten seien wunschgemäß durch ihre eigenen Händel geschwächt, die Untertanen unzufrieden, die päpstliche Hilfe so sicher wie nie. Schreite man jetzt nicht ein, würden womöglich alle Fürsten und vor allem auch die Niederlande vom Glauben abfallen. Vorwand soll der Landfriedensbruch von Hessen und Sachsen an dem Herzog von Braunschweig sein.

Wie lange man den Vorwand allerdings aufrecht halten könne, sei dahingestellt, er hoffe jedoch, damit eine weitere Aufspaltung der Abtrünnigen zu erreichen. Ansonsten müsse man nach Sachlage eine neue Begründung finden. Alles sei gut vorbereitet und nichts leichtsinnig vom Zaune gebrochen. Solle sich jemand von Außen einmischen, sei er bereit, die Niederlande zu schützen. Am Schluss erteilt er die geheime Mobilmachungsorder für die Niederlande.

Das Konzil wird nicht anerkannt

Als die regulären Reichstagssitzungen eröffnet sind, lassen die Protestanten durch ihre Beamten verlauten, dass sie mit dieser „Versammlung von Trient“ nicht einverstanden sind. Sie entspräche weder ihren Forderungen noch ihnen gegebenen Zusicherungen. Eine Beteiligung käme deswegen nicht in Frage. Die Protestanten erklären die alten Wege für nicht mehr gangbar und verlangen Reformationsentwürfe, wie in Speyer vorgesehen. Schuld am Scheitern der Gespräche lehnen sie ab. Der Kaiser lacht. Ein böses Lachen voller Hohn und Drohung. In überheblicher, ja unverschämter Form fordern die Protestanten eine Stellungnahme des Kaisers ein und verlangen von ihm eine Darlegung seiner Vorgehensweise. Sie machen deutlich, dass sie sich nicht werden überraschen lassen.

Reichstagschaos

Karl fordert vom Reichstag seinerseits Truppenstellung bis Herbst 1547 und natürlich Geld aus verschiedenen Quellen. Die Fürstenvertreter erheben großes Geschrei, und Karl lädt nun jeden der Schmalkaldener persönlich vor. Jeder, der ihn bei der Erreichung seiner Ziele unterstützt, kann seines Wohlwollens gewiss sein. Die aber, die den Gehorsam verweigern, werden seine kaiserliche Autorität zu spüren bekommen. Gehorsam! Das Wort schmeckt den Fürsten bitter, die sich ihrer „Libertät" rühmen.

Man fragt sich, gegen wen der Kaiser eigentlich rüstet? Die Protestanten beschließen eine Anfrage. Sie wollen die Altkirchlichen bewegen sich anzuschließen, müssen aber allein fragen. Das geschieht am 16. Juni. Die sibyllinische Antwort: Man müsse sich gegen ungehorsame Reichsstände verwahren. Man ist so klug als wie zuvor. Zuerst löst sich der Fürstenrat nach Konfessionen auf, dann der der Kurfürsten, zuletzt der der Städte.

Ende Juni steht der Vertrag mit der Kurie. Karl unterschreibt ihn trotz seiner heftigen Bedenken wegen der Zuverlässigkeit des Papstes. Im Juli verhängt der Kaiser die Acht über Sachsen und Hessen. Der ausbrechende Krieg gilt also der Durchsetzung von Reichsrecht gegen geächtete Fürsten. Der Eindruck wird dadurch verstärkt, daß der protestantische Moritz von Sachsen auf Seiten des Kaisers steht. Noch ist nicht bekannt, dass er dafür die Kurwürde erhalten wird.

Jetzt lässt Karl die Maske fallen, indem er die geistlichen Reichsstände um Unterstützung des Kampfes gegen Hessen und Sachsen angeht. Ein Herold befiehlt der Stadt Ravensburg, die eben den Schmalkaldenern beigetreten ist, bei schwerer Strafe von ihrer Religion abzulassen. Nun ist allen alles klar, der Reichstag ist tot, auch wenn Karl ihn am 24. Juli noch offiziell verabschiedet. Die Schmalkaldener fordern die Absetzung Karls von Gent! An sich ist der Überbringer einer solchen Botschaft des Todes. Karl lässt Gnade walten und lacht!

Zwei Hochzeiten

Während Karl in Wirklichkeit auf seine Truppen wartet, unterhält er Regensburg mit Familienfesten von dort nie gesehener Pracht. Wie schon erwähnt ist es Karl und Ferdinand gelungen, den zwar gut katholischen aber dennoch lange widerspenstigen Bayern auf ihre Seite zu ziehen. Ferdinands älteste Tochter Anna heiratet nun den Erbprinzen von Bayern. Wilhelm von Kleve hat inzwischen seine französische Ehe auflösen lassen und heiratet, wie im Vertrag von Venlo festgelegt, mit Maria eine weitere Tochter Ferdinands. Trotz aller Pracht ist die Stimmung nicht so ausgelassen wie sonst, denn die

Kriegsvorbereitungen

beider Seiten laufen auf vollen Touren. Die Schmalkaldener betreiben ihre abschließende Rüstung, und Ottavio Farnese wird zum Generalleutnant der päpstlichen Truppen ernannt. Damit hat der Krieg eigentlich schon begonnen. Als Operationsbasis ist das gesamte deutsche Reichsgebiet denkbar. Im kaiserlichen Heer werden - nicht nur zum Entsetzen Farneses - lutherische Gottesdienste für die Landsknechte dieser Konefession abgehalten. Ein weiteres Indiz dafür, dass das Menschenbild des Mittelalters überwunden ist. Man unterscheidet bereits zwischen privater und professioneller Sphäre.

Der Lanzenreiter von Mühlberg

Süddeutschland, Spätsommer 1546

Der Krieg ist unausweichlich
Im anstehenden Krieg geht es gleichermaßen um zentrale Fragen des geistlichen Lebens und um die Gestaltung der öffentlichen Ordnung. Gegner sind der altkirchliche Kaiser als Vertreter einer universalen Macht und eine Gruppe von reformatorisch gesonnenen Reichsständen, die in ihrer Gesamtheit auch ein nationales Anliegen vertreten. Die protestantischen Fürsten haben der alten Ordnung keine neue entgegenzusetzen. Sie haben die Einzelseele entdeckt, dabei das gemeingültige Maß verloren. Karl kann die Berechtigung - oder Überlegenheit - seiner Ziele nur noch mit Gewalt beweisen, auch wenn ihm das nicht wirklich zusagt. Er hat sich in Worms 1520 zur Einheit der Kirche als Leitziel seiner Herrschaft bekannt: „In dieser Sache werden Wir alles einsetzen, Unsere Königreiche und Herrschaften, Unsere Freunde, Unser Leib, Unser Blut, Unser Leben und Unsere Seele".

Aufmarsch der Kriegsparteien
Papst Paul III. garantiert Karl vertraglich neben den Geldern der spanischen Kirche weitere Subsidien und Soldaten. Der Kaiser verlässt am 3. August Regensburg, um den italienischen Kontingenten entgegenzuziehen. Seine Umgebung macht ihm den Vorwurf, er setze sich unnötigen Gefahren aus, wenn er sich persönlich an den Kämpfen beteilige. Karl antwortet, er habe beschlossen, Kaiser in Deutschland zu sein, „tot oder lebendig". Er bleibt mit einer kleinen Streitmacht aus zwei Kompanien seiner Ordonanztruppen, einer Abteilung Spanier und zehn deutschen Fähnlein in Bayern. Die Schmalkaldener wagen dank der zur Schau getragenen Neutralität des Herzogs nicht, Bayern zu betreten. Der Kaiser verschanzt sich bei Landshut.

Die protestantischen Führer haben sich in Erfurt getroffen, um ein starkes Heer aufzustellen. Der ihnen verbündete schwäbische Städtebund besetzt Füssen und marschiert auf Tirol, um die italienische Verstärkung Karls abzufangen, was Ferdinand vereitelt. Im Laufe des Juli haben die Protestanten etwa 60.000 Infanteristen und 6.000 Reiter sowie etwa hundert Geschütze bei Donauwörth zusammengezogen. Es wäre leicht gewesen, von dort den Kaiser in Regensburg einzuschließen, doch das haben sie versäumt. Nun müssen sie ihren Herold mit der Kriegserklärung nach Landshut schicken. Karl weigert sich, ihn vorzulassen, denn mit Rebellen verhandele er nicht, über die werde die Reichsacht verhängt, und er lasse jeden von ihnen aufknüpfen, der es wage, vor ihm zu erscheinen.

Karls Verstärkungen
Karl ist erst nach der Vereinigung mit den päpstlichen Truppen am 13. August operationsfähig. Dem päpstlichen Heer haben sich Truppen anderer italienischer Fürsten angeschlossen. Seinem Schwiegersohn Ottavio Farnese, der das päpstliche Kontingent führt, legt Karl eigenhändig die Vlieskette um. Man wartet auf die Verstärkung aus den Niederlanden. Die steht bei Aachen einem zahlenmäßig leicht überlegenen Heer gegenüber. Der Übergang über den Rhein wird nicht erzwungen, sondern erlistet. Büren, der Führer der Niederländer zieht auf Würzburg, um sich einen weiten Bogen durch Franken schlagend mit dem Kaiser zu vereinigen. Ihm kommt der Streit zwischen dem Kurfürsten und dem Landgrafen zugute. Ersterer will Büren abfangen, Letzterer will aus Prestige nur gegen den Kaiser persönlich antreten. So klebt das protestantische Heer an der Donau. Inzwischen haben die spanischen Truppen aus Neapel und Mailand und neu angeworbene Landsknechte ebenfalls Karls Lager erreicht. Die Kaiserlichen sind bereit.

Ingolstadt, ab 31. August 1546

Karl kann begeistern
Als gemeldet wird, dass die Protestantischen auf Ingolstadt ziehen, will Karl sie stellen und zieht ihnen entgegen. Am 31. August 1546 kommt es zum ersten Zusammenstoß. Die Schmalkaldener greifen in aller Frühe an, Karl ist noch nicht aufgestanden. Doch sie nutzen den Vorteil ihres frühen Angriffs zu zögerlich, nutzen nicht den Moment des heftigen Artilleriefeuers, die psychische Verwirrung, die räumliche Desorientierung durch Rauch und Pulverdampf. So können die Kaiserlichen acht Stunden mit schwerem Artilleriefeuer erwidern, und die Begeisterung, die Karls Anwesenheit und Todesverachtung mitten im Kugelhagel bei den Landsknechten entfacht, ist gewaltig.

Diese Begeisterung findet ihren Ausdruck in Liedern wie dem Folgenden: Der Kaiser ist ein ehrlich Mann / allezeit ist er der vorderst dran, / zu Ross und auch zu Fußen. / Seint wohlgemut Ihr Lantzknecht gut, / da sprach der edle Kaiser gut: / "Wir wölln uns nit ergeben." Er ist und bleibt ein Mensch voller Widersprüche. In seiner Jugend hat er die Schlachtfelder gemieden und sich damit begnügt, bei Turnier und Stierkampf zu brillieren. Er wird erst zum Heros, als er die bitteren Einschränkungen durch Alter und Krankheit kennt.

Warten, hier auf die Niederländer

Die Schmalkaldener ziehen ab. Überhaupt ist die Art der Kriegführung den ganzen Herbst und Winter über eine mehr operative als heldische, in der die geistigen Prinzipien von Strategie und Logistik wichtiger sind als das elementar Kämpferische. Über vier Monate keine Schlacht, nur wenige Gefechte und Kanonaden. Bei Ingolstadt kann Karl es noch nicht wagen, die in geordneter Aufstellung abziehenden Protestanten zu verfolgen, er muss erst die niederländische Verstärkung abwarten.

Büren erreicht den Kaiser am 15. September noch bei Ingolstadt. Er bringt 12.000 Infanteristen und 5.000 Reiter, alles Elitesoldaten, die er mit List und großem Geschick unbeschadet durch im wesentlichen vom Feind kontrolliertes Gebiet gebracht hat. Das bringt neuen Kampfgeist, aber auch neue Eifersüchteleien „zwischen den draufgängerischen, trunkfesten Niederländern unter Büren und den nüchternen, gern mit Nachtangriffen und Hinterhalten operierenden Spaniern unter Alba, der das Ohr des Kaisers hat".

Der Kampf ohne Schlacht geht weiter

Zwar ist Karl zahlenmäßig immer noch unterlegen, aber verstärkt durch seine Niederländer geht er jetzt in die Offensive. Sein erster Schlag soll seinem angeheirateten Neffen Friedrich, Kurfürst von der Pfalz, gelten, dessen Abfall für ihn eine der größten Enttäuschungen in dieser daran nicht eben armen Zeit ist. Friedrichs Residenz Neuburg ergibt sich, ohne dass ein Schuß abgefeuert werden muss. Nächstes Ziel ist ein Angriff auf die Hauptmacht der Protestanten bei Nördlingen.

Karl ist durch einen neuerlichen Gichtanfall so behindert, dass er sich aufs Pferd heben und das kranke Bein mit einem Tuch am Sattelknopf festbinden lassen muss. Vom Pferd hält er eine Ansprache an seine Soldaten und reitet mit ihnen gegen Ulm, wo sich Protestanten verschanzt haben. Ein von Alba geplanter nächtlicher

Überraschungsangriff wird durch Verrat und verstärkte Wachsamkeit der Protestanten vereitelt.

Der Winter kommt früh in diesem Jahr, es ist sehr kalt und regnet viel, das Lager versumpft, die Nachschubwege sind verschlammt. Man rät Karl, seine Soldaten auf Winterquartiere zu verteilen. Doch er lehnt ab, weil er meint, es würde nur dem Feind nützen, wenn man die eigenen Kräfte zersplittert. Er selbst leidet am schlimmsten unter dem Wetter, doch sein Beispiel ermutigt seine Soldaten.

Ferdinand und Moritz gelingt es, in Sachsen einzufallen. Sie zwingen den Kurfürsten Johann Friedrich dadurch, sich von der Hauptstreitmacht zu trennen, um sein Land zu verteidigen. Am 23. November tritt er den Rückzug nach Sachsen an. Karl verfolgt ihn trotz Frost und Schneefall. Die Qualen werden unerträglich, denn seine Soldaten haben nichts „als ihre Arme", um sich des Schnees zu erwehren, und manche erfrieren an ihren Lagerfeuern. Diese unerbittliche Zähigkeit entmutigt den Gegner immer mehr. Nördlingen ergibt sich auf die erste Aufforderung und übergibt alles Kriegsmaterial, alle Vorräte. Ende November müssen die Schmalkaldischen wegen Geldmangels ihr Heer auflösen. Alba besiegt den Herzog von Württemberg und zwingt ihn zu einem Vertrag mit Karl, der am 3. Januar 1547 unterzeichnet wird. Der Kaiser geht am 8. Januar bei Ulm ins Winterquartier.

Süddeutschland ist besiegt

Karls Schachspiel mit seinen unterlegenen Kräften darf unter die Großtaten der Feldherrenkunst eingereiht werden, meinen kundige Autoren. Denn schließlich beherrscht Karl den Süden des Deutschen Reiches ohne nennenswerte Verluste erlitten zu haben. Nur eine stattliche Zahl von Italienern hat es vorgezogen, sich klammheimlich auf den Heimweg zu machen, der Winter ist südlich der Alpen halt angenehmer.

Der Papst zieht entgegen der Zusage, Karl auch im Jahr 1547 mit Truppen und Geld zu unterstützen, am 22. Januar seine Kontingente ab. Das verursacht bei Karl den größten überlieferten Wutanfall seines Lebens. Berühmt wird seine ätzende Bemerkung zum Nuntius: Er könne es ja noch verstehen, wenn junge Männer von der Farnzosenkrankheit befallen würden, bei Menschen von Alter und Stand des Papstes sei das nur noch peinlich. Karl ist noch in Ulm, als er die Nachricht von der Geburt seines Sohnes mit seinem Regensburger Frühlingsmädchen Barbara erhält. Während der vier Monate der Kämpfe um die Einheit des Reiches ist Karls Haar völlig weiß geworden.

Verhandlungsangebote
Der Kurfürst von Sachsen und der Landgraf von Hessen sehen ihre Felle davonschwimmen und entsenden einen Unterhändler. Ihre Wahl fällt ausgerechnet auf den Kurfürsten Friedrich von der Pfalz, der es schon gewohnt ist, beim Kaiser in Ungnade zu sein. Also hat er auch Übung darin, den Reumütigen zu spielen. Karl, von der Gicht an seinen Sessel gefesselt, ermahnt den älteren Jugendfreund streng und begnadigt ihn schließlich. Die kaiserliche Gnade beschränkt sich aber auf die Person des Pfälzers. Mit dem Kurfürsten und dem Landgrafen hingegen könne es allenfalls zu einer Einigung kommen, wenn sie ihre Waffen niederlegen und sich persönlich in seinen Gewahrsam begeben. Da Unterwerfung für den Kurfürsten von Sachsen nicht in Frage kommt, zieht er neue Streitkräfte zusammen.

Nachricht von der Goldenen Pforte:
Am 13. Januar 1547 ist ein Waffenstillstandsvertrag mit Konstantinopel in Kraft getreten, der Ferdinand den Rücken frei macht für eine weitere Beteiligung an den noch nötigen Feldzügen in Deutschland.

Verlautbarung des böhmisch-ungarischen Hofes:
Am 24. Jänner 1547 melden Königin Anna und König Ferdinand voller Stolz und Freude aus Wien die Geburt ihres fünfzehnten Kindes. Es ist wieder eine Tochter, und sie wird auf den Namen Johanna, nach der Großmutter väterlicherseits getauft. Johanna ist das letzte Kind des reich gesegneten Paares, Mutter Anna ist vierundvierzig Jahre alt. Johanna wird mit achtzehn Jahren Francesco de Medici, den Großherzog der Toscana, heiraten und kreuzunglücklich werden, da er sich die Venezianerin Bianca Capella als Geliebte hält und die Gattin völlig missachtet. Sie wird - ein weiteres Damenopfer der Casa de Austria - mit einunddreißig Jahren sterben.

Depeschen aus England:
Am 28. Januar 1547 stirbt in London König Henry VIII. an einem Schlaganfall. Seiner sechsten Frau, Katharina Parr, die er 1543 geheiratet und mehrfach des Treubruchs beschuldigt hat, ist es gelungen, ihn zu überleben. Nachfolger wird sein Sohn Eduard aus

der dritten Ehe mit der Hofdame Jane Seymour. Der neunjährige Prinz wird in Westminster gekrönt, und die Regierungsgeschäfte übernimmt zunächst sein Onkel, der Herzog von Somerset. Doch die rasch aufeinanderfolgenden Ehen Henrys haben zu einer solchen Parteienvielfalt und -feindschaft am englischen Hof geführt, dass fraglich ist, wie lange er sich wird halten können. Außerdem ist die Gesundheit des Knabenkönigs nicht die Beste. Es besteht also eine reale Chance für Mary Tudor, die Tochter aus erster Ehe, die Nachfolge des Bruders anzutreten.

Depeschen aus Frankreich:
Am 31. März 1547 stirbt in Ramboulliet François I. Die französische Krone geht an seinen einzigen überlebenden Sohn Henri, als König zweiter seines Namens. Die vom Hof und der Mätresse des Gatten als „florentinische Kaufmannstochter" diffamierte Catherine de Medici ist nun Königin von Frankreich. Drei ihrer Söhne werden nach Henris II. Tod Könige sein. Regieren wird - mal mehr, mal weniger offen - Madame Catherine.

Nach Sachsen, Frühjahr 1547

Eine böhmische Revolte
Sachsen unterstützt einen in Böhmen ausgebrochenen Aufstand und kann so Ferdinand und Moritz eine gefährliche Schlappe beibringen. Sofort eilt Karl unter unsäglichen Schmerzen herbei. Fast gespenstisch erscheint er, mit seinem hochgebundenen Bein, vor Schmerzen halb ohnmächtig reitend, mit seinem weiß gewordenen Haar. Seine Augenlider sind fast geschlossen, der vorstehende Kiefer ist in der Eingefallenheit des Gesichts auffälliger denn je. Eine unhörbare Parole scheint er zu rufen, die verweht. Seine Erscheinung genügt, um die Böhmen erstarren zu lassen. Ihre Revolte fällt in sich zusammen. Haben sie nicht dem Kaiser Treue geschworen, auch wenn dessen Reich schon nicht mehr von dieser Welt zu sein scheint? Die Böhmen ziehen ab.

Der Kaiser muss weiter, endlich die entscheidende Schlacht schlagen, den Gegner stellen und zermalmen. Zeitweilig kann er nicht reiten, sondern muss seine Spezialsänfte benutzen, in der er das Bein ausstrecken kann. Er erreicht das Lager seines Bruders Ferdinand in Eger am 29. März. Der König von Ungarn hat soeben Verstärkung erhalten. Die ungarischen Husaren gelten damals als beste leichte Kavallerie der Welt. Karl gönnt sich einige wenige Tage Erholung.

Mühlberg
Der Kurfürst hat seine Armee in der Umgebung von Meißen an der Elbe zusammengezogen. Am 13. April macht Karl sich auf den Weg dorthin. Vom Nahen des Kaisers unterrichtet, lässt Johann Friedrich die Brücke über die Elbe verbrennen und schlägt ein neues Lager am rechten Elbufer bei Mühlberg auf. Es ist Mitternacht, als Karl von diesem Manöver erfährt. Sofort bricht er mit Artillerie und Pionieren auf. Am Morgen des 24. erreicht seine Vorhut die Pontonbrücke, die der Kurfürst auf dem linken Flussufer hat legen lassen. Karls Spanier stürzen sich in einen kraftvollen Angriff. Die Gegner beginnen, die Pontons abzubauen, dennoch kämpfen die Spanier verbissen.

Inzwischen beginnen die kaiserlichen Pioniere mit dem Bau ihrer eigenen Brücke, doch das ist unter dem Beschuss des Feindes schwierig. Die Hauptstreitmacht des Kurfürsten droht zu entkommen. Ein Bauer, dessen Hof Opfer der Flammen wurde, verrät eine Furt, die es ermöglichen könnte, diese Fluchtbewegung aufzuhalten. Trotz der Wassertiefe befiehlt Karl der Kavallerie überzusetzen. Ein weiteres Mal seine Gicht ignorierend, reitet und schwimmt er mit. Mit seinem Beispiel zwingt er den Bruder und die anderen Edelleute, es ihm gleichzutun. Damit hat Karl auf spektakuläre Weise die Elbe überschritten, jenen Fluss, den keiner der römischen Caesaren je querte. In unglaublich kurzer Zeit kommen so 4.000 Mann über den Fluss, wobei die ungarischen Husaren noch zusätzlich Arkebusiere auf ihren Pferden mitnehmen.

Sie können den noch mit der Verteidigung der Pontons beschäftigten Truppen in die Flanke fallen und dann gemeinsam mit den über die freigekämpften und eigenen Pontons Stürmenden die Verfolgung aufnehmen. Als man dem Kurfürsten meldet, dass die Kaiserlichen den Fluss überquert haben, glaubt der, es handele sich nur um eine Vorhut. Er will sich in einem nahegelegenen, sumpfigen Wald verschanzen und nachts den Rückzug auf Wittenberg antreten. Er ist überzeugt, er könne den Kaiser mit einer Salve seiner Arkebusiere aufhalten und ihn dann mit einem Sturmangriff seiner Kavallerie vernichten.

Vergebens! Karl selbst reitet, unglaublich aber wahr, mit eingelegter Lanze an der Spitze seiner Reiterei und reißt seine Leute derartig mit, dass der Kampf nur kurz ist. Des Kaisers unerhörte Willenskraft scheint den Sieg förmlich herbeizuzwingen. Die sächsischen Truppen ergreifen die Flucht und werden gnadenlos verfolgt. Der Kurfürst selber ist - um es schmeichelhaft auszudrücken - derart korpulent, dass es kaum ein Brauereipferd gibt, das ihn - auch noch mit Rüstung - tragen kann, geschweige denn einen fluchtfähigen feurigen Araber. Er wird mit seinen Heerführern und mehreren tausend Soldaten gefangen genommen. Am Ende dieses Tages trägt der Kaiser Karl V. nicht sein übliches Schwarz. Er trägt das Rot und Gold Burgunds über der Rüstung.

Der gefangene Kurfürst

Die Schlacht von Mühlberg ist entschieden, Karl hat den größten seiner Siege errungen, die kaiserliche Autorität ist in allen deutschen Reichsteilen als wiederhergestellt zu betrachten. Karl wandelt das berühmte Caesar-Wort seiner christlichen Haltung entsprechend ab: „Vine y, vi y. Dios vincio!" (Ich kam, ich sah, Gott siegte!) Wieder ist sein Gegner sein persönlicher Gefangener und muss die Verachtung des Siegers Karl über sich ergehen lassen. Man bringt den an der Wange verwundeten Kurfürsten vor Karl. Mit bloßem Haupt nennt er sich einen Gefangenen des sehr großen und mächtigen Kaisers. Er bittet, als Kriegsgefangener behandelt zu werden. Karl erinnert ihn, dass er vor Kurzem noch ganz andere Namen für ihn hatte und ist eigentlich fest entschlossen, ihn als Aufrührer und Majestätsbeleidiger köpfen zu lassen.

Doch Alba und Granvelle können ihn schließlich überzeugen, ihn zu einer Haftstrafe zu begnadigen. Nach langen und zähen Verhandlungen muss Johann Friedrich am 18. Mai die Kapitulation von Wittenberg unterzeichnen, in der er für sich und seine Nachkommen auf die Kurwürde Sachsens verzichtet. Karl hält sich übrigens in Wittenberg am nördlichsten Punkt seiner Reiche auf, den er je selbst besucht. Der südlichste Punkt auf dem Globus, den er berührte, war Tunis.

Der neue Kurfürst

Neuer Kurfürst wird natürlich Moritz von Sachsen, der ja mit der Aussicht darauf zu seinem Übertritt zum Kaiser verlockt worden ist. Moritz muss sich verpflichten, den Kindern seines Vorgängers eine Rente zu zahlen und dessen Schulden zu übernehmen. Erst nachdem all dies geregelt ist, verkündet Karl die Umwandlung der Todes- in eine Freiheitsstrafe. Dabei darf man allerdings nicht an strenge Kerkerhaft denken. Johann Friedrich muss sich verpflichten, am Hof des Kaisers oder dem des hochfürstlichen Don Felipe in Spanien zu leben, nach Bedingungen und auf eine Dauer, die vom Kaiser noch festzusetzen sind.

Der Landgraf

Das Schicksal seines Kampfgefährten macht dem Hessen klar, dass die gemeinsame Sache verloren ist. Über die Kurfürsten Moritz von Sachsen und Joachim von Brandenburg lässt er Verhandlungen mit dem Kaiser über die Möglichkeiten einer Versöhnung unter Wahrung seiner persönlichen Freiheit führen. Er bietet zunächst die Auslieferung seiner gesamten Artillerie, Schleifung seiner Festungen und eine Entschädigung von 150.000 Goldtalern an, dann auch seine kniefällige Bitte um Vergebung und eine Verpflichtung zu zukünftigem Gehorsam. Als diese Bedingungen akzeptiert werden, glaubt er, so seine Freiheit erkauft zu haben. Er reist am 18. Juli nach Halle, um nach dem vorgefertigten und genehmigten Protokoll seine Verfehlungen, seine Reue und seinen zukünftigen Gehorsam zu geloben. Karl lässt ihm mitteilen, dass er aufgrund der gezeigten Reue die verdiente Todesstrafe in eine Haftstrafe abmildere.

Hessen ist sehr konsterniert, als er noch am gleichen Tag verhaftet und der Aufsicht eines spanischen Hauptmanns unterstellt wird. Er protestiert energisch in dem guten Glauben, dass ein Irrtum vorliegt. Nachlässige Übermittlung oder bewußte Täuschung seitens seiner Unterhändler über des Kaisers wirkliche Entscheidung? Betrachtet man Moritzens zukünftiges Verhalten, neigt man zu Letzterem. Das betreffende Dokument besagt, dass er sich auf „Gnade und Ungnade" dem Kaiser zu stellen habe.

Der Sieger

Karl hat mit dem Sieg von Mühlberg den Gipfel seiner Macht erreicht. Er steht nun im vierten Abschnitt seines Lebens als Erwachsener. Nachdem er im ersten Spanien für sich eroberte, kämpfte er im zweiten um Italien und im dritten als Schutzherr der Christenheit gegen Muslime und Protestanten. Dabei gab es natürlich immer Überschneidungen und parallel laufende Handlungsstränge. Nun gilt es, seine Reiche und das Werk seines ruhelosen Lebens für seine Erben zu sichern und: diese Erben zu bestimmen. In einem langen Brief an seine Vertraute, die Regentin-Schwester Marie, legt er all seine Gedanken dazu nieder. Er lädt sie zum Reichstag ein, den er nach Augsburg einberufen hat.

Augsburg zahlt zögerlich
Karl muss das Eisen schmieden, solange es heiß ist und seinen Sieg in einer Änderung der Reichsverfassung festschreiben, bevor wieder irgendwelche Widrigkeiten die Siegesprämie diminuieren, wie so oft zuvor. Er will den notwendigen Reichstag in Augsburg abhalten, weil ihm dort auf Anfrage das bequeme Fuggerhaus zur Verfügung steht. Die Stadt hat es kurze Zeit mit den Schmalkaldenern gehalten. Erst durch Vermittlung von Anton Fugger ist Augsburg nach Zahlung einer gepfefferten Geldstrafe vom Kaiser wieder in Gnaden angenommen worden. Die Auszahlung muss mehrmals mit Besatzungsandrohung erpresst werden. Karl reist am 23. Juli aus Sachsen ab. Für fast ein Jahr wird das Fuggerhaus zur Schaltzentrale seines Weltreiches.

Karl hat Gelbsucht
Nach seiner Ankunft in Augsburg ist der Gesundheitszustand des Kaisers auf einem Tiefpunkt. Zu den chronischen Leiden kommt noch eine Gelbsucht. Es entspricht wohl nicht ganz dem heutigen Stand der Medizin, zu behaupten, er habe sie dem Ärger über die Soldaten seiner deutschen Leibwache zu verdanken. Die warten seit Wochen vergebens auf ihren Sold und sind nun vor dem Palast der Fugger aufmarschiert und skandieren: „Geld! Geld!“ Die Auswirkungen der Kur vom Frühjahr 1546 in bester Erinnerung habend, unterzieht er sich erneut einer Kur mit „Indienholz“ oder „Gaiac-Wasser“, also Chinarinde und einer strengen Diät. Bald ist er in der Lage, den neuen Kurfürsten von Sachsen mit allem zu Gebote stehenden Pomp in sein neues Amt einzuführen.

Tizian malt
An einem seiner ersten Tage in Augsburg wird Karl von Tizian begrüßt, der sicher nicht zufällig anwesend ist. Gilt es doch, das Bild des Kaisers im Triumph zu malen, das später so berühmt werden sollte. Doch in all dem Trubel findet der Künstler kaum die Zeit für all die Skizzen, die er sich machen muss, von all den Persönlichkeiten und Ereignissen, von all den Mitgliedern der Casa de Austria, die im Laufe dieses Reichstages auftauchen. Er malt auch Marie, die im Spätherbst kommt - das Original geht später bei einem Feuer in Prado verloren.

Ausbau der Reichsreform
Der Reichstag wird am 1. September 1547 eröffnet. Karl weiß, dass eine vollkommene Zentralisierung im Deutschen Reich nicht möglich ist, will aber wenigstens die Auswüchse der Hoheitsrechte der Landesherren beschneiden und zu diesem Zweck die von Großvater Maximilian eingeleitete Reichsreform weiter ausbauen. Zu diesem Zweck erweitert und reorganisiert Karl das Reichskammergericht. Die Fürstentümer werden zu Reichskreisen zusammengefasst. Den Vorsitz der Reichskreise übt ein vom Kaiser zu ernennender und diesem verantwortlicher Fürst aus. Über den Reichskreisen wird ein Reichsbund errichtet, der Exekutionsgewalt haben soll, um alle Requisitionen und Leistungen im Namen des Kaisers zur Erhaltung des Friedens und zur Festigung der kaiserlichen Autorität auszuschreiben. Natürlich wird diese Reform nie wirklich zum Tragen kommen, sobald nicht mehr Karl der Kaiser ist.

Nachrichten aus Trient zum Stand des Konzils
Wie mehrfach erwähnt, waren die Protestanten dem endlich eröffneten Konzil von Trient ferngeblieben, und Karl hatte auch recht drastische Maßnahmen ergreifen müssen, um seinen spanischen Bischöfen die Notwendigkeit einer Teilnahme nahe zu bringen. Das Konzil hatte mit seinen Sitzungen begonnen. Sieben hat man bereits abgehalten, als sich das Gerücht verbreitet, in Trient sei eine Epidemie ausgebrochen. Achtunddreißig von sechsundfünfzig anwesenden Bischöfen fassen darauf den Beschluss, sich nach Bologna zu begeben und dort weiter zu disputieren, die anderen sehen keinen Anlass dazu. Seither ruht die Arbeit.

Depeschen aus Rom, Sommer 1547:
Des Papstes neue Machenschaften
Karl argwöhnt, dass hinter dieser Lähmung des Konzils der Papst steht, dessen primäres Interesse stets seiner Familienpolitik galt und gelten wird. Kaum auf den Stuhl Petri gelangt, hatte er seinem ehelichen Sohn Pier Luigi Farnese die Städte Parma und Piacenza als persönliche Herrschaft übergeben. Nach seiner Version gehörten die Städte zum Kirchenstaat. Eigentlich gehörten sie aber zu Mailand.

Kurz nachdem Karl in Augsburg den prächtigsten aller Reichstage eröffnet hat, wird der Schwiegervater Margaretes Opfer einer Adelsverschwörung, die - womöglich nur ein vom Papst gesteuertes Gerücht - vom spanischen Gouverneur Mailands unterstützt wurde. Karl beauftragt Gonzaga mit der Besetzung von Piacenza und Parma. Parma votiert für den Papstenkel Ottavio Farnese, Margaretes Gatten.

Um seinen ermordeten Sohn zu rächen, sucht der Papst die Unterstützung Frankreichs. Er kauft das Wohlwollen des neuen König Henri II. und seiner Clique mit dem Kardinalshut für den jüngeren Guise und fordert eine „Befreiung ganz Italiens". Das ermutigt übrigens Henri II. von Karl die Huldigung für die Grafschaft Flandern zu fordern. Karl antwortet - mal wieder - er käme gern, allerdings an der Spitze von 50.000 Mann! Karl trägt sich, wie einst der Staufer Federico, mit dem Gedanken an die Besetzung des Kirchenstaates. Paul III. unterbricht 1549 - Piacenza ist immer noch kaiserlich - die Tagung des Konzils mit einem Breve.

Augsburg, Herbst - Winter 1547

Die Regentin konferiert

Natürlich hat Karl schon vor dem Reichstag mit Marie z.B. über die Idee zur Neuordnung des Verhältnisses der Niederlande zum Reich korrespondiert, doch im November erscheint sie persönlich in Augsburg, um bei den anstehenden Verhandlungen anwesend zu sein. Margaretha hatte es immer schlecht gefunden, die Angelegenheiten der Niederlande mit denen des Reiches zu vermengen. Ganz besonders hatte sie sich immer dagegen gewehrt, Gelder für das Reich aufbringen zu müssen. Marie sah das von jeher anders und hat das ja auch erst unlängst mit der Aufstellung der niederländischen Armee für des Kaisers Krieg im Reich bewiesen. Sie wird mit allen Ehren als Mitglied des Reichstages, nicht als Schwester des Kaisers und des römischen Königs, empfangen.

Sie führt nicht nur mit den Brüdern ausführliche, sachliche Gespräche, sondern mit allen wichtigen Männern des Reiches. Ihre nun schon achtzehn Jahre währende Regentschaft hat längst alle anfangs so zahlreichen Spötter und Zweifler zum Schweigen gebracht. Jetzt fürchtet man sie wegen ihres Sachverstandes und weil ihr nichts verborgen bleibt, was in irgendeiner Form ihre Familie betrifft.

Sie beschäftigt sich eingehend mit Plänen für eine engere Verbindung zwischen Niederlanden und Reich, zum Beispiel einer parallelen Einführung des Interims in den Niederlanden. Als das trotz aller Geheimhaltung - sie will die Niederländer vor ein fait accompli stellen - dort publik wird, gibt es eine Welle von Auswanderungen nach England, denn viele wollen inzwischen lieber die

Heimat aufgeben, als ihren Glauben. Alle Maßnahmen zur Unterdrückung der neuen Lehre haben letztlich das Gegenteil des Beabsichtigten bewirkt. Diese Tendenz wird sich potenzieren.

Neuer Status der Niederlande

Das Verhältnis der Niederlande zum Reich wird neu geregelt. Karl erhebt sie nicht, wie sein Vorfahr Karl der Kühne es wollte, zu einem Königreich, sondern fasst die siebzehn Provinzen zum „Burgundischen Kreis" zusammen. Dieser soll zwar durch seinen Herrscher auf Reichstagen und beim Reichskammergericht vertreten sein, ist aber de facto unabhängig, denn er wird von der kaiserlichen Jurisdiktion ausgeklammert. Allerdings hat er im Kriegsfalle Anrecht auf Verteidigung durch das Reich und muss finanzielle Hilfe für Türkenkriege leisten. Diese Konvention wird als „Augsburger Transaktion" bekannt. Sie wird vom Reichstag am 26. Juni 1548 gebilligt und von den Generalstaaten ob ihrer Günstigkeit noch im Oktober des Jahres ratifiziert. Es liegt auf der Hand, dass Karl hier seinen Sieg zur Durchsetzung eines eigenen dynastischen Interesses nutzt. Die damit hergestellte Vereinigung der siebzehn Provinzen wird im November des Jahres 1549 durch die sogenannte „Pragmatische Sanktion" noch weiter gefestigt. Dieser Vorgriff nur, um spätere Verwirrung zu vermeiden.

Weil man gerade bei Fuggers ist...

Da Marie endlich einmal wieder beide Brüder an einem Tisch hat, bringt sie auch das leidige Problem ihres Unterhaltes aufs Tapet. Inzwischen belaufen sich ihre Forderungen an Ferdinand auf 928.125 Rheinische Gulden. Diese immense Summe kommt zustande, weil man sich in den zwanziger Jahren geeinigt hatte, dass Ferdinand ihr die Mitgift und dazu die Einkünfte aus ihren Witwengütern in Ungarn und Österreich auszahlt. Hier nun schließt man einen Kompromiss. Sie überträgt alle Besitzungen an Ferdinand, bekommt dafür eine Jahresrente in Höhe von 34.000 Rheinischen Gulden, eine Anzahlung von 15.000 sofort. Über weitere 200.000 ungarische Gulden sollte sie testamentarisch verfügen dürfen. Um letzteren Betrag kämpfen allerdings der von ihr als Erbe eingesetzte Neffe Ferdinand und dessen Rechtsnachfolger noch bis weit ins 17. Jahrhundert.

Die neue Genration vergnügt sich - nicht nur

Während sich die ältere Generation mit den Problemen der Welt befasst und sich nur hin und wieder eine Jagd oder ein Bankett gönnt, gibt sich die zahlreich erschienene jüngere Generation Austrias und der anderen Fürstenhäuser hemmungslos dem Vergnügen hin. Ferdinands ältester Sohn Maximilian ist gerade zwanzig Jahre alt geworden und genießt sein Junggesellendasein zum letzten Mal. Von Augsburg soll er nach Spanien aufbrechen, um dort Karls ältere Tochter Doña Maria zu heiraten, eine schon an der Wiege Maxens beschlossene Sache. Er ist ein Sonnyboy und Liebling des Volkes wie sein namensgebender Großvater, sprachbegabt und wortgewandt. Allerdings verdächtigt man ihn, vom Virus der Häresie befallen zu sein, seit man unter seinen Lehrern einen Schüler Luthers ausfindig gemacht hat. Sofort wurde der damals sechzehnjährige an den Hof des Kaisers und Onkels geschickt. An die relative Liberalität des österreichischen Hofes gewöhnt, macht er sich nicht die Mühe, seine Abneigung gegen die Strenge am Hof des Onkels zu verbergen. Dem wiederum ist der Neffe zu unabhängig, zu frei im Denken.

Da hat Karl für seine Kinder andere Prinzipien befolgen lassen: Sie sollen Spanier sein! Man hört, dass Don Felipes Glauben und seine Ernsthaftigkeit bewundert werden. Sein Intellekt hingegen wird eher als monolithisch eingestuft. Seine ältere Schwester, die Maximilian nun endgültig heiraten soll, lebt einen Katholizismus in seiner exaltiertesten Form, das ist ihr einziges Ideal, weiter geht ihr Horizont nicht. Nur ihre noch zu junge Schwester Doña Juana wird sie darin übertreffen. Es ist also verständlich, dass Maximilian sich nicht eben auf diese Hochzeit freut!

Seine vor knapp einem Jahr mit dem Bayernprinzen verheiratete Schwester Anna und die anderen jungen Wittelsbacher tanzen mit. Natürlich darf die vergnügungssüchtige Doro, verheiratete Kurfürstin von der Pfalz, nicht fehlen, genausowenig wie ihre Schwester Christina. Die Regentin Lothringens ist zusammen mit ihrer Tante Marie im November angekommen. Sie wirft ihre Trauer ab und ist mit der jeunesse doré wieder ihren Jahren entsprechend jung. Sie tanzt und lacht wie alle anderen, flirtet wohl auch ein bißchen. Sie kommt mit dem jungen Brandenburger ins Gerede, aber das ist nur eine Tändelei.

Christina führt auch ernsthafte Gespräche, sucht den Rat des Onkels und vor allem der Tante, denn mit dem Machtwechsel in Frankreich sieht die Regentin Lothringens immense Schwierigkeiten auf sich zukommen. So reist sie auch Mitte Februar schon wieder ab, um ihre Grenzen gegen Frankreich zu befestigen. Als Marie einen Monat später aufbricht, macht sie Station in Nancy, um mit der Nichte das Problem Frankreich zu besprechen.

Augsburg, Juni 1448

Das Interim

Von päpstlicher Seite ist also weiterhin keinerlei Unterstützung in Sachen Beilegung des Religionsstreites zu erwarten. Karl ist dennoch nicht bereit, dem Vorschlag der deutschen Fürsten zu folgen, er solle persönlich den Vorsitz beim Konzil übernehmen und - sobald die grundlegenden Prinzipien der Reform übernommen sind - an der Spitze seiner Truppen nach Italien ziehen und den Papst unterwerfen. Karl versucht, die Religionsfrage in Deutschland wenigstens provisorisch durch das Augsburger Interim vom 30. Juni zu regeln. Darin wird jede religiöse Neuerung bis zum Abschluss eines „Freien Konzils unter genauer Beachtung der Anweisungen der Kirche“ verboten.

Den Protestanten wird zwar die Kommunion in beiderlei Gestalt und die Beibehaltung der Priesterehe gestattet, in allem anderen muss zu den alten Riten zurückgekehrt werden. Säkularisierung von Kirchengütern wird verboten, die bischöfliche Jurisdiktion wieder hergestellt. Karl kann dieses Interim zwar momentan durchsetzen, eine dauerhafte Lösung ist aber ferner denn je.

Die Nachfolgefrage dominiert die Reichstage

Am französischen Hof, März - November 1547

Eleonors letztes Martyrium

In Frankreich hat nach dem Tode Francois‘ I. sein Sohn Henri II. den Thron übernommen. Er hat aus seinem Hass auf den Kaiser und seine Familie nie ein Hehl gemacht. Es blieb in Erinnerung, dass er als Dauphin den Vertrag von Crépy nicht unterzeichnet hat, sich lieber vom Hof zurückzog. Nun können er und seine zwanzig Jahre ältere Mätresse ungehindert ihre Politik betreiben, wozu auf jeden Fall die Wiederaufnahme des Kampfes gegen den Kaiser gehören wird.

Da das aber aus verschiedenen Gründen momentan nicht opportun ist, lässt Henri seine Launen in fast kindischer Weise an der Stiefmutter aus. Eleonor trauert, ihrer konventionellen Art gemäß und weint um den ungetreuen Gatten. Karl will sie aufmuntern und schreibt, sie habe doch kaum Grund zur Trauer, bei der schlechten Behandlung, die der König ihr habe angedeihen lassen! Sie ist nun mal seine Lieblingsschwester, da geht er schonmal soweit ins persönliche! Sie antwortet ernsthaft, François habe sie zwar manchmal als Frau miss- als Königin aber stets geachtet.

Großmütige Eleonor! Sie hatte sich in Frankreich mit einem Kreis von Freunden umgeben können, denn damit er seine Ruhe hatte, war François bei der Ausstattung ihres Hofes großzügig. So hatte Eleonor zum Teil noch Diener aus ihrer Jungmädchenzeit in den Niederlanden bei sich. Ihr Beichtvater Guzman begleitet sie seit ihrer portugiesischen Ehe, einige Spanier sind darunter und natürlich ihr geliebtes Orchester. François - wie immer nicht ganz uneigennützig - hatte manchmal zeitweilige Favoritinnen, denen Madame d‘Etampes lieber nicht begegenen sollte, bei Eleonor untergebracht.

Nun muss sie sich einschränken, denn Henri zieht ihr Douaire ein und überlässt es ausgerechnet Ottavio Farnese, der sich wegen des Besitzes von Parma mit seinem Schwiegervater Karl V. überworfen hat. Zwar steht in ihrem Ehevertrag, dass ihr als Witwe freisteht, ihren Wohnsitz zu wählen, doch Henri lässt sie unter fadenscheinigen Vorwänden nicht in die Niederlande reisen. Nun, da sie Königinwitwe, aber nicht Königinmutter ist, hat Henri sie auf den zwölften Platz in der Rangordnung bei Hofe zurückgestuft und genießt diese Erniedrigung der Stiefmutter. Für Eleonor heißt das, dass sie bei offiziellen Anlässen und im höfischen Alltag immer erst an zwölfter Stelle auftreten darf, noch hinter der Schwester des verstorbenen Gatten, der verwitweten Navarra.

Als sie im November 1548 endlich Paris verlassen kann, verweigert ihr Henri auch noch die Verabschiedung und genehmigt ihr nicht mal eine Eskorte. Aus Angst vor dem Unmut des Königs wagt niemand von Rang, ihr das Geleit zu geben. Damit sind die Schikanen immer noch nicht beendet. Da Eleonor quasi inkognito reist, hat sie manche Belästigung, sogar eine Durchsuchung ihres Gepäcks zu ertragen. Nun ist sie froh, wenigstens ihren Schmuck schon nach Brüssel vorausgeschickt zu haben!

Brüssel, Dezember 1547

Eleonors Heimkehr

Endlich erreicht Eleonor das Land ihrer Kindheit und Jugend. Fast dreißig Jahre hat sie im Dienste ihres Bruders als Ehefrau und Verlobte ungewollter Männer verbracht, hat sich besonders in Frankreich auf aussichtsloser Position bewährt, und man möchte ihr mit fünfzig Jahren den verdienten Ruhestand gönnen. Der herzliche Empfang am Hof von Brüssel am 5. Dezember wird Balsam für ihre Seele gewesen sein. Sich vom erschreckend gealterten Bruder „beste Schwester“ genannt zu hören, sich der Fürsorge der jüngeren Schwester überantworten zu können, erfüllt Eleonor mit Freude. Sie ist unendlich erleichtert, nicht länger hinter jedem Vorhang einen Lauscher vermuten, in jedem Gespräch auf versteckte Anspielungen achten zu müssen. Karl und Marie sind nach Brüssel gereist, um die ältere Schwester in der Heimat zu empfangen. Zwischen Herbst 1547 und Mai 1551 wird die Casa de Austria immer wieder und in verschiedenen Zusammensetzungen zwischen den Niederlanden und Augsburg unterwegs sein.

Augburg, im Sommer 1548

Karl, Ende Vierzig

Mit Ende Vierzig ist Karl ein alter Mann. Jahrzehntelange Überanstrengung, stete Missachtung ärztlicher Vorschriften, ein ständiges Leben am Limit fordern ihren Tribut. Schon das Bild des Lanzenreiters von Mühlberg zeigt, dass die straffe Haltung nur mit äußerster Anstrengung aufrechterhalten werden kann. Da reitet kein strahlender Held, sondern eine fast übermenschliche Willensanstrengung überwindet alle Widrigkeiten, auch die der Natur. Man spürt Härte und Hochmut, es gibt Momente, in denen sich diese wegen der ungeheuren Strapazen und zermürbenden Krankheiten zu Menschenverachtung steigern.

Ein Hauch von Abschied

Tizians sitzender Karl, ein Jahr später gemalt, zeigt mehr von der Müdigkeit und den ewigen Sorgen dieses Mannes. Spuren von Enttäuschungen und langen Leidens werden nicht weggeschönt. Einzig die Augen sprechen noch, nehmen gefangen. Mit einem Hauch von Melancholie wissen sie um das Leben, richten nicht, sind immer noch lebhaft, interessiert aber vor einem Hintergrund des Wissens um alles Menschliche. Man kann ihm nichts mehr vormachen, und er erwartet keine Überraschungen mehr. Er ist abgeklärt, aber nicht gelangweilt, interessiert aber nicht mehr neugierig, er beginnt, loszulassen.

Er kleidet sich schlicht, hat höfischem Prunk schon lange entsagt. Das Vlies trägt er nur noch an schlichter Kordel, nicht mehr an prunkender Goldkette. Doch Reste der Eitelkeiten vergangener Zeit sind noch da: Die gichtverkrümmte Linke bleibt im Handschuh, die Rechte wird, wie zufällig im günstigsten Blickwinkel dargestellt, der Bart ist immer noch äußerst sorgfältig gestutzt. Er wahrt die Form. Innerlich hat er schon abgedankt, er muss das Ganze nur noch abwickeln…

Hoffen auf ein baldiges Ende

Weniger sympathisierende Zeitgenossen deuten die äußere Erscheinung des Kaisers in dieser Zeit mehr nach ihrem Wunschdenken. So der französische Botschafter. Er berichtet von mattem Blick, bleichem Mund, einem Gesicht, mehr das eines Toten als eines Lebenden, einem schmächtigen Hals und einer dünnen Stimme. Natürlich ist des Kaisers Rücken gekrümmt, sind seine Beine fast zu schwach ihn zu tragen, selbst wenn er sich schwer auf seinen Stock stützt. Aber er wird all diesen Neidern schon zeigen, dass er noch länger als achtzehn Monate zu leben hat! Hat man nicht noch als er siebzehn war, gesagt: „Auf den braucht sich die europäische Politik gar nicht erst einzustellen!“

Das drängende Problem

Das vordringlichste Problem für Karl in den nächsten beiden Jahren ist die Regelung seiner Nachfolge und die Aufteilung und Wahrung seines Erbes. Das kann er nicht von Spanien aus regeln, wohin er sich am liebsten zurückziehen möchte, das muss er im Lande seiner Kindheit vorbereiten, im deutschen Reich durchfechten. Schon sind in Europa Gerüchte im Umlauf, Don Felipe beabsichtige die Nachfolgeordnung der Casa de Austria zu unterlaufen und den Kaisertitel an sich zu reißen. Ferdinand ist darüber so besorgt, dass er sich bei Marie nach dem Wahrheitsgehalt des Gerüchtes erkundigt! Sie beruhigt ihn. Solange sie und Karl leben, werde in diesen Dingen nichts ohne Rücksprache mit ihm, dem römischen König geschehen.

Ohne blindlings an die Mythen der Tradition zu glauben will Karl die Welt, die in die Irre geht, auf ihre Grundlagen zurückführen, ihr die verlorene Einheit zurückgeben. Die universelle Monarchie betrachtet er nicht als Mittel der Unterdrückung, sondern als Instrument einer höheren Ordnung. Wie soll Ferdinand, wenn er Kaiser wird, die italienischen Reichsteile halten? Im Moment tun das doch einzig seine spanischen Soldaten!

Er muss seinen Sohn, diesen Spanier, der sein Land noch nie verlassen hat, in den Norden holen, ihm die Menschen und Gebräuche vorstellen, die ihm selbst vertraut und lieb sind. Die Menschen dort müssen diesen Sohn kennenlernen, den er selbst kaum versteht. Er muss eine verläßliche Regentschaft für Spanien haben, er muss das Einvernehmen mit dem Bruder erhalten, der ihm all die Jahre ein so treuer Paladin war, so klaglos und frohgemut immer die zweite Geige gespielt hat. Während er auf dem Weg in seine Niederlande ist, nimmt sein Neffe Maximilian auf seiner Reise nach Spanien endgültig Abschied vom Junggesellenleben. Bald wird Don Felipe sich auf den Weg nach Norden machen können, und dann muss er, Karl, bereit sein.

Nach Brüssel, doch nicht allein

Am 13. August 1548 kann sich auch Karl verabschieden und auf den Weg nach Brüssel machen. Wird er dort endlich etwas Ruhe finden und seinem Körper die nötige Pflege angedeihen lassen? Allerdings reist er nicht allein, das tut er ja nie, doch diesmal zieren zwei ungewöhnliche Reisende sein Gefolge: Seine Gefangenen, der gewesene Kurfurst von Sachsen und Philipp von Hessen. Die Brabanter Chronik berichtet von der Ankunft des Sachsen in einer von drei kräftigen Pferden gezogenen Kutsche am 17. September 1548 vor dem Gasthof „Trois Fontaines" nahe der „La Chapelle" genannten Kirche. Während Sachsen für längere Zeit hier wohnen bleibt, erreicht Hessen die Stadt zu Pferde und logiert im Gasthaus „La Forêt" auf dem Rindermarkt, bis er zum Schloss Pamele in Oudenaarde gebracht wird.

Karl legt seine Reise von Augsburg nach Brüssel überwiegend auf dem Rhein zurück. Da er tagelang nahezu bewegungsunfähig ist, versucht er, wenigstens das Wort im Fluss zu halten und diktiert seine Memoiren weiter. Er will Rechenschaft ablegen, versucht das anstehende Problem der Erbschaft schriftlich zu lösen, Ordnung hineinzubringen. Wie soll die mit allem Herkömmlichen brechende Doppelmonarchie, die er mit dem Bruder geführt hat, in Zukunft aussehen? Normalerweise ist eine Erbschaft etwas Zukünftiges. Da sie keine Eltern mehr hatten, ging es zwischen den Brüdern um eine gleichzeitige Lösung. Kann man das fortschreiben?

Für wahr ein Problem! Insgesamt wird er dreiundzwanzig Nachlassverfügungen verfassen, einschließlich seines großen Testamentes. Er will die Zukunft mit der Feder bändigen. Genauso, wie er immer versucht hat und weiter versuchen wird, sein Riesenreich durch Korrespondenz zusammenzuhalten. Das ist nicht nur neu, sondern in diesem Umfang auch einmalig in der europäischen Geschichte.

Hofnachrichten aus Frankreich:
Mary, Queen of Scotts, kommt im August im Alter von fünf Jahren und acht Monaten nach Paris, um dort als Dauphine des kleinen François erzogen zu werden.

Verlautbarung des spanischen Hofes:
Valladolid, 13. September 1548: Maximilian, ältester Sohn Annas von Böhmen und Ferdinands, König von Ungarn und Böhmen, dazu römischer König, und Doña Maria, Tochter Isabels von Portugal und Kaiser Karls V., geben sich das Jawort.

Was nicht in den Hofnachrichten steht:
Maximilian hat, nach allem, was er von seiner Braut weiß, die Reise nach Spanien nur widerwillig angetreten. Die Realität entspricht seinen Erwartungen. Zwar hat Doña Maria die Feinheit der Züge ihrer Mutter geerbt, doch das Habsburgerkinn ist bei ihr so ausgeprägt, dass es „die Harmonie ... beeinträchtigt". Ihr Blick bestätigt den formidablen Hochmut ihrer Rasse, ihr Bewußtsein scheint sich

aus einer übernatürlichen Sphäre zu nähren. Keinerlei Charme geht von dieser hochmütigen und ernsten jungen Frau aus. Es gibt Autoren, die wissen wollen, dass Maximilian ein Jahr braucht, bis er seine Abneigung soweit überwinden kann, um mit ihr die Ehe zu vollziehen. Das kann nicht ganz stimmen, denn das erste Kind der beiden wird bereits vierzehn Monate nach der Hochzeit geboren.

Wie dem auch sei, dem jungen Paar bleibt keine Zeit für einen langen Honigmond, denn mit der Abreise Don Felipes in die Niederlande übernehmen sie von ihm gemeinsam die Regentschaft für Spanien.

Brüssel, Frühjahr 1549

Don Felipe nähert sich

Don Felipe reist Anfang Oktober 1548 von Valladolid nach Barcelona und schifft sich nach Genua ein. Zu Lande reist er weiter durch die Lombardei und Tirol nach Süddeutschland. In Speyer wird er von einer prächtigen niederländischen Eskorte unter der Führung des Herzogs von Aerschot in Empfang genommen und über Luxemburg nach Wavre geleitet, wo ihn seine Tante Marie willkommen heißt. Am 1. April 1549 erreicht er Tervueren und bezieht im vom Vater erweiterten Schloss der Herzöge von Brabant Wohnung. Hier empfängt er seine andere Tante, die Königinwitwe Eleonor, und seine schöne Cousine Christina von Lothringen zum Mahle. Gemeinsam reisen sie weiter in Richtung Brüssel. Karl hat einen Empfang mit außergewöhnlichen militärischen Spielen vorbereiten lassen.

Kampfspiel unterwegs

An der Straße von Brüssel nach Leuwen versammeln sich die Edlen des Landes zu einem besonderen Schauspiel am Rande einer Ebene. Von einer extra errichteten riesigen und kostbar geschmückten offenen Halle haben die geladenen Gäste freien Blick auf eine künstlich angeschüttete Feldschanze mit Bastionen und Gräben, mit Artillerie und einem Zeltlager. Als die Ex-Königinnen sich beiderseits des Ehrengastes Don Felipe niedergelassen und die vornehmsten Damen und Herren der Niederlande ihre Plätze eingenommen haben, beginnt auf ein Trompetensignal eine „Schlacht" zwischen zwei jeweils fast 500 Mann starken, ungemein prächtig in grün und weiß herausgeputzten Kampfgruppen. Signale schmettern, Kanonen donnern, die Infanterie stürmt, die

Verteidiger der Feldschanzen halten mit erbitterter Gegenwehr stand.

So ernst nehmen die Beteiligten das Kampfspiel, dass zwei tot auf der künstlichen Wallstatt zurückbleiben, die Verwundeten werden nicht gezählt. Krönender Abschluss des Spektakels ist ein Ritt Don Felipes auf einem prächtigen andalusischen Pferd, in einem Samtgewand in unglaublichem scharlachrot mit taftunterlegten Ärmelschlitzen. So aus der Entfernung macht er ja eine gute Figur, der Sohn ihres „gouden Carolus". Die aus der weiteren Umgegend herbeigeströmten Niederländer jubeln ihm lauthals und freudig zu.

Erste Peinlichkeit

Noch auf der Landstraße empfängt eine Abordnung Honoratioren aus Brüssel den Sohn des Kaisers mit viel gravitätischem Gepränge und einer langen und wohlwollenden Ansprache. Don Felipe kann die Sprache „nit verstaan" und muss sich wesentliche Punkte von Granvelle übersetzen lassen. Er gönnt den Beflissenen nicht mal eine kurze spanische Replik, sondern überlässt es Granvelle, in seinem Namen zu antworten! Hatte Karl ihn nicht wieder und wieder ermahnt, vor allem Sprachen zu lernen, wenigstens Französisch? Don Felipe versteht es nicht! Und Flämisch schon gleich gar nicht!

Nach Brüssel

Naja, bisschen seltsam dieser Prinz, aber nun, man hat das alles so sorgfältig entworfen und geprobt, und letztlich hat man ja auch selber viel Spaß dabei, also läuft alles weiter wie geplant: Man geleitet Don Felipe nach Brüssel hinein, die Repräsentanten der Stadt hoch zu Pferde, weit über tausend Bürger beleuchten den Weg mit ihren Fackeln. Alle sind in Prunkgewänder gekleidet, zum Teil in den Farben des Prinzen, gelb und weiß, andere in burgunderrot. Am Tor empfängt ein wunderschönes Mädchen als „Jungfrau von Brüssel" den Prinzen und bietet ihm ein goldenes Herz mit der Aufschrift „Amor" dar. Wenigstens das müsste er ohne Übersetzer verstehen. Dem Brauch der Zeit gemäß erwarten Don Felipe an allen Straßenkreuzungen allegorische Darstellungen und Spruchbänder. Der Religion wird durch einen besonderen Empfang der Domherren von Ste. Gudule und ein Gebet des Prinzen vor dem „Saint Sacrament du Miracle" und einem „Veni creator" gehuldigt.

Nun wendet sich der Zug wieder mehr irdischen Genüssen zu. Der Weg führt vorbei an einem rotweinspendenden Springbrunnen am Kräutermarkt, Don Felipe muss eine Ehrenrunde reiten, Säulen und Triumphbögen passieren und sich vor allem stets durch eine dichtgedrängte Menge fortbewegen. Natürlich sind alle Häuser dekoriert und illuminiert, Freudenfeuer prasseln an den Kreuzungen, die nicht gequert werden, und es dauert lange, bis der Palast erreicht ist.

Vater und Sohn
Karl leidet gerade wieder an einem Gichtanfall und erwartet den Sohn in einem mehr privaten Rahmen. Die Tanten Marie und Eleonor führen ihm den Sohn zu, den er seit fünf Jahren nicht mehr gesehen hat. Bangigkeit auf beiden Seiten: Hat der Sohn sich in dieser Zeit zu einer Herrscherpersönlichkeit entwickelt? Kann Don Felipe, der sich stets nichtig fühlt vor der Übergröße des Vaters, an dem er immer gemessen werden und sich selber messen wird, kann er den väterlichen Ansprüchen endlich genügen? Immer hat er das Gefühl, bei Karl einen leisen Zweifel, einen Vorbehalt wahrzunehmen!

Don Felipe ist zweiundzwanzig Jahre alt, mittelgroß, schlank, aber nicht mager. Er ist blond wie die Mutter und blauäugig wie der Vater, sein Kinn ist vorgeschoben, doch nicht so extrem wie bei Karl. Ansonsten sind seine Züge regelmäßig, ja zu regelmäßig, zu unbewegt. Oft wirkt er wie eine Holzfigur, und es wundert nicht, dass viele Jahre später in Spanien eine Holzpuppe an das Palastfenster gestellt wird und niemand sicher sein kann: ist es nun heute die Puppe oder der König? Ja, er ist gerade gewachsen, es gibt keinen wirklichen Makel an seinem Äußeren. Doch vielleicht könnte ein kleiner Fehler das Bild beleben! Er spricht und versteht nur Kastilisch, und er spricht selten und wenig. Er ist schüchtern. Er sieht zwar flämisch aus, wird aber nie ein Flame werden. Sein Gehabe ist spanisch geprägt, aber er ist auch kein Spanier.

Aber: fromm
In der Osterwoche, in Spanien Semana Santa genannt, versetzt Don Felipe durch seine Frömmigkeit die Niederländer in Erstaunen. Palmsonntag wohnt er einer Messe in Ste. Gudule bei und schreitet dann mit den Rittern von Jerusalem in einer an Jesu Christi Einzug in Jerusalem erinnernden Prozession zu Fuß durch die Stadt. Alle Teilnehmer tragen Palmzweige in den Händen, und sie führen auch einen geschmückten Esel mit. Am späten Abend

des Gründonnerstag gibt es eine weitere Prozession. Eine Christusstatue wird auf einer Bahre durch die Straßen geschleppt, und ihr folgen um die 150 Spanier und Italiener, die sich gegenseitig die bloßen Rücken geißeln, dass das Blut nur so strömt.

Don Felipe als Turnierer

Nach Ostern werden die weltlicheren Feierlichkeiten wieder aufgenommen, und am 5. Mai findet auf der Grande Place ein Turnier statt, das auch Karl mit seiner Anwesenheit beehrt, flankiert von seinen königlichen Schwestern. Gilt es doch, den Sohn in den Schranken zu beurteilen. Längst nicht ein so guter Reiter wie der Vater, hat Don Felipe an diesem Tag doch Glück (oder rücksichtsvolle Gegner), denn es gelingt ihm, vier Lanzen zu brechen und den „Preis der Damen" zu erringen. Bei anderen Turnieren hinterlässt Don Felipe, wenn er überhaupt antritt, einen eher jämmerlichen Eindruck.

Felipes Humor

Wenige Tage später steht ein traditionelles Volksfest an, der „Ommegang", ein Umzug der Bruderschaften und Zünfte Brüssels zur Ehren von „Notre Dame de Sablon". An diesem Tag gibt „tout Brüssel" sich auf der Grande Place die Ehre. Für den Hof, der geschlossen erscheint, sind Fensterplätze im Rathaus reserviert. Die verschiedenen Schützenbruderschaften in ihren bunten Uniformen und spezieller Bewaffnung führen den Zug an. Ihnen folgt die jeunesse doré auf prachtvollen Pferden, die Herzöge von Brabant darstellend, vom sagenhaften Salvius Brabo bis zu Karl V. Jeder „Herzog" wird standesgemäß von Standartenträger, Knappen und Pagen begleitet. Es folgen die Zünfte in festlicher Kleidung und dann Schauwagen, auf denen Szenen aus dem Leben Christi und der Heiligen Jungfrau nachgestellt sind.

Aber damit das alles nicht zu ernst wird, gibt es Komisches und Lächerliches. Auf einem Pony reitet ein als Wolf verkleidetes Kind, das den Teufel am Nasenstrick führt, der die Gestalt eines gigantischen Stieres angenommen hat und Feuer aus den Nüstern bläst. Als unmittelbarer Wechsel zum Erhabenen reitet in glänzender Rüstung der Heilige Michael, Schutzpatron der Stadt, mit Schwert und Waage ein.

Das Sonderbarste des Sonderbaren ist eine von einem Bären gespielte Orgel, die statt mit Pfeifen mit länglichen Kästen bestückt ist, in die Katzen eingezwängt sind. Ihre Schwänze sind mit Stricken mit der Tastatur verbunden. Natürlich brechen die Katzen bei jedem Tastenhieb des Bären in ein gar jämmerliches Geheul aus. Tierschutz gibt es nicht! Diese Katzenorgel nun ist es, die Don Felipe in ein lang anhaltendes Gelächter ausbrechen lässt, bei dem sogar Tränen fließen! Peinlich! Der Zug geht endlos weiter, auf weiteren Wagen hopsen als Tiere verkleidete Kinder, Szenen der Mythologie und religiöse Mysterien folgen im bunten Wechsel mit Darstellungen von Monstrositäten aus der Tierwelt. Den wieder ernsthafteren Abschluss bildet die Prozession der Mitglieder der Patrizierfamilien, der Ratsmitglieder, der Kleriker, Pfarrer und Diakone, das Gnadenbild der Kirche „Notre Dame de Sablon", Domherren, Mönche und Äbte.

Entrées Joyeuses für Don Felipe

Die nächsten Monate ist Don Felipe mit dem Vater in den Städten und Provinzen unterwegs, um überall als präsumptiver Erbe vorgestellt und anerkannt zu werden. Marie und Eleonor begleiten sie im Wechsel, in wichtigen Städten auch gemeinsam. Überall sind die Menschen bemüht, Don Felipe gleichermaßen zu ehren und zu unterhalten. Herausragend aus diesem ununterbrochenen Reigen von Veranstaltungen ist ein Fest, das seine Tante Marie für ihn in ihrem neuen Schloss Binche veranstaltet. In ganz Europa wird darüber gesprochen. Man bewundert längst Maries besonderes Geschick im Ausrichten von Kampfspielen.

Fast so berühmt wird ein Turnier in Mariemont. Eine täuschend echt wirkende Holzburg wird von drei Rittern verteidigt, die alle Angreifer überwinden und in ihrem Verließ gefangensetzen können, bis endlich der Eine kommt, der die Verteidiger überwindet und die Gefangenen befreit. Diese Heldenrolle ist natürlich Don Felipe zugeteilt, der endlich auch einmal im Turnier als strahlender Sieger dastehen soll, nachdem man ihn unlängst gar ohnmächtig vom Platz tragen musste. Die Inszenierung geht allerdings nach hinten los, als bekannt wird, dass Lanzen aus Glas im Spiel waren! Ein exotischer Gast in dieser Zeit bei den Jagdpartien und Picknicken ist der König von Tunis, Muley Hassan, der von seinem Sohn vertrieben wurde und bei Karl Zuflucht sucht.

Im Januar 1550 ist Karl von all diesen Reisen und Jagden und vor allem wohl den Festgelagen wieder so erschöpft und von Gicht geplagt, dass er sich nach Brüssel zurückzieht und es Marie überlässt, den Sohn auf seine Antrittsreise in die nördlichen Provinzen Holland, Zeeland, Utrecht, Friesland, Groningen, Zutphen und Geldern zu begleiten.

Es bleibt festzuhalten, dass Karl sein ganzes Prestige einsetzen muss, um diesen Sohn als Nachfolger anerkannt zu bekommen. Don Felipes Sprachlosigkeit, sein Horror vorm Trinken und Liedersingen, seine Glanzlosigkeit im Turnier lässt bei den Niederländern die Frage laut werden: „Was für ein Prinz ist das ?“ Die offizielle Huldigung als Erbe der Niederlande findet am 2. April 1550 statt.

„Tante“ Marie macht sich Sorgen

Marie, die es gelernt hat, aus dem Schweigen des Bruders ihre Schlüsse zu ziehen, hatte der Ankunft des Neffen mit Sorge entgegengesehen. Zu spärlich sind die Auskünfte des Kaisers über seinen Sohn gewesen, so unterschieden von der vollmundigen Begeisterung ihrer niederländischen Herren über ihre Sprösslinge. Hegt Karl Zweifel an seinen Fähigkeiten? Es ist unter ihnen bei aller Vertrautheit nicht üblich, solche Fragen direkt zu stellen. Nun hat sie Gelegenheit, sich ein eigenes Urteil zu bilden. Sie weiß, Karl hatte immer geplant, die Niederlande einem zweiten Sohn zu hinterlassen. Nun bedauert sie, dass es diesen zweiten Sohn nicht gibt! Wie seltsam allein schon, dass ein Sohn der Casa de Austria an der Jagd und am Reiten keine Freude hat, lieber lange im Bett liegt als bei Sonnenaufgang mit dem Falken auf der Faust auszureiten!

Anstatt sich um den jungen Adel seines zukünftigen Landes zu kümmern, scharwenzelt Don Felipe nur um seine schöne Cousine Christina herum, macht ihr teure Geschenke und hofiert sie überhaupt in einer Weise, die die Schwestern des Kaisers skandalös finden. Doch Christina hat ein feineres Empfinden für das „Schickliche“ und reist ab, dringende Anwesenheit in Lothringen vortäuschend, bevor die Tanten eingreifen müssen.

Marie ist sich sicher, dass dieser Don Felipe nie die Liebe und nur sehr schwer den Respekt der Niederländer wird erringen können. Zu unverschämt wirkt sein Desinteresse an einer Verständigung schon im rein verbalen Bereich. Mühsam und widerwillig hat er in diesen Monaten gelernt, ein paar Floskeln auf französisch zu stammeln. Auf Flämisch kann er nicht einmal grüßen! Den Ansprachen hört er nur sichtlich gelangweilt zu, und sie argwöhnt, dass das nicht allein daher rührt, dass er die Sprache nicht versteht. Er lässt seine Begleiter die Antwortreden halten, aber auch währenddessen verharrt er gelangweilt, hat kein Lächeln, kein Nicken, nichtmal ein Winken für die Anwesenden.

Gravierende Unterschiede
Wie freimütig ist Karl im Umgang mit Untertanen aller Klassen gegen diesen gelangweilten Hochmut Don Felipes, wie warm sein Interesse und seine Anteilnahme gegen diese unterkühlte Absonderung. Karl hat man selbst das Strafgericht von Gent verziehen. Er ist, soweit seine Interessen auch gestreut und seine Kräfte zersplittert sind, immer auch Burgunder/Niederländer. Don Felipe beharrt in Arroganz derart auf seinem „Anderssein", dass sich nicht nur der Adel, der den Prinzen mit seiner Lebensweise vertraut machen wollte, beleidigt fühlt, sondern auch Marie selbst. So führt, was ein Triumph der Casa de Austria werden sollte, zu immer stärkerer Ablehnung eben dieses Hauses. Alles, was sie und ihr Bruder Karl mühsam erworben und gestärkt haben, wird nicht lange sicher sein in den Händen dieses Fremden. Marie hat böse Ahnungen. Vielleicht heitert es sie etwas auf, das Folgende zu Erfahren:

Hofnachrichten aus Spanien, Valladolid:
Am 2. November 1549 schenkt die Infantin Doña Maria ihrem Gatten, Erzherzog Maximilian von Österreich, das erste Kind. Das gesunde Mädchen wird nach der Großmutter väterlicherseits Anna genannt. Obwohl es noch keine konkreten Pläne gibt, steht nach der Tradition der Casa de Austria fest, dass sie eines Tages den ältesten Sohn des anderen Zweiges der Familie heiraten wird. Man denkt an Don Carlos, den Sohn aus der kurzen Ehe des Infanten Don Felipe. Tatsächlich wird Anna viele Jahre mit Don Carlos verlobt sein, am Ende aber nach dessen Tod ihren Onkel Don Felipe heiraten. Sie wird ihm mit ihrem vierten Sohn endlich einen lebensfähigen Thronfolger schenken, was seine drei ersten Ehefrauen vergeblich versucht haben.

Nachrichten aus Rom:
Am 10. November 1549 stirbt nach fünfzehnjährigem Pontifikat Papst Paul III. aus dem Hause Farnese. Nachfolger wird nach schwierigem Konklave Giovanni-Maria del Monte, der Wunschkandidat des französischen Königs Henri II. Er nennt sich Julius III. Obwohl er mithilfe der französischen Kardinäle die Wahl gewonnen hat, wendet er sich sofort mit dem Angebot an den Kaiser, das Konzil in Trient wieder zu eröffnen. Er ist der achte Papst zu Lebzeiten Karls.

Brüssel - Köln, Frühling 1550

Der Kaiser lädt erneut und fährt fort

Als es Karl zum Frühjahr hin etwas besser geht, lädt er noch einmal die Stände zum 25. Juni zu einem Reichstag nach Augsburg. Die Ostertage nutzt er diesmal zu frommer Einkehr in Groenendahl und verabschiedet sich danach von seinen königlichen Schwestern in Brüssel. Er hält am 31. Mai auf der Grande Place vom Pferd herab eine kleine, sehr bewegende Abschiedsrede an seine Brabanter. Man liebt ihn für solche Gesten - Don Felipe neben ihm schaut stur und gelangweilt geradeaus. Der Kaiser will seinen Sohn auch in Deutschland als Erben vorstellen. Marie hat ihn, seit sie Don Felipe kennt, darin bestärkt, ihm die Kaiserkrone zu verschaffen, denn sie fürchtet, dass der Infant die Niederlande nicht halten kann, wenn hinter ihm nicht diese Symbolmacht steht. Vater und Sohn reisen über Aachen nach Köln und nehmen dann ein Schiff rheinaufwärts.

Köln - Augsburg, Juni - Juli 1550

Wird dies einst Don Felipes Reich?

Wieder nutzt Karl die Muße während der bequemen Flussfahrt, um im Diktat seiner Memoiren fortzufahren. Obwohl er in Anlehnung an Caesar hauptsächlich militärische und politische Ereignisse aufzeichnen und von sich selbst stets in der dritten Person sprechen lässt, geben sie doch Einblicke in seine Denkweise, denn Karl hat diese Aufzeichnungen als Belehrung für Don Felipe und als allgemeine Rechtfertigung seines Handelns festhalten lassen. Er muss wohl in Spanisch diktiert haben, wenn es Don Felipe lesen sollte, sein Sekretär, Willem von Male, der sich nach humanistischer Tradition Malineus nannte, hatte aber den Auftrag, alles in klares Renaissance-Latein zu übersetzen.

Was steht gegen den Willen des Kaisers?

Von Ulm kommend treffen Vater und Sohn mit ihrem Gefolge am 8. Juli in Augsburg ein. Karl konzentriert sich bei diesem Reichstag ganz und gar auf die Nachfolgefrage. Er muss sowohl die Kurfürsten als auch seinen Bruder Ferdinand als römischen König für seine Pläne gewinnen, wenn er sie durchsetzen will. Aus langer Erfahrung können die Fugger da auch sehr hilfreich sein.

Die Kurfürsten pochten in der Vergangenheit immer wieder auf ihr verbrieftes Recht der freien Wahl des Oberhauptes des Reiches.

Dabei wussten und wissen sie die öffentliche Meinung hinter sich. Einen Beweis dafür hat es gerade in Augsburg wieder gegeben. Karl hat seinen Gefangenen, den Ex-Kurfürsten von Sachsen mit nach Augsburg gebracht, und dessen Ankunft ist mit großem Jubel quittiert worden.

1531 hat Karl Ferdinand gegen recht heftige Widerstände zum römischen König wählen lassen. Das beinhaltete aus Tradition und verbrieftem Recht eine Option auf die Kaiserkrone. Damals glaubte Karl noch, seine Aufgabe vollenden und Ferdinand ein gefestigtes und gesichertes Reich übergeben zu können. Doch nun müsste der Bruder sich durchsetzen ohne die Soldaten Spaniens, die Edelmetalle aus Übersee und das Geld der Niederlande im Rücken zu haben. Ist das überhaupt möglich? Es stellt sich heraus, dass Ferdinand bei aller Achtung vor dem älteren Bruder nicht bereit ist, auf die Krone zu verzichten. Ferdinand geht in seinen Forderungen noch weiter. Für ihn steht fest, dass sein Sohn Erzherzog Maximilian sein Nachfolger werden soll. Alles steht gegen Karls Wunsch, Don Felipe zu seinem Nachfolger zu machen. Einen Teil der Präpositionen hat er achtzehn Jahre zuvor selber geschaffen.

Die verfassungsmäßigen Schwierigkeiten sind allein schon ein ziemliches Hindernis für die von Karl gewünschte Regelung. Nun muss der Kaiser erkennen, dass er einen Bruderzwist in seinem Hause riskiert, wenn er auf Durchsetzung seines Willens besteht. Vor diesem Hintergrund muss ihm das Verhalten des Sohnes geradezu als Hohn erscheinen, denn Don Felipe verhält sich in Augsburg womöglich noch blasierter als in den Niederlanden. Zwar lässt er keinen Zweifel daran, dass er die Kaiserkrone will, doch auch hier hält er sich abseits, schweigt, zeigt einzig Interesse für seine schöne Cousine Christina.

Granvelle stirbt

In dieser kritischen Situation stirbt am 27. August Karls langjähriger Berater Granvelle. Seit langem hat der seinen Sohn, den Bischof von Arras, für seine Nachfolge geschult. Dieser vernünftige junge Mann rät dem Kaiser, seine Schwester Marie nach Augsburg zu bitten. Wenn in dieser Situation jemand zwischen den Brüdern vermitteln und eine Lösung finden könne, dann diese kluge und erfahrene Regentin. Karl ist verstört, denn es ist eindeutig, dass die öffentliche Meinung hinter seinem Bruder steht. Sicher ist ihm hinterbracht worden, dass einige Fürsten offen aussprechen, was fast alle denken: „Eher kann man einen Ausgleich mit dem Türken finden, als den Prinzen von Spanien zum Kaiser wählen!“

Auch Marie kann es nicht richten
Natürlich eilt Marie mit gewohnter Schnelligkeit herbei und spürt sofort, wie verhärtet die Fronten sind, wie exponiert die Lage des Kaisers ist. Alle ihre Versuche ihn zum Einlenken zu bewegen scheitern. Ferdinand kündigt an, dass Maximilian auf dem Weg nach Augsburg ist und er nicht weiter verhandeln wird, bevor nicht sein Sohn eingetroffen ist. Maximilian kommt, um selbst für seine Rechte einzutreten und im Notfall zu beweisen, wen die Fürsten wählen werden, wenn sie zur Abstimmung zwischen Erzherzog Maximilian und Infant Don Felipe gezwungen werden. Marie kehrt in die Niederlande zurück, gegen solchen Starrsinn kann auch sie nichts ausrichten. Vorher warnt sie Karl noch vor den Umtrieben des Moritz von Sachsen, doch der winkt lächelnd ab. Er sei zwar etwas jung und ungestüm, sein junger Freund Sachsen aber harmlos und loyal gegen seinen Kaiser.

Brüssel, Winter 1550

Die Schwestern grübeln
Natürlich ist die Regentin weiter mit allen Parteien in ständigem Briefkontakt. Marie leidet mit Karl, dessen Briefe um den üblichen sachlich-gelassenen Ton bemüht sind. Aber sie spürt die bittere Enttäuschung und heftige Erregung des Bruders, besonders über die Tatsache, dass Ferdinand bereit ist, sich auf die deutschen Fürsten zu stützen, um seinen Willen gegen den des Kaisers durchzusetzen. Auf diese Fürsten, die ihm, Karl, ständig so übel mitgespielt haben! Marie ist Realistin genug zu sehen, dass Don Felipe nun wirklich nicht geeignet ist, Kaiser des Heiligen Römischen Reiches zu sein. Sie befürchtet, dass Karl sich auch noch seine letzte Reputation in deutschen Landen zerstört, wenn er auf Biegen oder Brechen versucht, seinen Willen durchzusetzen. Fieberhaft sucht sie nach einer Möglichkeit, wie sie ihm ohne Gesichtsverlust aus dem Abseits heraushelfen kann, in das er sich selbst immer tiefer hineinmanövriert.

Wieso verliert Karl gerade jetzt, im Zenit seiner Macht, den so lange und gut geschulten Blick für die Realität, für die politische Notwendigkeit? Wo ist sein Gespür für das Warten auf den rechten Moment geblieben? Will er sich vielleicht vom Reich enttäuscht nach Spanien zurückziehen, und hat er Skrupel, den Sohn, der seit seinem zwölften Jahr dort Regent sein musste, zu vertreiben? Rätsel über Rätsel, und man meint förmlich zu sehen, wie Marie in wilder Jagd versucht, die entscheidende Intuition zu erhaschen und doch wieder abends mit Eleonor am Kamin sitzt und sie sich gemeinsam den Kopf nach einer Lösung zermartern.

Augsburg, Anfang 1551

Ein Rekord Maries
Als Maximilian tatsächlich Ende Dezember in Augsburg erscheint, schickt Karl einen weiteren Brandbrief an Marie. Sie reitet, Feiertage hin oder her, sofort los und lässt sich nur von einer Kammerfrau und einem Bischof begleiten. Sie bewältigt die Strecke Brüssel - Augsburg, in der unglaublichen Rekordzeit von zwölf Tagen und das, nicht zu vergessen, im tiefsten Winter. Ihre Begleiter mögen sie verflucht haben und sie diese. Nicht zum ersten Mal hadert sie mit dem Schicksal, eine Frau zu sein und deshalb nicht ohne Begleitung reisen zu können. Am Abend des 1. Januar 1551 erreicht sie Augsburg, und die Freude des Bruders lässt sie die Strapazen vergessen. Ein weiterer Triumph ist, dass sie es schafft, die verfeindeten Familienmitglieder binnen zehn Tagen dazu zu bewegen, wenigstens wieder gemeinsam zu speisen. Bisher - und auch später wieder - verkehrt man nämlich nur über Handnotizen miteinander, obwohl man gemeinsam im Fuggerschen Haus wohnt.

Ungleicher geht es nicht
Nun kann Marie mit eigenen Augen sehen, wie unterschiedlich diese Vettern sind. Maximilians fröhlicher und liebenswerter Charme öffnet ihm alle Herzen. Wo immer er hingeschickt wird, gewinnt er Freunde. Er kann sich mit Deutschen, Spaniern, Italienern, Engländern, Franzosen und sogar Ungarn in deren Muttersprache unterhalten. Durch sein Geschick bei allen Reiterspielen und auf allen Tanzflächen ist er sogar bei traditionellen Gegnern Austrias beliebt und ein gern gesehener Gast.

Don Felipe hingegen ist nicht in der Lage, mit jemandem Kontakt aufzunehmen, der nicht richtig gut Spanisch spricht. Sehr wahrscheinlich von Karl ermahnt, bemüht er sich um größere Leutseligkeit, was aber eher eine groteske Wirkung hat. Wenn er seine gewohnten Prunkkleider ablegt und schlichte Kleidung oder gar deutsche Tracht trägt, merkt man ihm sein Unwohlsein derart an, das er verkleidet und damit falsch wirkt. Er hat gemerkt, dass es ihm in Holland geschadet hat, dass er kein Bier trinkt, nun bemüht er sich, die deutschen Weine zu trinken. Nicht wie gewohnt mit Wasser vermischt und mäßig, sondern wie die deutschen

Fürsten unvermischt und eher übermäßig. Auch bei diesen krampfhaften Versuchen der Anbiederung wirkt er eher abstoßend, weil er sich unwohl fühlt und den Wein nicht verträgt.

Da er merkt, wie wichtig die Anerkennung bei den unvermeidlichen Turnieren ist, nimmt er mehrfach teil. Doch er ist nunmal kein guter Reiter und macht auch hier eine eher schlechte Figur. Karl hat früh erkannt, wie wichtig es für einen Fürsten ist, im Turnier zu bestehen. Seine männliche Umgebung am burgundischen Hof ließ ihm da gar keine Wahl. Aber er hatte die Klugheit zu erkennen, wenn er sich darauf einlässt, muss er gut, sogar sehr gut sein. Er hatte die Disziplin durch Übung zu erlangen, was ihm an Begabung und körperlicher Disposition fehlte. Don Felipe hat weder seine Einsicht, noch seine Disziplin.

Das Gesicht kann gewahrt werden

Marie ist also sofort klar, dass Don Felipe keine Chance hat. Verhärtet wie die Fronten inzwischen sind, braucht es zwei Monate zermürbender Verhandlungen, den Kaiser davon zu überzeugen, welche unheilvollen Konsequenzen ein Bruch mit dem Bruder und seiner Familie in dieser Situation haben würde. Marie findet eine Lösung, von der sie weiß, dass sie denkbar unrealistisch ist, die es aber beiden Familienzweigen erlaubt, auseinanderzugehen, ohne das Gesicht zu verlieren. Nach den Regeln der Kaiserwahl und den früher getroffenen Vereinbarungen soll Ferdinand nach Karl Kaiser werden und dann die Wahl Don Felipes zum römischen König betreiben. Ist Felipe dann dem Onkel auf den Thron gefolgt, betreibt dieser die Wahl des Vetters Maximilian zum römischen König, und schließlich wird Maximilian Kaiser. Der Familienkontrakt zur Rotation wird am 19. März 1551 unterzeichnet. Nur Maximilian verweigert seine Unterschrift. Mehr als eine mündliche Zusage, er werde sich an die Vereinbarung halten, ist von ihm nicht zu bekommen.

Die getroffene Absprache ist ohnehin nicht sehr realistisch, denn sie setzt voraus, dass die Herren in der richtigen Reihenfolge das Zeitliche segnen, damit auch jeder wie vorgesehen übernehmen kann. Oder geistert da auch die unwahrscheinliche Idee einer Abdankung oder gar Verpflichtung dazu durch den Raum? Festgehalten ist dazu nichts. Letztlich aber kann Ferdinand zufrieden sein, denn er hat die Gewissheit, dass die Fürsten den spanischen Felipe nie wählen werden. Karl kann insofern zufrieden sein, dass er nicht auf die Ansprüche seines Sohnes verzichtet hat. Ein unumstößliches Ergebnis dieses in Augsburg vertanen Jahres ist die Tatsache, dass Don Felipe und Maximilian fortan manifeste Feinde sind. Auch die Väter verstehen sich nicht mehr so recht.

Eine Bitte wird abgeschlagen

Marie weiß wohl, dass diese Absprache nichts taugt und bittet den Bruder in ihrer Erschöpfung nach dem Ringen um den Erhalt der Familieneinheit erneut um ihre Demission. Klingt da etwas Hohn mit, wenn sie vorschlägt, Don Felipe könne ihren Part doch übernehmen? Tief innerlich weiß Karl sehr wohl, dass der genau das nicht kann. Was bleibt ihm also, als der Schwester, die doch gerade erst wieder ihre Fähigkeiten so brillant unter Beweis gestellt hat, eine Verlängerung ihrer Dienstzeit abzuschmeicheln. Sie muss doch einsehen, dass Don Felipe erst einmal nach Spanien zurück muss, wo Karls schwangere Tochter Doña Maria seit der Abreise Maximilians allein die Regentschaft führt. Außerdem muss der Junge doch auch mal wieder heiraten, er ist doch nun schon fünf Jahre Witwer. Er selbst muss sehen, dass das Konzil wieder in Gang kommt, muss in Italien dem französischen Einfluss zuvorkommen, überall gibt es noch soviel zu tun. Marie warnt ihn noch, seinen deutschen Fürsten nicht zu trauen, sie hat munkeln gehört von Verhandlungen mit dem französischen Henri …

Augsburg, Mai - August 1551

In alle Winde verstreut

Am 26. Mai verabschiedet sich Don Felipe von seinem Vater, um nach Spanien zurückzukehren. In Genua trifft er mit Maximilian zusammen, der Frau und Tochter nach Österreich holen muss. Vielleicht sieht Don Felipe ja bei dieser Gelegenheit Baby Anna, die er 1570, also in zwanzig Jahren, heiraten wird. Karl bleibt den Sommer über noch in Augsburg, trifft sich im August mit Doña Maria und Maximilian in Innsbruck.

Buch 5

Resignation oder noch einmal Aufbruch?

Verrat, Flucht und letzte Mobilmachung

Innsbruck, Herbst - Winter 1551

Was ist mit Karl?

Karl ist von Augsburg nach Innsbruck gereist, um dort seine Tochter Doña Maria zu erwarten, wenn sie mit Maximilian in ihrer neuen Heimat ankommt. Doch warum sitzt er den ganzen Herbst und Winter bewegungs- und tatenlos dort fest? Verändern seine körperlichen Leiden tatsächlich seinen Charakter? Neben den chronischen Gebrechen Gicht und Arthritis quälen ihn neuerdings Hämorrhoiden, die es ihm oft unmöglich machen zu sitzen. Er leidet an Schlaflosigkeit, lässt sich nächtelang vorlesen oder Musik vorspielen. Doch hört er wirklich zu oder fliehen seine Gedanken das Hier und Jetzt? Fühlt er sein Ende nahen? Ist er konfus, weil er eine so unfertige Welt zurücklassen muss? Quälen ihn die Zweifel an den Fähigkeiten des Sohnes?

Das Konzil hat unter dem neuen Papst Julius seine Arbeit wieder aufgenommen? Nun gut, es ist eh zu spät, die Einheit der Christenheit wird es nicht wieder herstellen können! Was soll, was kann er noch tun, da das vornehmste seiner Ziele nicht mehr zu erreichen ist? Soll er doch noch den Kreuzzug gegen Jerusalem, gegen Konstantinopel wagen? Könnte das ein solches Fanal sein, dass all das Gezänk endet? Viel zu alt, zu krank und zu müde ist er dazu. Was hat ihn der Tag von Mühlberg gekostet! Er kann eine solche Strapaze nicht noch einmal überstehen. Außerdem: Wird Frankreich es zulassen?

Nachrichten aus Frankreich:
Die neuen Machthaber etablieren sich

An der persönlichen Menage à trois hat sich nichts geändert, König Henri II., Königin Catherine und Mätresse Diane leben nach außen weiter in einträchtiger Dreisamkeit. Doch der alte Montmorency, einer der ganz wenigen Bewunderer Karls am französischen Hof, hat seine Vorherrschaft im Rat verloren. Ihn hat die Familie Guise abgelöst, ein Zweig der Familie Lothringen. Ihr Prestige ist gestiegen, seit 1548 die kleine Maria Stuart als Dauphine an den französischen Hof kam, denn ihre Mutter, die Regentin von

Schottland, ist eine Guise. Außerdem hat Diane ihre Tochter aus der Ehe mit Brézé mit einem Guise verheiratet. Die männlichen Vertreter der Familie sind seit Generationen Krieger und streitbare Kardinäle. Sie führen die Partei, die eine Wiederaufnahme der Kriege um Italien fordert. König Henri II. nimmt nun den Parmakonflikt zum Vorwand, um dem Papst den Krieg zu erklären.

Ein ungewöhnlicher Vorschlag von Karl
Papst Julius war zwar ein Kandidat der Farnesepartei, hat sich aber in den Kopf gesetzt, mit der Nepotenwirtschaft im Vatikan aufzuräumen und Parma von Ottavio Farnese zurückgefordert. Der sucht Unterstützung bei Frankreich und bekommt sie. Damit wird Karls Schwiegersohn zum Bundesgenossen Frankreichs, und Karl schickt spanische Truppen gegen ihn. Das bringt natürlich Margarete in einen Gewissenskonflikt, denn wenn ihr der Gatte auch nichts bedeutet, geht es doch mit Parma auch um das Erbe ihres abgöttisch geliebten Sohnes Alessandro.

Karl, der bisher nie ein Ohr für die Klagen der Frauen hatte, denen er unmögliche Ehen aufgezwungen hat, bietet seiner natürlichen Tochter in dieser Situation die Trennung vom Gatten an! Margarete, die noch 1547 beteuerte, sie würde eher ihrem Sohn den Kopf abschneiden, als etwas tun, das dem Vater missfalle, nimmt dieses Angebot nicht an. Der Sohn ist das Zentrum ihres Universums, und im Konflikt zwischen Kindespflicht und Mutterstolz trägt letzterer den Sieg davon.

Karl ist klar: dieser Krieg gegen den Papst ist nur ein Vorspiel. Bald wird sich Frankreich auch wieder gegen ihn wenden. Eleonor bemüht sich vergebens, alte Verbindungen zum französischen Hof spielen zu lassen, die Situation im Sinne des Bruders zu beeinflussen. Sie muss erkennen, dass alle, die Gegner der ständigen Kriege gegen den Kaiser waren, jeden Einfluss verloren haben. Sie schreibt an Henri persönlich, wird aber nicht mal einer Antwort für würdig befunden.

Karl sieht das Menetekel nicht
Von Marie kommen pausenlos Warnungen. Sie rüstet die Grenzgebiete der Niederlande, warnt unablässig vor einer Verbrüderung Henris II. mit den aufsässigen deutschen Fürsten. Doch Karl nimmt das alles nicht wahr. Er sitzt in Innsbruck in seiner Isolation aus Eigensinn und grenzenloser Verachtung der Fürsten. Er glaubt immer noch, will immer noch glauben, dass Moritz von Sachsen ein Freund ist. Ferdinand nimmt Verhandlungen mit den Fürsten

auf. Gerüchte, die Fürsten seien endgültig bereit, ihn abzusetzen, berühren Karl nicht. Selbst die Kriegserklärung Frankreichs vom 8. Januar 1552 weckt ihn nicht aus seiner Lethargie.

Innsbruck, Anfang 1552

Karl umnachtet?
Karl erträgt sein Fieber und die Schmerzen mit beängstigender Apathie. Man „hört" ihn nicht mehr leiden. Das befremdet seine Umgebung und gibt dem gehässigen Geschwätz derer Nahrung, die schon immer, wenn der Kaiser Anzeichen von Melancholie oder Apathie zeigte, auf die Mutter und deren nun schon vierzig Jahre währendes „Leiden" verweisen. In diesem Moment der Schwäche ist der Gedanke, sich in Verantwortungsunfähigkeit zurückzuziehen tatsächlich eine Verlockung für den Kaiser!

Nachrichten aus den deutschen Reichslanden:
Ein deutsch-französischer Vertrag
Natürlich haben die von Marie vermuteten Verhandlungen zwischen Henri und deutschen Fürsten stattgefunden. Am 15. Januar 1552 münden sie im Vertrag von Chambord. Darin erklärt sich Henri II. zum Garanten der deutschen Fürstenfreiheit und zum Befreier der seit Mühlberg gefangenen Fürsten. Die Fürsten ihrerseits überlassen ihm das Reichsvikariat (Statthalterschaft) über die westlichen Reichsstädte und Bistümer Metz, Verdun und Toul. Das ist eine Verletzung geltenden Rechts, denn die Fürsten verfügen über Reichsbesitz. Das erfüllt nach herkömmlichem Recht den Tatbestand des Landesverrates. Im April besetzen französische Truppen Toul, Verdun und Metz.

Trotz alledem steht Ferdinand weiter in Verhandlungen mit Moritz. Das Zerwürfnis der Brüder schlägt sich hier insofern nieder, als Ferdinand nicht mehr nach den Maximen seines Bruders verhandelt, sondern seinen Standpunkt den konkreten Gegebenheiten anpasst. Nach dreißig Jahren vergeblicher kaiserlicher Mühe um eine nur noch fiktive Einheit der Christenheit und nach jahrelangen vergeblichen Hoffnungen auf das Konzil von Trient ist der römische König Ferdinand nun bereit, die Existenz von Protestanten als Tatsache anzuerkennen. Allerdings nicht sofort und nicht ohne Zugeständnisse von deren Seite.

Armageddon?
Im Frühjahr explodiert die Welt um Karl: Henri II. fällt persönlich in Lothringen ein. Dorias Flotte ist von den vereinten Kräften Frankreichs und des Sultans im Mittelmeer blockiert. Die türkischen Piraten plündern ungehindert die italienische Küste. Das Konzil, von Julius III. am 1. Mai 1551 in Trient wieder eröffnet, stiebt in panischer Angst auseinander.

Damit nicht genug, veröffentlichen die deutschen Fürsten in Heidelberg (sic!) ein Manifest. Es besagt, dass sie keinem Kaiser dienen können, der sich fremder Truppen bedient. Der treue Moritz tönt, er werde die Gefangenen des Tyrannen (Sachsen und Hessen) befreien. Das heißt, er muss nach Tirol kommen, denn der ehemalige Kurfürst von Sachsen ist bei Karl in Innsbruck. Drei protestantische Armeen rücken auf Tirol vor. Die Protestanten nehmen Augsburg. Marie schreibt einen pathetischen Brief an Bruder Ferdinand und gemahnt ihn an seine Pflichten als Römischer König und Mitglied der Casa de Austria. Doch der hat genug mit dem Kampf gegen die Türken zu tun und ist nicht mehr der Befehlsempfänger von einst.

Innsbruck, April 1552

Karl in Panik?
Karl erwacht mit einem Schock aus seiner Dämmerung: Man wagt es, seine Person zu bedrohen? Er darf nicht in die Hand der Rebellen fallen! Er muss seine Niederlande erreichen, muss sich wehren! An den Rebellen, an den Franzosen vorbei, ganz nah, in steter Gefahr? Egal, wenn er zwischen Gefahr und Schande wählen kann, wählt er immer noch die Gefahr! Er informiert niemanden, traut niemandem mehr, wähnt sogar den Bruder im Einvernehmen mit den Fürsten.

Am 6. April kurz vor Mitternacht verlässt der Kaiser, nur in Begleitung zweier Kammerherren und dreier Diener das Innsbrucker Schloss durch eine unbewachte Gesindepforte. Sorgfältig hievt man ihn auf eines der in der tief verschneiten Gasse bereitgestellten Pferde. Karl ist zu dieser Zeit halbseitig gelähmt und kann sich kaum im Sattel halten. Er friert erbärmlich. Es folgt ein Ritt durch Nebel und Schnee über fast unpassierbare Bergpfade in Richtung Bodensee. Total erschöpft und durchfroren erreichen die sechs Männer die Passfeste Ehrenberg und müssen vom Postmeister der Thurn und Taxis erfahren, dass Moritz bereits Füssen hält! Fast wäre man ihm in die Arme geritten. Die kleine Gruppe kann nur die Pferde herumreißen und hoffen, einen ausreichenden Vorsprung halten zu können.

Mehr tot als lebendig erreicht Karl mit seinen Leuten am zweiten Tag wieder Innsbruck und die gleiche Pforte. Der Kaiser des Weltreiches schleicht sich in sein Gemach zurück und schickt seine Diener auf Erkundung. Noch hat niemand seine Abwesenheit bemerkt. Man glaubt im Schloss, sein Zustand sei so schlecht, dass man ihn nicht stören dürfe. Das entspricht ja auch den Tatsachen. Karl, der nahezu stündlich mit dem Eintreffen Moritz' und seiner Truppen rechnen muss, wird wieder aktiv. Er gibt Ferdinand Vollmacht, in Reichsdingen an seiner Stelle zu entscheiden und nimmt Verhandlungen mit Anton Fugger auf.

Innsbruck - Villach, Mai - Juni 1552

Glück im Unglück

Noch einmal kommt Karl ein unvorhersehbarer Zufall zur Hilfe: Moritz hat seit längerem seine Truppen nicht bezahlt, und die wählen just diesen kritischen Moment um für ihren Sold zu streiken. Drei Tage weigern sie sich, auch nur einen Schritt zu tun. Das gibt Karl die Atempause für einen etwas geplanteren Rückzug, der aber dennoch nichts anderes als eine Flucht ist. Ferdinand eilt zu Verhandlungen mit Moritz von Sachsen, dem er versichern kann, die Gefangenen seien so gut wie frei, ihre endgültige Freilassung erfolge, sobald die Fürsten ihre Kriegshandlungen einstellen. Anton Fugger schließt sich dem Kaiser an. Es ist der Morgen des 23. Mai 1552. Alle Wege in die Sicherheit sind dem Kaiser verlegt, er kann weder in die Niederlande, noch nach Deutschland, noch durch Italien in Richtung Genua.

Unter unsäglichen Qualen gelingt es Karl, den im Mai immer noch tief verschneiten Brenner in einer Sänfte zu überqueren und über Sterzing und Bruneck das Tal der Drau zu erreichen. Unnötig weit zieht er sich bis Villach in Kärnten zurück. Karl macht auf dieser Flucht die tiefste Erniedrigung seines Lebens durch. Er ist zum Ritter erzogen und vom Glück reich beschenkt worden. Er hat sich in Schicksalsschägen bewährt und oft gegen alle Wahrscheinlichkeit den Sieg davongetragen. Nun muss er erleben, dass alle mystische Ausstrahlung des Amtes und seiner Insignien nichts hilft, wenn Macht, Geld und Glück des Amtsträgers fehlen.

In Villach fühlt er sich endlich weit genug vom Schuss, um seine Gegenzüge zu planen. Er ist gebeugt, aber nicht gebrochen. Ganz klar, das Kriegsglück der Zeit ist eine Frage der Zahlungsfähigkeit. Also gilt es als erstes, Geld zu beschaffen. Anton Fugger hat ihn auf seinem beschwerlichen Weg begleitet und lässt nun seine internationalen Verbindungen spielen.

Nachrichten aus Rom:
Noch während Karl in Villach einzieht, löst die Armee des Papstes sich auf, und der allerchristlichste König gewährt dem Pontifex großmütig einen Frieden, dem Karl sich anschließt, denn für ihn gibt es wahrlich wichtigeres als den Streit um Parma.

Nancy, Frühjahr 1552

Henri II. gegen Christina von Lothringen
Nach dem Tode ihres Gatten hat Christina geschickt und geduldig ihr Auskommen mit der Familie Lothringen gefunden. Deren Vertreter Vaudemont bekommt den Posten eines Gouverneurs und arbeitet seither in Eintracht mit ihr als Regentin für ihren Sohn Charles zusammen. Bereits vor Abschluss des Vertrages von Chambord hat Christina befürchtet, Henri II. würde in seiner Kampfeswut die Neutralität Lothringens nicht achten. Sie versucht, durch die Guise, mit denen sie ja durch ihre Heirat verwandt ist, Schutzgarantien zu erhalten, kann aber nichts Konkretes erreichen. Sie jagt Meldung über Meldung an Marie und Karl, bittet ihn schließlich ausdrücklich um Hilfe, als er selbst hilflos in Innsbruck sitzt.

Der französische Hof begleitet Henri II. auf seinem Kriegszug von Sieg zu Sieg. Henri selbst spricht von seiner „Deutschlandreise“. Ostern 1552 naht und mit dem Fest die französischen Truppen. Am Gründonnerstag zieht Henri II. in Nancy ein. Erstmals seit 100 Jahren betreten fremde Soldaten die Stadt. Christina muss sich aufraffen, den König zu begrüßen, um in Erfahrung zu bringen, was er beabsichtigt. Zunächst schickt sie ihm den kleinen Charles entgegen. Mit 200 Mann nimmt Henri Quartier im Schloss. Als Christina ihn begrüßt, macht er ihr zunächst Komplimente über ihren gelungenen Sohn, und sie schöpft Hoffnung, dass alles doch nicht so schlimm werden wird.

Ende der lothringischen Freiheit
Doch am Karfreitag zeigt Henri seine wahren Absichten. Er gibt Befehl, den kleinen Herzog unverzüglich nach Bar zu bringen. Seine Mutter ist als Regentin abgesetzt. Sie kann ihrem Sohn nach Bar folgen oder sonstwohin reisen, Nancy jedenfalls hat sie unver-

züglich zu verlassen. Sie kann über die Besitzungen ihres Sohnes verfügen, alle Festungsanlagen jedoch unterstehen ab sofort der französischen Krone, und der Gouverneur Vaudemont hat dem König unverzüglich den Treueid zu leisten. Alle Untertanen des Kaisers haben das Land umgehend zu verlassen. Die Existenz Lothringens als unabhängiger Staat endet, es wird Lehen der französischen Krone! Der kleine Herzog muss umgehend dem französischen König als seinem Lehnsherren huldigen.

In fliegender Eile setzt Christina in Zusammenarbeit mit den wenigen erreichbaren Mitgliedern ihres Rates einen Protest auf. Henri befindet es nicht für nötig, darauf auch nur zu antworten. Er schickt ihr einen Vertrag oben genannten Inhalts zur Unterschrift. Die stolze Christina wirft sich dem König zu Füßen, beschwört ihn, eine Witwe und ihren schutzlosen Sohn nicht so grausam zu behandeln. Mit ihrem Appell und der Vehemenz ihres Auftritts rührt sie alle Anwesenden zu Tränen. Nur Henri antwortet ungerührt, von Grausamkeit könne keine Rede sein. Er bedenke durchaus die alte Freundschaft zwischen den Familien Lothringen und Frankreich. Er sei sogar bereit, den kleinen Charles mit seinen eigenen Kindern erziehen zu lassen, nur in der Lorraine könne der Erbe nicht bleiben, das sei viel zu nah am Feindesland.

Herzogin Christina sucht ein Exil

So gibt es am nächsten Morgen einen herzzerreißenden Abschied zwischen Mutter und Sohn. Charles wird, wie angekündigt, nach Bar gebracht, und Christina begibt sich nach Denœvre, wo sie drei Monate bleibt. Ob all der Aufregung und Schmach erkrankt sie ernstlich. Die Bevölkerung fleht sie an, sich nicht nach Flandern abzusetzen, wo sie sicher sein kann, bei den Tanten freundliche Aufnahme zu finden. Christina bleibt. Von keiner Seite ist Hilfe zu erwarten, Karl verhandelt noch in Villach. Da bietet ihr ein alter Verehrer, Albert Alkibiades von Brandenburg-Kulmbach ein sicheres Refugium auf der stark befestigten Burg Hoch-Königsstein in den Vogesen, oberhalb von Schlettstadt. Sie akzeptiert dankbar.

Brüssel und Niederlande, Frühling 1552

Marie wird ausgebremst

Als die kriegerische Marie vom Schicksal der Nichte erfährt, will sie sofort einen Gegenangriff starten, doch Karls Befehle beschränken sie auf die Defensive. Es fällt der Regentin schwer, ihr Temperament zu zügeln, doch wieder hält sie sich an die Direktive des Bruders. Ihre Generäle meckern, auch sie drängt es zurückzuschlagen. Marie muss ihnen mit bitter schmeckender Überwindung Geduld predigen, ausgerechnet die Tugend, die nicht gerade ihre stärkste ist. Sie reagiert sich ab, indem sie unermüdlich zu Pferd unterwegs ist. Sie inspiziert, besänftigt, hält die Hoffnung auf die Zukunft wach, predigt Geduld, Geduld, Geduld.

Daneben trifft sie sich mit Bankiers, um Bares für das spanische Gold locker zu machen. Marie muss feststellen, dass Austrias Kreditwürdigkeit auf einem absoluten Tiefpunkt ist. Nur die Fugger geben überhaupt noch, setzen aber kurze Fristen. Karl gibt die spanische Goldflotte nur sehr ungern als Sicherheit frei. Bevor sie überhaupt segeln kann, muss Marie erst in England klarmachen, dass die zu erwartenden Kriegsschiffe nur Frankreich bedrohen. Die Regentin handelt ein Abkommen aus, in dem England garantiert, die spanische Flotte passieren zu lassen.

Innsbruck - Passau, Sommer 1552

Moritz kommt zu spät

Karl ist im letzten Augenblick entkommen, denn kaum hat er Innsbruck am Morgen nach Süden verlassen, zieht Moritz am Nachmittag von Norden her in die Stadt und ins Schloss ein. Vielleicht ist er gar nicht wirklich enttäuscht, den Kaiser nicht mehr vorzufinden. Es ist doch etwas anderes, seinen Souverän verbal zu attackieren oder tatsächlich Hand an seine geheiligte Person zu legen. So tröstet er sich mit dem Scherz, es hätte eben keinen so großen Käfig gegeben, diesen Vogel zu fangen. Er erlaubt seinen Soldaten, alles Spanische zu plündern, verbietet aber strickt, etwas Deutsches auch nur anzurühren. Man fragt sich, wie das vonstatten gehen soll - ist etwa alles etikettiert?

Moritz macht keinen ernsthaften Versuch, Karl zu verfolgen, sondern nimmt Verhandlungen mit Ferdinand auf. Sie münden nach einigem Hin und Her am 2. August im Vertrag von Passau, der quasi den Augsburger Religionsfrieden von 1555 vorwegnimmt, indem er die beiden Religionen gleichberechtigt nebeneinander existieren lässt. Der Vertrag beendet Karls Streben nach der absoluten Macht, gibt ihm aber für den Moment Bewegungsfreiheit.

Villach, Sommer 1552

Karl - ein Phönix?

Karl unterschreibt den Vertrag von Passau nicht. Jahrelang war er zu mancherlei Konzessionen an die Protestanten bereit, solange es - zumindest in seinen Augen - noch eine Möglichkeit zu einer späteren Einigung gab. Wenn er nun die Existenz zweier Religionen durch seine Unterschrift bestätigt, unterschreibt er damit sein Scheitern in seinem vordringlichsten Ziel. Das kann er nicht. Er braucht zwei Monate, um den Vertrag überhaupt zu akzeptieren. Gültig ist er auch ohne seine Unterschrift, denn er hat Ferdinand in Villach ausdrücklich noch einmal Generalvollmacht erteilt. In Zukunft verbietet er seinen Räten, diesen Vertrag in seinem Beisein auch nur zu erwähnen!

Doch nun, da es eigentlich zu spät ist, reaktiviert Karl auf unglaubliche Weise seinen alten Kampfgeist. So wird er das Reich nicht aufgeben! Noch einmal wird er all seine Disziplin zusammennehmen, noch einmal wird er versuchen, das Ruder herumzureißen, indem er das verlorene Prestige als Kaiser und als Feldherr wiedergewinnt! Der bedingungslose Glaube an seine Aufgabe und an sich selbst wird ihm noch einmal den Sieg erringen! In Villach führt er die Verhandlungen mit Fugger fort. 400.000 Dukaten von ihm, 50.000 aus Neapel, damit kann er Spanier und Italiener bezahlen. Auch Don Felipe organisiert Gelder, gibt vor, dem Vater persönlich zur Hilfe eilen zu wollen. Ist sicher froh, dass die Granden und der Vater selbst ihn darauf hinweisen, dass seine Pflichten derzeit in Spanien liegen.

Villach - Innsbruck, Sommer 1552

Neue Ziele - Enervierende Nachkommenschaft

Einige Fürsten haben in Passau nicht unterschrieben, man wird sie gewinnen! Trotz seiner Gicht sitzt er wieder kraftvoll zu Pferde. Er reitet zurück durch das Tal der Drau, wieder zum Brenner. Doch diesmal ist Sommer, Mitte Juli. In Sterzing gibt er Befehl zur Freilassung des Landgrafen von Hessen, der immer noch in Brabant festgehalten wird und dessen Befreiung eines der erklärten Kriegsziele der Fürsten war.

Anfang August ist Karl erneut in Innsbruck, hier hat er Gelegenheit an den geistigen Fähigkeiten, dem politischen Instinkt und dem Realitätssinn seiner älteren Tochter Doña Maria erheblich zu zweifeln. Sicherlich ist sie schon wieder schwanger, denn auch sie wird, wie ihre Schwiegermutter Anna von Böhmen, fünfzehn Kinder zur Welt bringen. Sie wählt ausgerechnet diesen kritischen Moment, um vom Vater 300.000 Gulden zum Ankauf eines angemessenen Hausstandes für ihre junge Familie zu fordern!

Der Kaiser reitet wieder!
Doch diese neuen Zweifel über die Fähigkeiten seiner direkten Nachkommen dürfen Karl im Augenblick nicht belasten! Nach nur einer Woche Aufenthalt reitet er weiter nach München, nach Augsburg, nach Ulm. Vor vier Monaten floh ein verstörter, alles verloren wähnender Karl aus dem Schloss seiner Vorväter, überließ sich willenlos den Stürmen der Zeit und des Alpenwinters. Nun reitet er majestätisch in das Land, das ihn und sein Kaisertum verleugnet, ist wieder Caesar. Er wird es ihnen noch einmal beweisen! Unbegreiflich, aber wahr.

Augsburg zittert vor seinem Zorn, hat man doch im April des Jahres erst den fürstlichen und französischen Truppen auf dem Weg nach Tirol die Tore geöffnet. Der Kaiser, wohl unterrichtet über das Vorhandensein einer kaisertreuen Partei, dankt dieser, sieht über die Verfehlung der anderen gnädig hinweg.

Noch einmal Frankreich, noch einmal Portugal

Augsburg - Straßburg, Herbst 1552

Der Kaiser will Metz zurückerobern
Karl glaubt, es seinem persönlichen Ansehen als Kaiser schuldig zu sein, Metz für das Reich zurückzuerobern. Allerdings ist diese weit gegen den Rhein vorgeschobene Bastion nicht nur für das Reich, sondern vor allem zum Schutz seiner Niederlande wichtig. Er hat eines der größten Heere, das er je zusammenkaufen konnte zur Verfügung, man spricht von 60.000 Mann. Anton Fugger zieht mit Karl an den Rhein, er würde sich lieber mit philosophischen und religiösen Problemen beschäftigen und hat darin etwas mit Karl gemeinsam. Auch der Fugger ist über seine Jahre gealtert, bleich und hager mit einem Rauschebart. Die Familie Fugger zerfällt, die junge Generation betreibt ihre eigenen Geschäfte, empfindet den Prinzipal nur noch als Störenfried. Als Anton erfährt, dass andere Augsburger Henri II. unterstützen, verdoppelt er seine Anstrengungen für Karl V. Natürlich lässt er sich seinen Einsatz mit Zoll- und Steuerprivilegien honorieren, zusätzlich zu den Optionen auf den spanischen Kron- und Kirchenschatz und auf das neuspanische Gold.

Der Kaiser trifft Christina
Am 7. September erreicht Karl Straßburg und wird mit großem Gepränge empfangen: Glockenläuten, Fanfarengeschmetter, Ehrensalut. Noch einmal ein entrée joyeuse wie so unzählige zuvor in vierzig Jahren in ganz Europa zwischen Sevilla und Wien, Amsterdam und Palermo. Die Stadtväter neigen sich vor der Majestät dessen, der noch vier Monate zuvor zweimal bei Nacht und Nebel hat fliehen müssen. Die Stadt macht ihm reiche Geschenke, man führt ihn in das Münster, laut schallen Stimmen und Instrumente zur höheren Ehre Gottes. Der Kaiser bleibt nicht lange, zieht weiter nach Hagenau, Weißenburg, Landau.

Dorthin lädt er seine Nichte Christina in sein Lager. Christina ist entsetzt über sein Aussehen. Karl leidet an Fieber und spricht sehr undeutlich, da er ständig Blätter gegen seine Mundtrockenheit kaut (Coca?). Nur seine Augen sprühen noch Feuer, wenn er seine

Pläne dargelegt. Er schlägt Christina vor, sich zunächst zu ihrer Schwester nach Heidelberg zurückzuziehen. Wenn er seinen Kriegszug beendet habe, sei Platz für sie in Brüssel, wo er hofft, sie im Winter wieder zu sehen. Christina reist an den Neckar und findet Doro unverändert, Schwager Friedrich sehr gealtert. Doch sein Einfluss bei den deutschen Fürsten ist immer noch groß.

Marie rät von Belagerung ab

Karl reitet weiter nach Saarbrücken, wieder fällt ihn die Gicht an. Nur in der Sänfte kann er den Weg fortsetzen, in Thionville muss er rasten. Er ist im Tal der Mosel, kurz vor dem Ziel Metz. Es ist der 23. Oktober, der elfte Jahrestag von Algier. Er schreibt Marie, warum er Metz jetzt angreifen muss. Ist er nicht abergläubisch? Marie ist entsetzt! Jetzt, im Oktober, da der Winter vor der Tür steht noch eine Belagerung beginnen! Das ist doch reine Geldverschwendung! Es sei doch viel wichtiger, die Niederlande zu verteidigen, die immer treu zu Karl gestanden haben, als für das Reich die Kohlen aus dem Feuer zu holen. Sollen die deutschen Fürsten doch die Suppe auslöffeln, die sie sich eingebrockt haben. Viele von Karls Generälen sind der gleichen Meinung wie Marie.

Alba votiert dafür

Fernando Alvarez de Toledo, Herzog von Alba (1508-1582) hat von Karl nach der Schlacht von Mühlberg den Oberbefehl über die spanischen Truppen in Italien bekommen und ist nun mit dem Kaiser an den Rhein gezogen. Acht Jahre jünger als Karl wirkt er neben ihm wie ein junger Mann. Von Natur eher vorsichtig, behauptet er nun, es sei kein Problem, Metz noch vor dem Winter sturmreif zu schießen und zu nehmen. Außerdem stehe zu befürchten, dass die Armee auseinanderbricht, wird sie in Winterquartiere verlegt. Dann müsse im Frühjahr wertvolle Zeit und viel Geld für neue Rekrutierungen aufgebracht werden. Eben weil Alba im Allgemeinen eher zur Vorsicht neigt - und weil er es einfach will - glaubt ihm Karl.

Überläufer Alkibiades

Karl hat noch keine endgültige Entscheidung getroffen, da nimmt Albrecht Alkibiades von Brandenburg-Kulmbach Verbindung zum Kaiser auf. Alkibiades bietet an, mit seinen Soldaten auf Seiten des Kaisers weiter zu kämpfen, wenn er dafür die Städte Würzburg und Bamberg bekommt. Alba findet das genial, kann man doch so den Feind erheblich schwächen und die eigenen Mannschaften kräftig aufstocken! Er rät dringend zu. In seiner Situation kann Karl nicht zimperlich sein und nimmt an. Alkibiades ist nichts anderes als ein übriggebliebener Raubritter oder Condottiere, immer da, wo es die beste Beute zu holen gibt und meist in Privatfehden unterwegs. Notwendigkeit kennt kein Gesetz, denkt der Kaiser zähneknirschend und schüttelt dem Raubritter lächelnd die Hand. Wie sehr ihn diese Verstellung quält, schreibt er nur Schwester Marie. Am 10. Oktober wechselt Alkibiades mit seinen 15.000 Mann die Seiten.

Die Belagerung beginnt
Metz wollte als Reichsstadt neutral bleiben und konnte nur mit einem Trick von den Franzosen erobert werden. Für die Kaiserlichen wird Metz nicht leicht zu erobern sein, denn Gouverneur ist kein geringerer als der Herzog von Guise persönlich. Er hat sofort nach der Inbesitznahme die Vorstädte schleifen und einen Panzer moderner Vorwerke um die gut befestigte alte Stadt legen und Vorräte und Munition für ein ganzes Jahr einlagern lassen. Darüber ist niemand besser informiert als Marie in den Niederlanden.

Die Truppen Karls kreisen die Stadt von drei Punkten aus ein, auf der einen Seite die spanisch-italienisch-deutschen Truppen, die mit dem Kaiser gezogen sind, auf der anderen die Männer des Alkibiades und im Norden die Niederländer, die Marie geschickt hat. Kenner loben deren Ausbildung und Disziplin und bescheinigen Marie eine optimale Versorgung ihrer Truppen, den besten Nachschub überhaupt. Die Stadt ist eine Herausforderung für die kaiserlichen Ingenieure und Pioniere. Emsig werden Geschütze in Stellung geschleppt, Laufgräben ausgehoben, Stollen berechnet, die unter die Mauern getrieben werden. Man weiß sich im Wettlauf mit der (Jahres-)Zeit.

Karl inspiziert die Anlagen
Karl kann wegen seiner wieder heftiger gewordenen Beschwerden nicht am Beginn der Belagerung teilnehmen. Er muss zunächst in Thionville bleiben und einige Tage sogar das Bett hüten. Erst Ende November ist er wieder im Stande zu reiten und erscheint diesmal auf einem Schimmel bei seinen Soldaten. Noch wirkt der Zauber seiner bloßen Anwesenheit. Ein konzentriertes Bombardement bringt große Teile des Mauernkranzes zum Einsturz, schon erhebt sich das begeisterte Sturmgeschrei der spanischen Spezialtruppe. Doch als die Rauch- und Staubwolken sich senken, steigt hinter der Bresche wie ein Alptraum ein weiterer unversehrter Wall em-

por. Die gerade noch stürmen wollen, ziehen sich in die Laufgräben zurück. Karl ist nicht mehr in der Lage, seine Truppen durch kühne Taten mitzureißen und zu begeistern, er kann - rein körperlich bedingt - nicht mehr „vorne dabei sein".

Die Lage spitzt sich zu

Die folgenden Tage und Wochen dehnen sich endlos und überziehen das Lager mit Nebel und Regen, schließlich mit Schnee. Der Grund des Lagers und der Gräben füllen sich mit ständig neu aufgewühltem Schlamm, kein Angriff will mehr gelingen. Unter den Truppen der verschiedenen Nationen gibt es heftige Streitereien. Die Soldaten, vor allem die Südländer, sind dieser Tristesse nicht gewachsen. Krankheiten breiten sich aus, Dumpfheit erstickt den Kampfeswillen. Die Truppen verkommen. Die zu Beginn ob ihrer Disziplin so hoch gelobten Niederländer Maries überfallen die eigenen Fouragewagen. Je kälter es mit dem fortschreitenden Winter wird, desto mehr schrumpfen die Truppen durch Krankheiten, Hunger und Desertation.

Was hindert den Kaiser, ein offensichtlich verlorenes Unterfangen abzubrechen? Bitter bekennt er einem seiner Capitanes gegenüber: "Das Glück ist eine Frau, es mag die Alten nicht!" Erst Mitte Dezember berichtet der Bischof von Arras an Marie, der Kaiser spreche davon, alles aufzugeben und sich nach Spanien zurückzuziehen.

Metz - Thionville, Anfang 1553

Karl gibt auf

Man hofft unsinnigerweise auf ein „Weihnachtswunder", doch die Belagerung macht keinerlei Fortschritt. Letztlich überwindet Karls Gefühl für die Pflichten des Herrschers seine persönlichen Befindlichkeiten. Als er die Niederlage für sich akzeptiert hat, zögert er keinen Tag länger. Am Neujahrstag 1553 verkündet er das Ende der Belagerung. Noch einmal zieht er sich nach Thionville zurück. Am 6. Februar lässt er sich nach Luxemburg tragen, verweilt fast vierzehn Tage vollkommen von der Außenwelt abgeschirmt, bevor er weiter nach Brüssel zieht, wo er am 28. Februar ankommt. Sein dreiundfünfzigster Geburtstag ist wohl kein Tag, den er einer Feier wert befindet. Im neuen Jahr übt er sein kaiserliches Amt nicht mehr aus, die Geschäfte führt Ferdinand allein, doch die Brüder sind im Einverständnis, dass Karl den Titel weiter führen soll.

Lebt „de goude Carolus" noch?
In den Niederlanden bricht bei der Nachricht von Karls Rückzug von Metz Panik aus. Es ist für die Niederländer unvorstellbar, dass ihr Carolus aufgibt! Er muss tot sein! Als er endlich in Brüssel ankommt, wird er mit großem Jubel empfangen, obwohl er zu schwach ist, sich in seiner Sänfte aufzusetzen, zu erschöpft, um auf die herzliche Begrüßung zu reagieren. Karl ist in einem solchen Zustand physischer und moralischer Depression, dass er sich vollkommen zurückzieht. Schon bald macht das Gerücht die Runde, er sei schon gestorben, man wolle es nur geheimhalten. Nur Marie und Arras dürfen seine Räume betreten, und man munkelt, sie gingen nur hinein, um die Fiktion aufrecht zu erhalten, dass Karl noch lebe.

In gewisser Weise stimmt das sogar, denn die Flucht aus Innsbruck hat Karl noch verkraftet, die Niederlage vor Metz wird er sich nie verzeihen. Er ist überzeugt, dass der Himmel seine Hand von ihm abgezogen hat. Karl ist nicht dazu zu bewegen, Audienzen zu geben oder etwas zu schreiben, ja auch nur zu unterschreiben. Das erinnert schon ein bißchen an Juana. Wozu, wenn Gott ihn verlassen hat! Dieser erste Misserfolg seit Algier erscheint ihm als Strafe für seine Duldung der Protestanten.

Marie harrt aus…
Wer regiert eigentlich derzeit die Niederlande? Verläßliche Nachrichten gibt es nicht. Marie und Arras, die einzigen, die es wissen können, schweigen. Große Unsicherheit macht sich breit im Palast der Herzöge von Brabant. Viele setzen auf Arras, der immer seine Hand im Spiel hat. Andere überlegen, ob man nicht Maximilian die Niederlande anbieten soll, der junge Mann ist auch hier sehr beliebt. Allerdings gibt es auch Zweifler an den Fähigkeiten Ferdinands und seiner Söhne. Bei den Zweiflern besteht die Überzeugung, sie besäßen alle kein Stückchen Land, wenn der Kaiser sie nicht immer gefördert, beschenkt und geschützt hätte. In einem sind sich alle einig: Den spanischen Don Felipe will man hier nicht!

Und Marie? An ihrer Loyalität zu ihrem Bruder gibt es keine Zweifel, an ihren Fähigkeiten auch schon lange nicht mehr. Aber wie lange wird sie in der Lage sein, die Last allein, ohne den Schutz des Bruders zu tragen? Sie nähert sich den Fünfzig und hat sich nie geschont. Ihr Herz macht ihr seit über zwanzig Jahren immer wieder Schwierigkeiten! Jetzt noch diese Verantwortung und kein Ende der Bedrohung durch Frankreich in Sicht!

Marie selbst befürchtet jedesmal, wenn sie die Tür zum Krankenzimmer des Bruders öffnet, ihn nicht mehr lebend vorzufinden. Er ist oft kaum noch in der Lage zu sprechen. Was soll sie nur tun? Sie muss die ganze Last allein tragen und fest daran glauben, dass Karl sich wieder aufrafft, wie er es noch jedesmal getan hat. Bis dahin muss sie noch durchhalten. Ihr Glaube scheint belohnt zu werden. Langsam, zunächst fast unmerklich bessert sich Karls Zustand ab Ende April. Es ist anzunehmen, dass die Besserung, wie schon mehrfach, einfach daher rührt, dass seine Schwäche ihn zwingt, die angeordnete Diät weitestgehend einzuhalten. Er ist noch immer sehr schwach und blass, aber er kann wieder verständlich sprechen, sich über längere Zeiträume konzentrieren. Marie wird aktiv. Da inzwischen die Gerüchte von seinem Tod ergänzt werden von solchen, die wissen wollen, dass ihn der Wahnsinn seiner Mutter eingeholt habe, beginnt Marie, sorgfältig inszenierte öffentliche Auftritte zu arrangieren.

Brüssel, Frühling 1553

Fast eine Wiederauferstehung!

Nun werden Besuche regelrecht inszeniert. Karls Kopf- und Barthaare werden sorgfältig frisiert, seine Kleider sind nicht mehr die abgetragenen, die er in den letzten Jahren achtlos trug. Sein Sessel wird sorgfältig so vor den Kamin gerückt, dass der rötliche Schein des Feuers die Blässe seines Gesichtes mildert. Die Besucher werden so plaziert, dass sie Karls leise Stimme gut verstehen können. Marie geht letztlich sogar dazu über, Bürger über die Galerie des Audienzsaales defilieren zu lassen, damit diese sehen und berichten können, dass Herzog Carolus lebt!

Nun, da sie von der größten Sorge um den Bruder befreit ist, arbeitet sie wieder aktiv für die Rettung der Niederlande. Mithilfe des getreuen Rœulx, der wegen einer nicht ausheilenden Verwundung nur noch in einer Sänfte bewegt werden kann, stellt sie eine neue Armee auf. Immer wieder gelingt es ihr, den Vertreter der Fugger zu neuen Krediten zu überreden. Unermüdlich im Einsatz, sich immer vor Ort informierend, gelingt es ihr, die Grenzen so zu sichern, dass niemand mehr einen Angriff auf das „Herz der Niederlande“ fürchten muss. Rœulx stirbt darüber. Nun braucht sie einen neuen Oberbefehlshaber. Marie kann weder einen Niederländer noch einen Ausländer wählen, beides wäre Anlass zu Animositäten. In dem jungen Piemont, immerhin einem Prinzen von Geblüt, findet sie einen akzeptablen Kompromisskandidaten.

Christina sieht eine neue Aufgabe für sich
Auch Christina ist mittlerweile in Brüssel angekommen. Ihre einzige Freude in dieser Zeit sind die Briefe ihres kleinen Charles, der am französischen Hof erzogen wird und sehr gute Fortschritte macht. Diese Briefe erfüllen sie aber wegen der Trennung gleichermaßen mit Trauer, und so kennt sie in den sechs Jahren, die sie am Brüsseler Hof weilen wird, nur ein Ziel: Aussöhnung mit Frankreich. Denn das ist der einzige Weg, den Sohn wiederzusehen. Interesse an einer weiteren Ehe ist nicht zu bemerken. Mit Mitte Zwanzig ist sie immer noch schön und begehrenswert, an Freiern mangelt es ihr nach wie vor nicht. Der bedeutendste im Moment ist der König von Navarra. Dann erkühnt sich auch noch Alkibiades. Der Schwager Friedrich von der Pfalz unterstützt diesen Antrag sogar, doch Christina lehnt ihn ab, wie alle anderen.

Exkurs: Sievershausen, Juli 1553
Tod des Moritz von Sachsen
Alkibiades, nicht gewohnt, etwas abgeschlagen zu bekommen, verlässt wütend den Hof und stürzt sich in neue Abenteuer im Reich. 1553 wird Moritz von Sachsen aus den Kämpfen gegen die Türken abkommandiert, um die Armeen der von Alkibiades Raubzügen betroffenen Fürsten zu führen. Moritz soll Alkibiades stellen und seinem Treiben ein Ende machen. Es kommt zu einer veritablen Schlacht zwischen den beiden, die Moritz schließlich gewinnt, in deren Verlauf er aber eine schwere Wunde davonträgt. Er stirbt wenige Tage später, am 11. Juli 1553 in Sievershausen an dieser Verletzung. Er wurde nur zweiunddreißig Jahre alt. Alkibiades flieht nach Frankreich und tritt für zwei Jahre in die Dienste Henri II. Drei Jahre nach seiner Rückkehr nach Deutschland stirbt er in Baden, gerade fünfunddreißig Jahre alt.

Brüssel, Herbst 1553

Don Felipe soll wieder heiraten
Im Laufe des Sommers stabilisiert sich Karls Zustand weiter. Wie immer, wenn er noch nicht ganz auf der Höhe ist, plant er erstmal Hochzeiten zur Sicherung der Dynastie. Von Marie weiß er, wie die Stimmung Don Felipes Nachfolge betreffend in den Niederlanden ist. Der Junge ist jetzt ohnehin schon zu lange Witwer. Der

Vater erteilt strikten Befehl, er solle sich endlich ernsthaft um seine Cousine Maria bemühen. Er soll eine große Mitgift rausschlagen, diese und möglichst viel Gold mitbringen und in Brüssel eine Traumhochzeit feiern. Der erste Sohn muss unbedingt in den Niederlanden geboren werden, damit er dort als nächster seigneur naturel anerkannt wird. Nur wenn er, Don Felipe, diese Anweisungen gewissenhaft und vor allem schnell ausführe, könne die Nachfolge in den Niederlanden gewährleistet werden. Die Niederländer selbst ständen schon in den Startlöchern, um Vetter Maximilian den Titel anzutragen. Diesen Brief muss Marie schreiben, die Hand des Kaisers kann nur mit Mühe die Unterschrift daruntersetzen!

Doña Juana soll endlich heiraten ...
Es wird auch Zeit für die Heirat der jüngsten Tochter. Doña Juana ist 1535 geboren - sie war also vier Jahre, als ihre Mutter Isabel stirbt. Sie und ihre Geschwister werden fortan von einer Freundin ihrer Mutter, der Portugiesin Eleonore Mascereñhas, aufgezogen, die ihnen zu einer wahren Adoptivmutter wird. Sie ist es auch, die nach dem Tode von Don Felipes erster Frau den Säugling Don Carlos in ihre Obhut nimmt. Eleonore Mascereñhas ist eine der ersten Anhängerinnen und Gönnerinnen des Ignatius von Loyola, der in seinen Anfängen der Inquisition noch suspekt ist. Ein Aspekt, der für das Leben Doña Juanas als Erwachsene und Regentin Spaniens von bestimmender Bedeutung sein wird.

In der Zeit, in der Doña Juana im Begriff steht, sich mit dem Thronerben Portugals zu verheiraten, wird sie von Antonio Moro gemalt. Das Porträt hängt noch heute im Prado von Madrid. Sie hat in ihrem Jugendschmelz anscheinend die Schönheit ihrer Mutter und des Großvaters Philipp geerbt. Der Kopf ist schmal, die Nase noch jugendlich unausgeprägt, und die nur schwach ausgebildete Habsburgerlippe gibt dem etwas unkonturierten Gesicht einen persönlichen Charme. Es ist ein stilles, in sich gekehrtes Gesicht, leichte Melancholie liegt darüber.

Toro - Lisboa, Winter 1553 - Sommer 1554

... João Manoel - Fluch zu enger Verwandtschaft?
Nun ist Doña Juana siebzehn und soll endlich Don João Manoel, den Infanten von Portugal heiraten, mit dem sie schon als Kleinkind verlobt wurde. Aus heutiger Sicht ist es schier unglaublich, was Karl dieser noch fast kindlichen Tochter zumutet. João Manoel ist ein Erbe des Wahnsinns des portugiesischen Königshauses,

heißt es, der schon die Mutter der Isabella la Católica in Umnachtung enden ließ. Der Infant hat einen Wasserkopf, schiefe Schultern und wird als „Dreiviertelidiot“ beschrieben, der erst mit vierzehn Jahren zu sprechen beginnt. Noch zur Zeit seiner Heirat verharrt er geistig auf dem Stand eines nicht sehr aufgeweckten Zehnjährigen.

João Manoel ist der Sohn von Karls jüngster Schwester Catalina und dem portugiesischen König João III., Sohn Manoels I. und seiner zweiten Frau Maria, jüngere Tochter der Reyes Católicos. Die Großmütter des künftigen Paares, Juana und Maria, waren also Schwestern. Der Vater der Braut und die Mutter des Bräutigams sind ebenfalls Geschwister.

Dreizehn Monate Ehe

Jedenfalls heiraten diese beiden Infanten am 7. Dezember 1552 in Toro in Portugal, und trotz all seiner Hinfälligkeit muss der Infant wohl zeugungsfähig gewesen sein. Als er am 2. Januar 1554 an Wassersucht stirbt, steht Doña Juana kurz vor der Niederkunft. Sie ist knapp achtzehn und verlängert damit die Tradition der Teenagerwitwen der Casa de Austria. Das Kind, das sie am 20. Januar 1554 zur Welt bringt, ist ein gesunder Junge und wird auf den Namen Sebastião getauft. Doña Juana übergibt das Baby ihrer Tante Catalina zur Pflege und Erziehung. Ihr Vater hat ihr angeboten, anstelle des Bruders Don Felipe die Regentschaft in Spanien zu übernehmen. Für Doña Juana bedarf es kaum eines Augenblicks der Überlegung: Mutterfreuden als Witwe am portugiesischen Hof, wo sich der König noch bester Gesundheit erfreut und sie nie eine aktive Rolle wird spielen können oder Regentschaft in Spanien. Am 12. Juli 1554 ist sie wieder in Spanien und tritt ihr hohes Amt an.

Brüssel - Niederlande, Frühjahr 1553

Marie führt wieder Krieg

Zu Beginn des neuen Jahres ist Karl soweit wiederhergestellt, dass er am 13. Februar eine Ansprache an die in Brüssel versammelten Generalstände halten kann. Es gelingt ihm, die Gefahr eines Franzoseneinfalls so plastisch zu schildern und derart an den Patriotismus der Abgeordneten zu appellieren, dass sie ungewöhnlich hohe Subsidien bewilligen. Da gleichzeitig ein lang erwarteter Goldtransport aus Spanien eintrifft, kann die von Marie aufgestellte Armee reorganisiert und erweitert werden.

Am 20. Juni 1553 wird die Stadt Therouanne erobert, von der François I. immer gesagt hatte, sie sei das „Ruhekissen, auf das der König von Frankreich sein Haupt betten“ könne. Nun, da diese für die Niederlande wirklich bedrohliche Bastion gefallen ist, gibt Karl Befehl, sie zu schleifen. Er bestätigt Emanuel-Philibert von Savoyen, den Sohn seiner Schwägerin Beatriz, in seinem Amt als Oberbefehlshaber. Der junge Mann trägt den martialischen Beinamen: „ Tête de fer“ (Eisenschädel). Seine Herkunft und seine große militärische Begabung machen den jungen Feldherrn für alle als Anführer akzeptabel. Er kann seine Position mit der Eroberung von Hesdin weiter festigen.

Als Henri II. sich im September gegen Cambrai wendet, will der junge Oberbefehlshaber die Entscheidung herbeiführen. Karl lässt sich in der Sänfte zu den Truppen tragen, um mit ihnen gemeinsam dem Angriff der Franzosen standzuhalten. Doch zu mehr als einigen Scharmützeln kommt es nicht, Henri II. weicht der Entscheidungsschlacht aus, zieht sich nach St. Quentin zurück. Eingedenk der Niederlage vor Metz entlässt Karl die Armee - zum Bedauern Savoyens - in die Winterquartiere. Karl arbeitet ohnehin seit dem Sommer an einem ihm im Augenblick viel wichtigeren Projekt.

Der letzte Hochzeitscoup: Don Felipe versus Mary Tudor

London, Sommer 1553

Kindkönig Eduard stirbt

Am 5. Juli stirbt in England der junge König Eduard VI. Natürlich kursieren sofort Gerüchte über einen Giftmord, doch die Autopsie ergibt Lungenschwindsucht als Todesursache, vermutlich ein Erbe seiner Mutter. Karls Nichte Mary Tudor, nach katholischer Auffassung ohnehin einziges legitimes Kind Henrys VIII., bekommt mit dem Tod des Halbbruders ihre Chance auf den Thron. Doch noch ist sie nicht Königin, eine andere macht ihr den Rang streitig.

Eduard war neun Jahre alt, als sein Vater starb und er am 20. Februar 1547 zum König gekrönt wurde. Die Regierungsgeschäfte führte zunächst sein Onkel Somerset, und, nachdem dieser 1550 in Ungnade gefallen war, der Herzog von Northumberland. Eduard ist ein ausgezeichneter Schüler, glänzt besonders in den klassischen Sprachen und interessiert sich sehr für die Religion, soll sogar die englische Reformation mitgestaltet haben. In der Pubertät wird Eduard herrisch und unfreundlich und entwickelt eine äußerst hochmütige Auffassung von seiner königlichen Macht. Seine Halbschwestern Mary und Elisabeth isoliert er in verschiedenen abgelegenen Schlössern.

Jane Grey oder Mary Tudor?

Northumberland kann ihn bei seiner Überheblichkeit packen und ihn dazu bewegen, seine mehr oder weniger legitimen Schwestern von der Thronfolge auszuschließen, obwohl Henry VIII. in seinem letzten Testament bestimmt hatte, Mary solle Eduard auf dem Thron folgen, sollte dieser kinderlos sterben. Die englische Krone soll nun an Northumberlands Schwiegertochter Jane Grey fallen, die älteste Enkelin der älteren Mary Tudor, der Schwester Henrys VIII. Jane Grey wird am 19. Juli zur Königin ausgerufen. Ihre Anhängerschaft ist klein. Die Stunde von Mary Tudor naht.

Brüssel, Sommer 1553

England katholisch?

Die Nachricht von der Möglichkeit einer Rekatholisierung Englands unter Mary Tudor elektrisiert Karl. Sofort denkt er an eine Heirat zur Stärkung des Katholizismus und - natürlich - an eine Erweiterung des Einflussbereichs seiner Dynastie. Welch eine Chance, last but not least, für seine Vorstellung von der universellen Monarchie! War er nicht schon als Kind mit dieser Mary verlobt gewesen? Warum eigentlich war aus dieser Ehe nichts geworden? Nun, er hatte als Erwachsener schlecht warten können, bis die damals Sechsjährige ehereif war! Hätte er sie geheiratet und nicht seine liebliche Isabel, wäre er jetzt König von England und das Erbe seiner Kinder um ein Erkleckliches größer! Wäre diese Ehe zu Stande gekommen, Henry VIII. hätte den Abfall von der Kirche nie gewagt! Könnte er vielleicht mit der Rekatholisierung Englands diese Schlappe und zusätzlich die ausmerzen, die ihm die deutschen Protestanten beigebracht haben? Die Frage der Verheiratung ist bei Mary extrem wichtig, weil es außer Isabella la Católica seit Menschengedenken keine regierende Königin von Bedeutung gegeben hat. Eine unverheiratete Frau als Königin ist - noch - einfach unvorstellbar.

Sofort schickt Karl drei Männer seines Vertrauens nach England, die Mary in seinem Sinne beeinflussen und ihr in allem behilflich sein sollen. Wortführer ist ein Zögling Granvelles. Der Mann trägt den passenden Namen Renard (Fuchs) und löst seinen Auftrag so geschickt, dass er Mary binnen Kurzem unentbehrlich wird. Zunächst macht Renard Northumberland klar, dass der Kaiser nicht zulassen wird, dass man Mary wie einen Bastard behandelt. Als Ferdinand ohne Absprache mit Karl oder Marie seinen zweitgeborenen Sohn Ferdinand als Ehekandidaten anbietet, gibt Mary das Schreiben an Renard weiter. Der setzt sofort eine Absage auf, mit der Begründung, das Parlament fordere von seiner Königin eine englische Heirat. Natürlich schickt er eine Kopie des Werbungsschreiben nach Brüssel. Marie gibt in Brüssel einen Empfang für die englischen Botschafter.

Der Casa de Austrias „Westerweiterung“

Von der Religion mal ganz abgesehen hätte die Verbindung mit England auch riesige praktische Vorteile. Austria hätte quasi ein atlantisches Reich, zwei sichere Küsten für die Transporte aus und nach Übersee! Was ergeben sich da für Möglichkeiten! Geschick und Wagemut können das Steuer noch einmal ganz herumreißen und völlig neue Perspektiven eröffnen. Die seefahrenden Nationen der Spanier, der Niederländer und der Engländer nicht gegen - sondern miteinander! Sie wären unanfechtbare Beherrscher der Weltmeere! Wäre so nicht doch noch die Universalmonarchie möglich?

Adrenalin schwemmt die Gicht aus des Kaisers schmerzenden Knochen. Seine gerade noch finster umwölkte Stirn klärt sich, in der Tiefe der stumpf gewordenen Augen entzündete sich das alte, bezwingende Strahlen. Zur Tat! Die alte bewährte Verbindung Burgund-England neu beleben! Frankreich?! Frankreich wäre wirklich in der Zange! Selbst wenn der deutsche Teil des Reiches an die Familie des Bruders fällt und nicht mehr in dem Maße hinter den Interessen Spaniens steht wie bisher. Einzig Portugal gehört nicht wirklich dazu, aber da sorgen Schwester und Tochter schon für eine moderate Politik. Und wer weiß, vielleicht fällt Portugal ja ganz von selbst in den Schoß der Familie! Gut, er, der Kaiser kann nicht mehr in die Schlacht reiten, aber dynastische Verbindungen aufbauen, das kann er sehr wohl noch! Fanfaren! Hörner!

Exkurs: Mary Tudor
Die Erziehung

Die Tochter Henrys VIII. und Katharinas von Aragón wird am 18. Februar 1516 geboren. Als Sechsjährige wird sie mit dem dreiundzwanzigjährigen Karl verlobt, weil seine Tante Katharina die Einkreisungspolitik gegen Frankreich unterstützt. Mary erhält eine äußerst sorgfältige Erziehung. Sie soll nach dem Willen ihres spanischen Erziehers Luis Vives ein echt humanistischer Blaustrumpf werden. Ritterromane und Schäfergeschichten, die Unterhaltung der eleganten Welt, sind als „libri pestiferi" verpönt! Statt dessen liest Mary die Bibel und die Klassiker, dazu einiges von Erasmus und „Utopia" von Thomas Morus. Unterrichtssprache ist Latein, auch Griechisch wird geübt. Katharina sorgt dafür, daß Französisch, Italienisch und Spanisch gelehrt, zur Laute gesungen und eine natürliche Neigung zu Blumenzucht und Gartenbau gefördert wird.

Scheidungsopfer Mary

Dann kommen in England die Jahre der königlichen Ehewirren. Henry will Mary außer Landes bringen, was Karl jedoch vereitelt. Ob er seiner Cousine damit einen Gefallen tut, bleibt fraglich. Schließlich wird sie zum Bastard und aller Erbrechte für verlustig erklärt. Die Boleyn bekommt ihre Tochter Elisabeth, die nun im Glanz der Erbin strahlt. Mary wird von der verstoßenen Mutter getrennt. Ihr Hofstaat wird aufgelöst und sie selbst dem des Babys Elisabeth eingegliedert. Ihre Papiere werden beschlagnahmt, sie selbst hat etwa die Stellung einer Kammerzofe, wird von ihrer „Stiefmutter" gedemütigt, wo es nur geht. Einzig ihre Bücher lässt man ihr, schreiben darf sie allerdings keine Zeile.

Favoritinnenwechsel

Doch die Zeit der Boleyn verfliegt, Jane Seymour beglückt den König mit einem schwächlichen Sohn, nun ist auch Elisabeth des Königs Ungnade anheimgefallen. Er zwingt Mary - inzwischen zwanzig - ein Pamphlet zu unterzeichnen, das die Ehe der Mutter zum Inszest und sie selbst zum Bastard erklärt. Sie muss dem Papst abschwören und sich Henry als Oberhaupt der anglikanischen Kirche unterwerfen. Doch es gelingt ihr, eine andere Urkunde ausfertigen zu lassen, in der sie erklärt, das alles nur unter Zwang getan zu haben. Eine Abschrift wird dem Kaiser zugestellt. Keiner will sie heiraten, sie umzubringen lohnt sich nicht, man gibt ihr zusammen mit dem anderen „Bastard" Elisabeth eine bescheidene Unterkunft.

Der alte Henry entwickelt Angst vor dem Tod, und seit 1538 darf Mary wieder das königliche Weihnachtsfest „schmücken". Zwar fällt sie noch manchmal in Ungnade, vertritt aber auch zwischendurch den König, zum Beispiel bei den Trauerfeierlichkeiten für Lady Jane Seymour. Mary muss ertragen, daß einige ihrer engsten Freunde auf dem Schaffot enden. Sie erlebt aus nächster Nähe die Vertreibung der Anna von Cleve und die sechste Heirat des Vaters. Sicher wäre Mary auch noch Zeugin der nächsten Hinrichtung einer königlichen Gemahlin geworden, wenn nicht Henry selbst vorher das Zeitliche gesegnet hätte. In seinem letzten Testament setzt der König seinen Sohn Eduard, danach seine Töchter Mary und Elisabeth als Erben der Krone ein!

Eduard ist nur eine Marionette in der Hand seiner Onkel und der Bischöfe, die ihm nie das Testament seines Vaters zeigen. Sie alle steuern einen antipäpstlichen Kurs, und es ist erstaunlich, dass sie Mary unbehelligt lassen. Sie wollen Eduard nicht kränken, der es nie verzeihen würde, legte jemand Hand an mehr oder weniger legitime Mitglieder der königlichen Familie. Letztlich unterzeichnet Eduard aber das erwähnte Testament ab, das Lady Jane Gray zur Erbin erklärt.

Brüssel, Hochsommer 1553

Eine alte Verlobung erneuern?

In seinen Gesprächen mit Marie über das Projekt englische Heirat zeigt Karl plötzlich wieder fast jungenhaften Eifer. Ein Gelingen kann alles wenden! Soll er selbst um die Hand der ehemaligen Verlobten anhalten? Aber, ganz abgesehen davon, dass er überhaupt keine Lust auf Eheleben hat, macht es denn Sinn? Ist er überhaupt noch in der Lage, einen Erben zu zeugen? Im Augenblick geht es ihm prächtig, aber vor ein paar Wochen noch hielt man ihn schon für tot! Mary ist zwar sechzehn Jahre jünger als er, aber immerhin auch schon über dreißig! Was? „Sechsunddreißig!" Marie weiß es genau. Wahrlich nicht das beste Alter, um Kinder zu bekommen. Nun, wenn schon, dann kann da ein jüngerer Mann sicher mehr ausrichten. Also: Don Felipe! Er ist Mitte Zwanzig, also im besten Zeugungsalter!

Don Felipe entloben? Jetzt, da die Sache mit Eleonors portugiesischer Tochter endlich kurz vor dem Abschluss steht? Ob Schwesterchen Catalina ihren João auch dann noch besänftigen kann? Und erst die Lieblingsschwester Eleonor! Sie würde ein weiteres Mal um die Erfüllung ihres liebsten Traumes gebracht. Karl muss mit ihr reden, es ihr erklären, sie wird es verstehen, hat immer alles verstanden, wenn es um die Casa de Austria geht. Sie wird ihm keine Szenen machen. Gut, gut, das dauert alles viel zu lange! Nun, da Cousine Mary Königin wird, gibt es bestimmt noch andere Freier, man muss ihnen zuvorkommen, ihr schreiben. Charmant, schmeichlerisch, diplomatisch ... Feder, Papier! Schnell! Verdammt, die Hand kann die Feder nicht halten! Vermaledeite Gicht! Marie, hilf!

Marie führt ihm die Hand, die Worte fliegen ihm regelrecht zu, er erinnert an ihre Begegnungen in beider Jugend in England, unterbricht sich: „Wann war das eigentlich, als ich mit ihr verlobt war?" Marie weiß es: „Sie war sechs, Ihr dreiundzwanzig Jahre jung, Herr Bruder, mit zwölf sollte Mary Kaiserin werden. Doch Mary ist neun, als wir erfahren, daß Vetter Henry die Tochter, die inzwischen mit eigenem Hof in Ludlow Castle lebt, 1525 an Frankreich verhökern will. Ihr dringt auf Auslieferung der Braut, doch Henry gibt vor, sich von seinem Töchterchen nicht trennen zu können und stellt dem Kaiser frei, sich anderweitig zu binden - was der Kaiser dann ja auch schnell tat, nicht wahr?"

„Jaja, aber wann habe ich sie gesehen? Wann war ich in England?" „Nun, das war 1522 nach Eurer Kaiserkrönung, Ihr wart das zweite Mal auf dem Weg nach Spanien, als die Verlobung verabredet wurde!“ Karl, etwas unwillig: „Na gut, dann sprechen wir eben von anderen Dingen! Von den königlichen Aufgaben, die auf sie zukommen, loben wir sie für ihre Unbeugsamkeit im Glauben, legen wir ihr die Rekatholisierung ans Herz, sprechen Wir von Unserem Vertrauen in sie, erinnern Wir sie an das Blut Isabellas, das in uns beiden fließt, an Isabella, die Granada eroberte und Spanien einte.

Lassen wir einfließen, wie hilfreich es wäre, wenn sie Uns und Unsere Reiche zur Seite, ja zur Verfügung hätte, malen wir aus, wie auch England zu einer großen Seefahrernation werden kann, Seite an Seite mit Spanien … schließen wir etwas sentimental, was alles hätte sein können, hätten Pflicht und Vernunft nicht andere Entscheidungen hinsichtlich der Verlobung von Uns gefordert…“ Marie unterbricht mahnend: „Trag nicht so dick auf, sie war schon sechzehn, als der König sich scheiden ließ, und Ihr nichts zu ihrem und ihrer Mutter Schutz unternommen habt. Sie wird sich daran erinnern, auch wenn das zwanzig Jahre her ist!“ Marie ist angesteckt vom so lange vermissten Eifer des Bruders. „Gut, macht eine Andeutung in Richtung Don Felipe, schreibt, wie über seine Jahre gereift und ernsthaft er ist, endlich ist das mal zu was gut!“ Die Unterschrift kriegt er noch allein hin. Aber der Brief wird der Cousine einsames Herz erwärmen. Da ist er ganz sicher.

Gleich im Anschluss schreibt Karl an den Sohn, respektive lässt schreiben und befiehlt ihm, sofort die Verhandlungen um die portugiesische Heirat abzubrechen und der Königin von England werbende Briefe zu schreiben. Doch das tut der sonst so gehorsame Sohn nicht!

Valladolid, Sommer 1553

Generationsunterschied versus Krone

Ausnahmsweise kann man verstehen, dass Don Felipe nicht gerade begeistert ist. Er hat gerade eine heftige Affäre mit Doña Ana de Ulloa und eigentlich sowieso keine große Lust, sich sein Privatleben durch eine dynastische Heirat komplizieren zu lassen. Natürlich ist er pflichtbewußt genug einzusehen, dass er heiraten muss. Es war schon nicht einfach, sich an den Gedanken zu gewöhnen, die sechs Jahre ältere und als schwierig bekannte portugisische Cousine heimführen zu müssen. Zu oft war sie in den letzten Jahren ver- und entlobt worden. Der ihr am würdigsten erscheinende Freier François de Valois, Dauphin von Frankreich, war über dem politisch bedingten Hin und Her vor über fünfzehn Jahren gestorben. Maria ist inzwischen Anfang Dreißig und gelinde gesagt recht zickig!

Nun soll er die Cousine also gegen eine Tante eintauschen. Elf Jahre älter als er ist sie, eine bigotte alte Jungfer soll sie sein! Wahrlich keine schönen Aussichten! Auch sie ist sicher vom Leben verbittert, vom Vater verleugnet, vom unmündigen Bruder ins gesellschaftliche Abseits gedrängt, als Kind mit seinem übermächtigen Vater verlobt. In ihrer Jugendfrische war sie einst ganz reizvoll, lebendigen Geistes, hochgebildet. Aber nun ist sie fast siebenunddreißig Jahre alt! Eine eher trockene Angelegenheit. Das ist doch schon fast peinlich … aber wenn die Dynastie und der Vater es verlangen, kann er sich nicht quer stellen. Schweren Herzens schreibt er den Brief an Karl, der sein Einverständnis anzeigt. Karl hat nichts anderes erwartet, ist aber doch erleichtert, als er das Schreiben am 22. August in Händen hält. Sofort macht er Don Felipe zum König von Neapel, damit er seiner Braut im Titel ebenbürtig ist.

London, Sommer 1553 bis Anfang 1554

Mary kann ihr königliches Blut nicht leugnen
Denn inzwischen hat sie mit einer Energie und Umsicht gehandelt, die ihr kaum jemand zugetraut hat. Obwohl es Mary Tudor in ihrer Isolation gelungen war, dem Wunsch der Mutter gemäß katholisch zu bleiben, hat sie das Volk auf ihrer Seite. Man muss sich dabei vor Augen halten, dass das Volk zu dieser Zeit in der Mehrzahl noch gut katholisch ist, die Anhänger der englischen Staatskirche gehörten zumeist der Oberschicht an. Northumberland macht den kardinalen Fehler, Mary Tudor nicht gefangenzusetzen. Sie verbirgt sich in den entscheidenden Tagen außerhalb Londons und sammelt dort ihre Anhänger um sich. Am 19. Juli lässt sie sich von diesen ihrerseits zur Königin ausrufen.

Northumberland muss sich der Übermacht beugen und damit hat Mary sich als Königin etabliert. Ihre unfreiwillige Gegenkandidatin und deren ehrgeizige Familie werden gefangengesetzt. Mary lässt viele der Gefangenen der letzten Regierung frei und macht einen von ihnen, Bischof Gardiner von Winchester, zu ihrem Kanzler. Sie kann sich durch ihre maßvolle Zurückhaltung in Fragen der Religion, zu der Karl ihr dringend rät, auch im Parlament eine Mehrheit verschaffen und ihre Beliebtheit beim Volk noch steigern.

Die Jungfer ziert sich

Natürlich gibt es auch einige englische Adelige, die nur zu bereit wären, sich und ihren Familien durch eine Heirat mit der Königin Zugang zur Macht zu verschaffen. Aber Mary ist durch die Wechselfälle ihrer Jugend eine gute Beobachterin geworden und weiß um die Gefahr, die darin liegt, wenn allzu heftige Konkurrenz unter den ersten Familien besteht. Außerdem ist sie nicht bereit, einen Protestanten zu heiraten. Sie weiß, wenn sie eine schrittweise Rekatholisierung durchführen will, braucht sie Schützenhilfe von außen. Die Argumente in den Briefen ihres Cousins Karl sind durchaus stichhaltig. Schade, dass er schon so alt und krank ist, er wäre ein idealer Gatte. So versichert sie, dass sie ihn immer wie einen Vater achten werde. Außerdem fühlt sie sich ihm schon deshalb verbunden, weil sie sich selbst als Spanierin empfindet.

Marie hat ihr ein Porträt des Infanten Don Felipe geschickt. Allerdings nur als Leihgabe, denn bald werde Mary ja „das Original in Händen halten!“- und fürsorglich angemerkt, es sei leider schon einige Jahre alt, und er sei inzwischen viel reifer geworden. Das Bild hängt in Marys Schlafgemach. Sie betrachtet es gern und mit einem angenehmen Schauer. Er ist wirklich ein gut aussehender junger Mann. Sie findet den Gedanken wunderbar, ihn zu heiraten.

Bis sie in den Spiegel schaut. Dann kann sie sich ausmalen, wie seine Jugend ihr Alter unterstreichen wird, wenn er neben ihr steht. Sie hört förmlich das Tuscheln der jungen Gänse in ihrem Hofstaat. Die hübschen Frauen werden sich einen Sport daraus machen, ihren jungen Gatten zu verführen. Man kann es ihm ja nicht mal übelnehmen, wenn er den Angeboten erliegt. Nein, sie kann sich nicht zum Gespött des Hofes und letztlich der ganzen Welt machen. Es muss noch eine andere Lösung geben! Aber auf keinen Fall eine klare Absage, wer weiß, wie sich die Dinge entwickeln …

So schreibt sie Karl, sie fühle sich geehrt, gibt aber zu bedenken, dass das Parlament Schwierigkeiten machen wird. Wie sehr das englische Volk gegen Ausländer eingestellt ist und völlig zu Unrecht natürlich insbesondere gegen Spanier. Sie führt den Altersunterschied ins Feld, aber bei allen Einwänden merkt man doch, sie möchte gern davon überzeugt werden, dass es für sie keine andere Möglichkeit als diese Heirat gibt. Karl findet die überzeugenden Worte und Mary trägt ihr Vorhaben noch vor ihrer Krönung dem Parlament vor. Gleichzeitig lädt sie Marie ein, sie in

England zu besuchen. Doch Marie lehnt mit Hinweis auf die Krankheit des kaiserlichen Bruders bedauernd ab.

Das Parlament ratifiziert den Heiratsvertrag
Das Parlament tritt erneut zusammen, und am 30. November wird Mary Tudor in Westminster zur Königin von England gekrönt. Nun, da ihr Status gesichert ist, verlangt sie erneut die Zustimmung des Parlaments zu ihrer Heirat und erhält sie Anfang des Jahres 1554. Am 12. Januar kann der Heiratsvertrag zwischen Mary Tudor und Don Felipe ratifiziert werden. Bereits im Dezember ist eine Delegation unter Führung des Grafen Egmont aufgebrochen, um offiziell um Marys Hand anzuhalten.

Es wird festgelegt, dass ein Kind aus dieser Ehe künftig über England und die Niederlande herrschen soll, während Don Felipes Sohn aus erster Ehe Don Carlos Spanien, die italienischen Besitzungen und die in Übersee erhalten soll. Sollte die Ehe kinderlos bleiben, sind die Verbindungen zwischen Spanien und England mit dem Tod der Königin gelöst. Don Felipe darf den Titel eines Königs von England tragen, hat aber keine persönliche Regierungsgewalt. Er muss seinen Wohnsitz in England nehmen und darf in seinen Diensten keinen Spanier haben, der in England unerwünscht ist. Ämter und Benefizien dürfen nicht an Ausländer vergeben werden. England darf nicht in die ständigen Kriege zwischen dem Kaiser und Frankreich verwickelt werden. Der Vertrag bringt also nur Ertrag, wenn aus der Ehe ein Kind hervorgeht. Egmont übernimmt den Part des Bräutigams bei der Hochzeit per procuratione.

Nachrichten aus Spanien:
Worauf wartet Don Felipe?
Don Felipe zeigt keine Eile, Spanien zu verlassen und den Vertrag zu erfüllen. Zum einen fesselt ihn noch immer Doña Ana de Ulloa, zum anderen scheint er auf ein Wunder zu hoffen, das ihn von der Einlösung des Heiratsvertrages befreit. Karl schreibt Brandbriefe an den Sohn, an seine Umgebung, man möge ihn endlich zum Aufbruch bewegen.

London, Anfang 1554

Der Wyatt - Riot
Eile tut wahrlich not, denn als Marys Verlobung publik wird, geht ein Aufschrei der Empörung durch das Land, und die Anhänger

der Jane Grey nutzen die Situation zu einem Aufstand, dem sogenannten Wyatt-Riot. Die Erhebung ist so allgemein, dass es scheint, als könne sie den noch nicht sehr gefestigten Thron Marys davonfegen. Doch Mary ist inzwischen entschlossen, ihren Willen durchzusetzen. Mit einer zupackenden Energie, die sehr an Großmama Isabella la Católica erinnert, sammelt sie das Volk um sich. Der ganze Spuk dauert nicht einmal einen Monat, am 8. Februar ist die Revolte niedergeschlagen und der Anführer Wyatt gefangen.

Wyatt, Jane Grey und ihre Anhänger werden zum Tode verurteilt und hingerichtet und mit ihnen fast alle Gegner Marys, die in der ersten Zeit ihrer Herrschaft gefangengesetzt wurden. Zeitzeugen berichten, die Straßen Londons seien voller Gehenkter. Das Ausmaß dieser Strafaktion überschreitet das in diesem nicht gerade zartfühlenden Zeitalter Übliche. Aus dieser Zeit soll der Königin Beiname „Bloody Mary" stammen. Auch Halbschwester Elisabeth wird im Tower festgesetzt, da sie - berechtigt oder nicht - der Teilhabe am Wyatt-Aufstand beschuldigt wird.

Als Renard die Königin um einen Brief an den Bräutigam bittet, erwidert sie noch humorvoll, es sei ja wohl an ihm, den Reigen zu eröffnen. Er habe ja schon die ganze Werbung durch seinen Vater betreiben lassen. Erst als der Bräutigam im Frühling immer noch nicht auftaucht, wird Mary recht ungehalten. Renard fallen als ultima ratio auch nur Geld- und andere Geschenke an die Königin, die Räte und den Hofstaat ein. Karl muss Geld zu vierzig Prozent aufnehmen, um ihm die nötigen Summen anweisen zu können!

Tordesillas - Valladolid, Frühling 1554

Witwe Doña Juana wird Regentin

Don Felipe hat allerdings auch noch einen „ehrenhaften" Grund, seine Abreise zu verzögern. Er muss auf seine Regentin warten. Vater und Sohn sind sich einig, dass nur Doña Juana für diese Aufgabe in Frage kommt. Im Mai endlich ist sie wieder in Spanien, und zusammen besuchen sie noch einmal die Großmutter in Tordesillas. Im Frühjahr hatte Francisco Borja Juana ein zweites Mal aufgesucht, da wieder Klagen über Verletzungen der religiösen Pflichten bei Don Felpe eingeangen waren.

Borja hat sie auf die Ankunft eines neuen Seelsorgers vorbereitet, und sie erkundigte sich interessiert nach dessen Lebensumständen. Vor seiner Abreise nach England überzeugt sich der Enkel selbst vom Zustand der Großmutter. Er weigert sich entschieden, an ihr erneut irgendwelche Exorzismen durchführen zu lassen und überträgt der Schwester neben der Regentschaft auch die Sorge für die Großmutter.

In Valladolid trennen sich die Geschwister. Doña Juana installiert sich als Regentin und erregt einiges Befremden, denn sie erscheint bei Audienzen stets tief verschleiert. Nur, wenn der Gesandte darauf besteht, lüftet sie den Schleier für einen Augenblick, um sich zu identifizieren. Don Felipe eilt nach Compostela, um den Beistand San Yagos für sein Vorhaben zu erflehen und reist weiter nach La Coruña, um sich endlich einzuschiffen. Er hat vom Vater strikte Order, sich nicht länger als eine Woche mit den Hochzeitsfeierlichkeiten aufzuhalten und dann in die Niederlande zu kommen.

La Coruña - Southhampton, Sommer 1554

Don Felipe segelt in die Ehe
Am 13. Juli ist es endlich soweit, Don Felipes Flotte legt ab. Seltsamerweise will seine gesamte engere Umgebung das „englische Abenteuer" mit ihm teilen. Die Herren nehmen sogar ihre Ehefrauen mit, der Dienerschaft allerdings empfiehlt man, erst einmal solo zu reisen und die Entwicklung abzuwarten. Da Don Felipe allein schon mehrere Schlafzimmereinrichtungen mit Himmelbetten in Brokat und Seide mitnimmt, von seiner ungemein umfangreichen Garderobe inklusive diverser Prunkrüstungen gar nicht zu reden, verwundert es nicht, dass die auslaufende Flotte 125 Schiffe umfasst. Jeder der Granden betreibt den gleichen Luxus und braucht ein eigenes Schiff für Garderobe, Möbel, Reittiere und Dienerschaft. Der Abschiedssalut ist so gewaltig, dass La Coruña in seinen Grundmauern erbebt. Nach den Erfahrungen der Zeit hätte es nachdenklich stimmen sollen, dass die Überfahrt ohne jeden Zwischenfall verläuft, und man bereits nach fünf Tagen in Southampton an Land gehen kann.

Winchester - London, Hochsommer 1554

Erster Eindruck: das englische Klima
Bei stürmischem Wind und schräg peitschendem, kalten Regen, einem Vorgeschmack auf das englische Sommerklima, empfangen die Herren des englischen Hochadels den Bräutigam mit allen Ehren inclusive Hosenbandorden und Übergabe eines prachtvollen Schimmels, auf dessen Rücken er durch die Massen der Gaffer in

die Stadt reiten muss. Zum Ärger der Spanier werden sie dort von einem englischen Gefolge und englischer Dienerschaft erwartet, die im Namen der Königin ihren Dienst versehen.

Am 24. Juli formiert man sich zum Ritt nach Winchester, wo die Königin wartet und wo die Trauungszeremonie stattfinden soll. Während Don Felipe in feierlicher Zeremonie den Stadtschlüssel überreicht bekommt, beobachtet ihn Mary durch ein Fenster des königlichen Schlosses. Don Felipe wird im gegenüberliegenden bischöflichen Palais einquartiert. Um zehn Uhr abends erscheint der oberste Kammerherr der Königin und bittet den Bräutigam um einen Antrittsbesuch. Natürlich folgt Don Felipe der Einladung nicht allein, das wäre unschicklich, sondern nimmt seinen engeren Kreis an Höflingen mit. Über die Straße geht es, durch eine verschwiegene Seitenpforte, über regenglitschigen Rasen, von spärlichen Fackeln nur mangelhaft beleuchtet, durch eine Geheimtür und eine enge Wendeltreppe hinan. Ein romantischer Auftakt!

Aug in Aug mit der Tantenbraut

Eine weitere Geheimtür führt die Gruppe in Marys Empfangszimmer, wo sie mit Spannung erwartet wird. Mary schreitet Don Felipe in ihrer schweren samtenen, über und über mit Perlen und Edelsteinen besetzten Hofrobe entgegen. Hals, Mieder, Taille und Finger blitzen vom Feuer der Diamanten, als sie den sich tief Verneigenden nach Landessitte mit Wangenkuss begrüßt. Beleuchtung und Kleidung können ein wenig hinwegtäuschen über die welken Züge und scharfen Kummerfalten. Die spanischen Hofleute beklagen, dass die Königin nicht spanische Tracht trägt, die würde über die Magerkeit ihrer kaum mittelgroßen Gestalt hinwegtäuschen. Das Angenehmste an ihr ist ihre volle, warme Stimme. Die Herren begrüßen die künftige Gemahlin ihres Herrn mit Handkuss, und als das Deflilee und die Vorstellungen vorbei sind, schreiten Mary und Don Felipe zu den erhöhten Thronsesseln unter einem Baldachin. Dort unterhalten sie sich angeregt, was allerdings nur geht, da Mary dank ihrer spanischen Erziehung Don Felipe verstehen kann.

Die Mehrzahl der beiderseitigen Hofleute ist nicht so polyglott wie die Königin, und angeblich entsteht eine munter wirkende Unterhaltung, indem jeder einfach in der ihm geläufigen Sprache auf den anderen einspricht und dabei viel lächelt. Schließlich wäre es vollkommen ungehörig, würden die Hofleute sich anschweigen, und für alle wäre verständlich, was das Brautpaar einander zu sagen hat. Bei dieser ersten Begegnung wird auch noch feierlich die

Urkunde über Don Felipes Einsetzung als König von Neapel verlesen. Queen Mary wird also nicht dem Infanten, sondern dem Rey Don Felipe die Hand zum Bunde reichen. Am nächsten Tag, dem 25. Juli 1554 heiratet Don Felipe seine Tante Mary Tudor in der Kathedrale von Winchester. Es ist der Tag des Schutzpatrons Spaniens. Auf die feierliche Zeremonie folgt natürlich ein Bankett, das Regentin Marie durch eine ganze Schiffsladung in Eis verpackter Wildschweine bereichert hat. Man hat ihr zugetragen, Wildschweinbraten sei Marys Lieblingsessen. Angeblich wäscht man sich danach die Hände in Weißwein statt in Wasser. Ein unerhörter Luxus, wenn die Weinpreise in England schon damals entsprechend horrend waren wie heute! Ein ausgelassener Ball folgt, doch schon um neun Uhr zieht sich das Brautpaar zum ersten Mal in das gemeinsame Gemach zurück. Was dort geschieht, weiß man nicht.

Erst drei Wochen später erfolgt der feierliche Einzug des Paares in London. Um der Stadt ein festliches Gepräge zu geben, hat man sogar die Stangen mit den Köpfen der Hingerichteten des Wyatt-Riot entfernt. Bemerkenswert sind an diesem Einzug die siebenundneunzig Kisten ungemünzten Goldes, die Don Felipe mit in die Ehe bringt und die hier - unter starker Bewachung versteht sich - offen zur Schau gestellt werden. Mary ist ungemein verliebt in ihren von allen als wohlgestaltet beschriebenen jungen Ehegespons. Don Felipe gelingt es dank seiner höfischen Erziehung und seines eher phlegmatischen Temperamentes immerhin, das Dekorum zu wahren, wenn man ihm auch von Anfang an einen Hang zu den jungen Hofdamen nachsagt.

Brüssel, Frühling - Sommer 1554

Was Karl so hört

Natürlich werden Karl und Marie diverse Schilderungen von dieser ersten Begegnung des Paares und dem Eindruck, den der Prinz bei den Engländern erweckt hat, brühwarm nach Brüssel kolportiert. Als ein Kaufmann berichtet, das Auftreten und Aussehen des Prinzen habe die Engländer sehr beeindruckt, und er habe ihre Herzen im Sturm erobert, bemerkt Karl trocken, dass sein Sohn sich dann aber ganz erheblich verändert haben müsse, seit er ihn zuletzt sah. Don Felipes Vertrauter Ruy Gomez befürchtet, auf den Vollzug der Ehe anspielend, es werde „viel göttlicher Beistand nötig sein, um diesen Kelch zu leeren".

Erste Misshelligkeiten erstehen aus dem mit dem besten Willen von der Königin zusammengestellten englischen Hofstaat für den

Gatten. Da Don Felipes Herren ihn begleiten, sind alle Stellen doppelt besetzt, und man steht sich gegenseitig im Weg. Die meisten Spanier nehmen sehr schnell ihren Abschied, und viele gehen in die Niederlande, um sich dort am Kampf gegen Frankreich zu beteiligen. Die Verbleibenden sehen sich in den Straßen Hohn und Spott ausgesetzt und werden nicht selten überfallen und ausgeraubt. Religiöse Eiferer und französische Propaganda malen das Gespenst einer spanischen Invasion, die den Papismus mit Feuer und Schwert wieder einführen will. Von einer sofortigen Weiterfahrt Don Felipes in die Niederlande ist nicht mehr die Rede, obwohl sich die Lage dort immer mehr zuspitzt. Renard meint, wenn der frischgebackene König so früh abreise, bestehe die Gefahr, dass England sich auf die Seite Frankreichs schlage.

Alle Last trägt Marie

Wie schon den vergangenen Winter und das Frühjahr hindurch liegt weiter die ganze Last der Regierungsarbeit auf den schmalen Schultern Maries. Sie bearbeitet die Korrespondenz des Kaisers, das Reich und die englische Heirat betreffend. Als Frankreich im Frühsommer auf der ganzen Länge der Südgrenze immer wieder kleinere Angriffe startet, mobilisiert sie die letzten Kräfte der erschöpften Niederlande. Händler und Restaurants müssen alle Nahrungsmittel an die Truppen abgeben, alle Pferde im Land werden requiriert. Henri II. ist empört über die Hochzeit und beißt wie eine Bulldogge um sich. Der Papst schickt seinen Legaten Pole, um zu vermitteln, doch der scheitert an der Unerbittlichkeit Henris. In Italien wird wieder gekämpft, doch es kommt dort zu keinen wirklichen Entscheidungen.

Der Krieger in der Sänfte

Henris Truppen bedrohen Namur, und Karl ist gezwungen, sich in offener Sänfte dorthin tragen zu lassen. Marie begleitet ihn zu Pferde, von Edelleuten umgeben. Der Jubel der Bevölkerung zeigt, wie hoch man Karl diese Mühe anrechnet. Allein die Tatsache, dass er weißhaarig, gelähmt von Schmerz, vor Fieber zitternd, in einer Sänfte sitzend an der Spitze der Truppen sein strategisches Talent unter Beweis stellt, verhindert die Einnahme der Stadt durch die Franzosen.

Henri II. brennt Maries Schlösser nieder

Während Don Felipe sich endlich bequemt, nach England zu segeln und Karl sich nach Namur quält, stößt Henri II. mit einem Überraschungsangriff in Richtung Brüssel vor. Er erreicht Mariemont und schlägt im Park eigenhändig Holz, um Maries Schloss niederzubrennen. Am nächsten Tag haust er in Binche noch schlimmer. Dort sind die wertvollsten Einrichtungsgegenstände in Sicherheit gebracht worden. Aus Wut darüber lässt der König von Frankreich den wunderschönen Park total verwüsten. Damit verscherzt sich Henri verdientermaßen auch viele Sympathien in den eigenen Reihen. Marie trägt es stoisch, sie schreibt an Arras, sie sei nicht die Frau, ihr Herz an Dinge wie Möbel zu hängen.

Karl zieht sich zurück

Bei Namur nimmt Karl endgültig Abschied vom Kampf und übergibt den Oberbefehl persönlich an Savoyen. Der kurze Kriegszug hat genügt, um Karls Gesundheitszustand wieder rapide zu verschlechtern. Er verweilt einige Zeit in Bethune. Wieder zieht er sich ganz zurück, und wieder kursieren Gerüchte von seinem Tod. Erste Opportunisten brechen nach England auf, um Don Felipe zu berichten, dass das Ende des Kaisers unmittelbar bevorstehe. Früher ein Muster an Selbstbeherrschung schreie Karl wegen seiner Hämorrhoiden bei jeder Bewegung vor Schmerz, könne aber nicht mehr artikuliert sprechen, und die Krankheit verändere seinen Charakter rapide. Karl sei nicht mehr freundlich und charmant, verfalle immer öfter in sprachlose Melancholie, hänge stundenlang finsteren Gedanken nach. Unglaubwürdig werden diese Berichte, wenn davon die Rede ist, dass Karl unablässig seine Uhren auseinandernehme und zusammensetze, damit sie alle im gleichen Takt schlagen. Er kann in dieser Zeit überhaupt nur drei Finger bewegen und diese bestimmt nicht präzise genug, um Uhrmacherwerkzeuge zu handhaben.

Mit dem Reich hat Karl abgeschlossen, er ist dort gescheitert und ihm ist klar, dass es zur in Augsburg 1551 beschlossenen Rotation nie kommen wird. Don Felipe hat dafür ein Reich von London bis Lima. Karl lädt im Juni noch zum Reichstag, stellt Ferdinand gegenüber aber klar, dass er dort nicht mehr persönlich erscheinen wird. Auch der Papst wird geladen. Alle Entscheidungen überantwortet Karl dem Bruder, er ist nur noch nominell Kaiser.

Das Ende?

Marie muss nicht nur die mutwillige Zerstörung ihrer Schlösser verschmerzen, ihr trägt man die Kritik an Savoyens Kriegführung vor. Sie muss sich dafür verantworten. Kaum hält der Herrscher der Welt die Teile des Riesenreiches nicht mehr zusammen, scheint es in alle Einzelteile zu zerfallen - im Eiltempo. Der Streit unter den militärischen Führern ist nicht mehr zu beschwichtigen. Die Niederländer verfallen in Revolten, sie wehren sich gegen die endlosen Kriegssteuern, gegen die Kriege selbst, die Handel und Industrie lahmlegen und Ernten zerstören. Sie fordern persönliche und religiöse Freiheit, wehren sich vehement gegen die Einquartierung ausländischer Soldaten, die dann durch Einsatz von noch mehr Söldnern durchgesetzt werden muss. Es gibt nur einen Weg aus der Misere: Der Krieg muss aufhören, beide Seiten sind ausgelaugt, ein wirklicher Krieg findet längst nicht mehr statt, alles ist nur noch Bestechung und Verrat.

Brüssel, Herbst 1554

Neue Hoffnung

Renard meldet im Herbst eine Schwangerschaft der englischen Königin. Nun kann Karl den Sohn abberufen. Er kann sich zurückziehen, sobald er sicher sein kann, dass der Sohn gereift genug ist, seine gewaltige Aufgabe zu übernehmen und zu erfüllen. Dazu muss er ihn sehen. Doch Don Felipe hat nicht genug Geld, seine Schulden in England zu bezahlen, geschweige denn für einen angemessenen Einzug in den Niederlanden. Marie ist es schließlich, die in Antwerpen noch etwas auftreiben kann.

Don Felipe trifft den Vater in Bethune. Sie führen lange Gespräche ohne Zeugen, doch es liegt auf der Hand, dass Karl dem Sohn seine Absicht abzudanken unterbreitet. Der Sohn wird keine Einwände haben. Beide sind sich einig, dass Marie unbedingt Regentin der Niederlande bleiben muss, denn Don Felipes Besuch kann nur kurz sein. Mary hat ihn schweren Herzen ziehen lassen und bombardiert ihn - man möchte fast sagen, schon vor seiner Ankunft - mit immer dringlicher werdenden Bitten um baldige Rückkehr. Vater und Sohn hoffen auf eine gesunde Niederkunft und einen ebensolchen Erben, das wird dem jungen König größere Bewegungsfreiheit geben.

Karl im Gartenhaus

Nach des Sohnes Abreise bricht Karl von Bethune auf. Schon in Arras zwingt ihn die Gicht zu einer Rast. Am 9. Oktober erst erreicht er Brüssel. Dort bezeugt Karl seinen Rückzug durch einen Umzug. Er kehrt nicht in seine Suite im Palast zurück, sondern lässt sich ein einstöckiges Gartenhaus am Ende des Parks, nahe dem Leuwener Tor nach seinem Geschmack einrichten. Das heißt vor allem mit Öfen ausstatten, die eine Bullenhitze erzeugen. Dorthin lässt er sich seine Papiere und persönlichen Habseligkeiten bringen.

Erstmalig teilt er sich seine Zeit selber ein, arbeitet nur noch einige wenige Stunden am Tag. Er widmet sich der Mechanik und dem Gebet. Er bemüht sich, die von den Ärzten vorgeschriebene Diät zu halten und hat doch immer wieder Abende, an denen er gleichzeitig glühend heißen Punsch und eisgekühlte Melone zu sich nimmt. Vielleicht wäre es wirklich besser für ihn gewesen, er hätte mehr den Freuden der Liebe gefrönt als den leiblichen Genüssen in Form von Extremernährung zu verfallen. Die Tagesgeschäfte für alle Teile seines Reiches überlässt er endgültig Marie und den Beratern Arras und de Praet.

Tod in Tordesillas - Befreiung von der Last

Brüssel, Winter 1554 / 1555

Karl lässt sich Zeit

In seinem Gartenhaus in Brüssel muss Karl endlich nicht mehr ständig gehetzt am Puls der Zeit sein, er lässt die Dinge einfach geschehen. Er wird weiterhin informiert, muss aber nicht mehr sofort reagieren, überdenkt die Dinge länger, macht Pläne für seine Zukunft. Er gibt den Auftrag zum Bau seines Refugiums in Spanien, er hat die Sierra de Gredos gewählt, ein unwegsames Gebiet am Rande der Estremadura, es ist nicht klar, ob er das Kloster San Yuste und die unmittelbare Umgebung aus eigener Anschauung kennt oder ob es ihm nur empfohlen wurde.

Er gibt ein schlichtes Landhaus in unmittelbarer Nähe des Klosters in Auftrag, soll auch selbst Zeichnungen gemacht oder machen lassen haben, wie er sich seinen Alterssitz vorstellt. Daneben sucht er nach Wegen, zu einem Frieden mit Frankreich zu gelangen. Er will seinem Sohn eine geordnete, sichere Welt übergeben. Fröstelnd sitzt Karl am Kamin, die flackernden Flammen können ihn nicht mehr wärmen, selbst wenn seine Räte schon zu braten meinen. Er berät alle Formalia seiner Abdankung hauptsächlich mit Marie und Arras.

Eleonor, immer voller Verständnis

Häufig sucht er das Gespräch mit seiner Schwester Eleonor, die ihm die Auflösung der Verlobung ihrer Tochter verziehen hat und seinen Wunsch nach Ruhe versteht. Auch sie möchte nach Spanien zurückkehren. Dort hofft sie, ein näheres Verhältnis zu ihrer Tochter aufbauen zu können. Maria ist inzwischen eine Frau von Mitte Dreißig und immer noch unverheiratet. Ein Zustand, den sich Eleonor nur schwer vorstellen kann. Sie möchte andererseits aber auch mit ihrer Schwester Marie zusammenleben, oder zumindest in deren Nähe sein. So unterschiedlich die Schwestern auch sind, eines verbindet sie: beide haben ihr Leben als erwachsene Frauen im Dienste der Familie nach den Wünschen des Bruders gelebt. Marie ist durchaus bereit Spanien kennenzulernen, sie ist immer noch neugierig. Außerdem ist ihr klar, dass sie in den Niederlanden nach fast fünfundzwanzig Jahren Regentschaft nie wirklich Privatperson sein wird.

Depeschen aus Rom, Frühjahr 1555:
Papstwechsel

Natürlich steht die Welt nicht still, während der Herr der Welt den Rückzug plant. In Rom stirbt am 23. März 1555 Papst Julius III. zur Unzeit. Zum Nachfolger wählt das Konklave Marcello Cervini, doch der überlebt seine Wahl nicht einmal einen Monat. Am 9. April ist er Papst und am 30. April bereits tot. Das Geschacher beginnt von Neuem. Don Felipe mischt sich auf unangemessene Weise ein und schreibt Briefe, die Karl sehr konsterniert zur Kenntnis nimmt. Don Felipe will die Wahl des „bösen Mannes", wie er den Kandidaten Caraffa nennt, verhindern.

Nie habe er sich als Kaiser so plump in eine so delikate Angelegenheit wie die Papstwahl gemischt, weist Karl den Sohn zurecht. Hat der Kerl überhaupt jemals zugehört, wenn er ihm zu erklären versuchte, was eine gute Regierung ausmacht? War er mit Tadel zu zurückhaltend, hat er das zarte Gemüt des Sohnes zu sehr geschont? Doch auch diesmal zögert der Kaiser, Don Felipe öffentlich zurechtzuweisen. Er hält die Briefe fest, bis sie zu spät ankommen.

Sie erreichen Rom erst, als der neunundsechzigjährige Caraffa, der sich bezeichnenderweise Paul IV. nennen wird, bereits gewählt ist (23. Mai 1555). Er ist ein erklärter Feind Karls und seines Sohnes und steht voll auf Seiten Frankreichs. Allerdings ist er auch der erste Papst seit sechzig Jahren, dem wirklich an einer Reform der Kirche gelegen ist. Wie gut hätte man zu einer anderen Zeit und unter anderen Umständen mit ihm zusammenarbeiten können! Für Henri II. ist diese Papstwahl natürlich ein Gottesgeschenk. Sofort bricht er den vertraglich nicht gesicherten Frieden und erklärt sich zu einer finalen Schlacht gegen den Kaiser bereit. Kardinal Guise eilt nach Rom, um ein Bündnis mit dem Papst abzuschließen. Natürlich flammen sofort die Kämpfe in Italien wieder auf.

Alba vor Rom

Der neue Papst beauftragt in seinem Hass auf die Casa de Austria die Inquisition, eine Anklage gegen Karl und seinen Sohn vorzubereiten, die auf die Exkommunikation der beiden abzielt. Er beruft sich auf die Augsburger Dekrete, die angeblich beweisen, dass Karl ein Schismatiker und Helfershelfer der Häresie ist. Er scheut sich nicht, Don Felipe das Erbfolgerecht für Spanien abzusprechen, erklärt die Spanier insgesamt zu einer Brut der Mauren und Juden. Ihm ist wirklich jedes Mittel recht, um Spanien und seiner Dynastie zu schaden. Der Vollständigkeit halber sei erwähnt, dass ein Urteil in diesen Dingen nie formuliert, geschweige denn verhängt wurde. Karl V. wurde nie exkommuniziert.

Karl fühlt sich allenfalls noch in Fragen des Dogmas an den Papst gebunden und fasst es kaum: Wie kann dieser Papst wagen, was keiner seiner Vorgänger gewagt hat: ihm mit der Exkommunikation zu drohen? Der Kaiser befiehlt Alba, der derzeitig als Vizekönig in Neapel residiert, auf Rom zu marschieren und diesem Papst den Kopf zurecht zu setzen. Auf einen zweiten sacco kommt es ihm längst nicht mehr an.

Paul IV. sieht die Kirchenreform als innerkatholische Angelegenheit. Er verbietet den Protestanten die Teilnahme am Konzil, will sie alle als Ketzer verurteilt und gerichtet sehen. Innerkirchlich allerdings kehrt er mit eisernem Besen: er verbietet Priestern das Konkubinat, vertreibt die Huren und Parasiten, die auf Kosten der Kirche leben, aus Rom. Er verbietet den Verkauf von Bistümern, schickt die Prälaten in ihre Diözesen und die Mönche in ihre Klöster zurück. Das ist in der Sache sicher gut, doch nicht mehr die Art und Weise, wie man in Karls Sinne zu einem Konsens kommen kann. Also lässt Kaiser Karl V. das unter Papst Julius begonnene Konzil erneut zusammentreten. Konfuse Welt!

Tordesillas, Anfang 1555

Königin Juana hilflos

Zu Beginn des Jahres 1555 verordnet man Königin Juana heiße Bäder gegen die schmerzhaften Schwellungen an den Gelenken des Bewegungsapparates. Sie ist seit längerem teilweise gelähmt und kaum zu bewegen, auf ihrem Bett die Lage zu verändern. Aus Unachtsamkeit oder Bosheit ist eines dieser Bäder so heiß, dass der untere Teil des Rückens und das Gesäß verbrüht werden. Die entstehenden Brandblasen vereiteren und verursachen ihr solche Qualen, dass sie sich nicht mehr waschen lässt. Infektionen breiten sich aus, und sie bekommt hohes Fieber, leidet an unerträglichem Durst. Die Medikamente der Ärzte helfen nichts, Mitte März verfärben sich die vereiterten Stellen zu unheilvollem Schwarz. Nun, da es eigentlich zu spät ist, brennt man die Entzündung aus, was natürlich wiederum mit grauenvollen Schmerzen verbunden ist. Danach lässt Juana niemanden mehr auch nur in ihre Nähe. Da sie sich nun überhaupt nicht mehr reinigen lässt, greifen die Entzündungen binnen Tagen auf den ganzen Körper über. Das Fieber steigt, die Patientin kann keinerlei Nahrung mehr bei sich behalten.

Endlich benachrichtigt man die Enkelin und Regentin Doña Juana. Sofort eilt sie mit ihren besten Medizinern nach Tordesillas. Doch die Großmutter will sie nicht sehen, dreht sich mit dem Gesicht zur Wand, als man ihr den Besuch der Enkelin meldet. Doña Juana gibt nicht gleich auf, sie scheint solche Reaktionen gewohnt zu sein. Anfang April lässt sie Pater Francisco (Borja) holen, der es in den letzten Jahren mehrfach geschafft hat, die alte Königin aus ihrer abweisenden Haltung zu lösen.

Bekommt Königin Juana die Kommunion?
Auch diesmal gelingt es ihm, Juana zum Zuhören zu bewegen. Sie spricht ganz normal mit dem ihr vertrauten Jesuiten. Sie scheint zu wissen, wie es um sie steht. Die Königin bedauert ihre Fehler und beklagt die zeitweilige Verwirrung ihres Geistes. Sie sagt die verlangten Glaubensartikel auf, und Borja könnte ihr nun die Kommunion gewähren, bekommt aber Skrupel und will sich erst mit anderen Geistlichen besprechen. Keiner wagt zu entscheiden, ob die Königin zurechnungsfähig und damit kommunionfähig ist oder nicht. Man beschließt, de Soto aus Salamanca hinzuzuziehen.

Der kommt am 11. April, die Zeit drängt, der Zustand Juanas verschlechtert sich zusehends. De Soto spricht mit der Königin zunächst coram publico, dann bleibt er mit ihr allein. Er kommt zu dem Ergebnis, dass die Königin als normal anzusehen ist. Dennoch beschließen die geistlichen Herren, ihr das Allerheiligste nicht zu gewähren, wohl aber die Letzte Ölung. Vielleicht wird diese Entscheidung aber nicht aufgrund von Restzweifeln am Geisteszustand der Bedauernswerten gefällt, sondern schlicht aufgrund der Tatsache, dass sie in diesen letzten Stunden ständig erbrechen muss.

Königin Juanas Tod
Am Karfreitagmorgen, dem 12. April 1555, stirbt Juana mit dem Ausruf „Jesus, steh mir bei!“. Sie ist sechsundsiebzig Jahre alt geworden. Seit dem 15. Februar 1509 war sie in Tordesillas eingeschlossen - fast ein halbes Jahrhundert. Bis zu ihrem Todestag war sie nominell Königin von Kastilien, Aragón etc. Endlich ist Karl alleiniger Inhaber der spanischen Kronen, endlich kann er auch moralisch aus eigenem Ermessen über sie verfügen.

Juana wird im Kloster Santa Clara in Tordesillas beigesetzt. 1574 wird Rey Felipe II. sie in den Escorial überführen lassen, es sich dann aber doch noch einmal anders überlegen und die Gebeine der Großmutter mit einem prächtigen Trauerzug neunzehn Tage über Land nach Granada schicken, wo sie ihren letzten Platz auf dieser Welt endlich an der Seite des über alles geliebten Gatten erhält. Der Trauerkondukt soll in ein heftiges Unwetter mit Sturm, Blitz und Hagel geraten sein, ein furioser Nachtrag zu einem dramatischen Leben, über das viel Fragen für immer offen bleiben werden.

London, im Jahre 1555

Don Felipe zwischen Heiligenschein und Erpressung
Legat Pole ist noch von Papst Julius beauftragt, England wieder in den Schoß der Kirche zurückzuführen. Mit seinem Auftreten endet die moderate Behandlung dieser diffizielen Angelegenheit, die Mary auf Anraten von Karl hat walten lassen. Am 4. Februar brennt der erste Häretiker in England. Ein historisches Paradoxon am Rande: Obwohl sowohl Mary als auch Don Felipe diese harte Gangart vermeiden, solange es in ihrer Macht steht, machen diese Flammen Mary in den Augen der Protestanten endgültig zur „Blutigen Maria" und verleihen Don Felipe in der katholischen Welt einen Heiligenschein.

Im Laufe des Juli kann Mary Tudor nicht mehr verheimlichen, was sie selbst seit langem weiß: Sie wird kein Kind gebären, alles war nur Wunschdenken, eine nervöse Scheinschwangerschaft. In England sieht man deutlich, dass eine tatsächliche Schwangerschaft fast unmöglich sein wird und diskutiert die Nachfolge. Ganz oben auf der Kandidatenliste steht Elisabeth, die Tochter der Anna Boleyn. Don Felipe ist allenfalls als Gatte der Nachfolgerin Marys im Gespräch. Er beginnt Mary unter Druck zu setzen, sie soll beim Parlament seine Nachfolge durchsetzen, andernfalls wird er England für immer verlassen. Ihm ist klar, dass das ein bißchen viel verlangt ist und beginnt dennoch im August seine Abreise vorzubereiten. Seine Räte sollen sich einen Reisegrund einfallen lassen, den die Königin akzeptieren muss. Anfang September reist er ab. Im Dezember wird er seinen Hof, soweit er ihn nicht begleitet, nach Flandern zitieren.

Karl prüft Don Felipe

Don Felipe trifft den Vater am 8. September auf Schloss Rœulx. Er kann nach seinem eigenmächtigen Aufbruch nur noch hoffen, dass England sich auf seiner Seite an der unausweichlichen Auseinandersetzung mit Frankreich beteiligt. Karl seinerseits muss endlich wissen, ob Don Felipe inzwischen die nötige Reife hat, um den ihm zugedachten Teil der Ämter und Würden des Vaters zu übernehmen. Hat Marie wirklich Recht, die in dem verschlossenen und oft verdrießlichen Don Felipe die Entwicklung zum pedantischen Tyrannen zu erkennen glaubt, der nie die Kardinaltugenden eines guten Herrschers erlernen wird: Sich fähige Mitarbeiter auszuwählen, heranzuziehen und Aufgaben zu delegieren. Wird Don Felipe wirklich so in seinem Misstrauen gegen jedermann gefangen sein, dass er alles und jedes selbst machen und beurteilen will? Karls Bedenken sind nicht ausgeräumt, seine Abdankung soll dennoch erfolgen.

Marie will Waffenstillstand und Ablösung

Marie dringt darauf, dass vor der Abdankung ein Waffenstillstand mit Frankreich ausgehandelt wird. Auch wenn Karl derzeit allenfalls auf seinem zahmen Maultier im Park reitet, bedeutet allein schon die Anwesenheit seiner Person in den Niederlanden soviel wie eine ganze Armee. Sie will das Gewicht seiner Persönlichkeit noch nutzen, um einen möglichst günstigen Frieden aushandeln zu können. Auch das traut sie dem Neffen allein nicht zu.

Vater und Sohn sind sich einig wie selten in der Überzeugung, dass Marie weiter Regentin der Niederlande bleiben soll. Doch diesmal bleibt die immer willige Schwester unbeugsam. Sie wird zurücktreten - genau wie der Bruder! Karl will sie bei ihrem Gewissen packen und behauptet, es sei ihre Schuld, wenn dem Neffen durch ihren Rücktritt die Niederlande verloren gingen. Doch sie lässt sich nicht übertölpeln. Sie weiß genau, wenn sie jetzt nicht geht, kann nur noch der Tod sie von der inzwischen mehr als lästigen Pflicht befreien.

Sie verlässt sich nicht auf die verbale Auseinandersetzung, sondern verfasst ein Memorandum, in dem sie aufzählt, wie oft sie sich schon zum Bleiben hat überreden lassen und gegen welche Widrigkeiten sie immer wieder ihre Pflicht erfüllt hat. Jetzt wird Don Felipe der Herzog, und nun kann sie gehen, es ist ihr immer wieder versprochen worden. Gegen ihren Wunsch hat sie sich bereit erklärt, solange zu bleiben, bis der Erbe zur Übernahme bereit ist. Dieser Zeitpunkt ist nun erreicht, und es hieße Gott versuchen, wenn sie dennoch bliebe. Ihre Kräfte sind verbraucht.

Noch einmal spricht sie aus, was ihr all die Jahre das Leben so schwer machte: „Regent sein ist schwieriger als in eigener Verantwortung vor Gott zu herrschen, denn immer muss man es dem eigentlichen Herrscher und dem Volk gleichermaßen recht machen und wann immer etwas schlecht ausgeht, suchen alle die Schuld beim Regenten!"

Auch von dem Manko, in Zeiten des Krieges eine Frau zu sein, spricht sie noch einmal, davon, wie sie alles leisten musste, aber nie die wirkliche Befehlsgewalt beanspruchen konnte. Sie mahnt den Bruder, sich zu erinnern, dass sie zwar oft mehr getan habe „als einer Frau ansteht", dass es aber dennoch immer wieder Situationen gegeben habe, die ohne seine Anwesenheit nicht zu bereinigen waren.

Marie fordert ein Recht auf Privatleben

Er möge endlich einsehen, dass sie bei aller Liebe und Verantwortung für die Casa de Austria und seine Person keine Lust mehr habe, in ihrem Alter das ABC noch einmal neu zu lernen. Das sei erforderlich, da in den Niederlanden eine neue Generation die Führung übernommen habe. Das zumindest sollte Karl einsehen, das ist ja auch genau sein Problem: Ringsum ist die nächste Generation am Ruder! Außerdem sei sie nun fünfzig Jahre alt und habe nach vierundzwanzig Jahren Dienst auch etwas Ruhe verdient. Immer habe sie sich gewünscht, endlich einmal die Mutter kennen zu lernen, dazu sei es nun zu spät. Aber sie will wenigstens einmal Privatperson sein, mit Regieren nichts mehr zu tun haben. Sie sei ihm die beste Dienerin gewesen, die ein Souverän sich wünschen kann. Das meint sie ohne Überheblichkeit von sich sagen zu können, und sie fordere für all die Jahre geleisteten Dienstes nicht mehr als Ruhe für die wenigen, ihr noch verbleibenden Jahre.

Eleonor und sie haben beschlossen, die letzten Jahre gemeinsam zu verbringen, und Eleonor möchte gern nach Spanien, um ihrer Tochter nahe zu sein. Sie kenne Spanien nicht und würde es gern kennenlernen. Außerdem ist sie überzeugt, in jedem Land leben zu können, das zu den Reichen des Bruders, respektive der Casa de Austria gehört. Zurückkommen könne sie immer noch, wenn es ihr nicht gefallen sollte, sie keine Freunde finden oder Eleonor vor ihr sterben würde.

Die Niederländer verblüfft - über sich selbst

Die Nachricht von Maries Rücktrittswunsch schlägt in den Niederlanden wie ein Bombe ein. Man weiß, dass sie oft mit Rücktritt gedroht hat, spürt aber, dass es ihr diesmal ernst ist. Das ist eine Katastrophe, schlimmer als eine Überschwemmung, als ein Verlust der gesamten Handelsflotte! Man hat sie nie geliebt, wahrlich nicht! Man hat sie gefürchtet und als Symbol der habsburgischen Herrschaft auch gehasst, aber man hat im Laufe der Jahre vor allem ihre Qualitäten schätzen gelernt. Man weiß, dass sie die beste „Fachfrau" für niederländische Angelegenheiten ist, die es je gab und geben wird.

Wenn alles ins Wanken geriet, war sie eine verlässliche Konstante. Sie hat bei aller Abhängigkeit vom kaiserlichen Bruder doch immer die Bedürfnisse der Niederlande im Blick, ihr Sinn für das Machbare ist unübertroffen. Ihre persönliche Unerschrockenheit hat imponiert, auch wenn man sie als unweiblich geißelte, sie ein Mannweib nannte oder auf Französisch, da klingt alles etwas charmanter „un peu homasse". Sie hat leider nicht die Fähigkeit ihrer Tante und Vorgängerin, Autorität durch Liebenswürdigkeit zu mildern. Sie hat den spanischen Stolz der Mutter geerbt und nicht die burgundisch-flämische Herzlichkeit des Vaters. Niemand weiß das besser als Marie selbst. „Ich erken mein wunderlich kopf", schrieb sie in ihrem krausen, rein phonetischen Deutsch an den Bruder Ferdinand, der sie um die Weiterführung der Regentschaft in Ungarn bat.

Man fürchtet, die Zukunft wird ein einziges Chaos, zumal nun feststeht, dass der goude Carolus seine Niederlande allen Ernstes diesem unsäglichen Don Felipe überantworten wird! Die Würfel sind gefallen. Als letzte Amtshandlung arrangiert Marie von Ungarn, geborene Erzherzogin von Österreich, Königin von Ungarn, vierundzwanzig Jahre Regentin der Niederlande, für ihren Bruder dessen und die eigene Abdankungsfeier. Auch wieder ein recht ungewöhnliches Unterfangen. Ähnliches hat es in Burgund erst einmal gegeben, als Jean le Bon seinem Sohn Charles le Téméraire die Regierungsgeschäfte übergab, um sich fortan seinen Liebhabereien und seinem Mäzenatentum widmen zu können. Jean blieb allerdings im Lande und nahm weiterhin am Hofleben teil. Karl jedoch will sich ins ferne Spanien zurückziehen, seinen Abschied vom Herrschertum nehmen.

Der Reichstag schließt Frieden

In Augsburg tagt im Sommer 1555 endlich der lang erwartete Reichstag unter dem Vorsitz Ferdinands. Karl schickt einen Boten dorthin, der seine Abdankungsabsicht bekannt gibt. Der Religionsfriede, der die Maxime „Cujus regio, ejus religio“ für das Reich festschreibt, wird geschlossen. Die Untertanen, die mit der Religion ihres Landesherrn nicht einverstanden sind, dürfen in ein Land ihrer Religion abwandern. Damit ist das Ende von Karls universellem Traum festgeschrieben. Vierzig Jahre umsonst gekämpft! Für Karl gibt es endgültig kein Halten mehr! Er will zurück nach Spanien, das von diesen Ideen noch nicht verseucht ist. Will endlich von den ganzen Querelen mit Frankreich nichts mehr wissen. Will nur noch meditieren, sich auf das Ende vorbereiten.

Vielleicht spürt er jetzt auch eine gewisse Erleichterung, dass er seinen Willen, die Nachfolge seines Sohnes im Reich betreffend, nicht durchsetzen konnte. Don Felipe hätte nach diesem Augsburger Reichstag die Protestanten als gleichberechtigte Partner anerkennen müssen, und er scheut doch so gewaltig vor jeder Berührung mit Häretikern zurück! Im Einvernehmen mit Ferdinand und Maximilian behält Karl den Kaisertitel noch bei. Ferdinand will sich nach Recht und Tradition von den Kurfürsten wählen lassen.

Die große Abdankungszeremonie

Zum Abschluss will Karl noch einmal zeigen, dass sein Ursprung in Burgund liegt. Deshalb gibt er am 20. Oktober 1555 den Vorsitz im Orden vom Goldenen Vlies auf und lässt ihn auf seinen Sohn übertragen. Das geschieht natürlich im Rahmen eines gigantischen Festes. Am 22. Oktober erfolgt Karls Abdankung als Herzog von Burgund, Herrscher der Niederlande. Dieses außergewöhnliche Spektakel vermischt in grandioser Weise mittelalterliche Aspekte mit Charakteristika der Renaissance unter Vorwegnahme barocker Elemente. Das Ganze findet im großen Saal des Brüsseler Schlosses statt. Anwesend sind die Mitglieder der Generalstände der Niederlande und all jene, die in den letzten Jahren zum kaiserlichen Hof gehörten, auch die Räte und einige Granden Spaniens, die Ritter des Ordens vom Goldenen Vlies und die Botschafter aller europäischen Höfe. Insgesamt drängen sich an die Tausend geladene Gäste, und dennoch ist im hinteren Drittel des Saales noch Platz für Zeitzeugen aus dem Volk.

Für Karl ist diese Veranstaltung der Abschied von all seinen Herrschaften, nicht nur von den Niederlanden. In Brüssel, in diesem Saal trat er mit seiner Volljährigkeitserklärung sein Leben als Souverän an, hier wird er es enden lassen, hier soll der Kreis sich schließen. Wenn er den Saal wieder verlässt, ist er nicht mehr der Herrscher, sondern nur der Mensch Karl.

Der Kaiser ist wie seit vielen Jahren ganz in Schwarz gekleidet als er den Saal betritt, nachdem alle Versammelten ihren Platz gefunden haben. Karl geht langsam und vorsichtig. Die eine Hand stützt er auf seinen Stock, die andere auf die Schulter des jungen Orange, den er sehr mag. Noch weiß niemand, dass dieser Jüngling ein erbitterter Gegner der spanischen Herrschaft über die Niederlande werden und ihr die nördlichen Provinzen entreißen wird! Hinter Karl schreitet mit typisch abweisenden Gesicht Don Felipe, König von Neapel und nominell König von England.

Bezeichnend, dass nur drei Frauen im ganzen Saal anwesend sind: Regentin Marie, Ex-Königin von Ungarn, Eleonor, Ex-Königin von Frankreich, und Nichte Christina, Herzogin von Lothringen. Auf einem zeitgenössischen Bild steht Christina neben dem Stuhl der Regentin und lauscht andächtig der Rede des Onkels. Bruder Ferdinand ist nicht erschienen, er lässt sich durch seinen Zweitgeborenen vertreten. Karl geht sichtlich mühsam durch den Saal bis zu einer sechs Stufen hohen Estrade. Unter wappengeschmücktem Baldachin warten drei Sessel auf Karl, Marie und Don Felipe. Als Karl sitzt, trägt ein Mitglied des Geheimen Rates Karls Gründe für die Abdankung vor und verliest feierlich die Abdankungsurkunde.

Karls Rede

Nun ergreift Karl selbst das Wort, er bleibt dabei sitzen, setzt seine Brille auf. In der Hand hält er einen kleinen Zettel mit Stichworten. Er spricht frei, wie er es seit seiner Osterrede in Rom vor fast zwanzig Jahren bei großen Anlässen immer getan hat. Das Sprechen fällt ihm schwerer den je, es ist nicht nur die Deformation seines Kiefers, die ihn hindert. Seit langem hat er keine Zähne mehr. Doch er lässt sich davon nicht beirren. Man spürt, dass es ihm ein Bedürfnis ist, sein Leben im Dienste seiner Verpflichtung Revue passieren zu lassen, seine Entscheidungen, seine Taten, seine Unterlassungen zu rechtfertigen. Er ist bemüht, seine Absichten, seine Erfolge und Misserfolge präzise darzustellen, zu analysieren.

Er beginnt damit, dass es ziemlich genau vierzig Jahre her ist, dass in diesem Saal seine Volljährigkeit erklärt wurde und er seine Herrschaft als Herzog von Burgund begann. Wie er in der Nachfolge seiner Großväter erst die königliche Krone Spaniens und bald darauf die kaiserliche des Reiches übernahm, nicht aus eigenen Ambitionen, sondern als Verpflichtung seiner Herkunft. Sein Ziel war immer, die Christenheit einig zu halten und gegen die Türken zu verteidigen, wie er all seine Staaten gegen ihre Feinde verteidigt hat. Ohne Rücksicht auf seine persönlichen Wünsche und seine Gesundheit - das Ergebnis sei ja deutlich zu sehen und zu hören - sei er in Erfüllung dieser Mission zehnmal in die Niederlande, neunmal nach Deutschland, siebenmal nach Italien, sechsmal nach Spanien, viermal nach Frankreich, zweimal nach England und zweimal nach Afrika gereist.

Auf zahllosen Reisen, die manchmal eher Expeditionen waren, hat er sein Leben und all seine Kraft in den Dienst seiner Ideen und die Pflicht seiner Ämter gestellt und dabei immer nach seinem Gewissen gehandelt. Er wurde oft zum Krieg gezwungen, was ihn umso mehr schmerzte, als es ihn immer wieder von der Erreichung seiner eigentlichen Ziele abhielt. Er sei mit großen Hoffnungen angetreten, von denen sich nur wenige erfüllten - auch deshalb sei es Zeit zu gehen. Er bedauere nur, gehen zu müssen, bevor der Friede wieder hergestellt sei, das sei sehr schmerzlich. Aber er habe eigentlich schon viel früher gehen wollen, es aber nicht gekonnt, weil seine Mutter zu krank und sein Sohn zu jung war. Nun aber sei seine Mutter tot und sein Sohn gut in der Lage, die Sorge für das Wohl seiner Völker zu übernehmen. Er endet in der ihm eigenen Noblesse:

„Ich weiß, dass ich Fehler gemacht habe, sei es aus der Unerfahrenheit der Jugend heraus, sei es aus dem Dünkel des höheren Alters, sei es aus der Unzulänglichkeit der menschlichen Natur. Aber, wissentlich habe ich nie eine Ungerechtigkeit begangen, an wem auch immer. Wenn Ungerechtigkeit entstanden ist, dann ohne mein Wissen und letztlich wegen meiner Unfähigkeit. Ich bereue dies öffentlich, und ich bitte alle, die ich verletzt habe, mir ihr Pardon zu gewähren."

An dieser Stelle übermannt ihn die Rührung, und den Versammelten geht es nicht anders. Karl murmelt, wenn man den alten Mann, der er nun sei, weinen sehe, möge man es nicht beachten. Noch einmal gelingt es Karl in diesem Staatsakt, dem zeremoniellen Geschehen durch die Kraft seiner Persönlichkeit den Stempel des Einmaligen aufzudrücken. Noch einmal hebt Karl die Stimme und bittet die Anwesenden um Einigkeit und darum, ihren Fürsten und dem Glauben ihrer Vorfahren die Treue zu halten, wie sie es für ihn und seine Schwester getan haben. Dann wendet er sich Marie zu und dankt ihr mit der ihm in solch besonderen Augenblicken eigenen Herzlichkeit für ihren aufopfernden Dienst.

Übergabe an Don Felipe

Karl wendet sich an seinen Sohn. Noch einmal legt er ihm seine Verpflichtung gegen die Niederlande eindringlich ans Herz. Die Menschen im Saal spüren förmlich, wie er hofft, dass das in diesem feierlichen Augenblick aufwallende, von seiner Rede beschworene Gemeinschaftsgefühl auch den Sohn erfassen möge. Er verharrt einen winzigen Augenblick, bevor er Don Felipe mahnt, immer ein Verteidiger der Kirche und Verwalter der Gerechtigkeit und des Friedens zu sein. Danach kniet Don Felipe vor dem Vater nieder, und Karl übergibt dem Sohn die Nachfolge als Herzog von Burgund. Don Felipe erhebt sich als regierender Herzog und zerstört mit der Peinlichkeit seiner in holprigem Französisch eingelernten ersten Worte als Herrscher den Zauber des Augenblicks.

Zu Anfang seiner ersten Amtshandlung als Herrscher muss er sich dafür entschuldigen, dass er der Landessprache immer noch nicht mächtig ist. Arras wird an seiner Statt die alten Privilegien beschwören! Hier wird auch das fatalerweise nie gehaltene Versprechen abgegeben, dass der neue Herzog in die Niederlande zurückkehren werde, wann immer die Situation es erfordere. Fakt ist, dass Don Felipe nach seiner Rückkehr nach Spanien im Jahre 1559 sein Geburtsland nur noch einmal verlassen wird, um Portugal zu annektieren. Die Bitten der Niederländer wird er genauso negieren wie die seiner überforderten Statthalter dort. Damit ist es ein Fait accompli: Karl hat seinem Sohn nur das Land der eigenen Herkunft übertragen - und damit seine große Idee der spirituellen und politischen Einheit des Okzidents aufgegeben.

Maries Rede und die Reaktionen

Marie wendet sich an die Anwesenden und liest eine selbstverfasste Rede vor. Sie teilt mit, dass sie mit Erlaubnis des Bruders die schwere Last der Regentschaft niederlege und gedenke, fortan ebenfalls in Spanien zu leben. Sie bittet um Vergebung für Fehler, die sie sicher begangen habe, doch sie habe immer ihr Bestes gegeben. Auch sie übermannt die Rührung, und die erstaunten Niederländer merken, dass unter ihrem Panzer ein burgundisches Herz schlägt, denn sie endet mit den Worten: „An welchem Ort ich mich auch befinden werde, ich werde mich immer für alles interessieren, was Euch angeht, und Ihr werdet bei mir die Liebe finden, die ich immer für Eure Heimat gehabt habe, die auch die Meine ist."

Nun, da sie geht, sehen die Niederländer in ihr ihre natürliche Fürstin. Sie sehen die unter der Last ihrer Aufgabe früh gealterte Frau, und erneut weinen sie ein wenig, auch um sich selbst. Ein Vertreter der Stände dankt der Regentin voller Begeisterung, und zuletzt wendet sich Karl noch einmal mit Worten des Lobes und der Anerkennung an die Schwester. Damit wird die denkwürdige Sitzung beschlossen. Der strahlende Sieger von Tunis, der unbeugsame Lanzenreiter von Mühlberg besteigt vor dem Schloss sein zahmes Maultier und reitet zurück zu seinem Gartenhaus.

Brüssel, Anfang 1556

Don Felipe erhält Spanien

Am 16. Januar übergibt Karl seinem Sohn in seinen eigenen Räumen ohne jeden Pomp die Kronen von Kastilien, Aragón etc., sowie die Herrschaft über Neuspanien. An sich war für diese Übergabe eine der Brüsseler analoge in Toledo geplant. Doch es steht zu befürchten, dass Don Felipe wegen seiner englischen Ehe und des zu erwartenden Krieges mit Frankreich noch längere Zeit nicht wird nach Spanien zurückkehren können. Nur spanische Herren sind als Zeugen anwesend. Karl erklärt, dass nur die lange Krankheit seiner Mutter, der Königin, ihn daran gehindert habe, seine Herrschaft bereits früher aufzugeben. In gleicher Zeremonie wird Don Felipe, nun Rey Felipe II., Großmeister der spanischen Orden von Santiago, Alcantara und Calatrava. Karl überreicht dem Sohn abschließend eine Kassette mit seinem aktuellen Testament, das detaillierte Instruktionen zur Herrschaft in Spanien und den Niederlanden enthält.

Der Aufbruch verzögert sich

An sich möchte Karl nun sofort nach Spanien aufbrechen, doch er erkennt schnell, dass sein Sohn, der sich in England eigentlich überraschend gut geschlagen hat, mit den Niederländern überhaupt nicht zurecht kommt. Nach wie vor weigert Don Felipe sich, die Sprache zu erlernen, er verachtet die einheimischen Sitten und Gebräuche und gibt sich keinerlei Mühe, das zu verbergen. Das burgundische Erbe hat ihn nicht tangiert. Fast ein Jahr wird Karl sich bemühen, den Sohn einzuweisen, ihn ein bißchen Realismus zu lehren. Am Ende wird er sich keine Illusionen mehr machen können über den Eigensinn und die mangelnde Intelligenz Don

Felipes. Karl, bis zuletzt von seiner Herrscherpflicht durchdrungen, opfert lieber fast ein Jahr seines Lebens, als zu riskieren, dass sein Sohn - plötzlich alleingelassen - total versagt.

Auch Marie, obwohl offiziell aller Pflichten ledig, wird in den Monaten, die sie noch mit den Geschwistern in den Niederlanden weilt, immer wieder konsultiert. Zwar führt Don Felipe die Geschäfte, doch mit dessen kalter und herablassender Art können sich die Niederländer nicht anfreunden. Marie weiß, wie sehr dem Bruder daran liegt, dass die Regierung des Sohnes ein Erfolg wird. Also steht sie auch weiter Rede und Antwort, rät und schlichtet, obwohl sie sich eigentlich nach Turnhout zurückgezogen hat, um ihren Ruhestand zu genießen. Sie ist empört über den Egoismus des Neffen, der seinen Vater bittet, noch in den Niederlanden zu bleiben, um deren und Italiens Geschicke weiter zu leiten, wenn er wieder nach England fahren muss. Da der Bruder sich tatsächlich erweichen lässt, bleibt auch sie.

Die Regentin im Ruhestand ist sogar noch einmal bereit, für Don Felipe die Bewilligungen bei den Generalständen durchzufechten. Danach macht sie unmissverständlich klar, dass sie nicht mehr zur Verfügung stehen wird, wenn der König von Spanien nach England zurückkehrt. Marie ist klar, dass Don Felipe noch viel mehr als Karl auf eine exzellente Regentschaft angewiesen sein wird. Ihre Kandidatin für diesen Posten ist ganz klar Nichte Christina. Es gibt keine bessere. Doch wenn ihr Plan Erfolg haben soll, darf er auf keinen Fall von Marie selbst kommen. So gut kennt die Tante den Neffen. Wegen der Animositäten zwischen ihr und ihm wird er jeden Vorschlag, der von ihr kommt, rundweg ablehnen.

Übergabe des Kaisertums

Die Abdankung eines Kaisers ist ein ungeheurer Vorgang. Seit dem spätrömischen Diokletian hat das keiner mehr getan! Karl möchte deshalb auch die Kaiserwürde in aller Form ablegen, obwohl das eigentlich nicht nötig wäre, da Ferdinand erwählter römischer König und als solcher bevollmächtigt ist. Doch Karl sieht das so: die Kurfürsten haben ihn gewählt, ihnen muss er seine Abdankung anbieten. Er will befreit sein von den Pflichten, die er nicht mehr erfüllen kann, will nur noch Privatmann sein und als solcher sterben. Orange wird später das Abdankungsschreiben mit dem Datum des 12. September 1556 überbringen. Erst im Februar 1558 werden die Kurfürsten es akzeptieren und Ferdinand zum

Nachfolger Karls wählen. Karl kann also wenigstens wunschgemäß als Privatmann sterben.

Depesche aus Heidelberg:
Der Tod des Paladins
Am 26. Februar 1556 stirbt Kurfürst Friedrich von der Pfalz im Alter von dreiundsiebzig Jahren in Alzey. Christina möchte sofort zu ihrer Schwester reisen, um ihr in der für sie neuen Situation beizustehen. Doch Karl und Marie können ihr klarmachen, dass sie sie viel dringender brauchen als Doro.

Brüssel, Frühjahr 1556

Besuch Colignys
Anfang Februar 1556 unterschreibt Henri II. im Vertrag von Vaucelles einen zweijährigen Waffenstillstand zwischen Frankreich und dem Kaiser. Karl muss die Annektionen Frankreichs anerkennen: die Städte Metz, Verdun, Toul, Piemont und Teile der Toscana. Karl unterzeichnet eine Niederlage, endlich scheinen Frankreichs Opfer an Gold und Blut Früchte zu tragen. Der französische Admiral Coligny reist persönlich nach Brüssel, um den Vertrag zur Unterschrift vorzulegen. Ist es eine weitere Spitze des nachtragenden Henri II., dass er ausgerechnet den Führer der Protestanten schickt? Karl empfängt ihn mit der ihm immer noch eigenen Grandezza in seinem Gartenhäuschen. Als er Schwierigkeiten hat, das Siegel des Beglaubigungsschreibens zu öffnen, meint Coligny launig, da brauche Frankreich ja nichts mehr zu fürchten! Wenn diese Hand untauglich sei, ein Siegel zu öffnen, werde sie auch kein Schwert mehr führen. Das scheint ein Haudegen nach Karls Gusto zu sein, und man tauscht angeregt Erinnerungen an alte Zeiten und Kämpfe. Karl erzählt amüsiert von seiner Eitelkeit mit fünfunddreißig Jahren, als er sich in Neapel die ersten grauen Haare ausreißen ließ, um den Damen zu gefallen. Gut gelaunt plaudern die Herren über ihre Heldentaten und Niederlagen. Karl betont zum Abschluss voller Ironie, er sei stolz, ein Valois aus dem Hause Burgund zu sein.

Die letzte Reise in dieser Welt

Brüssel, Frühjahr - Sommer 1556

Der Abschied

Außer der erklärten Sorge um die Regierungsfähigkeit Rey Felipes II. hält Karl noch ein anderes Problem monatelang in den Niederlanden zurück: Geldmangel! Das ist nicht neu und nicht verwunderlich, doch diesmal geht es nicht um Staatsschulden, die hätten ihn nicht sonderlich belastet. Ihn bedrücken private Verpflichtungen. Er kann seinen Hofstaat und seine Dienerschaft nicht entlassen, da er sie nicht auszahlen kann! Rund 200.000 Gulden nicht gezahlter Löhne und Gehälter sind noch offen. Natürlich erhöht jede Woche des Zuwartens die Schuldensumme um weitere Tausende.

Die flämischen Provinzen haben schließlich ein Einsehen und bewilligen ihrem verschuldeten Ex-Herrscher ein Abschiedspräsent von 480.000 Gulden. Im Juni kann er so den über 450 Personen umfassenden Hofstaat bezahlen, entlassen und verabschieden. Es verbleiben 150 Personen, die mit nach Spanien reisen werden. Doch Karl stellt von vornherein klar, dass ihn letztlich nicht mehr als ungefähr fünfzig in sein Refugium werden begleiten können. Mit Rücksicht auf Don Felipes Finanzen soll sein Etat im ersten Jahr 16.000, in den folgenden 20.000 Dukaten nicht überschreiten. Man hat ihm vorgeschlagen, über Land zu reisen, in einem letzten Triumphzug durch das Reich und erst in Genua ein Schiff nach Barcelona zu nehmen, doch Karl ist klar, dass eine solche Reise viele Monate dauern würde, und die Zeit hat er nicht mehr! Später äußert er einmal, abdanken sei noch schwieriger als regieren.

Tervüren - Brüssel, Sommer 1556

Jagden und Familienbesuche

Im Sommer kommt es zu Pesterkrankungen, und die Familie zieht sich nach Tervüren zurück, einem beliebten Ort der Erholung. Viele Feste werden gefeiert, Jagden und Picknicks veranstaltet. Mitte Juli kehrt man nach Brüssel zurück, um Doña Maria und Erzherzog Maximilian zu empfangen. Mehrfach hat Karl diesen

Besuch anmahnen müssen. Mehrfach hat er auch den Bruder um ein letztes persönliches Treffen gebeten. Ferdinand kommt nicht. Karl ist ein weiteres Mal verwundert über das seltsame Paar, das so gar keine Gemeinsamkeiten zu haben scheint. Maximilian wird seinem Urgroßvater immer ähnlicher, ist lebhaft, manchmal brillant, schnell begeistert von allem Neuen. Die Tochter dagegen ist versunken in religiöse Devotion, nach innen gekehrt, irgendwie fremd, nicht dazugehörig wirkend. Doch ihre Entrücktheit scheint sie nicht an der Fortpflanzung zu hindern, sechs Kinder hat sie bereits geboren.

Don Felipe und der Erzherzog reden kein Wort miteinander, gehen sich stets aus dem Wege, auch während der andauernden Festserie. Den Abschluss bildet eine unvorstellbar große Jagd, 12.000 Pferde sollen beteiligt gewesen sein, die Zahl der Menschen wird nicht erwähnt. Muley Hassan, der ehemalige König von Tunis gehört noch einmal zu den Ehrengästen. Der Kaiser verbringt die folgende Nacht im Kloster Groenendael, wo eine Kette mit sieben Kronen an eine andere große Jagd erinnert, zu der sich sieben gekrönte Herrscher hier trafen. Eine Quelle murmelt von den Zeiten der großen Feste und Jagden, die Kaiserquelle …

Gent, Spätsommer 1556

Karl nimmt Abschied

Als Doña Maria und Maximilian am 8. August wieder abreisen, bricht auch Karl mit seinem Sohn und seinen Schwestern auf. Bevor er wirklich abreist, will er noch einmal seine Geburtsstadt Gent besuchen. Sechzehn Jahre sind seit dem großen Strafgericht vergangen. Die Wunden sind vernarbt, ein neuer Kanal hat neues Leben in die Stadt gebracht. Das vom Kaiser eingesetzte Stadtregiment hatte zwar das Patriziat begünstigt, aber auch überlebte Formen durch eine moderne, praxisbezogene Verwaltung ersetzt. Das Gemeinwesen erlebt eine neue Blüte. Entsprechend freudig ist der Empfang für Karl und die ehemalige Statthalterin. Neben all den Festen und feierlichen Ansprachen finden Karl und die Schwestern Zeit, sich bestimmte markante Plätze und Szenen aus dem Stadtleben noch einmal einzuprägen. Wissen sie doch, dass diese Bilder flämischen Lebens den Rest ihres Lebens vorhalten müssen.

Vlissingen und die letzte Seefahrt

Von Gent kommend reist die ganze Gesellschaft per Schiff über Kanäle nach Vlissingen. Hier tun Karl Hand und Kehle weh von all den Verzichtserklärungen, die er zu unterschreiben hat, von all den guten Wünschen, für die er Dank sagen muss. Nein, er will den Abschied vom Norden kurz und schmerzlos, nämlich zur See. Am 15. September legt die Flotte mit den Ruheständlern Karl, Eleonor und Marie endlich in Vlissingen ab. Auch Christina ist da, um den Schiffen nachzuwinken. Sie steht am Ufer, bis die Flotte am Horizont verschwindet. Wie wird es ihr ohne ihren großen Beschützer Karl und die eigentlich gar nicht mütterliche Tante Marie ergehen? Ungünstige Winde zwingen die Flotte, bei Rameken noch einmal anzulegen. Don Felipe kommt an Bord und führt lange und ernste Gespräche mit dem Vater. Es ist das endgültig letzte Zusammentreffen von Vater und Sohn. Gegen Abend kann die Flotte wieder ablegen. Es ist die erste Seereise für Marie, die so lange die Niederlande regiert hat.

Die Fracht

Die Flotte umfasst fünfundfünfzig Schiffe, was nicht verwundert, denn die drei königlich-kaiserlichen Hoheiten reisen auch als Pensionäre nicht allein. Einige Hundert Niederländer und Italiener geleiten die Herrschaften nach Spanien, nicht nur jene, die auserwählt sind, deren Leben im Ruhestand zu teilen oder zu erleichtern. Hinzu kommt, dass nicht nur Karl seinen ganzen zukünftigen Hausstand mitführt, das müssen selbstverständlich auch seine Schwestern. In deren Leben hat sich sicher so einiges angesammelt, das sie auf gar keinen Fall zurücklassen können. Monatelang hat die Auswahl gedauert, endlos waren die Karawanen, die von überall her - man hat ja in so vielen Schlössern gewohnt - die Fracht zusammentrugen, um sie in Vlissingen zu verladen. Nur ein Beispiel: Marie führt nicht weniger als 254 Wandteppiche mit sich!

Die Reisenden

In Karls Kabine hoch über dem Achterkastell der „Espiritu Santo“ ist das Bett an Gurten aufgehängt und schwingt durch den drapierten, luxuriös eingerichteten und mit einem Ofen gut heizbaren Raum. Die Schwestern hat er auf einem anderen Schiff der Flotte, der „Le Faucon“ unterbringen lassen. Zu lästig war ihm in den letzten Wochen deren ständige Mäkelei an allem Möglichen, das ewige Herumpusseln an seiner Person, seiner Kleidung, hier ein

Kissen, da eine Decke - grässlich. Später schreibt er mit einem Anflug seines alten Humors über diese Zeit: „Es scheint, dass eine Reise in Begleitung alter Königinnen die mühsamste Art zu reisen ist!“ Schwiegertochter Mary schickt übrigens ein Flotte in den Kanal, um dem Kaiser und seinen Schwestern auf dieser letzten Seereise die Ehre zu erweisen.

Laredo - Burgos, Herbst 1556

Landung und Ungeduld

Nach einer Überfahrt ohne Sturm und sonstige Schwierigkeiten erreicht die Flotte unbeschadet am 28. September Laredo. Karl verlässt das Schiff sofort und lässt sich an Land rudern, die Schwestern folgen erst am nächsten Tag. Von Laredo aus hat seine Mutter vor sechzig Jahren ihre Reise nach Flandern angetreten, wochenlang haben sie und Isabella das kleine Haus nahe der Kirche bewohnt, in dem nun auch Karl Quartier nimmt. Das von Doña Juana organisierte Empfangskomittee ist mal wieder nicht rechtzeitig am rechten Ort angekommen, und Karl ist etwas übellaunig, da es im kleinen Laredo nicht genügend Unterkünfte für seine zahlreiche Begleitung gibt. Erst als sein alter Vertrauter Quijada eintrifft, kehrt sein Unternehmungsgeist zurück.

Am 6. Oktober bricht er mit kleiner Begleitung auf, um schneller voranzukommen. Die Schwestern sollen erst mit einem Tag Abstand folgen, so lässt sich das Raum- und Versorgungsproblem in den kleinen Ortschaften an der Strecke besser lösen. Karl benutzt eine Maultiersänfte, auf besonders engen oder steilen Wegstrecken durch das cantrabische Küstengebirge schleppen ihn zwei Männer in einem Tragsessel. Nach vier beschwerlichen Tagen weitet sich die altkastilische Meseta vor den Blicken der Reisenden. Jetzt, im Spätherbst ist alles braun verbrannt von der sengenden Hitze des Sommers.

Die Schwestern haben ihren Spaß

Die als Reisebegleiter so geschmähten Schwestern genießen die Reise sehr. Marie blüht von allen Lasten befreit zusehends auf. Die Niederländer der Begleitung erkennen sie nach kurzer Zeit kaum wieder! Das ist doch nicht diese strenge Person aus dem Brüsseler Schloss, vor der sie regelrecht Angst hatten! Marie, die sich nicht einmal mehr um die Route, die Rast- und Schlafplätze, Versorgung und Unterbringung kümmern muss, genießt den Ritt durch die fremde Landschaft, kehrt von ihren Erkundungsgalopps immer wieder an die Seite der Sänfte Eleonors zurück und berichtet begeistert von ihren kleinen Entdeckungen. Eleonor ist immer glücklich, wenn sie glückliche Gesichter um sich hat. Sie ist unendlich erleichtert, dass der Schwester Spanien so gut gefällt.

So überqueren die Schwestern die Meseta in bester Stimmung, und ihre einzige Sorge ist, ob die Wände in ihrem zukünftigen Heim auch hoch genug sein werden für die mitgeführten vertrauten Ledertapeten? Ob ihre kostbaren venezianischen Gläser auch wirklich sicher verpackt sind? Ob die Nichte Doña Juana, die beide ja noch nicht kennen, wirklich derart fromm ist? Ob Großneffe Don Carlos wirklich so seltsam ist, wie die Hofnachrichten vermuten lassen? Wird Doña Juana wirklich diesen Neffen heiraten? Fragen über Fragen!

Burgos - Valladolid, Spätherbst 1556

Noch einmal Spanien

Nach der anstrengenden ersten Etappe über das Gebirge will man sich einen Ruhetag gönnen, doch Besucher und Boten strömen in nicht endender Folge herbei. Karl eilt weiter. Nach mehreren Tagen erscheinen am 13. Oktober die Türme von Burgos am Horizont. Der Konnetabel von Kastilien, ein alter Herr, der ebenfalls in einer Sänfte reist, ist mit einer vielköpfigen Delegation Karl bis weit in die Hochebene vor der Stadt entgegengezogen. Karl will kein Spektakel zu seinem Einzug und wartet weit vor der Stadt die Dunkelheit ab, um nächtens und unbemerkt einzuziehen. Es gelingt ihm nicht. Die Glocken aller Kirchen läuten zu seinem Empfang, und die Türme der Kathedrale, in der seine Tante den Infanten Juan ehelichte, sind von Fackeln hell erleuchtet. Zwei Tage lang reißt der Besucherstrom nicht ab. Als Karl endlich weiterziehen kann, besteht ein Edelmann darauf, ihm eine Eskorte zu stellen, gar zu unköniglich erscheint ihm die bescheidene Begleitung seines Königs. Man tut sich schwer in Spanien mit Karls Abdankung! Auf dem Weg nach Valladolid überfrisst sich Karl an einer Sendung Flundern, und der nächste Tag ficht ihn hart an. Es wird nicht das letzte Mal sein …

Auf dem Weg von Burgos nach Valladolid erreicht Karl ein Briefchen in der ungelenken Schrift eines kleinen Kindes. Es stammt von der Hand seines inzwischen elfjährigen Enkels Don Carlos. Er bittet um eine Begegnung mit dem Großvater außerhalb des Protokolls, noch vor dessen Eintreffen in Valladolid. Karl ist erfreut über diese eifrige Eigenmächtigkeit und beordert den Knaben nach Cabezon, gut zehn Kilometer nordöstlich der Stadt gelegen, nicht weit von der heutigen N 620.

Karl trifft seinen Enkel

Schon der Anblick des schiefen, aufgeregten Jungen ernüchtert Karl in seiner großväterlichen Freude. Doch er schließt den Enkel in die Arme und lädt ihn freundlich zum Essen ein. Da sitzt er nun und hört den aufgeregten und oft unzusammenhängenden Geschichten des Erben seines Spanien zu. Nun ja, er ist erst elf und weil körperlich immer schwächlich, hat man in seiner Erziehung eher Nachsicht als Strenge walten lassen. Karl hat Zeit, den Erben seiner Anstrengungen zu betrachten. Don Carlos ist klein für sein Alter, hässlich anzuschauen, mit seinem Wasserkopf, ein bißchen bucklig, ein bißchen hinkend wegen seiner unterschiedlich langen Beine und seines schiefen Wuchses und offensichtlich geistig zurückgeblieben, um es vorsichtig auszudrücken. Dazu unangenehm in seinem Auftreten. Karl wird seinen Schwestern in Valladolid berichten, dass das Benehmen des Jungen ihn abstößt und er befürchtet, dass sich daran nichts mehr ändern wird. Der Anblick dieses Enkels ist schmerzhafter als die Niederlage vor Metz und das Scheitern in der Religionsfrage in Deutschland. Für einen solchen Erben hat er vierzig Jahre geplant, Schwestern, Töchter, Nichten verheiratet, Kriege geführt. Wird so sein Traum für die Casa de Austria enden? Das wäre der größte Misserfolg von allen …

Don Carlos ist begierig vom bewunderten Großvater über die Schlachten zu hören, die dieser geschlagen hat, und Karl berichtet gutwillig. Bis er „der Vollständigkeit halber" auch zu seiner Flucht aus Innsbruck vor der Bedrohung durch Moritz von Sachsen kommt. Da braust der Knabe auf, bläht seine Backen und behauptet, er wäre niemals geflohen! Niemals würde er, Don Carlos, vor irgend etwas oder irgendwem die Flucht ergreifen. Karls Erklärungen, dass es manchmal klüger sei, einer Gefahr auszuweichen, um ihr aus einer besseren Position heraus Herr zu werden, fruchten nichts.

Gieriger Don Carlos

Don Carlos ist fasziniert von einem Handwärmer in Form eines kunstvoll geschmiedeten Apfels, den Karl stets mit sich führt, weil das bisschen Wärme darin manchmal die Gichtschmerzen in seinen Händen lindern kann. Don Carlos will das für Karl unentbehrliche Gerät sofort haben. Karls Erklärungen, warum er darauf nicht verzichten kann, haben keinerlei Effekt, immer hysterischer wird das Gequengel des Infanten. Enerviert und sarkastisch verspricht Karl, ihm das Teil testamentarisch zu vermachen, da könne er sicher genug sein, nicht allzu lange darauf warten zu müssen! Karls erster Eindruck vom Erben seines Sohnes dürfte also ziemlich niederschmetternd gewesen sein. Sein Rat an die Erzieherin, seine Tochter Doña Juana: Sie solle dafür sorgen, dass der Knabe häufiger Prügel erhalte, wenn er sich derartig ungehörig benehme.

Karl und Doña Juana in Valladolid
Karl trifft auch in Valladolid einen Tag vor seinen Schwestern ein. Er bittet darum, auf alles feierliche Gepränge für ihn zu verzichten. Die zeremonielle Einholung solle man lieber am nächsten Tag den Schwestern angedeihen lassen, die würden sich sicher darüber freuen. So geschieht es, es wird der prächtigste Einzug, der in Spanien in diesen Jahren stattfindet, und Eleonor und Marie genießen ihn sehr.

Diese vierzehn Tage in Valladolid sind die letzten in Karls Leben, in denen er als Herrscher im Mittelpunkt endloser höfischer Empfänge, Bälle und Besuche steht. Neben dem Empfang einer Delegation des portugiesischen Hofes, mit der es einige verwandtschaftliche Spannungen zu beseitigen gilt, stehen Empfänge für Botschafter fast aller europäischen Höfe an. Einen großen Teil seiner Zeit muss er auch Diskussionen um innerspanische und familiäre Angelegenheiten mit seiner Regentintochter widmen. Die ganze höfische und politische Betriebsamkeit ist genau wie früher, und es kommt schon das Gerücht auf, Karl habe gar nicht abgedankt, er sei und bleibe der König und Kaiser. Ein Irrtum.

Valladolid - Guadalajara- Jarandilla, Winter 1556

Die Schwestern lassen sich nieder
Seinen Schwestern hat Karl unmissverständlich klar gemacht, dass er ihre weitere Begleitung nicht wünscht und dass er in Yuste nur geladene Besucher sehen will, sich liebevoll gemeinte Überraschungen verbietet. Die Schwestern bleiben zunächst bei der Nichte in Valladolid, doch aus verschiedenen Gründen fühlen sie sich dort nicht wohl. Diese Nichte erscheint ihnen doch etwas seltsam, und Marie sind die Wege in günstige Jagdreviere zu weit. Schließlich lassen sich die beiden „pensionierten Königinnen" in Guadalajara ungefähr fünfzig Kilometer Luftlinie nordöstlich von Madrid nieder. Natürlich hat Eleonor ihrer Tochter längst ge-

schrieben, dass sie sie gerne sehen möchte. Die portugiesische Gesandtschaft hatte allerdings wissen lassen, dass ihr Halbbruder ihr keine Reiseerlaubnis erteilen wird, bevor Karl nicht einen Ersatz für den abgesprungenen Ehemann Don Felipe stellt. Zu Eleonors großem Kummer unternimmt die Tochter von sich aus nichts, um ein Treffen mit der Mutter zu ermöglichen, ja ihre Briefe sind lieblos und desinteressiert. Eleonor hofft inständig, dass der Bruder ihr helfen wird.

Die Wege trennen sich

Am 4. November ist nach knapp zwei Wochen endgültig Schluss mit dem Wirbel, Karls Reisezug setzt sich wieder in Bewegung. Die Tage der Gelage fordern ihren Preis, schon während der ersten Etappe muss Karl wegen übergroßer Schmerzen die Reise unterbrechen. Nächstes Ziel ist Medina del Campo mit dem nahegelegenen Schloss La Mota, das im Leben von Karls Mutter, Juana, so eine entscheidende Rolle spielte.

Nicht in diesem riesigen Schloss übernachtet Karl, sondern im Palacio Dueñas. Der Hausherr hat jahrelang erfolgreiche Geldgeschäfte in Antwerpen getätigt. Wie erfolgreich er dort war, beweist der Luxus, mit dem man Karl zu umgeben bemüht ist. Das Kohlenbecken ist aus purem Gold, es wird nicht mit Holzkohle beheizt, sondern mit wohlriechendem Zimt aus Ceylon. Karl imponiert das gar nicht, er reagiert mit ärgerlichem Husten auf die rauchenden Duftschwaden, verweigert dem Hausherren mürrisch den Handkuss und beleidigt ihn am nächsten Morgen tödlich, indem er für seinen Aufenthalt zahlt! Was ist los mit dem sonst so leutseligen Karl? Das Bankhaus der Dueñas gehört zu denen, die ihm zuletzt Zinsen von vierzig Prozent abverlangt und ohne Rücksicht auf die bedrängte Lage des Kaisers die Rückzahlung angemahnt haben. Man kann sich allerdings fragen, warum Karl ausgerechnet dort nächtigt - fürchtete er auf La Mota Gespenster?

Die Spanier verstehen die Abdankung nicht

Seit er in Spanien gelandet ist, ist er mal amüsiert, mal verärgert über das Verhalten seiner Spanier. Offensichtlich können sie mit dem Fakt seiner Abdankung nichts anfangen, nie haben sie davon gehört, dass ein regierender Herrscher freiwillig sein Amt niedergelegt hat. Ihre Geschichte ist hingegen voll von ungeduldigen Söhnen, die ihre Väter mehr oder weniger gewaltsam kaltgestellt haben. Sollte das nun wieder einmal geschehen sein? Wenn das auch hier so ist, ist es gefährlich, den gewesenen Herrscher zu ehren, der kommende könnte darüber ungehalten werden. Mit Geld darf man dem Vater erst recht nicht aushelfen, denn dann hält der Sohn ihn sicher kurz, und man bekommt es nie wieder. Karl schweigt und hofft, dass nicht ein gut meinender Mensch Doña Juana von dieser Haltung berichtet. Die Arme tut sich eh schwer genug damit, seinen Befehl zu beherzigen und sich nicht um ihn zu kümmern. Was wird geschehen, wenn sie erfährt, dass man sie für eine Rabentochter und die Handlangerin eines Thronräubers hält?

Im wesentlichen folgt Karl von Medina del Campo der heutigen C 610, vermeidet aber anscheinend Madrigal de las Altras Torres, den Geburtsort seiner Großmutter Isabella. Sehr wahrscheinlich fürchtet er protokollarische Belästigungen und weicht nach Horcajo de las Torres aus, sein nächster Halt ist in Peñaranda. Alle nächtlichen Stationen sind verschlafene kleine Dörfer, wo er nicht Gefahr läuft, mit irgendwelchen gesellschaftlichen Verpflichtungen genervt zu werden. Höhepunkt des Tages sind für den immer noch seiner Fressleidenschaft Erlegenen die Ankunft der Proviantboten der Regentintochter oder nahrhafte Geschenke der jeweiligen Gastgeber. In den akribischen Aufzeichnungen über diese letzte Reise Karls werden immer wieder schwer verdauliche Fische wie Aale und eingelegte Anchovis erwähnt. Doch auch andere größere und kleinere Geschenke finden Erwähnung. So auch ein Paar Handschuhe, die eine Dame Karl verehrt und die er später mit der Bemerkung quittiert: „Sie hätte mir besser Hände geschickt, sie zu tragen!“

Die Jahreszeit schreitet fort, und man nähert sich dem Gebirge. Die Nächte werden empfindlich kalt, die Luft riecht bereits nach Schnee und Frost. Quijada sorgt dafür, dass die Unterkünfte schon Stunden vor Karls Ankunft geheizt werden. Doña Juana schickt einen Eilboten mit wärmenden Federkissen, eine Aufmerksamkeit, über die sich Karl ausnahmsweise sehr freut.

Die Nacht vom 10. auf den 11. November verbringt Karl in dem hübschen Städtchen Barco de Avila, und am Morgen des 11. überquert er bei Sonnenschein die mittelalterliche Brücke über den Rio Tormes. Karl sitzt wohlgemut in seinem Tragsessel und genießt den Ausblick auf die Gipfelkette der Sierra des Gredos. Noch muss man sie nicht überqueren. sondern es geht bergauf und bergab durch das Tal der Kirschen, am Rio de Jerte entlang. Immer wieder öffnet sich der Blick über die ganze Länge des Tales über eine Entfernung von sechzig und mehr Kilometern bis nach Plasencia, vor dessen Toren noch nicht die Wasserfläche des Stausees glänzt. Es ist schon längst dunkel, als man Tornavacas erreicht, ein kleines Gebirgsdorf.

Der Gipfelstürmer in der Sänfte

Die bequeme Route führt von hier weiter durch das Tal nach Placencia und von dort über Jaraiz de la Vera nach Jarandilla. Auf diesem Weg umgeht man die Ausläufer der Sierra und braucht keine Gipfel zu erstürmen. Für Karl aber hätte die Berührung Placencias ein weiteres zeremonielles Empfangsprogramm bedeutet, denn die Stadt ist Bischofssitz. Danach steht Karl der Sinn nun nicht mehr. Also werden im Dorf Bergführer und kräftige Burschen angeheuert, die seine geschlossene Sänfte auf direktem Weg über den Gipfel in fast 2.400 Meter Höhe führen und schleppen sollen. Man kann sich vorstellen, dass die Begeisterung der Hofleute über diesen Entschluss ihres Herrn sich in Grenzen hält. Das ganze Gepäck, das bisher noch auf Wagen und Karren mitgeführt werden konnte, muss auf Maultiere umgeladen werden. Aufsitzen lohnt erst gar nicht, direkt hinter dem Dorf steigt der Berg steil an, Wege gibt es nicht, nur nasse Wiesen, holperiges Geröll, glatte Felsen, immer geht es steil bergauf. Einige Dorfbewohner haben Hacken und Schaufeln dabei, um unpassierbare Stellen ein wenig zu ebnen.

Es ist Mittag vorbei, als man endlich die damals „Puerte Nuevo" genannte Passhöhe erreicht. Karl lässt rasten und schaut sich lange um. Unendlich scheint der Blick nach Süden. Südwestlich liegt Placencia, im Süden die Sierra de Guadalupe, südöstlich die Berge vor Toledo. Lange schaut er über dieses Land, wo er den Rest seines Lebens verbringen wird. Er erinnert sich wohl auch an die zahllosen Gebirge, die er auf seinen endlosen Reisen der letzten vierzig Jahre überquert hat, doch für ihn steht fest: „Yo no franquera otro puerto - que el de la muerte" (keinen anderen Pass werde ich mehr überqueren - als den des Todes).

Im Schloss Oropresa

Nach einem sicher auch nicht einfachen Abstieg erreicht die erschöpfte Reisegesellschaft den kleinen Ort Jarandilla, überragt vom Schloss der Grafen von Oropesa, heute Parador, damals Sommerfrische der gräflichen Familie, die hauptsächlich in ihrem Stadtpalais in Placencia lebt. Hier nun schlägt Karl für fast drei Monate sein Lager auf, denn die Bauarbeiten an seinem kleinen Palast an den Klostermauern von San Yuste sind noch nicht abgeschlossen, der Alterssitz noch nicht bewohnbar. Doch er will endlich frei sein von den Zwängen des Lebens in einer offiziellen Residenz. Wenn er schon sein eigentliches Refugium noch nicht beziehen kann, will er doch schon die Landschaft in der Nähe seines ersten auf Dauer angelegten Wohnsitzes genießen und vor allem die Abgeschiedenheit. Er verbringt seine Tage auf der Galerie des Schlosses im winterlichen Sonnenschein sitzend, und dieses ruhige Leben tut ihm wirklich gut. Seine Haut verliert den Grauschleier, er schläft gut, wirkt ausgeruht, aufgeräumt, heiter und liebenswürdig. Doch immer wieder gibt es Einbrüche, wenn wieder ein besonders ungesundes Gericht geschickt wird, über das Karl gierig herfällt. Es nutzt nichts, dass Quijada ständig das spanische Sprichwort murmelt: „La gota se cura tapando la boca!“ (Gicht wird durch das Schliessen des Mundes geheilt!)

Während der ersten Tage in Jarandilla lässt Karl sich einmal nach Yuste tragen, um sein künftiges Heim zu besichtigen. Er findet alles vortrefflich, ganz seinen Vorstellungen entsprechend. Der Haushofmeister Quijada betrachtet die Anlage kritischer und nach den Gesichtspunkten seines Amtes. Er hat mancherlei auszusetzen! Die wenigen begleitenden Flamen maulen, da es hier noch viel abgeschiedener ist als in Jarandilla, wo sie sich schon als Verbannte am Ende der Welt fühlen. Karl geht über Murren und Maulen seiner Begleitung mit einem Lächeln hinweg. Ihm gefällt, was er sieht. Als ein Brief der Regentintochter eintrifft, in dem sie den Vater inständig bittet, den Plan aufzugeben, sich in dem Nebelloch Yuste zu vergraben, wird er wütend. Keiner hat ihm mehr in irgend etwas hineinzureden.

Die Briefe allerdings, die fast täglich mit Eilboten aus Valladolid eintreffen, in denen Doña Juana ihn über das Tagesgeschehen in Spanien und mit Nachrichten aus den Niederlanden und allen anderen Teilen der Welt versorgt, liest er gründlich in der behaglichen Wärme seiner mitgebrachten flämischen Öfen. Er diskutiert den Inhalt mit dem sicherlich schwitzenden Sekretär und diktiert Antworten, Empfehlungen, frei von Zeit- und Entscheidungsdruck. Fast vom ersten Tag an finden auch Boten anderer Höfe, Reisende und spanische Herren den Weg nach Jarandilla. Einige werden vorgelassen, Karl unterhält sich mit ihnen, und oft schlägt sich das Gehörte in Empfehlungen an die Regentin und den fernen Sohn nieder. Aus seiner Abgeschiedenheit noch ein wenig an den Fäden des Weltgeschehens mitzuziehen, das gefällt Karl. Er ist entspannt und sehr zufrieden.

In der ruhigen Gleichmäßigkeit der Tage schmeckt es Karl besonders gut, und über Eintönigkeit seiner Tafel kann er sich wahrlich nicht beklagen. Täglich treffen Geschenke in Form von Wildbret, Fischen, Eingemachtem ein. Es wird berichtet, dass Quijada sich öfters zwischen seinen Herrn und eine fette Aalpastete wirft, wie er früher einen Sarazenenspeer, der seinem Herrn galt, mit seinem Körper abgefangen hätte. Aber seine heroischen Anstrengungen sind meist vergebens. Quijada ist es auch, der sich täglich dem Unmut vor allem der flämischen Hofleute stellen muss, die untätig in die verregneten Wälder starren, immer neue Beschwerden über ihre Unterkünfte in den Häusern des Dorfes vorbringen, auch der anfangs so hochgelobte Schinken der Region kann sie nicht mehr besänftigen.

Depeschen aus Europa, Herbst - Winter 1556:
Christina darf nicht nach Frankreich
Christina möchte den Waffenstillstand von Vaucelles nutzen, um endlich ihren Sohn in Frankreich besuchen zu können. Doch Rey Felipe mag die schöne Cousine nicht missen und knüpft derart übertriebene Bedingungen an ihren Besuch, dass Henri II. das Treffen nur ablehnen kann.

Eine Königin verlangt nach ihrem Gemahl
In England wird die bisher recht gutmütige Mary Tudor etwas ungehalten. Von vierzehn Tagen war die Rede, als Rey Felipe sie im Herbst 1555 verließ, inzwischen ist fast ein Jahr vergangen. Karl und die Tanten sind längst abgereist, nun gibt es keine Ausrede mehr für den so vermissten Gatten - außer der Regelung der Nachfolgefrage.

Felipe II. sucht eine Regentin
Die geeignetste Kandidatin für den Posten hat er fast täglich um sich: Christina, Herzoginwitwe von Lothringen. Doch Rey Felipe sieht die Fähigkeiten der schönen Cousine entweder nicht oder sie ängstigen ihn. Er kann sich zu keiner Entscheidung durchringen, will eigentlich Savoyen auf dem Posten haben, kontaktiert aber auch seine Halbschwester …

Margarete von Parma in Brüssel
Ende des Jahres kommt Margarete von Parma mit ihrem vergötterten Sohn Alessandro nach Brüssel. Es ist der kälteste Winter seit langem in den Niederlanden, und man veranstaltet zu Ehren der Halbschwester Rey Felipes Maskenfeste auf dem Eis. Auch Weihnachten wird „en familie“ gefeiert. Nun beginnen die Briefe der

englischen Königin an ihren Gemahl auch Drohungen zu enthalten. Noch kann sich Felipe auf das Wetter rausreden, im Frühjahr wird er nicht mehr umhin können und dem Ruf Marys folgen müssen.

Regentin Juana und die „pensionierten" Königinnen

Palacio del Rey in Yuste, Anfang 1557

Ruy Gomez in Yuste

Anfang Februar kann Karl endlich nach Yuste übersiedeln. Kaum ist er dort heimisch geworden, kommt am 23. März Ruy Gomez, Rey Felipes engster Berater, um seine kaum gewonnene Ruhe zu stören. Frankreich hat erneut den Krieg erklärt, durch den Beitritt des Papstes entsteht eine „heilige Allianz". Der niederländische Befehlshaber „Eisenschädel" Savoyen dringt darauf, endlich Nägel mit Köpfen zu machen und auf Paris zu marschieren. Rey Felipe lässt seinen Vater anflehen, seinen Rückzug rückgängig zu machen, noch einmal sein Prestige und seine Beliebtheit bei den Soldaten in die Waagschale zu werfen. Wenn er sich in seiner Sänfte an die Spitze der Truppen tragen lasse, sei der Sieg sicher. Zwei Tage lang versucht der aalglatte Höfling Gomez es mit all seinen Tricks, Karl von der Notwendigkeit seines Eingreifens zu überzeugen. Doch er stößt auf Granit. Die Zeit des Reisens sei für ihn endgültig vorbei, antwortet Karl kühl auf alle Beschwörungen. Aber Gomez könne Felipe ausrichten, dass er sich noch einmal bemühen werde, Spanien zur finanziellen Unterstützung aufzurufen. Da gilt das Wort des Königs Carlos I. doch noch einiges mehr als die Drängelei Rey Felipes.

London, Frühling 1557

Rey Felipe lässt die Damen kommen

Im März braucht Rey Felipe die Unterstützung Englands gegen Frankreich und muss aus diesem Grund die ehelichen Beziehungen zu Mary wieder aufnehmen. Damit es ihm nicht so langweilig wird, hat er mit Christina und Margarete von Parma verabredet, dass beide nachkommen sollen. Angeblich will man Marys Halbschwester Elisabeth, Tochter der Anna Boleyn, mit Savoyen verheiraten. Die beiden Damen erleben eine stürmische Überfahrt und einen sehr herzlichen Empfang in Westminster. Ostern vergnügt man sich in Greenwich und spielt die Spiele des Frühlings. Anschließend reist Margarete zurück nach Italien, Christina bleibt noch zehn Tage in London. Sie kann allerdings Elisabeth nicht sehen und sprechen, in Sachen Heirat wird nichts erreicht. Die Königin zeigt sich ungeniert eifersüchtig, worüber sich der Hof sehr amüsiert. Christina findet es unter diesen unwürdigen Umständen besser, in die Niederlande zurückzukehren.

Jülich, Mai 1557

Eine Damenkonferenz
Am 11. Mai verlässt sie die Insel und fährt über Gent nach Jülich, wo sie ihre verwitwete Schwester Doro trifft. Doro ist im tief lutherischen Land ihres verstorbenen Gatten am Neckar trotz ihres Übertritts zur neuen Religion derart verhasst, dass Karl angeordnet hat, die Nichte solle nach Brüssel gehen und dort so unauffällig wie möglich leben. Es ist ja schon etwas peinlich, eine Lutheranerin als Mitglied der kaiserlichen Familie dulden zu müssen! In Jülich findet ein Familienrat der jüngeren Frauen statt, auch die Kaisertochter Doña Maria ist anwesend. Doro allerdings ist störrisch wie eh und je. Sie denkt gar nicht daran, Karls Befehl zu befolgen. Sie zieht sich nach Neuburg zurück, wo sie ihrem Glauben gemäß leben kann.

St. Quentin, Sommer 1557

Rey Felipes Feldherr Savoyen
Am 1. Juni erklärt England Frankreich den Krieg. Mary begleitet im Juli den Gatten bis Dover. Sie fühlt sich wieder schwanger. Rey Felipe trifft sich noch einmal mit Christina und zieht dann nach St. Quentin, um sich endlich seine ersten Verdienste als Feldherr zu holen. Er hat zu Anfang seiner Selbstständigkeit das Glück, von Vater und Tante ungewöhnlich begabte Feldherren übernehmen zu können. Um Italien muss er sich eigentlich gar nicht kümmern, dort hat Alba die Situation zwischen Neapel und Rom fest im Griff, und die Unterschriften, die Felipe hin und wieder leistet, sind sein einziger Beitrag zum militärischen Geschehen dort.

Gegen Frankreich steht ihm Emanuel-Philibert von Savoyen zur Seite. Eisenschädel ist nicht viel jünger als Felipe, gleicht ihm sogar in Aussehen und Gestalt, aber damit enden auch die Gemeinsamkeiten. Mit siebzehn wurde Savoyen in das engere Gefolge des Kaisers aufgnommen. 1553 fällt ihm durch den Tod des Vaters der Herzogstitel zu. Jetzt, mit Ende Zwanzig ist Savoyen verschwenderisch und leidenschaftlich, von unbändigem Ehrgeiz getrieben. Er trinkt Wein wie Wasser, treibt als Hobby Alchemie, liebt abenteuerliche Gewaltstreiche, findet als Reiter, Jäger und Turnierer kaum Seinesgleichen. Förmlich knisternd vor Energie und Vitalität, dabei hochgebildet, witzig und sprachkundig, immer gut gelaunt ist er ein junger Mann ganz nach dem Geschmack der Zeit.

Rey Felipe lässt ihm zwar den Oberbefehl, doch es ist klar, dass eine solche Lichtgestalt dem introvertierten König unangenehm, seine Eifersucht groß ist. Savoyen erobert St. Quentin mit einer List. Die Spitze des französischen Adels fällt oder wird gefangen genommen. Am 10. August lässt Eisenschädel den Sieg an den obersten Kriegsherrn melden, der sich im sicheren Hauptquartier im für die Casa de Austria so bedeutsamen Cambrai befindet. Mutig lässt Rey Felipe daraufhin den Stab in ein Dorf nahe St. Quentin verlegen.

Rey Felipe als Sieger

Das französische Heer besteht nicht mehr, das spanisch-niederländische ist fast ungeschwächt und vom Sieg berauscht zu allem bereit. Savoyen bedrängt seinen Herrn: Der Weg nach Paris ist frei, die Soldaten bezahlt und gut genährt und voller Kampfeswillen. Bis Guise mit den Truppen aus Italien anlangt, kann der entscheidende Schlag geführt, Frankreich unter die Übermacht Spaniens gebeugt sein. Doch Tag um Tag vergeht. Im fernen Yuste beginnt Karl, über den Sieg informiert, schon zu fragen, wo der Kurier mit der Nachricht vom Sturm auf Paris bleibt. Vor St. Quentin tobt Savoyen, fleht, flucht, bittet auf Knien, nicht noch mehr kostbare Zeit verstreichen zu lassen. Er droht dem Sohn mit dem Fluch des fernen Vaters.

Rey Felipe moniert, dass die Festung von St. Quentin noch nicht erobert ist. Er lässt um Übergabe anfragen. Natürlich übergeben die Franzosen das letzte Hindernis vor Paris nicht. Also werden kostbare Tage mit Beschuss und Eroberung verplempert. Am 27. August ist das sinnlose Ziel erreicht. Die Frustration der Soldaten Savoyens entlädt sich in grässlichen Greueltaten. Rey Felipe lässt die gefährdeten Reliquien des Heiligen Quintus in sein Lagerzelt bringen, ansonsten die Plünderer drei Tage gewähren und hält dann mit wehenden Fahnen und schmetternden Hörnern als Sieger Einzug in die Stadt. Die nächsten vier Wochen gehen dahin mit dem Wiederaufbau der Befestigungsanlagen. Die Soldaten verwüsten sengend und mordend das Umland. Mitte Oktober hält

Rey Felipe II. den Kriegszug für beendet, zieht sich mit den Offizieren nach Brüssel zurück. Natürlich kann man ein solches Glück am französischen Hof gar nicht fassen und beginnt noch im Winter eine Gegenoffensive. Calais fällt …

Yuste und Valladolid, Frühling 1557

Ketzer in Valladolid

In Yuste ist der Jesuit Borja ein häufig und gern gesehener Gast. Er versucht, Karl den Argwohn gegen seinen Orden zu nehmen. In diese recht friedvollen Gespräche schlägt die Nachricht von der Aufdeckung eines Ketzernestes in Valladolid ein wie eine Bombe. Ausgerechnet in Valladolid, der Stadt, die neben Toledo fast so etwas wie eine Hauptstadt ist! Karl befiehlt seiner Tochter rigoroses Vorgehen gegen diese Pest auf geheiligtem spanischen Boden. Doña Juana fällt die prompte Ausführung dieser väterlichen Order bestimmt nicht schwer.

Ursache diesen Befehls ist sicher Karls Frustration über sein Scheitern als Bewahrer der Einheit der Christenheit. Diese Frustration trübt auch sein Verhältnis zu dem neuen Erzbischof von Toledo, Carazza. Der steht den neuen Lehren durchaus aufgeschlossen gegenüber. Karl wirft ihm und anderen vor, dass sie nie verstanden haben, dass auch seine ganzen Bemühungen auf den Zusammenschluss einer reformierten Kirche hinausliefen.

Doña Juana wird Logistin

Neben den politischen Entscheidungen hat Doña Juana auch manch eine Nuss praktischer Art zu knacken. Da ist der Neffe Don Carlos, für den sie verantwortlich ist, und da sind die drei anspruchsvollen Pensionäre. Inzwischen hat sie die Post zwischen Valladolid und Yuste so gut organisiert, dass eine Tour nur noch drei Tage dauert. Sie selbst „entlastet gerne ihren Kopf“, indem sie den Vater zu Problemen befragt. Dass Rey Felipe den Ruhestand des Vaters nicht respektiert, zeigte der Beginn dieses Kapitels. Und Karl selbst? Nun, letztlich genießt er es schon. Eigentlich will er ja nur informiert sein - aber wenn sein Rat nunmal so gefragt ist …

Schwester Catalina gegen Tochter Juana

Im Sommer bessert sich Karls Zustand soweit, dass er sogar wieder reiten kann. „Bruder“ Carlos traktiert die Mönche mit opulenten Mahlzeiten. Die Kuriere kommen nun regelmäßig, Karls einzige Sorge ist, sie könnten zu langsam sein, es könnte einmal zu spät sein, bis sein Rat bei Doña Juana eintrifft oder an Rey Felipe weitergeleitet werden kann. Seine Schwester Catalina als Königinwitwe und seine Tochter Doña Juana als Infantinnenwitwe und -mutter streiten um die Regentschaft in Portugal. Karl entscheidet zugunsten der Schwester, denn er hält Doña Juana in Spanien für unentbehrlich. Ist es wirklich in ihrem Sinne? Rey Felipe wird nach Spanien zurückkommen, man weiß nur noch nicht genau wann. Bis Doña Juanas Sohn für volljährig erklärt werden kann, vergehen noch mindestens zwölf Jahre. In Spanien redet ihr momentan niemand drein, aber Don Carlos wird Zwölf, und sein Vater war in diesem Alter schon Regent. Hätte also Doña Juana nicht eine begründete Hoffnung auf eine längere Regentschaft in Portugal? Allerdings wäre da immer noch Catalina, die Schwiegermutter und Tante, und Doña Juana hat Portugal nie sehr geliebt ...

Noch einmal beweist Karl sich hier als der absolute Chef im Harem seiner Tanten, Schwestern, Töchter und Nichten, deren Vorrat in der Casa de Austria manchmal unerschöpflich scheint. Karl kann sich der Ergebenheit dieses Harems stets gewiss sein und muss eigentlich nichts dafür leisten. Wenn Karl schon mal bei einem Problem ist, löst er es gründlich und lässt gleich festschreiben, dass, sollte Sebastião kinderlos sterben, Don Carlos sein Nachfolger sein soll. Schließlich hat man ja zu diesem Zweck seit über hundert Jahren immer wieder Heiratsallianzen geschlossen.

Eleonor und Marie besuchen Karl

Im Sommer führt Karl lange Gespräche mit dem alten Kampfgefährten Avila, der ein Buch über Karls militärische Heldentaten schreiben will. Karl hat sich soweit erholt, dass er ohne jede Hilfe anderer auf die Jagd reiten kann. Im Herbst kommen die Schwestern, sie müssen im Schloss der Oropesa in Jarandilla logieren und fahren fast täglich mit der Kutsche zu Karl nach Yuste. Sie fragen an, was der Bruder davon hielte, wenn sie nach Plasencia übersiedeln würden, dann könnte man sich doch noch viel öfter sehen. Die Antwort Karls ist ein schroffes: „Nichts!“, das er dann aber doch abmildert, indem er erklärt, das gehe nicht gegen sie beide, sondern gegen den Hofstaat und die Umtriebigkeit, die das unweigerlich mit sich brächte. Man sitzt in der warmen Sonne auf der Terrasse, plaudert über dies und das und die neuesten Familienereignisse.

Plaudereien am Nachmittag
Die jüngste Schwester, Catalina, Königin von Portugal, ist in diesem Sommer auch Witwe geworden. Marie hat sie nie im Leben gesehen. Karl und Eleonor erzählen von diesem seltsamen Wiedersehen mit der Mutter - Gott habe sie selig - in Tordesillas. Damals - wirklich vierzig Jahre ist das jetzt her? - war Catalina das scheue kleine Mädchen, für das die ganze Welt nur aus den Mauern von Tordesillas bestand! Wie sie staunte, als die Geschwister sie nach Valladolid bringen ließen und sie einkleideten und ein Fest nach dem anderen für sie gaben. Wie pflichtbewußt die Kleine schon mit zehn, elf Jahren war, freiwillig ging sie zur Mutter zurück. Wann ist sie dann eigentlich nach Portugal gekommen? Nun, das muss so 1522 gewesen, kurz nach Manoels Tod, ich war noch in Portugal, erinnert sich Eleonor. Seit das Gespräch auf Portugal gekommen ist, will Eleonor das Thema auf ihren größten Wunsch lenken: ein Wiedersehen mit der Tochter! Der nun verstorbene König hat ihr die Ausreise nach Spanien verweigert. Nun ist der König tot. Die Schwester hat doch sicher mehr Einsehen mit dem Wunsch einer verzweifelten Mutter, ein „Kind" nach fast fünfunddreißig Jahren wieder sehen zu wollen.

Niederlande einst und jetzt
An einem anderen Nachmittag erinnert sich die kleine Pensionärsrunde an Malines, den Ponywagen und die Tante Margaretha. Wie sie aus Karl einen Gelehrten oder „uomo universale", wie sie es nannte, machen wollte. „Ja", lacht Marie, „da hatte unser Karl noch nicht verstanden, wie sehr auch Frauen eigene Vorstellungen haben und diese auch durchsetzen können!" Auch Karl muss lachen und meint nur, dass er das dafür später umso besser verstanden habe. Habe er nicht durch die Tante gelernt, dass Frauen - oder vielleicht auch nur die der Casa de Austria - die besten Regentinnen der Welt seien?

Später neckt Karl unter dem Vorwand, Marie müsse ja endlich erfahren, wie das damals in Vlissingen war, die gutmütige Eleonor mit ihrer Jugendliebe Friedrich, der ja nun auch schon tot ist. Die kleine Doro hatte ihn ja ganz schön unter der Fuchtel. Von Doro kommt man natürlich auf Christina. Marie ist in ihrem Element, mit vollem Einsatz ihres hitzigen Temperamentes, ereifert sich zum x-ten Mal, dass Christina die einzige geeignete Regentin für die Niederlande ist! Sie ist beliebt bei den Menschen, ist dort aufgewachsen, hat die letzten sieben Jahre am Hof in Brüssel verbracht, hat all die Joyeuse Entrées mitgemacht, man kennt sie im ganzen Land. Sie hat ihre Fähigkeiten als Regentin nach dem Tode des Herzogs in Lothringen unter Beweis gestellt. Warum kriegt dieser Holzkopf Rey Felipe, entschuldige Karl, das einfach nicht geregelt?

Karl wütet gegen Rey Felipe
Nun ist es an Karl, sein Temperament zu zügeln, oder auch nicht! Da hat dieser immer auf seinem sicheren Feldherrenhügel herumlungernde Unsoldat das unverschämte Glück, einen Feldherrn zu haben, der an seiner Stelle die Soldaten mitreißen kann, diesen gottverdammten Eisenschädel Savoyen. Ein prächtiger Kerl! Marie stimmt begeistert zu. Dazu kommt noch das Glück, dass Montmorency in seine eigene Falle läuft und gefangen genommen werden kann, was fast so gut ist, als hätte man den König selbst in Händen! Da liegt der Weg nach Paris offen und frei, und dieser unfähige Kretin von einem Sohn pfeift seine Truppen zurück! Wie oft hat er ihm von seinen eigenen Fehlern nach Pavia, von der verpassten Chance von 1542 erzählt, war das denn alles umsonst? Muss dieser unsägliche Sohn denn unbedingt die Fehler des Vaters wiederholen, kann er nicht einmal einen Sieg in einen dauerhaften Vorteil verwandeln? Es ist schier zum Verzweifeln! Da wäre sie noch einmal gewesen, die Chance für die universelle Monarchie, für den Triumph der Casa de Austria, und Felipe vertrödelt seine Zeit mit der Eroberung vollkommen unwichtiger Festungen!

Eleonor wirft begütigend ein: „Er hat kein Geld mehr gehabt!" „Papperlapapp", fährt Karl auf, „wann hatte ich je Geld!" „Nein", meint Marie, „das war nicht nur der Geldmangel, den habe ich ja wahrlich auch zur Genüge kennengelernt. Bei Rey Felipe ist das etwas anderes. Er kann es nicht ertragen, wenn jemand besser ist als er. Auf meinen Reisen mit ihm ist mir das aufgefallen, ich habe es nicht sofort verstanden. Er tut immer so und wirkt vor allem so, als ginge ihn alles um ihn herum nichts an. Das liegt daran, dass er sich nur da wohl fühlt, wo er alles unter Kontrolle hat. Er muss alles selbst wissen und entscheiden. Meine alten Hauptmänner schreiben mir, dass in St. Quentin und danach alle nur Savoyen haben hochleben lassen. Ein Hoch auf den König kam erst, wenn einer von ihnen es vorgab - und das klang dann auch verdammt viel müder. In diesem Fall hat Rey Felipe Angst, wenn Savoyen weiter siegt, könnte der Capitan auch noch den kümmerlichen Rest seines eigenen Prestiges in den Niederlanden vollends verdunkeln. Und dieses Prestige beruht wie wir alle wissen, nur darauf, lieber Bruder, dass er Dein Sohn ist. Ähnlich verhält es sich wohl mit Christina und der Regentschaft: Felipe weiß, dass er die Niederlande nicht wirklich kennt. Er weiß auch, dass Christina sie kennt, auch dass sie intelligent, sprachbegabt, charmant ist. Auch sie wird sein Prestige verdunkeln und, was vielleicht noch schlimmer für ihn ist: Er wird selber wissen, dass sie einfach besser ist als er. Und das kann er einfach nicht vertragen!“

Eleonor versucht schon die ganze Zeit, der Schwester Zeichen zu geben, sie soll still sein, wie wird Karl auf diese vernichtende Beurteilung des Sohnes reagieren? Wie oft hat sie der jüngeren Schwester gesagt, sie solle nicht so direkt sein, es muss den Bruder doch kränken, wenn sie so abfällig über seinen Sohn urteilt! „Du irrst, sentimentale Eleonor“, hatte Marie geantwortet. „Ich muss es ihm sagen, sonst traut sich ja keiner. Außerdem weiß er es längst selbst! Wie hätte er ein so guter Herrscher sein können, wenn er nicht in der Lage wäre, der schrecklichsten Wahrheit ins Gesicht zu sehen!“ „Lieber Gott“, betet Eleonor, „mach, dass er uns nicht für immer rausschmeißt!“ Karl sitzt versunken, die gichtige Hand um die Sessellehne gekrampft. „Liebe Schwestern, es ist spät geworden, Ihr solltet jetzt lieber nach Jarandilla zurückfahren, damit Ihr nicht in das Gewitter kommt, das da von Westen heranzieht! Quijada wird Euch geleiten. Auf Morgen!“ Marie erhebt sich gelassen, Eleonor bezwingt sich, jedes Wort, jede Geste der Tröstung oder Zuneigung zu unterlassen. Sie hat gelernt, dass der Bruder das nicht mag.

Als das Wetter schlechter wird, reitet Marie öfters allein nach Yuste, Eleonor werden die Fahrten zu beschwerlich, die Straßen sind ja auch eigentlich keine. Im November wird Catalina Regentin von Portugal und allseits akzeptiert. Natürlich erlaubt sie der Schwester ein Wiedersehen mit Tochter Maria. Catalina schreibt nicht, dass diese sich mit Händen und Füßen dagegen wehrt, nach Spanien zu reisen. Maria hasst es, zu reisen, hasst sie auch ihre Mutter?

Die Schwestern reisen nach Badajoz

Die beiden inzwischen unzertrennlichen Schwestern reisen noch im Dezember in Richtung portugiesische Grenze. Dort soll das Treffen stattfinden. Anfang Januar erreichen die alten Königinnen Badajoz, doch von einer Infantin oder ihrer Begleitung und deren Ankunft weiß man dort nichts. Angekommen sein kann Maria auch noch nicht, denn sie und ihre Begleitung schaffen anscheinend nur zwei Meilen an einem Tag. Jedenfalls brauchen sie sechzehn Tage für die letzten dreiunddreißig Meilen. Das spricht nicht gerade dafür, dass die Tochter dem Wiedersehen mit der Mutter entgegenfiebert. Eleonor hat viele Nächte vor Aufregung nicht geschlafen. Noch als man ihr meldet, die Tochter sei nur noch drei Meilen entfernt, fürchtet sie, dass Maria wieder umkehrt.

So ist sie ziemlich konfus, als sie ihre Tochter dann doch noch in die Arme schließen kann. Ein halbes Leben hat sie darauf gewartet, und nun eröffnet ihr die Tochter, dass sie auf keinen Fall nach Spanien übersiedeln wird, um mit der Mutter zu leben. Was sie der Mutter sonst noch mitteilt, weiß man leider nicht. Nur soviel, dass ihr die für dieses Zusammentreffen vereinbarten drei Wochen viel zu lang sind, sie möchte so schnell wie möglich zurück nach Lisboa, dort ist sie zu Hause. Am 7. Februar verlässt sie schon wieder Badajoz.

Eleonor gibt auf

Eleonor ist von all dem so mitgenommen, dass Marie freiwillig die Rückreise nach Yuste - man will mit dem Bruder noch einmal Geburtstag feiern, wie man ihn in Flandern feiert - um drei Tage verschiebt. Karl ist von den Berichten über den Verlauf dieser Reise und die Wirkung auf seine Lieblingsschwester immerhin so beunruhigt, dass er den Königinnen seinen unentbehrlichen Quijada entgegenschickt. Der Aufschub hat Eleonor nicht wirklich geholfen. Noch am ersten Tag, dem 10. Februar, muss man die Fahrt in der Nähe von Talavera de Real abbrechen. Da es weit und breit keine Stadt oder auch nur ein größeres Dorf gibt, es sei denn, man fährt zurück nach Badajoz, bringt man Eleonor in eine Bauernkate am Wege. Dort sitzt die gebrochene Frau, die so viele Demütigungen ohne sich aufzugeben überstanden hat, acht Tage in einem Stuhl und stirbt langsam vor sich hin, von Asthmaanfällen des Atems beraubt, von Fieberattacken geschüttelt.

Marie planlos
Marie gerät über den Tod der Schwester völlig aus der Fassung. Als Quijada die Hütte endlich findet, kann sie ihm vor lauter Schluchzen und Schluckauf kaum erzählen, was im Einzelnen vorgefallen ist. Soll sie nun - wie die Mutter selig - mit einem Sarg durch Spanien ziehen? Aber: Bis wohin? Quijada erkundigt sich. Die nächste Stadt auf dem Weg nach Osten ist Merida. Badajoz ist zu nah an der Grenze, und Marie fände es zu grausam, die Schwester in alle Ewigkeit am Ort ihrer größten persönlichen Niederlage zurückzulassen. Zwar sind es nach Badajoz nur sechzehn Meilen und nach Merida fast sechzig, aber der Weg dorthin durch das Tal des Rio Guadana ist relativ bequem. Merida ist eine Römerstadt, wurde bereits Anfang des 13. Jahrhunderts von den Mauren befreit und untersteht dem Orden von Santiago. Ja, dort wird man die Schwester beerdigen.

Bruder und Schwester in Trauer vereinnt
Als die stille Beisetzung vorüber ist, hält Marie nichts mehr bei dem langsamen Reisezug. Mit nur vier Begleitern reitet sie weiter und ist bereits am 3. März in Yuste. Karl liegt zu Bett, vielleicht hat er ja den Geburtstag mit einem extra fetten Essen gefeiert. Erst als Marie allein, ohne Eleonor hinter sich, sein Zimmer betritt, realisiert er den Tod derer wirklich, die er immer seine Lieblingsschwester genannt hat. Eleonor war ihm im Alter nur fünfzehn Monate voraus, bevor weitere fünfzehn Monate ins Land gehen, wird er ihr folgen, davon ist er plötzlich fest überzeugt. Erstmals seit der Abdankung werden Karl und Marie von ihren Gefühlen übermannt, sie umarmen einander und weinen still vor sich hin.

Dann fällt ihm auf, wie blass und krank die immer so energische Schwester aussieht, obwohl sie doch bis gerade noch geritten ist und ihre Wangen vom Wind gerötet, ihre Augen im Nachleben des Rittes blitzen müssten. Sie ist richtig alt geworden, seit sie zuletzt hier war. Das ist doch noch gar nicht so lange her, mal gerade ein Vierteljahr! Geht es auch mit ihr zu Ende? Diese Nacht auf jeden Fall muss sie nicht nach Quacos oder gar nach Jarandilla reiten, er gibt Befehl, ihr eines seiner Zimmer zu richten!

Da beide nicht gewohnt sind, mit ihren Gefühlen offen umzugehen, ziehen sie sich schnell auf das zurück, was sie beherrschen: Die Behandlung der Probleme der großen Politik. Irgendwie atmen beide auf, als sie wieder auf vertrautem Terrain sind. Die Lage in den Niederlanden hat sich seit dem Sieg von St. Quentin dramatisch verändert. Guise hat in seiner Wut Calais zurückerobert und bedroht die Niederlande.

Yuste - Guadalajara, Frühling - Sommer 1558

Karl leistet Überzeugungsarbeit
Rey Felipe bettelt händeringend um die Rückkehr Maries als Regentin, da er nicht mehr hoffen kann, den Vater noch einmal zu gewinnen. Marie lehnt ab. Karl fragt, was sie denn für Pläne habe? Marie muss gestehen, dass sie das nicht so genau weiß. Sie kann ohne das Einkommen Eleonors Guadalajara kaum halten. Ja, meint Karl listig, wenn sie zurück in die Niederlande ginge, hätte sie diese Sorgen um Ein- und Auskommen sicher nicht! Doch Marie braust auf, eher ginge sie zu den Indianern, als zurück in die Niederlande! Sie könne ja auch in Spanien der Familie dienen. Sie sehe doch, wie Doña Juana den Vater wegen jedem Kinkerlitzchen um Rat bittet. Sie könne ihn doch wunderbar entlasten, indem sie der Regentin mit Rat und Tat zur Seite steht. Außerdem gäbe es in der Nähe von Toledo ein kleines Anwesen, das ihr gefalle, das müsste sie finanzieren können, und die Jagd sei dort auch besser.

Die rastlose Jägerin
Zunächst kümmert Marie sich um die Hinterlassenschaft der Schwester in Jarandilla, dann kommt auch Quijada mit dem Gepäck der Badajozreise. Während Marie damit beschäftigt ist, diese Dinge zu ordnen, gibt Karl ihre Absichten an Doña Juana weiter. Er empfiehlt ihr, alle Forderungen der Tante, die ihre Ansiedlung in Spanien betreffen, so zu behandeln, als stelle sie eine x-beliebige Privatperson. Das bedeutet im Klartext sie zu verschleppen! In allem was die Niederlande betrifft, müsse sie sich allerdings unbedingt an Maries Vorschläge halten.

Hat er ihr auch geraten, den Rat der Tante in spanischen Angelegenheiten in den Wind zu schlagen? Doña Juana verbietet sich jede Einmengung Maries in diese Belange, behandelt sie überhaupt schroff und abweisend. Sie tut nichts, um Marie bei ihren Bemühungen um den Ankauf des Anwesens bei Toledo zu helfen. Die hält es kaum ein paar Tage in Guadalajara aus, reitet nach Valladolid, kommt an, bevor die Tore geöffnet werden und bleibt bis spät abends, kann aber bei der Nichte keine Beschleunigung des Verfahrens durchsetzen. Marie kann nur noch warten - und das konnte sie eigentlich noch nie.

Aus Tagen werden Wochen, aus Wochen Monate, nichts geschieht. Kann Karl wirklich so gemein sein und tatenlos zusehen, wie seine Schwester derart zermürbt wird? Marie ist in diesen Monaten einsamer als damals als Kind, als sie Malines, die Tante, die Geschwister verlassen musste. Im Sommer leidet sie wie die wenigen Niederländer, die sie bei sich behalten hat, unter der gnadenlos brennenden Sonne, sehnt sich nach kühlenden Wäldern, nach einem sanften Sommerregen. Alles um sie herum ist voller Erinnerungen, die Tapisserien mit den Siegen des Bruders, die Porträts all jener, die Jahre und Jahrzehnte ihres Lebens begleitet haben. Sie fühlt sich abgekapselt in einen Kokon aus Vergangenheit und außerhalb davon ist eine feindliche Umwelt. Sie muss raus, raus aus diesem Gefängnis.

Brüssel, Sommer 1558

Rey Felipe quengelig

Natürlich rührt Rey Felipe in den Niederlanden keinen Finger für die Tante, die er unbedingt hier braucht, weil nur sie in der Lage ist, den Karren für ihn aus dem Dreck zu ziehen. Er will weg, weg von diesen Niederländern, die seine Majestät genausowenig anerkennen wie seine störrische alte Tante. Schon wieder schreibt sie, dass sie auf keinen Fall zurückkommen wird! Was kann er nur tun? Noch einmal an den Vater schreiben, er soll noch einmal all seinen Einfluss auf die Schwester geltend machen? Hat Marie Karl nicht vierundzwanzig Jahre regelmäßig in den Ohren gelegen mit ihrer Ablösung, und jedesmal hat er sie doch überredet zu bleiben. Der sitzt da in seinem Yuste und strengt sich gar nicht an. Gut, dann sind die Niederlande eben verloren!

Guadalajara, Hochsommer 1558

Marie - doch noch eingefangen

Im August ist das Netz, das Karl und seine Kinder um sie gewebt haben, vollendet. Marie kann nicht mehr entkommen. Doña Juana bemüht sich persönlich zu ihr, überbringt einen Brief des Vaters. Er hat die Tochter genau instruiert, was sie zu sagen hat: Rey Felipe hat dem Vater gegenüber sein Versagen eingestanden. Inzwischen steht es so schlecht um die Niederlande, das Karl bereit war, selbst hinzufahren. Doch ausgerechnet jetzt ist seine Krankheit wieder ausgebrochen und fesselt ihn ans Bett. Ihm wäre es wirklich lieber, selbst fahren zu können, als Marie bitten zu müssen.

Niemand weiß schließlich besser als er, ihr Bruder Karl, wie sehr sie sich ihre Ruhe verdient, was sie alles für die Casa de Austria und besonders für die Niederlande geleistet hat. Doña Juana stößt in das gleiche Horn. Der inzwischen tatsächlich drohende Verlust der Niederlande wäre ein vernichtender Schlag für die Familienehre, alles ginge verloren, wofür sie, Marie d'Autriche-Bourgogne ihr ganzes Leben lang gearbeitet hat. Diesen Verlust könne nun einzig sie noch verhindern, könne sie sich irgend etwas vorstellen, womit sie Gott mehr dienen könne?

Marie ringt zwei Tage mit sich, sie ist überzeugt, die nötige Kraft nicht mehr zu haben. Aber kann sie die Familie, den Bruder im Stich lassen? Was gibt sie denn hier auf? Waren die letzten Wochen wirklich das, was sie sich erträumt hat? Andrerseits kennt sie ihren Bruder und seine Art, bei ihr etwas durchzusetzen! Ein Bote kommt, berichtet von heftigem Anstieg des Fiebers bei Karl, ganz ungewöhnlichen Kopfschmerzen. Sie schickt ihren Arzt, sicher um zu helfen, sicher aber auch, um eine vertrauenswürdige Auskunft zu bekommen. Immer noch nicht schlüssig, was sie tun soll, reitet sie nach Valladolid.

Reitet, reitet, und beschließt, in die Niederlande zu fahren, aber nicht wieder als Regentin. Sie wird Rey Felipe Bedingungen stellen, angefangen damit, dass er ihr sofort reichlich Reisegeld anweist. Sie wird nie wieder Regentin, auf keinen Fall! Aber sie könnte die Ratgeberin einer Person werden, die sie vermisst, seit sie die Niederlande verlassen hat. Doch halt, das Blatt langsam ausspielen, so wie sie damals mit diesem Engländer gespielt hat, der unbedingt Christina als Gattin dieses Blaubart nach London schleppen wollte! Als Karl von Maries Entscheidung erfährt, kann er nicht mehr reagieren, kann kaum noch sprechen. Doch er kann sich entspannen. Marie wird die Niederlande retten, sie wird es schaffen, hat es immer geschafft. Er kann endlich einschlafen...

Eine letzte Reise

Marie steckt mitten in ihren Reisevorbereitungen, doch die letzten Reste ihrer Stärke verlassen sie langsam. Die Quelle ihrer Kraft scheint zu versiegen. Das Herz rast heute wieder so. Ach was, das hat es immer getan, wenn sie etwas tun musste, von dem sie überzeugt war, es nicht zu können! Auf dem Schiff kann sie ausruhen! In Laredo werden schon die Schiffe beladen, die Diener haben ihre private Habe soweit gepackt, wenn jetzt noch das Gold auf dem Weg nach Laredo ist, das sie für den Krieg gegen Frankreich verlangt hat, kann sie auch dorthin reiten und die Anker lichten lassen. Wenn alles gut geht, kann sie eine Woche später in den Niederlanden an Land gehen!

Kurz nachdem sie die Meldung erhalten hat, dass das Gold auf dem Weg ist, streckt ein erster Herzanfall sie nieder. Ein zweiter folgt, die Ärzte halten ihn für den letzten. Doch Marie überlebt, ist nach wenigen Tagen wieder auf den Beinen, ordnet den Aufbruch und erleidet einen weiteren Anfall. Noch in der selben Nacht bekommt sie hohes Fieber. Die Ärzte schicken nach Doña Juana, sie findet die Tante am späten Abend schwach und hinfällig vor. Als sie morgens erwacht, berichtet man ihr, die Tante sei längst wach und habe nach einem Frühstück verlangt. Doña Juana eilt zu ihr. Tante Marie erinnert stark an den Vater, wie sie da im Bett sitzt, mager und eifrig spachtelnd. Sie begrüßt die Nichte freudig und beklagt, wieviel Zeit sie durch diese dummen Anfälle verloren hat. Marie steht auf und wirkt ganz normal, doch dann kommen die Anfälle wieder, und nachmittags um vier Uhr ist kein Puls mehr fühlbar, das Herz hört um halb acht am Abend des 18. Oktober 1558 endgültig auf zu schlagen. An Maries Bett steht die Regentin von Spanien, und in Laredo liegen die Schiffe auslaufbereit …

Exkurs und Ausblick:
Doña Juana eine Jesuitin?

Diese jüngere Tochter Karls scheint in mancherlei Hinsicht ein seltsames Wesen gewesen zu sein. In engem Zusammenhang damit steht eine einmalige Stellung, die sie sich zu verschaffen weiß. Es gibt starke Indizien für die Tatsache, dass sie als einzige Frau der Welt in den Jesuitenorden aufgenommen wurde.

Doña Juana ist gerade neunzehn Jahre alt, seit einigen Monaten Witwe, seit einigen Wochen Mutter. Zeitgenossen loben ihre außergewöhnlich zierliche Figur und die majestätische Anmut mit der sie sich bei aller Zartheit bewegt. Man hält sie für die schönste Frau des spanischen Hofes. Man kann für diesen Hof nur hoffen, dass man damit ihrer Stellung schmeichelt, denn auf einem Porträt Sanchez Coellos strahlt sie nur kalten Hochmut aus. Einzig in ihren Augen liegt eine Erinnerung an Verletzlichkeit, die sie längst vergessen hat. Eine krankhafte Übersteigerung prägt dieses Gesicht, und man fühlt nahezu, wie die Mode mit dem engen hohen Kragen der „Geschnürtheit" ihres Wesens entspricht. Sie ist gewohnt, ihren Willen immer durchzusetzen, als sie 1554 Regentin wird und ihre Aufnahme in den noch jungen Jesuitenorden verlangt. Sie hat die Verehrung für Ignatius von Loyola durch ihre Ziehmutter von früher Kindheit an mitbekommen. Die Dame Mascereñhas beteuert immer wieder: Wäre sie ein Mann gewesen, hätte sie sich Loyola bedingungslos angeschlossen.

Was bringt sie dahin?
Doña Juana hat die Befähigung zur Regentschaft wie andere Damen der Casa de Austria auch. Doch sie hat ein Manko, das die anderen nicht haben, allenfalls ihre Mutter Isabel hatte es in ähnlichem Maße. Ihr ganzes Selbstverständnis beruht einzig auf dem felsenfesten Bewußtsein ihres Ranges. Sie ist gewohnt, zu befehlen und unerschütterlich in allem, was ihre königliche Herkunft betrifft. Doch darüber hinaus gibt es nichts Fassbares, nichts einfach Menschliches, keine Überzeugung vom tieferen Sinn ihres Tuns. Man kann sie sich einfach in keiner Situation vorstellen, in der sie lacht, einfach aus Freude am Leben. Bei Margaretha hingegen fällt das überhaupt nicht schwer und auch bei Karl und seinen Schwestern nicht.

Ihre seltsame Ehe?
Nun, sie kann vielleicht keine menschlichen Züge entwickeln, weil sie sie nicht vorgelebt bekommt. Aufgezogen von der Jesuitenfreundin Mascereñhas kommt sie fast noch als Kind an den Hof der ihr fremden Tante Catalina, ist mit dem wasserköpfigen Dreivierteldioten João Manoel verheiratet. Wenn stimmt, dass sie ungewöhnlich früh einen „Willen zur Macht" entwickelt, ist es frei von Sentimentalität gesehen umso besser, wenn der Gatte nicht allzu helle ist. Um so größer sind die Chancen für sie, wirkliche Macht auszuüben. Das mag sie sich auch im Falle João Manoel gedacht haben. Leider gelingt es dem nicht, den Vater zu überleben. Ganz unschuldig daran ist Doña Juana nicht. Sie ist so von ihrer Pflicht besessen, einen Thronerben zu gebären, dass sie den schwächlichen Gatten „zu Tode liebt", wie einige Chronisten behaupten. Die Parallele zu Margaretha und Juan drängt sich auf. Treusorgende Menschen wie Catalina wollen das junge Paar trennen, doch Doña Juana weigert sich entschieden, bis sie sicher ist, schwanger zu sein. Selbst dann noch muss die Trennung mit Gewalt durchgesetzt werden. Dann ist es zu spät. Der Gatte stirbt, noch bevor der Sohn geboren wird. Man verschweigt es ihr bis nach der Niederkunft. Doña Juanas Haltung zur Macht und das Verlangen sie auszuüben, wird überdeutlich, als sie keine Sekunde zögert, das Angebot der Regentschaft in Spanien anzunehmen und ohne Bedauern die Sorge für das gerade geborene Kind der Tante überlässt.

Ein noch obskureres Heiratsprojekt
Schon um 1556 existiert ein auch von João III. unterstützter und von den Cortes gebilligter Plan, Doña Juana solle den Erben ihres Bruders, Don Carlos, heiraten. Das würde ihren Anspruch auf Regentschaft in Spanien bis zu dessen Volljährigkeit festschreiben, also noch vier bis fünf Jahre. Es ist auch noch nicht abzusehen, wie lange Rey Felipes englische Ehe ihn an die Insel fesselt, vielleicht wäre ja eine Dauerregentschaft Doña Juanas nötig. Dabei ist daran zu erinnern, dass Doña Juana bei ihrem nur acht Jahre jüngeren Neffen Don Carlos quasi Mutterstelle vertritt. Don Carlos liebt sie so sehr, dass er in hysterische Raserei ausbricht, als sie nach Portugal aufbricht, um dort zu heiraten. In seinem etwas wirren Kopf wird er ihr den Bruch in der Beziehung nie verzeihen. Als Regentin hat sie immer wieder Schwierigkeiten mit ihm. Sie wendet sich um Hilfe an Karl in Yuste, doch der will sich nicht einmischen. Sie schreibt an den Bruder, doch Rey Felipe rät nur, Don Carlos in Tordesillas zu internieren, wenn es zu schlimm mit ihm wird. Dennoch scheint Doña Juana willens, ein Disaster wie ihre erste Ehe mit dem Neffen zu wiederholen. Don Carlos trifft die Ehre der Tante aufs Empfindlichste, als er kurz nach der Rückkehr seines Vaters nach Spanien (1559) tönt: Er wolle keine „mujer provada" (gebrauchte Frau). Doña Juana wird blass und wirkt wie eine schwer Verwundete.

Zurück zum Jesuitenproblem
Mitbestimmend für Doña Juanas Obsession für das Jesuitentum ist sicher auch die erwähnte Wandlung des Hofmannes Francisco Borja zum Ordensmann. Er stammt nicht nur von Papst Alexander (Rodrigo Borja), sondern auch von einem Bastard Fernandos von Aragón ab. Zwei seiner Töchter sind Doña Juanas Hofdamen und intime Freundinnen.

Nach Borjas Vorgaben stellt sie ihren Haushalt um, es gibt keine Kartenspiele, keine romantischen Ritterromane mehr. In Fortführung dieses Gedankens beschließt sie Jesuitin zu werden. Der Papst verbietet, einen weiblichen Zweig des Jesuitenordens zu gründen. Der Orden befindet sich in einer kritischen Phase des Aufbaus, die Akzeptanz ist noch nicht allgemein, vielen erscheint die Gesellschaft Jesu gefährlich. Dennoch wachsen ihre Kollegs in dieser Zeit in rasantem Tempo. Eine Unmutsäußerung der Regentin könnte diese ganze Entwicklung gefährden. In einem absolutistischen Zeitalter kann man einer Regentin nicht einfach etwas abschlagen, denn letztlich hat der Souverän in allem das letzte Wort, in Spanien auch in Fragen der Besetzung von Kirchenämtern.

Also besorgt man sich unter großer Geheimhaltung eine Sondergenehmigung vom Papst und bildet eine Kommission, die letztlich über die Aufnahme entscheiden soll. Man einigt sich auf eine sogenannte scholastische Aufnahme, was letztlich nur besagt, dass Doña Juana für eine Studienzeit aufgenommen wird und ein unauflösliches Gelübde erst nach deren Abschluss erfolgen soll. Als Erklärung dient, dass die Staatsraison es eines Tages erfordert, dass die Infantin doch noch einmal heiratet. Dann könne sie ohne große Schwierigkeiten aus dem Orden ausscheiden. Außerdem fürchtet man insgeheim, dass der Kaiser eines Tages von all dem erfahren und sehr zornig werden könnte.

Die strikte Geheimhaltung wird Doña Juana damit erklärt, dass man vermeiden möchte, dass ganze Pulks adliger Damen gleichfalls nach Aufnahme drängen und damit den ganzen Orden unregierbar machen. Ein Argument, dass Doña Juana sofort einleuchtet. Absolute Exklusivität entspricht ganz und gar ihrer Selbsteinschätzung. Ob sie das Gelübde tatsächlich ablegt und wenn ja wann, kann aufgrund dieser Geheimhaltung nicht mit letzter Sicherheit geklärt werden, es klingt aber wahrscheinlich, dass sie es erst nach dem Tode des Vaters tut. Es gibt Beweise, dass Doña Juana die Jesuiten für ihre Zwecke benutzt, sie hat sich aber auch immer mit aller Kraft für das Vorankommen des Ordens eingesetzt. Sie kann allerdings nicht verhindern, dass Borgia nach der Rückkehr Rey Felipes nach Portugal fliehen muss.

Ein Leben nach der Regentschaft?

Aus der Zeit von Don Carlos Gefangenschaft wird berichtet, dass sie sich mit zwei jungen Mädchen zu religiösen Übungen zurückzieht und Tag und Nacht betet, auch von Flagellationsszenen ist die Rede. Oft kann sie die Leere ihres Daseins nicht ertragen. Doña Juana stirbt am 7. September 1578 kurz vor ihrem achtunddreißigsten Geburtstag als erste ihrer Generation im Escorial. Ihr Bruder Rey Felipe lässt sie im dortigen Pantheon der Infanten beisetzen.

London, Herbst 1558

Tod Mary Tudors

Wie erwähnt, gelingt es dem Herzog von Guise am 7. Januar Calais zu erobern, das seit 200 Jahren der Brückenkopf Englands auf dem europäischen Kontinent gewesen ist. Mary Tudor ist darüber so entsetzt, dass sie ernsthaft erkrankt. Die Berichte über ihren Gesundheitszustand waren seit dem Ende ihrer zweiten Wunschschwangerschaft 1557 schon alarmierend genug, nun scheint ihr Tod unausweichlich. England wird nach ihrem Tode wieder ins Schisma verfallen, soviel scheint klar. Rey Felipe wird dort nichts ausrichten, also war auch diese letzte Anstrengung Karls, die englische Heirat, vergebliche Liebesmüh. Mary Tudor erholt sich noch einmal, erkrankt im Herbst erneut und stirbt am 17. November 1558. Sie litt seit Jahren an den Spätfolgen einer angeborenen Syphilis, die auch ihre extreme Kurzsichtigkeit verursacht haben soll. Aktuelle Todesursache ist wohl ein Versagen der Herz- und Arterientätigkeit. Quintessenz ihres Lebens ist das Paradoxon, dass sie, die einzige Königin, die je die Kluft zwischen England und Spanien überbrücken wollte, diese so sehr vertiefte, dass nach ihr auf lange Sicht keine Zusammenarbeit zwischen beiden möglich sein wird. Mary hat ihre Halbschwester Elisabeth zur Nachfolgerin bestimmt und diese gebeten, den Katholizismus zu erhalten.

Câteau-Cambresis, Frühjahr 1558 - Frühjahr 1559

Christina als Friedensengel

Für Henri II. sind die Protestanten Frankreichs zu einer Gefahr für seine Herrschaft geworden. Er braucht dringend Frieden, um gegen sie vorgehen zu können. Christine von Lothringen hat mit dem verwundet in Gefangenschaft geratenen Montmorency Kontakt aufgenommen und ist mit ihm in Briefwechsel geblieben. Christina ist stolz, als sie von ihm erfährt, dass ihr Sohn bei der Hochzeit des Dauphins François mit der jungen Königin von Schottland, Maria Stuart, den Brautführer macht. Da Henri II. beabsichtigt, sie als Unterhändlerin bei den Friedensverhandlungen anzufordern, darf sie am 15. Mai endlich ihren Sohn wiedersehen. Sie fallen sich in die Arme. Als Henris Einmarsch in Nancy sie von ihm trennte, war der hochaufgeschossene Fünfzehnjährige noch ein Kind. Inzwischen sind auch die Guisen für einen Friedensschluss. Am 18. Oktober werden die Verhandlungen aufgenommen. Christina führt den Vorsitz und zeigt sich Tante Marie und Großtante Margaretha ebenbürtig.

Am 22. Januar 1559 wird die Hochzeit des jungen Charles de Lorraine mit Claude, der dritten Tochter Henris II. gefeiert. Zehn Tage dauern die Feste, an denen Christina nicht teilnehmen kann, da sie weiterhin die Friedensverhandlungen leitet. Die geraten ins

Stocken, als die Guises Königin Elisabeth mit der Behauptung beleidigen, Maria Stuart sei die wahre englische Königin. Rey Felipe spielt mit dem Gedanken an eine zweite englische Heirat. Elisabeth ist erheblich jünger und hübscher als Maria war, und mit ihr dürfte es nicht so schwierig sein, ein paar Kinder zu zeugen. Außerdem war er in der Zeit seiner Ehe mit Maria immer ihr Fürsprecher, hat sie sehr wahrscheinlich vor der Hinrichtung bewahrt. Elisabeth gibt sich geschmeichelt, hält ihn drei Wochen hin, um ihm dann mitzuteilen, sie gedenke zur Kirche ihres Vaters zurückzukehren und er wolle ja wohl keine Häretikerin heiraten.

Christinas unermüdlichen Anstrengungen ist es zu danken, dass man sich über Calais und Savoyen schließlich doch einig wird. Jetzt geht es noch um Festungsrückgaben an den Grenzen, einige Delegierte drohen mit Abreise. Kurz nach Ostern ist man sich endlich einig. Mit diesem Frieden, den Karl nicht mehr erlebt, werden fünfzig Jahre Kampf zwischen den Häusern Austria und Valois beendet. Der Vertrag bestätigt Austria den Besitz der Freigrafschaft Burgund und die Vorherrschaft in Italien durch die Kontrolle über Mailand und Neapel. Flandern bleibt Teil der spanischen Niederlande. Rey Felipe gibt endgültig den Anspruch auf das alte Stammland Burgund auf. Frankreich gibt Savoyen und Piemont den jeweiligen Herrschern zurück, behält aber das 1558 eroberte Calais. Henri II. und Felipe II. geloben, die Ketzerei in ihren Ländern zu bekämpfen.

Charles de Lorraine und seine junge Frau Claude brechen auf, um Henri II. die freudige Nachricht persönlich zu überbringen. Natürlich will man den Frieden auch wieder mit einer spanisch-französischen Heirat besiegeln. Zunächst hat man an Don Carlos und die älteste Tochter Frankreichs gedacht. Doch da Elisabeth von England Rey Felipe nicht heiraten wird, macht dieser selbst den Freier. Die Braut ist erst dreizehn, er wird auf ihre Ehefähigkeit noch einige Zeit warten müssen.

Nachricht aus Dänemark:
Der einst so gefürchtete Nero des Nordens, Christian von Dänemark, ist am 25. Januar 1559 auf Burg Kallundborg verstorben. Er ist siebenundsiebzig Jahre alt geworden und hat die letzten siebenundzwanzig Jahre in Haft gesessen.

Keine Chance bei Felipe

Christinas Rückkehr nach Brüssel ist ein kleiner Triumphzug. Doch nach all den Aufregungen zieht sie sich für einen Monat in den Convent La Cambre zurück. Es ist klar, dass Rey Felipe nach Spanien zurückkehren wird. Eigentlich rechnet man damit, dass er Christina als Regentin einsetzen wird. Insbesondere seit ihrer Leistung für den Friedensschluss von Câteau-Cambresis. Sie ist eine Austria durch ihre Mutter, hat mit Ausnahme ihrer beiden kurzen Ehen von Kindheit an in den Niederlanden gelebt. Sie war sieben Jahre die engste Vertraute der langjährigen Regentin Marie von Ungarn. Sie ist regierungserfahren und diplomatisch, kennt alle Regierenden persönlich. Doch sie hat sich einen Feind gemacht: Arras. Sie verkehrt in offener Freundschaft mit Orange und Egmont, die wiederum in Arras die Verkörperung der Herrschaft des verhassten Spanien sehen. Da weder Orange noch Egmont als Statthalter in Frage kommen, unterstützen beide die Wahl Christinas. Arras kann Rey Felipe einreden, die französische Partei gewinne zu großen Einfluss, wenn Orange erstmal mit Christinas Tochter Renée verheiratet sei. Arras schlägt Margarete von Parma für den Posten der Regentin vor. „In einer schwarzen Stunde für die Niederlande", wie einige Autoren meinen, und man ist geneigt, ihnen zuzustimmen.

Die neue Regentin

Im Mai wird Margarete von Parma öffentlich als Nachfolgerin Marie von Ungarns angekündigt, und in den Niederlanden bricht ein Sturm der Entrüstung los: Schon wieder eine Frau als Regentin, noch dazu ein Bastard. Eine Regentin, deren Interessen einzig in Italien liegen, verheiratet mit einem, der die Waffen gegen den Kaiser, den gouden Carolus, erhoben hat! Das Volk ist sauer, der Adel beleidigt, eigentlich kann einem Margarete von Parma schon jetzt leid tun. Sie hat keinerlei Partei in den Niederlanden, ist in ihren Entscheidungen vollkommen von Rey Felipe abhängig und wird sich in ihrer Hilflosigkeit und Unerfahrenheit zunächst auf Gedeih und Verderb mit dem dort verhassten Arras verbinden. Eine seltsame Konstellation auch, dass sie ihren geliebten Sohn Alessandro als Geisel nach Spanien geben muss. Natürlich ist Margarete froh, aus der unglücklichen Ehe mit dem Farnese auf diese ehrsame Weise zu entkommen. Sie ist von fast männlichem Temperament und als herrschsüchtig und stolz bekannt, doch Rey

Felipe ist überzeugt, sie dennoch von Madrid aus lenken zu können.

Christina - maßlos enttäuscht

Wenn erklärte Feinde sie angreifen, damit hat Christina leben gelernt. Aber dass Rey Felipe ihr so in den Rücken fällt, der sie seit dem ersten Treffen stets derart hofiert hat! Ihre Abreise ist für sie beschlossene Sache, unter einer anderen Regentin kann sie nicht in den Niederlanden bleiben. Sie verspürt auch keine große Lust, als Untertanin des Sohnes in Nancy zu leben. Sie möchte am liebsten nach Italien. Sie bittet Felipe, ihr Bari zu überlassen. Doch der meint, wenn sie sich schon nicht mit ihren Witwengütern in der Lorraine begnügen könne, solle sie Lecce nehmen. Rey Felipe zettelt noch eine Intrige an, die letztlich die Heirat des Prince d'Orange mit Christinas Tochter Renée verhindert. Orange heiratet in seiner Wut die Tochter des Moritz von Sachsen! In der persönlichen Begegnung mit Christina ist Rey Felipe weiterhin die Freundlichkeit in Person.

Am 7. August 1559 wird Margarete von Parma von Rey Felipe feierlich als Regentin eingeführt, und die Generalstaaten verweigern erstmal die Abgaben. Margarete ist siebenunddreißig Jahre alt, hat einen leichten Bartanflug und leidet an der eher männlichen Krankheit Podagra. An sich soll sie das Amt höchstens achtzehn Monate innehaben, doch dann werden neun Jahre daraus. Am 24. August 1559 verlässt Rey Felipe II. die Niederlande, um nie mehr zurückzukehren. Fünf Jahre und einen Monat weilte er fern von Spanien, nun wird er es nie mehr verlassen.

Gedanken bei untergehender Sonne

Palacio del Rey in Yuste, ab Februar 1557

Karls Übersiedlung nach Yuste
Bevor Karl Anfang Februar 1557 wirklich nach Yuste übersiedelt, entlässt er den überwiegenden Teil seines Gefolges. Knapp hundert Personen kehren in die Niederlande und nach Italien zurück. Als Karl an einem späten Winterabend in Yuste anlangt, wird er von den Mönchen des Klosters mit einer Prozession empfangen. Er lässt sich zu den Stufen des Hauptaltares tragen und versinkt im Gebet. Danach nimmt er seine Wohnstatt in Besitz. Geschickt ist sie vor die südliche Längswand der Kirche gesetzt, was sie vor den Nordwinden zusätzlich schützt. Kloster und das mit gelinder Übertreibung Palacio genannte Haus Karls sind von einem Garten in leichter Hanglage umgeben, den eine mannshohe Mauer umschließt. In der Mauer gibt es ein Tor zum Anwesen Karls, bevor man die Klosterpforte erreicht. Bäume beschatten die Rampe auf der Westseite, die zur Terrasse im ersten Stock führt und zeichnen ein bewegtes Muster aus Licht und Schatten auf den gepflasterten Aufgang.

Karls Refugium
Die Tiefe der Terrasse unter Arkaden zeigt nach Westen, hier kann Karl, der ja nie ein Frühaufsteher war, den ganzen Nachmittag und Abend im Schatten, Halbschatten oder ganz vorn in der Sonne sitzen. Die Schmalseite der Terrasse liegt wie die ganze Front direkt nach Süden, und der Blick schweift über das unmittelbar unterhalb der Front angelegte Wasserbassin, über Blumen, Rasen, Sträucher und Bäume, grüne Hügel und Täler bis zu der fernen Sierra de Guadalupe. Es ist eine einmalige Aussicht, auch für einen so weitgereisten Mann wie den Kaiser. Man betritt diese obere Etage über einen schmalen Flur mit Bänken und Truhen. Rechts führt die erste Tür in ein Zimmer, das Karl benutzt, um Besucher zu empfangen.

Hier hängt das Bild, das Tizian von ihm und seiner schönen Isabel gemalt hat, ohne die Kaiserin je selbst gesehen zu haben. Karl hat noch andere Meisterwerke seines Lieblingsmalers Tizian um sich, und die Wände der Räume sind mit vierundzwanzig flämischen Wandteppichen geschmückt, auch wenn bei Führungen heute erzählt wird, die Wände aller Räume, in denen der Kaiser sich aufhielt, seien seit dem Tode Isabels stets schwarz verhängt gewesen. Die Fußböden sind mit Teppichen bedeckt. Die Fenster des Audienzraumes gehen genau wie die seines eigentlichen Arbeits- und Aufenthaltszimmers auf das Bassin, den Garten und die herrliche Aussicht.

In diesem hinteren Raum der Frontseite wird heute ein vielfältig verstellbarer Stuhl gezeigt, in dem Karl sitzt, wenn ihn die Schmerzen plagen. Das Zimmer verfügt über einen kleinen Balkon mit Fenstertür, von dem aus Karl in seinem Bassin angeln kann. Es geht das Gerücht, dass kleine Buben darauf abgerichtet wurden, ihm kapitale Fische an die Angel zu hängen. In dem Raum links vom Eingang steht vielleicht ein Teil der Uhren, der mechanischen Spielzeuge und der mathematischen Instrumente, an denen Karl sich unterweisen lässt. Über alle Räume verteilt ist die Bibliothek, die neben wissenschaftlichen und historischen Werken auch literarische umfasst.

Der hintere Raum auf der linken Seite dient Karl als Schlafzimmer. Die Wand, die parallel zur Kirche verläuft, ist durchbrochen worden, und mittels einer hölzernen Schiebeluke kann der Blick auf den Altar freigegeben werden. Das Bild über dem Altar ist Tizians Gloria, die der Kaiser in Augsburg in Auftrag gegeben und kurz vor seiner Abdankung erhalten hat. Mit diesem Fenster zum Altar ist vorgesorgt für Tage, an denen Karl zu schwach ist, sich auch nur in die Kirche tragen zu lassen. Sollte es nötig sein, kann er so vom Bett aus der Messe folgen, ohne die Mönche in ihrer Andacht zu stören. Zum Glück geht es ihm in Yuste meist so gut, dass er durchaus aufstehen kann. Dennoch zieht er es oft vor, der Messe an diesem Durchbruch sitzend beizuwohnen. Es gibt auch noch eine schmale Pforte, durch die er von seinem Haus direkt in die Kirche gelangen kann, wenn es ihm zu unbequem ist, außenherum zu gehen oder das Wetter zu ungemütlich ist. In seinem Schlafraum stehen zwei Betten, weil Karl in Zeiten der Schlaflosigkeit einen Zimmergenossen braucht, der ihm vorliest oder mit ihm spricht.

Das ist die Wohnetage des abgedankten Kaisers. Eine Etage, aufgeteilt in vier gleichgroße Räume, die nach Süden liegenden lichtdurchflutet und mit unvergleichlicher Aussicht. Von der Kargheit von Mönchszellen also keine Spur, sondern im Gegenteil Bequemlichkeit und Luxus. Im Inneren herrscht flämische Behaglichkeit, die noch verstärkt und übertrieben wird durch die längst verschwundenen niederländischen Öfen, die er zusätzlich zu den Kaminen aufstellen ließ. Eher bürgerlich als fürstlich wirken die Räume, klein und überschaubar. Das ist Absicht, denn es soll kein Platz für Dauergäste dasein.

Wo nun Karls Palacio und sein Bassin sind, war früher der Küchengarten der Mönche. In seinem ersten Frühjahr lässt Karl um seine Villa einen Garten nach seinem Geschmack gestalten, mit Springbrunnen, Blumen, einer Zypressenallee. Die Orangenbäume lässt er stehen, ihr Duft weht in die Südzimmer.

Das Haus des Kaisers wurde in späteren Jahrhunderten zwar ausgeplündert, da es unbewohnt blieb, verwahrloste es, ist aber nie zerstört oder umgebaut worden. Die Außenansicht des Gebäudes erinnert ein klein wenig an toskanische Villen, hat aber unleugbar in ihrer Strenge auch ein kastilisches Element. Vielleicht wirkt es weniger spanisch, weil das vielfältige Grün des Gartens und der Vega mit ihren sanften Hügeln so „unspanisch" sind, so anders als Kastilien in seiner kargen, majestätischen Weite. Anders als die westliche Estremadura, in der man versteht, warum die furchtlosesten Konquistadores vornehmlich aus dieser Landschaft stammen. Anders auch als die raue, oft an Schottland erinnernde Atlantikküste Galiziens oder die endlosen Olivenhaine und die staubigen Sierras Andalusiens.

Der „Hofstaat" oder besser Haushalt

Obwohl Karl sich bewußt nach Spanien zurückgezogen hat, sind unter den etwa sechzig Menschen, die er zur Begleitung seiner letzten Jahre erwählt hat, überwiegend Niederländer. Die oberen Chargen sind allerdings mit Spaniern besetzt. Allen voran ist da Don Luis Quijada, der Haushofmeister, durch und durch Kastilier. Als Sekretär für Staatsangelegenheiten fungiert Martin Gaztelu, der Nachname sieht baskisch aus. Der Garderobenmeister Moron hat sicher nicht viel zu „ton", so wenig Wert wie Karl im Alter noch auf Kleidung legt.

Sehr nahe steht ihm sein erster Kammerherr Willem van Male, ein Flame, dem Karl schon auf dem Rhein seine Memoiren diktierte. Das allein sagt schon alles über das Vertrauen, das er bei Karl genießt. Der hochgebildete Male ist ein ausgezeichneter Zuhörer und Vorleser, er benutzt am häufigsten das zweite Bett in Karls Zimmer. Flamen sind der Arzt, der Apotheker, deren Gehilfen und die Kammerherren zweiter Klasse, die Barbiere, die sich nicht nur um Haupt- und Barthaare, sondern um alle hygienischen

Belange inclusive Leibstuhl zu kümmern haben. Mit ihnen spricht Karl flämisch, für sie gibt es auch einen flämischen Kaplan.

Ein sehr wichtiger Mann ist Italiener, der Uhrmacher und Ingenieur Giovanni Torriano aus Cremona. Er arbeitet während seiner Zeit in Yuste an einer astronomischen Uhr, die zusätzlich Tage und Monate anzeigt und den Lauf der Planeten. Karl verfolgt das Wachsen dieses Werkes mit größtem Interesse. Sehr amüsiert haben Karl auch die mechanischen Spielzeuge, die Torriano in seinem Beisein entwickelt: Ein Männlein, dass Trompete bläst, eine Tänzerin, die das Tamburin schlägt, Vögel, die zum Schrecken der Mönche surrend durch den Garten fliegen - bis ihre Federwerke keine Spannung mehr haben. Für die Mönche ist der Italiener ein veritabler Hexenmeister. Wie wenig Karl mit ihnen gemein haben kann, zeigt sich schon darin, dass sie sofort nach seinem Tod den „Hexenmeister" Torriano der Inquisition übergeben!

Eine besondere Stellung unter den Bediensteten nehmen Karls Bierbrauer ein. Nach wie vor beginnt der Tag für ihn mit einem kräftigen Trunk eiskalten Bieres. Als ein Arzt inständig bittet, auf dieses Morgenbier zu verzichten, das seiner Gesundheit ganz besonders abträglich sei, antwortet Karl nur: „Ich werde nichts derartiges tun!" Allerdings klappt es im ersten halben Jahr nicht so gut mit dem regelmäßigen Nachschub von Eis - ob da vielleicht die Absicht wohlmeinender Menschen dahintersteht, bleibt offen. Sicher ist es auch diesem Umstand zu verdanken, dass sich Karls Gesundheitszustand im ersten Frühjahr in Yuste erheblich verbessert.

Die außerordentlich wichtige Brauerei, die Bäckerei und die Küche sind in Nebenräumen des Klosters untergebracht. Einige wenige wichtige Betreuer Karls wohnen in den Gasträumen des Klosters, doch das Gros der Bediensteten muss in dem gut zwei Kilometer vom Kloster entfernten Dorf Quacos Quartier nehmen. Angeblich gibt es im Dorf bis in die heutige Zeit viele große, blonde Menschen, nicht etwa Nachfahren des Kaisers, sondern seines ständig mit der Langeweile kämpfenden Gefolges. Quijada berichtet: „Der Einzige, der sich hier nicht langweilt, ist der Kaiser."

In Quacos ist man von dieser „Einquartierung" alles andere als begeistert. Die Menschen mögen den alten König und Kaiser und sind stolz, dass er in ihrer Nähe lebt, obwohl sie ihn fast nie sehen. Um so mehr belasten die großspurigen, eingebildeten, verfressenen und oft betrunkenen Fremden das dörfliche Leben, zumal - wie schon angedeutet - keine Dorfschöne vor ihnen sicher ist. Doch offen können die Quacoseños ihrem Unmut nicht Luft machen, also erfinden sie andere Möglichkeiten. Da werden die Fischteiche abgelassen, nächtens Obst aus den kaiserlichen Gärten gestohlen, und anderntags werden Fische und Früchte für teueres Geld an den Herrn Proviantmeister verkauft! Karl lässt eigens einen Beamten aus Valladolid kommen, weil der Dorfrichter „überfordert" ist, lässt aber letztlich meist Gnade vor Recht ergehen.

Karl und die Mönche
Von Karls Seite ist das Verhältnis zu den Mönchen ein gut nachbarliches. Er nimmt an klösterlichen Gottesdiensten teil, das kann jeder Christ, ohne Ordensbruder zu sein. Meist folgt Karl der Messe von seinem Schlafzimmersessel aus, nur zu besonderen Feiertagen besucht er die Kirche. Die Mönche ihrerseits haben mit dem kaiserlichen Nachbarn viel größere Probleme. Zwar erkennen sie seine ungekünstelte Demut und seine tiefe Religiosität an, doch er wird nie den selbstverständlichen Hochmut des Aristokraten, in seinem Fall: Monarchen, ablegen. Das macht die Mönche unsicher im Umgang mit ihm, was schon in der Anrede deutlich wird. Sie nennen ihn „Eure Väterlichkeit".

Von den Höflingen erfahren die armen Mönche nur Geringschätzung, selbst der „Erzchrist" Quijada macht aus seiner Verachtung für Kuttenträger keinen Hehl. Der Abt hatte vor Karls Ankunft eine grandiose Idee. Die Musikliebe Karls war allgemein bekannt, und der brave Mann tauschte in den Monaten vor Karls Ankunft unmusikalische Brüder gegen solche mit besonders guten Singstimmen mit anderen Klöstern und beschaffte einen exquisiten Orgelspieler. Das hat Karl sehr gefreut, und er hört mit großer Begeisterung dem Chorgesang zu. Manchmal singt er sogar selbst mit, er hat immer noch eine sichere Singstimme und ein feines Gehör. Es soll vorgekommen sein, dass er die Mönche mit soldatischen Flüchen verschreckt, wenn einer gar zu falsch singt. Mit einigen wenigen der Mönche, die ein bewegtes Leben hatten, bevor sie die Kutte nahmen, hat Karl sich manches Mal angeregt unterhalten. Doch dann reitet ihn auch der Schalk, und er traktierte den Abt und ausgewählte Mönche mit endlosen, überreichen Gastmählern.

Der Tagesablauf
Karl frühstückt in Yuste im Bett, genießt dazu eine Kanne seines geliebten kalten Bieres. Er hat eine Dispens, muss nicht nüchtern zur Messe! Sein Beichtvater Pater Regla ist ein schüchternes

Männlein, und Karl hat ihm seine große Aufgabe von vornherein vereinfacht, indem er ihn darüber informiert, dass in Brüssel fünf Priester ein Jahr lang über seine Sünden in dieser Welt als Kaiser befunden hätten, nun sei nur noch zu beurteilen, was er hier in Yuste auf sich lade und das könne - dank der Gegebenheiten - ja nicht allzu viel werden. Man merkt, Karl nimmt diesen Mann der Kirche nicht ganz ernst. Nach dem Frühstück kommt Torriano zur „Lagebesprechung“, und ab zehn Uhr herrschen die Barbiere, um Karl für die Messe herzurichten.

Er geht immer noch „dalla messa a la Mesa“. Er speist allein, van Male oder der Arzt Hoogstraten sind anwesend, falls er sich unterhalten will. Nach Tisch kommt Pater Regla zum Gebet oder zur Bibellesung, dann ist erstmal Siesta bis mindestens drei Uhr mittags. Der Nachmittag vergeht mit dem Empfang von ausgewählten Besuchern und Erledigung der Korrespondenz. Die knapp zwei Jahre, die er nach seiner Abdankung in Jarandilla und Yuste verbringt, füllen mehrere sehr dicke und sehr engbedruckte Bände im von Karl angelegten Archiv von Simancas. Studien, Vertiefung in ausgewählte Stücke seiner Gemäldesammlung, Uhrmacherei, Spaziergänge oder kleinere Ausflüge per Maultier oder im Tragsessel, je nach Wetter und Tagesform runden das Programm ab.

Nach der Vesperandacht isst Karl ausgiebig zu Abend, trinkt, lässt sich dabei unterhalten oder vorlesen, unterhält sich nach Tisch noch weiter mit ausgewählten Besuchern, Mönchen, seinen Hausgenossen - oder er sitzt einfach am Fenster oder auf der Terrasse und betrachtet die Sterne und lässt die Gedanken schweifen. Wird er endlich müde, hat er es nicht weit zu seinem Bett.

Februar 1558

Seinen zweiten Geburtstag in seinem selbstgewählten Refugium verbringt Karl in gesundheitlich sehr viel schlechterem Zustand als im Jahr zuvor. Er kann wieder kaum mehr als fünfzehn oder zwanzig Schritte weit gehen, was sicher damit zusammenhängt, dass er nur sehr scharf gewürzte Gerichte isst, viel gesalzenen Fisch mit Knoblauch. Als Ausgleich nimmt er Unmengen Marzipan und Honiggebäck zu sich. Das würde einem gesunden Menschen nicht gut tun, ihm lähmt die Gicht das linke Bein bis zur Hüfte, sein Mund ist entzündet und die Zunge angeschwollen. Seinen achtundfünfzigsten Geburtstag muss er im Bett verbringen. Viel besser geht es ihm auch noch nicht, als Marie kommt und sie gemeinsam um Eleonor trauern.

Nachricht aus dem Reich:
Im März 1558 wird Ferdinand, Erzherzog von Österreich, König von Böhmen und Ungarn, zum Kaiser des Heiligen Römischen Reiches Deutscher Nation gewählt und gekrönt. Die Familie ist zahlreich erschienen. Karl will nun nur noch als Privatmann angesprochen werden und lässt sein Siegel ändern.

Sommer 1558
Die warme Jahreszeit bringt noch einmal eine erhebliche Besserung seiner Gesundheit. Karl ist auch vernünftig genug, seine Genusssucht überwiegend der Jahreszeit entsprechend mit Erdbeeren und Kirschen zu befriedigen. Dennoch ist er bis zuletzt nicht davon zu überzeugen, dass eine dauernde Umstellung auf gesundes Essen ihm das Leben erheblich erleichtern könnte. Er beharrt in seinem übertriebenen Vertrauen auf die Selbstheilungskräfte des Körpers. Inzwischen hat er auch eiternde Wunden an den Beinen.

Jeronimo
Im Laufe des Sommers 1558 lässt Karl die Gattin seines unverzichtbaren Quijada kommen, Dona Maddalena de Ulloa. Sie bezieht ein kleines Haus in Quacos. Mit ihr kommt der Knabe Jeronimo, den sie seit vier Jahren in dem Bewußtsein aufgezogen hat, er sei die Frucht eines Seitensprunges ihres Mannes mit einer Blondine aus Süddeutschland.

Es ist unklar, wer wann von der wahren Abstammung des Jungen erfährt. Fest steht nur, dass Karl in seiner Zeit in Yuste ein Kodizill zu seinem Testament von 1554 verfasst, in dem er seinen Sohn und Erben Rey Felipe anweist, den Jungen als seinen Halbbruder aus der kurzen Verbindung des Vaters mit der Regensburgerin Barbara Blomberg anzuerkennen und ihm eine angemessene Stellung bei Hofe zu verschaffen. Gleichzeitig setzt er auch für die Mutter ein Legat aus. Natürlich ist es der treue Quijada, der dafür zu sorgen hat, dass Rey Felipe sich an diese Anweisungen hält. Einen öffentlichen Akt zur Anerkennung Jeronimos als natürlichen Sohn hält Karl vielleicht nicht mehr für nötig, da er sich selbst als Privatmann sieht. Außerdem hat er sie ja „per futuro“ angeordnet.

Nachdem er seinen unglückseligen Enkel Don Carlos kennengelernt hat, muss der Anblick des kräftigen blonden Jungen, aus dessen angenehmen Zügen eine wache Intelligenz spricht, dessen Augen mal übermütig blitzen, mal nachdenklich nach innen gekehrt sind, ein angenehmer Schock - oder große Bitternis - für Karl gewesen sein. Nichts Gekünsteltes oder krankhaft Übersteigertes ist an diesem Zehnjährigen, der sich mit natürlicher Anmut und jungenhafter Unerschrockenheit bewegt, dabei gegen jedermann freundlich und höflich ist, ohne geziert zu wirken. Neben seinen natürlichen Anlagen spricht aus dem Verhalten des Kindes die warme Zuneigung, die er von seiner „Ziehmutter" erfahren hat. Jeronimo hält Doña Maddalena übrigens für seine „richtige" Mutter.

Man weiß nicht, inwieweit sich der Kaiser wirklich mit dem Knaben befasst, ob all die rührenden Erzählungen von gemeinsamen Ausritten auf Pony und Maultier, die Männergespräche über Jagd und Rittertum dichterische Erfindung sind. Aber einen Kern Wahrheit mögen sie schon enthalten, denn Karl hatte ein Ziel für seinen Rückzug nach Yuste: Er wollte all das tun, was er in den vierzig Jahren seiner Regierung wegen der vielfältigen Last seiner Aufgaben nie geschafft hatte.

Warum sollte dazu nicht auch gehören, in einem gewissen Sinne die „Freuden der Vaterschaft" nachzuholen! Für seine ehelichen Kinder hat er nie Zeit gehabt und auch Margarete kaum je gesehen, bis sie als das einsatzfähig war, was er für ihren Daseinszweck hielt: als Heiratsobjekt. Seinem Sohn Rey Felipe hat er nie zugehört, vielleicht war der durch seine Erziehung auch gar nicht in der Lage, dem Vater einfach voller Vertrauen seine Weltsicht darzulegen, wie der selbstbewußte Jeronimo es in seiner unverfälschten Natürlichkeit kann. Karl selbst wäre ja auch früher nie darauf gekommen, einem Kind zuzuhören. Er hat seine Kinder und Neffen und Nichten immer nur geprüft und belehrt, um sie auf die ihnen zugedachten Aufgaben vorzubereiten. Zu Zeiten Karls wurde Kindererziehung ganz anders gehandhabt als heute. Für ihn persönlich kommt erschwerend hinzu, dass er seine Eltern kaum je gesehen hat, also keine elterlichen Verhaltensmuster erlebt hat.

August 1558

Mitte August brütet Yuste unter einer lang anhaltenden, für die Vega ungewöhnlich schwülen Hitze. Zum Fest von Mariä Himmelfahrt muss Karl sich in die Kirche tragen lassen, zu anstrengend ist ihm der Weg über die Rampe. Auf seinen im Schatten auf der Terrasse stehenden Stuhl zurückgekehrt, freut er sich über die Nachricht von einem Sieg der niederländischen Truppen unter Egmont. Entspannter kann er an seine Niederlande denken, seit er weiß, dass die unglaubliche Marie, seine kleine Schwester, einst „Kunigin von Hungern und Beheim", dann ein Vierteljahrhundert seine kampferprobte und trotz aller Selbstzweifel unerschrockene Regentin dorthin zurückkehren wird...

Nachmittags lässt er sich drei seiner Lieblingsgemälde von Tizian bringen und döst über deren Betrachtung ein. Am Abend bringt ein gewaltiges Gewitter frische, angenehm kühle Luft. In der für ihn typischen Unvernunft sitzt Karl danach noch viel zu lange auf seiner abgekühlten Terrasse, besteht auch darauf, dass über Nacht das Fenster seines Schlafraumes offen bleibt. Am nächsten Morgen ist er - nicht verwunderlich - erkältet.

Die ominöse Totenfeier
Er ahnt wohl, dass sein Ende - so oft schon verkündet - nun tatsächlich nahe ist und lässt, um allen Pflichten zu genügen, für seine Vorfahren, seine Mutter, seine Gattin Isabel, seine Schwester Eleonor, verstorbene Feldherren und Minister, Vliesritter und andere Weggefährten Unmengen von Totenmessen lesen. Sie sind das Körnchen Wahrheit in dem angeblich authentischen, schaurigschönen Bericht eines Mönches, der Kaiser habe Ende August seine eigene Totenfeier zelebrieren lassen und ihr im eigenen Sarg beigewohnt, ja noch aus diesem heraus Änderungswünsche kundgetan. Natürlich hat diese Vorstellung der Generalprobe für den eigenen Abgang einigen Reiz für alle, die entweder Karls Abdankung nicht verstehen können oder ihm aus unterschiedlichsten Motiven eine krankhafte Hinwendung zum Jenseitigen unterstellen wollen, als makabren Hinweis auf den Mangel an geistiger Gesundheit der Casa de Austria.

Keiner der urkundlich bekannten und durch andere - auch kritische - Anmerkungen zur Person Karls qualifizierten Zeitgenossen erwähnt ein solches Schauspiel. Doña Juana, die sich ja zumindest durch eine etwas extravagante Haltung in Dingen der Bußfertigkeit auszeichnet, hätte ihrem Bruder, dessen Lieblingsbeschäftigung in späteren Jahren die Organisation von Leichenkondukten kreuz und quer durch Spanien werden sollte, darüber mit Genuss berichtet. Doch auch sie erwähnt nichts dergleichen. Und doch: es schleicht sich ein leichter Zweifel ein. Wenn man die „Todesferne" des eigenen Zeitalters einmal vergisst und sich erinnert, welch genialer Inszenierer Karl zuletzt war, welchen Wert er auf das Hofzeremoniell und seine Einhaltung legte, ist es da nicht vielleicht doch denkbar, dass er hier, in der weltfernen Abgeschiedenheit und ohne höfische Spezialisten sicher gehen will, dass alles im angemessenen Rahmen verläuft? Dass er tatsächlich wissen will, wie das wirkt, ja wie sich das anfühlt, wenn seine irdischen Überreste an ihrer lezten Zeremonie teilnehmen?

Der Arztbericht
Nach dem minutiösen Bericht seines Arztes geht es Karl am 30. August so gut, dass er im angenehmen Sonnenschein auf seiner Terrasse sitzt, dort auch zu Mittag isst, allerdings keinen großen Appetit, dafür aber fieberbedingt um so größeren Durst hat. Das ärztliche Bulletin des folgenden Tages, ist fast gleichlautend, nur bekommt der Patient am Nachmittag eine Art Schüttelfrost, und das Fieber steigert sich zu delirösen Momenten.

September 1558
Am 1. September lässt Karl Quijada kommen, um seinem Brüsseler Testament vom Juni 1554 ein Kodizill anfügen zu lassen. Darin erklärt er, unter dem Altar der Klosterkirche von Yuste beigesetzt werden zu wollen und zwar dergestalt, dass der Priester bei der Zeremonie vor dem Altar auf seiner Brust und seinem Kopf stehe. Auch solle der Leichnam seiner Gemahlin aus Granada nach Yuste überführt werden. Quijada wagt, Einspruch zu erheben, meint, das abgelegene Yuste sei doch kein Ort für das Grabmal einer so großen Kaiserin. Ob der Kaiser nicht lieber verfügen wolle, dass seine irdischen Überreste nach Granada gebracht werden sollen, um mit ihr vereint zu sein. Karl denkt hin und her und überlässt es letztlich Rey Felipe, die endgültige Entscheidung zu treffen.

Er führt ein langes Gespräch mit seinem Beichtvater. Doch dann steigt das Fieber wieder, und Karls Erinnerungsvermögen funktioniert am Abend nicht mehr richtig. Befragt, ob er die Hinzuziehung weiterer Ärzte wünsche, bittet er darum, den Leibarzt seiner Schwester Marie, den Niederländer Baersdorp konsultieren zu können. Als die Nachricht vom alarmierenden Zustand Karls Marie und Doña Juana erreicht, fragen beide an, ob sie ihn nicht - bitte - noch einmal sehen dürfen. Karl lehnt es ab, wann immer Quijada wagt, die Bitten zur Sprache zu bringen. Auch Juana wollte in den Tagen ihres Todeskampfes keinen Blutsverwandten bei sich haben! Die nächsten drei Wochen sind ein ständiges Auf und Ab von Momenten der Erleichterung nach Erbrechen, Stuhlgang und dem unvermeidlichen Aderlass und heftigen Fieberattacken mit Bewußtseinstrübung und Bewußtlosigkeit, deren längste volle zweiundzwanzig Stunden andauert.

Am 18. September taucht Karl wider Erwarten aus der Bewußtlosigkeit noch einmal auf. Er erkennt die Anwesenden, spricht mit ihnen, wenn auch mit schwacher Stimme und undeutlich. Am nächsten Tag gibt man Karl die letzte Ölung, und am 20. bittet er darum, noch einmal kommunizieren zu dürfen. Er hat dies zuletzt am Morgen des 3. September getan.

Da er nach wie vor unter häufigem Erbrechen leidet, obwohl er seit Tagen nur durch das Einflößen von Mandelmilch ernährt wird, fragt man ihn, ob er denn kräftig genug dazu sei? „Ich werde es können!“, antwortet er entschlossen, und mit der Aufbietung all seiner Willenskraft gelingt es ihm tatsächlich, den Akt ohne Zwischenfall und bei vollem Bewußtsein zu überstehen und anschließend auch noch die Messe zu hören. Als Zeichen, dass er immer noch folgen kann, schlägt er sich beim Agnus Dei schwach aber sichtbar mit der verkrümmten Hand an die Brust.

Den ganzen Tag wechseln sich die Mönche am Krankenlager ab, von dem Karl längst weiß, dass es sein Totenbett ist, um ihn mit den Tröstungen der Kirche zu versehen. Er selbst bestimmt, welche Oratorien und Psalmen er hören will. Dazwischen klärt er immer wieder Dinge mit Quijada ab und erklärt dem alten Haushofmeister am Abend schließlich, nun sei es Zeit für die geweihten Kerzen aus Montserrat. Auch soll Quijada seinen ehemaligen Hauskaplan Carranza, den jetzigen Erzbischof von Toledo, bitten, ihm Gesellschaft zu leisten.

Noch lange nach Mitternacht sind die treuen Diener des ehemaligen Kaisers in seinem Zimmer versammelt. Zeitweilig lauscht Karl den Tröstungen des Erzbischofs, doch er gebietet ihm auch mehrfach Schweigen. So als Carranza ihm erzählen will, wie schön es sei, am Tag eines Heiligen zu sterben, der für Jesus all seiner Reichtümer entsagte … Auch das gehört zu Karls Auffassung vom Zeremoniell: Man muss eben auch zu sterben wissen! Wie Isabel bei der Geburt des Thronfolgers mit eisernem Willen keinen Schmerzenslaut vernehmen ließ, demonstriert Karl in der nun wirklich allerletzten Willensanstrengung sein „in Würde sterben“…

San Yuste, 21. September 1558

Um zwei Uhr, als die Nacht sich aus tiefster Schwärze in einen neuen Morgen zu wandeln beginnt, ist Karl für jeden Anwesenden ausschließlich wieder der Kaiser. Er fühlt sich selbst den Puls und beschließt, dass es nun endgültig an der Zeit ist. Er bittet, man möge ihm das Kruzifix reichen, das Isabel in ihren letzten Augenblicken umklammerte und es ihm in die linke Hand legen. „Ya es tiempo!“, bestimmt er. Der Zeitpunkt ist gekommen. Seine letzten Getreuen umstehen sein Lager schluchzend, während er Quijada bedeutet, ihm die geweihte Kerze in die rechte Hand zu geben. Doch dieser allerletzte Griff gelingt nicht mehr, die verkrümmte Rechte kann dem Befehlsimpuls nicht mehr folgen. Quijada muss die Hand des einstigen Herrn der Welt mit seinem Griff unterstützen. „Ay, Jesus!“, liest Quijada mehr als er es hört von den Lippen Karls, der mit diesem letzten Seufzer nur noch zustimmen, nicht mehr befehlen muss …

In allen Hauptstädten seiner Reiche von Altkastilien bis Nueva Espagna werden mit einer der Entfernung entsprechenden zeitlichen Verschiebung die pompösesten Trauerfeiern aller Zeiten für den Kaiser Karl V. stattfinden. Die denkwürdigste in Brüssel, in seinem Geburtsland, unter der Ägide seines Sohnes Rey Felipe, der von den Niederlanden nichts, von Trauerfeiern aber im Laufe seines Lebens immer mehr versteht.

Denkmäler und Bilder werden sein Andenken über die Jahrhunderte bewahren, Städte, Paläste und kleine Bürgerhäuser damit werben, dass sie ihn kurzzeitig beherbergten, ein Ozean von Tinte wird über Papier der alten und der neuen Welt vergossen werden, um sein Geheimnis zu ergründen … doch nur der Blick von seiner Terrasse in Yuste über Bassin und Garten in die Weite dieser spanischen Landschaft, die so viele Erinnerungen an und Ahnungen von anderen Weltgegenden in sich trägt, gibt eine Vorstellung vom Wesen des Menschen Karl …

Literaturauswahl

Alvarez Fernandez, Manuel:	Imperator Mundi. Karl V. - Herrscher eines Weltreiches München 1971
Andics, Hellmut:	Die Frauen der Habsburger Wien-München 1974
Bedürftig, Friedemann:	Taschenlexikon Karl V. München 1999
Besson, André:	Marguerite d'Autriche Paris 1985
Boom, Gishlaine de:	Marie de Hongrie Bruxelles 1956
Boom, Gishlaine de:	Marguerite d'Autriche - Savoie et la Pré-Renaissance Paris-Brüssel 1935
Boom, Gishlaine de:	Une soeur méconnue de Charles Quint: Eleonore d'Autriche, Reine de Portugal et de la France Bruxelles 1943
Bosbach, Franz:	Monarchia Universalis. Ein politischer Begriff der frühen Neuzeit Göttingen 1988
Brandi, Karl:	Kaiser Karl V. Werden einer Persönlichkeit und eines Weltreiches München 1976[6]

Brower, Johan: Johanna die Wahnsinnige. Glanz und Elend einer spanischen Königin. (Original 1978) München 1995[2]

Calmette, Josef: Die großen Herzöge von Burgund (Nachdruck) München 1996

Cartwright, Julia: Christina of Denmark, Duchess of Milan and Lorraine 1522-1590 London 1913

Crankshaw, Edward: Die Habsburger Wien-München-Zürich 1971

Davies, Trevor: Spaniens goldene Zeit. 1501-1621 München 1939

Demski, Eva: Lieber in Stücke hauen lassen, als nach Spanien. Kaiser Karl V. & Barbara Blumberger. FAZ-Magazin Heft: 549, S. 21-28 Frankfurt 1990

Dennis, Amarie: Seek the Darkness. The Story of Juana la Loca Madrid 1953

Dijn, Rosine de: Des Kaisers Frauen. Eine Reise mit Karl V. von Flandern durch Deutschland bis in die Estremadura Stuttgart 1999

Erlanger, Philippe: Charles Quint Paris 1980

Erlanger, Philippe: Isabella die Katholische Gernsbach 1989

Ferdinandy, Michael de: Karl V. El Emperador Carlos V - Sembleza de un Hombre Tübingen 1966

Ferdinandy, Michael de: Ahnen und Schicksal. Geschichtsforschung und Genotropismus.
Köln-Detroit 1952

Forst de Battaglia, Otto: Burgunder, Spanier, Deutscher? Über die Ahnen und die Herkunft Karls V.
Wien 1971

Gachard, Louis Prosper: Collection des Voyages de Souverains de Pays Bas. Bd. 2 Itinéraire de Charles Quint de 1506 à 1521. Journal de Voyages de Ch. Qu. de 1514 à 1551 par Jean Vendmesse
Bruxelles 1874

Gans, Johann Ludwig: Österreichisches frauenZimmer. Das ist das Leben aller gebornen Erzherzoginnen …
Cöln 1638

Gonda, Imre & Niederhauser, E.: Die Habsburger. Ein europäisches Phänomen
Budapest 1978

Habsburg, Otto von: Karl V.
Wien 1967

Hamann, Brigitte (Hg.): Die Habsburger. Ein biographisches Lexikon
Wien 1988

Heine, Hartmut: Geschichte Spaniens in der frühen Neuzeit
München 1984

Heiß, Gernot: Königin Maria von Böhmen und Ungarn (1505-58) Ihr Leben und ihre wirtschaftlichen Interessen in Österreich, Böhmen und Ungarn
Wien 1971

Hermany - Vieille, Catherine: Johanna die Wahnsinnige. Geschichte einer Sehnsucht
Bergisch-Gladbach 1994

Herre, Paul: Barbara Blomberg, die Geliebte Kaiser Karl V. und Mutter Don Juans de Austria. Ein Kulturbild des 16. Jahrhunderts
Leipzig 1909

Hofmann, Christina: Das spanische Hofzeremoniell von 1500-1700. Erlanger Historische Studien 8
Frankfurt/M-Paris-New York 1985

d'Hulst, Henri: Le Marriage de Philippe le Beau avec Jeanne de Castille à Lierre le 20. Octobre 1496
Antwerpen 1958

Jongh, Jane de: Margaret of Austria, Regent of the Netherlands
London 1954

Jongh, Jane de: Mary of Hungary, Second Regent of the Netherlands
New York 1958

Knapprich, Wilhelm: Die Habsburgerchronik. Lebensbilder, Charaktere und Geschichte der Habsburger
Salzburg Stuttgart 1969[2]

Kohler, Alfred: Karl V. 1500-1558; eine Biographic
München 1999

Krabs, Otto: Wir, von Gottes Gnaden. Glanz und Elend der höfischen Welt.
München 1996

Lahnstein, Peter: Auf den Spuren Karls V.
München 1979

Lanz, K.: Correspondenz des Kaisers Karl V.
Leipzig 1844

Leicht, Hans:	Isabella von Kastilien. Königin am Vorabend der spanischen Weltmacht Regensburg 1994
Lutz; Heinrich (Hg.):	Das römisch-deutsche Reich im politischen System Karls V. Schriften des Historischen Kollegs. Kolloquien 1 München 1982
Mazario Coleto, Maria del Carmen:	Isabel de Portugal. Emperatriz y Reina de España Madrid 1951
McGuigan, Dorothy Gies:	Familie Habsburg 1273-1918 Wien 1989[2]
Menéndez, Pidal Ramon:	Die Spanier in der Geschichte München 1955
Miller, Townsend:	Isabella und Juana - um Spaniens Krone München 1967
Mittler, Max:	Mission und Politik. Untersuchungen über das koloniale Imperium Karls V. Zürich 1951
Mondfeld, Wolfram zu:	Blut, Gold und Ehre. Die Conquistadoren erobern Amerika Minden 1981
Nette, Herbert:	Karl V. in Selbstzeugnissen und Bilddokumenten Reinbeck 1996[5]
Ogger, Günther:	Kauf dir einen Kaiser München 1978

Ortvay, Tivadar: Maria v. Habsburg, die Gattin Ludwigs II. v. Ungarn
in: Ungar. Rundschau f. hist. & soz. Wissenschaften 2. S. 340-350
München Leipzig 1913

Panzer, Marita: Barbara Blomberg, Bürgerstochter und Kaisergeliebte
Regensburg 1995

Pfandl, Ludwig: Johanna die Wahnsinnige
Freiburg 1930

Prawdin, Michael: Donna Juana, Königin von Kastilien. Habsburg erbt ein Weltreich
Berlin 1953

Rabe, Horst (Hg.): Karl V. Politik & politisches System
Konstanz 1996

Rachfahl, Felix: Margaretha von Parma, Statthalterin der Niederlande
München 1898

Rassow, Peter: Der letzte Kaiser des Mittelalters
Göttingen 1957

Rassow, Peter: Die Kaiser - Idee Karls V. dargestellt an der Politik der Jahre 1528-1540. In: Historische Studien, Heft 217, Berlin 1932
Hier: Nachdruck Vaduz 1965

Rassow, Peter & Schalk, Fritz (Hg.): Karl V. Der Kaiser und seine Zeit. Kölner Kolloquien 1958
München 1960

Reifenscheid, Richard: Die Habsburger in Lebensbildern
Graz 1982

Reuter, Fritz (Hg.): Der Reichstag zu Worms von 1921
Köln-Wien 1981

Rouquette, Robert:	Une jésuitesse secrète au XVIe siècle. L'infante Juana, régente d'Espagne. Etudes 292, S. 355-372 Paris 1957
Rubbrecht, O.:	L'Origin de Type Habsbourgois Brüssel 1910
Schulin, Ernst:	Kaiser Karl V. Geschichte eines übergroßen Wirkungsbereiches Stuttgart-Berlin-Köln 1999
Schwarzenfeld, Gertrude:	Karl V., Ahnherr Europas Hamburg 1954
Segesser, Agnes von:	Die letzte Burgunderin. Marguerite von Österreich-Burgund 1480-1530 Luzern 1954
Seibt, Ferdinand:	Karl V. Der Kaiser und die Reformation Berlin 1990
Stracke, Wilhelm:	Die Anfänge der Königin Maria von Ungarn, späteren Statthalterin Karls V. in den Niederlanden, Diss. Göttingen 1940
Strelka, Josef:	Der burgundische Renaissancehof Margarethes von Österreich Wien 1957
Tamussino, Ursula:	Maria von Ungarn. Ein Leben im Dienst der Casa de Austria Graz-Wien-Köln 1997
Terlinden, Vicomte Chares:	Carolus Quintus. Kaiser Karl V. - Vorläufer der europäischen Idee Bern 1979
Tyler, Royall:	Kaiser Karl V. Stuttgart 1959

Vacha, Brigitte (Hg.):	Die Habsburger. Eine europäische Familiengenschichte von Walter Pohl & Karl Vocelka Graz-Wien-Köln 1992
Vocelka, Karl & Heller, Lynne:	Die Lebenswelt der Habsburger. Kultur- und Mentalitätsgeschichte einer Familie Graz-Wien-Köln 1997
Vossen, Carl:	Maria von Burgund. Des Hauses Habsburg Kronjuwel Stuttgart 1982
Wiart, Comte Carton de:	Marguerite D'Autriche. Une Princesse Belge de la Renaissance. Editions Bernard Grasset 61, Rue de Saints-Pères, 61 Paris 1935[2]
Winkler, Elsa:	Margarete von Österreich. Grande Dame der Renaissance München 1966

Philipp der Schöne von Burgund und seine Schwester Margaretha

Ernst v. Habsburg (d. Eiserne) *1377 †1442 ∞ (1) 1392 Margarete v. Pommern †1407 (kinderlos)
(2) 1412 Cimbarka v. Masowien †1429 (9 Kinder, 1. Sohn:

Duarte I. *1391 †1438 1435 König v. Portugal ∞ 1429 Leonora v. Aragon *1400 †1445 1438-45 Regentin (9 Kinder, dar.:)

Herzog Friedrich III. *1415 †1493 1452 römischer König 1453 Kaiser ∞ Eleonore v. Portugal *1436 †1476

Christoph *1455 †1456

Maximilian I. *1459 †1519 1477 Herzog von Burgund 1493 d.f. Erzhg. u. röm. Kg 1508 erwählter Kaiser

Helene *1460 †1461

Kunigunde *1465 †1520 ∞ 1487 Albrecht IV. Hg v. Bayern † 1508

Johannes *1466 †1467

∞

Philipp der Schöne
*1478 †1506 in Burgos
1494 Herzog von Burgund
1504 König von Kastilien (Felipe I.)

∞
1496 in Lierre
Infantin Juana von Kastilien und Aragón
*1479 †1555
(6 Kinder, s. d.)

Philipp der Schöne von Burgund und seine Schwester Margaretha

Philip (d. Gute) *1396 †1467 1419 Hg v. Burgund	∞	(1) 1409 Michelle de France †1422 (kinderlos) (2) 1423 Bonne d'Artois † 1425 (kinderlos) (3) 1430 Isabel de Portugal *1397 †1472 (1 überl. Sohn)	Vater zu (2) Charles I. *1401 †1456 Hg v. Bourbon	∞	Agnès v. Burgund †1476 (9 Kinder, dar.: (2))

Karl der Kühne (Charles le Téméraire) *11.11.1433 in Dijon †05. 01.1477 in Nancy 1467 Hg v. Burgund	∞	(1) 1438 Catherine de France *1428 †1440 (kinderlos) (2) 1450 Jeanne de Bourbon †1465 (1 Tochter: Maria s.u.) (3) 1468 Margaret of York *1446 †1503 (kinderlos)

(1) 1477 in Gent
Maria von Burgund
*1457 †1482 (4 Kinder s.u.)

(2) 1494
Bianca Maria Sforza
*1474 †1510 (kinderlos)

Margaretha de Austria (-Bourgogne) *1480 †1530 1504-15, 1517-30 Generalstatthalterin d. Niederlande	François * u. †1481	Totgeburt 1482

∞

(1) 1482 Dauphin Charles (Kinderehe, aufgelöst 1491)
(2) 1496 Infant Juan, Prinz von Asturien †1497 (1 T. * u. †1497)
(3) 1501 Philibert, Herzog v. Savoyen †1503 (kinderlos)

Stammtafel Juanas von Kastilien und Aragón

Enrique III.
*1379 †1406
1390 König v.
Kastilien

∞ 1393
Katharina Lancester
(Anjou-Plantagenet)
*1373 † 1418
(3 Kinder, dar.:
1 Sohn)

Vater zu (2)
Infant João
* 1400
†1442

∞ 1424
Isabella v.
Braganza
*1402 †1465
(4 Kinder, dar.:
Isabel (2))

Juan II.
*1405 †1454
1406 König v. Kastilien

∞ (1) 1420
Maria v. Aragón
†1445 (1 Sohn)
(2) 1447
Isabel v. Portugal *1428 †1496
(1 Tochter, 1 Sohn)

(1)
Enrique IV. (El Impotente)
*1425 †1475
1454 König v. Kastilien

(1) ∞ 1440 Blanca v. Nav.
*1424 †Gift 1464 ∞ annull.1453

(2) ∞ 1455 Juana v. Portugal
*1439 †1475
|
Juana (la Beltraneja)

(2)
Isabella (la Católica)
*1451 †1504 La Mota
1468-74 Prinzessin v.
Asturien
1474 Königin v. Kastilien

(2)
Affonso
*1453 †1468
1464 Prinz v.
Asturien

∞ 1469 Valladolid

Isabelle
*1470 Duenas †1498 Zaragoza

(1) ∞ 1490 Affonso, Erbinfant v.
Portugal *1475 †1491
(kinderlos)

(2) ∞ 1497 Don Manoel
*1469 †1521 Lisboa
1495 König v. Portugal
|
Miguel, Fst v. Asturien, Erbinfant v.
Portugal
* 23.8.1498 Zaragoza
†20. Juli 1500 Granada

Juan
*1478 Sevilla †1498 Salamanca
Prinz v. Asturien und Gerona

∞ 1497 in Burgos
Margaretha de Austria
*10. Jan. 1480 Brüssel
†30.11.1530 Mechelen
(posthume Tochter)
|
* u. †1498

Juana (la Loca)
*1479 Toledo †1555 Tordesillas

1504 Königin v. Kastilien
1516 Königin v. Aragón
1507 „regierungsunfähig“
1509 in Tordesillas interniert

∞ 1496 in Lierre
Philipp der Schöne

(6 Kinder, s. S. 630/1)

Stammtafel Juanas von Kastilien und Aragón

Fernando I.
*1380 †1416
1406-10 Regent von Kastilien
1412 König v. Aragón

∞ 1393
Leonor Urraca de Castilla
*1374 †1435
(7 Kinder, darunter:)

Vater zu (2)
Fadrique Enriquez,
Admiral v. Kastilien

∞ Maria Fernandez da Cordoba

Juan II.
*1398 †1479
1425 König v. Navarra
1458 König v. Aragón

∞ (1) 1420
Blanca, verw. Navarra *1391 †1441
(4 Kinder, dar.: Blanca
*1424 † Gift 1464
∞ 1440 Enrique IV. s.d.)

(2) 1444
Juana Enriquez †1468 (4 Kinder dar.:)

Fernando II. (el Católico)
*1452 †1516

1468 König v. Sizilien
1474 König v. Kastilien
1479 König v. Aragón

∞ (2) 1505
Germaine de la Foix
*1490 †1538
(2 weitere Ehen)

aus ∞ (2) Fernandos:
Juan, Fürst v. Gerona
* u. †1509

Maria
*1482 Cordoba †1517 Lisboa

∞ 1500 Don Manoel,
1495 König v. Portugal
Witwer ihrer Schwester Isabelle

(10 Kinder, s. Haus Aviz)

Katharina
*1485 Alcalá †1547, Whitehall

(1) ∞ 1501
Arthur Tudor, Prinz v. Wales †1502
(Vollzug umstritten - kinderlos)

(2) ∞ 1509 Henry VIII. (Tudor)
1509 König v. England
geschieden: 1533 (1 überl. Tochter)

Mary Tudor (Bloody Mary)
*1516 †17.10.1558
∞ 25.7.1554
Don Felipe II.
1556 König v. Spanien
*1527 †1598
(kinderlos)

Die Kinder und Enkel Isabels und Karls

Isabel
Infantin von Portugal
*4.10.1503 Lissabon †1.5.1539 Toledo
1530-39 Regentin von Spanien
(während Karls Abwesenheit)

∞
11.3.1506
Sevilla

Don Felipe	**Doña Maria**	**Don Fernando**
*21.5.1527 †13.9.1598 1540 Herzog von Mailand 1554 König von Neapel 1555 Regent der Niederlande 1556 König v. Spanien 1580 König von Portugal (4 Ehen, 8 Kinder, s. u.)	*21.6.1528 †26.2.1603 ∞13.9.1548 Valladolid Erzherzog Maximilian *31.7.1527 †12.10.1576 1564 Kaiser (15 Kinder, 6 davon s. u.)	*1530 †1530

Kinder Don Felipes und seiner vier Ehefrauen

(1) ∞ 1543	(2) ∞ 25.7.1554	(3) ∞ 1559
Maria (Manuela) Infantin von Portugal *15.10.1527 †12.7.1545 [Tochter s. Tante Maria]	Mary Tudor, Königin v. England *1516 †1558 [Tochter s. Großtante Katharina] (kinderlos)	Isabelle de France *2.4.1545 †3.10.1568 [Tochter Kg Henri II. und Catherine Medici]
Don Carlos * 8.7.1545 † 24.7.1568 (unverheiratet)	Isabella (Klara Eugenia) *12.8.1566 †1.12.1633 1621 Statthalterin NL ∞ 1598 disp. Kardinal Erzherzog Albrecht VII. [s. u.] *13.11.1559 † 26.7.1621	Katharina *10.10.1567 †6.11.1597 ∞ 1585 Karl E. Savoyen *1562 †1630

---

6 der 15 Kinder von Doña Maria und Maximilian II.

Anna	Erzherzog Rudolf II.	Ernst
*2.11.1549 †26.10.1580 ∞ 12.11.1570 Don Felipe [Onkel s.o]	*18.7.1552 †20.1.1612 1562 König v. Ungarn 1565 König v. Böhmen 1575 z. Kaiser gekrönt (unverheiratet)	*15.6.1553 †20.2.1595 1578 Statthalter Ungarn 1595 Statthalter d. NL (unverheiratet)

Die Kinder und Enkel Isabels und Karls

Karl
*24.2.1500 Gent †21.9.1558 San Yuste
1506 Herzog v. Burgund - 1515 vollj.
1516 König von Spanien
1519 zum röm. König und Kaiser gewählt
1530 Kaiserkrönung
25. Okt. 1555 Abdankung

Doña Juana	Sohn (Don Juan)
*27.6.1537 †7.9.1573	totgeboren 25.4.1539
1555-59 Regentin v. Spanien	
∞7.12.1552	
João, Erbinfant v. Portugal	
*3.6.1537 †2.1.1554	
1 posthumer Sohn: Sebastião	
*1554 †1578	

- -

Kinder Don Felipes und seiner vier Ehefrauen

(4) ∞ 12.11.1570
Erzherzogin Anna
*2.11.1549 †26.10.1580
[Tochter Vetter Max II. und Schwester Maria]

Ferdinand	Karl	Diego	Felipe III.	Maria
*1571	*1573	*1575	*1578 †1621	*1580
†1578	†1575	†1582	∞1599	†1583
			Erzherzogin Margarete	
			*1584 †1611	
			(Tochter v. Onkel Ehz Karl)	

- -

6 der 15 Kinder von Doña Maria und Maximilian II.

Elisabeth	Matthias I.	Albrecht
*5.6.1554 † 22.1.1592	*24.2.1557 †20.2.1619	*13.11.1559 †12.7.1621
∞ 26.11.1570	1612 Kaiser	Kardinal, dispens. für
Charles IX. v. Valois	∞ Anna	∞ 18.4.1599
*1550 † 1574	*4.10.1585 †14.12.1618	Isabella (Klara Eugenia) [s.o.]
1560 König v. Frankreich	[Tochter v. Onkel Ehz	(kinderlos)
(kinderlos)	Ferdinand v. Tirol]	

Die Kinder und Enkel Juanas von Kastilien und Philipps des Schönen von Burgund

Juana, la Loca
*1479 Toledo
†1555 Tordesillas

∞
1496
Lierre

Eleonor *24.11.1498 Brüssel †17.2.1558 Estremadura	Karl *24.2.1500 Gent †21.9.1558 San Yuste	Elisabeth *18.5.1501 Gent †19.1.1526 Lierre
(1) ∞ 7. März 1519 Manoel v. Portugal [Witwer ihrer Tanten Isabelle u. Maria] (2) ∞ 5.8.1530 François I., König v. Frankr. (kinderlos)	1506 Herzog v. Burgund 1516 König v. Spanien 1519 erwählter Kaiser 1530 Kaiserkrönung Rom 1555 Abdankung ∞ 1.3.1526 Sevilla Isabel v. Portugal (Eltern: s. Haus Aviz) (5 Kinder, s. dort)	∞ 12.8.1515 Kopenhagen Christian II. *2.7.1481 †1559 in Gefangenschaft 1513 König v. Dänemark 1523 vertrieben, Exil i.d. NL

Kinder Eleonors:

(1) Carlos *18. 2. 1520 Evora †15. 4. 1521 Lisboa	(1) Maria *8.6.1521 Lisboa †10.10.1577 Lisboa „Verlobte Europas" unverheiratet

Die Kinder und Enkel Juanas von Kastilien und Philipps des Schönen von Burgund

Philipp der Schöne
*1478 Gent
†1506 in Burgos

Ferdinand
*10.3.1503 Medina del Campo
†27.7.1564 Wien

1527 König v. Böhmen
1527 König v. Ungarn
1530 römischer König
1556/8 Kaiser

∞ 25.5.1521
Anna v. Böhmen
*23.7.1503 †27.1.1547
(15 Kinder, s. dort)

Marie
*17.9.1505 Brüssel
†18.10.1558 Cigalés
1530 Statthalterin d. NL
1555 abgedankt

∞ 8.12.1521
Lajos II., König v. Ungarn
*1.7.1506 Buda
† 28.8.1526 Schlacht v. Mohaç
(kinderlos)

Catalina
*24.1.1507 Torquemada
†12.2.1578 Lissabon

∞ 5.2.1525 Salamanca
João III.
*6.6.1502 †11.6.1557
1521 König v. Portugal
(9 Kinder, s. Haus Aviz, letzte Zeile)

Johannes
*1518 Kopenhagen
†1531 b. Regensburg

Doro(thea)
*1520 Kopenhagen
†1562 b. Heidelberg

∞ 1535 Brüssel
Pfalzgraf Friedrich
*1483 †1556
(kinderlos)

Christina
*1522 Kopenh. †1590 Ital.
1545-59 Regentin v. Lothringen

(1) ∞ 1533 Francesco Sforza
*1495 †1535
1530 Herzog v. Mailand (kinderlos)

(2) ∞ 1541 Franz I.
1542 Herzog v. Lothringen
*1517 †1545

(2)
Charles III.
*1543 †1608
∞ 1559 Claude de France
*1547 †1575
(9 Kinder)

(2)
Renée
*1544 †1602
∞ 1568
Wilh., Hz v. Bayern
†1626

(2)
Dorothea
*1545 †1621
(1) ∞ 1575
Erich v. Braunschweig †84
(2) 1597 Marquis de Verambon
†1598

Die fünfzehn Kinder von Anna und Ferdinand

Anna
*23.7.1503 †27.1. 1547
Regentin während Ferdinands Abwesenheit
[Tochter Königs Wladislaw II. v. Böhmen und Ungarn]

∞
26.5.1521
Linz

1
Elisabeth
*9.6.1526 †15.6.1545
∞ 1543
Siegmund II. August, König v. Polen
*2.8.1520 †7.7.1572

2
Maximilian II.
*31.7.1527 †12.10.1576
1564 Kaiser
∞ 1548
Maria (Tochter Karls V.)
*21.6.1528 †26.2.1603
(15 Kinder, s. S. 624/5)

3
Anna
*7.7.1528 †16.10.1590
∞ 4.7.1546
Albrecht V., Herzog v. Bayern
*29.2.1528 †24.10.1579

6
Magdalene
* 14.8.1532 †10.9.1590
Nonne 1563

7
Katharina
*15.9.1533 †28.2.1572
(1) ∞1549
Franz II. Gonzaga, Hz v. Mantua
*1533 †1550
(2) ∞ 1553
Siegmund II. Aug. v. Polen
*1520 †1572

8
Eleonore
*2.11.1534 †5.8.1594
∞ 1561
Wilhelm Gonzaga, Herzog von Mantua
*24.4.1538 †14.8.1587

11
Barbara
*30.4.1539 †19.9.1572
∞ 1565
Alfons II. Este, Herzog von Ferrara
*22.11.1533 †27.10.1597

12
Karl
*3.6.1540 †10.7.1590
∞ 1571
Marie
*21.3.1551 †29.4.1608
Tochter Albrechts v. Bayern
[und der eigenen Schwester Anna]

13
Ursula
*24.7.1541 †30.4.1543

Die fünfzehn Kinder von Anna und Ferdinand

Erzherzog Ferdinand
*10.3.1503 †25.7.1564
1526/7 König v. Böhmen und Ungarn
1531 röm. dt. König
1558 Kaiser

4	5
Ferdinand *14.6.1529 †24.1.1595 1547-63 Statthalter Böhmen 1564 Regent v. Tirol etc. (1) ∞ 1557 (heimlich) Philippine Welser †1580 (2) ∞ 1582 Anna Kath. Gonzaga *1566 †1621	Marie *15.5.1531 †11.12.1581 ∞ 1546 Wilhelm III., Herzog von Jülich-Kleve-Berg *28.7.1516 †5.1.1592

9	10
Margarete *16.2.1536 †12.3.1567 Nonne 1563	Johann *10.4.1538 †20.3.1539

14	15
Helene *7.1.1543 †5.3.1574 Nonne 1564	Johanna *24.1.1547 †10.4.1578 ∞ 1565 F. Medici, Grhz. v. Toscana *25.3.1541 †19.10.1587

Haus Aviz

(Manoel von Portugal und seine Nachkommen mit seinen drei Gemahlinnen)

Fernando *1433 †1570, Prinz v. Portugal, Bruder Kg Affonsos V. (1438-81), Onkel Kg Joãos II. (1481-95)	∞ 1452	Beatrix von Portugal *1430 †1506 (10 Kinder, darunter Manoel)

Λ

Manoel der Prächtige *1.6.1469 Alcocheta †1.12.1521 Lissabon - (an der Pest) 1495 König von Portugal, (durch Dynastiewechsel)	(1) ∞ 1497 **Isabelle,** Infantin v. Kastilien [Wwe Erbinfant Affonso †1491] *1470 †1498 | Miguel da Paz *23.8.1498 Zaragoza †19.7.1500 Granada

João III. *1502 †1557 1521 Kg v. Port. ∞ 1525 Salamanca Catalina, Infa. v. Kastilien *1507 †1578 1557-62 Regentin	Isabel *1503 †1539 ∞ 1526 Sevilla Kaiser Karl V. *1500 †1558 (Kinder s. Karls K.)	Maria Beatrix *1504 †1538 ∞ 1521 Carlo III. v. Savoyen 1504 Herzog	Luiz *1506 †1555 1527 Duque de Beja	Fernando *1507 †1534 1530 Duque de Guarda

Λ

Affonso * u.†1526	Maria (Manuela) *1527 †1545 ∞ 1543 Almeria Don Felipe *1527 †1598 1556 Kg v. Spanien 1580 Kg v. Portugal | Don Carlos *1527 †1568	Isabella *1529 †1530	Beatrix * u. †1530	Manoel *1531 †1537

Haus Aviz (Manoel von Portugal und seine Nachkommen mit seinen drei Gemahlinnen)

(2) ∞ 1500
Maria,
Infantin v. Kastilien
*1482 †1517
|
(10 Kinder s.u.)

(3) ∞ 7.3.1519
Eleonor de Austria
*1498 †1558

Carlos
*1520 †1521

Maria
*1521 †1571
(unverheiratet)

(2)

Affonso
*1509 †1540
1517 Kardinal

Maria
* u.†1513

Henrique
*1512 †1580
1562-68 Regent
1578 König v. Portugal

Duarte
*1515 †1540
∞1537
Isabella **Braganza**
*1512 †1576
|
Urenkel João IV.
1640 König v. Portugal

Antonio
* u. †1516

Filippe
*1533 †1539

Diniz
*1535 †1539

João
*3.4.1537 Evora
†2.1.1554 Lissabon (Wassersucht)
∞ 7.12.1552 Toro
Doña Juana
*27.6.1537 Madrid
†7.9.1573 Escorial
|
Sebastião
(posthumus) *20.1.1557
†4.8.1578 el-Kasr-el-Kebir
1557 König v. Portugal
(galt als verschollen, einige Betrüger)

Antonio
*1539 †1540

Personenregister

Acuña, Antonio de, Bischof v. Zamora 232, 246
Adrian Floriszoon v. Utrecht (1459-1523), 1522 Papst Hadrian VI. 127, 156, 158, 211, 243, 246ff, 260
Aerschot, Philippe de Croy, Herzog v. (1529-95), General 403, 501
Alba, Fernando (1508-82), Alvarez de Toledo, Herzog v. 363, 380, 415, 476, 483f, 528, 555f, 583
Albrecht Alkibiades (1522-57), v. Brandenburg-Kulmbach 523, 528f, 533
Albrecht II. (1490-1545), v. Brandenburg, Erzbischof u. Kurfürst v. Mainz 219, 227
Albrecht V. (1528-79), (Erb-)Herzog v. Bayern 303, 479
Aleander, Girolamo (1480-1542), Kardinal u. Nuntius 217, 226, 228
Alexander VI. (1431-1503), Rodrigo Borja, 1492 Papst 64, 411, 597
Anna (1477-1514), Herzogin d. Bretagne, 2x Königin v. Frankreich 32ff, 64f, 76, 78ff, 105, 135, 150, 310
Anna (1528-1590), Erzherzogin ∞ Albrecht v. Bayern 302, 469, 479, 494
Anna (1549-1580), Erzherzogin; Nichte u. 4. Gemahlin Felipes II. 507, 513
Anna de Beaumont, Hofdame u. Kinderfrau 10f, 170
Anna Jagiello (1503-1547) v. Böhmen, Schwägerin Karls V. 138ff, 185, 193, 226, 232f, 280, 287ff, 307, 316, 327f, 356, 363, 374, 382, 393, 406, 425, 440, 455, 467, 485, 526
Anne de Beaujeau (1460-1522), 1483 Regentin v. Frankreich 29ff, 89, 93, 121, 252f, 309
Anne de Pisselieu, Madame d'Etampes 344, 346, 348, 410f, 431ff, 467f, 496
Anne v. Lothringen (1522-68), ∞ 1540 Prince d'Orange 441
Arthur Tudor (†1502), Prince of Wales 42, 45, 65, 84, 130
Barbara Blomberg; Geliebte Karls V. 475ff, 609
Beatriz (1504-38), v. Portugal ∞ Carlo III., Herzog v. Savoyen 375, 394, 397, 402
Bergh(e), Johann Graf von, burg. Rat u. Gesandter 75, 126, 403
Boleyn, Anna (1507-1536); 2. Gemahlin Henris VIII. 314, 342f, 370, 374, 393, 404, 540, 558, 582
Borja, Francisco, span. Höfling, Jesuit 424, 546, 557f, 585, 597f
Borja, Rodrigo s. Alexander VI.
Bourbon, Antoine de, Herzog v. Vendôme 410f, 413f
Brandenburg, Georg (1484-1543), Markgraf v. 234, 236f, 283ff

Brandenburg, Joachim I. v. (1484-1535), 1499 Kurfürst 127, 187, 202, 335
Brandenburg, Joachim II. v. (1505-71), 1533 Kurfürst 489, 494
Brandenburg-Ansbach, Johann, Markgraf v. 127, 187, 283ff
Campeggio, Lorenzo (1464-1539), Kardinal/Legat 329, 336
Caraffa s. Paul IV.
Carlo III. (1504-53) 1504 Herzog v. Savoyen; (Stiefbruder Philiberts v. Savoyen) 98, 318, 320
Casas, Bartolomé de las (1484-1566), „Anwalt d. Indios" 417f, 453f
Catalina (1507-78), Königin v. Portugal; Schwester Karls V. 13, 76, 114, 118, 157, 160, 178ff, 246ff, 260, 275f, 298, 456, 535, 541, 586f, 596
Catherine de Medici (1519-89), 1547 Königin v. Frankreich 342f, 392, 398, 486, 517
Chair-ed-Din, gen. Barbarossa (1467-1546), türk. Admiral 378, 383ff
Charles d'Angoulême (1522-45), Herzog v. Orléans; Sohn François I. 349, 391, 398, 405, 408f, 430ff, 466f, 471f
Charles d'Angoulême (1459-96), Vater François I. 310
Charles de Bourbon (1490-1527), Herzog v.; Konnetabel 252ff, 260, 264, 267f, 295ff, 375
Charles III. (1543-1608) v. Lothringen; Großneffe Karls V. 452, 470, 522f, 533, 600
Charles (1433-77) „le Téméraire", Herzog v. Burgund; Urgroßvater Karls V. 11, 20ff, 121, 123, 129, 561
Charles VIII. (1470-98), König v. Frankreich 23, 29ff, 45, 64, 68, 123, 310
Chièvres s. Croy, Guillaume
Christian II. (1481-1559), König v. Dänemark; Schwager Karls V. 146, 152ff, 201, 237f, 256ff, 328f, 358, 360ff, 372, 600
Christina v. Dänemark (1522-1590); Nichte Karls V. 256, 313, 342, 357, 362, 370ff, 381ff, 389ff, 397, 402ff, 413ff, 435, 441, 444ff, 451f, 464, 467ff, 494, 501ff, 522ff, 533, 563, 567f, 571, 580, 582f, 588f, 594, 599f
Cisneros (1436-1517), Francisco Ximénez de, Erzbischof v. Toledo 55, 106, 112ff, 158, 160, 164f, 175, 178f, 181, 418
Claude de France (1499-1524), 1. Gemahlin François I. 13, 80, 150, 162, 267
Claude de France (1547-75), Tochter Henri II. 600
Clemens VII. (1478-1534), Gulio de Medici, 1523 Papst 260, 285, 296f, 307, 314f, 317ff, 331, 334, 338, 343, 364f, 382, 391f
Cobos, Francisco de los († 1547), Staatsrat Karls V. 256, 329, 415
Contarini, Gasparo (1483-1542), venezian. Botschafter 236, 323, 443f
Cortéz, Hernan (1485-1547), Conquistador 200, 244, 418f, 450
Cristóbal Colón (1451-1506), dt.: Christoph Kolumbus 38, 57, 263, 278, 417, 420
Croy, Charles de; Haushofmeister in Malines 75, 125

Croy, Guillaume (Wilhelm) de (1458-1521), Seigneur de Chièvres; Tutor Karls V. 13f, 65, 125ff, 133ff, 147, 151, 156ff, 164f, 176ff, 187, 231, 249
Denia, Bewacher Juanas 184f, 248ff
Diane de Poitiers (1499-1566) 398, 410f, 467, 496, 517
Don Carlos (1545-68), Infant v. Spanien; Enkel Karls V. 471, 507, 534, 573f, 585f, 597f, 600, 609
Don Felipe (1527-1598); 1556 Rey Felipe II.; Sohn Karls V. 294, 298f, 303, 348, 368, 369, 398, 401f, 409f, 424, 429, 440f, 452, 454, 456f, 463, 471, 473, 474, 476, 488, 494, 499, 501ff, 512f, 525, 531, 533f, 541ff, 555, 557ff, 569f, 576, 580ff, 593f, 600f, 609
Don Fernando (1529-30); Sohn Karls V. 319, 362
Doña Juana (1537-73); Tochter u. Regentin Karls V. 383, 452, 456, 494, 546f, 557f, 572ff, 582ff, 592ff, 611f
Doña Maria (1528-1603); Tochter u. Regentin Karls V. 298, 301, 303, 369, 440, 452, 456, 494, 500f, 507, 513, 517, 525, 569f, 583
Doria, Andrea (1466-1560), seit 1528 Admiral Karls V. 302, 314, 322, 363, 365, 383f, 415, 449, 520
Doro(thea) v. Dänemark (1520-62); Nichte Karls V. 239, 341, 357, 359, 373, 389, 389, 402, 405, 416f, 426f, 464, 494, 528, 568, 583, 587
Dürer, Alfred (1471-1528), dt. Maler u. Zeichner 197, 223, 227, 238, 403
Dyveke Willems (†1517) 153f
Eck, Johann (1486-1543), Theologe 224, 336
Eduard VI. Tudor (1537-53), König v. England 404, 455, 485f, 537, 540
Egmont, Charles d' (1467-1538), Herzog v. Geldern 123, 136, 140, 146, 322, 382, 398
Egmont, Lamoral (1522-68), Graf v., Feldherr 545f, 601, 610
Eleonor (1498-1558); Schwester Karls V. 10ff, 69, 129, 136, 145f, 151ff, 167ff, 177ff, 185, 188f, 208, 246, 251f, 260, 267ff, 271ff, 292, 304, 312, 343ff, 366, 382, 386f, 398f, 406ff, 426, 431ff, 441, 451f, 466f, 496ff, 501ff, 511, 518, 541, 554f, 560, 563, 571ff, 586f, 590f, 608, 611
Eleonore v. Portugal (1436-67); Mutter Maximilians I. 26f, 69, 142
Elisabeth (1501-1526); Schwester Karls V. 10, 14, 76, 86, 129, 145ff, 151ff, 239, 256f, 279, 291, 328, 373, 599
Elisabeth I. Tudor (1533-1603), 1558 Königin v. England 374, 537, 540, 546, 558, 582
Enrique IV. (1425-1474) „El Impotente", König v. Kastilien 379
Erasmus v. Rotterdam (1466-1536), niederl. Humanist 226, 238, 284, 290, 331, 334, 354f, 398, 415, 539
Etampes s. Anne de Pisselieu
Farnese, Alessandro (1545-92), Feldherr; Enkel Karls V. 412, 518, 580, 601

Farnese, Ottavio (1524-86), Herzog v. Parma; Schwiegersohn Karls 407, 412, 447, 467, 480, 482, 491, 496, 518, 601
Farnese, Pier Luigi; Sohn Papst Paul III. 394, 411, 491
Ferdinand I. (1503-64), 1558 Kaiser; Bruder Karls V. 12, 87, 106, 112, 118, 143, 150, 165f, 179ff, 186ff, 202f, 218, 226f, 230, 232f, 243f, 258, 280, 283, 287ff, 298, 307, 314, 316, 320, 326, 327ff, 338, 353, 363, 389, 405f, 432, 437, 439f, 445, 455, 458, 462, 467, 469ff, 481, 484ff, 493, 499, 508ff, 519ff, 530f, 538, 551, 561f, 567, 570, 609
Fernando II. (1452-1516) „El Católico", 1474/76 König v. Kastilien u. Aragón; Großvater Karls V. 11, 37ff, 52ff, 65, 75, 82ff, 95, 104ff, 118, 125, 130, 132ff, 143, 147, 156f, 164, 179f, 187, 211, 232, 248, 279, 333, 597
Fernando v. Aragón, Herzog v. Calabria; Bastard Fernandos 276, 279
Ferrer, Bewacher Juanas 157f, 160
Fonseca, Alonso, Erzbischof v. Toledo 276, 279
Fonseca, Juan , Bischof v. Cordoba 77, 100f, 276
François (1518-36), Dauphin; Sohn François I. 268, 270, 344ff, 542
François I. d'Angouleme (1496-1547), 1515 König v. Frankreich 99, 105, 146, 148, 156, 161f, 191f, 200ff, 212, 223ff, 232, 239, 241, 252f, 260ff, 280f, 292, 297ff, 309ff, 324, 337, 342ff, 366, 369, 382f, 387, 394f, 399, 404, 406ff, 409f, 414, 426ff, 440, 444f, 451f, 456, 460ff, 486, 496, 536
François II. (1544-1560), 1559 König v. Frankreich 500, 599
Franz I. (1517-1545), Herzog v. Lothringen ∞ 1541 Christina 413f, 439, 442, 444ff, 451f, 465, 469f, 588
Friedrich I. (1571-1533) v. Holstein; 1523 König v. Dänemark 257, 358, 361
Friedrich II. (1482-1556), Pfalzgraf, 1544 Kurfürst 81, 133, 149, 168ff, 208, 222, 317, 320, 329, 389, 405, 416f, 426f, 464, 474, 483ff, 528, 568, 587f
Friedrich III. (1415-93), 1452 Kaiser; Urgroßvater Karls V. 22f, 36,137f, 159, 333
Friedrich III. (1463-1525) „der Weise" v. Sachsen, 1486 Kurfürst 193f, 224f, 227, 230
Frundsberg, Georg v. (1473-1528), Landsknechtsführer 295ff
Fugger, Anton (1493-1560) 330, 490, 521f, 524f, 527
Fugger, Kaufherren und Bankiers 194, 200, 204f, 297, 329, 356, 422, 493, 508, 532
Fugger, Jakob (1459-1525) 204f, 330
Gattinara, Mercurio di (1465-1530); Großkanzler Karls V. 95, 126, 187, 190, 194, 199, 204, 231f, 244, 264, 268f, 294, 329, 335, 416
Germaine de la Foix (1490-1538); 2. Gemahlin Fernandos 105, 110, 116, 130, 187, 212, 238, 249, 269, 279
Gonzaga, Herzöge v. Mantua 315, 327, 364, 374, 377, 402, 415, 492
Granvelle, Antoine Perrenot de (1517-86), Bischof v. Arras 502, 509, 530f, 551, 553f, 565, 601

Granvelle, Nicolas Perrenot de (1486-1550); Staatssekretär Karls V. 329, 415, 446, 451, 488, 509, 538
Grey, Jane (†1553), 1553 Königin v. England 537f, 546
Grimaldi, Genueser Bankiers 205, 315
Guise, Familie am frz. Hof 408, 455, 492, 517, 529, 592, 598, 600
Hallewin, Mme de, Kinderfrau 10, 66, 107
Henri II. (1519-1559), 1547 König v. Frankreich 268, 270, 344, 398, 430ff, 465f, 486, 496f, 507, 513, 517, 519f, 527, 533, 536, 550f, 568, 599f
Henri II. d'Albret (1503-55), 1527 König v. Navarra 145, 343, 344, 349, 408, 410, 492, 522f, 533
Henri III. Valois (1551-1589), 1574 König v. Frankreich 375
Henry VII. Tudor (1457-1509), 1485 König v. England 68, 108f, 117, 123, 130, 161
Henry VIII. Tudor (1491-1547), 1509 König von England 130ff, 150, 166, 192, 196, 202, 210ff, 217, 232, 239, 243f, 254, 258, 264, 280, 291, 312, 314, 325, 330, 337, 341, 370, 382, 393, 404ff, 413f, 427f, 445, 455, 461, 463f, 485f, 537f, 541
Hoogstraaten, Antoine de Lelaing, Graf v. (†1584) 322, 340f, 360
Howard, Catherine (1521-42); 5. Gemahlin Henrys VIII. 439
Hutten, Ulrich von (1488-1523), Humanist u. Reichsritter 331, 334
Isabel v. Portugal (1503-1539); Gemahlin Karls V. 76, 181, 188f, 267, 269f, 271ff, 293, 299ff, 356, 362, 366ff, 378, 381, 383, 400ff, 415ff, 423ff, 445f, 538, 596, 603, 611, 613
Isabella (1451-1504) „la Católica"; 1474 Königin v. Kastilien; Großmutter Karls V. 37ff, 51ff, 63ff, 83ff, 93, 100f, 112, 121, 136, 180, 272, 280, 304, 379, 422, 535, 538, 542, 546, 572, 577
Isabella d. J. (1470-1498), Infantin v. Kastilien u. Aragón; Tante Karls V. 38, 54, 57f, 63f, 68, 76, 271
James V. Stuart (1512-1542), 1513 König v. Schottland 291, 359, 391, 455
Jeanne d'Albret (1528-72) 348, 439, 441, 461
Jehanne van der Gheenst; 1522 Geliebte Karls V. 241ff, 274
Jeronimo (1547-78), Don Juan d'Austria; nat. Sohn Karls V. 475ff, 609f
João III. (1502-57), König v. Portugal; doppelt Schwager Karls V. 76, 189, 251f, 260f, 273ff, 298, 383, 456, 535, 541, 597
João Manoel (1537-54) v. Portugal; Schwiegersohn Karls V. 456, 534f, 596
Johann (1468-1532) v. Sachsen, 1525 Kurfürst 332, 335f
Johann Friedrich I. (1503-54) v. Sachsen, 1532 Kurfürst 474, 477, 479, 484ff, 499f, 509, 520
Johannes v. Dänemark (1518-31); Neffe Karls V. 152, 154, 257, 259, 341, 353, 357, 361f, 389
Juan Manuel, span. Höfling 111, 133f, 243

Juan v. Asturien (1478-98), Infant v. Kastilien u. Aragón; Onkel Karls V. 38, 52ff, 60ff, 121, 240, 457, 573, 596
Juana (1479-1555) „La Loca", Infanta v. Kastilien u. Aragón; Mutter Karls V. 11ff, 38ff, 57, 66ff, 78ff, 95, 100ff, 123, 130, 136, 143, 145, 157ff, 170, 175ff, 181, 184f, 209, 240, 257ff, 260, 271, 367, 370, 401, 438, 452, 519, 531f, 535, 546, 556f, 566, 572, 576, 591, 611f
Julius II. (1443-1513) Guiliano della Rovere, 1503 Papst 124f
Julius III. (1487-1555), Gianmaria del Monte, 1550 Papst 507, 517f, 520, 550f, 555
Karl d. Kühne s. Charles le Téméraire
Katharina v. Aragón (1485-1547); 1. Gemahlin Henry VIII.; Tante Karls V. 38, 45, 54, 65, 84, 108, 130, 211, 243f, 258, 280, 291, 314, 370, 393, 455, 539
Kleve, Anna v. (1515-1557); 4. Gemahlin Henry VIII. 404, 413, 427f, 439, 445, 540
Kleve, Johann II. (1458-1521), 1481 Herzog v. 23, 219
Kleve, Johann III. (1490-1539), 1521 Herzog v. 356
Kleve, Wilhelm (1516- 92), 1539 Herzog v. 403, 413f, 423, 438f, 441, 459, 461
Ladislaus Postumus (1440-57), König v. Böhmen/Ungarn 137
Lajos Jagiello (1506-26), König v. Ungarn; Schwager Karls V. 138ff, 166, 192f, 207, 226, 232, 234ff, 244, 283ff, 389
Lannoy, Charles de (†1527), Vizekönig v. Neapel; Heerführer Karls V. 127, 170, 242, 260, 262, 264ff, 295f, 298
Leo X. (1475-1521), Giovanni de Medici, 1513 Papst 193f, 196, 206, 209, 225, 242
Leyva, Antonio; Heerführer Karls V. 260, 314, 316f, 320
Loayosa, Garcia, Bischof v. Osma; Beichtvater Karls V. 334, 338, 353
Louis IX. le Saint (1214-1270), 1226 König v. Frankreich 138, 408, 433
Louis XI. (1423-83), 1461 König v. Frankreich 22f, 27, 29f, 89, 124f, 192, 310
Louis XII. (1462-1515) d'Orléans, 1498 König v. Frankreich 30, 35, 64f, 68, 76ff, 86f, 93, 95, 105, 108, 121, 135, 148f, 212, 310
Louise de France (1515-18), Tochter François I.; Verlobte Karls V. 162, 195
Louise v. Savoyen (1476-1531), Mutter François' I. 80, 89, 98, 148, 252f, 264ff, 280, 309ff, 345, 347
Loyola, Igantius v. (1491-1556), Ordensgründer 534, 595
Luther, Martin (1483-1546), Reformator 137, 176, 185, 194, 197, 207, 217f, 223, 228ff, 259, 284, 289f, 293, 296, 315, 330ff, 354f, 358, 369, 443f, 472, 494
Magalhães, Fernão (1480-1521) (Magellan), port. Seefahrer 201, 419f
Male, Willem van; Kammerherr und Privatsekretär Karls V. 508, 605
Manoel I. (1469-1521), 1495 König v. Portugal; Schwager Karls V. 58, 64, 170, 181, 185, 188f, 271f, 389, 535, 587

Margaret of York (1446-1503), „Madame la Grande"; Stiefgroßmutter Karls V. 11f, 23f, 28ff, 42, 46, 66, 72ff, 93, 100, 123, 126
Margarete (1522-1586); Herzogin v. Parma; nat. Tochter Karls V. 242, 307, 313, 318, 371, 407, 412, 447, 491f, 518, 580, 582f, 601f
Margaretha (1480-1530), d'Autriche-Bourgogne; Tante u. Statthalterin Karls V. 10ff, 18, 27f, 30ff, 46, 49f, 50ff, 60ff, 72ff, 87, 88ff, 121ff, 131ff, 140, 145ff, 151ff, 160, 164f, 167ff, 185f, 190, 195ff, 211f, 217ff, 232, 238, 240, 242f, 256ff, 291, 293, 300, 307, 309ff, 327, 339ff, 347, 353, 355, 357, 357f, 420, 438, 442, 457, 472, 489, 492, 573, 587, 593, 596, 599
Marguerite (1492-1549); Schwester Francois I. 145, 265ff, 345f, 497
Marguerite (1523-1574); Tochter François I. 404f
Maria (1482-1517), Infantin v. Kastilien und Aragón; Tante Karls V. 38, 54, 76, 170, 271f, 304, 535
Maria (1521-71) v. Portugal; Tochter Eleonors 189, 252, 349, 398, 404, 410, 534, 542f, 554, 587, 589
Maria (1531- 81) Erzherzogin ∞ Wilhelm, Herzog v. Kleve 480
Maria Manuela (1527-45); Nichte/Schwiegertochter Karls V. 298, 456, 458, 463, 471
Maria Stuart (1542-87); 1542 Königin v. Schottland, 1559 v. Frankreich 476, 500, 517, 599
Maria von Burgund (1457-82); Großmutter Karls V. 11, 21ff, 46, 121
Marie (1505-1558), Königin v. Ungarn; Schwester u. Statthalterin Karls V. 11ff, 107, 122, 136ff, 145, 197f, 207, 226,232f, 234ff, 244, 283ff, 313, 316, 327ff, 347, 353ff, 360ff, 366, 372ff, 381ff, 386f, 389, 398ff, 409f, 414, 423, 425ff, 435ff, 446f, 459ff, 471ff, 489, 492ff, 501ff, 511f, 518f, 523ff, 534f, 541, 544ff, 554ff, 571ff, 586f, 590ff, 601f, 608, 610f
Mary Tudor (1496-1533), 1514 Königin v. Frankreich 13, 108, 132, 135, 148, 150, 212, 258, 310
Mary Tudor (1516-58), 1554 Königin v. England; Schwiegertochter Karls V. 211, 244, 264, 280, 312, 398, 405, 413, 445, 450ff, 486, 537ff, 549f, 572, 580f, 598f
Matthias Corvinius (1440-90), König v. Ungarn 138, 236
Maximilian I. (1459-1519), 1593 röm.-dt. Kaiser; Großvater Karls V. 10ff, 22ff, 32ff, 43, 46, 65, 67, 72, 93, 99, 112, 121ff, 134, 137f, 144ff, 160, 164f, 184, 190f, 195ff, 226, 255, 327, 329, 371, 437f, 491
Maximilian II. (1527-1576), 1564 Kaiser; Neffe u. Schwiegersohn Karls V. 298, 467, 494, 499f, 507, 509f, 517, 531, 534, 562, 569f
Medici, Alessandro (1510-37), Papstneffe 307, 313, 318, 322, 371, 391f, 401
Medici, Giulio s. Clemens VII.
Melanchthon, Philipp (1497-1560), dt. Reformator 334, 336, 443f
Miguel (1498-1500), Erbinfant v. Portugal, Kastilien etc. 63, 65, 75
Moncada, Hugo de; Vizekönig v. Sizilien, Feldherr Karls V. 268, 292, 295

Montezuma († 1520), Aztekenherrscher 244, 419
Montmorency, Anne de (1493-1567), Konnetabel 348, 397, 400, 406, 408, 410, 434, 517, 588, 599
Moritz v. Sachsen (1521-1553), 1547 Kurfürst 444, 462, 474f, 477f, 484ff, 490, 510, 518f, 533, 574
Muley Hassan, „König" v. Tunis 383, 386, 505, 570
Nassau, Graf Heinrich v. (†1538) 150, 231, 238, 241, 317, 319f, 326, 357, 363, 403, 409
Orange, René v. Nassau, Prince d' 326, 413, 439, 441, 459, 563, 567, 601f
Padilla, Juan de (1490-1521) 246ff
Parr, Catherine (1512-48); 6. Gemahlin Henrys VIII. 485
Paul III. (1468-1549) Alessandro Farnese, 1534 Papst 317, 321, 382f, 395f, 400, 402, 406f, 411, 427, 447,458, 470, 479, 507, 481, 484, 491f
Paul IV. (1476-1559) Giampietro Caraffa, 1555 Papst 555f
Pescara, Ferrante Francesco (1490-1525); General Karls V. 242, 260, 263
Philibert (1480-1504), Herzog v. Savoyen 89ff, 244
Philipp d. Schöne (1478-1506), 1494 Herzog v. Burgund, 1504 als Felipe I. König v. Kastilien; Vater Karls V. 9, 27f, 39, 40ff, 65ff, 78ff, 88f, 100ff, 121, 123, 136, 145, 160,168, 177, 180, 249
Philipp v. Hessen (1504-1564), prot. Landesfürst 332, 335, 444, 461, 473ff, 499f
Pizarro, Fransisco (1470-1541), Conquistador 363, 421f
Quijada, Luis Méndez de; Majordomus Karls V. 475f, 572, 577, 579f, 589f, 605f, 612f
Ravenstein, Mme , Hofdame 12, 136
Renard, Simon; Gesandter 538, 546f, 550, 552
René de Bresse (†1525); Bastardbruder Philiberts v. Savoyen 89ff
Reyes Católicos 38f, 82, 100, 130, 164, 210, 535
Rœulx, Adrian, Comte de (†1553); General Karls V. 316, 322, 429, 532
Rojas y Manrique, Erzbischof v. Granada, kast. Ratspräsident 247f
Sauvage, Jean; Kanzler 178, 181, 187
Savoyen, Emanuel-Philibert v. (†1580); Herzog v. Savoyen - Piemont; Feldherr 533, 536, 551, 582f, 588
Sebastião (1554-78), 1557 König v. Portugal; Enkel Karls V. 535, 586
Seymour, Jane (†1537); 3. Gemahlin Henrys VIII. 393, 404f, 486, 540
Sforza, Bianca Maria (1474-1510); 2. Gattin Maximilians I. 36, 142f, 226, 371
Sforza, Francesco (1495-1535), 1530 Herzog v. Mailand 292, 318, 359, 371ff, 381ff, 389ff, 394
Sforza, Ludovico (1452-1508) „Il Moro"; ab 1500 in frz. Haft 127, 156, 371, 375, 377
Sickingen, Franz von (1481-1523), Ritterführer 191, 205, 241f, 331

Sigebritte Willems, Hofmeisterin 153ff, 256f
Sigismund von Tirol (1427-96) 22, 204, 226
Suffolk, Charles Brandon (†1545), Duke of 132f, 150
Suleiman I. (1494-1566), 1520 Sultan des osman. Reiches 245, 263, 285f, 292, 315, 363, 379, 383, 385, 408, 410, 444, 446f, 520
Tizian (Tiziano Vecelli, †1576), Maler 305, 315, 325, 348, 365, 377, 490, 498, 603f
Torquemada, Thomas de (1420-98), span. Großinquisitor 59, 207
Vespucci, Amerigo (1454-1512), Seefahrer 418
Vitoria, Francisco de, span. Theologe, Rechtsphilosoph 380
Welser, Kaufherren u. Bankiers 200, 205, 297, 356, 418, 422
Wladislaw II. Jagiello (1456-1516), König v. Ungarn u. Böhmen 138, 235f
Wolsey, Thomas (†1530), engl. Kardinal u. Lordkanzler 192, 202, 211f, 232, 239, 242, 244, 258, 342, 370
Wyatt, Thomas (†1554), engl. Rebell 545f
Zápolya, Johann I. (1478-1540), 1526 König v. Ungarn 285ff, 298, 316, 406

DIE STUARTS